Bestandskatalog
des Dresdener Kupferstich-Kabinetts und
der Gemäldegalerie Alte Meister

STAATLICHE
KUNSTSAMMLUNGEN
DRESDEN

AN DER WIEGE DER KUNST

DKV

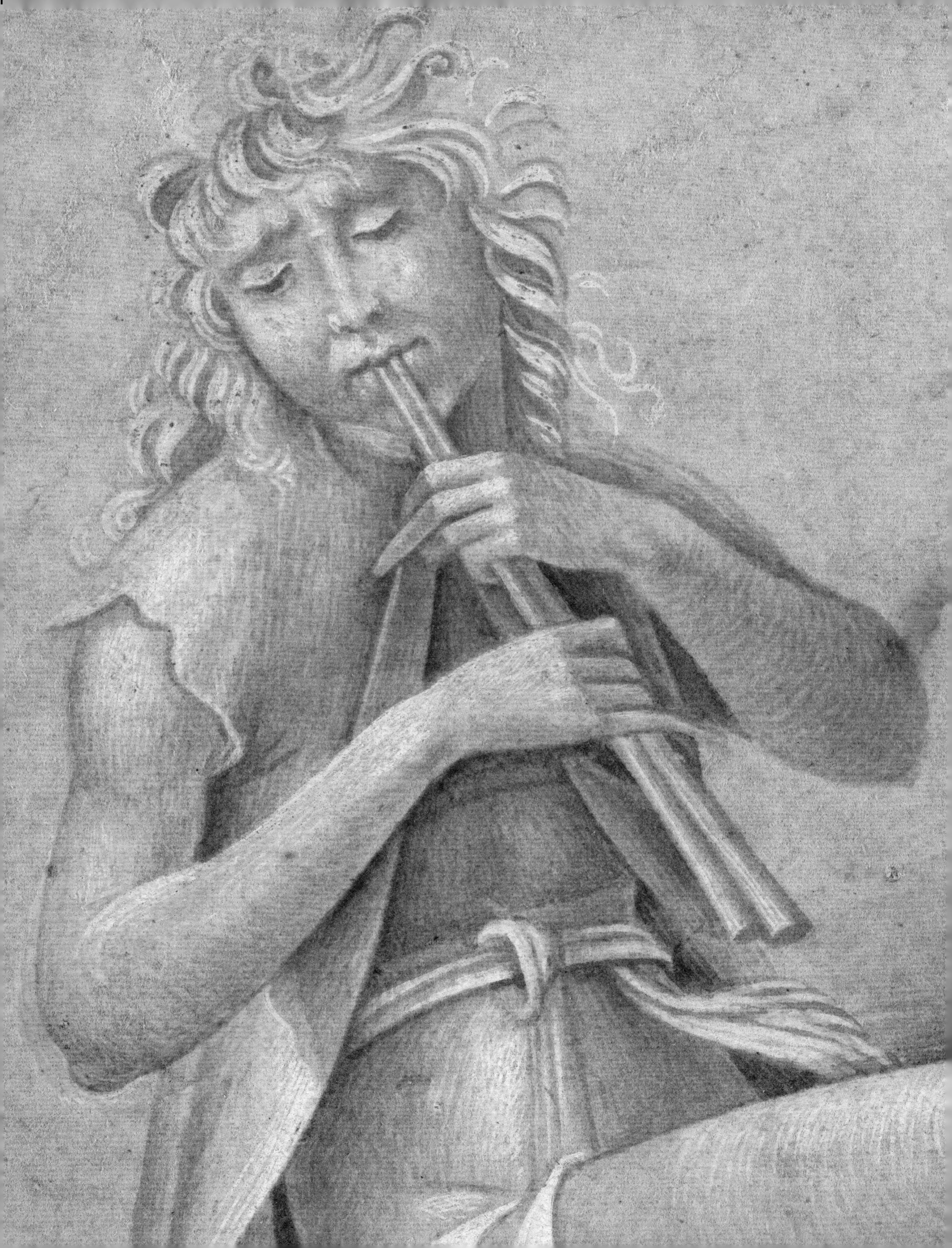

AN DER WIEGE DER KUNST

Italienische Zeichnungen und Gemälde von Giotto bis Botticelli

Herausgegeben von den Staatlichen Kunstsammlungen Dresden

Judith Claus und Gudula Metze

mit Andreas Henning und Christoph Schölzel
sowie Eleonora Cagol, Georg Dietz,
Sören Fischer, Sabrina Leps,
Wolf-Dietrich Löhr, Lorenza Melli,
Olaf Simon und Carsten Wintermann

mit Bestandsverzeichnissen für das
Kupferstich-Kabinett von Lorenza Melli
und die Gemäldegalerie Alte Meister von
Judith Claus, Andreas Henning und
Christoph Schölzel

DEUTSCHER KUNSTVERLAG

INHALT

6 VORWORT

9 **ESSAYS**

11 Wolf-Dietrich Löhr
DIE SCHÖNSTE WISSENSCHAFT
Malerei und Zeichnung in den Quellen des 14. und 15. Jahrhunderts

21 Christoph Schölzel
»...EINE ZEICHNUNG [...], SO SCHÖN, DASS JEDER MENSCH SICH IN DEINE ARBEIT VERLIEBEN WIRD.«
Zur Praxis der Unterzeichnung bei den italienischen Gemälden des 14. und 15. Jahrhunderts in der Dresdener Gemäldegalerie

27 Olaf Simon und Carsten Wintermann
VOM AUGENSCHEIN ZUM TEILCHENBESCHLEUNIGER
Kunsttechnologische Untersuchungen an italienischen Zeichnungen des 15. Jahrhunderts

33 Lorenza Melli
ITALIENISCHE ZEICHNUNGEN DES 15. JAHRHUNDERTS IN DRESDEN
Neue Erkenntnisse anhand der Materialien und Techniken

41 Andreas Henning und Gudula Metze in Zusammenarbeit mit Eleonora Cagol
AUF DEN SPUREN DER WEGBEREITER RAFFAELS
Zur Erwerbungsgeschichte von Werken der italienischen Spätgotik und Frührenaissance in Dresden

47 **KATALOG**

163 **BESTANDSVERZEICHNISSE**

164 Lorenza Melli
Bestandsverzeichnis der Zeichnungen der italienischen Spätgotik und Frührenaissance im Dresdener Kupferstich-Kabinett

182 Georg Dietz
Die Wasserzeichen der frühen italienischen Zeichnungen im Dresdener Kupferstich-Kabinett

184 Judith Claus, Andreas Henning und Christoph Schölzel
Bestandsverzeichnis der Gemälde der italienischen Spätgotik und Frührenaissance in der Gemäldegalerie Alte Meister Dresden

205 **ANHANG**

206 **Bibliographie**

221 **Personenregister**

223 **Bildnachweis**

224 **Impressum**

VORWORT

Vor über 500 Jahren zeichnete Filippino Lippi (um 1457–1504) in seinem Florentiner Atelier einen jungen Mann, dessen wacher Blick dem heutigen Betrachter mit ungebrochener Frische begegnet. Lippis Werk bietet unmittelbare Einsichten in die künstlerische Arbeit jener Zeit. So lag es nahe, dieses Blatt als Titelbild für den vorliegenden Katalog zu wählen, der im besonderen Maße der Werkstattpraxis im Italien der Spätgotik und Frührenaissance gewidmet ist. Die Staatlichen Kunstsammlungen Dresden präsentieren hiermit eine neben den Werken aus Hochrenaissance und Barock bislang weniger bekannte Gruppe von Gemälden und Zeichnungen.

Die Florentiner Schule hat der Kunst des 14. und 15. Jahrhunderts wesentliche Impulse gegeben. Im Katalog der königlichen Dresdener Gemäldesammlung von 1837 sprach Friedrich Matthäi in diesem Zusammenhang von der »Wiege der Kunst«. Die Wendung haben wir als Titel für die Ausstellung aufgegriffen, die über florentinische Arbeiten hinaus auch Werke aus anderen damaligen Kunstzentren Italiens zeigt, so etwa Umbrien, Venedig, Bologna und der Lombardei. Die Spanne reicht von Arbeiten aus Giottos Werkstatt bis hin zu Schöpfungen aus dem frühen 16. Jahrhundert an der Schwelle zur Hochrenaissance.

Am Beginn des gemeinsamen Katalog- und Ausstellungsvorhabens von Kupferstich-Kabinett und Gemäldegalerie Alte Meister standen zwei Forschungsprojekte. Die etwa 45 italienischen Zeichnungen des 15. Jahrhunderts im Kupferstich-Kabinett wurden ab 2002 auf Initiative des damaligen Direktors des Kupferstich-Kabinetts, Wolfgang Holler, im Rahmen eines von der Deutschen Forschungsgemeinschaft geförderten Programms neu katalogisiert. Lorenza Melli, eine auf Zuschreibungsfragen und naturwissenschaftliche Forschungsmethoden spezialisierte Zeichnungsexpertin, übernahm die kunsthistorische Bearbeitung, wofür die Bibliothek am Kunsthistorischen Institut in Florenz (Max-Planck-Institut) ideale Bedingungen bot. In Kooperation mit der Dresdener Hochschule für Bildende Künste (Christoph Herm, Asmus Steuerlein), dem Forschungszentrum Rossendorf (Christian Neelmeijer) und den Restaurierungsabteilungen des Kupferstich-Kabinetts und der Gemäldegalerie Alte Meister (Olaf Simon, Christoph Schölzel) wurden die Blätter kunsttechnologisch untersucht. Zum Abschluss des Projekts fand 2006 dank des Engagements von Bert W. Meijer an dem von ihm geleiteten Nederlands Interuniversitair Kunsthistorisch Instituut (Istituto Universitario Olandese di Storia dell'Arte) in Florenz eine vielbeachtete Ausstellung statt, anlässlich derer der von Lorenza Melli verfasste Bestandskatalog in italienischer Sprache erschien. Mittels neuer Verfahren wie der digitalen Infrarotreflektographie wurden die Blätter nunmehr für den vorliegenden Band von Olaf Simon und Carsten Wintermann erneut und vertiefend untersucht.

Die Gemäldegalerie Alte Meister überprüfte auf Initiative von Christoph Schölzel seit 2007 den Gesamtbestand ihrer etwa 60 Gemälde der italienischen Spätgotik und Frührenaissance in Hinblick auf Unterzeichnungen. Die mit der Infrarotreflektographie sichtbar gewordenen verborgenen Schichten machen deutlich, welch tragende Rolle der Zeichenkunst zukam: Immer stand sie, ob auf Papier oder als Unterzeichnung im Gemälde, am Beginn eines künstlerischen Schaffensprozesses, sodass sich die gemeinsame Präsentation von Zeichnung und Malerei in diesem Fall besonders anbot. Kupferstich-Kabinett und Gemäldegalerie Alte Meister setzen damit die traditionsreiche enge Zusammenarbeit fort, wie sie etwa 2005 unter Einbeziehung kunsttechnologischer Forschungen bei dem Projekt »Das Geheimnis des Jan van Eyck. Die frühen niederländischen Zeichnungen und Gemälde in Dresden« praktiziert wurde. Überdies ergänzt die vorliegende Publikation die in Arbeit befindlichen Bestandskatalog-Reihen der beiden Museen.

Großer Dank gilt Wolf-Dietrich Löhr, Juniorprofessor für Kunstgeschichte an der Freien Universität Berlin, für die im einleitenden Essay entwickelte Deutung der Dresdener Werke vor dem Hintergrund der zeitgenössischen Quellenschriften, sowie Lorenza Melli, die sich für das deutschsprachige Publikum im Hinblick auf Zeichenmaterialien und -techniken erneut mit den in Dresden verwahrten Werken befasste und das Bestandsverzeichnis um neue Forschungsergebnisse aktualisierte. Die Katalogeinträge der Autorinnen und Autoren stellen die rund 60 Ausstellungsstücke in den Kontext der Entstehung. Zudem veranschaulicht diese Publikation die Bedeutung kontinuierlicher Forschung an den Beständen. So sind zwar aus der jüngsten Zeit keine Neuerwerbungen zu vermelden, wohl aber Neuentdeckungen, wie sie große, alte und zwangsläufig nie fertig erschlossene Sammlungen immer ermöglichen. Wichtige Impulse gibt dabei der frische Blick auswärtiger Experten wie jener von Carmen C. Bambach, Kuratorin am »Department of Drawings and Prints« im Metropolitan Museum of Art in New York, die im Rahmen eines von Henry Arnhold getragenen Wissenschaftleraustausches 2007 in Dresden forschte. Auch die an Umfang und Tiefe stetig zunehmende Datenbank der Staatlichen Kunstsammlungen Dresden bietet Chancen zu neuen Erkenntnissen. Den bemerkenswertesten Fund machte Olaf Simon, der im Bestand des Kupferstich-Kabinetts die linke Hälfte zu einer 2006 von Lorenza Melli publizierten Zeichnung erkannte – unter den Blättern der deutschen Schule! Eine vergleichbare Entdeckung gelang der Gemäldegalerie Alte Meister im Rahmen der Ausstellungsvorbereitungen: Bei der Reliquientafel des Sano di Pietro wurden unter den Vergoldungen der runden Reliquienfächer Verglasungen freigelegt, die das Werk in seiner ursprünglichen Funktion als liturgisches Objekt wieder erlebbar werden lassen. Die beiden Seitenflügel eines Triptychons, die bislang als Werke des Sieneser Meisters Andrea di Bartolo galten, konnten nun an Francesco di Vannuccio zugeschrieben werden. Erstmals werden die beiden Flügel in der Ausstellung mit einer Mitteltafel präsentiert – damit sind sie endlich in ihrer ursprünglichen Anordnung erfahrbar.

Danken möchten wir Ivo Mohrmann und Silvia Oertel, die im Rahmen einer Seminararbeit der Fachklasse Bildwerke und Raumausstattung im Studiengang Restaurierung an der Hochschule für Bildende Künste Dresden eine maltechnische Kopie von Gherardo Starninas Marienbild der Gemäldegalerie Alte Meister anfertigte und sie der Ausstellung zu didaktischen Zwecken zur Verfügung stellt.

Gedankt sei zudem Aldo Venturelli und Stefanie Hamm vom Italienischen Kulturinstitut Berlin sowie Maria Lieber vom Italien-Zentrum der Technischen Universität Dresden für ihr Interesse an dem Projekt und ihre Unterstützung. Zu danken haben wir auch dem Deutschen Kunstverlag, insbesondere Eva Maurer, Angelika Bardou und Jasmin Fröhlich, für die sorgfältige Gestaltung und Produktion des Kataloges.

Der entscheidende Dank gilt dem sammlungsübergreifenden Team, bestehend aus Judith Claus und Gudula Metze, die das von Andreas Henning, Gudula Metze und Christoph Schölzel initiierte Ausstellungsprojekt und den Katalog umsichtig und gemeinsam mit diesen und vielen weiteren Mitwirkenden realisiert haben.

Hartwig Fischer
Generaldirektor der Staatlichen Kunstsammlungen Dresden

Bernhard Maaz
Direktor des Kupferstich-Kabinetts und der Gemäldegalerie Alte Meister

ESSAYS

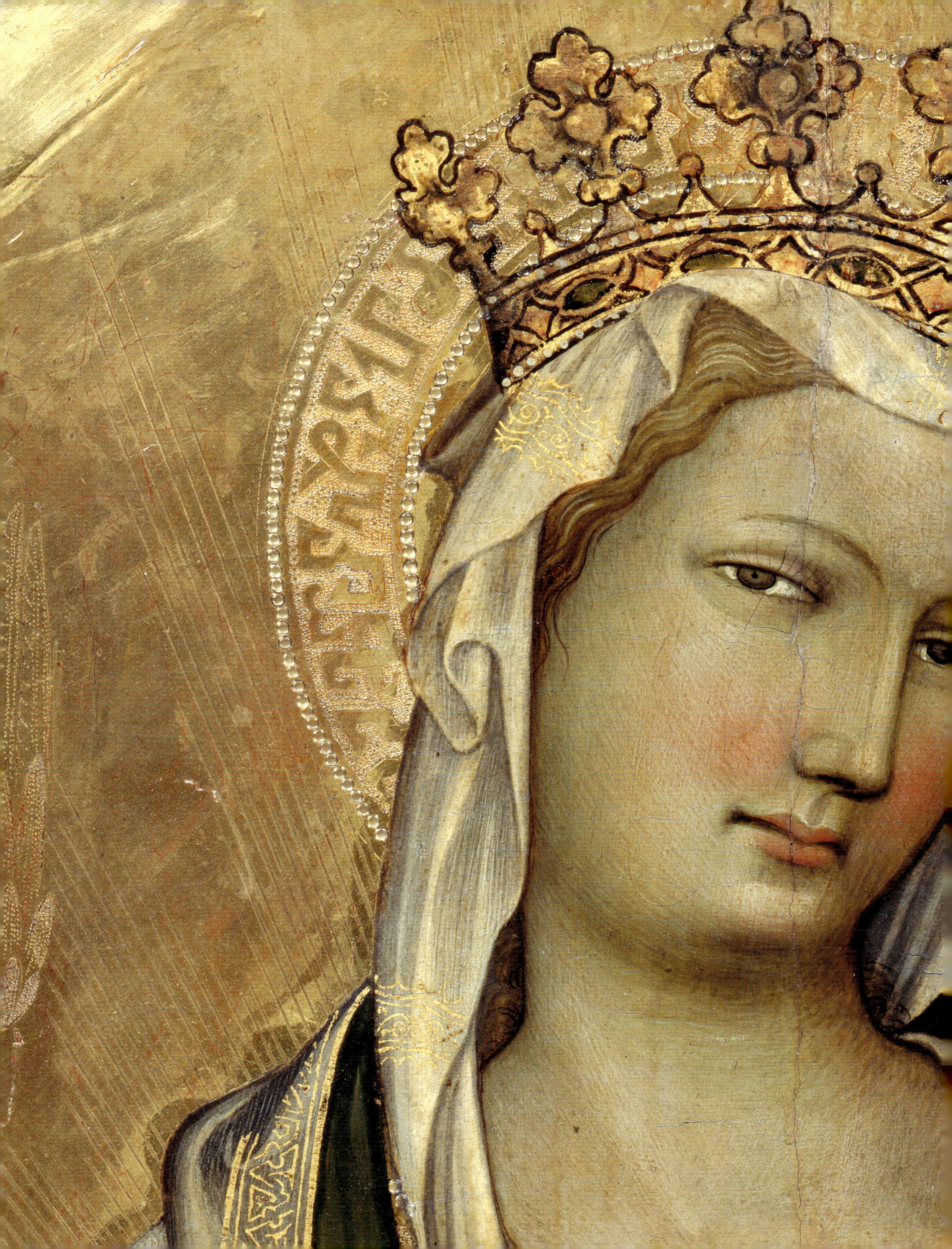

Wolf-Dietrich Löhr

DIE SCHÖNSTE WISSENSCHAFT

Malerei und Zeichnung in den Quellen des 14. und 15. Jahrhunderts*

»Wer mir folgt und mich liebt, den kann ich durch meine Kraft ohne Flügel bis zum Himmel fliegen lassen.«

Ansprache der »Malerei« im »Trattato di Pittura« von Francesco Lancilotti, 1509

Lustgefangenschaft: Die Anziehungs-Kraft der neuen Malerei

Die Werke dieser Ausstellung eröffnen uns einen privilegierten Blick, der auf unsere Neugier nach anschaulichen Bildern antwortet. Unsere Schaulust ist den Werken eingeschrieben. Sie spiegelt sich in der Gestalt, die sich in der Dresdener Johannestafel über die Brüstung hinabbeugt (Abb. 1), um mit Mühe zu sehen, was wir unmittelbar vor Augen haben: die Rückkehr der Jünger des Täufers, die ihm nun bestätigen, dass Christus wahrhaft der Erlöser ist.[1] Diese eigentliche Botschaft des Gemäldes aus dem Umfeld Giottos dürfte sich bereits damals mit der Betrachtung seiner künstlerischen Qualität verbunden haben, wegen der wir heute die Galerien besuchen. Francesco Petrarca jedenfalls sah sich um 1360 veranlasst, in seiner Moralschrift über die »Heilmittel« gegen Glück und Unglück seine Zeitgenossen folgendermaßen zu rügen: »Ach, würdet ihr, die ihr eure Vorfahren in den eitlen Dingen so leichthin übertrefft, diesen in den ernsten Dingen wenigstens gleichkommen und ihre Tugend und ihren Ruhm mit jenen bewundern, mit denen ihr ohne Unterlass die Tafelbilder bewundert!«[2] Niemand geringerem als der »Vernunft« hat Petrarca diese Worte in den Mund gelegt, die eine - gemeinsame - Betrachtung von Gemälden um die Mitte des 14. Jahrhunderts zur Gefahr für die moralische Integrität der Gesellschaft erklären. Durch seine daran anschließenden Ausführungen entfaltet er allerdings zugleich eine im negativen Modus der Klage vorgetragene neuzeitliche Poetik der Malerei, die deren Wirkung auf die Betrachter zum Thema erhebt.[3]

Petrarca spricht dabei nicht von Idolatrie oder bildmagischem Aberglauben, noch meint er wundertätige christliche Kultbilder, deren Verehrung für die Frömmigkeit seiner Zeit eine so bedeutende Rolle spielte.[4] Sein Thema ist die visuelle »Kraft« (»vis«) der Bilder. Die geläufigen Abgrenzungen von Theologen wie Thomas von Aquin, dass nicht dem »bemalten oder geschnitzten Holz« religiöser Gemälde, sondern allein dem Dargestellten Verehrung zukommen soll,[5] werden vom Dichter in einen ästhetischen Kontext übertragen, wenn er eine Hingebung konstatiert, die sich der Dinglichkeit der Malerei widmet: »Du erfreust dich am Pinsel und an den Farben, an denen sowohl der Wert, als auch die Kunstfertigkeit (›ars‹) gefällt, sowie deren Vielfalt und die Neugier erweckende Verteilung (›dispersio‹). So sehr lassen dich die lebendigen Gesten der blutleeren Figuren, die Bewegung der unbeweglichen Bilder [...] und die Gestalt der wie atmenden Gesichter im Ungewissen, dass du beinahe vermuten würdest, es kämen Stimmen aus ihnen hervor.«[6]

Petrarca kritisiert die verständigen Betrachter, die (wie wir) an der Oberfläche des Bildes nach der Spur einer Künstlerhand suchen, welche aus toten Materialien gleichsam lebendige Wesen geschaffen hat. Gerade diese Differenz scheint die Sinne gefangen zu nehmen: ›Es besteht dabei die Gefahr‹ - schreibt Petrarca weiter -, »dass durch diese Bilder besonders die großen Geister gefesselt werden: wo also der Ungebildete nach kurzer Verwunderung fröhlich vorüber geht, seufzt der Verstandesbegabte auf und hält in Verehrung inne.«[7]

Mit den Begriffen »voluptas« (Genuss oder Lust) und »stupor« (Staunen), die im christlichen Kontext mit der Sündhaftigkeit des Menschen verbunden sind, unterstreicht Petrarca auch im weiteren Text die prekäre, jedoch wirkungsvolle Sinnlichkeit der Malerei. Für dasselbe Phänomen findet Petrarcas Freund Giovanni Boccaccio etwa zur gleichen Zeit in seiner Novellensammlung »Dekameron« ähnliche, aber positive Worte, die nun konkret dem nur zwei Jahrzehnte zuvor verstorbenen Maler Giotto gelten, seinem »herausragenden Geist« und seiner die Naturdinge täuschend echt vor Augen stellenden Malerei. Giotto wird zur Ehre der Literatur erhoben, »weil er die Kunst, die viele Jahrhunderte lang unter dem Irrtum jener begraben war, die mehr um die Augen der Unwissenden zu ergötzen, als um den Geist der Weisen zu befriedigen, gemalt haben, wieder ans Licht gezogen hat [...].«[8]

Die Lust, sich in die reizvolle Gefangenschaft der Bilder zu begeben und als Vertrauter des Künstlers die bannende Kraft der Malerei wissend zu bestaunen, wird für die ganze frühe Neuzeit prägend werden. Um 1435 liefert Leon Battista Alberti in seinem Traktat »De pictura« eine erste theoretische, an der Rhetorik geschulte Grundlage der Malkunst, die nicht Materialien und Techniken des Malers, sondern Erfindung und Komposition sowie die Wirkung der Bilder ins Zentrum rückt. Was in den rhetorischen Schriften aber Erbauung oder Erfreuung (»delectatio«) heißt, nennt er mit dem kritischen Begriff Petrarcas »voluptas/voluttà«, »Lust«. Ohne Hinweise auf die negativen Konnotationen dieses sinnlichen Verlangens bezeichnet er damit die Anziehungskraft der Kunst, die nicht mehr allein - wie bei Petrarca - die »großen

Abb. links Gherardo Starnina: Maria (Detail), um 1404/07 (G 54; Kat.-Nr. 6)

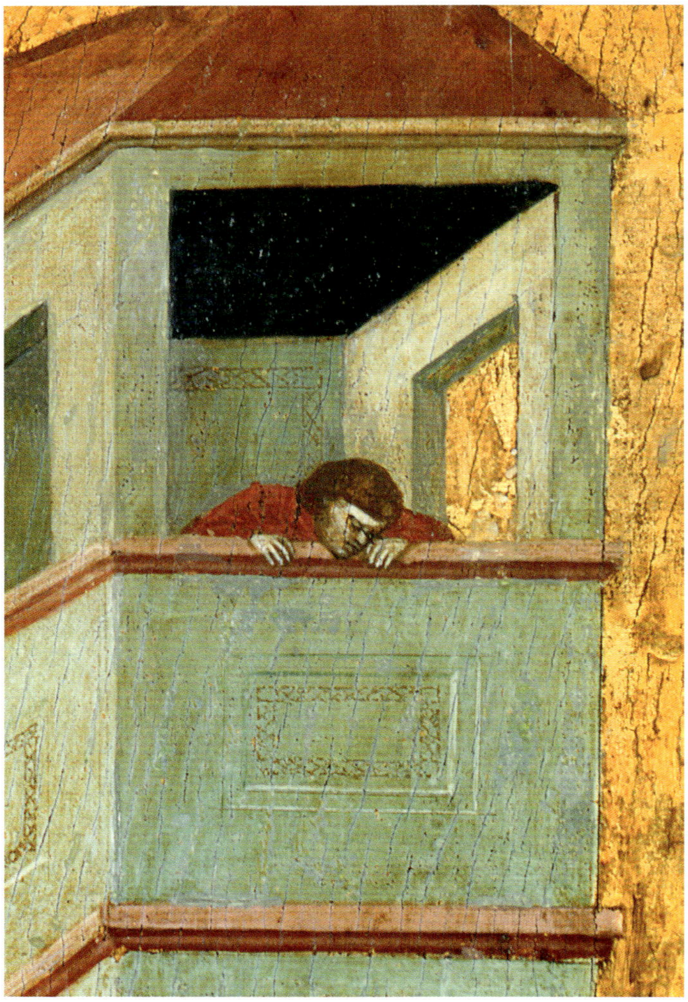

Abb. 1 Giotto di Bondone (Werkstatt): Johannes der Täufer im Gefängnis (Detail) (G 27; Kat.-Nr. 1)

Geister«, sondern das gesamte Publikum affiziert. Man werde eine gemalte Geschichte (»historia«) loben, die ihre »Reize so schmuckreich und anmutig darbiete, dass Gelehrte wie Ungelehrte durch Vergnügen und Gemütsbewegungen zur Betrachtung festgehalten werden.«[9] Die Anmut (»grazia«) sei dann erreicht, »wenn die Betrachter beim Mustern der Gegenstände verweilen«.[10] Die Unmittelbarkeit der Malerei bezeichnet Alberti wiederum mit dem Begriff, der bei Petrarca Gefahr markierte, als »vis« oder »forza«, ja er nennt sie sogar eine »göttliche Kraft«, die allerdings durch das moralische Empfinden des Künstlers so temperiert sein soll, dass »Anmut und Lieblichkeit« bewahrt bleiben.[11]

Bühne: Das Bild als Aufführung von Geschichte

Wie auf einer immerwährenden Bühne treten auf der Johannestafel (G 27; Kat.-Nr. 1) die Häuser kulissenartig zurück, um Platz für eine Erzählung zu machen, deren gemessene Bewegung durch den Rhythmus der Arkaden skandiert wird. Mit der stillgestellten Frauenfigur ahnen wir die Bedeutung der Ereignisse, die sich an der zunehmenden gestischen Aufladung nach rechts ablesen lässt: Das Schwert des Soldaten gebietet den Jüngern des Johannes Einhalt und verweist zugleich auf den eingekerkerten Protagonisten. Dessen fragende Handbewegung kommuniziert mit den erzählenden Gesten des vorderen Jüngers, die den Zwischenraum mit dem Bericht über die Wunder des Erlösers erfüllen. Die architektonische Strukturierung der Fläche und die Weitung des Raums durch plastische Figuren erzielen eine zweifache Dynamisierung des Bildfeldes, die das Betrachten dehnt und zum emotionalen Nachvollzug einlädt.[12] Dieser stillen Intensität steht die dramatische Predellentafel Bernardo Daddis gegenüber, auf der ein doppeltes Ereignis – die bevorstehende Enthauptung und die rechts hereindrängende Erlösung – eine ganze Gruppe wie einen beweglichen Gesamtkörper staucht, um die Emotionen der Figuren im kleinen Bühnenraum effektvoll auszuspielen (G 21; Kat.-Nr. 2). Ähnlich löst Jacopo Avanzis »Judaskuss« die Gruppe von Petrus und Malchus heraus, die den Raum körperhaft öffnet und das Gedränge des Hintergrunds zu einem Kampf zuspitzt, bei dem für den Betrachter auch der Siegende durch das Schwert des zu Boden Gestürzten bedroht bleibt (Z 1; Kat.-Nr. 3). Eine solche bewegende Darstellung ist für den Florentiner Stadtchronisten Filippo Villani Ausweis der namhaften künstlerischen Intelligenz Giottos, wenn er um 1390 schreibt: »auch scheinen seine Abbilder die Handlungen und Gesten so angemessen auszuführen, dass sie zu sprechen, zu weinen, sich zu freuen und anderes zu tun scheinen, nicht ohne Ergötzung der Betrachtenden und jener, die den Verstand und die Hand der Künstler loben.«[13] Villani nennt als Beispiel Giottos »Navicella«-Mosaik in St. Peter, dessen auf unterschiedliche Weise von der Angst ergriffene Apostel auch in Parri Spinellis zeichnerischer Kopie (um 1430) im Fokus stehen – nicht ohne den Namen Giottos hinzuzusetzen (Abb. 2).[14]

Gleichzeitig zu Spinelli bestätigt auch Alberti Giottos Vorreiterrolle, wenn er die »Navicella« als einziges Werk neuerer Kunst zum Modell des vollendeten Ereignisbildes erklärt, »weil er hier von jedem [der Jünger] durch den Ausdruck von Gesicht und Geste die erregte Seele auf bestimmte Weise darstellte.«[15] Eben diese angemessene Veranschaulichung der »Bewegungen der Seele« (»movimenti dello animo«) durch die »Bewegungen des Körpers« bildet den Kern von Albertis Konzept der »Historia« als Affektbrücke zum Publikum. Es wird nicht nur zum Mitfühlen, sondern auch zum Mitdenken angeregt, weil der verständige Maler Haltungen darstellen kann, »die dem Betrachter noch weit mehr zu denken geben, als er sehen kann.«[16]

Mit welchen Begriffen die Zeitgenossen des 15. Jahrhunderts solche Kunstgriffe der Maler bezeichneten, belegt Cristoforo Landino in seinem Dantekommentar von 1481. Er hebt an Malern wie Masaccio, Filippo Lippi oder Andrea del Castagno die fingierte Plastizität (»rilievo«) und die Verkürzungen (»scorci«) hervor, ohne die eine räumliche und emotionale Verbindung der Figuren nicht möglich ist.[17] Die Dresdener Predellentafeln des Ercole de' Roberti sind Meisterwerke dieser Verknüpfungskunst (G 41, 42; Kat.-Nr. 35, 36). Schon Giorgio Vasari hat in seinen »Künstlerviten« (1568) an Ercoles Gemälden die gezeigten Schubkräfte (»forza«) und natürlichen Bewegungen (»movenza«) ebenso hervorgehoben, wie die überwältigende körperliche Greifbarkeit (»rilievo grandissimo«) und eine originelle Lust an Verkürzungen.[18] Die »Gefangennahme« ist angefüllt mit solchen Dramatisierungen; wie bei Avanzi (Z 1; Kat.-Nr. 3) öffnet auch hier die Gruppe von Petrus und Malchus (Abb. 3) dramatisch die Fläche des Bildes: Wo ein Zaun

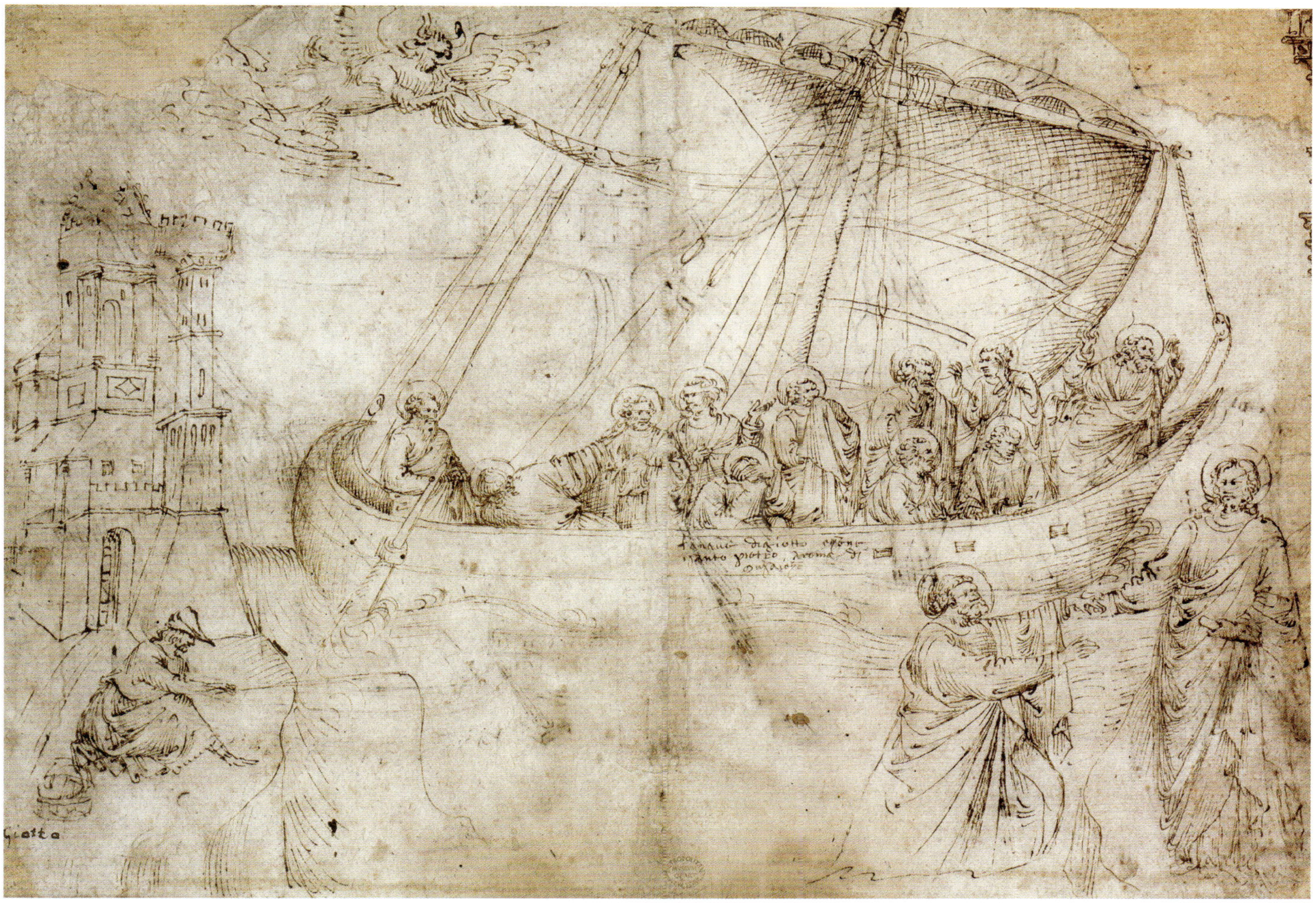

Abb. 2 Parri Spinelli: Nachzeichnung von Giottos »Navicella«, um 1430. Feder und braune Tinte auf Papier, 27,5 × 39,0 cm. New York, Metropolitan Museum, Inv.-Nr. 19.76.2

und effektvoll verkürzte Liegefiguren tief in den Bildraum hineinführen, scheint uns Malchus unter dem Angriff des Petrus geradezu entgegenzustürzen. Als etwa zeitgleiche Studien für solche Effekte erweisen sich Luca Signorellis Aktzeichnungen von Gestalten, die im Sinne der Vasarischen »forza« auf Kräfte reagieren und schon auf dem Zeichenblatt Raum erzeugen (Z 37; Kat.-Nr. 30). Eine vermittelnde Affektfigur zeigt hingegen ein Blatt Giuliano da Sangallos (Z 26). Beide sind Beispiele für die Perfektionierung der Zeichenkunst, welche im Laufe des 14. und 15. Jahrhunderts eine immer bedeutendere Stellung gewinnt.[19]

Augenblick: Überlieferung und Unmittelbarkeit in der Zeichnung

In Petrarcas Poetik der Kunst wird auch die Zeichnung als »Quelle« aller bildenden Künste gewürdigt.[20] Boccaccios Aussage im »Dekameron«, Giotto habe nicht allein mit dem Pinsel, sondern auch mit »dem Griffel und der Feder« die Natur nachgeahmt, belegt ebenso wie eine Einkaufsliste des Notars Oliviero Forzetta aus Treviso, der bereits 1335 nach Zeichnungskonvoluten aus Künstlernachlässen fahndete, dass es damals unter Kennern eine gewisse Aufmerksamkeit für die Zeichenkunst gegeben hat.[21] Um 1400 schreibt dann der in Padua tätige Humanist Pier Paolo Vergerio, dass die Zeichnung dazu beitrage, »Schönheit und Anmut der Dinge, ob durch Natur oder Kunst hervorgebracht, zu erfassen«.[22] Ebenfalls um 1400 schildert der bei Agnolo Gaddi ausgebildete Maler Cennino Cennini in seinem Kunst-Handbuch »Libro dell'Arte«, wie durch das Zeichnen die Hand geschult und das Bildgedächtnis gefüllt werde.[23] Exempelsammlungen, die als Lehrmaterial und Formenrepertoire dienten, haben sich seit dem späten 14. Jahrhundert erhalten, etwa aus der Werkstatt des Mailänder Malers Giovannino de' Grassi (1340–1400).[24] Giovanni da Milanos qualitätvolles Blatt mit dem das Kreuz tragenden Christus überliefert eine solche plastische Beispielfigur, die mit der Verkürzung des Kreuzes und dem im rechten Winkel zur Bildfläche gestellten Fuß eine gelungene räumliche Positionierung auf dem Papier demonstriert (Z 16; Kat.-Nr. 5). Zahlreiche erhaltene Zeichnungen aus dem Umfeld der Werkstätten Antonio Pisanellos (1395–1455) oder Benozzo Gozzolis (Z 17; Kat.-Nr. 13) zeigen die wachsende Vielseitigkeit solcher Blätter.[25] Der Dominikanerprediger Girolamo Savonarola wählt 1493 die Zeichnungsausbildung sogar als Predigtexempel: Die Welt sei gleichsam eine Zeichnung Gottes, der im Schöpfungsakt seine »Ideen nach außen auf das Papier gebracht« habe. Wie der Lehrling die Zeichnungen, die der Meister »aus dem Geist und aus seinen Händen« hervorgebracht habe, betrachte und sich durch deren Nachahmung die »Kunst« des Lehrers zu eigen mache, lasse sich auch Gottes Präsenz in der Welt erkennen und nachahmen.[26]

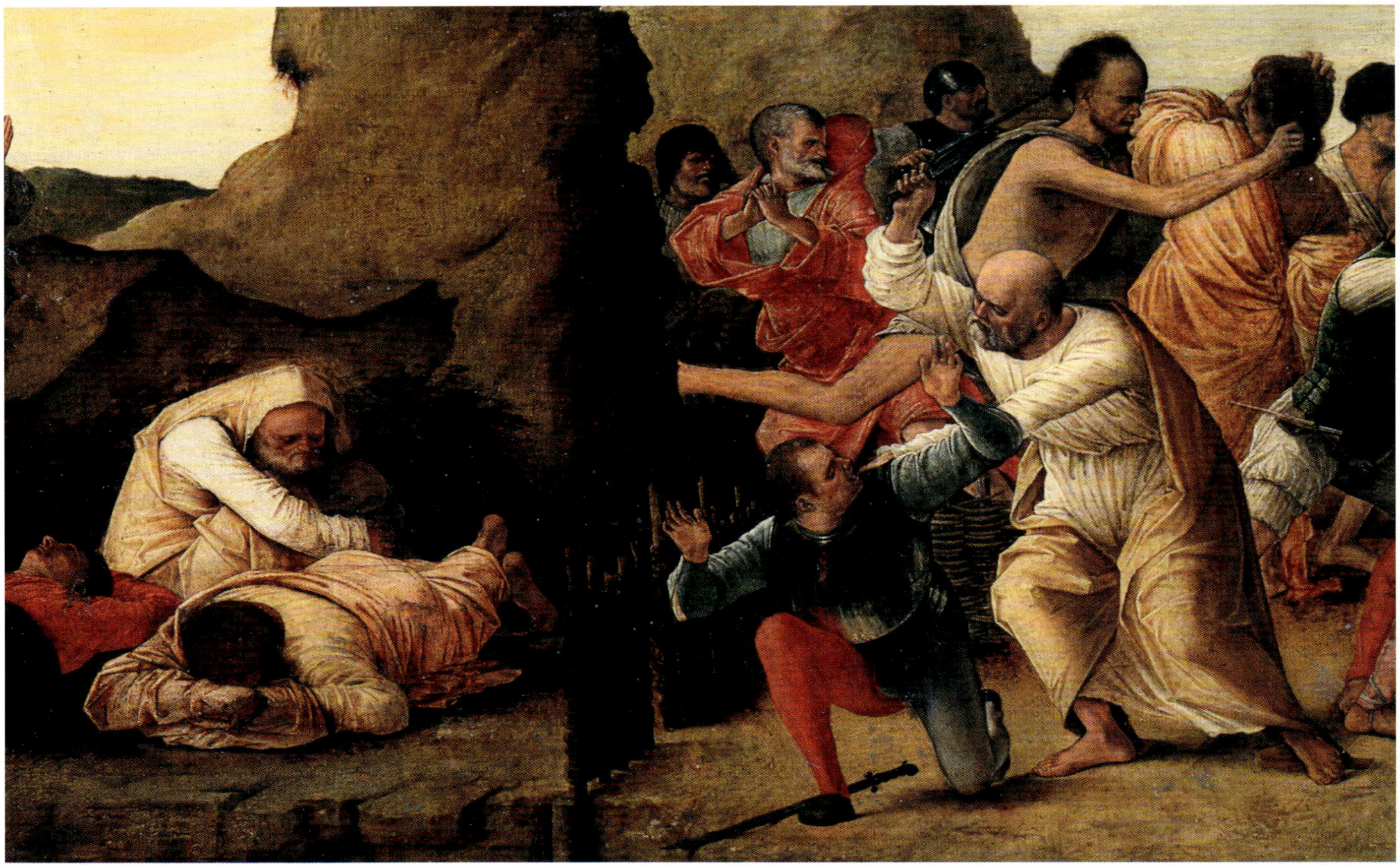

Abb. 3 Ercole de' Roberti: Gefangennahme Christi (Detail), 1482/86 (G 41; Kat.-Nr. 36)

Die Zeichnung verbindet demnach Vorstellung und praktische Vergegenwärtigung, sie ist daher für Leonardo da Vinci um 1490 Ursprung oder Prinzip (»principio«) der Malerei, durch sie »kommandiert« der Maler über die Perfektion des Bildhauers, »lehrt« den Architekten, seinen Gebäuden Grazie zu verleihen, liefert der Geometrie, Optik, Astronomie oder Maschinenbauern ihre anschaulichen Figurationen und schult Weber, Sticker oder andere Handwerker.[27] Eine singuläre Experimentierstätte für Goldschmiedekunst, Malerei, Skulptur, Architektur und Festdekoration war um 1470 die Werkstatt Andrea del Verrocchios, in der neben Perugino und Lorenzo di Credi auch Leonardo ausgebildet wurde. Die meisterhafte Dresdener Madonnenstudie Verrocchios (Z 19; Kat.-Nr. 14) zeigt die subtile Fokussierung einer mit dem Pinsel gehöhten Metallstiftzeichnung, aber auch Blätter wie Gherardo del Foras Aktfigur (Z 20; Kat.-Nr. 22) oder Ghirlandaios Faltenstudie (Z 31; Kat.-Nr. 23) reflektieren die im Verrocchio-Umfeld ausdifferenzierten Funktionen der Zeichenkunst.[28]

Das Innovationspotential der Zeichnung verbindet sich von Beginn an mit der Phantasie des Künstlers. Cennino Cennini, der stets die Verbindung von Hand und »fantasia« betont, erklärt, dass intensive Übung mit der unlöschbaren Feder den Maler befähige, »im Kopf« zu zeichnen.[29] Auch Alberti empfiehlt vor dem Malen einen längeren Prozess des Ausdenkens (»excogitare«), verbunden mit dem »Hinwerfen« von Modellen auf Papier (»modulosque in chartis conicientes«), die Freunden zur Beurteilung vorgelegt werden können.[30]

Die zeichnerische Fähigkeit, mit geringen Mitteln beliebige Dinge im Handumdrehen überzeugend zur Erscheinung zu bringen, galt schon in der Antike als unmittelbarer Ausweis körperlicher und geistiger Kunstfertigkeit. Ähnlich wie Plinius von Apelles berichtet Camillo Leonardi kurz nach 1500 von Andrea Mantegna, dass dieser »mit einer rasch herbeigenommenen Feder oder einem Stück erloschener Holzkohle in einem Augenblick (›in ictu oculi‹) die wahrhaften Bilder oder Abbilder von Menschen verschiedenen Alters oder unterschiedlichen Tieren [...] so darstellte, dass sie sich geradezu zu bewegen schienen.«[31]

Eine Autonomie der Renaissance-Zeichnung im Sinne heutiger Kunstwerte ist schwer zu belegen, aber der Eigenwert graphischen Gestaltens ist früh ein Thema. Cennini schreibt, dass schon die Unterzeichnung der Gemälde, wenn auf der grundierten Tafel die Figuren mit Kohle umrissen und plastisch schattiert sind, »jeden Menschen dazu bringen wird, sich in deine Taten zu verlieben.«[32] Auch in Albertis Malereitraktat kann die Zeichnung als »circonscrizione« für sich allein »äußerst anmutig sein«, wenn sie, wie es Plinius von Parrhasios berichtet, kunstfertig die räumliche Stellung der Körper anschaulich macht.[33] Dass für die Kenner des 15. Jahrhunderts gerade die Zeichnung eine Brücke schlagen konnte zwischen antiker Idealität und abstrahierender Phantasie, zeigen die Interessen des gelehrten Antiquars Felice Feliciano. Dieser Freund Mantegnas stellte nicht nur Handbücher antiker Zeugnisse zusammen, sondern erwarb als einer der ersten Zeichnungssammler zahlreiche Blätter Stefano da Veronas (Z 3;

Kat.-Nr. 7), an denen ihn wohl das ganz unantikische graphische Gefüge aus Linien als Spur einer originellen Künstlerhandschrift gereizt haben mag.[34]

Durchblick: Malerei als Natur-Wissenschaft

Lorenzo di Credi hat in seinem Madonnenbild ein offenes Fenster wie eine Bühne für Licht und Landschaft inszeniert (Abb. 4). Dem perspektivischen Schlafraum mit der dem Betrachter nahegerückten Gottesmutter wird so ein Blick in die Ferne gegenübergestellt, der im Bild der Welt die Schönheit der Schöpfung als Perspektive jenseitigen Heils aufscheinen lässt. Das Einfangen der Natur und ihrer Gesetzlichkeiten ist schon bei Petrarca ein Argument für die wissenschaftliche Anerkennung der Kunst. Es werde nämlich »schon seit langem die Malerei, da sie der Natur näher verbunden ist, vor allen anderen Mechanischen Künsten in Ehren gehalten, und sie besetzte sogar bei den Griechen, wenn ihr Plinius glaubt, den ersten Rang der Freien Künste.«[35] Mit der besonderen Verbindung zur Natur (»naturae coniunctior«) meint Petrarca mehr als die bloße Nähe der Imitation. Auch andere frühe Quellen verweisen auf eine Durchdringung der Naturgesetze, durch die den Malern die Darstellung der Gegenstände in ihrer Materialität, der Körper in ihrer lebendigen Beweglichkeit und des Raumes in seiner Weite gelingt. Filippo Villani konstatiert, Giotto habe die »Proportionen« (»liniamenta«) der Natur in seinen Bildern umgesetzt.[36] So wie der Naturforscher Roger Bacon die Mathematik als »Schlüssel und Pforte« der Wissenschaften einschätzt[37] und der Florentiner Philologe Coluccio Salutati um 1400 die Grammatik eine »Pförtnerin aller Freien Künste« nennt,[38] erklärt Cennini das Zeichnen nach der Natur zur »Triumphpforte« der Malerei.[39] Diese gilt ihm als Beobachtungsinstrument, nämlich als ein vom Verstand des Malers geleitetes »Sehen-Können.«[40] Dessen Ergebnisse erfasst um 1427 der einflussreiche Gelehrte Guarino Guarini, wenn er bei der Betrachtung eines Gemäldes von Pisanello ausruft: »Welch regelhafte Verteilung von Licht und Schatten! Was für eine Weite! Was für eine Symmetrie der Gegenstände! Was für ein Zusammenklang der Glieder!«[41] Damit sind Worte für jene Kategorien ästhetischer Naturerfassung gefunden – Körper, Komposition, Raum und Licht –, die Alberti 1435 in »De pictura« systematisiert, indem er die Malerei als eine Materialisierung des Sehvorgangs beschreibt. Dazu bedient er sich bei den Mathematikern, ohne aber wie diese »das Stoffliche« abzuschneiden, denn er versucht, »die Malkunst so darzustellen, dass ich von den eigentlichen Grundlagen ausgehe, die in der Natur enthalten sind (›ab ipsis naturae principiis‹).«[42]

Die Wahrnehmung von Zeichnung und Malerei als Instrumente der Naturerkundung hatte also bereits eine gewisse Tradition, als Leonardo da Vinci ab 1490 die Frage nach der »Wissenschaft der Malerei« behandelt.[43] Für ihn stellt die Malkunst die Dinge der Natur mit größerer Wahrheit vor Augen, als es die Schriften tun, sie sei Philosophie, weil sie von der Dynamik der Körper handelt, und wahrhafte Wissenschaft, weil sie »mit philosophischer und feinsinniger Spekulation (›filosofica e sottile speculazione‹) alle Eigenschaften der Formen betrachtet: Meere, Gegenden, Pflanzen, Tiere, Kräuter, Blumen, welche von Licht und Schatten umsäumt sind.«[44] Das Studium der Bewegungen der

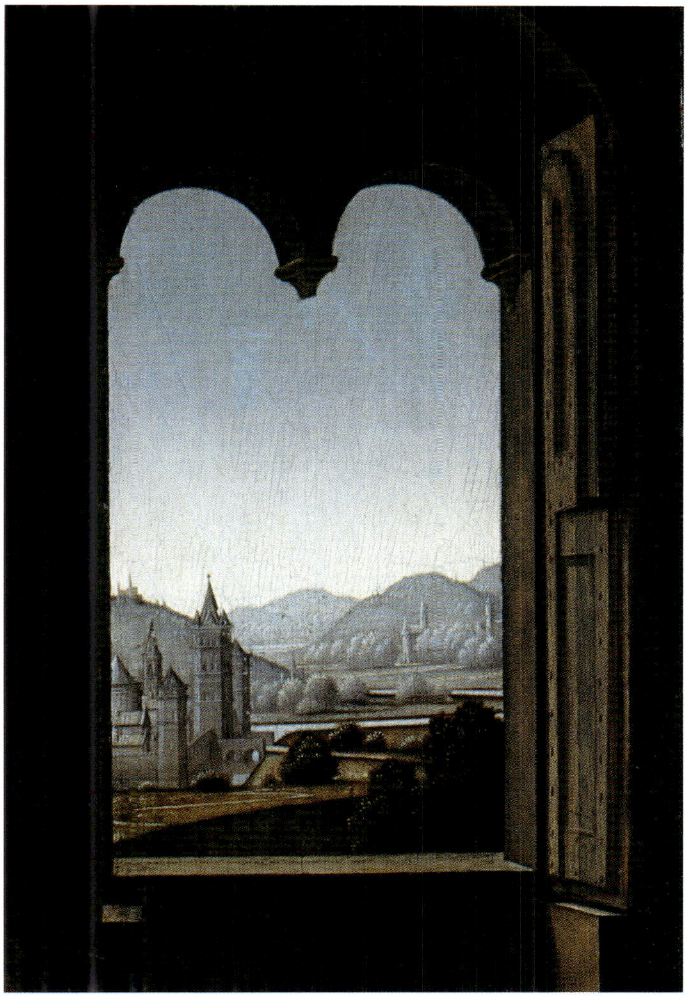

Abb. 4 Lorenzo di Credi: Maria mit dem Kind und Johannes (Detail), 1480/85 (G 30; Kat.-Nr. 15)

Natur und die Untersuchung der physiologischen Bedingungen des Sehens von Licht, Schatten und Farbe in Texten und Zeichnungen Leonardos erheben die Malkunst in ihrer theoretischen und technischen Gesamtheit zu einer Form visueller Welterkenntnis.[45] Leonardo fasst zusammen: »Wer die Malerei missachtet, liebt weder die Philosophie, noch die Natur.«[46]

Rückblick: Künstler als Erforscher und Rivalen der Antike

Neben der Natur steht auch die Antike im Blick der Künstler, denn die Kultur der Römer und Griechen mit dem von ihr verkörperten Ideal der Tugendhaftigkeit war ohne ihre künstlerischen Hinterlassenschaften nicht zu begreifen.[47] Schon 1282 lobt Ristoro d'Arezzo die Kennerschaft der Bildhauer und Zeichner von antiken Vasen und Lorenzo Ghiberti berichtet in seinen »Commentarii« von einer um 1340 in Siena entdeckten antiken Statue, die sofort »alle Kunstkenner und Fachleute der Bildhauerkunst, Goldschmiede und Maler« zusammenlaufen ließ – darunter auch Ambrogio Lorenzetti, der die Figur zeichnete, bevor sie von christlichen Eiferern als Idol zerstört wurde.[48]

Später entstehen gleichzeitig mit den ersten großen Antikensammlungen der Kardinäle Pietro Barbo (1417–1471) und Prospero Colonna (um 1410–1463)[49] systematische Zeichnungen nach der

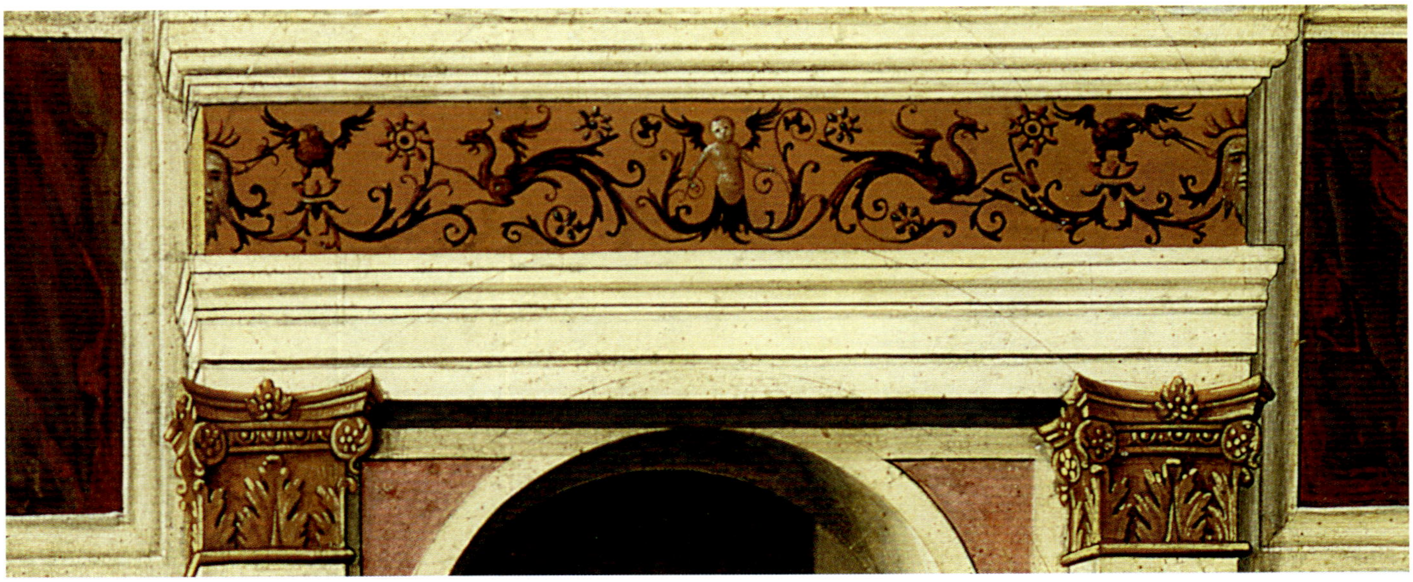

Abb. 5 Sandro Botticelli: Aus dem Leben des heiligen Zenobius (Detail), um 1500 (G 12; Kat.-Nr. 16)

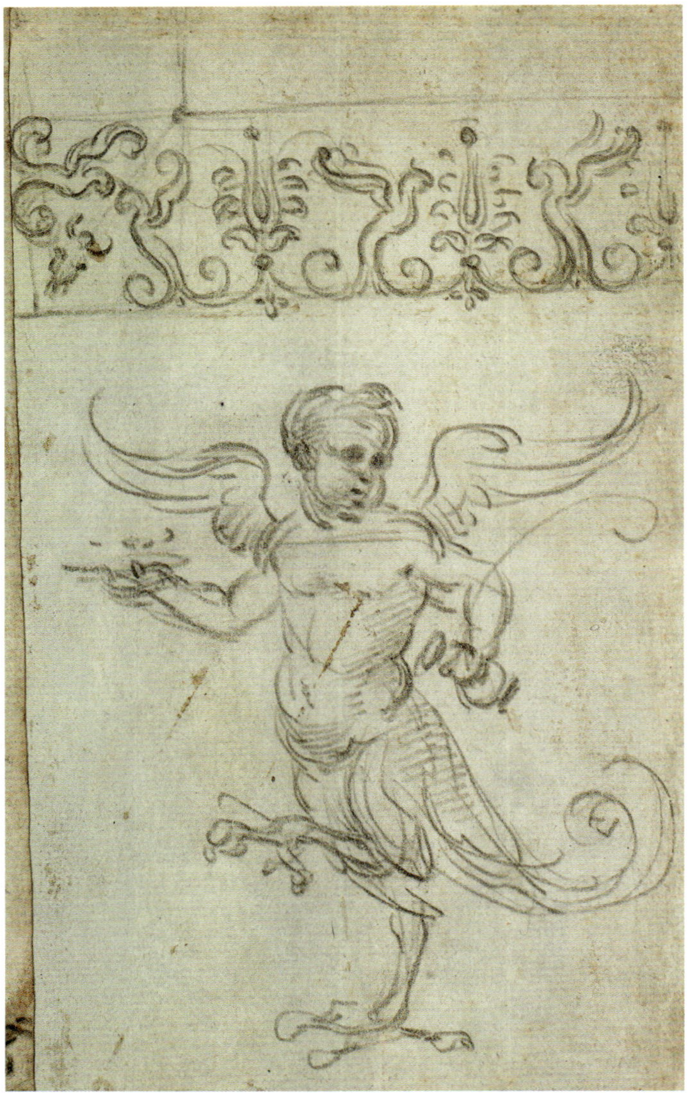

Abb. 6 Filippino Lippi: Dekorationen der Domus Aurea, um 1495. Metallgriffel auf Papier, 25,2 × 20,4 cm (Detail). Florenz, Galleria degli Uffizi, GDSU, 1255 E verso

Antike, zuerst im Umfeld Gentile da Fabrianos und Antonio Pisanellos (um 1430/40).[50] Auch Künstlersammlungen sind in dieser Zeit für Francesco Squarcione, Jacopo Bellini, Lorenzo Ghiberti und andere nachweisbar.[51] Das Studium antiker Fragmente und Gipsabgüsse geht dabei einher mit einem Nachstellen der Vorbilder, wenn Lehrbuben sitzend oder auf Stäbe gestützt die Haltungen antiker Statuen mit neuem Leben erfüllen. Ähnlich wie Arbeiten aus der Werkstatt Benozzo Gozzolis scheint die hier gezeigte Zeichnung Filippino Lippis mit den betont realistischen Konturen von Bauch und Armen antike Idealität spielerisch an der Natur zu messen (Z 22 verso; Kat.-Nr. 19).[52] Die Rückseite des Dresdener Gozzoli-Blattes, das einen Satyr mit Löwen aus einem Bacchus-Sarkophag herauslöst, ist ein Beispiel für das künstlerische Weiterdenken der Vorbilder (Z 17; Kat.-Nr. 13).[53] Gozzoli hat aus dem Erzählverlauf eine dynamische Zweiergruppe gewonnen, die sich für eine neue Historia nutzbar machen lässt, indem durch Details wie die vor den Körper gezogene, stark verkürzte Hand das skulpturale Relief in ein malerisches »rilievo« umgesetzt wird. Durch das Verkleinern des Löwenkopfes tritt zudem die Nacktheit des Mannes deutlicher hervor, denn, so heißt es in Angelo Decembrios gleichzeitigem Traktat »De politia litteraria«, an den Aktfiguren sei eine von allen Moden unverstellte »Kunstfertigkeit der Natur« zu beobachten, bei der Kleidung nur »ein Hemmnis für die Augen der Gebildeten und die malerische Feinheit« wäre.[54]

Künstler begannen in dieser Zeit, wie Cesare Cesariano 1521 berichtet, »nicht nur die Bücher des Plinius und den griechischen Plutarch und viele andere Autoren, wie Vitruv, durchzulesen«,[55] sondern stellten sich auch im Medium des gedruckten Buches den Gelehrten an die Seite. Dazu gehören die »Antiquarie prospettiche romane«, die um 1498 von einem anonymen Maler Leonardo da Vinci gewidmet wurden.[56] Darin wird auch beschrieben, dass die Maler, ausgerüstet »mit Brot, mit Schinken, mit Obst und Wein«, wie Höhlenforscher in die unterirdischen Kavernen der erst seit etwa 1480 zugänglichen römischen Residenz Neros, der Domus Aurea, hinabstiegen. Erst am Abend seien sie – »wie die Kaminkehrer« – mit vom Lampenruß geschwärzten Gesichtern, mit gekrümmten Rücken und zerstoßenen Knien aus der dunklen Welt der »Frösche und Käuze« zurückgekehrt.[57] Tatsächlich haben Künstler wie Domenico Ghirlandaio und Bernardo Pintoricchio ihre Namen als Beweis ihrer Erkundungen in die Wände dieser Grotten eingeritzt und ihre visuelle Beute in Zeichnungen geborgen.[58] Filippino Lippi studierte besonders die phantastischen Mischfiguren, die entscheidende Impulse für die neue Gattung der Groteske lieferten (Abb. 6).[59] Sein Zeitgenosse und Konkurrent Botticelli nutzte solche Vorlagen, um die sorgfältig entworfene Architektur seiner Dresdener Zenobius-Szene mit aktuellsten Ergebnissen der Antikenforschung zu historisieren und auszuzeichnen (Abb. 5), die ursprünglich mit geschnitzten Grotesken einer rahmenden Wandvertäfelung korrespondierten.[60]

Tavola: Material und Imagination

Die Malerei des 14. und 15. Jahrhunderts ist eine Tätigkeit von exemplarischer Komplexität. Als der Dominikaner Fra Giordano da Rivalto 1304 versuchte, die Struktur des Kosmos zu erläutern, beschrieb er sie als so unsagbar vielfältig, dass nur ein Engel sie als Vorstellungsbild im Geist tragen könne: »Das Verständnis des Engels ist wie eine Tafel (›tavola‹), auf der das Bild im Ganzen mit edlen Farben gemalt ist. Diese Tafel beginnen wir zu beschreiben und zu bemalen, sobald wir beginnen, Verständnis zu haben, und solange wir hier leben, widmen wir uns ihr, aber wir bewerkstelligen es nicht, sie ganz zu beschreiben, noch sie vollständig zu bemalen, denn diese Tafel ist so groß, dass man in dieser Welt ihre Bemalung nicht vollenden kann; so groß ist sie und so reich und man muss so viele Farben aufbringen, dass es ein Wunder zu sein scheint.«[61]

Die Herstellung eines Tafelbildes wird hier zu einem technisch-ästhetischen Prozess der Erkenntnisproduktion erklärt, der, wie die Bilder der Zeit selbst, das Jenseitig-Ewige nicht vollständig veranschaulicht, durch seine Arbeit an Farben und Formen gleichwohl darauf hinweist. Fra Giordano hielt die zitierte Predigt in der Florentiner Dominikanerkirche Santa Maria Novella, wo die gewaltige Marientafel, die dort seit etwa 1285 hing, seine Gedanken entscheidend angeregt haben mag (Abb. 7). Die Marienbruderschaft, die das Bild bei dem Sieneser Meister Duccio bestellt hatte, hatte ausdrücklich eine besondere Schönheit der Malerei (»pulcerrima pictura«) verlangt.[62] Der Maler löste dies durch eine monumentale und zugleich delikate Darstellung ein, verlieh den Engeln, die den Thron herbeitragen, plastische Präsenz, stufte die Farben ihrer Gewänder harmonisch ab, ließ alle Figuren durch neuartige Punzierung und frei gezeichnete Gravur der Nimben in lichtem Glanz erscheinen und hob das Ehrentuch Mariens durch eine »sgraffito« genannte, innovative Technik aus ornamentierter Goldgrundierung und transparentem Farbauftrag als ebenso gegenständlich wie übernatürlich schön hervor.[63]

Trotz zahlreicher anderer Aufgaben, mit denen sich Malerwerkstätten auseinanderzusetzen hatten – über die Fassmalerei von Skulpturen bis hin zur Dekoration von Festen –, kann die Tafelmalerei im 14. und 15. Jahrhundert als das präziseste und vielseitigste Leitmedium der Malkunst bezeichnet werden.[64] Das Dresdener Fragment einer Madonna ist ein exzellentes Beispiel für die hohe

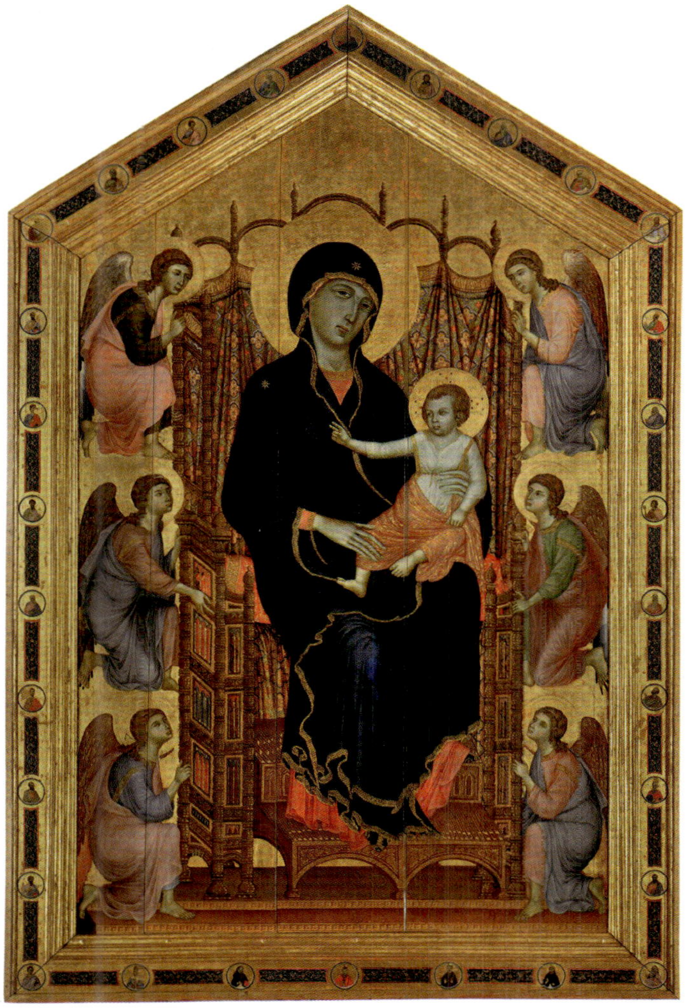

Abb. 7 Duccio di Buoninsegna: Madonna Rucellai, um 1285. Tempera auf Holz, 450,0 × 293,0 cm. Florenz, Galleria degli Uffizi

malerische Kultur der Florentiner Meister um 1400, wie sie Cennino Cennini schildert. Das weich modellierte Gesicht Mariens (Abb. S. 10), ihr in feinen rhythmischen Strichen über einer bereits modellierten Untermalung aufgetragenes Inkarnat, die wie am Schminktisch dezent, aber effektvoll aufgesetzten Wimpern und die frischen roten Bäckchen verkörpern exemplarisch Cenninis sorgfältige Beschreibung der Maltechnik, die in der Inkarnatmalerei gipfelte.[65] Auch die Arbeit mit dem Goldgrund verdeutlicht, dass Cennini darin eines der Hauptwirkungselemente der Malerei sah. Er gibt, gegen unsere normale Lesart, zu verstehen, dass die polierte Metallfolie »dunkel« erscheint und erst die Ritzungen und eingeschlagenen Punzen hellen Glanz erzeugen.[66] In bewegter Kerzenbeleuchtung würde das Dresdener Fragment noch heute zeigen, dass die Halbkugelpunzen des Nimbus wie Perlen leuchten, die Fläche zwischen den Schriftzeichen lebendig schillert und die geritzten Strahlen das Antlitz mit einer räumlichen Gloriole einfassen. Dazu kommen die dem Goldgrund durch Punzen aufgesetzten Engelfiguren – ein Flügel ist am linken Rand gut zu erkennen –, die einst in leuchtender, schwebender Ungreifbarkeit das jenseitige Thronen Mariens zur Anschauung gebracht haben.[67]

Etwa zeitgleich mit dem Traktat Leon Battista Albertis entstand das Marienbild aus dem Umkreis Francesco Pesellinos, auf

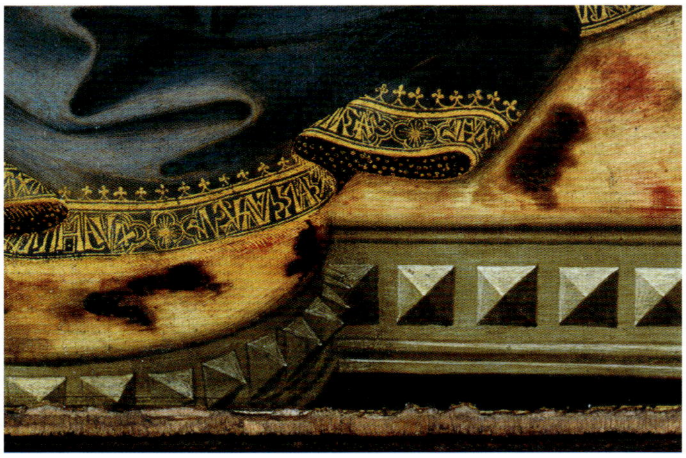

Abb. 8 Pesellino (?): Thronende Maria mit dem Kind (Detail) (G 37; Kat.-Nr. 9)

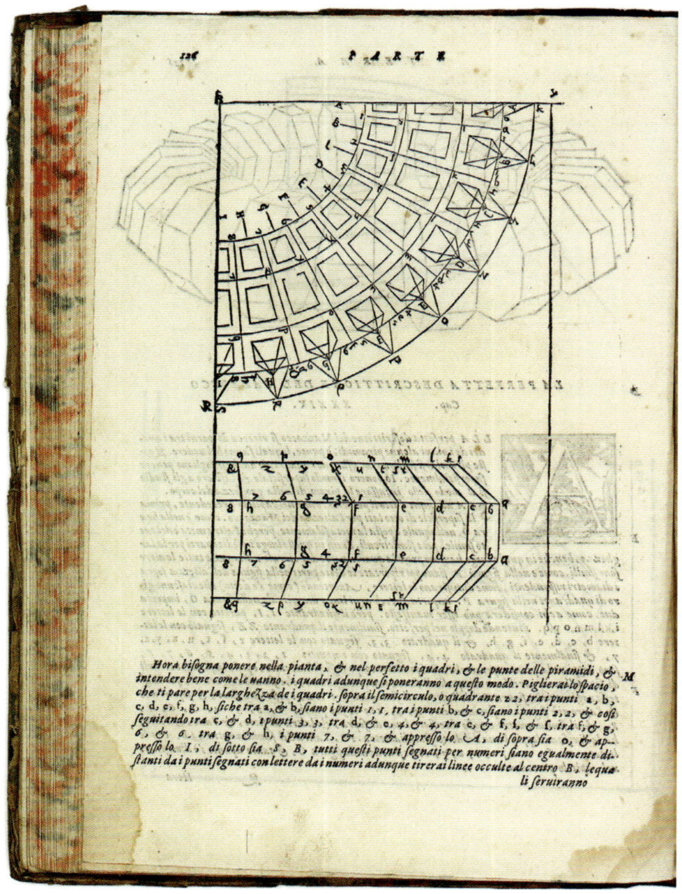

126 PARTE

Hora bisogna ponere nella pianta, & nel perfetto i quadri, & le punte delle piramidi, & intendere bene come le uanno. i quadri adunque si poneranno a questo modo. Piglierai lo spacio, che ti pare per la larghezza de i quadri. sopra il semicirculo, o quadrante z 2, tra i punti a, b, c, d, e, f, g, h, siche tra a, & b, siano i punti 1, 1, tra i punti b, & c, siano i punti 2, 2, & cosi seguitando tra c, & d, i punti 3, 3, tra d, & e, 4, & 4, tra e, & f, 5, & 5, tra f, & g, 6, & 6, tra g, & h, i punti 7, & 7, & appresso lo A, di sopra sia o, & appresso lo I, di sotto sia 8, B, tutti questi punti segnati per numeri siano egualmente distanti da i punti segnati con lettere da i numeri adunque tirerai linee occulte al centro B, lequali seruiranno

Abb. 9 Daniele Barbaro: La Pratica della Perspettiva, Venedig 1569, S. 126: Konstruktion des »Mazzocco«

dem ein golddurchwirkter Vorhang sich wie von selbst zu raffen scheint, um dem Blick des Betenden die zärtliche Verbundenheit von Maria und Gottessohn zu enthüllen (G 37; Kat.-Nr. 9). Sie thronen auf einem schmuckreichen Sitz aus übernatürlich buntem Marmor, dessen Podest sich uns halbkreisförmig entgegenwölbt. In unterschiedlicher Verkürzung sind dieser Stufe diamantenartige Pyramiden aufgesetzt (Abb. 8). Das so entstehende perspektivische Spiel erinnert an den »Mazzocco« (Abb. 9), die Darstellung eines Ringes in stereometrischer Projektion, für die Paolo Uccello berühmt war. Noch für den Perspektivtheoretiker Daniele Barbaro (1569) sind die »Mazzocchi« diffizile Kunstfiguren, bei denen gerade die aufgesetzten Pyramiden besonders reizvoll für das Auge seien (»fanno bel vedere«).[68] Pesellino hat solche »perspektivischen Schaustücke«[69] genau an den Bildrand gelegt, wo ihre Spitzen mit dem Rahmen, der die Tafel ursprünglich umgeben haben muss, in sinnreichen Kontrast treten und das Bild zwischen materieller Zugänglichkeit und anschaulicher Distanz des Jenseitigen in der Schwebe halten.[70]

Durch dieses Spannungsfeld zwischen Bildoberfläche und Durchblick kriecht in Francesco del Cossas »Verkündigung« (S. 21, Abb. 1) als Grenzgängerin eine Weinbergschnecke (Abb. 10).[71] Ihre scheinbare Deplatziertheit erinnert an die etwa gleichzeitig von Filarete berichtete Anekdote von Giotto, der eine Fliege auf ein Madonnenbild seines Meisters malte, die dieser zu verscheuchen suchte.[72] Anders als das flinke Insekt aber lädt die lebensgroße Schnecke zu längerer Betrachtung ein. Ihr Haus beweist die Rolle der Natur als maßvolle und »wunderbare Bildnerin der Dinge«, wie Alberti schreibt, ja den Kunstcharakter der göttlichen Schöpfung überhaupt.[73] Es ist Naturprodukt und doch geometrische Figur, man kann die Schneckenlinie, laut Alberti, nur konstruieren, wenn man Kreissegmente mathematisch berechnet.[74] Die Form des Gehäuses, das bei Alberti auch den Voluten ionischer Kapitelle seinen Namen leiht, steht so am Übergang von Natur, Wissenschaft und Ornament.[75] Filippino Lippis Zeichnung (Abb. 6) oder Botticellis Grotesken (Abb. 5) lassen Pflanzen- und Tierformen kunstvoll in den Rapport von Spiralen übergehen und in den Bronzetüren Ghibertis oder Filaretes verbergen sich Schnecken im vegetabilen Rankenwerk, die der ornamentalen Rationalisierung der Natur einen Drang zur Lebendigkeit entgegenhalten. Cossas Schnecke ließe sich so als Wiederbelebung des Ornaments verstehen, die dessen Abstammung aus der kunstvollen Natur belegt. Wie Giottos Fliege laut Filarete von der »Kraft des Wissens« um das rechte Setzen der Farben zeugte, so könnte das Kriechtier die von den Zeitgenossen gelobte »über das Wissen der Kunst hinaus« gehende Kunstfertigkeit Cossas witzig veranschaulichen.[76] Diese begeisternde Fähigkeit der Malerei fasste der Florentiner Maler Francesco Lancilotti 1509 in die Verse: »Etwas Totes lebend erscheinen lassen – welche Wissenschaft ist schöner als diese?«[77]

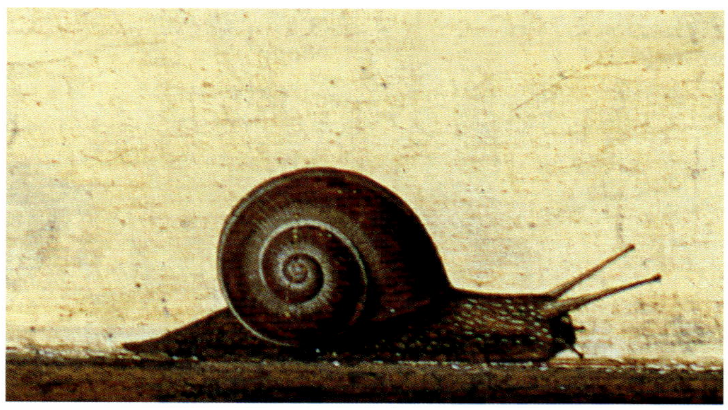

Abb. 10 Francesco del Cossa: Verkündigung (Detail), 1470/72 (G 18)

Anmerkungen

* Ich danke Judith Claus, Gudula Metze und Christoph Schölzel herzlich für zahlreiche Einsichten, Andreas Huth und Claus Kemmer für die kritische Durchsicht des Manuskripts.

1 Siehe zum bildinternen Betrachter die Beiträge in Kemp 1992 sowie in Fricke/Krass 2015.

2 Petrarca 2002, Bd. 1, S. 202 f. (De remediis utriusque fortunae, I, 40), Bd. 2, S. 268 f. (Kommentar); vgl. Baxandall 1971, S. 141 f.; Bettini 2002, S. 61 f.; während der Drucklegung erschien die kommentierte Neuübersetzung Petrarca 2014.

3 Vgl. dazu Baxandall 1971, S. 58 f.

4 Holmes 2013.

5 Thomas von Aquin, Summa theologiae, III, 25.3 res; Greenstein 1997, S. 679.

6 Petrarca 2002, Bd. 1, S. 203.

7 Ebd. (»magna maxime capiuntur ingenia«); vgl. dazu Bätschmann 2002, S. 360–362.

8 Boccaccio 1976, S. 550 (Decameron, VI, 5); dazu Baxandall 1971, S. 51 ff.; Stewart 1983; Pfisterer 2002a, S. 90; Blume 2014.

9 Alberti 2002, S. 129 (§ 40: »voluttà«); Alberti 2011b, S. 264 f.; dazu Patz 1986, S. 278–282; Bätschmann/Gianfreda 2002, S. 36–40; Bätschmann 2002, S. 365–367; zur »voluptas« bei der Betrachtung von Gemälden in De re aedificatoria, VI, 10 siehe Alberti 1966, Bd. 2, S. 609–611; Alberti 1975, S. 381; dazu Grafton 1999, S. 42.

10 Alberti 2011b, S. 267 (§ 40).

11 Alberti 2002, S. 101 (§ 25: »forza divina«), S. 137 (§ 44); Alberti 2011b, S. 234 f. (»vim admodum divinam«), S. 276 f.; zur Kraft der Bilder vgl. Freedberg 1989.

12 Siehe dazu Kat.-Nr. 1 im vorliegenden Band; vgl. Büttner 2013, S. 134 f.

13 Baxandall 1971, S. 70 f.; Schwarz/Theis 2004, S. 288.

14 Zucker 1981, S. 440; zur Fortuna des nur in Fragmenten erhaltenen Mosaiks der »Navicella« siehe Köhren-Jansen 1993.

15 Alberti 2002, S. 134 f. (§ 42); Alberti 2011b, S. 272 f.

16 Alberti 2002, S. 132 f. (§ 42); Alberti 2011b, S. 270 f.; Baxandall 1987, S. 162–165; Patz 1986, S. 282–285; Bätschmann 2002, S. 368 f.

17 Baxandall 1987, S. 144–184; Pfisterer 2002a, S. 245–257; vgl. Filarete 1972, Bd. 2, S. 672–677; Ames-Lewis 2000, S. 169.

18 Bettarini/Barocchi 1966–1997, Bd. 3 (1971), S. 420–422 (»si dilettò [...] assai di fare scórti«). Vasaris Beschreibung bezieht sich auf die Fresken der Garganelli-Kapelle; vgl. dazu Manca 1992, S. 46–51.

19 Vgl. dazu im Überblick zuletzt Chapman 2010a und den Beitrag von Lorenza Melli im vorliegenden Band.

20 Petrarca 2002, Bd. 1, S. 206 f. (De remediis, I, 41), Bd. 2, S. 272 (Kommentar); Baxandall 1971, S. 141.

21 Boccaccio 1976, S. 550; Gargan 1978, S. 36–39 (»disegnamenta«, »quaternum«).

22 Baxandall 1971, S. 124 f.; Pfisterer 2002a, S. 69 f.

23 Cennini 2003, Kap. 5–34; dazu Procacci 1977; Chapman 2010a.

24 Scheller 1995.

25 Ebd.; Ames-Lewis 2000, S. 36–38; Wiemers 1996; Degenhart/Schmitt 2004.

26 Gilbert 1988, S. 182; Ames-Lewis 2000, S. 36.

27 Libro di Pittura § [23]; Codex Urbinas, Bl. 12 v, um 1490/92; Leonardo 1995, S. 148; vgl. auch Ghiberti 1998, S. 47.

28 Siehe dazu Wiemers 1996, S. 137–156 sowie den Beitrag von Lorenza Melli im vorliegenden Band.

29 Cennini 2003, S. 71, Kap. 13; dazu Kemp 1977; Löhr 2008a.

30 Alberti 2011b, S. 308 f. (§ 61); vgl. Alberti 2002, S. 164 f.; siehe dazu Wiemers 1996, S. 20.

31 Kristeller 1902, S. 495, Dok. 13 (Camillo Leonardi, Speculum lapidum, Pesaro 1502); vgl. Plinius, Nat. hist., XXXV, 89; vgl. Wiemers 1996, S. 158–182.

32 Cennini 2003, S. 150, Kap. 122; dazu Löhr 2008a, S. 183; Pfisterer 2008b; vgl. im vorliegenden Band den Beitrag von Christoph Schölzel zu den Unterzeichnungen.

33 Alberti 2002, S. 114 f. (§ 31); vgl. Plinius, Nat. hist., XXXV, 67; dazu Rosand 2000, S. 547.

34 Karet 2002, S. 30–33; noch heute sind 13 Zeichnungen mit Felicianos Signet erhalten.

35 Petrarca 2002, Bd. 1, S. 204 f. (De remediis, I, 40); Bd. 2, S. 271 (Kommentar); Baxandall 1971, S. 141 f.; Stewart 1988.

36 Baxandall 1971, S. 70 f.; Schwarz/Theis 2004, S. 288; Seiler 2012, S. 66.

37 Crombie 1985, S. 56 f. (Roger Bacon, Opus Maius, IV, 1, 1).

38 Salutati 1905, S. 215.

39 Cennini 2003, S. 81, Kap. 28; dazu Seiler 2012, S. 52.

40 Cennini 2003, S. 67, Kap. 8 (»potere vedere«); dazu Löhr 2008b, S. 154.

41 »Quae lucis ratio aut tenebrae! Distantia qualis! / Symmetriae rerum! Quanta est concordia membris!« Baxandall 1965, S. 197.

42 Alberti 2011b, 194 f. (§ 1), S. 256–259 (§ 35, 36), S. 298 f. (§ 55); Alberti 2002, S. 66 f., S. 122–125, S. 154 f.; Greenstein 1997, S. 682 f.; Ambrosini 2008, S. 17 f. Zu Ghibertis Behandlung von Kunst und Wissenschaft siehe Bergdolt 1988 sowie Ambrosini 2008, S. 155–259.

43 Libro di Pittura, § [3], [4], [6] u. a., um 1500/05; Leonardo 1995, S. 132 f.; dazu Fehrenbach 1997, S. 33–67; Papa 2005, S. 20 f.; zur Rolle der Zeichnung Wiemers 1996, S. 22–28; vgl. Schlosser 1977, S. 156–160; Pfisterer 2002a, S. 263–266; Kruse 2003, S. 91–103.

44 Libro di Pittura, § [7], [9] (um 1500/05); [12] (um 1492); Codex Urbinas, Bl. 2 v–5, Leonardo 1995, S. 134–137; dazu Fehrenbach 1997, S. 33–38; Papa 2005, S. 21.

45 Vgl. Frosini 1997, S. 37 und umfassend Fehrenbach 1997.

46 Libro di Pittura, § [12] (um 1492); Codex Urbinas, Bl. 4 v, Leonardo 1995, S. 137: »Come chi sprezza la pittura, non ama la filosofia, né la natura«; dazu Fehrenbach 1997, S. 35–55; Papa 2005, S. 21.

47 Dazu Ames-Lewis 2000, S. 109–140.

48 Popp 1996, S. 110 f.; Tripps 2008, S. 11; Bergdolt 1988, S. 30–32; Ames-Lewis 2000, S. 110.

49 Cavallaro 2007; Wren Christian 2010, S. 48–61, S. 313–315 (Colonna); S. 91–99, 262–265 (Barbo).

50 Ames-Lewis 2000, S. 118 f.; Degenhart/Schmitt 2004; Morét 2008.

51 Ames-Lewis 2000, S. 136.

52 Ames-Lewis 1998; Faietti 2012.

53 Dazu Pasti 1988, S. 136 f.; Ames-Lewis 2000, S. 119–123.

54 Baxandall 1963, S. 315; Pfisterer 2002a, S. 232 f.

55 Agosti 1990, S. 69.

56 Wren Christian 2010, S. 307; Roemer 2013, S. 45–49.

57 Gilbert 1988, S. 125 f.; Dacos 1969, S. 9 f.; Agosti 1990, S. 71–73; Ames-Lewis 2000, S. 128–131.

58 Dacos 1969, S. 69–72, 140.

59 Jonathan Katz Nelson in: Ausst.-Kat. Paris/Florenz 2003/04, S. 260, Kat. 44; Morét 2008, S. 30.

60 Vgl. Vasari/Dombrowski 2010, S. 24 für eine Beschreibung solcher »spalliera«-Zyklen.

61 Bolzoni 2002, S. 26; vgl. zu ähnlichen Metaphorisierungen Jones 2002, S. 44.

62 Hueck 1990, S. 44; vgl. Krüger 2008, S. 183.

63 Maginnis 1997, S. 68–77; Maginnis 2001, S. 99; vgl. Cennini 2003, S. 163 f., Kap. 142.

64 Cennini 2003, Kap. 162–174, 179, 182; Ausst.-Kat. London 1989/90; O'Malley 2005, S. 47–76, 79–96.

65 Cennini 2003, S. 114, Kap. 67; vgl. Kruse 2000.

66 Cennini 2003, S. 162 (»chiareggiare l'oro perché per sé medesimo è scuro dove è brunito«). Vgl. dazu Skaug 1994; Eclercy 2009.

67 Cennini 2003, S. 162, Kap. 140 spricht vom Durchscheinen solcher Engel durch das Gold (»traspaiano nell'oro«).

68 Barbaro 1980, S. 121–128; dazu Daly Davis 1980; Pichler 2012.

69 Pichler 2012, S. 32 allgemein über »Mazzocchi«.

70 Vgl. dazu Krüger 2007.

71 Dazu Arasse 2000; Degler 2014, S. 79–87; vgl. Angela Oberer in: Ausst.-Kat. Ferrara/Dresden 2002/03, S. 83–88 (Kat.-Nr. 1 und 2).

72 Filarete 1972, Bd. 2, S. 665; Eörsi 2001.

73 Alberti 2002, S. 122 f. (§ 36), Alberti 2011b, S. 258 f. (»mira rerum artifex«).

74 Alberti 2011b, S. 342 (Elementa D.8); vgl. dazu Kemp 1995.

75 Alberti nennt (u. a.) die Voluten des ionischen Kapitells »coclea«; Alberti 1966, S. 581 (Buch VII, 8); Alberti 1975, S. 368.

76 Filarete 1972, Bd. 2, S. 665 (»forza del sapere dare e' colori a' suoi luoghi«); Brief Angelo Michele Salimbenis über Cossa vor 1478; Ruhmer 1959, S. 49; Manca 1992, S. 46.

77 Lancilotti 1885, S. 4: »Fare una cosa morta parer viva / Quale iscienza è più bella che questa?«; vgl. dazu Campbell 2002.

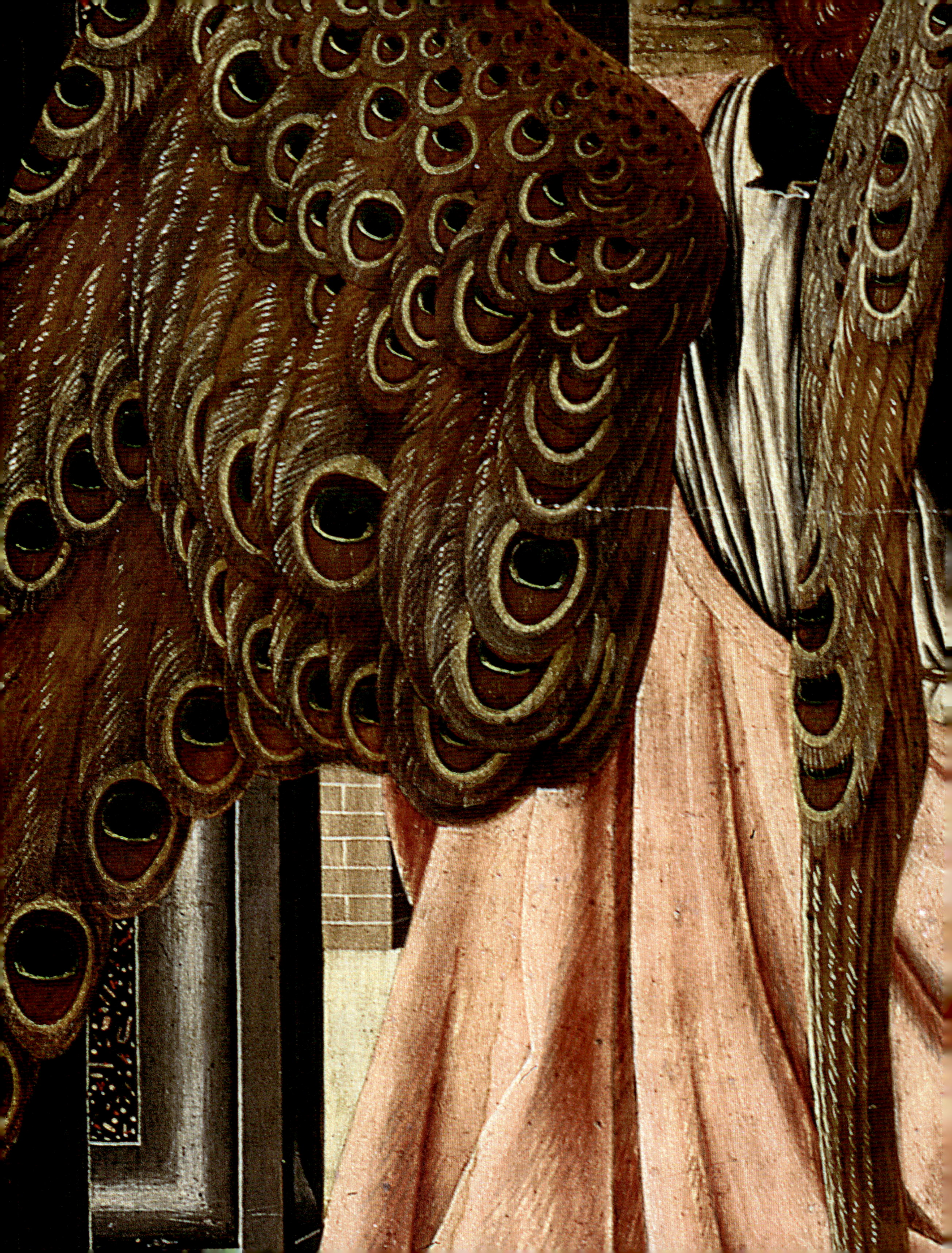

Christoph Schölzel

»… EINE ZEICHNUNG […], SO SCHÖN, DASS JEDER MENSCH SICH IN DEINE ARBEIT VERLIEBEN WIRD.«

Zur Praxis der Unterzeichnung bei den italienischen Gemälden des 14. und 15. Jahrhunderts in der Dresdener Gemäldegalerie

Die Untersuchung der Altartafel »Die Verkündigung« (Abb. 1) von Francesco del Cossa und der zugehörigen Predella der »Geburt Christi« (Abb. 2) mit dem Mikroskop und der Infrarotreflektographie ergab ein facettenreiches Bild verschiedener Unterzeichnungstechniken. Mit diesen bereitete der Künstler die einzelnen Bereiche seiner insgesamt stark von der Zeichnung bestimmten Gemälde für den Malprozess vor: In der »Verkündigung« ritzte der Maler die Begrenzungslinien des fein profilierten Pfeilers rechts im Bild und die Kanneluren der zentral platzierten Säule mit einem scharfen Gegenstand in die Grundierung ein. Ebenso verfuhr er bei den Engelsflügeln und hob damit die einzelnen Federn dekorativ hervor (Abb. S. 20). Den Großteil der aufwendigen Architekturen konstruierte er hingegen mit einem trockenen Zeichenmaterial unter Benutzung von Lineal und Zirkel, von dem die Einstichpunkte für die Angabe der beiden großen Arkadenbögen noch erkennbar sind. Um die Ornamentbänder am vorderen Gebälk der Arkadenhalle gleichmäßig und rationell aufzeichnen zu können, bediente er sich wohl des sogenannten Spolvero-Verfahrens, bei dem mit einer Schablone, deren Linien perforiert sind, die Zeichnung mittels Farbstaub auf den Bildträger übernommen wird. Schließlich sind die Figuren beider Gemälde mit besonderer Ausführlichkeit unterzeichnet. In der Geburtsszene bereitete Francesco del Cossa mit detaillierten Pinselzeichnungen den Malprozess vor. Hier werden beispielsweise die Gewänder von Maria und Joseph in den kleinsten Einzelheiten und mit ihren beleuchteten wie verschatteten Partien zeichnerisch dargestellt. Bei den tanzenden Hirten links kommt es zu einigen geringfügigen Abweichungen zwischen der Unterzeichnung und der nachfolgenden Malerei, weshalb sich an diesen Stellen die Unterzeichnung besonders gut und unverdeckt studieren lässt. Ebenso differenziert wie in der Geburtsszene sind auch die Unterzeichnungen der Gewänder von Maria und dem Engel in dem Verkündigungsbild (Abb. 3, 4). Die starke Plastizität der reich übereinander drapierten Textilien wird Falte für Falte angelegt und mit wechselnden Schraffuren in den Licht- und Schattenseiten geklärt. Die Strichlagen der steilen Schraffuren führen meist von rechts oben nach links unten, können aber auch - den Faltenbahnen folgend - in andere Richtungen wechseln.

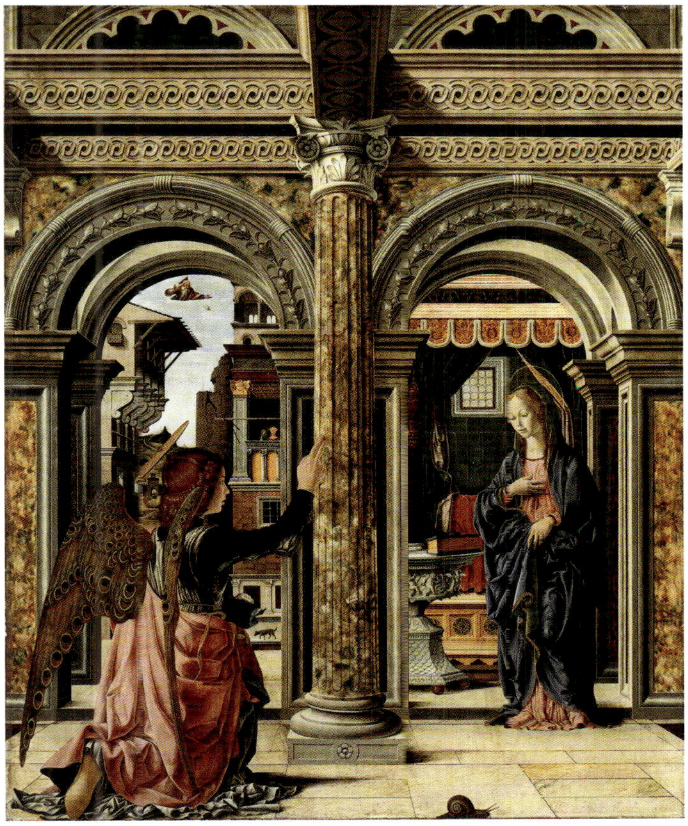

Abb. 1 Francesco del Cossa: Die Verkündigung, 1470/72 (G 18)

Das Gemälde von Francesco del Cossa vereint wie kein anderes Dresdener Bild weitgehend alle Unterzeichnungsformen, die bei den systematischen Untersuchungen an den rund 60 italienischen Werken des 14. und 15. Jahrhunderts in der Dresdener Gemäldegalerie gefunden wurden,[1] weshalb es den Ausgangspunkt der Betrachtung bildete. Im Folgenden sollen die wesentlichen Unterzeichnungstechniken anhand weiterer ausgewählter Beispiele näher erläutert werden.[2]

Die Gemälde vom Ende des 14. und besonders aus der ersten Hälfte des 15. Jahrhunderts, die über vergoldete Hintergründe, Heiligenscheine und teilweise auch integrierte Rahmungen verfügen, weisen vielfach Ritzlinien in der Grundierung zur Abgrenzung der zu bemalenden von den zu vergoldenden Flächen auf. Diese frühe Praxis korrespondiert mit der Beschreibung Cennino Cenninis in seinem um 1400 entstandenen Handbuch der Kunst, wobei die Ritzungen eine zuvor auf der Maltafel entworfene Zeich-

Abb. links Francesco del Cossa: Die Verkündigung (Detail), 1470/72 (G 18)

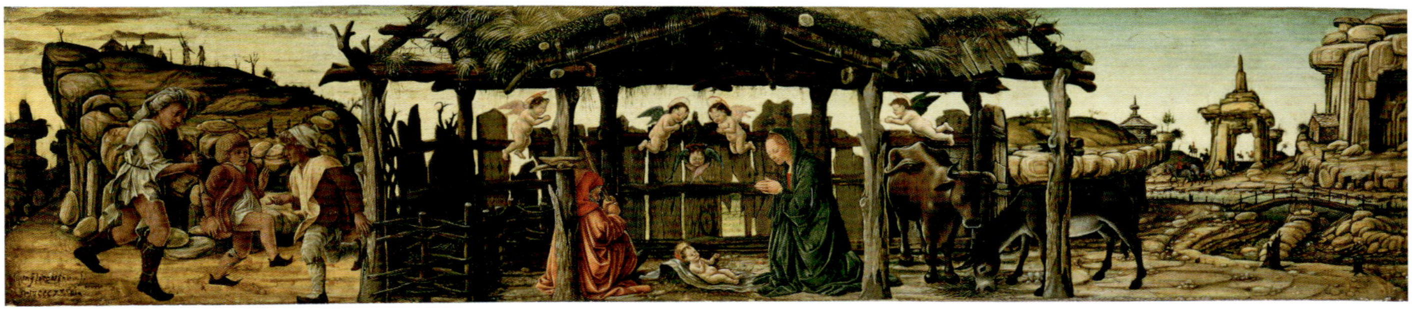

Abb. 2 Francesco del Cossa: Die Geburt Christi, 1470/72 (G 19)

nung fixieren: »Sobald die Zeichnung deines Tafelbildes fertig ist, kratze mit einer Nadel, die an einem Holzstiel befestigt ist, die Umrisse deiner Figuren ein, die sich gegen den Goldgrund abheben sollen. Ebenso verfahre mit den Gewandbordüren der Figuren und gewissen Gewändern aus Goldbrokat.«[3] Entsprechende Ritzungen finden sich bereits in dem wahrscheinlich frühesten Gemälde der Dresdener Sammlung, der »Thronenden Madonna mit Kind« eines venezianischen Meisters aus dem 14. Jahrhundert (G 58), wo sie zur Umrandung der Heiligenscheine und Angabe der Thronarchitektur dienen. In dem Bild »Johannes der Täufer im Gefängnis« aus der Werkstatt Giottos (G 27; Kat.-Nr. 1) grenzen die von Cennini beschriebenen Ritzlinien die Köpfe und gemalten Architekturen gegen den Goldhintergrund ab, wie es auch bei mehreren Gemälden mit Sieneser Provenienz zu beobachten ist, so beispielsweise bei den Seitenflügeln eines Francesco di Vannuccio zugeschriebenen Triptychons (Abb. 5) und auf einer Altartafel mit der Darstellung einer »Thronenden Madonna mit Kind und zwei weiblichen Heiligen« (G 49).

In dem Johannes-Bild aus der Giotto-Werkstatt (G 27; Kat.-Nr. 1) dienten darüber hinaus feine, in die Grundierung geschnit-

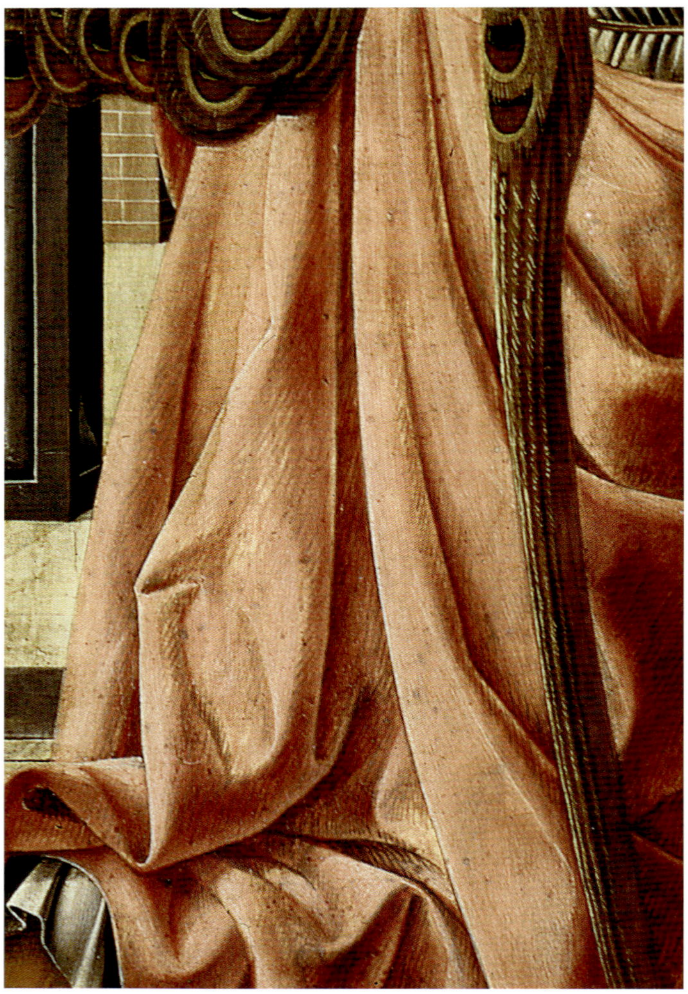

Abb. 3 Francesco del Cossa: Die Verkündigung (Detail), 1470/72 (G 18)

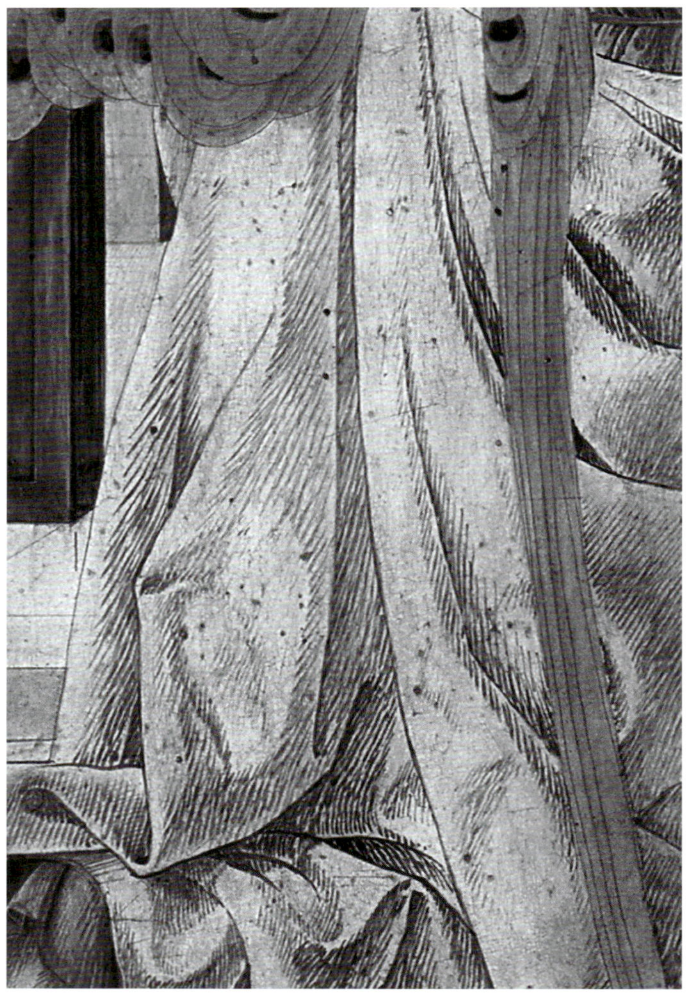

Abb. 4 Francesco del Cossa: Die Verkündigung (Detail), 1470/72 (G 18). Unterzeichnung des Engelsgewandes. Digitale Infrarotreflektographie

tene Linien zur genauen Markierung von Gebäudekanten. Diese Verwendung von Ritzlinien bei Architekturen, die schon bei dem wohl mit dem Zirkel konstruierten Thron des venezianischen Madonnenbildes aus dem 14. Jahrhundert (G 58) zu erkennen ist, war auch bis weit in das 15. Jahrhundert hinein eine geläufige Praxis, wie das eingangs erwähnte Beispiel der »Verkündigung« von Francesco del Cossa zeigt. Im Fall von Sandro Botticellis »Maria mit dem Kind und dem Johannesknaben« (G 11; Kat.-Nr. 18) betreffen diese Ritzungen sowohl die wichtigen Konstruktionslinien der Bogenarchitektur im Hintergrund des Bildes als auch jene des Betpultes, über das sich Johannes lehnt. Eingekratzte Linien nutzte auch Antonello da Messina in seinem Gemälde »Der heilige Sebastian« (G 2; S. 42, Abb. 1), um die sich auf wenige Millimeter perspektivisch verkürzenden Fußbodenfliesen präzise darzustellen – eine Vorgehensweise, die in vergleichbarer Form auch bei Cossas »Verkündigung« zu beobachten ist.

Bei der kleinen Tafel der »Beweinung Christi« aus der Schule Giottos (G 28) sind die Ritzlinien ebenfalls nicht ausschließlich an den Grenzen zwischen Farb- und Goldflächen eingesetzt, der Künstler verwendete sie auch zur vereinfachenden Unterzeichnung von Körperteilen wie beispielsweise dem linken Arm des toten Christus. Dieser Gebrauch von Ritzlinien war offenbar weit verbreitet: So weist etwa ein umbrisches Madonnenbild aus dem 15. Jahrhundert neben Ritzungen zur Begrenzung der Heiligenscheine und Goldflächen ebenso eingekratzte Linien an den Händen und im rot erscheinenden Kleid der Maria, an der Hand des Engels unter der Fruchtschale sowie am rechten Fuß des Jesuskindes auf (Abb. 6). Teilweise wurden diese Partien, vergleichbar der Anleitung von Cennini, zuerst mit dem Pinsel vorgezeichnet und dann zusätzlich mit Ritzlinien fixiert. Vereinzelt finden sich einige Ritzungen auf dem an der Schwelle vom 15. zum 16. Jahrhundert in Ferrara gemalten Bild mit der »Maria der Verkündigung« (G 22). Das Gemälde, das vermutlich aus dem Zusammenhang eines größeren Altarwerks stammt und bis auf Details gänzlich ohne Vergoldungen auskommt, ist merkwürdigerweise im Bereich des Kopfes, Heiligenscheins und Schleiers mit einfachen Ritzungen angelegt.

Schließlich sei nochmals auf die bereits erwähnten Ritzlinien zur Gestaltung des mit Pfauenaugen verzierten Engelsflügels bei Cossas Verkündigungsbild hingewiesen (vgl. Abb. S. 20). Die Ritzungen stellen nicht nur die Unterzeichnung dar, sondern bilden in diesem Fall zugleich eine spezielle Schmucktechnik. Vergleichbares findet sich interessanterweise schon bei Fra Angelicos zusammengesetzter Tafel mit der »Verkündigung« (G 1; Kat.-Nr. 12). Auch hier offenbaren die vergoldeten und mit unterschiedlichen Farblacken ausgelegten Engelsflügel zarte Ritzungen in den einzelnen Federn.

Neben den weit verbreiteten und meist sehr linear sowie sparsam ausgeführten Ritzungen verwendeten die Maler auch Zeichenmaterialien – wie Kreiden, Farben, Tuschen und Metallstifte – zur Anlage ihrer Bilder. Kann man die Ritzungen oftmals gut im Streiflicht oder mithilfe des Mikroskops erkennen, so lassen die Infrarotreflektographie-Untersuchungen diese Unterzeichnungen vielfach nur fragmentarisch sichtbar werden, sodass es oft schwierig ist, das verwendete Zeichenmaterial genau zu bestimmen.

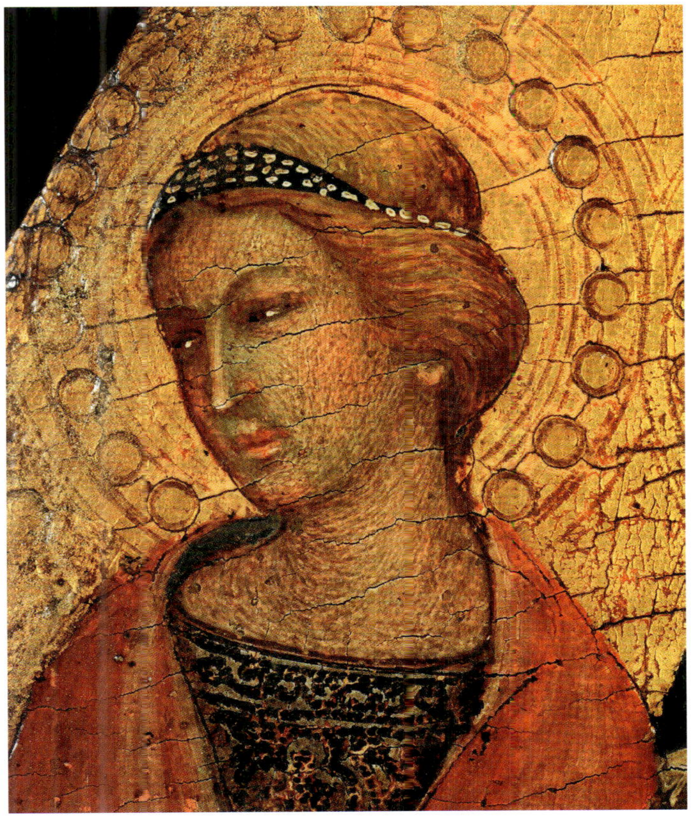

Abb. 5 Francesco di Vannuccio (?): Rechter Seitenflügel eines spitzgiebeligen Triptychons (G 50; Kat.-Nr. 4). Detail mit dem Kopf der heiligen Lucia

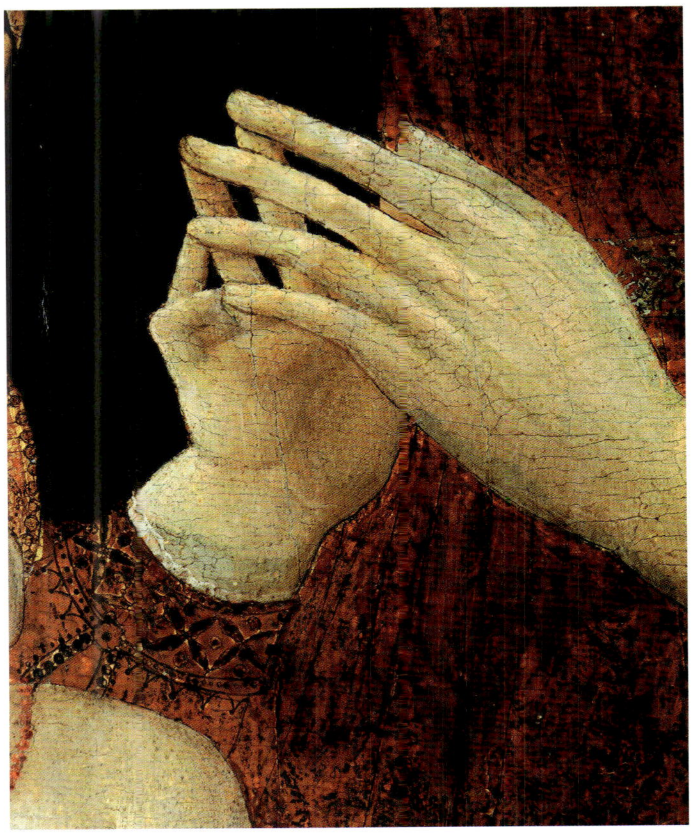

Abb. 6 Umbrischer Maler: Maria mit dem Kind und einem Engel, 15. Jh. (G 55). Detail der Hände Mariens

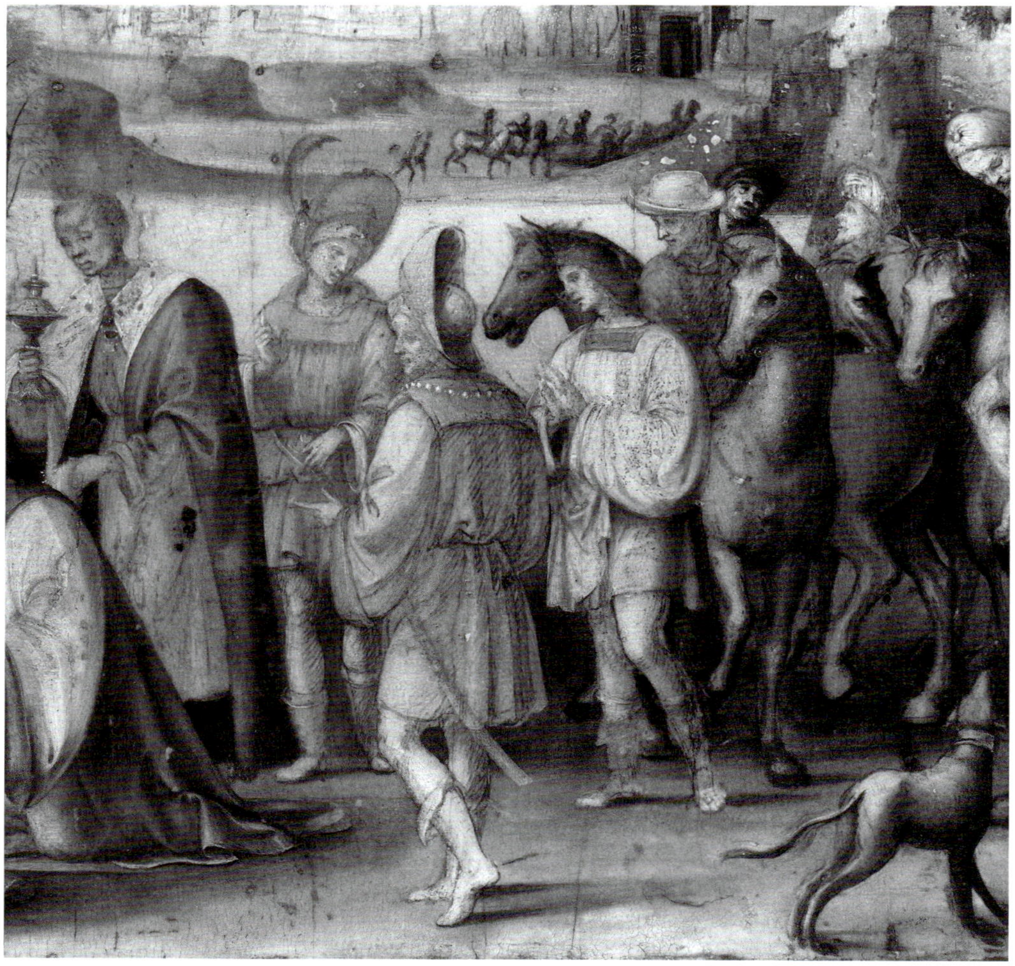

Abb. 7 Francesco Francia: Die Anbetung der Könige, um 1505/06 (G 25; Kat.-Nr. 46). Unterzeichnung der drei Figuren hinter den Heiligen Drei Königen in der Bildmitte. Digitale Infrarotreflektographie

Der Maler des kleinen Bildes mit der »Beweinung Christi« (G 28) legte seine Figuren beispielsweise locker mit dem Pinsel an. Die Linien waren somit nicht streng verbindlich für die nachfolgende Malerei und einige leichte Abweichungen etwa bei der Länge der Finger einer der Marien, die Christus mit ihrer Hand am Oberarm stützt, zeugen von der Suche nach der besten Form während des Malprozesses.

Einen skizzenhaften Charakter, der vielleicht aus dem - ebenfalls von Cennini beschriebenen - Entwerfen des Bildes auf der Maltafel resultiert, weist auch die Unterzeichnung der kleinformatigen Tafel von Sano di Pietro mit dem »Schmerzensmann« (G 47) auf. Es sind zwar nur wenige Linien, mit denen die Umrisse und wichtige Binnenformen des Körpers bezeichnet sind, sie wirken jedoch mit ihren kurzen Strichansätzen, mit etlichen Linienwiederholungen und mit ihrer geringen Verbindlichkeit für die nachfolgende Malerei sehr spontan, suchend und scheinen nicht von gezeichneten Vorlagen übernommen zu sein.

Solche skizzenartige und stark lineare Unterzeichnungen finden sich wiederholt in Darstellungen von Landschaften: Im Hintergrund von Cima da Coneglianos »Segnendem Christus« (G 15) zeigen sich einige sehr flüchtige Striche, ebenso in der Landschaft des ferraresischen Bildes mit der »Beweinung Christi« (G 23) markieren allein wenige, locker hingesetzte Striche die großen Felsformationen. Das letztgenannte Gemälde bietet auch ein gutes Beispiel für eine skizzenhafte Ausführung der Unterzeichnung bei den Figuren. Die knappe Zeichnung, die dem Künstler als Vorbereitung seiner Arbeit mit dem Pinsel ausreichte, ist vergleichbar mit den sparsamen Unterzeichnungen, derer sich Piero di Cosimo für sein Rundbild mit der »Heiligen Familie« (G 38) oder Bartolomeo di Giovanni für seine kleine Tafel mit dem »Erzengel Raffael mit Tobias« (G 8) bedienten, auch wenn bei diesen beiden Werken die Unterzeichnungen nicht in Gänze durch die Infrarotreflektographie sichtbar gemacht werden konnten.

Der Grad der Durchbildung der Unterzeichnungen schwankt in erheblichem Maße - selbst bei ein und demselben Künstler, wovon unter anderem die Bilder Francesco Francias zeugen. Die großen Figuren in den Gemälden »Die Taufe Christi« (G 24) und »Lukrezia« (G 26; Kat.-Nr. 44) wurden vom Maler nur mit dünnen Linien in ihren Umrissen angelegt. Demgegenüber arbeitete er bei der kleinformatigen Tafel »Anbetung der Könige« die Unterzeichnungen der Figuren nicht allein in den Umrissen aus, sondern verlieh ihnen durch dichte Schraffuren zugleich eine große Plastizität (Abb. 7). In dieser Detailbildung der Figuren und auch der Gewänder sind sie den Unterzeichnungen der schon erwähnten Verkündigungsszene von Francesco del Cossa vergleichbar (vgl. Abb. 3, 4), ebenso wie den figurenreichen Kompositionen in den Bildern »Christi Gang nach Golgatha« (G 42; Kat.-Nr. 36) und »Gefangennahme Christi« (G 41; Kat.-Nr. 35) des Ercole de' Roberti und den präzisen Figurenzeichnungen, mit denen Sandro Botticelli seine Zenobius-Tafel (G 12; Kat.-Nr. 16) vorbereitete. Botticelli konturierte die Figuren

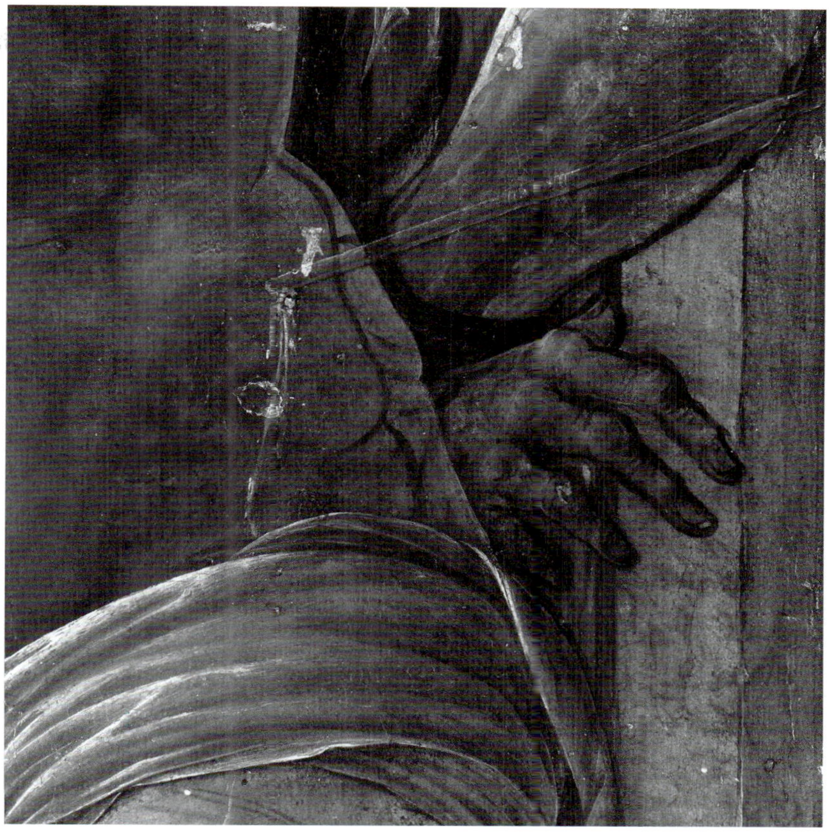

Abb. 8 Lorenzo Costa: Der heilige Sebastian, 1480/85 (G 20). Unterzeichnung der gefesselten Hand. Digitale Infrarotreflektographie

mit dünnen Linien, legte die Faltenbahnen im Verlauf an und arbeitete die Gesichter mit besonderer Detailgenauigkeit heraus. Der präzise Unterzeichnungsstil dieses Meisters kann ausnehmend gut im Gesichtsprofil des Jungen studiert werden, der sich in der Szene links zu dem Verunglückten herabbeugt, weil hier die malerische Ausführung leicht von der Unterzeichnung abweicht. Der Gruppe der ausführlicheren Figurenunterzeichnungen gehören auch die Engel neben Gottvater im Gemälde »Maria, das Kind anbetend« (G 10) von Giovanni Ambrogio Bevilacqua an, ferner die Figuren in Lorenzo di Credis großer Sacra Conversazione (G 31) und die mit hoher Meisterschaft angelegte Figur des heiligen Sebastian von Lorenzo Costa. Bei Letzterem wird besonders an den Füßen und an der gefesselten Hand (Abb. 8) eine virtuose Pinselunterzeichnung sichtbar, die die Formen umgrenzt und darüber hinaus Details wie Gelenkknochen und Fingernägel herausarbeitet.

Eine noch stärkere Durcharbeitung in den Unterzeichnungen gewahrt man beispielsweise bei Lorenzo di Credis kleinformatigem Gemälde »Maria mit dem Kind und Johannes« (G 30; Kat.-Nr. 15). Der Künstler bereitete seine Figuren in der Unterzeichnung schon sehr weit vor, indem er sie mit sicheren Strichen zeichnete und die reichgefältelten Gewänder äußerst detailliert ausarbeitete. Er verwendete dafür neben dem Pinsel vermutlich auch ein trockenes Zeichenmaterial. Einige Linien wiederholen sich in der Unterzeichnung, am Umhang des Johannes finden sich kleine Korrekturen und in den Faltentiefen des Gewandes sind vereinzelt kurze Schraffuren eingesetzt.

Dieser Grad der Vervollkommnung wird schließlich nur noch von den eingangs beschriebenen Gewandpartien in Francesco del Cossas »Verkündigung« (G 18) übertroffen. Die Verdichtung der Strichlagen und die übereinandergelegten Schraffuren erlangen hier eine Perfektion, die es dem Künstler im folgenden Malprozess ermöglichte, die vorgegebenen Grauwerte mit wenigen roten Farblagen in flächige Farbwerte zu übersetzen. Eventuell kalkulierte er dabei die dunklen Strichansammlungen der Unterzeichnung zur Gestaltung der Faltentiefen sogar schon mit ein und die heute in diesen Bildbereichen mit bloßem Auge gut erkennbaren Unterzeichnungslinien könnten auch vom zeitgenössischen Betrachter wahrnehmbar gewesen sein.

Solche mit hoher Intensität ausgeführten Unterzeichnungen kommen dem Rang eigenständiger Zeichnungen gleich. Sie könnten neben ihrer Funktion, den Malprozess vorzubereiten, auch als Vorstellungshilfen für den Auftraggeber gedient haben. Dem mag der von Cennino Cennini in seinem Handbuch formulierte Ansatz entsprechen, die Unterzeichnung solle in bestimmten Fällen schon so anschaulich sein, »[…] daß jeder Mensch sich in deine Arbeit verlieben wird.«[4]

Anmerkungen

1 Die Untersuchungen erfolgten seit 2007 mit einer Hamamatsu-Vidicon-Kamera und wurden seit 2009 mit einer Osiris-Kamera durchgeführt. Ich danke Konstanze Krüger, Silke Beisiegel und Axel Börner für die Unterstützung bei den Untersuchungen.

2 Eine ausführliche Auswertung der Befunde ist in Planung.

3 Cennini 1916, S. 102.

4 Ebd.

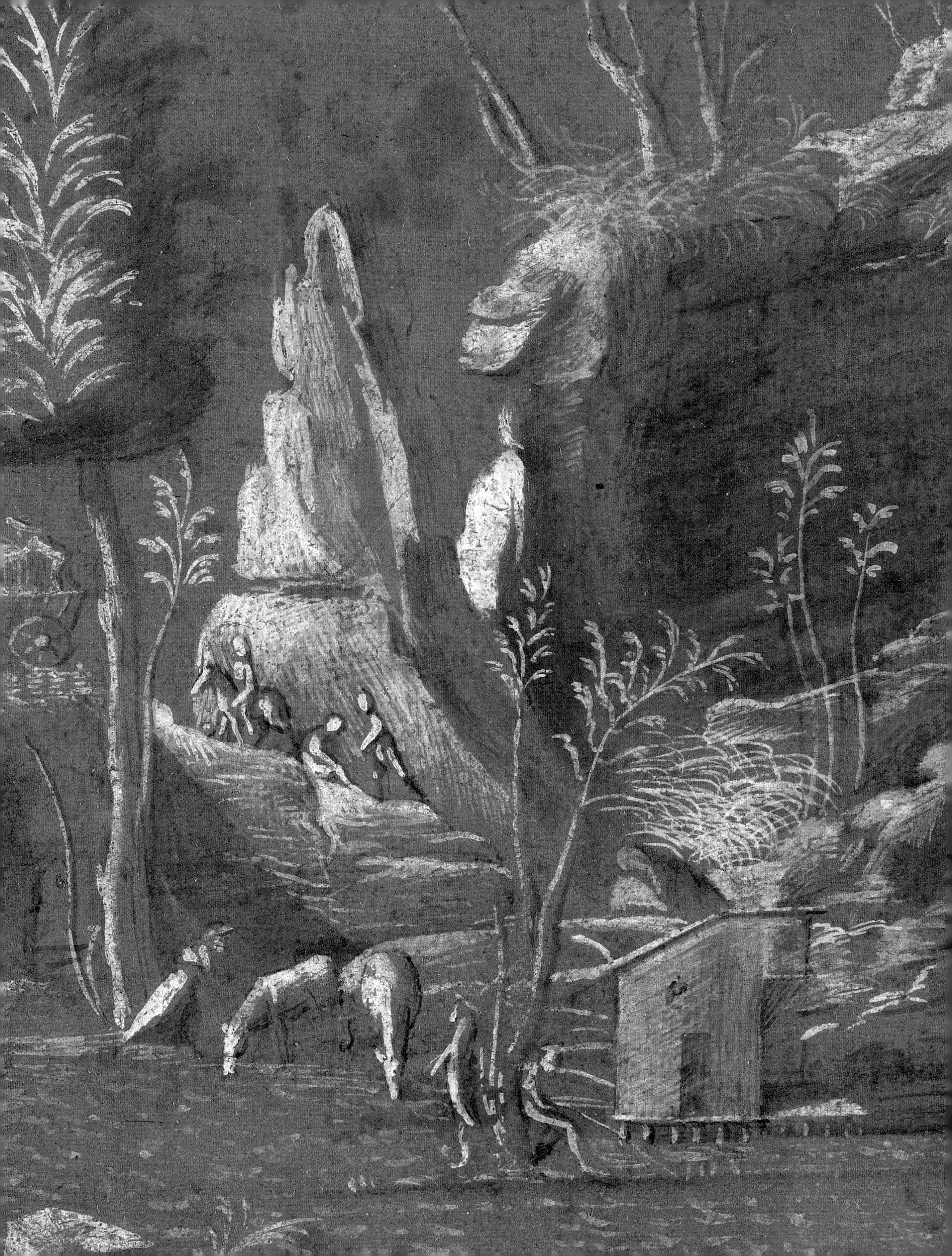

Olaf Simon und Carsten Wintermann

VOM AUGENSCHEIN ZUM TEILCHENBESCHLEUNIGER

Kunsttechnologische Untersuchungen an italienischen Zeichnungen des 15. Jahrhunderts

»Warmes, aufrichtiges Kunstempfinden, wissenschaftliche Methode, vereint mit technischen Erfahrungen und ausgerüstet mit einem an vielseitigem Material geübten Urteil, müßten der Pflege und Forschung der Handzeichnung die besten Dienste leisten«,[1] so schreibt Joseph Meder (1857–1934) in der Einleitung seines Buches »Die Handzeichnung. Ihre Technik und Entwicklung«, auch heute noch die »beste Einführung in die Handzeichnungskunde«.[2]

Seit Erscheinen des Bandes 1919 sind fast 100 Jahre vergangen, eine Zeitspanne, in der auf dem Gebiet der kunsttechnologischen Untersuchungen eine grundlegende Entwicklung stattgefunden hat: In vielen Museen und Forschungslaboren sind strahlendiagnostische Verfahren mittlerweile Standard. Insbesondere wenn die stilkritische Betrachtung eines Bildes oder einer Zeichnung nicht weiter führt, können Infrarotreflektographie, Ultraviolettfluoreszenz- und Röntgenfluoreszenzanalyse weitere Hinweise liefern. Der kunsthistorischen Forschung stehen heute also vielfältigere und ausgefeiltere Werkzeuge als zu Meders Zeiten zur Verfügung, um Aufschluss über die künstlerische Handschrift, Datierungen oder die verwendeten Materialien zu erhalten. Aber auch die Restaurierung profitiert von neuen naturwissenschaftlichen Methoden, können diese doch Auskunft geben über den technologischen Aufbau eines Kunstwerks, seinen Erhaltungszustand und über die für eine restauratorische Bearbeitung der Zeichnungen in Frage kommenden Werkstoffe.

Die materialtechnische Analyse auf dem Gebiet der Zeichnung ist im Gegensatz zur Malerei eine recht junge Disziplin, da bis vor circa zehn Jahren nur wenige zerstörungsfreie und mobile Methoden zur Verfügung standen, um die fragilen Werke zu untersuchen.[3] Dem Kupferstich-Kabinett Dresden kommt bei der Etablierung eines interdisziplinären Zusammenwirkens von Kunsthistorikern, Naturwissenschaftlern und Restauratoren eine Vorreiterrolle zu. Sie verdankt sich nicht zuletzt der Nähe naturwissenschaftlicher Institutionen wie dem Helmholtz-Zentrum Dresden-Rossendorf und dem Forschungslabor der Hochschule für Bildende Künste Dresden. In Kooperation mit weiteren institutionellen Partnern, so der Bundesanstalt für Materialforschung und -prüfung Berlin (BAM), der Papiertechnischen Stiftung Heidenau (PTS), dem Kunsthistorischen Institut in Florenz (KHI) und dem Centre de recherche et de restauration des musées de France (C2RMF) sowie externen Fachleuten konnten in den letzten zehn Jahren mehrere Bestandsgruppen aus der umfangreichen Zeichnungssammlung des Kupferstich-Kabinetts mit unterschiedlichen thematischen Fragestellungen bearbeitet und dem Publikum vorgestellt werden. Das Pilotprojekt, die Erschließung des Bestandes der italienischen Zeichnungen des 15. Jahrhunderts, begann im Jahr 2002 mit finanzieller Unterstützung der Deutschen Forschungsgemeinschaft und in Zusammenarbeit mit dem Kunsthistorischen Institut in Florenz.[4] Für die komplexen kunsttechnologischen Untersuchungen kooperierte das Kupferstich-Kabinett mit der Restaurierungsabteilung der Gemäldegalerie Alte Meister. Unverzichtbar war auch die Zusammenarbeit mit der Dresdener Hochschule für Bildende Künste und dem Forschungszentrum Rossendorf, deren Expertise und instrumentelle Ausstattung die Analysen erst ermöglichte. Die kunsthistorische Bearbeitung und Erforschung lag in den Händen von Lorenza Melli. Die Ergebnisse mündeten in einen italienischsprachigen Bestandskatalog und in eine Ausstellung, die 2006 im Nederlands Interuniversitair Kunsthistorisch Instituut in Florenz (Istituto Universitario Olandese di Storia dell'Arte) gezeigt wurde.[5] Gestützt auf neue Verfahren wie die digitale Infrarotreflektographie finden diese Forschungen im Rahmen des vorliegenden Katalogs und der Ausstellung im Dresdener Kupferstich-Kabinett ihre Fortsetzung. Eine Auswahl der in diesem Zusammenhang neu gefertigten Aufnahmen ist im vorliegenden Katalog abgebildet (sofern nicht anders angegeben, finden sich die Abbildungen im Bestandsverzeichnis, S. 164–181). Neben den neuen Ergebnissen sollen dem deutschsprachigen Publikum dabei auch die Analysen aus den Jahren 2003–2006 vermittelt werden. Im Folgenden werden die verschiedenen verwendeten kunsttechnologischen Untersuchungsmethoden vorgestellt und an einigen italienischen Zeichnungen des 15. und frühen 16. Jahrhunderts beschrieben. Allerdings wurden weder für das damalige noch für das aktuelle Projekt alle Werke strahlendiagnostisch untersucht, sondern eine Auswahl hinsichtlich relevanter Fragestellungen wie Materialzusammensetzung, Überarbeitungen, Ergänzungen und Korrekturen getroffen.

Nach einer ersten Examinierung der Vorder- und Rückseiten im Auflicht, Durchlicht und Streiflicht kamen zerstörungsfrei und flächig arbeitende Methoden in verschiedenen Wellenlängenbereichen des Lichts zum Einsatz. Diese Verfahren basieren auf der Eigenschaft der Materialien, das Licht im sehr großen Frequenzbereich von 200 bis 2200 Nanometern (abgekürzt nm) charakteristisch zu reflektieren beziehungsweise zu absorbieren. So

Abb. links Marco Basaiti (?): Landschaft mit bäuerlichen Anwesen und Karawane (Detail), um 1495/1505 (Z 14; Kat.-Nr. 41)

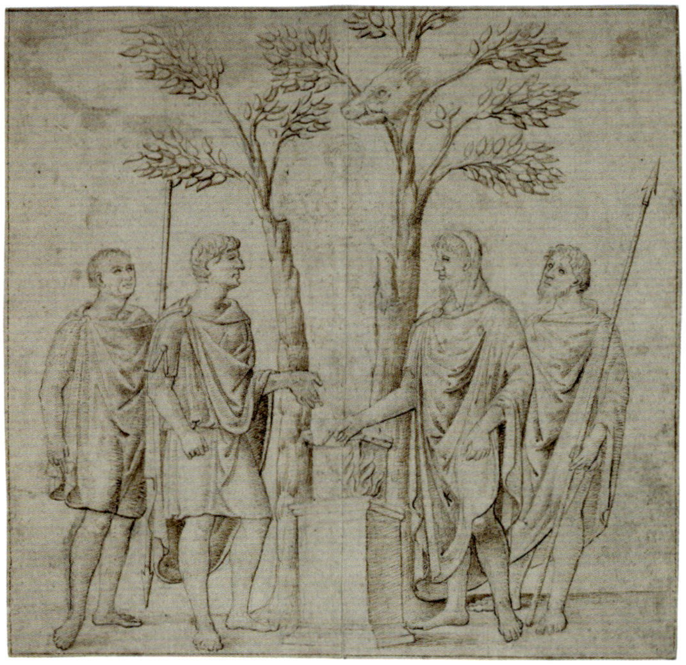

Abb. 1 Giovanni Maria Falconetto: Kaiser Hadrian beim Opfer an Diana, um 1491/97 (Z 6.1–2)

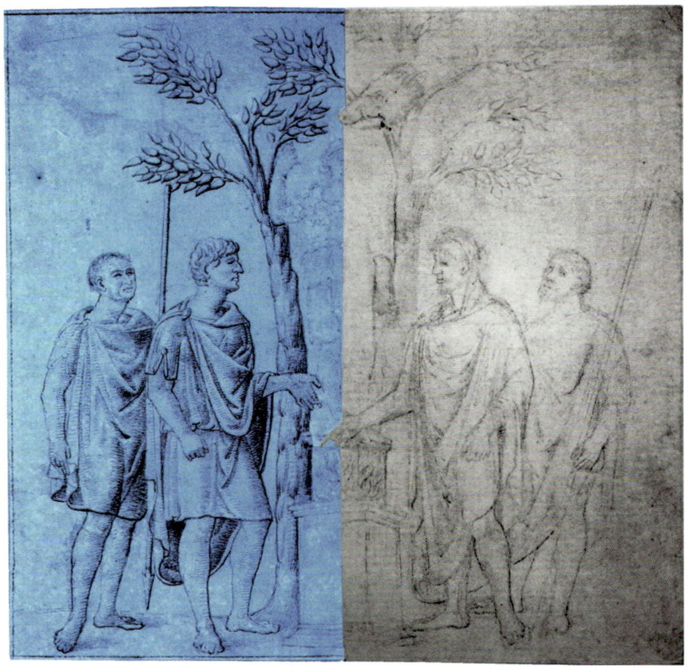

Abb. 2 Giovanni Maria Falconetto: Kaiser Hadrian beim Opfer an Diana, um 1491/97 (Z 6.1–2). Fotomontage aus einer UV-Aufnahme (links) und einer digitalen Infrarotreflektographie (rechts)

regt die kurzwellige ultraviolette Strahlung (abgekürzt UV-Strahlung) an der Oberfläche einer Zeichnung die Tinten, Tuschen oder Pigmente zu Fluoreszenzerscheinungen an; Eisengallustinte etwa erscheint sehr dunkel und kontrastreich im Verhältnis zum hellen Papierton. Verblichene oder ausradierte Spuren flüssiger Zeichenmaterialien werden wieder lesbar und damit deutbar: Die verblasste Schrift am unteren Rand und auf der Rückseite der Zeichnung »Der Tod der Dido« von Marcantonio Raimondi (Z 9; Kat.-Nr. 43)[6] wurde beispielsweise besser sichtbar gemacht oder die stark beriebene und beschädigte Darstellung des »Kreuztragenden Christus« von Giovanni da Milano beziehungsweise seiner Werkstatt (Z 16; Kat.-Nr. 5) kontrastreicher dargestellt.[7]

Neben der Betrachtung im UV-Licht brachte auch die Wiederentdeckung des linken Teils der Zeichnung »Kaiser Hadrian beim Opfer an Diana« von Giovanni Maria Falconetto neue Aufschlüsse über deren Komposition. Vermutlich hatte man das Blatt, in dessen Zentrum eine Statue der Göttin Diana wiedergegeben ist, im 18. Jahrhundert auseinandergeschnitten; bisher war nur der rechte Teil mit der Darstellung zweier Männer bekannt und als solcher publiziert.[8] Nun konnte er mit dem linken Part vereinigt werden, der in einem Konvolut deutscher Zeichnungen der sogenannten zweiten Garnitur gefunden wurde (Abb. 1).[9] Komplettiert um Kaiser Hadrian und einen weiteren Mann entspricht die Zeichnung wieder der Vorlage, einem Relief am Konstantinsbogen in Rom. Die Figur der Diana, die auf einem Steinsockel steht, ist allerdings ausradiert. Da bei diesem Vorgang nicht das gesamte Material aus der Papierfaser entfernt worden war, ließ das UV-Licht die Göttin nunmehr deutlicher hervortreten (Abb. 2 links). Vermutlich steht die Tilgung der Sockelfigur im Zusammenhang mit der Teilung der Zeichnung, da im rechten Bereich die zeigende Hand der vorderen Figur und die Nase des Wildschweinkopfs im Baum sorgfältig konturierend ausgeschnitten wurden. Der wiederaufgefundene linke Teil weist die entsprechenden kleinen Fehlstellen auf. Die belassene Konturlinie des linken Beins und Arms der Diana im rechten Teil wirken wiederum, als gehörten sie zum Baumstamm. Eine Erklärung für einen solchen Eingriff in die Zeichnung, die deren Gehalt von einer Antikenszene in eine Figurenstudie verwandelte, steht bislang aus. Alte Montierungsspuren deuten darauf hin, dass sich beide Blätter ursprünglich in den Klebebänden des 18. Jahrhunderts mit den Blättern aus der Sammlung Wagner befunden haben.[10] So mag die Teilung möglicherweise auf damals übliche Gestaltungsprinzipien zurückgehen: Viele Werke wurden, ähnlich der barocken Hängung von Gemälden, symmetrisch auf den Seiten der Klebebände angeordnet und dafür gegebenenfalls auch zerschnitten.[11]

Inspiziert man diese Zeichnung mittels der Infrarotreflektographie (IRRG), wird eine mit schwarzer Kreide ausgeführte Vorzeichnung sichtbar (Abb. 2 rechts). Sie gibt Aufschluss über die Vorgehensweise des Künstlers, der zunächst das Motiv vorsichtig in seinen wesentlichen Konturen anlegte, bevor er mit der Feder darüber zeichnete. Die IRRG dient in der Zeichnungsforschung sowohl zur Unterscheidung zwischen kohlenstoffhaltigen Ruß- oder Bistertuschen und Eisengallustinten als auch zur Offenlegung von verdeckten und für das menschliche Auge schwer erkennbaren Vorzeichnungen. Mittels Halogenlampen wird die zu untersuchende Fläche beleuchtet, und eine infrarotempfindliche Kamera visualisiert die für den Menschen unsichtbaren Bereiche zwischen 1000 nm bis circa 1300 nm.[12] Auf dem Infrarotbild werden alle kohlenstoffhaltigen Zeichenmittel dunkel wiedergegeben, da diese das Infrarotlicht absorbieren, während zum Beispiel Eisengallustinten im gleichen Wellenlängenbereich transparent erscheinen. Weil die Kamera im Infrarotbereich nur zwischen Hell und Dunkel unterscheiden kann, sind die resultierenden Aufnahmen schwarzweiß.

Hinweise zur Arbeitspraxis erhielt man auch bei der »Thronenden Madonna« von Vittore und Benedetto Carpaccio (Abb. 3) durch die Anwendung der IRRG. Mit bloßem Auge ist nur eine sehr schwache, mit schwarzem Stift ausgeführte Quadrierung zu erkennen. Die eigentliche Zeichnung ist mit Eisengallustinte ausgeführt, die in variantenreichen Rezepturen vom Künstler oder in seiner Werkstatt individuell, je nach Bedarf, hergestellt wurde.[13] Während Eisengallustinte im Infrarotbereich bis ungefähr 1300 nm »transparent« wird, ist der kohlenstoffhaltige schwarze Stift – Kohle oder Kreide – im gesamten detektierbaren Bereich auf Infrarotaufnahmen sichtbar. Das heißt, die materialspezifische Eigenschaft der Stoffe, das einfallende Licht unterschiedlich zu reflektieren, lässt in diesem Fall die Quadrierung hervortreten, ebenso wie die Markierung des Zentrums der Zeichnung durch ein kleines Kreuz (Abb. 4). Folglich diente diese Komposition vermutlich der proportionalen Vergrößerung für ein Altargemälde – ein weiterer Beleg dafür, dass die Zeichnung seinerzeit nur selten als autonome Gattung in Erscheinung trat, sondern wesentlich im Dienste der Vorbereitung von Gemälden, Wand- oder Deckenmalereien stand.

Doch nicht immer gelingt die Rekonstruktion eines Funktionszusammenhangs, wie bei der Marco Basaiti zugeschriebenen Chiaroscuro-Zeichnung »Landschaft mit bäuerlichen Anwesen« deutlich wird (Abb. 5 und S. 26).[14] Der Blick in die tieferen Schichten des Papiers gewährt Einsichten in die Entstehung der Zeichnung, deren Technik Giorgio Vasari als sehr malerisch charakterisierte (»e questo modo è molto alla pittoresca«[15]). Bereits in der Durchlichtaufnahme sind die breiten Pinselstriche zu erkennen, mit denen der Künstler die blaue Grundierungsfarbe aufgetragen hat (Abb. 6); die Rückseite des Blattes blieb unbehandelt. In der Infrarotreflektographie sieht man eine detaillierte, mit schwarzem Stift ausgearbeitete Vorzeichnung, mit der Figuren, Felsen und Bäume angelegt sind, nicht aber das Haus, das sich in der Mitte der rechten Blatthälfte befindet (Abb. 7). Die Untersuchung mit Mikroskop und Licht verschiedener Wellenlänge zeigte, dass der Künstler in der weiteren Ausführung der Zeichnung so verfuhr, wie Vasari die zeitgenössische Praxis beschrieben hat: »Mit der Feder zieht man die Linien, sprich Umriss oder Profil, und legt dann mit Tinte, die mit wenig Wasser zu einem zarten Ton verdünnt wird, einen Hauch von Schatten darüber. Anschließend setzt man der Zeichnung mit einem feinen Pinsel die Lichter aus Bleiweiß auf, das mit Gummi verdünnt wird.«[16] Wenn man auch nicht um seine Funktion weiß, bestätigt das Blatt doch die Exaktheit der historischen Quelle in Hinblick auf technische Anweisungen und Rezepturen.

Um die Zeichenmittel der Renaissancezeit genauer feststellen zu können, wurden im Rahmen des von der Deutschen Forschungsgemeinschaft geförderten Projektes einige Werke der zerstörungsfreien Ionenstrahlanalyse (PIXE-Proton Induced X-ray Emission / PIGE-Proton Induced Gamma-ray Emission) unterzogen. Mit dieser Methode können die chemischen Elemente des

Abb. 3 Vittore Carpaccio und Benedetto Carpaccio: Thronende Madonna mit zwei Märtyrern und Engelsputten, um 1515/26 (Z 15; Kat.-Nr. 50)

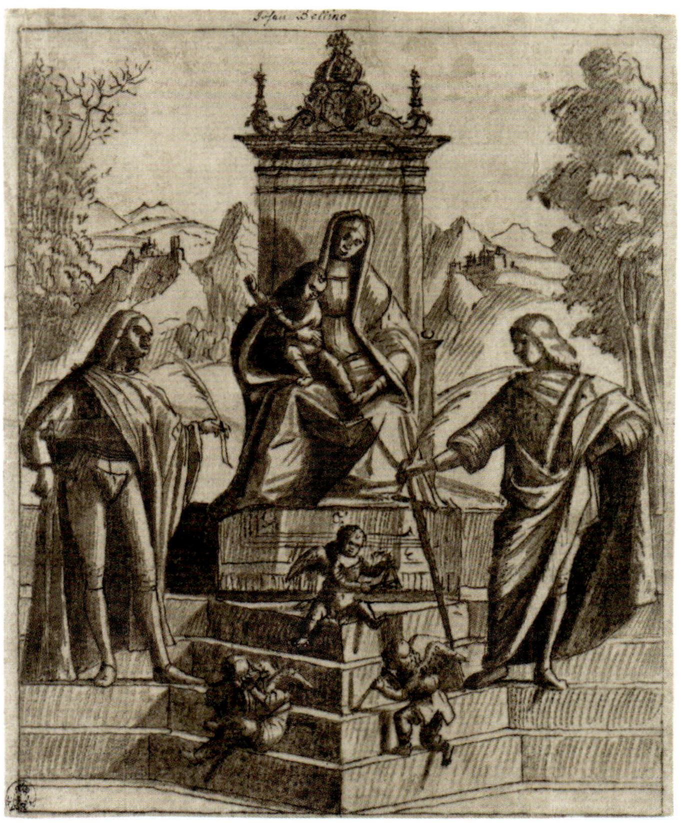

Abb. 4 Vittore Carpaccio und Benedetto Carpaccio: Thronende Madonna mit zwei Märtyrern und Engelsputten, um 1515/26 (Z 15; Kat.-Nr. 50). Digitale Infrarotreflektographie

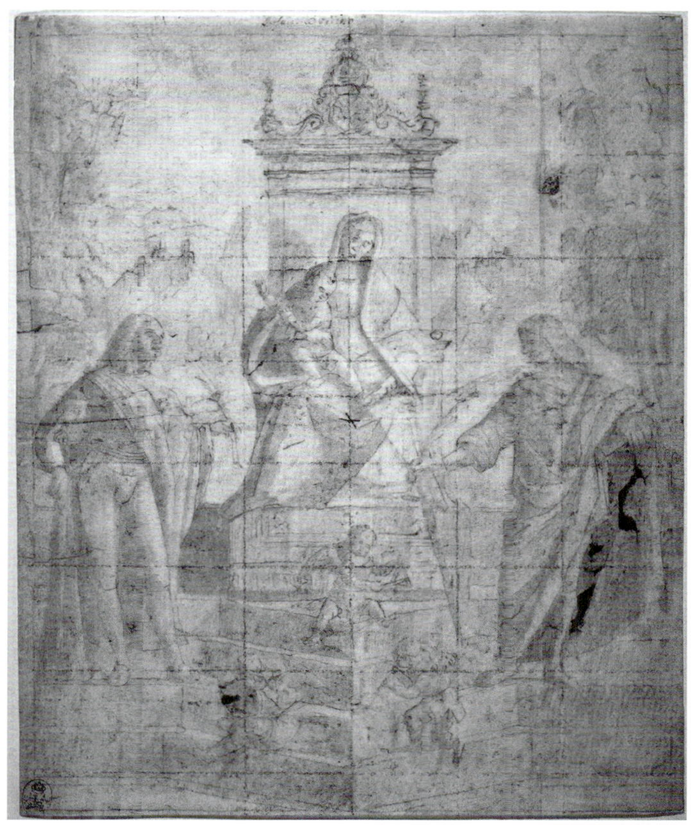

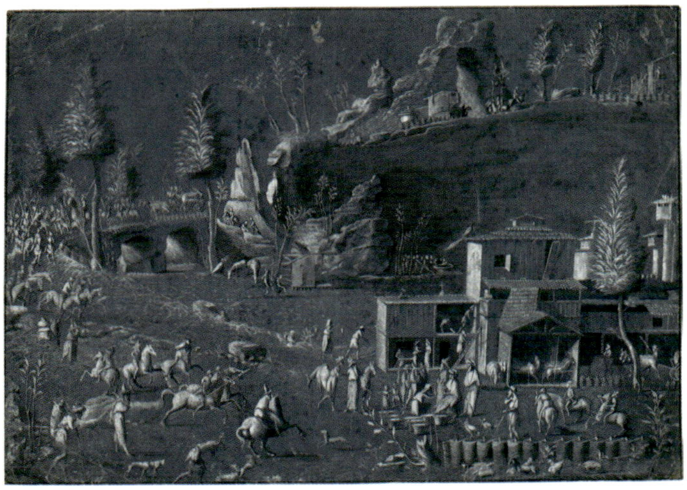

Abb. 5 Marco Basaiti (?): Landschaft mit bäuerlichen Anwesen und Karawane, um 1496/1505 (Z 14; Kat.-Nr. 41)

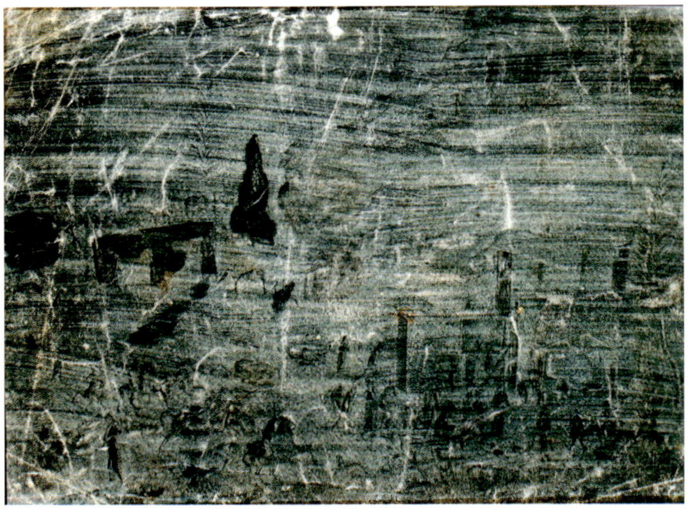

Abb. 6 Marco Basaiti (?): Landschaft mit bäuerlichen Anwesen und Karawane, um 1496/1505 (Z 14; Kat.-Nr. 41). Durchlichtaufnahme

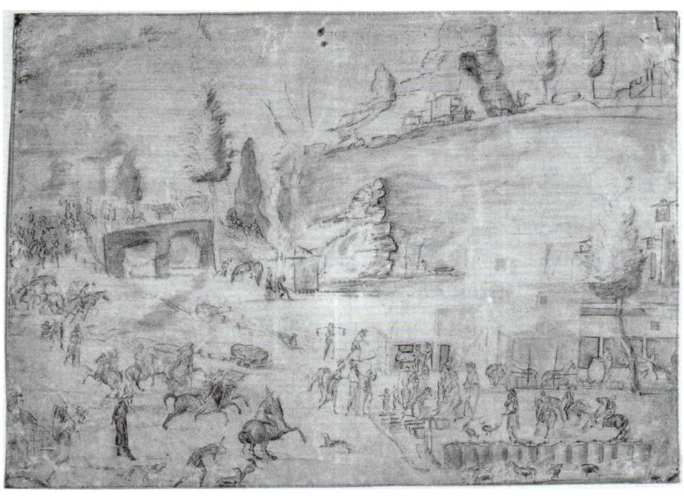

Abb. 7 Marco Basaiti (?): Landschaft mit bäuerlichen Anwesen und Karawane, um 1496/1505 (Z 14; Kat.-Nr. 41). Digitale Infrarotreflektographie

benutzten Zeichenmittels bestimmt werden. Es ist jedoch keine exakte Identifizierung organischen Materials und chemischer Bindungen möglich (zum Beispiel Tusche, Kohle, Bister, Sepia), sodass man sich auf die Untersuchung der Metallstiftzeichnungen und die Grundierung der dafür verwendeten Papiere beschränkt hat. Bei der Ionenstrahlanalyse werden Atome der zu examinierenden Substanz durch Beschuss von Protonen im Teilchenbeschleuniger zur Emission von elementspezifischer Röntgen- und Gammastrahlung angeregt. Das Ergebnis wird als Messspektrum auf entsprechende Ausgabemedien (Bildschirm, Ausdruck auf Papier, CD etc.) übertragen. Durch Interpretation der Messergebnisse kann das vorliegende Zeichenmittel abgeleitet werden. Dabei zieht man das Verteilungsmuster der nachgewiesenen Elemente in den gemessenen Spektren heran. So können zum Beispiel beim Silberstift Aussagen über die Hauptbestandteile (Silber), Nebenbestandteile (etwa Zink oder Kupfer als jeweiliger Legierungsbestandteil) und Verunreinigungen (wie Kalium, Phosphor, Kalzium) getroffen werden.

Aus dem Konvolut der italienischen Zeichnungen wurden sieben Blätter ausgewählt, bei denen man entweder den Einsatz von Metallstiften annahm oder die Identifizierung des Zeichenmaterials nach Augenschein schwierig war. Metallstifte aus verschiedenen Legierungen zählen zu den wichtigsten Zeichenmitteln der Gotik und Frührenaissance, ihre Verwendung bedurfte jedoch einiger Vorbereitung. Damit das Material auf dem Blatt einen deutlich sichtbaren und gleichmäßigen Strich hinterlässt, müssen die Unebenheiten der Papieroberfläche mit einer »rauhen« Grundiermasse ausgeglichen werden, die im 15. Jahrhundert aus Knochenmehl oder -asche[17] bestand und je nach künstlerischer Intention mit einem farbigen Pigment wie Indigo oder Zinnober vermischt werden konnte. In Abhängigkeit von der verwendeten Metalllegierung unterscheidet sich das farbliche Erscheinungsbild der Linien, wobei Farbtöne zwischen Grau und Braun, aber auch schwarz möglich waren. Im Laufe der Zeit kann sich das farbliche Erscheinungsbild des Metallstiftes verändern. Daher ist allein aufgrund des visuellen Eindrucks oftmals keine sichere Unterscheidung möglich.

Besonders aufschlussreich war das Prüfen einer doppelseitigen Figurenstudie von Filippino Lippi (Abb. 8).[18] Hier konnte nachgewiesen werden, dass der Künstler Blei- und Silbergriffel parallel verwendet hat, und zwar jeweils in unterschiedlicher gestalterischer Absicht.[19] Auch bei dem Studienblatt mit Männerakten von Luca Signorelli (Z 37; Kat.-Nr. 30)[20] herrschte über das vom Künstler verwendete Zeichenmaterial Unsicherheit. Waren bisher fast ausschließlich schwarze und farbige Kreidezeichnungen von Signorelli bekannt, so ergab die Untersuchung, dass er hier mit dem Silberstift gearbeitet hat, wie schon Arthur Ewart Popham und Philip Pouncey vermutet hatten; die Dresdener Zeichnung ist einer von nur drei Belegen für diese Annahme.[21]

Wie die Arbeit am Dresdener Bestand der italienischen Zeichnungen des 15. Jahrhunderts exemplarisch aufzeigt, ergeben sich mit der technischen Entwicklung immer ausdifferenziertere Methoden der Untersuchung. Im Jahr 2003 konnten beispielsweise die Elemente der Zeichenmittel nur mittels der Ionenstrahlanalyse identifiziert werden. Die entsprechende Messanlage war je-

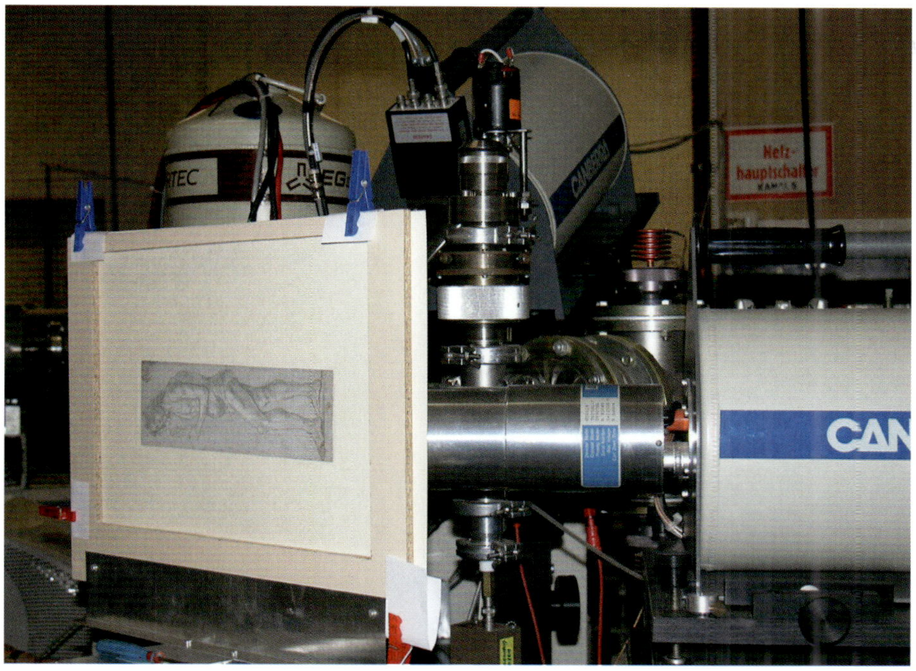

Abb. 8 Untersuchung der Zeichnung »Sitzender junger Mann mit Kappe« von Filippino Lippi (Z 22; Kat.-Nr. 19) mit dem PIXE-Verfahren im Helmholtz-Zentrum Dresden-Rossendorf im September 2004

doch an einen festen Standort gebunden, was einen Transport des zu erforschenden Objekts bedeutete. Heute ist es möglich, diese Bestimmung mithilfe eines mobilen Röntgenfluoreszenzgerätes (Art-TAX Pro) vorzunehmen, mit dem in der Sammlung selbst gearbeitet werden kann. Neben der unverzichtbaren Kooperation mit anderen graphischen Sammlungen, um die erhobenen Daten miteinander abgleichen und Ergebnisse verifizieren zu können,[22] gilt es gleichwohl, das Ziel der naturwissenschaftlichen Untersuchungen stets wieder neu zu bestimmen, denn, so formulierte Arthur Schopenhauer 1819, »[e]mpirische Wissenschaften, rein ihrer selbst wegen und ohne philosophische Tendenz betrieben, gleichen einem Antlitz ohne Augen.«[23] Ob allein der Augenschein ausreicht oder das »Auge« des Teilchenbeschleunigers benötigt wird – entscheidend ist die Frage danach, was gesehen werden soll.

Anmerkungen

1 Meder 1923, S. 3.
2 Busch 2012, S. 4.
3 Zerstörungsfrei bedeutet in diesem Zusammenhang, dass dem Kunstwerk zum Zwecke der Untersuchung keinerlei Substanz entnommen werden muss. Die zulässigen Bestrahlungsparameter sind zudem vor der Examinierung genau zu prüfen und einzustellen.
4 Siehe auch das Vorwort im vorliegenden Band, S. 6.
5 Melli 2006. Das interdisziplinär zwischen Kunsthistorikern und Naturwissenschaftlern angelegte Projekt erfuhr international Beachtung. Für das »Department of Prints and Drawings« im British Museum London war es beispielsweise Impuls, die eigenen italienischen Renaissance-Zeichnungen naturwissenschaftlich zu untersuchen. Siehe Chapman 2010b, S. 3.
6 Siehe auch den Beitrag von Lorenza Melli im vorliegenden Band, S. 35.
7 Verwendung fand eine Digitalkamera, umgebaut auf ein Spektrum von 200 bis 1300 nm, mit 24 Millionen Pixel, Neutralisationsfilter (380 bis 780 nm) und Gelbfilter. Die UV-Lampe hatte eine Wellenlänge von 360 nm.
8 Melli 2006, S. 50, Kat.-Nr. 6.
9 Zahlreiche bedeutende graphische Sammlungen wie das Kupferstichkabinett der Staatlichen Museen zu Berlin oder die Albertina in Wien besitzen eine »zweite Garnitur«, in der Zeichnungen aufbewahrt werden, die den tradierten ästhetischen Wertmaßstäben bislang nicht entsprechen; dazu gehören auch Nachzeichnungen nach Zeichnungen, Stichen, Gemälden, Skulpturen oder Detailkopien. Im Zuge neuer Fragestellungen bieten sich jedoch Ansätze zu einer Revision dieser Kategorisierung.
10 Siehe auch den Beitrag von Andreas Henning und Gudula Metze im vorliegenden Band, S. 41.
11 Siehe Simon 2011.
12 Eingesetzt wurden zwei Halogenlampen à 1000 Watt. Die Digitalkamera, mit 24 Millionen Pixel und Infrarotfilter RG1000, war umgebaut auf ein Spektrum von 200 bis 1300 nm. Das menschliche Auge kann nur Farben mit einer Wellenlänge zwischen 380 nm und 780 nm wahrnehmen.
13 Vgl. allgemein zur Eisengallustinte Hahn u. a. 2005.
14 Siehe auch den Beitrag von Lorenza Melli im vorliegenden Band, S. 34 f.
15 Zitiert nach Bettarini/Barocchi 1966–1997, Bd. 1 (1966), S. 118; siehe auch die deutsche Übersetzung Burioni/Lorini 2006, S. 104.
16 Ebd.; der Originaltext lautet: »[…] e la penna fa il lineamento cioè il dintorno o profilo, e l'inchiostro poi con un poco d'acqua fa una tinta dolce che lo vela et ombra; di poi, con un pennello sottile intinto nella biacca stemperata con la gomma si lumeggia il disegno«, zitiert nach Bettarini/Barocchi 1966–1997, Bd. 1 (1966), S. 118.
17 Knochenmehl wird durch Brennen und Mahlen von Tierknochen hergestellt. Hauptbestandteil der Asche ist Kalziumphosphat. Als Bindemittel dient Knochenleim oder Leim aus Stücken von weißem Leder oder Pergament.
18 Siehe auch den Beitrag von Lorenza Melli im vorliegenden Band, S. 36.
19 Die Unterscheidungsmöglichkeit von Bleigriffel und Silberstift mithilfe der Infrarotreflektographie, die anhand der in Dresden untersuchten frühen italienischen Zeichnungen festgestellt werden konnte (siehe Melli 2008 und den Beitrag von Lorenza Melli im vorliegenden Band, S. 36), wurde durch eine im Jahr 2009 am British Museum in London durchgeführte wissenschaftliche Studie belegt. Das unterschiedliche Absorptionsverhalten von Bleigriffel (opak) und oxidiertem Silberstift (transparent) im Wellenlängenbereich von 800 bis 1700 nm ermöglicht schon optisch, beide Zeichenmittel zu differenzieren.
20 Siehe auch den Beitrag von Lorenza Melli im vorliegenden Band, S. 39.
21 Siehe Popham/Pouncey 1950, Bd. 1, S. 146, Nr. 234; dazu auch Melli 2001, S. 388.
22 Am Centre de recherche et de restauration des musées de France (C2RMF) wurden mit derselben Methode eine ganze Reihe von Metallstiftzeichnungen italienischer, niederländischer und deutscher Künstler, darunter auch Filippino Lippi, untersucht. In Fortführung dieser an verschiedenen einzelnen Institutionen vorgenommenen Untersuchungen wäre die Erstellung einer übergreifenden Datenbank sinnvoll. Vgl. Duval/Guicharnaud/Dran 2004.
23 Schopenhauer 1977, S. 150.

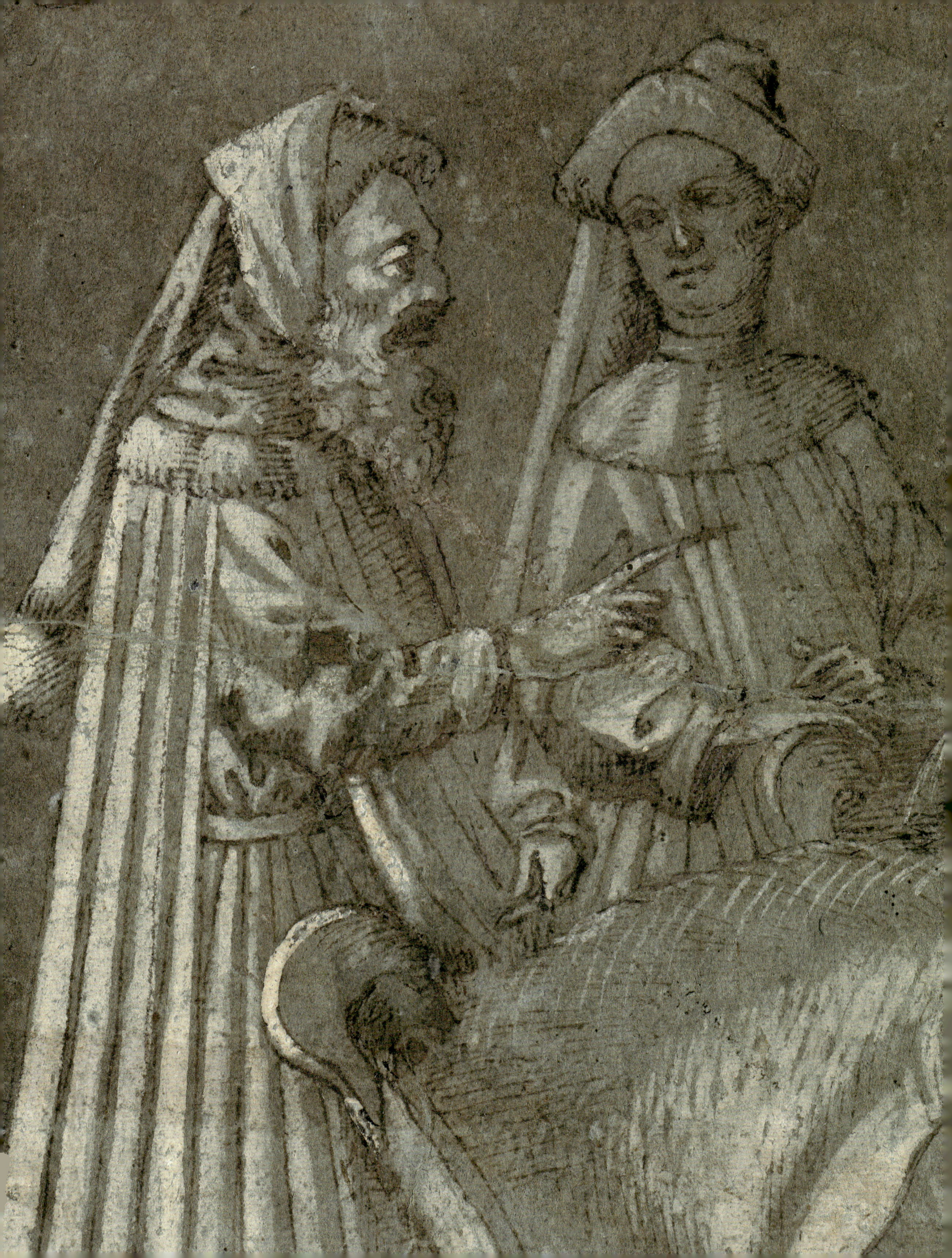

Lorenza Melli

ITALIENISCHE ZEICHNUNGEN DES 15. JAHRHUNDERTS IN DRESDEN

Neue Erkenntnisse anhand der Materialien und Techniken*

1889 nahm Giovanni Morelli, Pionier einer wissenschaftlich begründeten Kennerschaft, die Sammlungen des Dresdener Kupferstich-Kabinetts in Augenschein. Der Kunsthistoriker lieferte wichtige Hinweise in Zuschreibungsfragen für das von Karl Woermann Ende des 19. Jahrhunderts erstellte Mappenwerk mit den bedeutendsten Handzeichnungen Alter Meister im Dresdener Bestand.[1] Es sollte noch über 100 Jahre dauern, bis erstmals ein Gesamtüberblick zu den dort aufbewahrten italienischen Zeichnungen des 15. Jahrhunderts erschien. 2006 wurde dieses Desiderat in Form eines Katalogs in italienischer Sprache eingelöst.[2] Die vordem zum Teil unveröffentlichten und vielfach nicht sicher zugeschriebenen Blätter wurden dafür einer kunsthistorisch-stilistischen Analyse unterzogen, um die Entstehungszeit, den -ort und womöglich den ausführenden Künstler zu ermitteln. Ergänzend zu diesen kennerschaftlichen Methoden kam eine neue Herangehensweise hinzu: die detaillierte Identifizierung der Zeichenmittel und ihrer Bestandteile, die weit über die übliche Benennung der Materialien und Techniken nach dem Augenschein hinausgeht.[3]

Für die Zeichenkunst der Spätgotik und Frührenaissance spielen solche Methoden eine tragende Rolle. Denn das Zeichnen galt noch nicht als autonome Gestaltungsform, vielmehr war es stets an die Entwicklung von künstlerischen Projekten gebunden, und es diente im Werkprozess einer bestimmten Funktion, sei sie vorbereitend, erinnernd oder replizierend. Welche Materialien ein Künstler verwendet und in welcher Art, ist unmittelbar im Kontext dieser Funktionen zu sehen. Ferner muss der Erhaltungszustand stets in die Beurteilung der Blätter einfließen. Vor allem gilt es, nachträgliche Veränderungen zu ermitteln. Dazu zählen beispielsweise Retuschen, nachgezogene Linien oder sogar Verfälschungen, angestückte Partien sowie Beschneidungen. Derartige Veränderungen sind oft schwer erkennbar, besonders wenn dabei ähnliche historische Materialien zum Einsatz kamen. Es besteht die Gefahr, dass sie das kunsthistorische Urteil in die Irre leiten.

Als die Dresdener Bestandsgruppe italienischer Zeichnungen der Spätgotik und Frührenaissance 2003/04 im Vorfeld des Katalogprojekts von 2006 kunsttechnologisch untersucht wurde, waren derartige Analysen noch eine Ausnahmeerscheinung. Heute sind sie gängige Praxis, was die Bedeutung und das Potential dieser interdisziplinären Herangehensweise unterstreicht.[4] Durch das Bestandsverzeichnis in vorliegendem Band sind die Ergebnisse der damaligen Forschungen nun – in konziser und aktualisierter Form – ebenso dem deutschsprachigen Leser zugänglich.[5] Eingeflossen sind auch die Resultate einer neuen Untersuchungskampagne, die von Olaf Simon und Carsten Wintermann in Vorbereitung des vorliegenden Katalogs durchgeführt wurde. Auf diese Untersuchungen gehen die entsprechenden Abbildungen im vorliegenden Beitrag zurück.[6]

Einige vertiefende Überlegungen im Folgenden mögen verdeutlichen, welche Erkenntnisse sich aus einem genaueren Verständnis der materiellen und technischen Beschaffenheit von Renaissancezeichnungen gewinnen lassen. Vorauszuschicken ist, dass die technischen Untersuchungen nicht als Ergebnisse für sich zu betrachten sind, sondern als Instrument, um ein Netz vergleichbarer Informationen über die Zeichnungen Alter Meister zu schaffen. Die Ergebnisse wiederum können unterschiedliche und durchaus gegensätzliche Interpretationen nach sich ziehen. Unverzichtbar sind daher die kunsthistorischen Fragestellungen, die stets am Anfang derartiger Forschungen stehen müssen. Sie sind zum einen entscheidend für die Wahl der geeigneten Untersuchungsmethoden, zum anderen bieten sie eine Leitlinie bei der Auslegung der Ergebnisse.

Verborgene Spuren und Vorzeichnungen

Unter Speziallicht (infrarote beziehungsweise ultraviolette Strahlen, abgekürzt IR und UV) lassen sich auf Zeichnungen oftmals verblasste oder entfernte Linien und Beschriftungen wieder zutage fördern, darunter beispielsweise die Vorzeichnung. Dabei handelt es sich um eine summarische Skizze der Komposition oder einzelner Bildelemente, die der Künstler zu Beginn der Arbeit auf dem Blatt niederlegte, um sich bei der weiteren Ausführung seiner Darstellung daran zu orientieren. Die Funktion solcher auf der Bildfläche angelegten Entwürfe entspricht der Unterzeichnung in der Malerei, und Catherine Higgitt hat kürzlich vorgeschlagen, auch im Falle von Papierarbeiten diesen Fachterminus (»underdrawing«) anzuwenden.[7] Da sich aber der Schichtaufbau eines Gemäldes von der Anlage einer Zeichnung unterscheidet, halte ich am traditionellen Ausdruck »Vorzeichnung« fest, der eine zeitliche Abfolge anstelle einer räumlichen Relation beschreibt. Für eine Vorzeichnung kamen vorrangig Materialien wie Bleigriffel und schwarze Kreide zum Einsatz, deren Strich sich oft problemlos tilgen oder zumindest soweit abschwächen ließ, dass die Spuren in der fertigen Darstellung kaum auffielen. In einigen Fällen kann

Abb. links Giovanni da Modena: Reiterzug mit einer Prinzessin, zwei Männern und Pagen (Detail) um 1410/20 (Z 2; Kat.-Nr. 8)

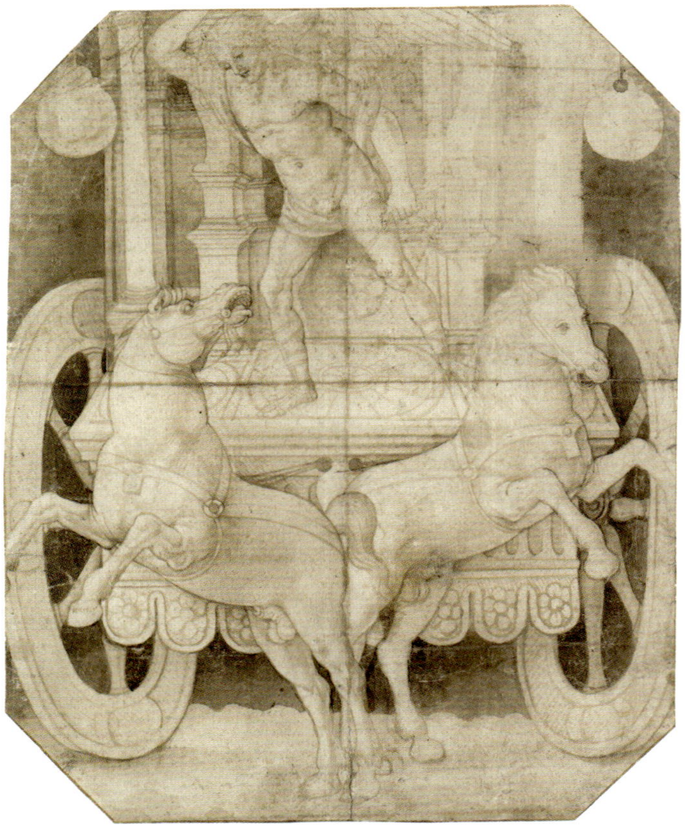

Abb. 1 Francesco Francia (Umkreis): Das Seelengespann, um 1500/05 (Z 8; Kat.-Nr. 45)

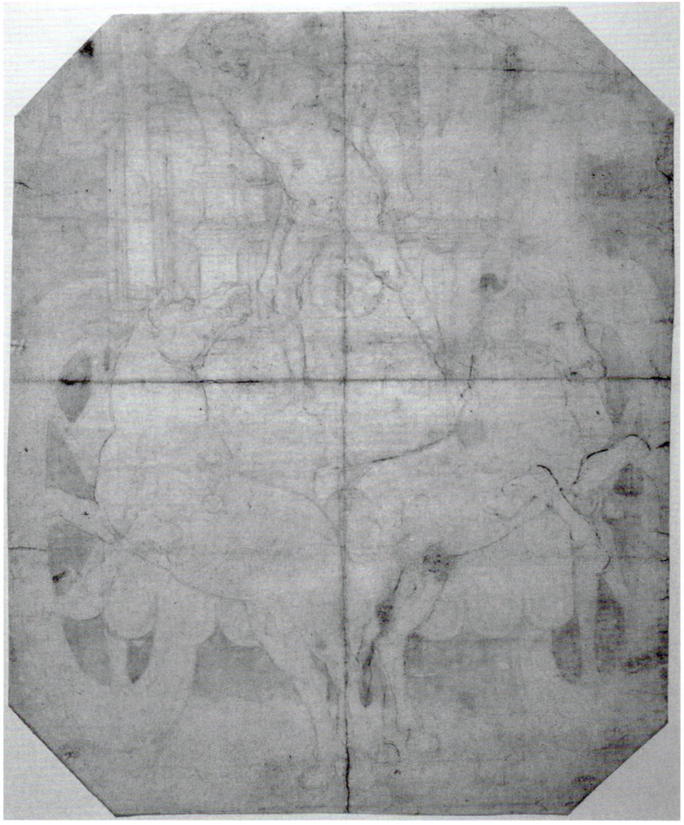

Abb. 2 Francesco Francia (Umkreis): Das Seelengespann, um 1500/05 (Z 8; Kat.-Nr. 45). Digitale Infrarotreflektographie

man solche Vorzeichnungen unmittelbar von den unter Speziallicht gewonnenen Aufnahmen ablesen, in anderen Fällen muss man durch den Vergleich verschiedener Aufnahmen erschließen, mit welchen Mitteln und in welcher Reihenfolge der Künstler vorgegangen ist. Neben farbigen Vorzeichnungen, die im Licht bestimmter Wellenlängen sichtbar werden, ist dabei auch an eingedrückte Linien ohne Farbmittel zu denken, die man mit einem Blindstift erzeugte. Spuren solcher Linien lassen sich im Streiflicht nachweisen. Oft nutzten die Künstler für die ersten Vorarbeiten auf dem Blatt eine Kombination verschiedener Techniken, die sie differenziert je nach der Darstellungsaufgabe anwandten.

Ein Beispiel für die kombinierte Verwendung verschiedener Vorzeichnungsmethoden ist das Blatt mit dem »Seelengespann« aus dem Umkreis von Francesco Francia (Abb. 1). Bei dieser Zeichnung, in der einzelne Partien sowie der Hintergrund mit Feder überarbeitet sind, beschränkt sich die mit schwarzer Kreide ausgeführte Vorzeichnung auf die Figur des nackten Wagenlenkers und auf einzelne Partien der beiden Pferde (sichtbar im IR-Licht, Abb. 2). Die komplexe Architektur des Wagens ist mit Blindstift und Lineal angelegt. Für die Figuren- und Architekturszenerie hat der Künstler also jeweils andere Mittel eingesetzt, wie es in der zeitgenössischen Malerei in ähnlicher Form üblich war.[8]

Auch Benozzo Gozzoli zeichnete Architekturen und Figuren bei seinem Kompositionsentwurf für den Freskenzyklus in der Kirche Santa Rosa in Viterbo (Z 18) auf unterschiedliche Weise, doch wählte er andere Methoden als Francia. Den Zyklus hat Gozzoli 1453 ausgeführt, bei dem Blatt handelt es sich also um eine der wenigen Zeichnungen der Frührenaissance, für die Urheberschaft, Datierung und Bestimmungszweck gesichert sind. Hier hat der Künstler zuerst die architektonischen Strukturen mit schwarzer Kreide skizziert, welche die Kulisse für das Geschehen bilden (sichtbar im IR-Licht). Im Anschluss zeichnete der Künstler die Figuren in feinen Federstrichen mit hellbrauner Tinte (im IR-Licht transparent), um danach die wichtigsten Partien mit dunkelbrauner Tinte zu akzentuieren (sichtbar im IR-Licht). Am Ende dieses komplexen Gestaltungsprozesses verteilte er mit dem Pinsel und grauer Tinte die Schatten (im IR-Licht transparent, im UV-Licht sichtbar[9]).

Die Beschäftigung mit den Vorzeichnungen veranschaulicht, dass die endgültige Komposition durchaus noch nicht feststehen muss, wenn der Künstler die ersten Linien zieht. Oft bilden diese nur ein grobes Gerüst für all das, was im kreativen Prozess des Zeichnens entwickelt wird. Dies verdeutlicht ein heute Marco Basaiti zugeschriebenes Blatt (Z 14; Kat.-Nr. 41), das möglicherweise Szenen aus der biblischen Josephsgeschichte zeigt. Der Künstler interpretierte sein Sujet in der einzigartigen venezianischen Bildsprache, in der sich landwirtschaftliche und orientalisierende Elemente in phantasievoller Weise vereinen. Die mit IR-Licht sichtbar gemachte Vorzeichnung (S. 30, Abb. 7) ist präzise und detailliert, Korrekturen (sogenannte Pentimenti) sind nicht erkennbar. Zum Abschluss hat Basaiti seine Darstellung freilich um einige architektonische, figürliche und erzählerische Details erweitert: So war beispielsweise ursprünglich nur eine Person bei dem Brunnen skizziert, um den sich im vollendeten Bild eine ganze Gruppe von Personen (Josephs Brüder?) schart.

Manche Spuren auf den Blättern gewähren gar einen genaueren Blick auf die Geisteswelt des ausführenden Künstlers oder der früheren Besitzer. Interessant in diesem Zusammenhang ist das Blatt mit dem »Tod der Dido« (Z 9; Kat.-Nr. 43), das als Frühwerk von Marcantonio Raimondi gilt. Dank der Untersuchung mittels UV-Licht lassen sich einige vordem unlesbare, offenbar zeitgenössische Beischriften entziffern, die Werken von Cicero, Sallust und Lukrez entnommen sind. Unter verschiedenen Gesichtspunkten thematisieren diese Beischriften den Tod als ewige Seligkeit sowie als schlimmste aller Strafen und deren Ende zugleich – Vorstellungen also, die dem Seelenzustand der selbstmörderischen Dido entsprechen und die zum Gegenstand der Zeichnung passen. Als literarisches Beiwerk bereichern diese Zeilen unser Wissen über den jungen Raimondi und sein persönliches Umfeld im Kreis der Bologneser Humanisten, wo man den antiken Autoren großes Interesse entgegenbrachte.

Technik und Stil

Nicht nur verborgene Schichten und verblasste Spuren bergen bemerkenswerte Erkenntnisse. Oft ist das Ergebnis bestimmter künstlerischer Vorgehensweisen in seiner ästhetischen Wirkung klar wahrnehmbar, doch lässt sich ohne weitere Analysen kaum bestimmen, auf welche Art der Künstler diese Effekte erzielte. Bei einigen der untersuchten Zeichnungen galt das spezielle Interesse daher dem Gebrauch von Metallstiften und der Grundierung des Papiers. Zur Identifizierung von Zeichentechnik und -materialien

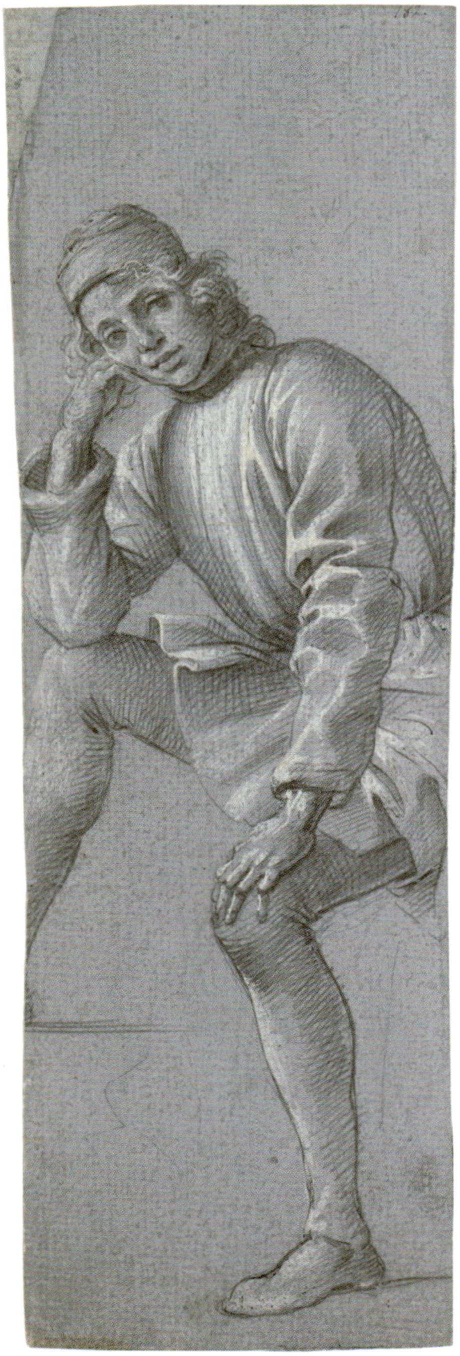

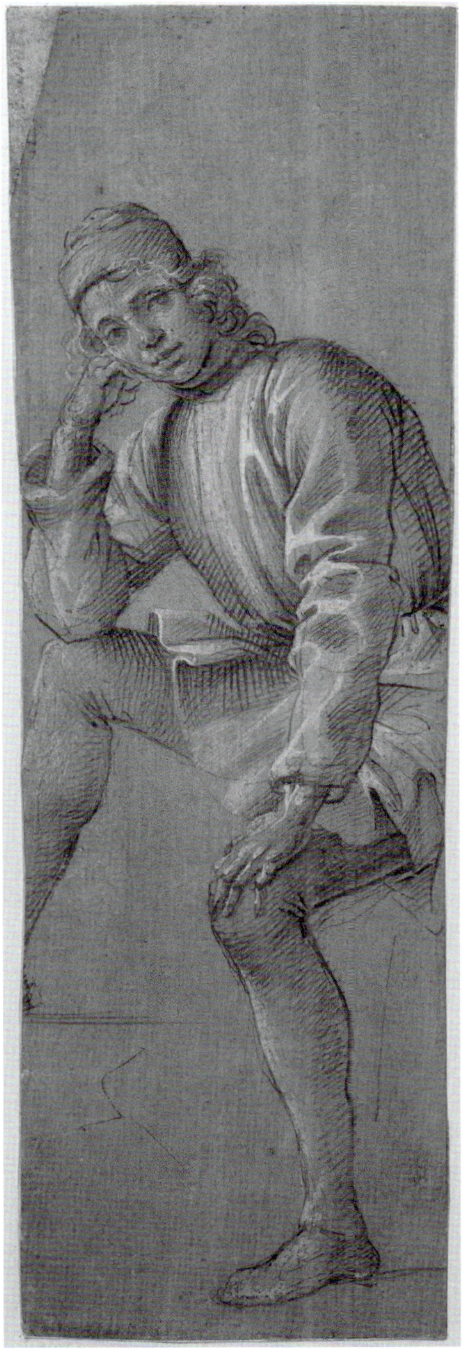

Abb. 3 (links) Filippino Lippi: Sitzender junger Mann mit Kappe um 1478/80 (Z 22 recto Kat.-Nr. 19)

Abb. 4 (rechts) Filippino Lippi: Sitzender junger Mann mit Kappe um 1478/80 (Z 22 recto Kat.-Nr. 19). Digitale Infrarotreflektographie

wurde hierzu das PIXE-Verfahren angewendet.[10] Zu den Probanden zählten zwei Werke von Filippino Lippi (Z 22, 23; Kat.-Nr. 19, 20). Eines der Blätter zeigt auf der Vorderseite einen sitzenden jungen Mann mit Kappe (Abb. 3) und auf der Rückseite einen nackten Jüngling. Beide Seiten sind auf grau grundiertem Papier ausgeführt, und zwar mit zwei verschiedenen Metallstiften, die eine unterschiedliche Farbgebung hervorrufen: eine graue durch den Einsatz des Bleigriffels (mit Anteilen von Zinn im Verhältnis 2:1)[11] sowie eine bräunliche, die aus der Verwendung des Silbergriffels (mit geringen Anteilen von Kupfer und Zink)[12] resultiert. Bei der Analyse von Lippis Zeichentechnik half ergänzend die jüngst anhand von Zeichnungen dieses Künstlers gewonnene Erkenntnis, dass die Striche von Silber- und Bleigriffeln unter IR-Licht unterschiedlich reagieren (Abb. 4).[13] Mit dem weichen und feinen Bleigriffel, mit dem sich Korrekturen leicht durchführen lassen, legte Lippi demnach bei dem sitzenden jungen Mann zunächst die Gestalt des unbekleideten Körpers an, zudem umriss er den Kopf als Kreisform mit Längs- und Parallellinien, welche die Position von Nase und Augen markieren. Auch die Knochenstruktur der linken Hand hat er auf diese Weise skizziert. Ferner fand der Bleigriffel Verwendung, um summarisch die Schattenwürfe der Kleidung festzuhalten und um einige Konturen im Gesicht und bei den Haaren zu verstärken. Den Silbergriffel nutzte Lippi in einem Zwischenstadium seiner Arbeit, und vielfach liegen die Striche beider Zeichenmittel dicht an dicht oder sogar überkreuz. Dennoch verfolgte er mit diesem Medium eine andere gestalterische Absicht: Hier ging es ihm darum, weich verlaufende Schattierungen zu schaffen, so etwa am linken Ärmel und an der Schulter. Außerdem formte er damit die Einzelheiten des Gesichts. Auch bei der Darstellung des nackten Jünglings auf der Rückseite arbeitete der Künstler mit zwei verschiedenen Stiften, wobei er wiederum zwischen Kontur und Volumen differenzierte. Hier diente ihm der Silbergriffel für die Definition der Umrisse, während er mit dem Bleigriffel den nackten Körper modellierte.

Auf dem ebenfalls untersuchten und beidseitig bezeichneten Blatt mit Darstellungen mehrerer Männer (Z 23; Kat.-Nr. 20) hingegen stellte sich heraus, dass Lippi alle Figuren lediglich mit einem Bleigriffel ausgeführt hat. Insgesamt lassen sich anhand des unterschiedlichen Einsatzes von Blei- und Silbergriffel gewandelte künstlerische Gestaltungsabsichten erkennen: In der früher entstandenen Zeichnung von 1478/80 (Z 22), die den sitzenden jungen Mannes mit Kappe und auf der Rückseite eine Aktfigur zeigt, war es das Ziel des Künstlers, eine akkurat durchgearbeitete Modellzeichnung zu schaffen. Das spätere Blatt von 1480/82 (Z 23) gilt dagegen vornehmlich dem Studium der Gestik und einer gesteigerten Expressivität, worin bereits das Bestreben erkennbar wird, sich vom Primat der Umrisslinie und der klar begrenzten Form zu befreien.

Wie ein Künstler vorgegangen ist, welche Mittel er wählte und welche Funktion sein Werk hatte, spielt auch bei Zuschreibungsfragen eine wichtige Rolle. Ein Beispiel dafür ist die »Madonna mit der Brosche« (Z 19; Kat.-Nr. 14), bei der Andrea del Verrocchio, Leonardo da Vinci und Lorenzo di Credi als Urheber zur Debatte standen. Damit verbindet sich die Frage, ob das Blatt eine originäre Bilderfindung oder eine Nachzeichnung darstellt. Schon 2006 habe ich dahingehend argumentiert, dass es sich um eine eigenhändige Studie Verrocchios handele, die dann seinen Schülern und Werkstattmitarbeitern als Vorbild diente.[14] Inzwischen konnten technologische Untersuchungen die Annahme erhärten. Mit dem PIXE-Verfahren wurde 2004 allein der Gebrauch des Silbergriffels nachgewiesen, wobei dieser Analysemethode stets nur ausgewählte Partien zugrunde liegen, nicht die gesamte Bildfläche. Die neue Infrarotaufnahme des Blattes ermöglichte mir die Feststellung, dass der Künstler hier zusätzlich einen Bleigriffel verwendet hat. Im Infrarotlicht sind nämlich nur wenige Linien sichtbar, und zwar die mit dem Bleigriffel ausgeführten Partien. Zum Bleigriffel hat Verrocchio wohl ganz zum Schluss gegriffen, um einige Elemente zu korrigieren: die Lage der Brosche, die Kontur des Gesichts, die Wimpern und den Mantelsaum über der Schulter. In der suchenden, teils korrigierenden und doch stets geübten Linienführung wie auch im differenzierten Einsatz verschiedener Zeichenmittel zeigt sich deutlich die Hand eines Meisters im Entwurfsprozess, nicht etwa die eines Kopisten. Entsprechend kann die Zeichnung nicht als eine Nachzeichnung von Leonardo oder Credi gelten, wenngleich auch diese anhand solcher Arbeiten die Wiedergabe des Faltenwurfs und die Technik des Sfumato studierten.

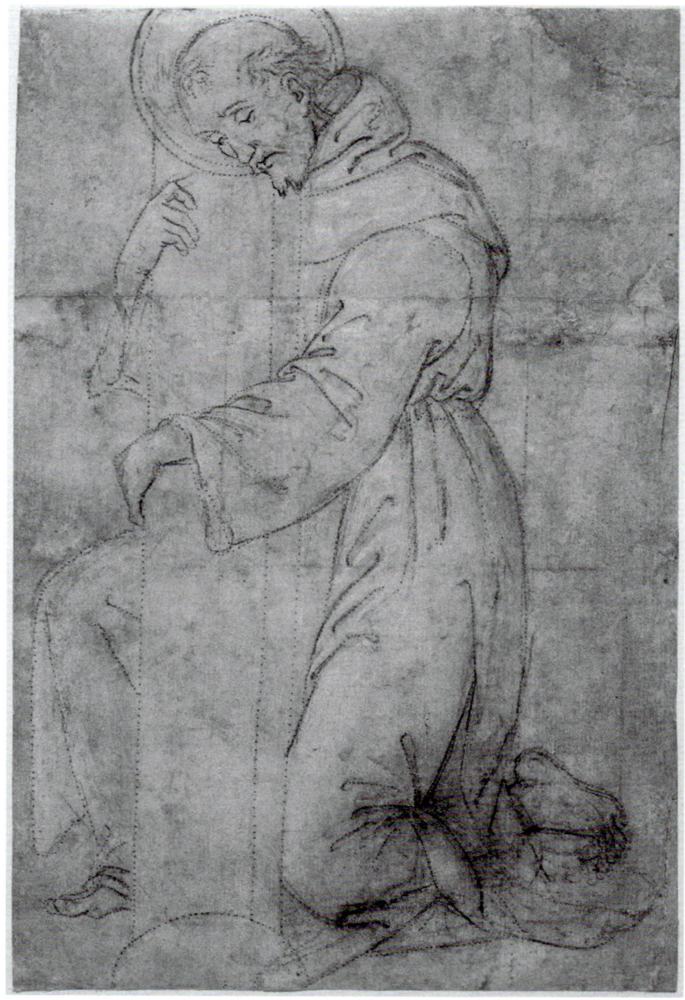

Abb. 5 Raffaellino del Garbo: Der heilige Franziskus, am Fuß des Kreuzes kniend, um 1500 (Z 29). Digitale Infrarotreflektographie

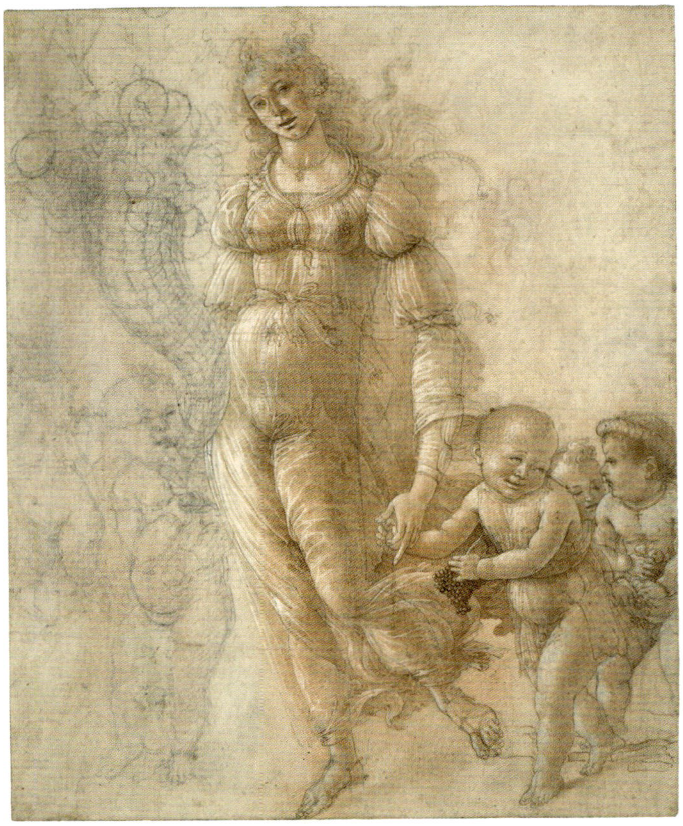

Abb. 6 Sandro Botticelli: Allegorie der Abundantia, um 1480/85. Feder in Braun, braun laviert und weiß gehöht, über schwarzer und roter Kreide auf teilweise rosa-orange getöntem Papier, 317 × 252 mm. London, British Museum, Inv.-Nr. 1895,0915.447

Künstler einer jüngeren Generation wie Giuliano da Sangallo zogen dem traditionellen Metallstift andere Instrumente vor, die ein schnelleres, freieres und großzügigeres Arbeiten erlaubten. Giuliano da Sangallo, dem im Dresdener Bestand drei Blätter mehr oder weniger sicher zugeschrieben werden (Z 26–28),[15] skizzierte beispielsweise mit schwarzer Kreide, die er dann mit der Feder vervollständigte. Vergeblich hat der Künstler an einigen Stellen mittels Feder und Bleiweiß die Kreidestriche übergangen: Das Infrarotlicht bringt wieder zum Vorschein, mit welchem Furor Sangallo zu Werke ging, ob er nun Vorbilder von Hand seines Lehrers Filippino Lippi umsetzte (Z 26) oder eigene Johannesfiguren erfand (Z 27, 28).

Bei der Arbeit mit Kreide und Feder entfiel – im Unterschied zur Metallstifttechnik – die Notwendigkeit, das Blatt zu grundieren. Dennoch fanden manchmal getönte Papiere Verwendung. Ein besonders charakteristisches Merkmal einiger Florentiner Zeichnungen aus dem 14. und 15. Jahrhundert ist die auf den Bereich der Darstellung beschränkte Tönung des Papiers in rosa-orangener Farbe, worauf mit Feder und Weißhöhungen gearbeitet wurde. Drei in Dresden aufbewahrte Blätter zeigen diese Tönung: die Arbeiten von Gherardo del Fora (Z 20; Kat.-Nr. 22), Domenico Ghirlandaio (Z 31; Kat.-Nr. 23) und Raffaellino del Garbo (Z 29). Die Zeichnung Gherardos wurde mit der PIXE-Methode analysiert, um Aufschlüsse über die Zusammensetzung zu erhalten. Demnach handelt es sich vornehmlich um Bleirot und Bleiweiß. Wie Jenny Bescoby und Judith Rayner dargelegt haben, konnten auch andere Minerale von roter Farbgebung Verwendung finden, beispielsweise der volkstümlich »Blutstein« genannte Hämatit.[16] Die trockenen pulverisierten Farbpigmente wurden mit einem angefeuchteten Pinsel auf die Oberfläche des Papiers gerieben.[17] Im Katalog der unlängst in London und Florenz gezeigten Ausstellung zur Zeichenkunst der italienischen Renaissance[18] wird diese Technik in den Blättern von Lorenzo Monaco und Sandro Botticelli als ein Mittel interpretiert, um für die Figuren einen farbigen Hintergrund zu schaffen und die plastische Wirkung der Weißhöhungen zu steigern, ohne eine komplexe Grundierung vorzunehmen.[19] Eine derart gezielt aufgebrachte Tönung könnte aber meiner Meinung nach ebenso dem Zweck dienen, die Vorzeichnung mit schwarzer Kreide zu verschleiern. In der Tat wurde mit der Infrarotreflektographie bei zwei der drei genannten Dresdener Blätter jeweils eine Skizze unter der roten Tönung gefunden (Abb. 5 und Abb. Z 2c, S. 170). Noch deutlicher lässt sich dies anhand einer Zeichnung Botticellis in London nachvollziehen. Hier ist die Vorzeichnung nur an denjenigen Stellen von der roten Tönung überdeckt, an denen der Künstler sein Werk mit Feder und Bleiweiß fertig ausgearbeitet hat (Abb. 6).[20]

Erhaltungszustand

Oft lassen sich Übermalungen durch den Künstler selbst nur schwer von alten Retuschen unterscheiden; die Ergebnisse kunsttechnologischer Analysen müssen hier mit besonderer Vorsicht interpretiert werden. Bei dem »Reiterzug mit einer Prinzessin, zwei Männern und Pagen« von Giovanni da Modena etwa (Abb. S. 32) sind mit bloßem Auge Überarbeitungen mit Feder und Bleiweiß erkenntlich. Das Ausmaß der Abänderung durch eine frühere Restaurierung, auf die man anhand der verwendeten Materialien und deren Zustand schließen kann, zeigt sich deutlich unter der Infrarotreflektographie, allerdings nicht ohne Fragen aufzuwerfen: Tatsächlich werden die Lichtstrahlen nicht nur von den in Feder ausgeführten Überarbeitungen absorbiert, und somit sichtbar, sondern auch die darunterliegenden Linien der Vorzeichnung in schwarzer Kreide. Letztere verschmelzen sozusagen mit den in Feder erfolgten Retuschen, wohingegen die in Feder ausgeführten Linien der Originalversion verschwinden. Hat die Untersuchung zum einen das Vorhandensein zweier verschiedener Tinten zutage gefördert – eine kohlenstoffhaltige Tinte bei der Originalzeichnung und eine Eisengallustinte bei den Überarbeitungen –, so wurde dadurch andererseits die Identifizierung der Retuschen nicht eben erleichtert, da sie sich mit dem darunterliegenden Entwurf verbinden. So ermöglichen nur die direkte Inaugenscheinnahme und ein gutes Vorstellungsvermögen eine Aussage darüber, wie das Blatt ursprünglich ausgesehen haben muss. Die Zeichnung ist zudem auf der linken Seite, wo sich der berittene Zug mit der Prinzessin in Bewegung setzt und weitere Pferdeköpfe im UV-Licht sichtbar werden, beschnitten worden.[21]

Ebenfalls zur Klärung des Erhaltungszustands wurden mithilfe des PIXE-Verfahrens zwei Antoniazzo Romano zugeschriebene Kartons (Z 35, 36) sowie ein Studienblatt von Luca Signorelli (Abb. 7) untersucht. Dabei galt das Interesse vor allem den Komponenten der Grundierung. So zeigt die graue Grundierung der

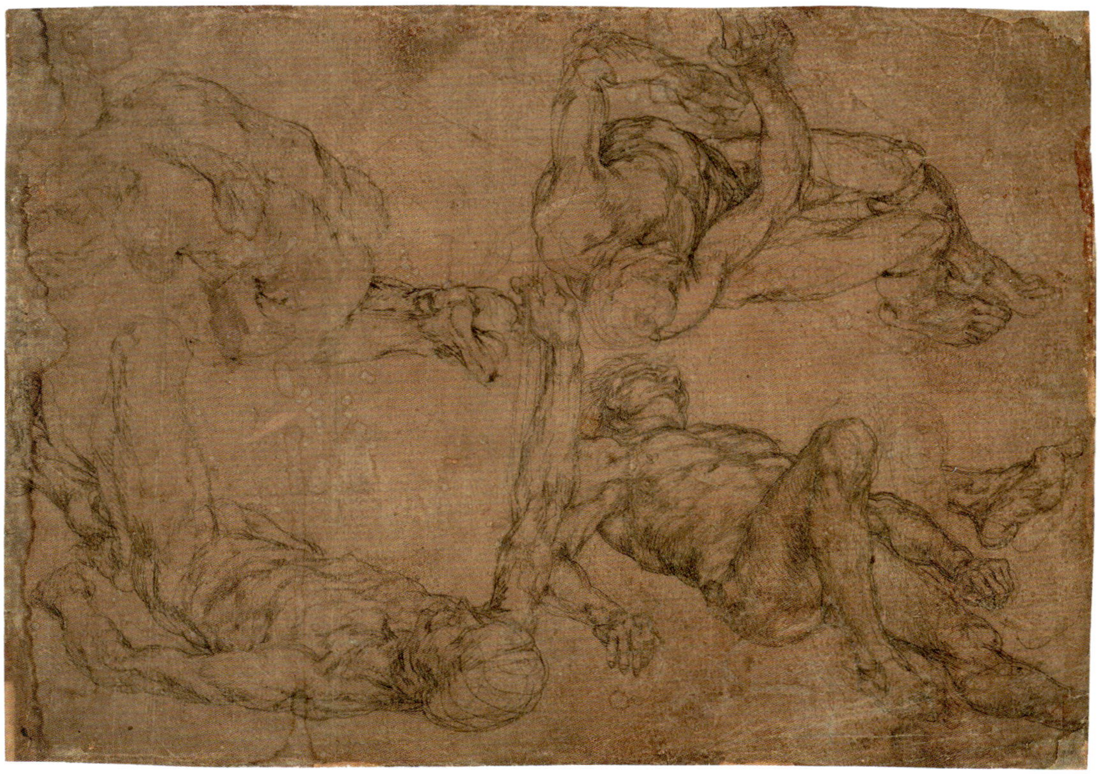

Abb. 7 Luca Signorelli: Vier liegende Männerakte, um 1495/99 (Z 37 recto; Kat.-Nr. 30)

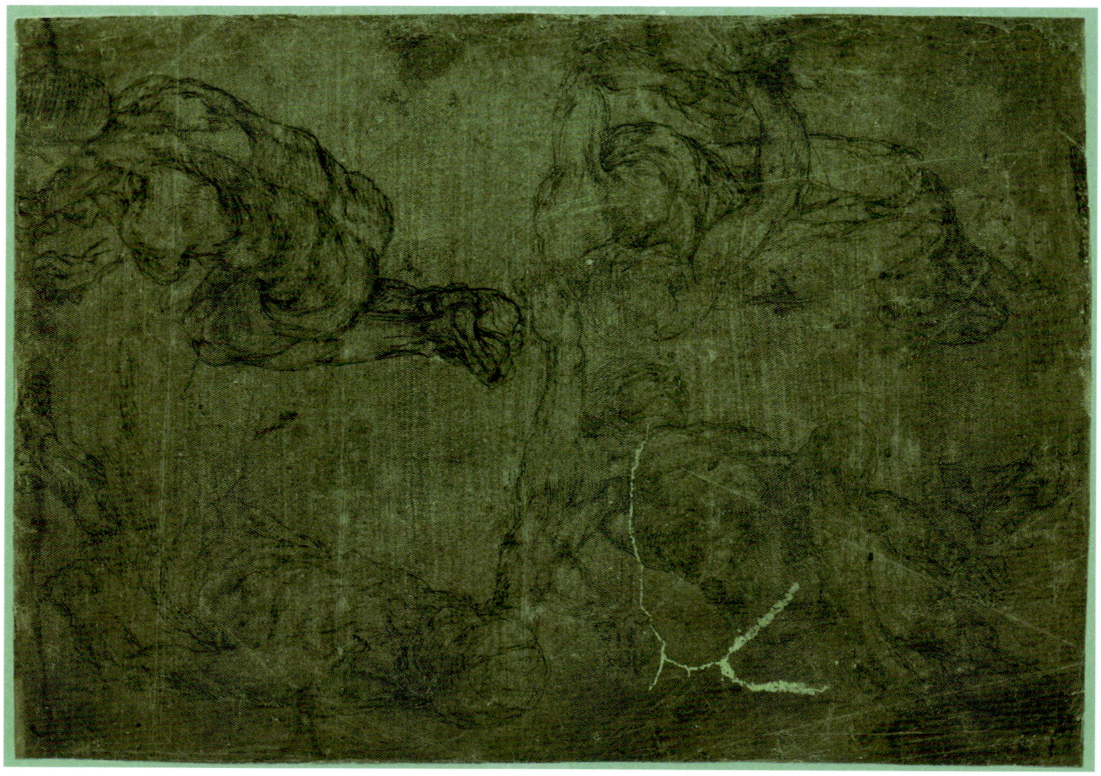

Abb. 8 Luca Signorelli: Vier liegende Männerakte, um 1495/99 (Z 37 recto; Kat.-Nr. 30). UV-Aufnahme

beiden aus Papierstücken zusammengefügten Kartons von Antoniazzo stellenweise eine hellere Tönung, und zwar jeweils in den unteren Teilstücken der Blätter. Es stellte sich die Frage, ob dafür Lichtschäden verantwortlich sind oder ob man es mit verschiedenen Materialien zu tun hat. Die Untersuchungen ergaben, dass bei der figürlichen Darstellung wie bei der Grundierung jeweils dieselben Komponenten Verwendung fanden. Allerdings stehen die Elemente der Grundierung (Kalziumkarbonat und Bleiweiß) in einem unterschiedlichen Mischungsverhältnis.[22] So ist anzunehmen, dass die Anstückungen vom selben Künstler ausgeführt wurden, allerdings fügte er die unteren Partien offenbar erst in einem zweiten Schritt hinzu, um seinen ursprünglichen Entwurf zu erweitern.

Im Fall des Studienblatts von Signorelli (Abb. 7) kam die Frage auf, ob die unterschiedliche Farbe der Grundierung auf den beiden Seiten des Blattes – Altrosa auf der Vorderseite und Rot auf der Rückseite – substanziell bedingt oder einem Verblassen geschuldet ist. Auch hier wurden für beide Blattseiten jeweils gleiche Bestandteile nachgewiesen: das Pigment Zinnober (Quecksilbersulfid) sowie Knochenweiß (Kalziumphosphat), Komponenten, die der Maler Cennino Cennini bereits um 1400 in seinem Buch von der Kunst beschrieben hatte, »um noch das Papier schön fleischfarb zu machen«.[23] In Signorellis Blatt allerdings ist auf der Vorderseite eine stärkere Beimischung von Weiß festzustellen. Die Farbgebung beider Blattseiten war folglich vom Künstler bewusst unterschiedlich gestaltet; der bleichende Effekt des Lichts mag verstärkend hinzugekommen sein. Immerhin ließ sich die 1978 von Werner Schmidt geäußerte Befürchtung entkräften, das vergleichsweise blasse Recto sei allein der Präsenz des Blattes in der Dauerausstellung des Kupferstich-Kabinetts in der zweiten Hälfte des 19. Jahrhunderts zuzuschreiben.[24] Darauf könnten auch die roten Farbspuren am rechten Rand der Vorderseite hindeuten, bei denen es sich möglicherweise um übergeflossene Grundierung des Verso handelt. In diesem Fall hätte Signorelli die Grundierung in Altrosa zuerst aufgetragen.

Blieb noch die Frage, weshalb eine der vier mit Silberstift gezeichneten Figurenstudien auf der Vorderseite mit Feder überarbeitet wurde.[25] Im UV-Licht sind die nachträglichen Züge deutlich zu erkennen (Abb. 8), wodurch ein stilistischer Vergleich mit der übrigen Darstellung möglich wird. Dieser zeigt, dass es sich um eigenhändige Hinzufügungen Signorellis zur Verstärkung der Silberstiftlinien handelt.

Als Beispiel dafür, wie das kunsthistorische Urteil und die technologischen Untersuchungen Hand in Hand gehen, sei schließlich noch ein letztes Beispiel angeführt: Die Zeichnung mit dem Erzengel Michael (Z 43; Kat.-Nr. 34) wurde schon früh von unbedarfter Hand mit schwarzer Kreide überarbeitet, außerdem hat man sie entlang der Konturlinien ausgeschnitten. So war es lange Zeit völlig unmöglich, das Kunstwerk angemessen zu beurteilen. Trotz der verunklärenden Veränderungen ließ sich das Blatt nun anhand der IR-Aufnahme in Kombination mit einem Vergleich von inhaltlichen und formalen Parallelbeispielen als Original identifizieren, und zwar als eine um 1503/04 entstandene Bilderfindung Raffaels, die im Kontext von dessen Tätigkeit für den Hof von Urbino entstanden ist. Diese Erkenntnis bringt nicht nur einen Zugewinn für die Dresdener Sammlung, sondern fügt auch der Forschung zu Raffaels Frühwerk einen neuen Mosaikstein hinzu.

Anmerkungen

* Ich danke Wolfgang Holler, Sybille Ebert-Schifferer, Max Seidel, Bert W. Meijer und Olaf Simon für die Unterstützung der Forschung am Dresdener Bestand.

1 Woermann 1896–1998.

2 Melli 2006.

3 Siehe auch das Vorwort, S. 5, und den Beitrag von Olaf Simon und Carsten Wintermann im vorliegenden Band, S. 27.

4 Zu den wichtigsten Abhandlungen über kunsttechnologische Untersuchungen an Zeichnungen des 15. Jahrhunderts, die dem Projekt vorausgingen bzw. unmittelbar folgten, gehören: Duval 1998 (Zeichnungen von Pisanello); Melli 1998 und 2000 (Zeichnungen von Paolo Uccello und Benozzo Gozzoli); Duval 1999 (Metallstifte); Brejon de Lavergnée u. a. 2001 (Sammlung in Lille, Musée des Beaux-Arts); Dahm 2004 (Sammlung des Metropolitan Museum of Art in New York); Duval/Guicharnaud/Dran 2004 (Metallstifte); Ketelsen u. a. 2005 (Verwendung von Metallstiften bei Jan van Eyck); Montalbano/Migliori 2005 (Grundierungen); Hélène Guicharnaud und Alain Duval: Catalogue des dessins analisés, in: Ausst.-Kat. Rennes 2007, S. 12 f. (Sammlung in Rennes, Musée des Beaux-Arts); Frosinini/Montalbano/Piccolo 2008 (Codex Resta in der Biblioteca Ambrosiana, Mailand); Melli 2008 (Verwendung von Metallstiften bei Filippino Lippi); Tanimoto/Verri 2009 (Metallstifte in Zeichnungen des British Museum in London, siehe auch Anm. 13 unten) und zuletzt Amber/Higgitt/Saunders 2010 (Sammlung des British Museum in London).

5 Siehe das Bestandsverzeichnis, S. 164–181.

6 Siehe dazu auch den Beitrag von Olaf Simon und Carsten Wintermann in diesem Band, S. 27–31, in dem sie die Funktion und Einsatzgebiete der verschiedenen kunsttechnologischen Untersuchungsmethoden an Papierobjekten erläutern. Die Abbildungen zu allen im vorliegenden Beitrag erwähnten kunsttechnologischen Untersuchungen finden sich, sofern nicht anders angegeben, im Bestandsverzeichnis.

7 Vgl. Catherine Higgitt in: Amber/Higgitt/Saunders 2010, Kap. 3, S. 17–22, hier S. 21.

8 Vgl. den Beitrag von Christoph Schölzel im vorliegenden Band, S. 21–25.

9 Siehe Melli 2006, S. 102, Abb. 18b.

10 Siehe ebd., S. 21 und den Beitrag von Olaf Simon und Carsten Wintermann im vorliegenden Band, S. 29 f.

11 In Übereinstimmung mit den Erkenntnissen zu den in Rennes aufbewahrten Zeichnungen von Filippino Lippi bei Hélène Guicharnaud und Alain Duval: Catalogue des dessins analisés, in: Ausst.-Kat. Rennes 2007, S. 25 und S. 37, Kat.-Nr. 7.

12 Vgl. die Zeichnungen von Botticelli, Ghirlandaio, Pisanello und Filippino Lippi in Rennes, siehe ebd., S. 25, und S. 28 f., Kat.-Nr. 2; S. 30 f., Kat.-Nr. 3; S. 32 f., Kat.-Nr. 4; S. 34 f., Kat.-Nr. 5.

13 Mit dem Silbergriffel gezogene Linien erscheinen transparent (sie absorbieren das IR-Licht also nicht), während die Spuren des Bleigriffels das IR-Licht absorbieren, sodass sie sichtbar werden; siehe Melli 2006, S. 84 f. Die Ergebnisse sind analog zu dem von Johan Rudolph Justus van Asperen de Boer beobachteten Verhältnis zwischen dem Absorptionsgrad des Lichtes und dem Deckvermögen der Farbschichten im Kontext ihrer Untersuchungen von Gemälden (Asperen de Boer 1968 und 1970). Eine Erklärung für diese Eigenschaft des Silberstifts unter der Infrarotreflektographie haben Satoko Tanimoto und Giovanni Verri 2009 bei der Untersuchung einer Zeichnung von Filippino Lippi im British Museum gefunden: »the response of Silver-based metalpoint to infrared radiation as transparent is due to the presence of Silver corrosion products, particularly silver sulphide […].« (die transluzente Reaktion des Silberstifts unter Infrarotbestrahlung geht auf das Vorhandensein von chemischen Verbindungen zurück, die sich bei der Korrosion von Silber bilden, insbesondere das Silbersulfid […] – d. Ü.), siehe Tanimoto/Verri 2009, S. 106. Neueste Untersuchungen zu den »faded silverpoint drawings« von Leonardo da Vinci werden derzeit in Windsor durchgeführt, siehe dazu Donnithorne/Russell 2012.

14 Melli 2006, S. 104–109, Kat.-Nr. 19.

15 Die Zuschreibung der Dresdener Zeichnungen an Sangallo beruht auf dem Vergleich mit Figurendarstellungen in dessen als gesichert geltenden Architekturprojekten sowie den ihm zuerkannten Blättern in den Florentiner Uffizien, siehe ebd., S. 142 f.

16 Siehe Jenny Bescoby und Judith Rayner in: Amber/Higgitt/Saunders 2010, Kap. 4, S. 23–38, hier S. 36.

17 Siehe Melli 2006, S. 22.

18 Siehe Ausst.-Kat. London/Florenz 2010/11, S. 96–99, Kat.-Nr. 4 und S. 174 f., Kat.-Nr. 36.

19 Siehe auch Hugo Chapman in: Ausst.-Kat. London/Florenz 2010/11, S. 38.

20 Siehe Marzia Faietti in: Ausst.-Kat. London/Florenz 2010/11, S. 174 f., Kat.-Nr. 36.

21 Siehe Melli 2006, S. 32, Abb. 2a.

22 Der prozentuale Anteil von Blei ist in den oberen Papierstücken höher, der Kalziumgehalt dagegen geringer, siehe ebd., S. 189.

23 Cennini 1871, §. XXI, S. 14 f.

24 Werner Schmidt in: Ausst.-Kat. Dresden 1978, S. 27 f., Kat.-Nr. 6. Zur Ausstellung der Werke im Kupferstich-Kabinett vgl. den Beitrag von Andreas Henning und Gudula Metze im vorliegenden Band, S. 43.

25 Zur Ausführung der Figurenstudien mit dem Silberstift siehe den Beitrag von Olaf Simon und Carsten Wintermann im vorliegenden Band, S. 30.

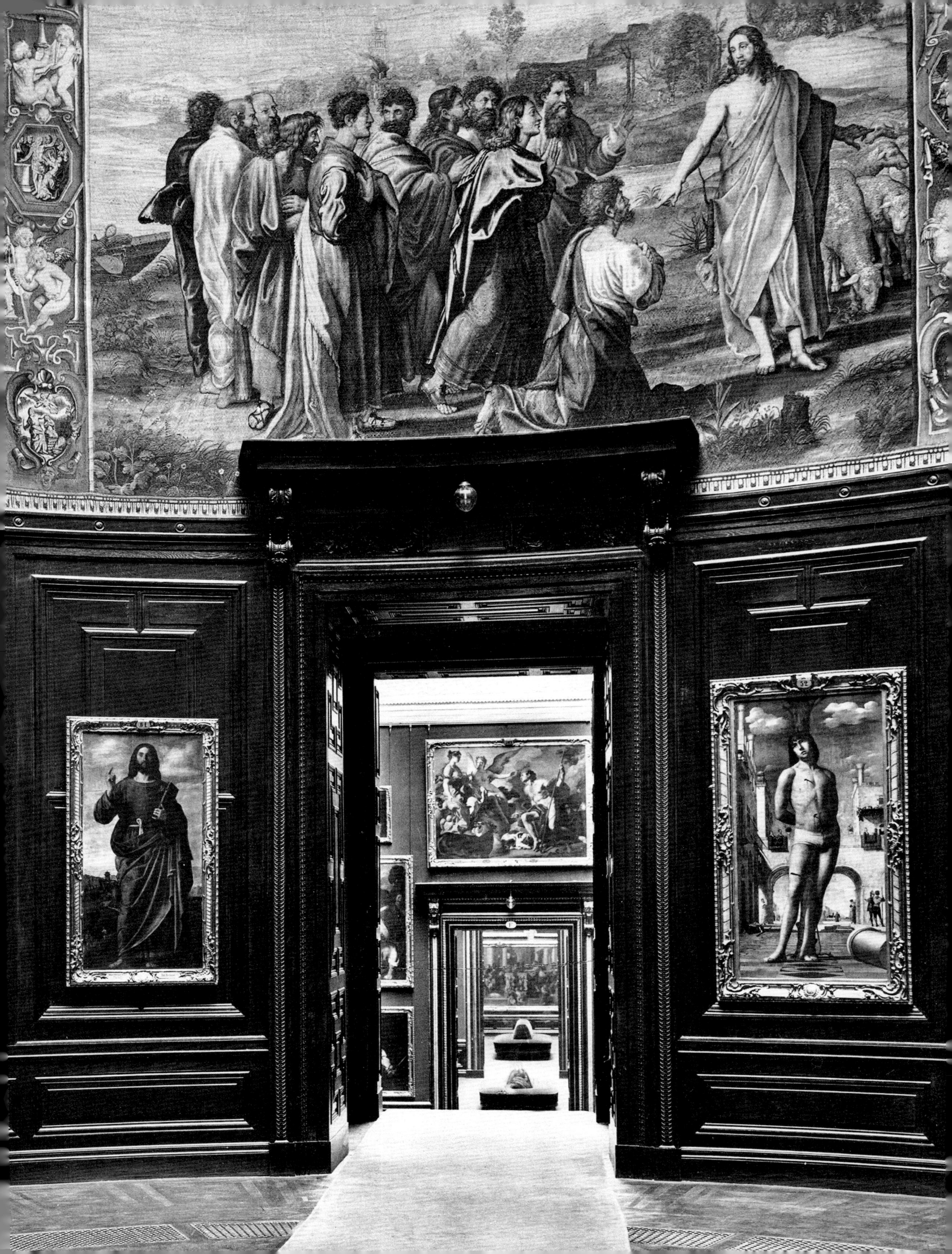

Andreas Henning und Gudula Metze in Zusammenarbeit mit Eleonora Cagol

AUF DEN SPUREN DER WEGBEREITER RAFFAELS

Zur Erwerbungsgeschichte von Werken der italienischen Spätgotik und Frührenaissance in Dresden

Die Gemäldegalerie und das Kupferstich-Kabinett in Dresden bestehen seit der ersten Hälfte des 18. Jahrhunderts als eigenständige Museen, und die Erwerbungen der Anfangszeit prägen bis heute den Charakter beider Institutionen.[1] So befanden sich in der Galerie schon damals Hauptwerke von Künstlern wie Correggio, Guercino, Reni, Tizian und Veronese, jedoch nur wenige Gemälde der Ära vor Raffael. Das Kabinett wiederum besaß einen reichen Bestand an Kupferstichen des 15. Jahrhunderts. Allerdings interessierten diese Blätter wohl weniger ihrer ästhetischen Qualitäten wegen, sondern vor allem als Dokumente aus der Frühzeit der Druckgraphik.[2] Mit der Erwerbung großer Konvolute gelangten zwar seinerzeit auch bedeutende Zeichnungen der italienischen Spätgotik und Frührenaissance in das Kabinett, doch handelte es sich dabei nicht um gezielte Ankäufe.[3] Bewusst hat man »frühe Italiener« in Dresden erst im 19. Jahrhundert gesammelt, insbesondere in den 1860er und 70er Jahren.

Bereits in der Kunstkammer der sächsischen Kurfürsten lassen sich einige Werke von Künstlern der italienischen Frührenaissance identifizieren,[4] darunter drei Tafeln von Jacopo de' Barbari, die offensichtlich zur Sammlung des in Wittenberg ansässigen Hofmalers Lucas Cranach d. J. gehörten (G 3–5; Kat.-Nr. 51, 52). Mit dessen Nachlass gingen sie 1588 an die sächsischen Fürsten über.[5] Da Gemälde in den Inventaren meist nicht namentlich zugeschrieben wurden, lässt sich der Sammlungsbestand nicht im Detail rekonstruieren; allerdings spielten Gemälde in den Anfängen der sächsischen Kunstkammer nur eine marginale Rolle. Dasselbe gilt für die Zeichnungen, die in der Regel vor allem dann konkret beschrieben wurden, wenn sie – wie Turnierbücher und Abbildungen von Festlichkeiten – für das Leben am Hof von besonderer Bedeutung waren.[6]

Ein konkreteres Bild ergibt sich mit der institutionellen Ausgliederung von Spezialmuseen aus der sächsischen Kunstkammer im frühen 18. Jahrhundert. In diesem Zusammenhang entstanden detaillierte Inventare. 1722 wurde ein Verzeichnis aller in der Kunstkammer sowie in den Schlössern und Landsitzen befindlichen Gemälde angelegt. Dazu zählt das heute Cima da Conegliano zugeschriebene Christusbild, das bei seiner Erwerbung 1714 in Venedig als Arbeit von Leonardo da Vinci galt (G 16; Kat.-Nr. 48).[7]

Den wichtigsten Grundstock für die Zeichnungssammlung im Kabinett bildet ein Ankauf von 1728: Damals gelangten mit der Kollektion des Leipziger Stadtbaumeisters Gottfried Wagner (1652–1725) über 10 000 Zeichnungen in den Bestand (davon hier Z 45 und 49, wahrscheinlich auch 2, 6.1–2, 15 und 19).[8] Während der Ordnungsarbeiten im Kabinett notierte der Gründungsdirektor Johann Heinrich von Heucher (Amtszeit 1720–1746) oftmals die damaligen Zuschreibungen auf den Zeichnungen. Diese Beischriften sind eine wesentliche Grundlage für den Abgleich mit den Archivalien aus jener Zeit, allerdings ergeben sich oft mehrdeutige Zuordnungen. Vor allem ist das Inventar von 1738 zu nennen, in dem erstmalig der Gesamtbestand des Kabinetts dokumentiert wurde.[9] Die Zeichnungen finden in aller Regel konvolutweise Erwähnung, allenfalls nennen gesonderte Spezifikationen einzelne Künstler und die Zahl vorhandener Blätter. In den Klebebänden mit den Zeichnungen aus Wagners Besitz lagerte demnach je ein Blatt von »Jean Bellin«[10] (Z 15; Kat.-Nr. 30?) sowie »Giovanni da Milano« (Z 2; Kat.-Nr. 8?),[11] und mit dem ebendort erwähnten Blatt von Leonardo da Vinci könnte die »Madonna mit der Brosche« gemeint sein, die heute als Werk von Andrea del Verrocchio gilt (Z 19; Kat.-Nr. 14).[12]

Die lediglich summarische Inventarisierung spiegelt die Tatsache, dass Zeichnungen keineswegs das Herzstück der Sammlung bildeten. Ungleich prominenter rangierte die Reproduktionsgraphik, die systematisch zusammengetragen wurde und eine Vorstellung von Meisterwerken in ganz Europa gewährte. In diesem Sinne diente das Kabinett als kunsthistorischer Wissensspeicher – eine zentrale Funktion für die Dresdener Sammlungen, die alsbald durch eine hauseigene Fachbibliothek unterstützt wurde.[13] Schon 1738 konnten Besucher des Kabinetts ein mehrbändiges Manuskript zu Rate ziehen, um zu erfahren, was von den diversen Malerschulen und deren Hauptvertretern zu halten sei.[14] Der Text, als dessen Verfasser Heucher gilt, lässt keinen Zweifel an der überragenden Bedeutung Raffaels. Dass die Kunst der Ära *vor* Raffael kaum zur Sprache kommt, hat handfeste Gründe, wie ein Blick in den Band zur Florentiner Schule beweist: Hier heißt es, dass die Ausführungen mit Leonardo da Vinci beginnen müssten, da zu den älteren Künstlern keine Reproduktionsgraphik vorliege.[15] Damit ist ein wichtiger Befund angesprochen, der im Wesentlichen auf die gesamte italienische Kunstlandschaft zu übertragen ist. Systematische und fundierte Beschäftigung mit der Materie war seinerzeit, zumal fernab Italiens schwerlich möglich. Den-

Abb. links Blick in die »Rotunde« der Gemäldegalerie im Semperbau, u. a. mit den Werken von Cima da Conegliano (G 15), Antonello da Messina (G 2) sowie den Bildteppichen nach Raffael, nach 1910. Fotografie (Detail). Dresden, Deutsche Fotothek

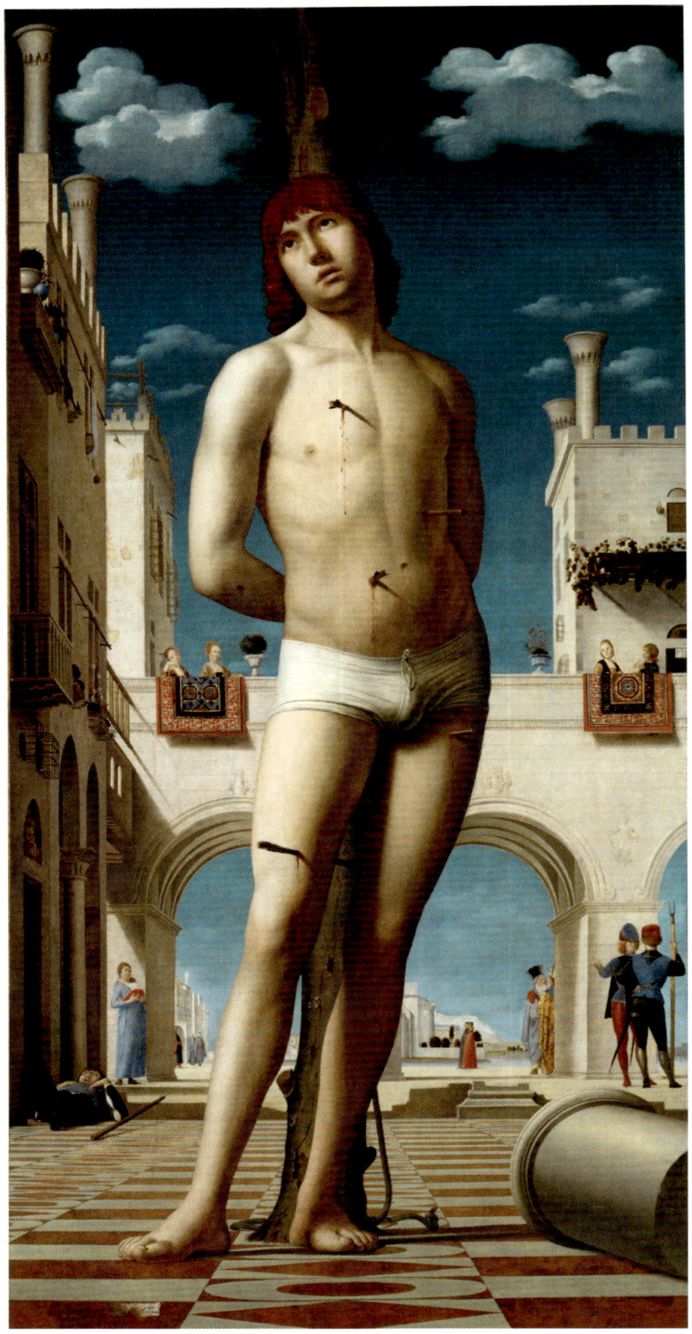

Abb. 1 Antonello da Messina: Der heilige Sebastian, um 1478 (G 2)

noch zeugt die Notiz davon, dass in Dresden durchaus Interesse bestand, weiter in die Vergangenheit der italienischen Kunst vorzudringen, was sich auch in den Ankäufen der Folgezeit niederschlug.

Im Unterschied zu August dem Starken, dessen Erwerbungswünsche eine Vielzahl unterschiedlichster Kunstgattungen umfasste, konzentrierte sich sein Sohn August III. auf den Ankauf von Gemälden und Arbeiten auf Papier.[16] Mit hochqualitativen und umfangreichen Erwerbungen – beispielsweise aus der Kaiserlichen Galerie in Prag, der Sammlung Wallenstein in Dux und der Kollektion der d'Este in Modena – erreichte die ab 1746 im ehemaligen kurfürstlichen Stallgebäude am Jüdenhof untergebrachte Gemäldesammlung ein Niveau, mit dem sie im europäischen Wettstreit mithalten konnte. Allerdings lassen sich in der augusteischen Zeit nur vereinzelt Ankäufe von Werken nachweisen, die von Künstlern des Quattrocento stammen. Mit dem Giovanni Bellini zugeschriebenen »Tempelgang Mariä« (G 17) fand etwa 1743 ein Beispiel des venezianischen Quattrocento Eingang in die Galerie. Auch die in der Galerie prominent vertretende Gruppe Ferrareser Malerei aus der Mitte des 16. Jahrhunderts konnte um einen bedeutenden Vorläufer ergänzt werden, als 1750 der Erwerb der Predellen von Ercole de' Roberti gelang (G 41, 42; Kat.-Nr. 35, 36). Diese im Ansatz kunsthistorisch ausgerichteten Vergleichsüberlegungen führten dazu, dass nicht nur ein vermeintlich von Raffaels Lehrer Perugino stammendes Werk angekauft (G 25; Kat.-Nr. 46), sondern auch ein diesem Künstler zugeschriebenes Madonnenbild unmittelbar unter der 1754 in Dresden eingetroffenen »Sixtinischen Madonna« platziert wurde.[17]

1748 hatte der Galerieinspektor Pietro Guarienti eine Liste mit Namen von Künstlern an den Dresdener Hof geschickt, die seiner Ansicht nach in der Sammlung nicht ausreichend vertreten seien. Die Liste umfasst eine ganze Reihe an Malern aus der zweiten Hälfte des 15. Jahrhunderts. Darunter befinden sich Giovanni Bellini, Vittore Carpaccio, Cima da Conegliano – wichtige Vorläufer für das Wirken Tizians und Veroneses. Der damals als Lehrer Correggios erachtete Andrea Mantegna war gleichfalls auf der Liste vermerkt, schlussendlich wurde 1750 eine ihm zugewiesene »Verkündigung« erworben (vgl. S. 21, Abb. 1). Wohl sicherlich aufgrund einer ebensolchen Leitfunktion waren auch die Brüder Ghirlandaio sowie Perugino in der Aufstellung vertreten.[18] Immerhin verhandelte der Kunstagent Giovanni Pietro Minelli ab 1749 um Giovanni Bellinis große »pala di San Giobbe« in Venedig, wenngleich ohne Erfolg.[19] Allerdings lassen die Ankäufe beziehungsweise Zuweisungen zur Galerie nicht den Schluss zu, dass hier tatsächlich eine systematische Ergänzung des Gemäldebestands im Hinblick auf die Epoche der Frührenaissance erfolgt wäre. Vielmehr dürfte es der Versuch gewesen sein, die unmittelbaren Vorgänger der hochgehandelten Künstler des Cinquecento in die Galerie zu integrieren. Der Ausbruch des Siebenjährigen Krieges 1756 vereitelte alle weiteren Erwerbungsbemühungen.

Inwiefern auch die Zeichnungssammlung des Kabinetts von dieser ersten Hinwendung zur Kunst der frühen Italiener profitierte, lässt sich heute kaum beurteilen. Zwar empfahl der Berater der königlichen Kunstsammlungen, Francesco Algarotti, 1742 den Ankauf von Zeichnungen. Diese unmittelbaren Zeugnisse künstlerischer Arbeit seien nämlich in Dresden nicht würdig vertreten, doch räumte er selbst der Druckgraphik den Vorrang ein, da sie die Werke großer Meister allgemein zugänglich macht.[20] Dies entsprach ganz den Interessen von Heuchers Nachfolger Carl Heinrich von Heineken, einem der größten Graphikkenner seiner Zeit. Während seiner Amtszeit 1746–1763 entstand ein umfassendes Inventar der italienischen Druckgraphik, nicht aber der Zeichnungen.[21] Ein Zugangsbuch wurde erst unter Direktor Ludwig von Hagedorn geführt (Amtszeit 1764–1780).

Gezielt versuchte man im Lauf des 19. Jahrhunderts, Lücken im Sammlungsbestand zu schließen. Im Zuge der Entwicklung des Fachs Kunstgeschichte fand die Malerei des Tre- und Quattrocento ein immer stärkeres Interesse, und zwar auf der Basis eines auch quantitativ immens anwachsenden Werkbestands in privaten und öffentlichen Sammlungen. Hatte zum Beispiel die Kaiserliche Galerie im Wiener Belvedere schon 1783 den Ansatz verwirklicht, die Werke unter dem Gesichtspunkt einer kunsthistorischen Entwicklung zu hängen, so strebten die Gemäldegalerien in Berlin (1830) und München (1836) explizit danach, einen möglichst kompletten Abriss der Kunstgeschichte zu geben.[22] Für die Dresdener Galerie wuchs der Druck, diese neuen Ansprüche auf die eigene Präsentation zu übertragen. Unter dem Galeriedirektor Friedrich Matthäi wurde daher ab Anfang der 1830er Jahre die Sammlung nach Schulen gehängt, wobei sich schnell herausstellte, dass der Bestand sich nicht für einen annähernd umfassenden Überblick eignete. Erste Maßnahmen zur Schließung der Lücken blieben bescheiden. So erwarb Matthäi ein Tondo von Sandro Botticelli (G 13) – das mittlerweile dessen Schule zugerechnet wird – und eine Predella von Benozzo Gozzoli (G 43).[23] Auch wenn sich bei Letzterer später herausstellte, dass es sich um eine Kopie handelt, so entspricht die Ankaufsbegründung schon dem Argumentationsmuster, das auch in den folgenden Jahrzehnten verwendet werden sollte: »Dieses Stück ist um so wichtiger als es den Anfang zu Ausfüllung einer fühlbaren Lücke in unserer Sammlung macht u. gute Gemälde der früheren Epoche der florentiner Schule nur selten im Handel vorkommen.«[24] Einen Höhepunkt stellt sicherlich der 1843 erfolgte Erwerb der »Verkündigung Mariä« von Fra Angelico aus der Sammlung Rumohr dar (G 1; Kat.-Nr. 12).[25]

Einen Entwicklungsschub bedeutete die Einrichtung des nach Plänen Gottfried Sempers erbauten und 1855 eröffneten neuen Sammlungsgebäudes am Zwinger. Die »Abtheilung Aeltere Italienische Schulen« mit Werken unter anderem von Botticelli, Ercole de' Roberti und Francesco Francia zog in das erste Kabinett in der Hauptetage.[26] Während die nach Raffaels Entwürfen gewobenen Teppiche bereits mit der Eröffnung des Galeriegebäudes in der zentralen Rotunde präsentiert wurden, kam eine Auswahl an italienischen Bildern, darunter Werke von Cima da Conegliano und Antonello da Messina, erst später hinzu (Abb. S. 40).[27] Neben der Galerie bezog auch das Kupferstich-Kabinett 1856 eigene Räumlichkeiten im Semperbau, sodass die Gemälde und die Kunst auf Papier in unmittelbarer Nachbarschaft untergebracht waren.[28] Als Teil der permanenten Präsentation konnte man dort ebenso Zeichnungen und Druckgraphiken sehen. Was seit dem 18. Jahrhundert weitestgehend unbeachtet an frühen italienischen Zeichnungen in Dresden lagerte, kam nun buchstäblich ans Licht.

Während der ersten Jahrzehnte im neuen Domizil wurden außerdem bedeutende Erwerbungen getätigt: 1857 gelangte aus der Sammlung von Moritz Steinla, Professor der Dresdener Kunstakademie, eine ganze Gruppe tatsächlicher oder vermeintlicher Werke der Frührenaissance an die Galerie. Die Galeriekommission befürwortete den Ankauf der 23 Gemälde mit dem Hinweis auf eklatante Sammlungslücken (G 29, 33, 35, 40, 54 und 57).[29] Im selben Jahr konnte der Bestand durch ein Vierpasstäfelchen von Giotto abgerundet werden (G 28).[30] Zu den wichtigsten Neuzugängen zählten darüber hinaus sechs Tafeln aus der Nachlassauktion des Londoner Kunsthändlers Samuel Woodburn 1860.[31] Eine der Madonnendarstellungen war als Werk von Lorenzo di Credi angeboten worden (G 30; Kat.-Nr. 15). In der Galeriekommission hing man der Überzeugung an, damit ein Frühwerk von Leonardo da Vinci zu erhalten, eine »in der Geschichte der Dresdner Galerie Epoche machende Erwerbung«.[32] Zeitweise glaubte man sogar, in der leonardesken, aus heutiger Sicht von Andrea del Verrocchio angefertigten Madonnenzeichnung des Kabinetts (Z 19; Kat.-Nr. 14) eine zugehörige Vorstudie zu erkennen. Auf der Woodburn-Auktion hat der damalige Direktor des Kabinetts, Ludwig Gruner, ebenfalls wichtige, nicht zuletzt der toskanischen und umbrischen Schule zugehörige Blätter erwerben können (Z 16–18, 22, 29, 31, 34–37, 41 und 47–48).[33] Dank dieser Ergänzungen war das Kabinett gut ausgestattet, um in der Dauerausstellung – aus konservatorischen Gründen heute undenkbar – die Geschichte der Zeichenkunst anhand von Originalen vor Augen zu stellen. Der gedruckte Führer von 1862 vermag Umfang und Arrangement dieser Ausstellung gut zu veranschaulichen.[34] In gewisser Weise handelt es sich bei diesem von Gruner verfassten Verzeichnis um die erste Publikation zum Zeichnungsbestand in Dresden. Größere Konvolute früher italienischer Zeichnungen kamen danach nicht mehr ins Haus, wie die finanziellen Mittel überhaupt keine umfassenderen Erwerbungen mehr erlaubten.

Der Galerie standen zu diesem Zeitpunkt noch wesentliche Ankäufe bevor, auch wenn es sich eigentlich nur in den 1870er Jahren von einer systematischen Erwerbungsstrategie in Bezug auf Werke der Frührenaissance sprechen lässt. Die Gründe liegen in der Ausstattung des Ankaufetats, der zumindest für kurze Zeit ein Mithalten im Wettstreit auf dem Kunstmarkt ermöglichte. Hatte man 1873 den »Heiligen Sebastian« von Antonello da Messina (G 2; Abb. 1)[35] erwerben können, so wurde im darauffolgenden Jahr der Reservefonds durch Gelder aus der sogenannten »französischen Kriegskostenentschädigung«[36] aufgestockt. Sie waren zwar vor allem dem Ankauf zeitgenössischer Kunst gewidmet, doch wurden mit diesen Mitteln auch eine Reihe an Erwerbungen alter Meister finanziert, denn »für das Verständnis der grossen Meister des 16. Jahrhunderts ist es doch sehr wünschenswerth, wenigstens die bedeutendsten ihrer Vorgänger durch einige bezeichnende Arbeiten vertreten zu sehen.«[37] Mithilfe dieser Gelder sicherte man 1874 in London unter anderem Botticellis Madonnentafel[38] für Dresden (G 11; Kat.-Nr. 18).[39] Ebenfalls in London – und wiederum vermittelt durch den Direktor des Kabinetts Gruner – gelang 1875 der Ankauf einer Tafel aus der Schule von Perugino (G 36),[40] und im folgenden Jahr konnte Andrea Mantegnas »Heilige Familie« aus dem Nachlass des Gründungsdirektors der Londoner National Gallery erworben werden (Abb. 2).[41]

Karl Woermann, Gruners Nachfolger ab 1882, sowie Max Lehrs, der 1883 als Assistent seine Laufbahn im Dresdener Kabinett begann, reformierten die Institution von Grund auf. Standardisierte Passepartouts für die als besonders wertvoll erachteten Bestände ermöglichten nun die Präsentation in Wechselausstellungen sowie einen effizienten Studiensaalbetrieb. Den Anfang machten 1883 die Zeichnungen des 14. und 15. Jahrhunderts.[42] Eine undatierte Fotografie gewährt einen Blick auf einen Besucherarbeitsplatz im Studiensaal des Semperbaus (Abb. 3); auf einer Staffelei befindet sich ein Blatt von Vittore und Benedetto Carpaccio (Z 15; Kat.-Nr. 50), in dem geöffneten Kasten liegen außerdem Zeichnungen Filippino Lippis (Z 22; Kat.-Nr. 19) und Benozzo Gozzolis (Z 18) bereit.

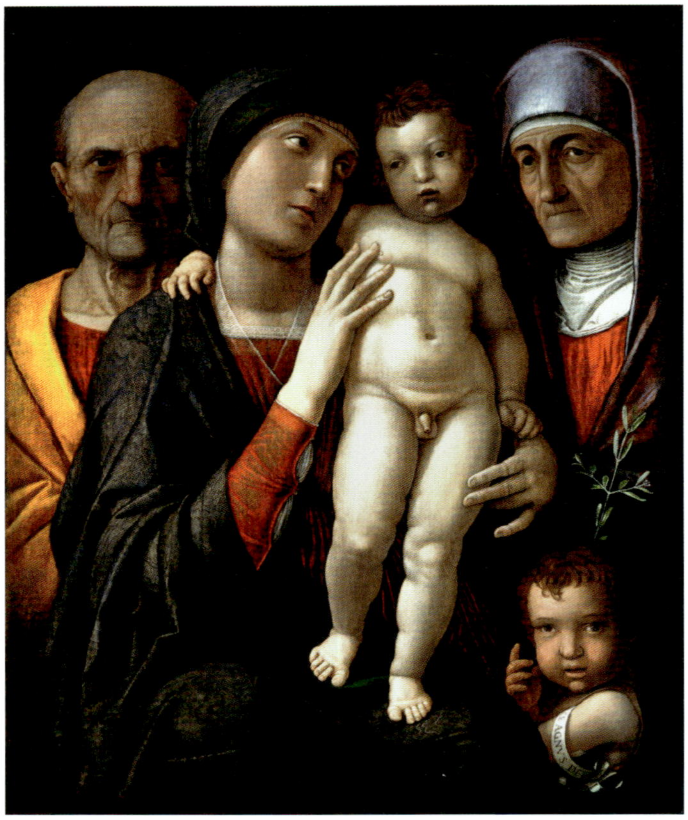

Abb. 2 Andrea Mantegna: Die Heilige Familie, um 1495/1500 (G 34)

Woermann ist das zehnbändige Mappenwerk »Handzeichnungen alter Meister im königlichen Kupferstichkabinet zu Dresden« zu verdanken, in dem auch die wichtigsten frühen italienischen Zeichnungen besprochen wurden.[43] Auf ihn geht darüber hinaus die handschriftliche Kartei zurück, in der er und später auch Lehrs Informationen über die bedeutendsten Blätter zusammentrugen. Die Bestände auf dem Gebiet der Spätgotik und Frührenaissance wuchsen indessen kaum mehr, weder in der Galerie noch im Kabinett. Die letzten Zugänge an entsprechenden Gemälden betreffen vereinzelte Werke vor allem der oberitalienischen beziehungsweise venezianischen Malerei, die bis 1922 durchgeführt wurden (G 9, 20, 22 und 26; Kat.-Nr. 47, 44). Der bis heute letzte Neuzugang aus dem Bereich der frühen Italienerzeichnungen ist der Männerkopf von Giovanni Agostino da Lodi (Z 13; Kat. 53), der 1923 im Rahmen eines Tauschhandels an das Kabinett gelangte. Mit dem Zweiten Weltkrieg kam zwangsläufig auch die wissenschaftliche Erschließung des Bestandes zum Erliegen.

1955 kehrten die nach dem Ende des Zweiten Weltkriegs in die UdSSR verbrachten Gemälde in die Galerie zurück. Im Bereich der Frührenaissance konnte der Umfang an Kriegsverlusten – fast 500 Gemälde wurden vermisst beziehungsweise waren zerstört – als vergleichsweise gering gewertet werden.[44] 1958 gelangte ein Großteil der kriegsbedingt verlagerten Bestände des Kabinetts gleichfalls aus der Sowjetunion zurück, doch ist die historische Handbibliothek bis heute verschollen. Schon allein dies machte es unmöglich, in der Sammlungsarbeit nahtlos an die Vorkriegszeit anzuknüpfen. Für das Kabinett ergab sich zudem die dringliche Aufgabe, die wiedererlangten Bestände mit den historischen Inventaren abzugleichen und – wo noch nicht vorhanden – Identifikationsnummern zuzuteilen. Vor allem betraf dies sämtliche Erwerbungen aus der Zeit vor dem Jahr 1874, in dem die nach Zugangsjahr und Objektgattung spezifizierten Inventarnummern eingeführt wurden. Zunächst ordnete man die aufgelegten Zeichnungen zu, wofür das 1865 von Andreas Gottlieb Marius Franke erstellte Zeichnungsinventar die Grundlage bildete.[45] Das Verzeichnis wurde zu diesem Zweck nachträglich von 1–3563 durchgezählt, woraus sich – jeweils mit vorangestelltem »C«, dem sammlungsinternen Kürzel für Zeichnungen – die neuen Nummern ergaben. Ab 1960 geschah der Abgleich mit den vorhandenen Blättern und im selben Zuge die Erfassung von Kriegsverlusten.[46] Für die Nacherfassung von Altbeständen, die in Frankes Inventar nicht berücksichtigt waren beziehungsweise die sich dort nicht identifizieren lassen, wird diese Zählung seit 1983 weitergeführt.[47] 1987 konnte der Katalog der seit dem Krieg vermissten Zeichnungen erscheinen.[48] Wie sich herausstellte, waren alle europäischen Schulen proportional in gleichem Maße betroffen. Die italienischen Zeichnungen waren aber zu alledem relativ schlecht dokumentiert geschweige denn wissenschaftlich bearbeitet. Entsprechend lag zu den betreffenden Blättern nicht einmal eine Fotografie vor. So ist der Luca Signorelli zugeschriebene »Knabenkopf mit langem Haar«, den Giovanni Morelli 1880 immerhin als echt angesehen hatte, heute der Forschung völlig entzogen.[49] Dasselbe gilt für eine Silberstiftzeichnung einer gotischen Kirche sowie für eine Federzeichnung mit Johannes auf Patmos, die als italienische Arbeiten des 15. Jahrhunderts inventarisiert waren.[50] Ob sich in den fehlenden Klebebänden aus der Sammlung Wagner noch einschlägige Werke befunden haben, bleibt ungewiss.[51]

Neben der weiteren Dokumentation sowie Erschließung der Sammlungsverluste und -bestände stellt sich als fortdauernde Aufgabe die Provenienzforschung für Objekte, deren Herkunft bisher nicht hinlänglich zu eruieren war. So wurde 1964 an die Galerie eine Predella von Bernardo Daddi überwiesen; sie gehörte ursprünglich zu den Werken, die vom »Sonderauftrag Linz« für das von Adolf Hitler geplante Kunstmuseum zusammengetragen wurden (G 21; Kat.-Nr. 2).[52] Da im Zuge der Recherchen bislang nicht

Abb. 3 Hans Loos: Besucherplatz im Studiensaal des Kupferstich-Kabinetts im Semperbau. Fotografie. Dresden, Deutsche Fotothek

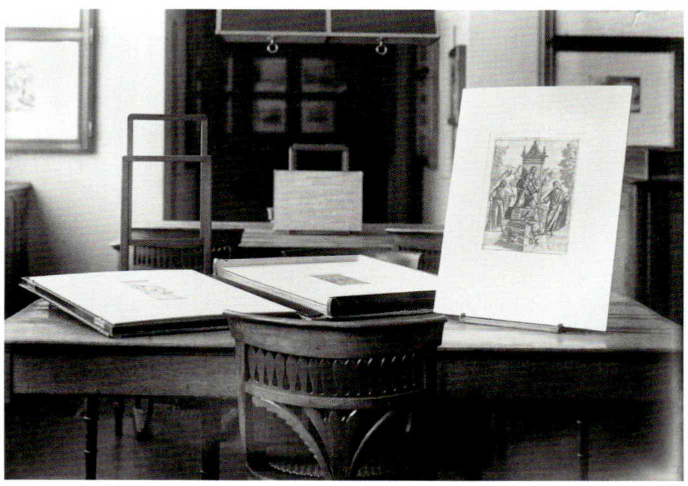

genauer geklärt werden konnte, unter welchen Umständen das Werk 1943 in Paris erworben wurde, verbleibt die Tafel bis auf Weiteres in der Galerie und ermöglicht dem Besucher somit im Kontext der insgesamt nur punktuell vertretenen frühen italienischen Malerei einen Blick in die erste Hälfte des Trecento.

Anmerkungen

1 Wir danken Vera Wobad für die Erschließung der Archivakten, eine unverzichtbare Grundlagenarbeit für alle Museen der SKD. Eleonora Cagol führte umfangreiche Recherchen zu den Gemälde-Ankaufsakten einschließlich ihrer Transkription durch, wobei sie an Vorarbeiten von Marianne Flubacher anschließen konnte.

2 Vgl. Best.-Kat. Dresden 2013, S. 54–65.

3 Für eine Übersicht zur Erwerbungsgeschichte der frühen italienischen Zeichnungen in Dresden siehe auch Melli 2006, S. 11–21.

4 Zur frühen Sammlungsgeschichte der sächsischen Fürsten siehe zuletzt die Beiträge in Syndram/Minning 2012 und Marx/Plaßmeyer 2014. Die Inventare der Dresdener Kunstkammer der Jahre 1587, 1619, 1640 und 1741 sind transkribiert in Syndram/Minning/Vötsch 2010, das Inventar von 1640 auch in Marx/Plaßmeyer 2014.

5 Inv. Dresdener Kunstkammer 1619, Bl. 115 v (Syndram/Minnig/Vötsch 2010, Bd. 2, Bl. 115 v); Inv. Dresdener Kunstkammer 1741, Bl. 289 v, Nr. 42 (Syndram/Minnig/Vötsch 2010, Bd. 4, Bl. 289 v); vgl. Neidhardt 2012, S. 344.

6 Zu Zeichnungen und Druckgraphik in der Dresdener Kunstkammer siehe bes. Melzer 2010.

7 Zur Identifizierung von Andreas Philipp Kindermanns Erwerbungen in Venedig 1714 siehe Marx 2010, S. 18 f.; Kindermanns Abrechnungsliste ebd., S. 55 f.

8 Dazu bes. Dittrich 2010 und Melzer 2010, S. 465–470.

9 KK Kat. 1 (1738).

10 Ebd., S. 114. Gemäß der Interpretation von Lorenza Melli (Melli 2006, S. 86 und 88) meint dies die Zeichnung Z 15. Der Eintrag könnte sich jedoch ebenso auf die entsprechend beschriftete anonyme »Grablegung« des 17. Jahrhunderts mit der Inv.-Nr. C 270 beziehen (Dittrich 2010, S. 41).

11 KK Kat. 1 (1738), S. 113. Hier kommt eine Identifikation mit der Zeichnung von Giovanni da Modena (Z 2) in Betracht, wie Melli vorschlug (Melli 2006, S. 30 und 33). Laut Christian Dittrich ist ebenso an ein anonymes Blatt des 16. Jahrhunderts zu denken, das heute unter der Inv.-Nr. C 99 geführt wird (siehe Dittrich 2010, S. 38). Auf der Vorderseite des fest aufgelegten Blattes ist jedoch keine entsprechende Notiz sichtbar.

12 KK Kat. 1 (1738), S. 119, gemäß der Zuordnung bei Melli 2006, S. 104 und 109. Dittrich sieht das erwähnte Werk hingegen in einem Bildnis der deutschen Schule des 17. Jahrhunderts mit der Inv.-Nr. C 1975-133, siehe Dittrich 2010, S. 53.

13 Schon vor 1763 ist eine Kategorie »Livres des arts« nachweisbar, siehe KK Kat. 67 (vor 1763).

14 KK Kat. 2 I–IV (1738).

15 KK Kat. 2 III (1738), Bl. 3 r (»Il faut commencer cette Ecole par Leonard da Vinci, puisque nous n'avons point d'Estampes des ouvrages de ceux qui ont peint avant lui«). Andrea Mantegna ist ebd. auf Bl. 6 v ein eigener Abschnitt gewidmet, der allerdings kryptisch bleibt, da der Künstler mit dem 1623 gestorbenen Andrea Andreani vermengt wird. Über Giovanni Bellini, zu dem immerhin einige Reproduktionsgraphiken bekannt waren, heißt es in KK Kat. 2 IV (1738), Bl. 3 r f., dass er nach Antonello da Messina die Ölmalerei in Italien etabliert habe. Sein Werk sei »un peu gothique«, unter dem Einfluss seiner Schüler Giorgione und Tizian habe sich der Meister aber stark verbessert.

16 Zur augusteischen Erwerbungsgeschichte und Galeriepräsentation siehe Weber 2000; Weddigen 2009; Marx 2010. Für einen Überblick zur Geschichte des Kupferstich-Kabinetts im 18. Jahrhundert bes. Schnitzer 2007.

17 »Maria mit Kind und Johannes«, heute Giacomo Francia zugeschrieben (Gal.-Nr. 50), im Inv. Dresden 1754, Bl. 5 v, Nr. 37, als Perugino. Zur Kontextualisierung Raffaels in der Galeriehängung siehe Weber 2000, S. 236 ff.; Henning 2011; Paula 2012, S. 77 ff.

18 Einlage zum Brief von Pietro Guarienti an Heinrich Graf von Brühl vom 10. August 1748 (Swoboda 2010, S. 261, Dok. 2).

19 Wohlfahrt 2010, S. 277 ff.

20 »Perfezionata la raccolta delle stampe, saria mestiero perfezionare anco quella de' disegni, i quali, se non hanno il merito cotanto utile della pluralità, come le stampe, hanno quello di emanare direttamente dalle mani e dall'ingegno del primario artefice, e di conservarci le idee della prima creazione cotanto preziose a' conoscitori. Quello che io ne ho veduto a Dresda mi pare alquanto scarso, poiché toltone un libro di disegni di Rembrandt, non mi pare avere osservato altra cosa degna del Museo.« (»Ist die Sammlung der Drucke vollendet, muss man auch diejenige der Zeichnungen vervollkommnen. Auch wenn diese nicht den Vorzug der Vervielfältigung besitzen, haben sie doch den Vorzug, unmittelbar den Händen und dem Geist des Künstlers zu entstammen und uns die Vorstellungen der ursprünglichen Schöpfung zu erhalten, die für die Kenner so kostbar sind. Das, was ich davon in Dresden gesehen habe, scheint mir etwas dürftig zu sein, denn abgesehen von einem Band mit Zeichnungen von Rembrandt habe ich, wie mir scheint, nichts eines Museums Würdiges bemerkt.«) Algarotti 1792, S. 355 f.

21 KK Kat. 10 I–V (vor 1763); zur Hypothese von Erwerbungen für das Kabinett aus Modeneser Besitz zwischen 1745 und 1747 siehe Melli 2006, S. 18.

22 Vgl. Stockhausen 2000; Lacher 2005; Swoboda 2008; Baumstark 2009.

23 [8.] Jahresbericht über die Kgl. Gemäldegalerie [1834–1835] / Zuwachs an Gemälden (Abschrift Hans Posse) (Archiv der Staatlichen Kunstsammlungen Dresden NL Posse, Bd. 30, Bl. 9 r).

24 Ebd.

25 Vorstand der Königlichen Sammlungen für Kunst und Wissenschaft an Julius Schnorr von Carolsfeld vom 25. November 1846 (SKD GG04, Bd. 1, Bl. 3 r); siehe auch Ausst.-Kat. Rom 2009, S. 182.

26 Hübner 1856, o. P. (nach S. 362), Grundriss erstes Stockwerk.

27 Posse 1912, o. P. (nach S. 352), Grundriss erstes Stockwerk.

28 Zur Neueinrichtung des Kabinetts im Semperbau siehe Kuhlmann-Hodick 2004; zur Galeriegeschichte siehe Magirius/Marx 1992.

29 Galeriekommission an das Ministerium des Königlichen Hauses (Abschrift, ohne Datum) (SKD GG04, Bd. 1, Bl. 49 r–50 v, hier Bl. 49 v); zum gesamten Ankaufsvorgang siehe auch SKD GG04, Bd. 1, Bl. 43 r–45 r, Bl. 53 r–54 r. Zu einzelnen Gemälden siehe auch Kat.-Nr. 24, 6, 2.

30 Moritz Stein an Julius Schnorr von Carolsfeld vom 28. März 1857 (SKD GG04, Bd. 1, Bl. 63 r).

31 G 7, 8, 27, 30, 38 und 58 (SKD GG04, Bd. 1, Bl. 115 r).

32 Direktion der Königlichen Gemäldegalerie an das Ministerium des Königlichen Hauses vom 18. Juli 1860 (SKD GG04, Bd. 1, Bl. 116 r–116 v, hier 116 v); zum Ankauf siehe Weber 1995.

33 Siehe auch Kat.-Nr. 5, 13, 19, 25, 30, 33. Als angebliche Arbeit Andrea Mantegnas gelangte außerdem die heute unter Inv. Nr. C 1967-55 verzeichnete Darstellung mehrerer Akte in die Sammlung.

34 Gruner 1862, ebenso KK Kat. 65 a (1862), Bl. 114 r–155 r. Zu dieser und früheren Dauerpräsentationen des Kupferstich-Kabinetts siehe auch Schnitzer 2012.

35 Entwurf des Erwerbungsberichts von Julius Hübner für das »Dresdner Journal«, ohne Datum [1873] (SKD GG04, Bd. 2, Bl. 151 r–151 v); siehe auch Henning 2005, S. 22 f.

36 Bericht über die Verwaltung der Königlichen Sammlungen für Kunst und Wissenschaft zu Dresden in den Jahren 1874 und 1875, Dresden 1876, S. 4.

37 Ebd., S. 10; zum Folgenden vgl. Posse 1929, S. XXII–XXVII; Henning 2006, S. 27–30.

38 Genehmigung der Generaldirektion vom 22. September 1874 (SKD GG04, Bd. 3, Bl. 114 r–114 v).

39 Sitzung der Galeriekommission vom 2. Juli 1874 (SKD GG08, Bd. 4, Bl. 26 r). Weiterhin handelte es sich bei den Erwerbungen um G 14, 31, 32, 37, 52 und 53 (Kat.-Nr. 49, 9, 31, 32).

40 Sitzung der Galeriekommission vom 2. Juni 1875 (SKD GG08, Bd. 4, Bl. 43 v–44 r).

41 Sitzung der Galeriekommission vom 12. August 1876 (SKD GG08, Bd. 4, Bl. 60 v).

42 Dies geht aus einem Schreiben Woermanns an den Direktor des Berliner Kupferstichkabinetts Friedrich Lippmann hervor (Archiv der Staatlichen Kunstsammlungen Dresden 01/KK 8 Bd. 1, Bl. 4 r). Ab 1887 folgte die frühe Druckgraphik, siehe Best.-Kat. Dresden 2013, S. 13. Für den Hinweis auf die Archivalie sei Olaf Simon herzlich gedankt.

43 Woermann 1896–1898.

44 Ebert 1963, passim; siehe zuletzt Marx 2006/07, Bd. 2, S. 686, Gal.-Nr. 53 (Giovanni Bellini, Schule); S. 698, Gal.-Nr. 65 (Vincenzo Catena); S. 698, Gal.-Nr. 65 A (Vincenzo Catena, Kopie).

45 KK Kat. 64 I (1865).

46 Werner Schmidt in Jahrbuch der SKD 1960, S. 118. Im Jahrbuch der SKD 1961/62, S. 157, konnte Werner Schmidt bereits die Zuordnung von 3209 Zeichnungen zum Inventar von 1865 melden. Zu dem Vorgehen vgl. auch die Angaben zur Inventarisation des Altbestands an Druckgraphik ab 1975 in Best.-Kat. Dresden 2013, S. 64.

47 Bis 1983 wurden bei Franke nicht identifizierbare Blätter aus altem Besitz bedarfsweise unter der laufenden Jahreszahl inventarisiert. Dadurch erklären sich Inv.-Nrn. wie C 1963-2084 (Z 49) und C 1981-127 (Z 44).

48 Dittrich 1987; zum Stand der Bearbeitung und Dokumentation der italienischen Schule bis 1945 Werner Schmidt ebd., S. 7 f.

49 Dittrich 1987, S. 115, Nr. 1211; Morelli 1880, S. 264.

50 Dittrich 1987, S. 135 f., Nr. 1479 und 1480.

51 Ebd., S. 140, Nr. 1556-2938.

52 Hipp 2010.

KATALOG

Mit Beiträgen von
ELEONORA CAGOL (EC)
JUDITH CLAUS (JC)
SÖREN FISCHER (SF)
ANDREAS HENNING (AH)
SABRINA LEPS (SL)
LORENZA MELLI (LM)
GUDULA METZE (GM)

1 GIOTTO DI BONDONE (Werkstatt)

Florenz um 1270–1337 Florenz

Johannes der Täufer im Gefängnis

Pappelholz, spitzgiebelig, mit integriertem Rahmen

89,5 × 44,0 cm

Gal.-Nr. 5, Gemäldegalerie Alte Meister

Literatur: Hübner 1862, S. 103, Nr. 14 (als Tommaso di Stefano, gen. Giottino); Woermann 1887, S. 29, Gal.-Nr. 5 (als Schule Giottos); Posse 1929, S. 3, Gal.-Nr. 5 (als Schule des Giotto di Bondone); Bologna 1969 (als Giotto); Brandi 1983, S. 130–134, 185 (als Giotto-Schule); Ausst.-Kat. Florenz 2000, S. 160–163 (als Giotto zugeschrieben oder Jacopo del Casentino?); Marx 2006/07, Bd. 2, S. 272, Gal.-Nr. 5 (als Giotto-Schule)

siehe auch Best.-Verz. G 27

Das Schaffen des Florentiner Malers Giotto markiert wie nur in wenigen anderen Fällen einen grundlegenden Neuanfang in der Geschichte der Malerei. Das wohl hervorstechendste Merkmal seiner Kunst, die bereits von den Zeitgenossen als höchst innovativ empfunden wurde, liegt in dem neuen Grad, mit dem er sich der Wirklichkeit zuwendet und authentisch erscheinende Geschichten erzählt. Giottos Figuren agieren in Bildszenerien von einer vorher nicht gekannten räumlichen Tiefe und Komplexität, und sie vermitteln Gefühle wie Trauer oder Freude in einer Intensität und Differenziertheit, die den Betrachter in völlig neuer Unmittelbarkeit adressiert. Bekannt ist Giotto, der mit seiner Werkstatt in ganz Italien tätig war, vor allem als Schöpfer umfangreicher Wandmalereizyklen, unter denen die Fresken der Arena-Kapelle in Padua wohl die berühmtesten sind; doch auch im Bereich der Tafelmalerei zeichnet sich sein Œuvre durch wesentliche, vielfach nachgeahmte Innovationen aus.[1]

Das Dresdener Gemälde, das dem Umfeld des Florentiner Malers zuzurechnen ist, weist ein zentrales Bildfeld auf, über dem ein Medaillon mit der Darstellung eines unbekannten Propheten angebracht ist. Das Bild selbst gibt eine Szene aus der Jesusgeschichte wieder (Mt 11,2–3): Der eingekerkerte Johannes der Täufer schickte zwei seiner Jünger zu Jesus, um sich zu vergewissern, dass dieser der Messias ist. Gezeigt ist der Moment ihrer Rückkehr zum Gefängnis, als sie Johannes von den Wundertaten Jesu berichten. Der Täufer und beide Jünger sind durch einen Heiligenschein ausgezeichnet. Eine Frau bringt ein Gefäß, das vermutlich mit Essen gefüllt ist. Links im Bild, nur wenig nach hinten versetzt und von dem Gefängnisgebäude durch einen Streifen des goldfarbigen Hintergrundes getrennt, befindet sich ein weiterer großer Bau, von dessen loggiaartig geöffneter oberer Etage ein Mann auf das Geschehen herabblickt.

Mit dem Thema der Bilderzählung bei Giotto und seinen Nachfolgern haben sich seit dem Beginn des 20. Jahrhunderts namhafte Kunsthistoriker wie Theodor Hetzer, Dagobert Frey, Max Imdahl und Wolfgang Kemp befasst.[2] Illusionistische Bildarchitekturen, in denen Außen- und Innenszenen unterschieden werden, tauchen zum ersten Mal in der Freskomalerei des 13. Jahrhunderts auf.[3] Eine der Innovationen Giottos besteht in der Art der Darstellung der Figuren im Verhältnis zum gemalten Raum.[4] In seiner Wand- wie Tafelmalerei ist Architektur nicht nur Kulisse, sondern fungiert als »Medium der Handlung«, wie Kemp es formulierte. Giotto erzählt nicht nur im Raum, sondern auch mit dem Raum.[5] In dem Dresdener Bild werden die Frau und die Jünger auf einer Art Platz vor dem hellen grünlich-grauen, im unteren Bereich mit Öffnungen versehenen Gebäude und durch das Licht, das sie anstrahlt, als öffentlich Handelnde gezeigt. Gegenüber diesen isokephalisch angeordneten Figuren ist der Täufer durch seine Kopfhöhe hervorgehoben und damit als Hauptperson gekennzeichnet. In dem dunklen Inneren des Kerkers ist er gleichwohl in den Hintergrund gerückt und durch das Gitter und die Vorhalle des Gefängnisses von dem Geschehen auf dem Platz getrennt. Zwischen ihm und den Jüngern stehen zwei Soldaten. Einer der beiden schaut aus dem Bild heraus und bildet gleichsam eine vertikale Schranke in der Komposition, die auch durch den Pfeiler und die Ecke des Gefängnisgebäudes angezeigt wird. Am äußeren Bildrand befindet sich ein weiterer Soldat vor dem zweiten Pfeiler der Gefängnisvorhalle, welcher den Täufer partiell verdeckt. So wird der Eingekerkerte ebenso auf der rechten Bildseite geradezu eingeschlossen.

Im Rekurs auf Hetzer betonte Dagobert Frey, dass die Bewegungen der Protagonisten Giottos immer von den Rändern zum Inneren der Bildflächen verlaufen, wobei die von links kommenden Figuren die Bilder zumeist dominieren.[6] Dass das Dresdener Bild von links nach rechts zu lesen ist, wird durch die Frau, welche die Schale in den Händen hält, anschaulich. Sie dient dem Betrachter als »Einstieg« in die Szenerie. Kemp hat die Dienerinnen und Ammen, die in anderen Erzählungen Giottos zwischen den verschiedenen Raumsegmenten einer Komposition vermitteln, als »Zugehfrauen« bezeichnet.[7]

Der Maler der Dresdener Tafel entfaltet die Erzählung nicht nur durch die spezifische Positionierung seiner Figuren im Raum, sondern auch durch deren Gestik und Handlung:[8] Der Jünger mit dem gelben Mantel hat die Hände in einem Redegestus erhoben, der andere hält ein Buch. Das Tuch aus charakteristischer Florentiner Webarbeit,

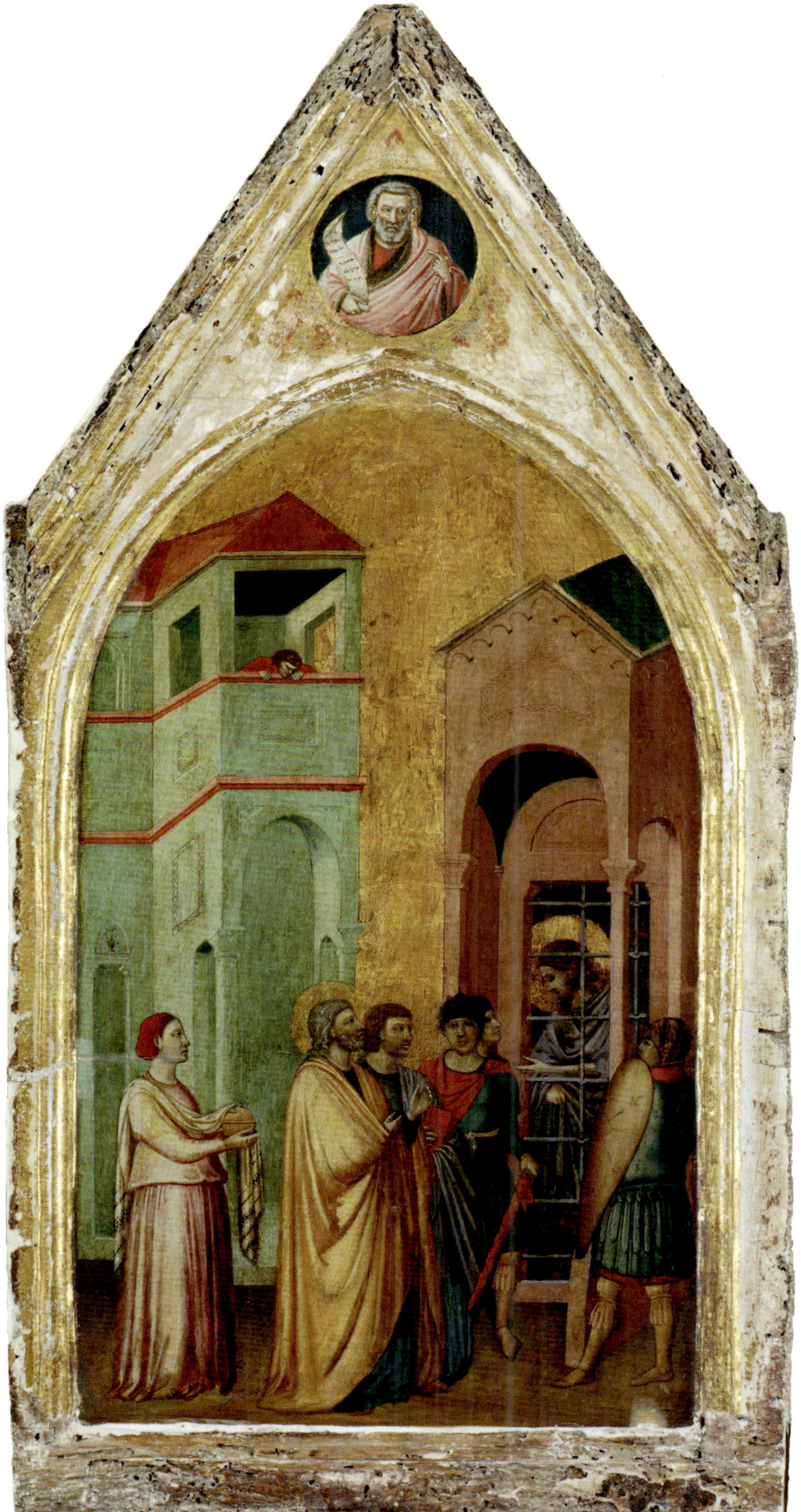

Zustand während der
Restaurierung 2014

das die »Zugehfrau« über der Schulter trägt, hat sie auch um das Gefäß gelegt, von wo aus ein Stück des Stoffes unter ihren Händen nach unten fällt. Ein ähnliches formales Motiv wird bei den Jüngern wieder aufgegriffen: Jeweils eine Stoffbahn ihrer Mäntel gleitet von den Armen hinab. Ausgehend von der Frau lässt sich von links nach rechts über die Arme und Hände der Protagonisten eine Kompositionslinie nachzeichnen. Über den Saum des roten Umhangs, mit dem der frontal stehende Soldat seinen Harnisch bedeckt, führt sie bis hin zu der durch das Gitter der Gefängnistür herausgreifenden Hand des Täufers. Obwohl Johannes auf der rechten Bildseite von den Jüngern auf der linken Bildhälfte getrennt ist (wobei der durchscheinende Goldgrund zwischen den beiden Gebäuden zusätzlich die Teilung der beiden Bildseiten unterstreicht), entsteht durch die Gesten der von links kommenden Figuren eine Dynamik, die die über die Distanz stattfindende Kommunikation ausdrückt. Sogar der erhobene Kopf des hintenstehenden Soldaten weist in diese Richtung. In dem diffizil strukturierten Gefüge wird das Bildzentrum erzählerisch aufgeladen. Es markiert gewissermaßen eine Grenze im Bild und gleichzeitig wird hier manifest, dass nicht nur Johannes, sondern auch der gestikulierende Jünger Protagonist der Geschichte ist: Er berichtet von den Wundertaten Jesu und legt Zeugnis ab, dass Jesus der Messias ist. Wolfgang Kemp hat im Anschluss an Max Imdahl dargelegt, dass die »genaue Austarierung von Abständen«, bei der jede noch so kleine Änderung das Gleichgewicht des Ganzen variieren würde, eines der Geheimnisse der Malerei Giottos bildet.[9]

Die um 700 Jahre alte Tafel mit der Gal.-Nr. 5 dürfte neben einer »Beweinung Christi« (Gal.-Nr. 6), die der Giotto-Schule zugeschrieben wird, zu den ältesten Werken im Bestand der Gemäldegalerie Alte Meister gehören. Ferdinando Bologna hat in den 1960er Jahren die Qualität der Johannestafel erkannt, sie Giotto zugeschrieben und in den Fokus der internationalen Forschung gerückt.[10] Bologna zufolge hängt das Dresdener Gemälde eng mit dem sogenannten Kress-Polyptychon im North Carolina Museum of Art in Raleigh zusammen, das Christus, Maria, Johannes den Täufer, Johannes den Evangelisten und den heiligen Franziskus zeigt (Vgl.-Abb. 1). Das Kress-Polyptychon müsse, wie Giottos berühmter Stefaneschi-Altar im Vatikan, ursprünglich ein zweiseitiger Altar gewesen sein. Auf der Rückseite seien demnach die Gefängnisszene sowie weitere heute verlorene Tafeln mit Themen aus dem Leben des Evangelisten Johannes und des Täufers zu sehen gewesen, von denen eine die Taufe gezeigt hätte. Diese sei mit einer Tafel identisch, die im Inventar der Sammlung Woodburn erwähnt wird, aus der auch das Dresdener Bild 1862 in die Gemäldegalerie gelangte.[11] Da in dem Kress-Polyptychon die beiden Johannes sowie der heilige Franziskus eine besondere Rolle spielen, postulierte Bologna, dass es sich hier um den verlorenen Altar der Johannes-Kapelle in der Franziskanerkirche Santa Croce in Florenz handeln würde, deren ebenfalls von Giotto ausgeführte Fresken in der ersten Hälfte des 14. Jahrhunderts von der Bankiersfamilie Peruzzi in Auftrag gegeben worden waren. Bolognas Vorschlag findet heute in der Forschung keine Akzeptanz mehr.[12] Allein die geringe Größe der Peruzzi-Kapelle macht es unwahrscheinlich, dass der dortige Altar überhaupt von der Rückseite betrachtet werden konnte. Auch spricht der restauratorische Befund dagegen: Wenn zwei der Holztafeln miteinander verbunden gewesen wären, hätte dies ungefähr ein Stärke von fast 20 cm ergeben.

Johannes der Täufer ist der Schutzpatron von Florenz, weshalb Darstellungen des Heiligen in der ganzen Stadt weit verbreitet waren. Dieser Umstand erschwert es bis heute zusätzlich, den Kontext der Dresdener Tafel zu rekonstruieren. Für eine Nähe zum späten Œuvre Giottos spricht bis zu einem gewissen Grad die anspruchsvolle Raum- und Figurenauffassung.[13] Im Spätwerk wird der Materialität von realistisch wiedergebenen, stilllebenartigen Details eine besondere Aufmerksamkeit zuteil, worin sich ein gewisser Wettbewerb mit den berühmten Sieneser Malern dieser Zeit – Simone Martini oder Ambrogio und Pietro Lorenzetti – manifestiert.[14] In der Johannes-Szene ist das mit großer Feinheit gemalte Tuch der Frau ein solches Detail. Mögen diese Elemente auch die Nähe zu den späten Arbeiten Giottos bekräftigen, so erweist sich eine genauere Datierung der Tafel dennoch als problematisch. Selbst das Hauptwerk des späten Œuvres, die Fresken in der Peruzzi-Kapelle, sind in der Forschung kontrovers datiert worden: nach 1317 von

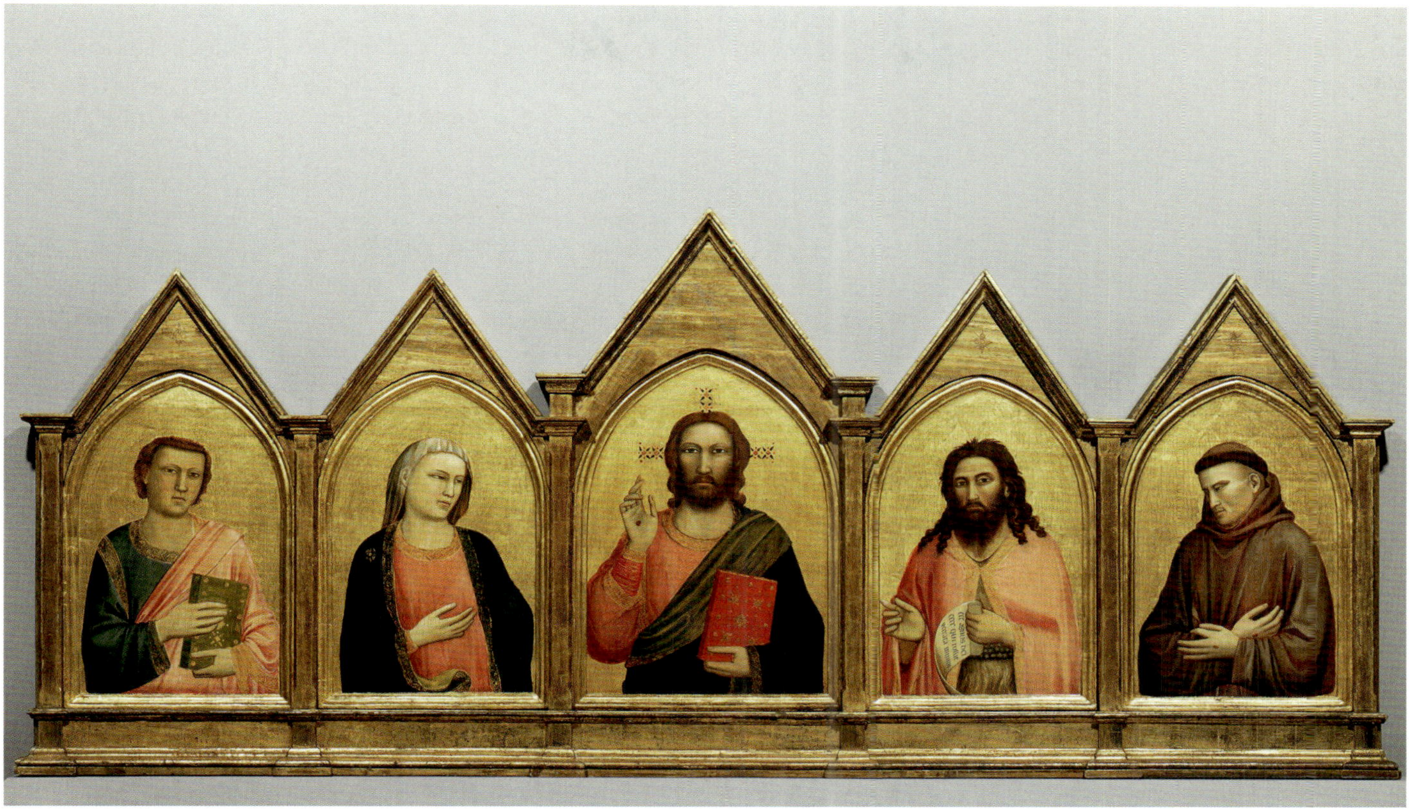

1. Giotto (Werkstatt): Peruzzi-Altar, Polyptychon, 1310–1315. Tempera und Blattgold auf Holz, 105,7 × 250,2 cm. Raleigh, North Carolina Museum of Art

Ferdinando Bologna[15] und zwischen 1334 und 1336 in der neueren Giotto-Monographie von Victor Michael Schwarz.[16] In Bezug auf die Eigenhändigkeit der Dresdener Tafel muß beachtet werden, dass spätestens nach der Ausmalung der Arenakapelle in den Jahren 1303-1305 die Giotto-Werkstatt so groß war, dass mit einer Vielzahl von Altären aus dem direkteren und indirekteren Umkreis des Meisters zu rechnen ist. Herauszuheben bleibt die hohe Qualität des Dresdener Bildes, das vermutlich zu einem Triptychon oder Polyptychon aus der Giotto-Werkstatt gehörte.[17] Für die weitere Einordnung sind die Ergebnisse der aktuellen Restaurierung abzuwarten.[18] SL

Anmerkungen

1 Vgl. Ausst.-Kat. Paris 2013.
2 Hetzer 1941; Frey 1952; Imdahl 1996; Kemp 1996; vgl. auch Mueller von der Haegen 2001.
3 Kemp 1996, S. 16.
4 Vgl. Frey 1952, S. 74 f. und S. 92.
5 Kemp 1996, S. 36.
6 Vgl. Frey 1952, S. 76, mit Verweis auf Hetzer 1941.
7 Kemp 1996, S. 34.
8 Vgl. Frey 1952, S. 95.
9 Vgl. Kemp 1996, S. 22; Frey 1952, S. 75.
10 Bologna 1969; zur Zuschreibungsgeschichte siehe Daniela Parenti in: Ausst.-Kat. Florenz 2000, S. 160 f.
11 Vgl. auch Ausst.-Kat. Florenz 2000, S. 160.
12 Vgl. Brandi 1983, S. 130–134.
13 Zu dieser Thematik im Zusammenhang mit der Cappella Peruzzi vgl. Schwarz 2008, S. 555.
14 Schwarz 2008, S. 557.
15 Bologna 1969, S. 49 ff.
16 Schwarz 2008, S. 569.
17 Vgl. Ausst.-Kat. Florenz 2000, S. 161.
18 Für Hinweise danke ich Christoph Schölzel und Jens Niebaum.

2 BERNARDO DADDI

Florenz um 1290/99–um 1348 Florenz

Enthauptung der heiligen Reparata

Pappelholz, später angesetztes Rahmenprofil aus Stuckmasse
27,8 × 36,5 cm
Gemäldegalerie Alte Meister, Gal.-Nr. 3577
Literatur: Steinweg 1956, S. 37 (als verschollen); Offner/Boskovits/Neri Lusanna 1989, S. 292 f. (als Verbleib unbekannt); Ausst.-Kat. Dresden 2010, Bd. 1, S. 252 f., Nr. 289; Hipp 2010
siehe auch Best.-Verz. G 21

Bernardo Daddi gehört zur Generation an Künstlern, die unmittelbar auf Giotto folgte und dessen grundlegend neue Bildsprache weiterentwickelte. Daddi schuf in Florenz eine Vielzahl wichtiger Altarwerke und Andachtsbilder, sodass zu Recht vermutet wurde, er habe gegen Mitte des 14. Jahrhunderts in dieser Stadt die wahrscheinlich größte Werkstatt seiner Zeit geleitet.[1]

Die Darstellung des Martyriums der heiligen Reparata ist ursprünglich sicherlich als Teil einer Predella verwendet worden. Als Predella bezeichnet man die Sockelzone eines Altars, die sich in der Regel aus mehreren kleinformatigen Gemälden zusammensetzt.[2] Die eigentlichen, prominenten Bildfelder im Bereich darüber dienten der Darstellung großer Heiligenfiguren, wobei sich die Auswahl der Heiligen danach richtete, wer jeweils am Altar verehrt wurde. Auf den Predellen wurden dagegen meist die Geschichten dieser Heiligen erzählt. Das kleine Bildformat bot für die Künstler somit einen willkommenen Anlass, ihr malerisches Können unter Beweis zu stellen und ausgefeilte Historien wiederzugeben.

Die vorliegende Tafel zeigte ursprünglich den Moment der Enthauptung der heiligen Reparata, wobei der Kopf der Heiligen zu einem späteren Zeitpunkt mit Tonsur und Bart übermalt und in einen Mönch verwandelt wurde.[3] Daddi stellt die Szene des Martyriums emotional und vielschichtig dar. So ist beispielsweise an der gedrehten Gestalt des Henkers abzulesen, mit welch ausgreifender Geste er zum Schwung ausholt, um die vor ihm kniende Heilige mit dem Schwert zu enthaupten. Offenkundig quillt bereits Blut aus einer Wunde an ihrem Hals. Viele Menschen, unter ihnen eine Reihe von Soldaten, nehmen Anteil am Geschehen, wobei der Künstler in Gestik und Mimik eine ganze Bandbreite an Affekten anschaulich macht. Einige Figuren blicken nach oben rechts zu einer himmlischen Erscheinung, von der heute nur noch einzelne Strahlen zu sehen sind. Vermutlich war dort früher die Seele der heiligen Reparata dargestellt, die der Legende nach in Gestalt einer Taube zum Himmel aufstieg.

Die heilige Reparata erlitt ihr Martyrium um die Mitte des 3. Jahrhunderts in Cäsarea (Palästina). In Florenz wurde sie als Stadtpatronin verehrt, wo ihr auch der Dom Santa Reparata geweiht war (1375 abgerissen). Es ist zu vermuten, dass die Dresdener Predella ursprünglich zu einem Altar in dieser Kirche gehörte. Einige Daddi zugeschriebene Tafeln, die gleichfalls Szenen aus dem Leben der heiligen Reparata zeigen und sich unter anderem im Metropolitan Museum in New York und im Wallraf-Richartz Museum in Köln befinden, werden ebenso diesem Predellenzyklus zugeordnet.[4]

Historische Spuren auf der Rückseite von Daddis Täfelchen offenbaren, dass es am 1. Juli 1891 in einer Auktion mit Werken aus der Sammlung des Prinzen Borghese versteigert wurde, wobei der Käufer wohl mit dem französischen Schriftsteller und Beamten Charles Yriarte zu identifizieren ist (Vgl.-Abb. 1). 1943 wurde es für Hitlers »Sonderauftrag Linz« durch Erhard Göpel in Paris erworben, sehr wahrscheinlich beim Kunsthändler Victor Mandl. Nach dem 8. Mai 1945 kam das Werk zu den Dresdener Sammlungen, 1964 wurde es von der Gemäldegalerie Alte Meister übernommen. Die Frage nach dem Besitzer der Tafel vor Mandl ließ sich bislang nicht klären.[5] AH

1. Bernardo Daddi: Enthauptung der heiligen Reparata. Rückseite

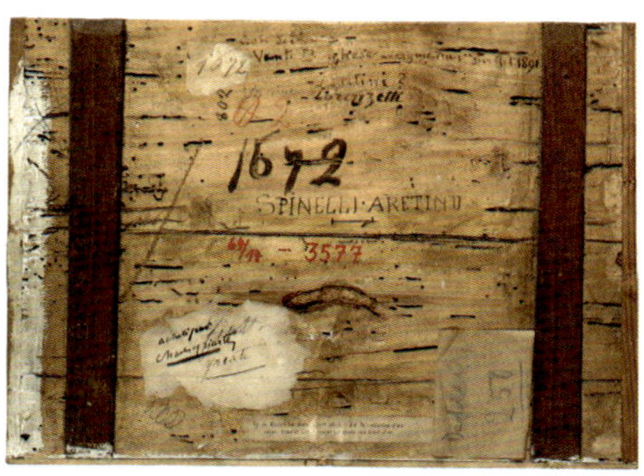

Anmerkungen

1 Ada Labriola in: AKL 1992 ff., Bd. 23 (1999), S. 355.
2 Zur Funktion der Predella siehe Sander 2006.
3 Eine Abbildung im Zustand vor dieser Übermalung, der die heilige Reparata mit geschorenem Kopf zeigt, in: Steinweg 1956, S. 40, Abb. 7.
4 Zeri/Gardner 1971, S. 31–33, Abb. 12–14; Klesse 1973, S. 4 f.
5 Zur Provenienz siehe Hipp 2010, S. 5–8.

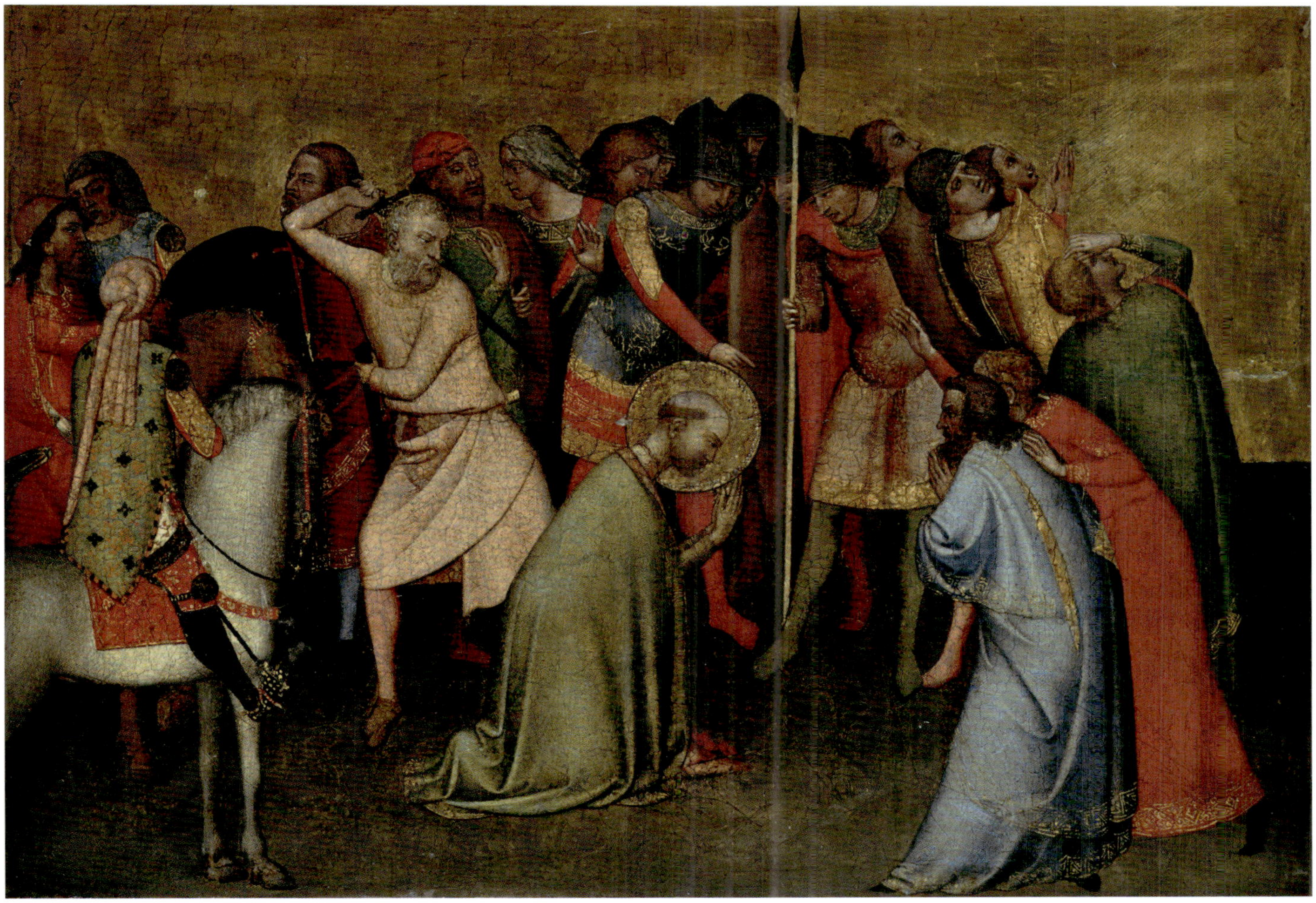

3 JACOPO DI PIETRO AVANZI (Umkreis)

Ende 14. Jh. in Bologna und Padua tätig

JACOPO DI PAOLO (?)

1378–1426 in Bologna tätig

Der Judaskuss | um 1400/10

Feder in Braun, leicht braun laviert; der Heiligenschein Jesu ist mit Feder in Braun nachgezogen; unten links und oben rechts alt ergänzt

254 × 191 mm

Kupferstich-Kabinett, Inv.-Nr. C 1

Literatur: Melli 2006, S. 26–29, Kat.-Nr. 1 (mit der früheren Literatur); Gudula Metze in: Maaz 2013, S. 52

siehe auch Best.-Verz. Z 1

In der Zeit um 1400 war die epochemachende Kunst des Giotto di Bondone (um 1270–1337) an den Höfen Oberitaliens noch hoch aktuell und angesehen.[1] Auch die Dresdener Zeichnung »Der Judaskuss« ist ein Zeugnis seines anhaltenden Ruhms, denn sie geht auf die Ikonographie der »Gefangennahme Christi« in der Paduaner Arenakapelle zurück, die Giotto in den Jahren 1303–1305 als Teil eines umfangreichen Freskenzyklus erschaffen hatte (Vgl.-Abb. 1).[2]

Dargestellt ist ein zentraler Moment der Passion Christi, in dem der Erlöser von seinem Jünger Judas an Kaiphas verraten wird:[3] Mit dem Kuss identifiziert Judas seinen Herrn vor den Schergen des Hohepriesters Kaiphas als den kommenden Messias, die ihn daraufhin ergreifen und gefangen nehmen. Die Evangelien berichten auch vom Eingreifen Petri, der dem Knecht des Kaiphas, Malchus, ein Ohr abschneidet, wie hier im Vordergrund zu sehen ist.[4]

Der Zeichner des Dresdener Blattes veranschaulicht die Dramatik der Handlung vermittels einer dicht gedrängten, das Format füllenden Menschenmenge. Über Kopfhöhe ragen Stöcke, Speere und Lampen empor und verstärken den Eindruck einer undurchdringlichen Wand. Aus der größtenteils gesichtslos bleibenden Masse treten nur einige Figuren mit großer Geste als die handelnden Hauptpersonen hervor:[5] Die Szene dominiert die prägnante Gruppe um Christus und Judas, dessen Gewand in der Umarmung einen weiten Bogen beschreibt und die Figur Christi dabei weitestgehend verdeckt – Giottos Vorbild steht hier sehr deutlich vor Augen. Des Weiteren fallen die beiden Jünger Christi auf, die sich gegen die Schergen zur Wehr setzen: Im Vordergrund führt Petrus den Dolch gegen seinen am Boden hockenden Widersacher, während ein zweiter Jünger, wohl Johannes, am linken Bildrand mit seinem Gegenüber ringt.[6] Auch die Figur des Kaiphas ist rechts neben der Hauptgruppe dargestellt, doch ohne den weit ausgestreckten rechten Arm, mit dem er bei Giotto den Befehl zur Gefangennahme Christi gibt. Stattdessen hat Kaiphas seine Hand auf die Schulter des Vordermannes gelegt, was vermutlich dem schmaleren Bildformat geschuldet ist.

Der Urheber der Zeichnung beschränkt sich somit nicht darauf, sein Vorbild getreu zu kopieren, sondern gestaltet das Motiv für den neuen Kontext beziehungsweise für das Hochformat in Teilen um. Zugleich fehlt seinen Figuren das für Giotto charakteristische raumplastische Volumen, da die Faltenzüge der Gewänder ebenso wie die Konturen weniger scharf gezogen sind und sehr viel runder beziehungsweise weicher ausfallen.

Das Dresdener Blatt ist vermutlich mit demjenigen identisch, das im Inventar Johann Heinrich von Heuchers (1738) zunächst dem Sienesen Duccio di Buoninsegna zugeschrieben war. Charles Loeser schlug erstmals eine Verortung im Kunstkreis des Altichiero da Zevio vor,[7] der in Verona und Padua für die Fürstenhäuser der Skaliger und Carrara tätig war. Auch Lorenza Melli bestätigte die Nähe zu den Paduaner Arbeiten des Altichiero und Jacopo Avanzi und vermutete in Jacopo di Paolo den Schöpfer der Zeichnung.[8] Dieser zählte zu den Schülern des Jacopo Avanzi und war einer der bedeutendsten Vertreter des Bologneser Neogiottismus.[9] JC

1. Giotto di Bondone: Gefangennahme Christi, um 1303–1305. Fresko. Padua, Arenakapelle

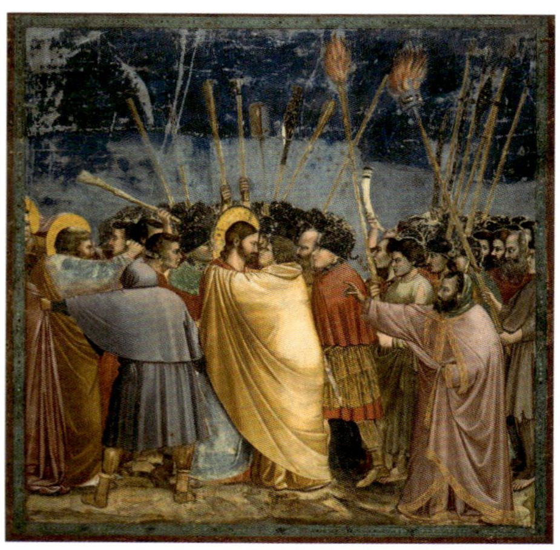

Anmerkungen

1 Vgl. dazu eine Passage in Cennino Cenninis »Libro dell'arte« (Buch von der Kunst), in der sich der Maler-Schriftsteller selbst in eine Traditionslinie mit dem großen Florentiner Meister stellt, in: Cennini 1871, S. 3.
2 Vgl. u. a. Imdahl 1980.
3 Vgl. die biblische Erzählung bei Mt 26,47–56; Mk 14,43–52; Lk 22,47–52; Jo 18,1–11.
4 In der kunsthistorischen Literatur trägt die Szene »Der Judaskuss« mitunter auch den Titel »Verrat des Judas« oder »Gefangennahme Christi«, vgl. LCI, Bd. 4 (1972), Sp. 440–443.
5 Christus und seine Jünger sind durch ihre Heiligenscheine zusätzlich ausgezeichnet, wobei der Nimbus Christi nachträglich mit der Feder bearbeitet wurde. Siehe Melli 2006, S. 26.
6 Lorenza Melli führte die Petrus-Malchus-Gruppe auf eine Invention des Giusto de' Menabuoi zurück. Melli 2006, S. 28. Für eine Abbildung des Paduaner Freskos siehe Spiazzi 1989, S. 63.
7 Für das Blatt mit der Zuschreibung an Duccio siehe KK Kat. 1 (1738), S. 84. Die mündliche oder briefliche Äußerung von Charles Loeser notierte Max Lehrs auf einer alten Inventarkarte.
8 Vgl. Melli 2006, S. 29.
9 Zu Jacopo Avanzi siehe Benati 1992.

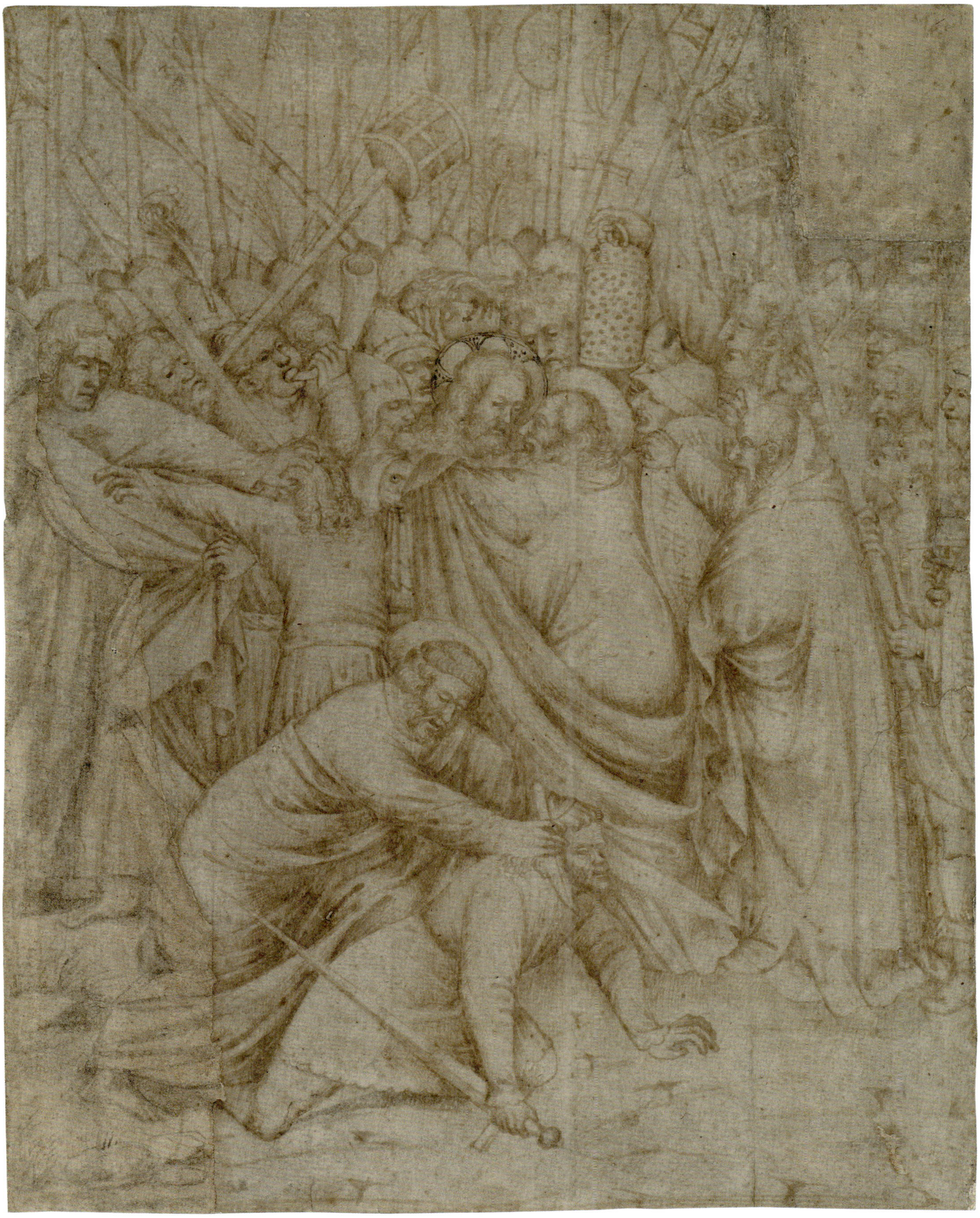

4 FRANCESCO DI VANNUCCIO (?)

dokumentiert in Siena 1356–1392

Zwei Seitenflügel eines spitzgiebeligen Triptychons

Pappelholz
linker Flügel: 54,0 × 13,7 cm, rechter Flügel: 53,5 × 12,5 cm
Gemäldegalerie Alte Meister, Gal.-Nr. 29
Literatur: Hübner 1862, S. 102, Nr. 11 (als aus der Zeit und im Stil des Duccio di Buoninsegna, Schule von Siena); Woermann 1887, S. 36, Gal.-Nr. 29 (als unbestimmter Sienese, 14. Jahrhundert); Posse 1929, S. 12 f., Gal.-Nr. 29 (als in der Art des Bartolo di Maestro Fredi); Marx 2006/07, Bd. 2, S. 100, Gal.-Nr. 29 (als Andrea di Bartolo?)
siehe auch Best.-Verz. G 57

Die beiden Tafeln bildeten ursprünglich die Seitenflügel eines kleinformatigen Triptychons, dessen Mitteltafel nicht erhalten ist.[1] Der rechte Flügel zeigt in der oberen Hälfte die Heiligen Lucia und Clara, die durch eine goldene Inschrift an der vorderen Kante der roten Standfläche benannt sind.[2] Die heilige Lucia ist in ein kostbares, mit Brokat verziertes Gewand und einen strahlend roten Umhang gekleidet.[3] Sie hält einen Dolch in der Hand, das Werkzeug ihres Martyriums. Die heilige Clara trägt dagegen das schlichte, grauschwarze Ordenskleid der Franziskanerinnen. Im Register darunter sind höchstwahrscheinlich der heilige Bischof Ludwig frontal und ein weiterer Heiliger mit Buch, wohl ein Apostel, dargestellt.[4] Auffällig an der Figur des Apostels ist der leicht überdimensionierte Kopf.[5]

Auf dem linken Flügel sind im oberen Bereich zwei unbekannte weibliche Heilige zu sehen, von denen die linke über einem blauen Kleid einen weiten orangefarbenen Mantel mit Kapuze trägt, während der rechten, gekrönten Heiligen mit Buch und Palmwedel in den Händen ein roter, hermelinverbrämter Mantel von den Schultern fällt. Letztere ist eventuell mit der heiligen Katharina von Alexandria zu identifizieren. Darunter wird die Stigmatisierung des heiligen Franziskus geschildert.

Die Zuschreibung der Dresdener Tafeln ist bislang umstritten. Außer Frage steht allein ihre Entstehung in Siena in der Zeit des Andrea di Bartolo, als dessen Werk sie bislang in der Galerie geführt wurden. Da sich die Tafeln jedoch schwerlich in das Œuvre Andrea di Bartolos einfügen, soll hier eine alternative Zuschreibung an Francesco di Vannuccio vorgeschlagen werden.[6] Als gesichertes Werk dieses Malers, den Miklòs Boskovits als »besten Vertreter der Tradition Simone Martinis innerhalb der sienesischen Malerei der 2. Hälfte des Trecento«[7] bezeichnet, gilt die kleine, beidseitig gearbeitete Tafel mit Darstellungen der thronenden Madonna und der Kreuzigung Christi in der Berliner Gemäldegalerie.[8] Mit den Arbeiten des Francesco di Vannuccio vergleichbar sind die Dresdener Tafeln nicht nur im Figurenstil und in der Gewandgestaltung, sondern auch in der Art der Unterteilung der Bildfelder: Wie bei der linken Tafel des Diptychons im Girton College in Cambridge, das Francesco di Vannuccio zugeschrieben wird, scheinen am rechten Flügel die Figuren in der unteren Hälfte, die von einer umlaufenden, punzierten Borte gerahmt wird, vor der Ebene der Dargestellten in der oberen Hälfte zu stehen (Vgl.-Abb. 1).[9]

Angesichts des inhaltlichen Bezuges zur Stigmatisierung des heiligen Franziskus (»imitatio christi«) käme als Thema der verlorenen beziehungsweise unbekannten Mitteltafel eine »Kreuzigung Christi« in Betracht; jedoch wäre auch eine thronende Madonna mit Kind, umgeben von Heiligen, vorstellbar. Entstanden ist das kleinformatige Triptychon vermutlich für einen Auftraggeber aus dem Umfeld des Franziskanerordens – wie die dargestellten Franziskanerheiligen nahelegen. JC

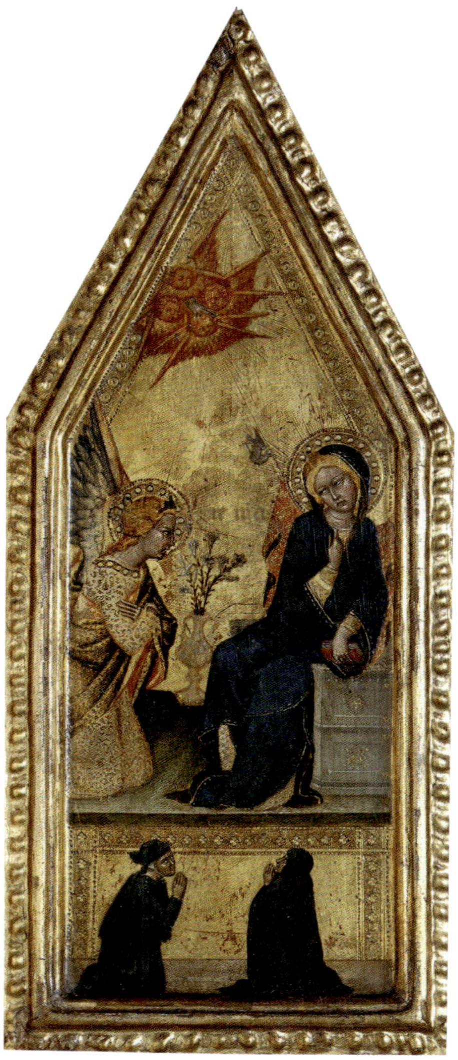

1. Francesco di Vannuccio: Verkündigung Mariens. Tempera auf Holz. Cambridge, Girton College

Anmerkungen

1 Dass die beiden Flügel ursprünglich mit einer Mitteltafel über Scharniere verbunden waren, lassen heute noch die y-förmigen Einkerbungen im oberen und unteren Bereich der Rückseite erkennen. Für diesen Hinweis danke ich Christoph Schölzel.
2 Der Schriftzug liest sich als SCA LVCIA·SA CLARA.
3 Das Muster des Kleides der heiligen Lucia ist – allem Anschein nach – durch eine Bearbeitung mit Punzen erzielt worden, d. h. es wurde direkt in die Farbschicht punziert. Diese Beobachtung verdankt sich Christoph Schölzel.
4 Die zugehörige Inschrift ist nicht vollständig lesbar: [...] LODOVICO [...] IO [...].
5 Derartige Ungereimtheiten bzw. stilistische Brüche legen die Vermutung nahe, dass nicht eine, sondern mehrere Hände an der Tafel beteiligt waren.
6 Herzlichen Dank an Wolfgang Loseries für die Hilfe bei der Zuschreibung der Tafeln an Francesco di Vannuccio. Da die Arbeiten dieses Sieneser Malers jenen des Paolo di Giovanni Fei stilistisch sehr nahe stehen, kann auch die Autorschaft dieses Malers nicht vollständig ausgeschlossen werden.
7 Siehe Boskovits 1987, S. 35.
8 Die Berliner Tafel trägt eine Inschrift mit der Signatur des Künstlers sowie der Datierung auf das Jahr 1380. Siehe Boskovits 1987; Löhr 2007. Weitere Arbeiten, die dem Künstler zuzuschreiben sind, führt Andrea de Marchi auf (De Marchi 1999).
9 Vgl. hierzu Pope-Hennessy 1948.

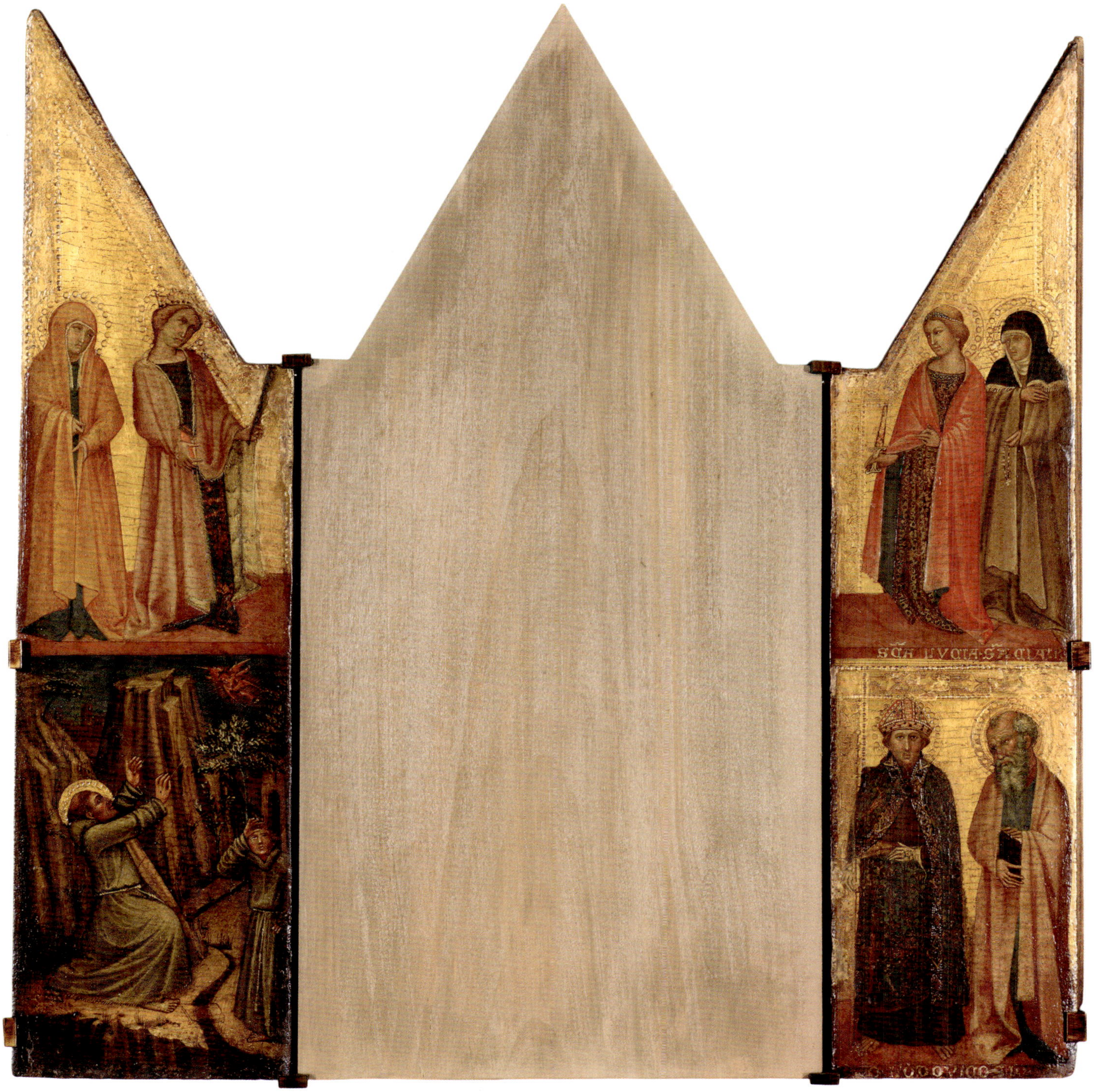

5 GIOVANNI DA MILANO oder Werkstatt

geboren um 1320 in Caversaccio (Como), dokumentiert in Florenz und Rom 1346–1369

Der kreuztragende Christus | um 1360

Feder in Braun braun laviert, Spuren von Pinsel in Rot und Rosa; oben links und oben rechts alt ergänzt; kaschiert

236 × 154 mm

Kupferstich-Kabinett, Inv.-Nr. C 124

Literatur: Melli 2006, S. 91–93, Kat.-Nr. 16 (mit der früheren Literatur)

siehe auch Best.-Verz. Z 16

Die Federzeichnung wurde bald nach ihrer Erwerbung im Jahr 1860 als eine Arbeit des Sienesen Simone Martini inventarisiert.[1] Erst rund 150 Jahre später konnte Lorenza Melli 2006 das Blatt überzeugend Giovanni da Milano zuschreiben, einem lombardischen Künstler der Generation nach Giotto – womit das Blatt zu den ältesten der Dresdener Sammlung gehört.[2] Obwohl Teile der Zeichnung durch Abrieb schwer lesbar geworden sind, hat diese dennoch ihre hohe künstlerische Qualität bewahrt. Dargestellt ist der kreuztragende Christus, der aus der menschenreichen Passionsszene der »Kreuztragung Christi« stammt, hier aber vereinzelt wiedergegeben ist. Er trägt das Kreuz auf der linken Schulter und hat sich im Vorwärtsschreiten umgewandt, sodass der Kopf frontal ansichtig ist.

Die Konzentration auf eine Figur und deren partielle Kolorierung (Gesicht, Gewandsäume) lässt darauf schließen, dass es sich um eine Seite aus einem Musterbuch handelt. Entsprechende Vorlagenwerke waren in den Werkstätten des 14. Jahrhunderts weit verbreitet, haben sich jedoch nur in wenigen Exemplaren erhalten.[3] Diese Zeichnungen hatten innerhalb der Werkstatt Vorbildcharakter und konnten bei Bedarf in einen neuen Kontext übernommen werden. Insbesondere die Blätter der wenigen überlieferten lombardischen Musterbücher charakterisiert eine an der Natur orientierte beziehungsweise vor der Natur studierte Lebendigkeit und Genauigkeit, wie sie auch dem Dresdener Blatt ursprünglich zu eigen gewesen sein dürfte.

Giovanni da Milano wurde um 1320 in Caversaccio bei Como geboren und erhielt seine künstlerische Ausbildung in den 1340er Jahren vermutlich bei einem in der Lombardei tätigen toskanischen Meister der Giotto-Nachfolge.[4] Über die Gründe seiner Übersiedlung nach Florenz lässt sich nur spekulieren;[5] dort ist der Künstler zuerst 1346 bezeugt, war 1362/63 in der »arte dei medici e speciali« (Mediziner- und Apothekerzunft) eingeschrieben und nahm nach 1366 die florentinische Bürgerschaft an. Seine bekanntesten Werke sind das wohl zu Beginn der 1360er Jahre entstandene Polyptychon für den Hauptaltar der Kirche Ognissanti (heute einzelne Tafeln in den Uffizien) sowie die Fresken in der Sakristei von Santa Croce (heute Rinuccini-Kapelle). Die letzte Station war im Jahr 1369 ein Aufenthalt in Rom, wo Giovanni da Milano im Auftrag des Papstes Urban V. zusammen mit weiteren Künstlern an der Ausmalung zweier Kapellen im Vatikan arbeitete, um an seinem Lebensende wieder in die Lombardei zurückzukehren.

Stilistische Parallelen zu den Figuren des Polyptychons in Prato legen eine etwa zeitgleiche Entstehung der Dresdener Zeichnung um 1360 nahe.[6] Große Übereinstimmungen zeigen insbesondere die Heiligen Bernardo und Katherina[7] sowie das Gesicht des heiligen Bartolomeo (Vgl.-Abb. 1).[8] Die einzige weitere Zeichnung aus dem Œuvre des Künstlers, die »Kreuzigung Christi« (um 1365/70) im Kupferstichkabinett der Staatlichen Museen zu Berlin, wurde bislang nicht zu einem Vergleich herangezogen, da sie anscheinend anderen Zwecken diente: Die Berliner »Kreuzigung« war der finale Entwurf für ein Tafelbild und wird in das Spätwerk des Künstlers um 1365/70 datiert.[9] JC

1. Giovanni da Milano: Kopf des heiligen Bartolomeo, Polyptychon (Detail). Prato, Museo Civico

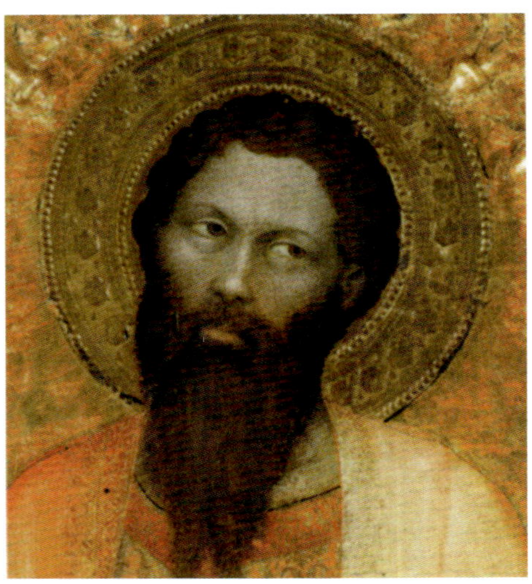

Anmerkungen

1 KK Kat. 64 I (1865), Bl. 28 v f.
2 Melli 2006, S. 91–93.
3 Siehe ebd.; zum Musterbuch allgemein siehe Scheller 1995.
4 Während der Aufenthalt Giottos in Mailand in die Jahre 1334–1336 fiel, reisten florentinische Maler aus seiner Nachfolge wie der sogenannte Stefano Fiorentino erst in den 1340er Jahren in die lombardische Stadt. Siehe Parenti 2008, S. 17 f.
5 Vgl. ebd.
6 Melli 2006, S. 92.
7 Siehe Ciatti/Mannini 2001, S. 22–29.
8 Ebd., S. 32 ff. Melli verweist auf einen Prototyp des »kreuztragenden Christus« in der Cappella Rinuccini in Santa Croce (1360) in der dortigen Szene der Kreuztragung.
9 Siehe Best.-Kat. Berlin 1995, S. 34.

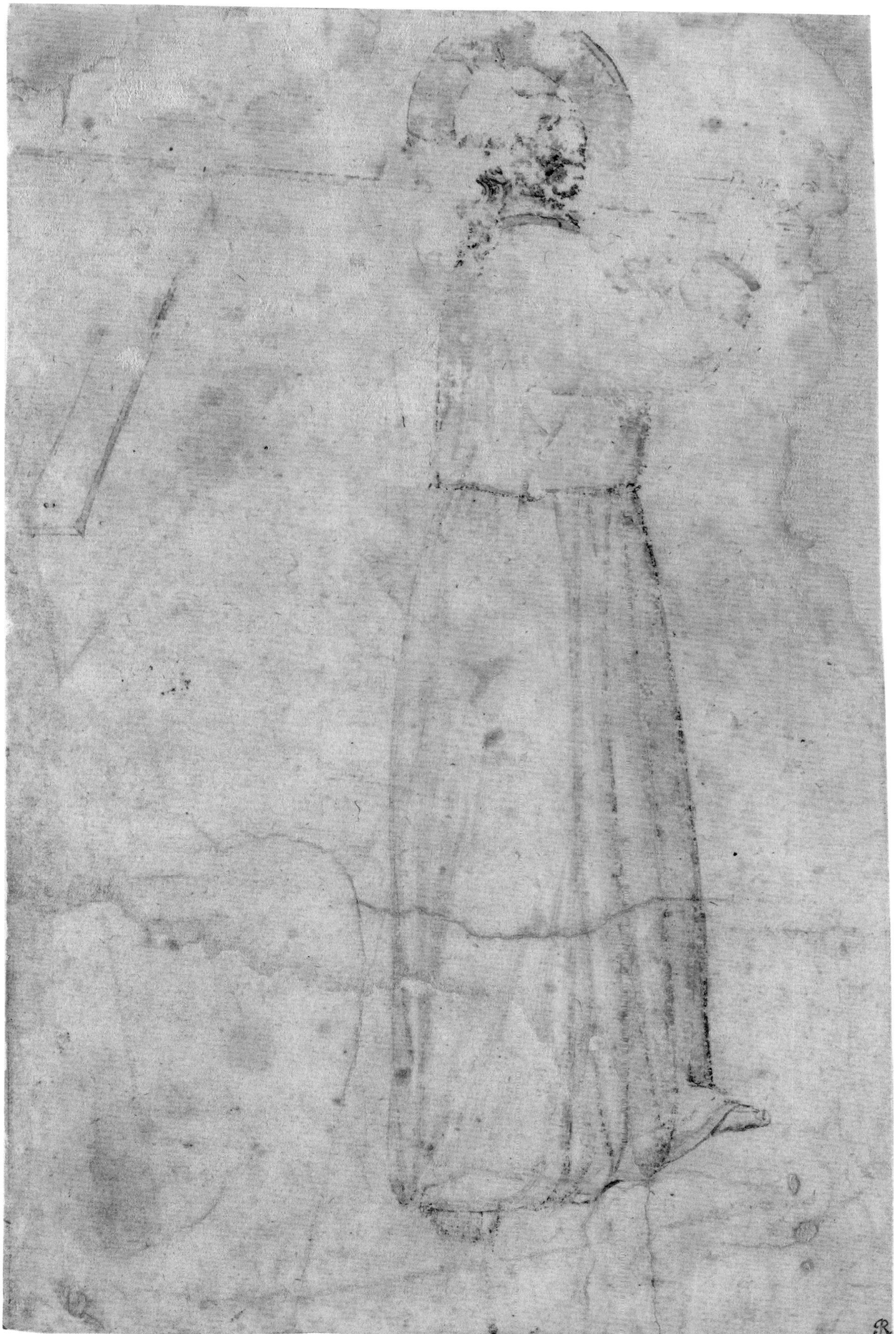

6 GHERARDO STARNINA, der sogenannte »Maestro del Bambino Vispo«

Florenz um 1354/60–vor 1413 Florenz

Maria | um 1404/07

Pappelholz, obere Ecken angesetzt

35,0 × 29,2 cm

Gemäldegalerie Alte Meister, Gal.-Nr. 30

Literatur: Schäfer 1860, Bd. 2, S. 207 (als Lorenzetti. Alt-Sienesisch); Hübner 1862, S. 102, Nr. 12 (als Lorenzetti, Schule von Siena); Woermann 1887, S. 36, Gal.-Nr. 30 (als unbestimmter Sienese); Posse 1929, S. 13, Gal.-Nr. 30 (als Schule von Siena des XIV. Jahrhunderts); Oertel 1964 (als Maestro del Bambino Vispo); Syre 1979 (als Maestro del Bambino Vispo/Starnina); Kat. Dresden 1979, S. 223, Gal.-Nr. 30 (als Maestro del Bambino Vispo); Kat. Dresden 1992, S. 254, Gal.-Nr. 30 (als Maestro del Bambino Vispo); Hiller von Gaertringen 2004, bes. S. 192–195 (als Maestro del Bambino Vispo/Starnina); Marx 2006/07, Bd. 1, S. 147, Bd. 2, S. 343, Gal.-Nr. 30 (als Maestro del Bambino Vispo)

siehe auch Best.-Verz. G 54

Als Wegbereiter der Frührenaissance gelten neben dem berühmten Florentiner Maler Giotto auch weniger bekannte Künstler wie der sogenannte »Maestro del Bambino Vispo«. Die Dresdener Gemäldegalerie besitzt das Fragment einer diesem Meister zugeschriebenen Holztafel, das eine halbfigurige gekrönte Madonna zeigt. Das Haupt der Himmelskönigin ist von einem weißen Schleier umfangen. Der mit goldenen Borten gesäumte blaue Mantel, der sie umhüllt, ist im Bereich der Brust geöffnet, wodurch das grüne Innenfutter sichtbar und der Blick auf ein Kleid aus goldblauem Brokat freigegeben wird. Die Madonna neigt den Kopf leicht nach unten, während ihre Augen auf den Betrachter gerichtet sind. Sie dreht die linke Schulter leicht nach hinten.

Der Name »Meister des lebhaften Jesuskindes« wurde 1904 von Osvald Sirén für eine Gruppe von bis dahin unbekannten Tafelgemälden mit Goldgrund erdacht, in denen das Jesuskind lebhaft dargestellt ist.[1] Mit der Erforschung der Identität dieses Meisters sind schwierige kunsthistorische Fragen verbunden, die von besonderer Bedeutung für die Beurteilung der toskanischen Malerei um 1400 sind. In der neueren Literatur herrscht ein weitgehender Konsens darüber, dass der unbekannte Meister sehr wahrscheinlich mit dem Florentiner Maler Gherardo Starnina identisch ist, wenngleich in Bezug auf die endgültige Definition dieser Werkgruppe und den Werkstattumkreis weiterhin Klärungsbedarf besteht.[2] Als junger Maler ging der um 1360 in Florenz geborene Starnina nach Spanien, wo er nach 1393 mehrfach in Toledo sowie 1401 in Valencia nachgewiesen ist. Danach kehrte er vermutlich in seine Heimat zurück. Im Jahr 1404 war eine heute nur noch in Resten erhaltene Freskenausstattung in der Kirche Santa Maria del Carmine in Florenz bereits vollendet.[3] Einen Ausgangspunkt für die Forschungen zur Identität des Malers bildete eine Tafel mit Darstellungen der heiligen Maria Magdalena, des heiligen Laurentius und eines Stifters, die heute im Besitz der Staatlichen Museen zu Berlin ist (Vgl.-Abb. 1). Sirén brachte sie mit einem Laurentiusaltar in Verbindung. 1940 erkannte Roberto Longhi die Zugehörigkeit des Dresdener Fragments zum Werkkomplex dieses großen Laurentiusaltares.[4] Im Laufe des 20. Jahrhunderts wurden weitere Fragmente entdeckt, die heute in Douai, Frankfurt am Main, Mailand, Rom, Rotterdam und Stockholm bewahrt werden.[5]

Cornelia Syre hat auf der Grundlage von Vorarbeiten von Robert Oertel und anderen einen Vorschlag für eine Rekonstruktion des Altares erarbeitet (Vgl.-Abb. 2). Die unterschiedlich gut erhaltenen Tafeln zeigen, dass es sich um einen dreiteiligen Altar, ein Triptychon, gehandelt haben muss. Die Dresdener Madonna, die zur Mitteltafel gehörte, war vermutlich von vier musizierenden Engeln umgeben, deren Flügelspitzen zum Teil auf der linken und rechten Seite im Goldgrund erkennbar sind. Auf der linken Seitentafel befanden sich die bereits erwähnten Heiligen Laurentius und Magdalena sowie der Stifter, der durch sein rotes Gewand und den auf dem Boden liegenden Hut als Kardinal gekennzeichnet ist, auf der rechten ein heiliger Bischof und der heilige Benedikt von Nursia. Syre zufolge war jeder Tafel eine szenische Darstellung in der Predella zugeordnet: in der Mitte eine Anbetung der Könige, links das Martyrium des heiligen Laurentius und rechts die Besessenenheilung. Die Tafeln mit dem thronenden Christus in der Mitte, mit dem Erzengel links und der Maria der Verkündigung rechts bildeten den bekrönenden Abschluss des Altares.[6]

Zu Beginn des Jahrhunderts wurde noch angenommen, es handele sich bei dem Triptychon um einen nur durch Dokumente bekannten Laurentiusaltar, der 1422 für den Florentiner Dom gestiftet worden war. Von diesem hypothetischen Datum ausgehend erfolgte die Einordnung eines großen Teils des Werkes, das man dem »Maestro del Bambino Vispo« zuschrieb. Cornelia Syre und Jeanne van Waadenoijen identifizierten in den 1970er Jahren unabhängig voneinander den Werkkomplex mit einem bereits zwischen 1404 und 1407 im Auftrag des Kardinals Agnolo Acciaiuoli entstandenen Altar für die von ihm gestiftete Marienkapelle in der Certosa del Galluzzo, der Kartause in der Nähe von Florenz.[7] Sie bezogen sich auf eine Passage in Giorgio Vasaris Viten von 1568: In der Vita des Fra Angelico wird ein Altar mit einer Darstellung des Laurentius in der »großen Kapelle von Kardinal Acciaiuoli«[8] angeführt, dessen Beschreibung weitgehend mit den erhaltenen Fragmenten übereinstimmt.[9] Vasaris Zuweisung an Fra Angelico sei Syre zu-

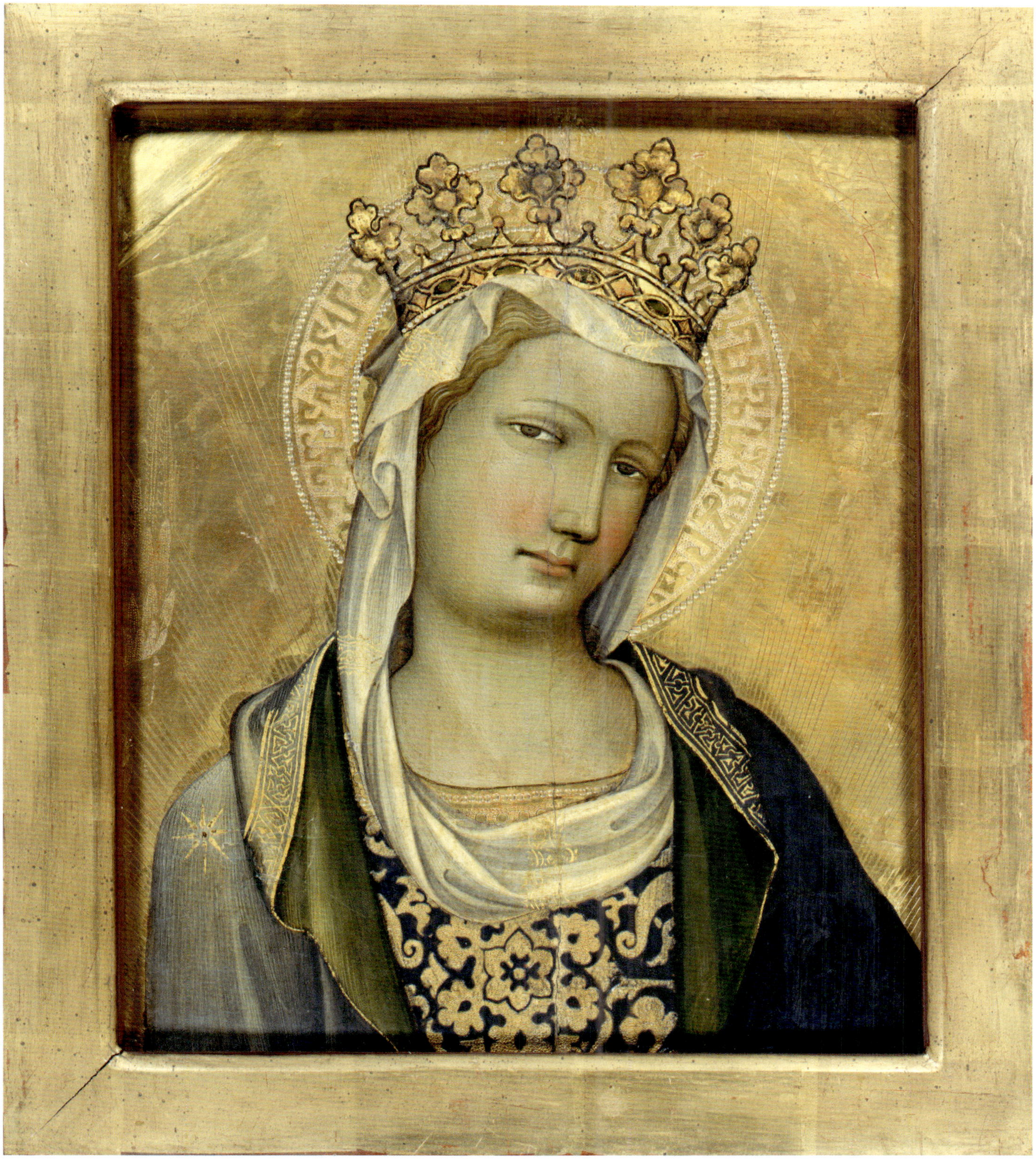

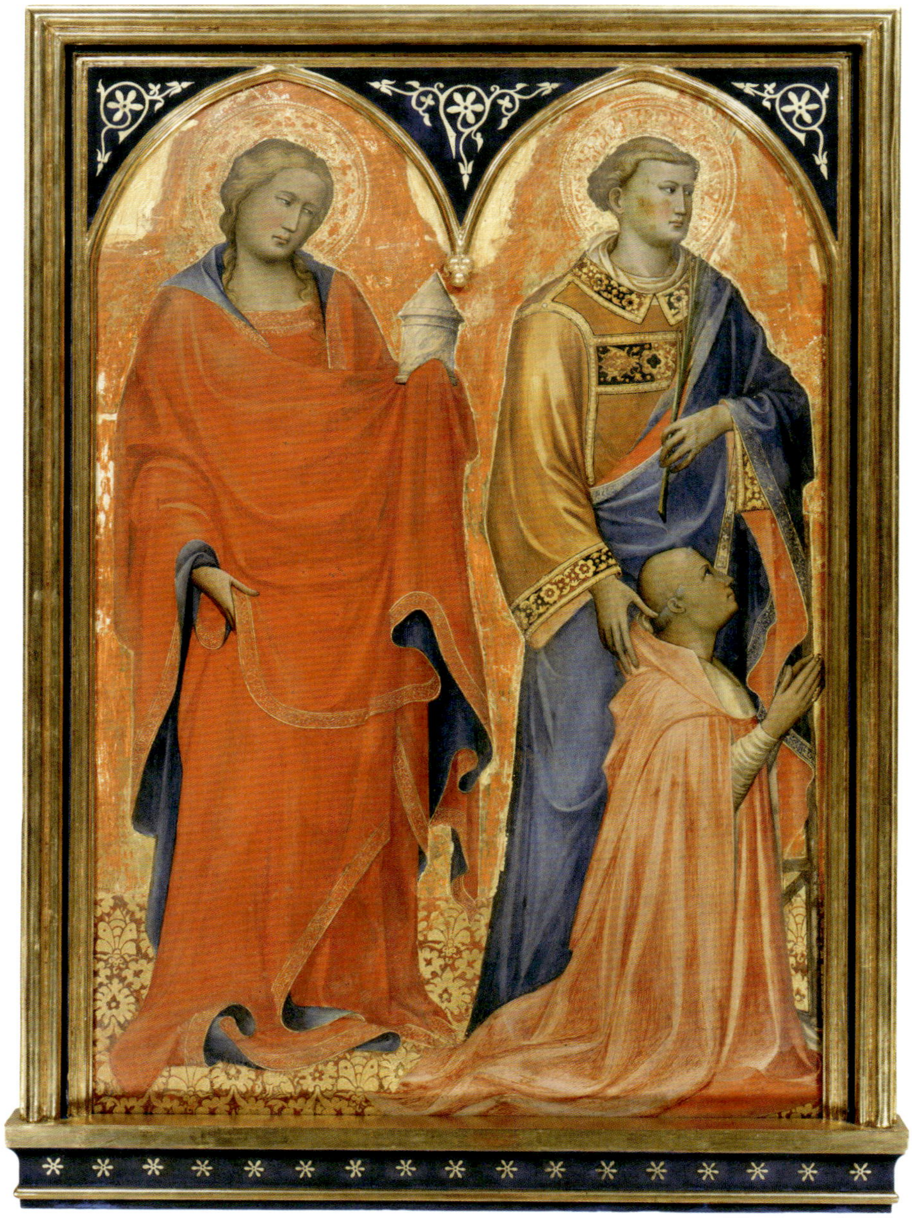

1. Gherardo Starnina, der sogenannte »Maestro del Bambino Vispo«: Die Heiligen Maria Magdalena und Laurentius mit einem Stifter. Holz, 70,0 × 98,0 cm. Berlin, Staatliche Museen zu Berlin, Gemäldegalerie

folge damit zu erklären, dass dieser ein Schüler Starninas war.[10] Die Mitteltafel des Altares zeige Maria, der die Kapelle gewidmet ist. Auch sei stimmig, dass der auf dem Altar dargestellte Laurentius nicht nur der Patron der Familie Acciaiuoli, sondern der ganzen Kartause sei.[11] Als weiteres Argument dafür, dass der Altar für die Kartause gedacht gewesen sein müsse, griffen van Waadenoijen und Syre eine Beobachtung Oertels hinsichtlich des heiligen Bischofs auf der rechten Seitentafel auf, der unter anderem bei Vasari als heiliger Zenobius, dem ersten Bischof von Florenz, bezeichnet wurde. Oertel hatte festgestellt, dass die Figur unter dem Bischofsmantel ein weißes, an der Seite zusammengehaltenes Ordenskleid trägt und damit als Kartäuser ausgewiesen ist.[12] Cornelia Syre schlug vor, dass es sich um Hugo von Lincoln handeln könnte, den wichtigsten Ordensheiligen neben Bruno, dem Gründer des Ordens.[13] Aus Dokumenten im Florentiner Staatsarchiv, die den Bau der Kapelle betreffen, und dem Kodizill, dem letzten Willen des Kardinals Acciaiuoli, geht hervor, dass die Kapelle bereits 1404 im Bau und 1408, dem Todesjahr des Kardinals, vermutlich abgeschlossen war.[14]

Der Kardinal Agnolo (1349–1408) war die herausragendste Persönlichkeit in der Familie der Acciaiuoli und eine wichtige kirchenpolitische Gestalt seiner Zeit.[15] Die Cappella di Santa Maria ist dementsprechend monumental: 7 m breit und 19,5 m lang bei einer Höhe von circa 15 m. Giovanni Leoncini bezeichnet sie sogar als eine Art zweite Kirche neben der Ordenskirche innerhalb des Klosterkomplexes.[16] Die erhaltenen Fragmente des Laurentiusaltares lassen vermuten, dass der Altar sicher 2 m hoch und ebenso breit war, durch ihre Größe und den künstlerischen Anspruch des aufwendigen Bildprogrammes zeugen sie zudem von der Bedeutung ihres Auftraggebers. Der mehrteilige Altar war mit einem mächtigen, architektonisch gestalteten Rahmen eingefasst, von dem aber nur noch der Aufsatz mit dem thronenden Christus den Originalrahmen aufweist.[17]

Die Vorschläge von Cornelia Syre und Jeanne van Waadenoijen zur Rekonstruktion und zum Entstehungskontext des Altares stellen die bis heute überzeugendsten Untersuchungen zu diesem Thema dar. Im Hinblick auf die künstlerische Einschätzung des Œuvres Starninas war dabei insbesondere die Frühdatierung für die kunsthistorische Forschung weiterführend.

Die Protagonisten des Laurentiusaltares sind in ihrer Gesamtauffassung mit ihren breiten Körpern und den schweren Gewändern durch die Florentiner Malerei in der Nachfolge Giottos beeinflusst.[18] Die Art und Weise, wie die Figur der Madonna mit der linken Schulter in einer eleganten Bewegung leicht aus einer strengen Frontalität herausgedreht ist, steht jedoch eher einer Tendenz zur Verlebendigung nahe, die die Kunst der Internationalen Gotik kennzeichnet. Diese prägte um 1400 ganz Europa von Toledo bis Paris, vor allem die Fürstenhöfe.[19] Auch die Faltenmotive an den verschiedenen, mit reichem Ornament geschmückten Gewandsäumen, die mit fließender Bewegung in regelrechten Wellenformen enden, entsprechen dem Stil der Internationalen Gotik. In Florenz haben Gentile da Fabriano,[20] Mariotto di Nardo und vor allem Lorenzo Monaco diese Stilelemente mit jenen der toskanischen Tradition verbunden. Beim Laurentiusaltar lassen die ondulierten Falten des Schleiers der Madonna ebenso wie die elegante, leuchtende Farbigkeit des Gewandes der Heiligen Laurentius und Magdalena an Gentile da Fabriano oder Lorenzo Monaco denken. Hatte man Gherardo Starnina immer als einen der unzähligen Nachfolger Lorenzo Monacos angesehen, so wurde mit der Neudatierung des Laurentiusalters deutlich, dass es sich auch umgekehrt verhalten haben könnte und dass er vielmehr als einer der Vermittler gotischer Formen, die er in Spanien kennengelernt haben dürfte, fungierte.[21] SL

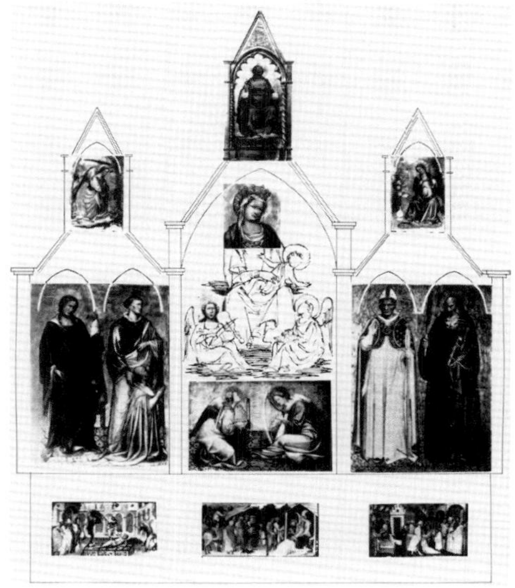

2. Rekonstruktion des Laurentiusaltares nach Cornelia Syre

Anmerkungen

1 Sirén 1904, S. 350; Syre 1979, S. 1.
2 Vgl. Hiller von Gaertringen 2004, S. 186.
3 Ebd.
4 Longhi 1940, S. 184; vgl. Syre 1979, S. 7 f.
5 Vgl. Syre 1996, S. 550.
6 Syre 1979, S. 9.
7 Van Waadenoijen 1974, S. 89; Syre 1979, S. 8. Grundlegend zur Kartause ist Leoncini 1979.
8 Vasari/Graul/Damm 2011, S. 80.
9 Syre 1979, S. 19.
10 Ebd.
11 Ebd., S. 21.
12 Oertel 1964, S. 208, Anm. 17; Van Waadenoijen 1974, S. 89; Syre 1979, S. 20.
13 Syre 1979, S. 20.
14 Florenz, Archivio di Stato. Conventi Soppressi, Nr. 51, Bl. 214 und Bl. 226. Zitiert nach Van Waadenoijen 1974, S. 89; Syre 1979, S. 22 f.; vgl. auch Leoncini 1979, S. 166.
15 Leoncini 1979, S. 164; Syre 1979, S. 21.
16 Leoncini 1979, S. 163.
17 Syre 1979, S. 9; Hiller von Gaertringen 2004, S. 188.
18 Zur künstlerischen Einschätzung des Laurentiusaltares siehe Syre 1979, S. 31–38.
19 Vgl. Boskovits 1969, S. 10.
20 Zum Beispiel: Gentile da Fabriano: Thronende Madonna mit Kind und den heiligen Nikolaus von Bari und Katharina von Alexandrien, um 1395–1400. Tempera und Gold auf Holz, 131,0 × 113,0 cm. Berlin, Staatliche Museen zu Berlin. Vgl. Marcelli 2005, S. 34.
21 Vgl. Van Waadenoijen 1974, S. 82. Vgl. auch Syre 1979, S. 38–40. Ich danke Cornelia Syre für ihren Rat und ihre Lektüre.

7 STEFANO DA VERONA

Paris oder Pavia um 1374/75–nach 1438 Verona

Drei Frauen und ein Kind | um 1430/38

Feder in Braun; am linken Rand teilweise alt ergänzt

294 × 197 mm

Verso: Drei Figuren und ein Kopf

Kupferstich-Kabinett, Inv.-Nr. C 125

Literatur: Melli 2006, S. 36–41, Kat.-Nr. 3 (mit der früheren Literatur); Karet 2014, S. 144 f.

siehe auch Best.-Verz. Z 3

Mit langgezogenen Federstrichen sind drei weibliche Figuren dargestellt: im Zentrum eine Frau mit Kind, rechts eine weibliche Gestalt im Mantel sowie am linken Rand die Büste einer Frau mit nackter Brust. Wegen deren Blöße sieht man traditionell davon ab, die zentrale Mutter-Kind-Gruppe als Madonna zu identifizieren. Stattdessen wurde an eine Verkörperung der Caritas gedacht.[1]

Durch den fließend eleganten Schwung der Körper wirken die Gestalten wie in einer großen Bewegung zusammengefasst, obwohl kein erzählerischer Zusammenhang erkennbar ist. Dünne, überlängte Finger und maskenhaft idealisierte Gesichter komplettieren das stilisierte Erscheinungsbild in seiner höfischen Eleganz. Dass die drei Frauen dennoch nicht süßlich anmuten, ist dem energischen Strich des Zeichners zu verdanken, der das Bild aus struppigen Linienbündeln aufgebaut hat. Der auf dem Boden aufliegende Mantelstoff der mittleren Figur etwa ist nur durch den Kontext von einem Reisigbesen zu unterscheiden.

Zum unkonventionellen Reiz des Blattes trägt die Notiz am oberen Rand bei, die den Kontrollverlust im Schlaf behandelt und damit zur Demut mahnt.[2] Nach dem Urteil von Lorenza Melli lässt sich die Beischrift eventuell sogar auf den Künstler selbst zurückführen, obschon sie sich offenbar nicht auf die Darstellung bezieht.[3] Den Zeichner benennt die Forschung seit Langem übereinstimmend als Stefano da Verona, einen Hauptmeister der Internationalen Gotik in Norditalien und einen der frühesten Künstler überhaupt, von denen ein größerer Bestand an Zeichnungen auf uns gekommen ist.[4]

Fast ebenso einmütig wurde die Rückseite des Blattes beurteilt. Hier ist eine Frau mit entblößtem Dekolleté zu sehen, daneben zwei weitere Figuren und im Hintergrund ein angedeuteter Kopf. Da hier der Furor des Zeichners gegenüber dem Recto nochmals gesteigert scheint, was sich in einer summarischen und geradezu enthemmten Linienführung äußert, erwog Fiocco die Zuschreibung an den »Maestro del Bambino Vispo« (vgl. G 54; Kat.-Nr. 6).[5] Diese These fand jedoch keine weitere Zustimmung. Evelyn Karet betonte in jüngerer Zeit die gemeinsamen Charakteristika beider Blattseiten und nahm sie entsprechend gleichberechtigt in ihr Werkverzeichnis der Zeichnungen von Stefano da Verona auf.[6] Übereinstimmend ist auch der Duktus der Handschrift am oberen Blattrand, wobei im Fall der Rückseite – wieder ohne erkennbaren Zusammenhang mit der Zeichnung – Gegensatzpaare durchgespielt werden.[7] GM

7 verso

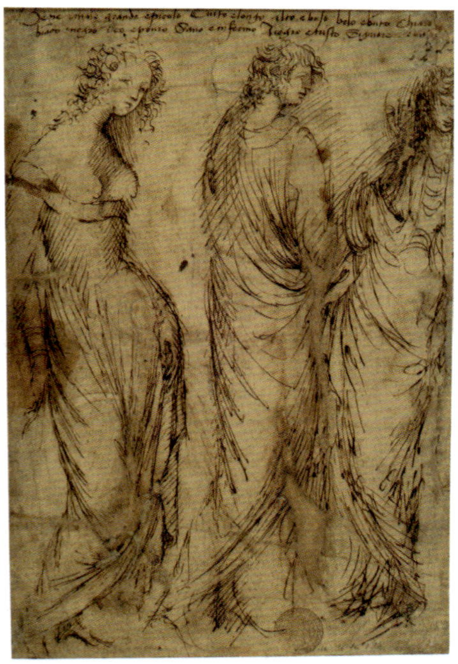

Anmerkungen

1 Fiocco 1950, S. 58.

2 »[Qua]ndo uno dorme honi [= ogni] minima Consa [= cosa] li pu[ò] hofendere[,] ho[mo] superbo dove è el // tuo grande Corazo [= coraggio] Che dormj Che no[n] ai posanza de resistere Al son[no … unleserlich] // né A ben né a male ho[mo] vilardo che prexumj [= presumi] es[s]ere // [t?]aci effa [e fa] ch[']el fato ben risponda«, auf Deutsch sinngemäß etwa: Schlafende sind durch jede Kleinigkeit angreifbar. Stolzer Mensch, wo ist Dein Mut, wenn Du schläfst und nicht die Macht hast, dem Schlaf zu widerstehen? [… Bedeutung unklar] handele so, dass Dir das Schicksal günstig ist (Transkription, Ergänzung und Übersetzung in Anlehnung an Melli 2006, S. 36 und Karet 2002, S. 46).

3 Melli 2006, S. 40; ebd. auch Diskussion des Vorschlags von Evelyn Karet, die hier die Hand des Veroneser Humanisten und frühen Sammlers von Zeichnungen Stefanos, Felice Feliciano (1433–nach 1479), vermutet. Von anderer, späterer Hand ist die Aufschrift »Bononimo Romano« weiter unten, die Melli in das 16. Jahrhundert datiert.

4 Siehe Karet 2002.

5 Fiocco 1950, S. 58.

6 Karet 2002, S. 46–49, Nr. 1.

7 »Bene e male[,] grande e picolo[,] Curto e longo[,] alto e baso[,] belo e bruto[,] chiaro [… Fehlstelle] bia[n]co e negro[,] rico e povro[,] Sano e infermo[,] A[l]egro e tristo[,] Signore e vas[sallo]«, auf Deutsch: gut und schlecht, groß und klein, kurz und lang, hoch und niedrig, schön und hässlich, hell [zu ergänzen vermutlich: und dunkel], weiß und schwarz, reich und arm, gesund und krank, fröhlich und traurig, Herr und Diener (Transkription und Ergänzung in Anlehnung an Melli 2006, S. 36 und Karet 2002, S. 46).

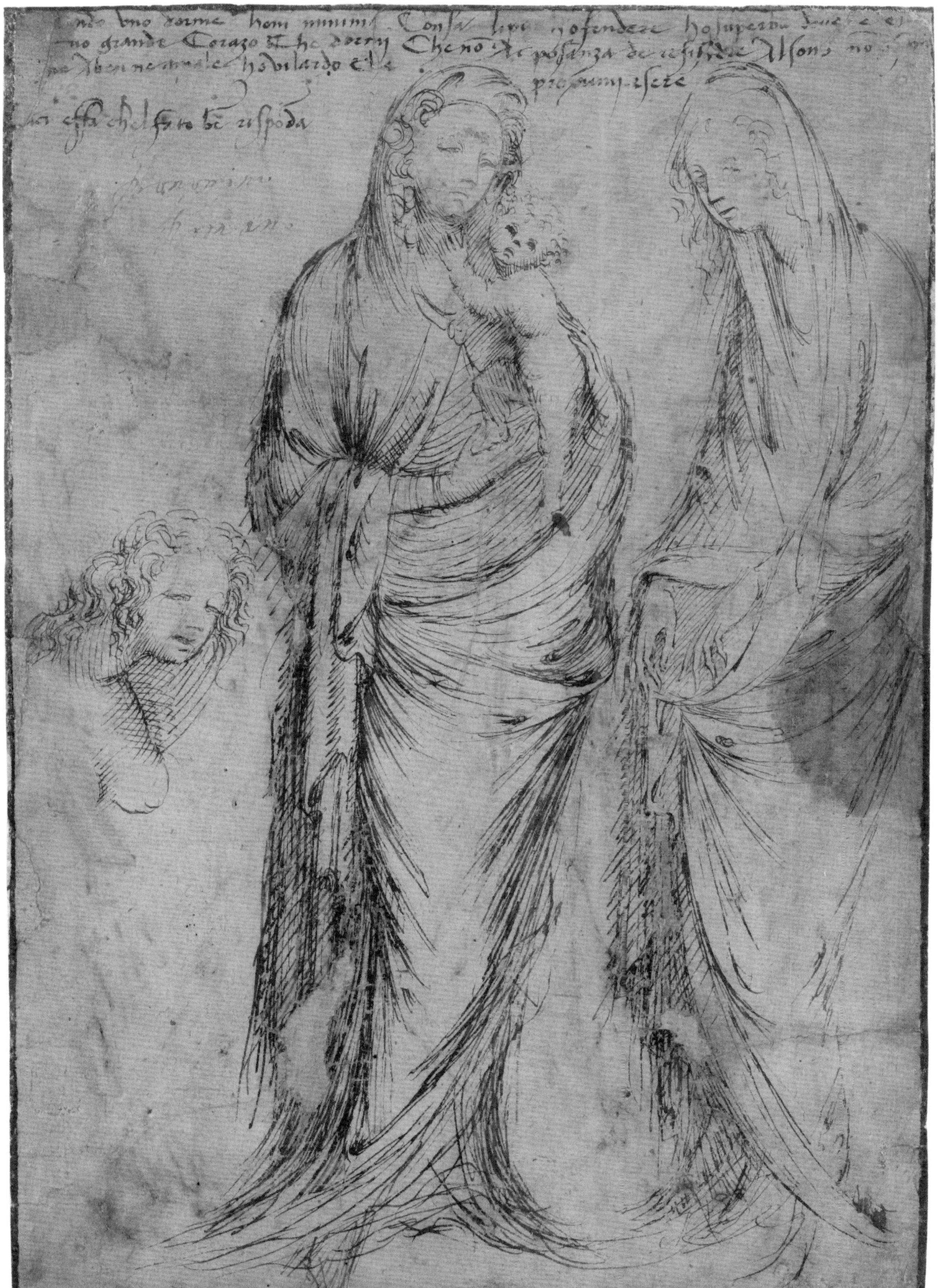

7 recto

8 GIOVANNI DA MODENA

geboren in Modena, um 1409–1455 in Bologna tätig

Reiterzug mit einer Prinzessin, zwei Männern und Pagen | um 1410/20

Feder in Braun, weiß gehöht, über Spuren von schwarzer Kreide, Hintergrund braun laviert, auf blauem Papier; stellenweise perforiert; Retuschen mit Feder und Bleiweiß; oben links und unten alt ergänzt

342 × 460 mm

Kupferstich-Kabinett, Inv.-Nr. C 150

Literatur: Melli 2006, S. 30–35, Kat.-Nr. 2 (mit der früheren Literatur); Tordella 2009, S. 120; Ornato 2011, S. 59; De Marchi 2013b, S. 449 f., Anm. 32

siehe auch Best.-Verz. Z 2

Das großformatige Blatt führt in die Welt der Internationalen Gotik Bologneser Ausprägung. Gestaffelt auf zwei Registern wird ein Reiterzug gezeigt. Links dominiert eine Prinzessin zu Pferde die Szene. Ihr voraus reitet ein vornehmer alter Mann, der den Weg weist. Die langen, fast geometrisch aufgefassten Röhrenfalten an den Reisemänteln des Alten und der Prinzessin betonen die beiden Protagonisten und unterscheiden sie deutlich von den Begleitern und Gehilfen. Deren lebhaft geschildertes Tun dient der Augenlust des Betrachters, gleichzeitig spielen die Nebenfiguren innerhalb der Bilderzählung eine tragende Rolle: Der die Richtung vorgebende Alte gewinnt an Autorität, indem sich ein Jüngerer aufmerksam nach ihm umwendet - eine Bewegung, die sogar dessen Reittier wiederholt. Gleichzeitig sind zwei Diener darum besorgt, dass die Prinzessin nicht den Anschluss verliert. Gestikulierend führen sie die Zügel und zeigen gleichfalls die Richtung an. Sie veranschaulichen, dass es nicht zu den Aufgaben der träumerisch und wie unbeteiligt einherreitenden Prinzessin gehört, sich Gedanken um die Route zu machen. Der Stab in ihrer Hand ist offenbar als Hoheitszeichen zu verstehen und nicht etwa als Instrument zum Antreiben des Tieres. Diesen Unterschied illustriert der einfach gekleidete Mann im Hintergrund, der einen Packesel mit Stöcken traktiert, wobei er mit seiner Geschäftigkeit die noble Statuarik der Prinzessin betont.

Ursprünglich hat sich der Zug nach links hin fortgesetzt. Schemenhaft erkennt man die Köpfe von zwei weiteren Pferden.[1] Vielleicht hat man das Blatt wegen starker Beschädigungen an dieser Stelle beschnitten. Die verbleibenden Fehlstellen wurden im 18. Jahrhundert mit Papier hinterlegt und die Darstellung, wo nötig, ergänzt. Auch einige Retuschen im Bereich der stark beriebenen und verblichenen Zeichnung selbst dürften auf diese Restaurierung zurückgehen. Veränderungen der Komposition waren damit offenbar nicht verbunden, und die subtile Wirkung der plastisch hervortretenden Weißhöhungen im Zusammenspiel mit braunen Lavierungen auf blauem Papier lässt sich immerhin noch erahnen.[2]

Wer ist die bekrönte Frau, die hier unterwegs ist? Generell zählten höfische Reiterzüge zu den beliebtesten Bildthemen des frühen 15. Jahrhunderts, in den allermeisten Fällen freilich in Gestalt der Heiligen Drei Könige auf ihrer Reise nach Bethlehem. Auch Giovanni da Modena, den erstmals Carlo Volpe als Urheber der Dresdener Zeichnung vorgeschlagen hat,[3] ist für ein solches Werk bekannt: Im Bologneser Dom schuf er um 1410 einen Freskenzyklus mit Darstellungen aus diesem Themenkreis, wobei eine Figurengruppe deutliche Parallelen zu dem alten und dem jungen Reiter der Zeichnung aufweist (Vgl.-Abb. 1). Nur selten treten in der Kunst der Gotik und Frührenaissance Frauen als Hauptfiguren höfischer Ausritte in Erscheinung, so etwa die Langobardenkönigin Theodelinde in den um 1430/48 entstandenen Fresken von Gregorio Franceschino und Giovanni Zavattari (beide tätig 1. Hälfte 15. Jahrhundert) im Dom von Monza.[4] Bei dem Dresdener Blatt fehlen jedoch konkrete Hinweise zur Identifikation der Szene. Lorenza Melli verwies auf die ebenfalls schwer deutbaren höfischen Szenen mit reitenden und thronenden Damen im Torre di Passerino in Carpi aus der Zeit um 1420, die zwar keine Erklärung, wohl aber eine ikonographische wie auch stilistische Parallele zu der Zeichnung darstellen.[5]

GM

1. Giovanni da Modena: Die Reise der Heiligen Drei Könige (Detail), um 1410. Fresko. Bologna, Basilica di San Petronio, Cappella Bolognini

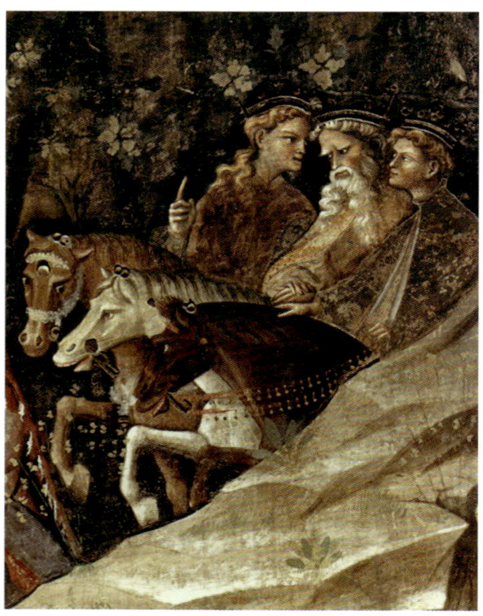

Anmerkungen

1 Im UV-Licht sind die Strukturen besser zu erkennen, siehe die Aufnahme bei Melli 2006, S. 32, Nr. 2a.
2 Es handelt sich um das früheste bekannte Beispiel für die Verwendung durchgefärbten blauen Papiers als Bildträger, siehe Tordella 2009, S. 120 und Ornato 2011, S. 59; zum Zeichnen auf blauem Papier im 15. Jahrhundert siehe auch Graul 2010, S. 84–86; zum Erhaltungszustand des Dresdener Blattes siehe außerdem den Beitrag von Lorenza Melli im vorliegenden Band, S. 37.
3 Volpe 1983, S. 292, Anm. 30 (als Giovanni da Modena oder Umkreis).
4 Siehe Roettgen 1996, S. 166–185, bes. Abb. Nr. 99.
5 Melli 2006, S. 35; siehe auch De Marchi 2013b, S. 449 f., Anm. 32, der diese Fresken ebenfalls Giovanni da Modena zuschreibt.

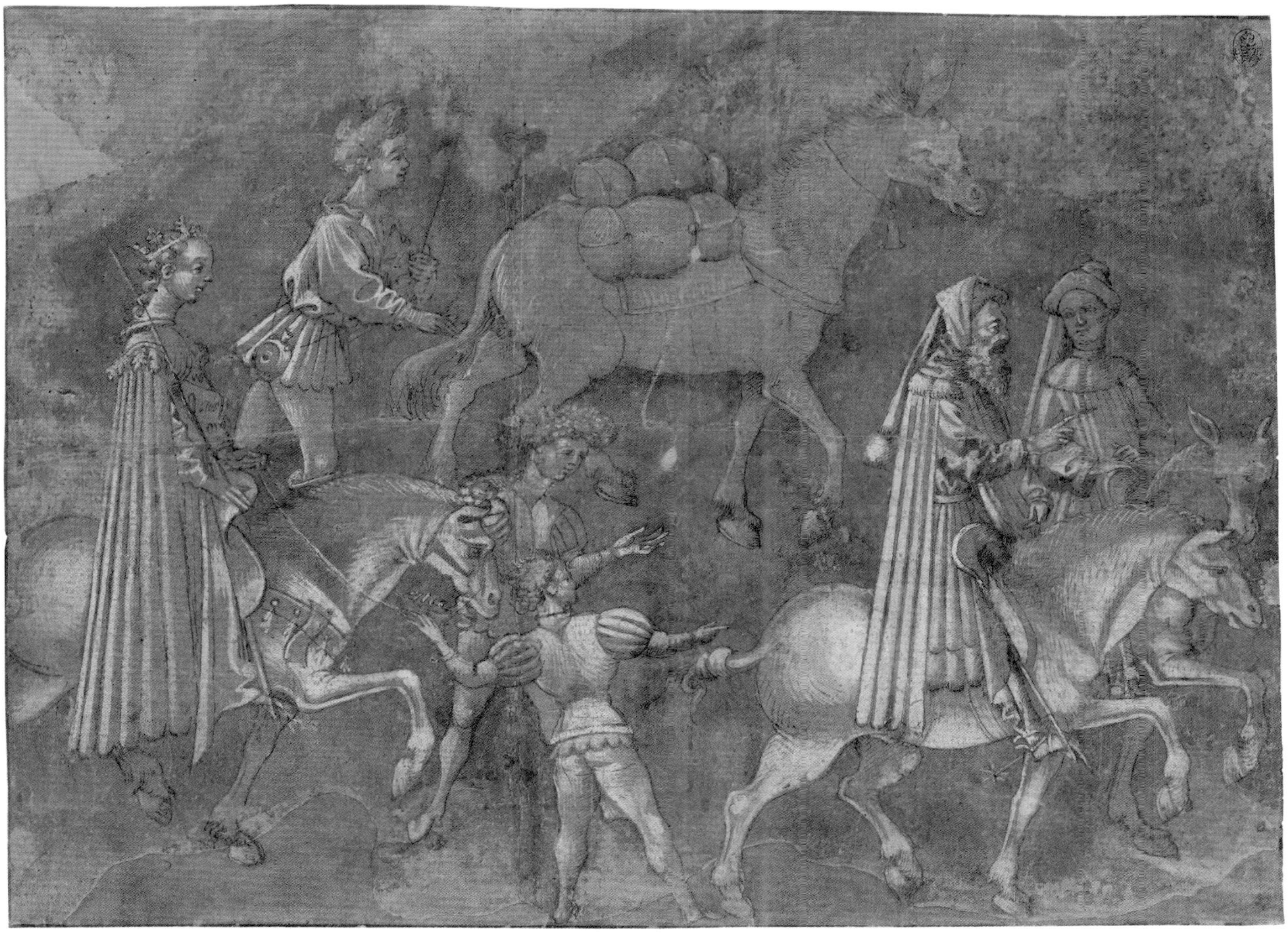

9 PESELLINO (?)

Florenz um 1422–1457 Florenz

Thronende Maria mit dem Kind

Pappelholz
69,8 × 46,9 cm
Gemäldegalerie Alte Meister, Gal.-Nr. 7A
Literatur: Hübner 1880, S. 114, Nr. 30 (als Gentile da Fabriano); Woermann 1887, S. 37, Gal.-Nr. 35 (als Art des Gentile da Fabriano); Logan 1901, S. 28 (als Compagno del Pesellino); Posse 1929, S. 4, Gal.-Nr. 7A (als Richtung des Francesco Pesello, gen. Pesellino); Berenson 1932a, S. 442; Berenson 1932b, S. 676 (als Pesellino); Kat. Dresden 1979, S. 255, Gal.-Nr. 7A (als Richtung Pesellino); Kat. Dresden 1992, S. 297, Gal.-Nr. 7A (als Richtung Pesellino); Marx 2006/07, Bd. 1, S. 172, Bd. 2, S. 403, Gal.-Nr. 7A (als Pesellino (Nachfolger)); Staderini 2008, S. 159–160 (als Pesellino)
siehe auch Best.-Verz. G 37

Das Bild zeigt die Madonna mit dem Kind auf einem reich verzierten Thron aus verschiedenfarbigem Marmor, dessen Basis mit Edelsteinen besetzt ist. Das Kleid Mariens und ihr Mantel sind mit goldenen Ornamenten geschmückt. Besonders die Form der ondulierenden Mantelborten entspricht dem Stil der sogenannten Internationalen Gotik, der sich zu Beginn des 15. Jahrhunderts in ganz Europa verbreitete. Zu seinen Hauptmeistern in Italien gehörte der in den Marken gebürtige und vor allem in Umbrien, Florenz und Rom tätige Gentile da Fabriano, dem die Tafel bei ihrem Ankauf für die Dresdener Gemäldegalerie 1874 auch zugeschrieben wurde. Seit das Bild 1901 jedoch zunächst einem »Compagno del Pesellino« und 1932 Pesellino selbst zugewiesen wurde, wird es in der Literatur durchgängig mit diesem Künstler verbunden.[1] Pesellino, der eigentlich Francesco di Stefano hieß, galt bereits einem Zeitgenossen wie Filarete als einer der hervorragenden Künstler seiner Zeit.[2] Mit fünf Jahren bereits vaterlos, gelangte er in die Obhut seines Großvaters Giuliano d'Arrigo, der als Maler Pesello genannt wurde; vermutlich erhielt er bei ihm seine erste Ausbildung. Die deminutive Namensform »Pesellino«, der »kleine Pesello«, entstand postum.[3]

Der berühmte Kunstschriftsteller Giorgio Vasari widmete in der Ausgabe seiner Viten von 1568 mit der »Vita di Pesello e Francesco Peselli« den beiden Künstlern eine gemeinsame Lebensbeschreibung.[4] Vasari erwähnt mehrere, heute nicht mehr erhaltene Arbeiten für den Palazzo Medici in Florenz, darunter einige kleinere Historiendarstellungen für sogenannte »cassoni«, das heißt große, als Mobiliar dienende Truhen - ein Genre, das in Florenz weit verbreitet war und auf das Pesellino spezialisiert gewesen sein könnte.[5] Heute ist sein Œuvre indes kaum noch fassbar: Lediglich ein überliefertes Werk, ein Altar mit der Heiligen Dreifaltigkeit, lässt sich dokumentarisch mit seinem Namen verknüpfen (Vgl.-Abb. 1). Doch selbst dieses kann kein rechtes Bild vom künstlerischen Profil des Malers vermitteln, da es nach dem frühen Tod Pesellinos von seinem ungleich berühmteren älteren Zeitgenossen Fra' Filippo Lippi vollendet wurde.[6] Vor diesem Hintergrund bleibt die zuletzt von Andrea Staderini in seiner Pesellino-Monographie vertretene Zuschreibung der Dresdener Madonna an den Maler zwangsläufig zweifelhaft, die hohe Qualität des Bildes jedoch ist unbestritten. SL

1. Pesellino und Fra Filippo Lippi und Werkstatt: Altar mit der Darstellung der Heiligen Dreifaltigkeit, 1455–1460. Holz, wieder zusammengefügt, London, The National Gallery

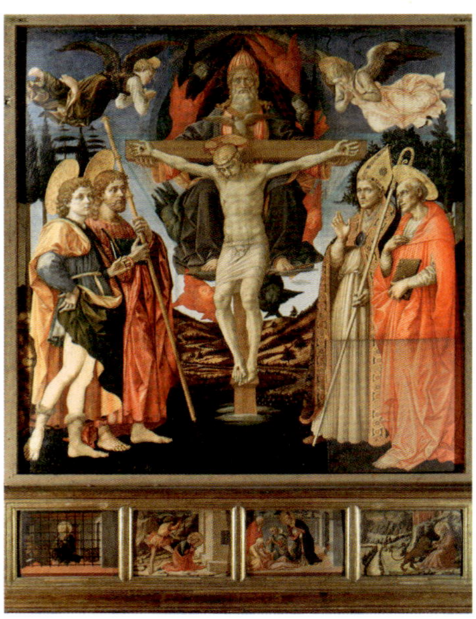

Anmerkungen

1 Das Gemälde wurde 1901 von Mary Logan als »Compagno del Pesellino« publiziert. Bernard Berenson schrieb es Pesellino zu, was in der Folge aufgegriffen wurde. Vgl. Logan 1901, S. 28; Berenson 1932a; Berenson 1932b; Staderini 2008, Bd. 1, S. 159 f.
2 Staderini 2008, Bd. 1, S. 7.
3 Ebd., S. 3. Vgl. auch Ames-Lewis 1996, S. 537.
4 Vasari/Graul/Damm 2011, S. 41–43. Vgl. Staderini 2008, Bd. 1, S. 12.
5 Vasari/Graul/Damm 2011, S. 42; Staderini 2008, Bd. 1, S. 8–13. Im Inventar des Palazzo Medici werden 1492, nach dem Tod von Lorenzo il Magnifico, einige Gemälde von »Francesco di Pesello« erwähnt. Staderini 2008, Bd. 1, S. 9; Ames-Lewis 1996, S. 538.
6 Ames-Lewis 1996, S. 538; Staderini 2008, Bd. 1, S. 2 und 6.

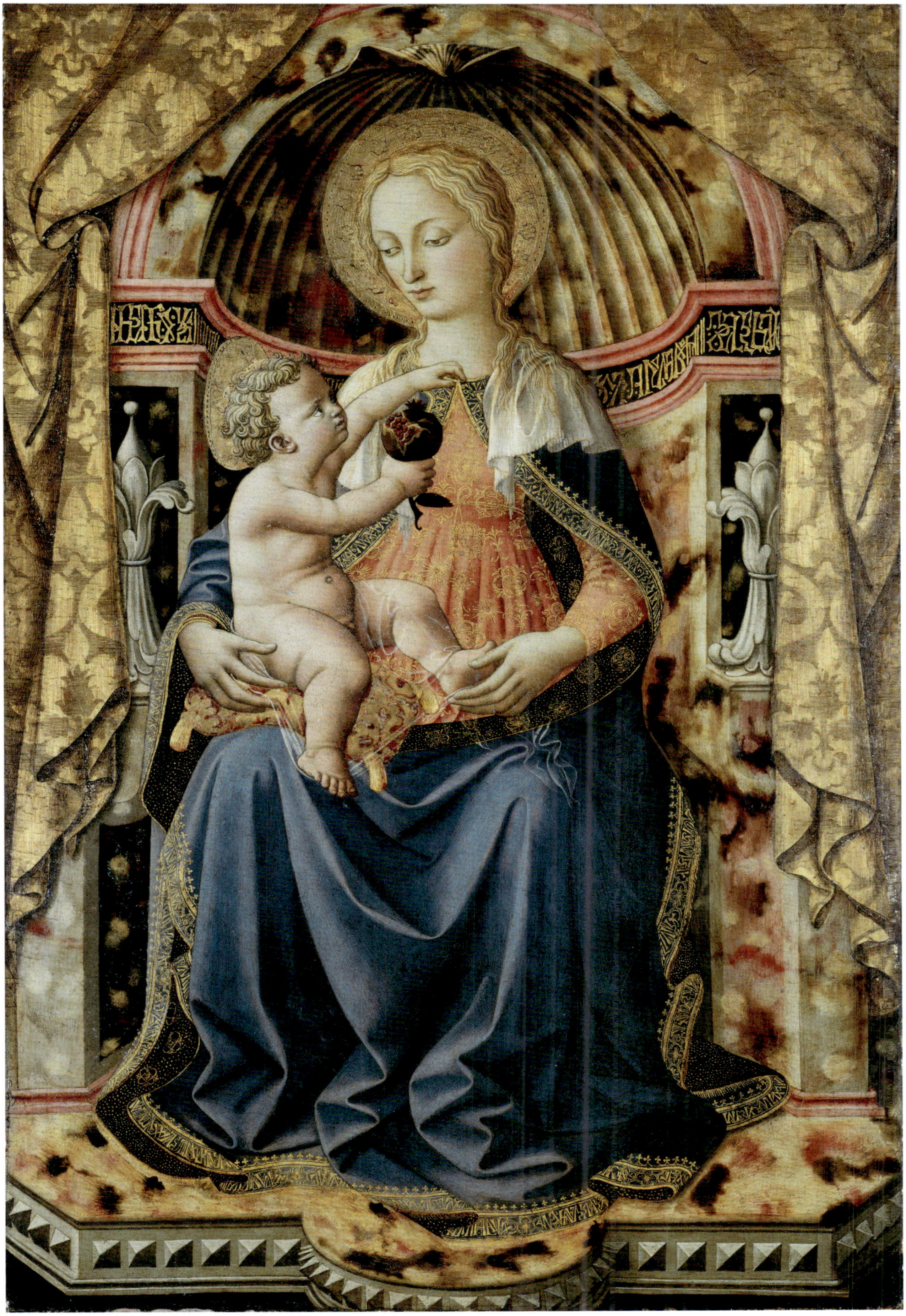

10–11 SANO DI PIETRO

Siena 1406–1481 Siena

Beidseitig bemaltes Kreuz

Pappelholz

je 54,0 × 43,0 cm

Gemäldegalerie Alte Meister, Gal.-Nr. 25, Gal.-Nr. 26

Literatur: Matthäi 1843, Innere Galerie, S. 71, Nr. 572 und Nr. 573; Hübner 1856, S. 81, Nr. 3 und Nr. 4; Woermann 1887, S. 35, Gal.-Nr. 25 und Gal.-Nr. 26; Posse 1929, S. 11 f., Gal.-Nr. 25 und Gal.-Nr. 26; Kat. Dresden 1979, S. 292, Gal.-Nr. 25 und Gal.-Nr. 26; Kat. Dresden 1992, S. 343, Gal.-Nr. 25 und Gal.-Nr. 26; Marx 2006/07, Bd. 1, S. 199, Bd. 2, S. 468, Gal.-Nr. 25 und Gal.-Nr. 26

siehe auch Best.-Verz. G 45 und G 46

Der Sieneser Maler Sano di Pietro entwirft auf den beiden kreuzförmigen und goldgrundierten Holztafeln voneinander abweichende Darstellungstypen des gekreuzigten Christus.[1] Eines der Werke zeigt den trotz Dornenkrone und Wundmalen lebenden, am Kreuz gerade aufgerichteten Christus mit weit geöffneten Augen (Kat.-Nr. 10). Dieser als »christus triumphans« charakterisierte Gottessohn überwindet den Tod und bestätigt die Hoffnung des Gläubigen auf Auferstehung und das ewige Leben.[2] Die andere Holztafel präsentiert hingegen das Bild des leidenden Christus, des »christus patiens« (Kat.-Nr. 11): Hier ist das Haupt des Gekreuzigten herabgesunken, seine Augen sind geschlossen und der Tod ist nach dem Öffnen der Seitenwunde eingetreten. Insofern verlagert sich auch die Intention des Bildes: Als Inbegriff der Passion Christi appelliert diese Christusfigur direkt an die »compassio« des Gläubigen, fordert ihn zur Anteilnahme an den Leiden Christi auf.[3] Zur biblischen Erzählung der Kreuzigung Christi wird die Darstellung durch die Halbfiguren in den Kreuzenden erweitert: im oberen Abschluss der segnende Christus, links Maria und rechts der Lieblingsjünger Johannes, beide in anbetender Haltung, sowie Maria Magdalena im flammendroten Kleid den Fuß des Kreuzes umklammernd. Ihnen entsprechen in den Kreuzenden des Pendants die Brustbilder männlicher Heiliger, möglicherweise der Evangelisten, die mit Federkielen, teils schreibend, teils mit geschlossenen Büchern dargestellt sind. Dabei handelt es sich oben um Johannes, an den seitlichen Kreuzenden um Markus und Lukas und unterhalb des Kreuzes um den heiligen Augustinus, einen der vier Kirchenväter.[4]

Die beiden Tafelkreuze des Sano di Pietro waren ursprünglich Bestandteile ein und desselben Objektes, das heißt sie bildeten Vorder- und Rückseite eines beidseitig bemalten Kreuzes, das auf einem Stab montiert war. Ein Jahr nach dem Ankauf durch das Museum, der höchstwahrscheinlich 1836 erfolgte, war dieses Kreuz auf Veranlassung des Galeriedirektors Friedrich Matthäi in zwei Teile zersägt worden.[5] Sowohl die geringe Größe als auch das minimale Gewicht deuten darauf hin, dass es sich hierbei um ein Vortragekreuz handelte, wie es bei Prozessionen mitgeführt wurde. Mehrere solcher Kreuze wurden als bewegliche Bilder über Kopfhöhe gehalten und waren damit allgemein gut sichtbar. Entsprechende gemalte Kreuze (»croci dipinte«) kamen in Italien auch in größerem Format seit dem 12. Jahrhundert als beliebte Variante zu Holzkruzifixen auf und waren bis in das 15. Jahrhundert hinein verbreitet,[6] wobei sie – neben ihrer Verwendung bei Prozessionen – Aufstellung auf den Haupt- und Seitenaltären von Kirchen fanden (Vgl.-Abb. 1).[7] Leider ist der genaue Anlass für die Entstehung des Dresdener Kreuzes bislang unbekannt, doch ist angesichts der Darstellung des Heiligen Augustinus zu vermuten, dass sein Auftraggeber zum Umkreis der Sieneser Augustiner-Eremiten gehört haben könnte. JC

1. Sano di Pietro: Der heilige Antonius Abbas bei der Messe. Pappelholz, 46,8 × 33,4 cm. Berlin, Staatliche Museen zu Berlin, Gemäldegalerie, Kat.-Nr. 63D

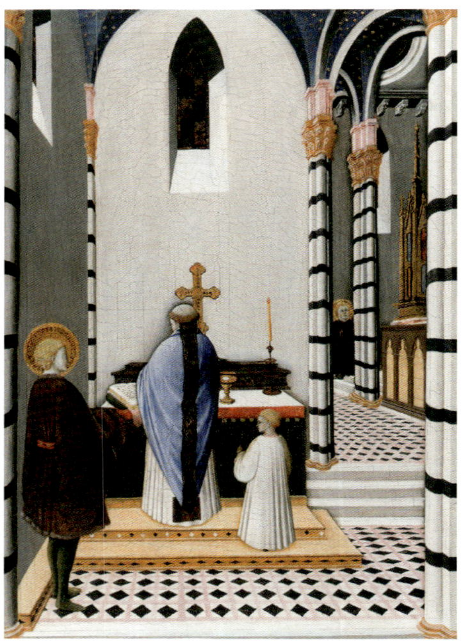

Anmerkungen

1 Sano di Pietro wird in den Katalogen der Dresdener Galerie seit Matthäi (1843) als Schöpfer der beiden Kreuztafeln genannt. Sie werden allerdings bei Gaillard 1923, Trübner 1925 oder in Fattorini 2012 nicht als Arbeiten des Sano di Pietro aufgeführt. Dennoch kann aus stilistischen Gründen an dieser Zuschreibung festgehalten werden.

2 Da die Christusfigur nicht mit der Seitenwunde wiedergegeben wird, die als Nachweis des Todes zu werten wäre, ist genau genommen nicht der über den Tod triumphierende, sondern der noch lebende Christus dargestellt. Wie Marcello Gaeta anmerkte, müsste er damit richtigerweise als »christus vivens« bezeichnet werden. Siehe Gaeta 2013, S. 32.

3 Der Typus des »christus triumphans« wurde in Italien seit der Mitte des 13. Jahrhunderts von dem Typus des »christus patiens« abgelöst. Dennoch ist er auch in Kombination mit dem Typus des »christus patiens« noch bis weit ins 15. Jahrhundert hinein zu finden. Beispiele für kleine, auf Vorder- und Rückseite mit beiden Typen bemalte Prozessionskreuze gibt Garrison 1949, Nr. 447, S. 178, und Nr. 577, S. 215. Siehe Del Grosso 2010, S. 82–84.

4 Die Übereinstimmung mit dem ganzfigurigen Heiligen auf der Reliquientafel des Sano di Pietro in Dresden (Gal.-Nr. 24) rechts neben der zentralen Reliquiennische, den Victor M. Schmidt als den heiligen Augustinus identifizierte, legt nahe, dass es bei der Figur am unteren Kreuzende um denselben Heiligen handelt, auch wenn dieser kein weißes, sondern ein dunkles Untergewand trägt. Vgl. Fattorini 2012, S. 134. Für diesen Hinweis danke ich Wolf-Dietrich Löhr.

5 Vgl. Schölzel 2012, S. 194.

6 Siehe Sandberg-Vavalà 1929; Garrison 1949, S. 147 ff.; Hager 1962, S. 75–81; Lisner 1970, S. 9–12.

7 Eine entsprechende Präsentation auf einer Altarmensa bzw. zusätzlich auf einem stufenartigen Untersatz zeigt Sano di Pietros Gemälde »Der heilige Antonius bei der Messe« in der Gemäldegalerie der Staatlichen Museen Berlin. Siehe dazu Ausst.-Kat. Frankfurt am Main 2006, Taf. 1, S. 15. Die größeren Kreuze wurden mitunter auch auf dem Triumphbalken einer Kirche aufgestellt wie z. B. Giottos Fresko »Die Exequien des Heiligen Franziskus« in San Francesco in Assisi zeigt. Siehe dazu ebd., Taf. 4, S. 29.

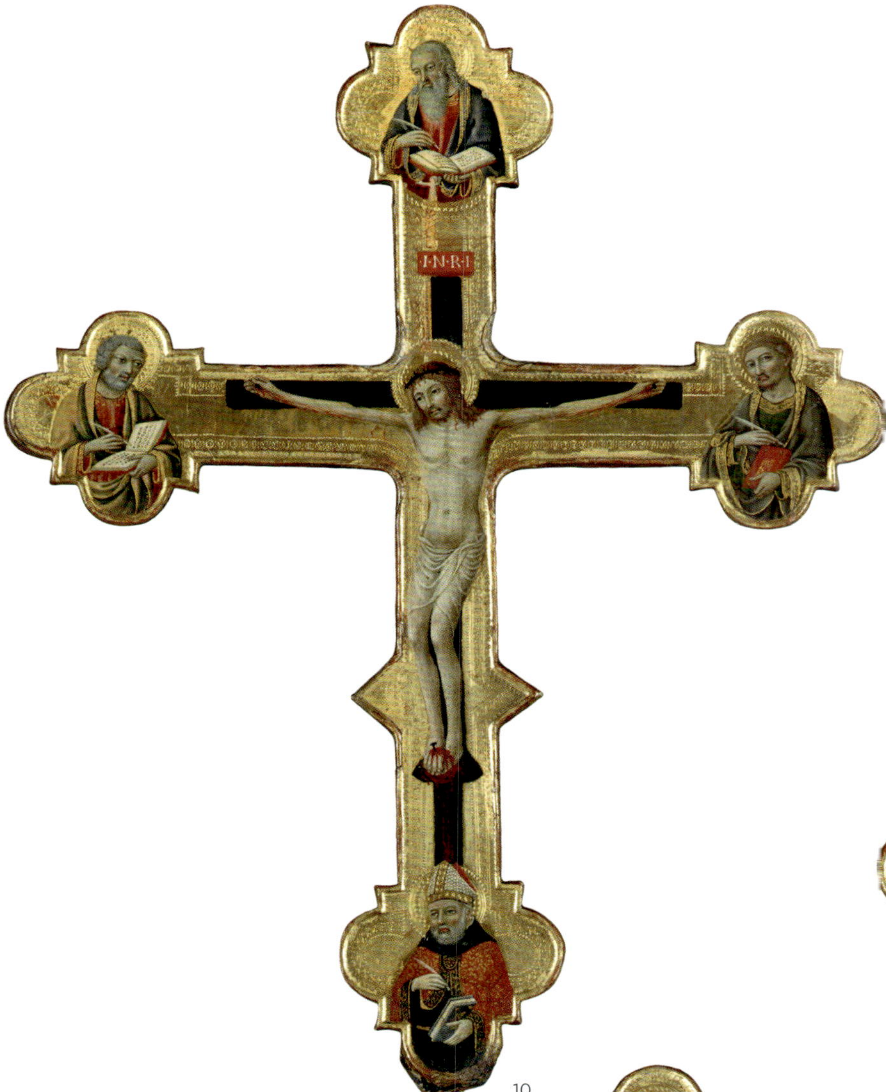

10

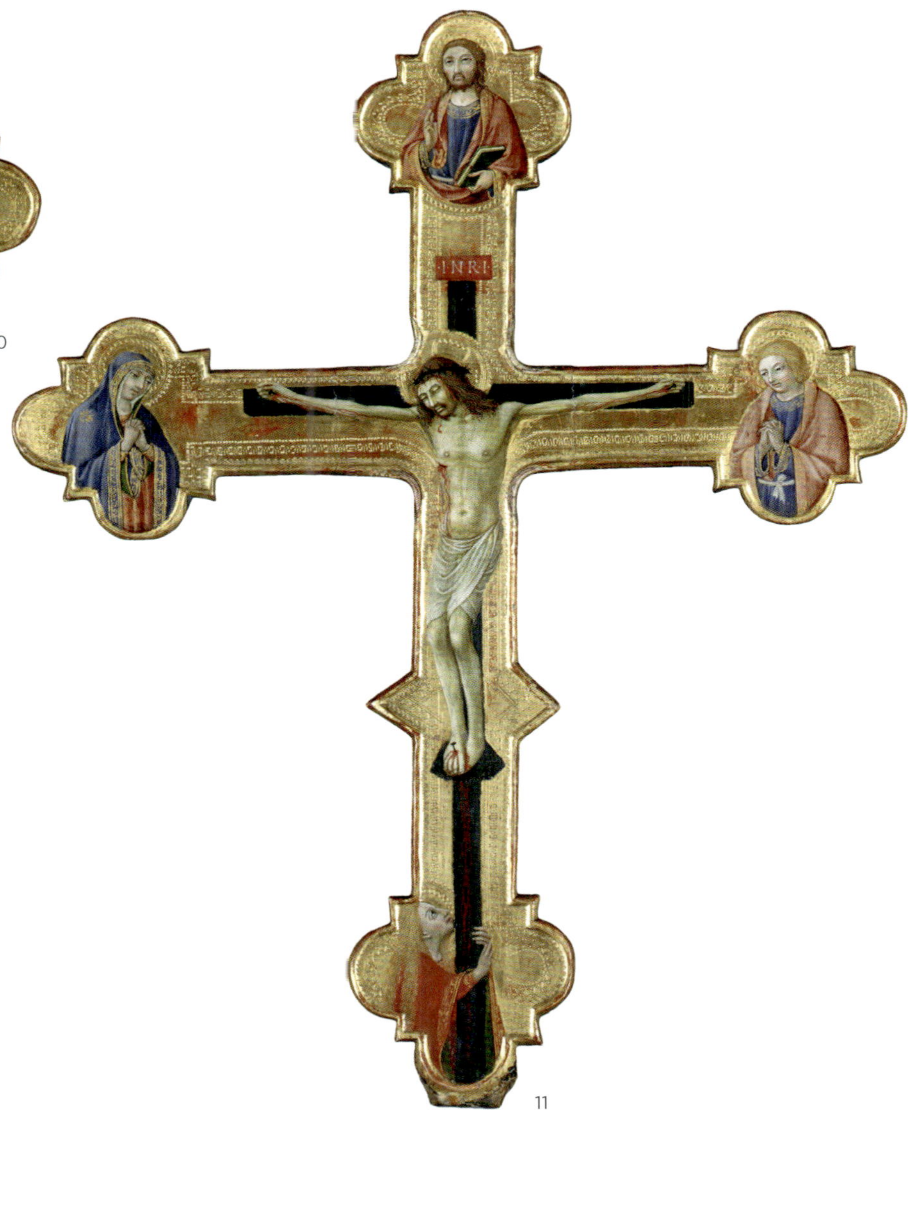

11

12 FRA ANGELICO

bei Vicchio gegen 1400–1455 Rom

Die Verkündigung | um 1435

Konstruktion aus zwei originalen Pappelholztafelfragmenten und einer segmentbogenförmigen Ergänzung in der Mitte

27,2 × 44,8 cm

Gemäldegalerie Alte Meister, Gal.-Nr. 7

Literatur: Frenzel 1846, S. 431 f., Nr. 4316; Matthäi 1852, S. 71, Nr. 576e; Morelli 1880, S. 244; Woermann 1887, S. 30, Gal.-Nr. 7; Wingenroth 1897, S. 95; Schottmüller 1924, S. 249; Posse 1929, S. 3 f., Gal.-Nr. 7; Puppi 1963, S. 251, Abb. 4; Boskovits 1976, S. 40, Abb. 18a; Spike 1996, S. 260, Nr. 125; Bonsanti 1998, S. 138, Nr. 55; Marx 2006/07, Bd. 1, S. 43, Bd. 2, S. 91, Gal.-Nr. 7; Ausst.-Kat. Rom 2009, S. 182–185, Nr. 15

siehe auch Best.-Verz. G 1

Fra Angelico zählt zu den wichtigsten Protagonisten der Frührenaissance. Die »Verkündigung« dürfte Mitte der 1430er Jahre entstanden sein, als er der führende Maler in Florenz war. Insbesondere in der hohen Qualität der Mariendarstellung zeigt sich Fra Angelicos Können, den Figuren Plastizität, Bewegung und ein inneres Seelenleben zu verleihen. Andere Partien des Bildes sind dagegen wohl unter Mitarbeit seiner Werkstatt entstanden. Allerdings wird das heutige Erscheinungsbild der »Verkündigung« stark verunklärt: Ursprünglich waren Engel und Maria auf zwei separaten Holztafeln gemalt worden, die erst zu einem späteren Zeitpunkt zu einem einheitlichen Gemälde zusammengefügt wurden. Um diese Montage - und die dabei entstandenen Schäden - zu kaschieren, malte ein unbekannter Restaurator ganze Teile des Bildes neu. Ob Zusammensetzung und Übermalung schon im 16. Jahrhundert erfolgten, wie Miklós Boskovits vermutete, oder später, lässt sich nicht rekonstruieren.[1]

Maltechnische Untersuchungen von Christoph Schölzel haben gezeigt, dass der mittlere Pfeiler im Bild die Schnittkante verdeckt, an der beide Tafeln zusammengesetzt wurden.[2] Da die Bilder aber an der unteren Kante jeweils eine profilartige Aussparung besaßen, die sicherlich ihrer ursprünglichen Anbringung in einem Altaraufbau geschuldet ist, musste bei der nachträglichen Zusammenführung auch noch ein segmentbogenartiges Feld eingefügt werden (Vgl.-Abb. 1). Somit sind nicht nur der mittlere Balken, sondern ebenso der geflieste Boden und die drei vor dem Engel befindlichen Wolkenspitzen weitgehend Erfindungen des Monteurs. Auch der obere Bildrand ist fast vollständig neu gemalt worden. Andere Partien im Bild wie Pfeiler und Fußboden links im Hintergrund oder der blaue Mantel über dem Knie der Maria sind ebenfalls spätere Übermalungen, wobei an diesen Stellen aber nicht ganz klar ist, in welchem Umfang sich darunter originale Farbschichten befinden (Vgl.-Abb. 2).

Der himmlische Bote und die Gottesmutter waren sicherlich als zwei getrennte Giebelfelder in einem heute unbekannten Polyptychon installiert worden. Solche Verkündigungsszenen waren in Altarblättern des Quattrocento weit verbreitet, auch im Œuvre von Fra Angelico. Dokumentarisch lässt sich die »Verkündigung« jedoch nur bis in das Jahr 1846 zurückverfolgen, als sie sich in der Versteigerung der Sammlung des Freiherrn Carl Friedrich von Rumohr befand, auf der sie für die Gemäldegalerie erworben wurde.[3] Die Zuschreibung des Werks blieb lange Zeit kontrovers. Nachdem Boskovits es im Œuvre von Fra Angelico in die Nähe der um 1435 zu datierenden »Pala di Cortona« (Museo Diocesano) eingeordnet hatte, haben dies auch John Spike und jüngst ohne alle Vorbehalte Giorgio Bonsanti anerkannt.

AH

1. Maßstabsgetreue Konstruktionszeichnung der drei zusammengesetzten Holztafeln (Christoph Schölzel, 2009, Gemälde-Restaurierungswerkstatt der Staatlichen Kunstsammlungen Dresden)

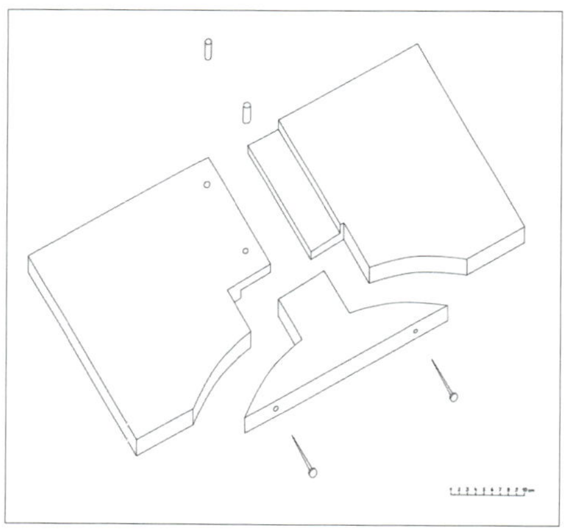

2. Schema der Übermalungen (Christoph Schölzel, 2009, Gemälde-Restaurierungswerkstatt der Staatlichen Kunstsammlungen Dresden)

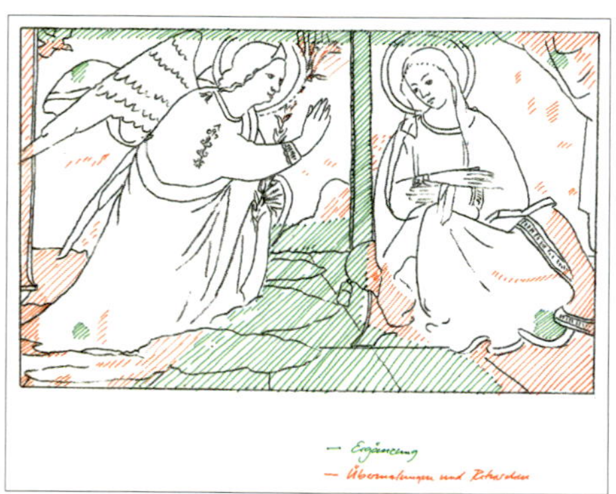

Anmerkungen

1 Boskovits 1976, S. 40.
2 Ausst.-Kat. Rom 2009, S. 183 f.
3 Frenzen 1846, S. 431 f.

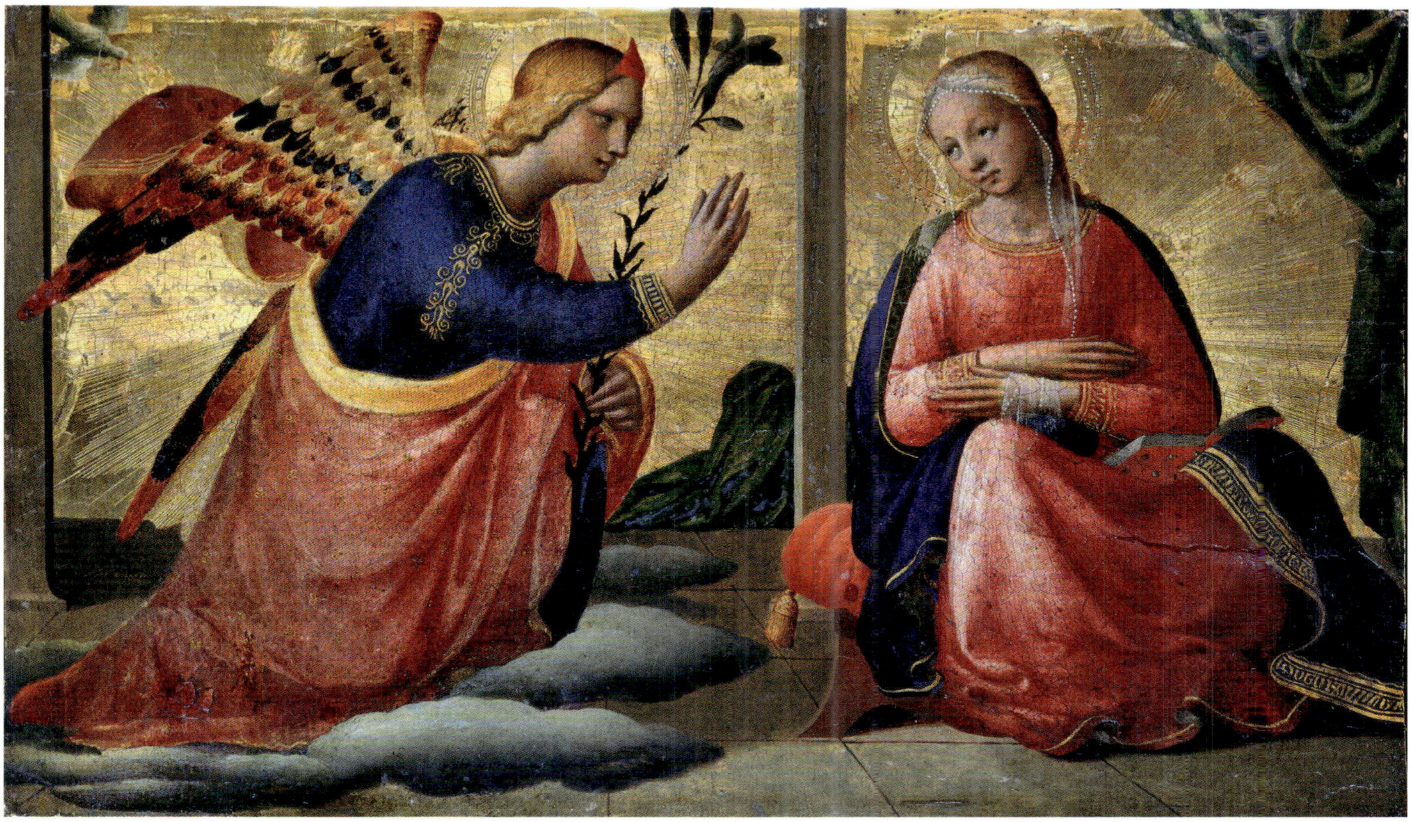

13 BENOZZO GOZZOLI

Florenz um 1421/24–1497 Pistoia

und FRA ANGELICO (?)

bei Vicchio gegen 1400–1455 Rom

Ein Putto und der Erzengel Michael | gegen 1450

Feder in Braun, braun und rosa laviert, Spuren von schwarzer Kreide; am oberen Rand wurde bei einer Restaurierung rückseitig ein Papierstreifen aufgeklebt, um die fehlenden Ecken zu ergänzen
253 × 150 mm
Verso: Jüngling mit einem Löwen; Metallstift, braun laviert und weiß gehöht, auf braun grundiertem Papier
Kupferstich-Kabinett, Inv.-Nr. C 6
Literatur: Melli 2006, S. 94–98, Kat.-Nr. 17 (mit der früheren Literatur; als Benozzo Gozzoli); Melli 2009a, S. 65 f.; Bober/Rubinstein 2010, S. 123, Nr. 76b (verso; als Benozzo Gozzoli)
siehe auch Best.-Verz. Z 17

Das 1860 aus der Sammlung Samuel Woodburn erworbene Blatt ist beidseitig bearbeitet. Als Hauptansicht präsentiert sich eine zart in Beigebraun ausgeführte Zeichnung, die nach Art eines Musterbuchblattes zwei Darstellungen vereint: oben ein nacktes Kind in Schrittstellung, darunter der Erzengel Michael mit Schwertgriff und Globus. Wegen der offensichtlichen Bezüge zum Figurenrepertoire von Fra Angelico galt das Blatt beim Ankauf als Werk dieses Florentiner Künstlermönchs (vgl. G 1; Kat.-Nr. 12).

Von ganz anderem Duktus scheint die Rückseite, wo sich die Zeichnung durch modellierende Weißhöhungen plastisch von dem gestrichenen Grund in kräftigem Braun abhebt. Im oberen Teil wurde ein Papierstreifen aufgeklebt, um fehlende Ecken zu ergänzen. Man sieht einen athletischen nackten Jüngling, der einen Löwen neben sich führt. Die Zeichnung paraphrasiert ein Detail eines antoninischen Sarkophags in der Art, wie er sich im späten 15. Jahrhundert in der römischen Sammlung Ciampolini befand.[1] Dort ist es jedoch kein Jüngling, sondern ein Satyr, der in Begleitung der Raubkatze dem triumphierenden Dionysos voranschreitet.

Aufgrund des unterschiedlichen Charakters beider Seiten vermutete Karl Woermann zwei verschiedene Künstler am Werk.[2] Letztgültig geklärt ist diese Frage bis heute nicht. Neben dem erwähnten Fra Angelico kommt Benozzo Gozzoli als Urheber in Frage. Dieser hat in den 1430er und 1440er Jahren nachweislich an Projekten des Mönchs mitgearbeitet. Erstmals schlug Max Wingenroth die Zuschreibung an Gozzoli vor, und zwar für beide Seiten des Dresdener Blattes; eine These, die breite Zustimmung fand.[3] In jüngerer Zeit erwog jedoch Lorenza Melli, dass Gozzoli die zarte Engelsdarstellung möglicherweise aus dem Fundus seines Meisters übernommen habe.[4] Unbestritten bleibt Gozzoli gleichwohl als Urheber der rückseitigen Antikenzeichnung, die er wahrscheinlich in seiner Spätzeit bei Fra Angelico geschaffen hat. Damals stellte er einen Grundstock an Vorlagenmaterial zusammen, bevor er sich als eigenständiger Künstler einen Namen machte.[5]

Unabhängig von der Zuschreibungsfrage handelt es sich bei dem Dresdener Blatt um ein frühes Beispiel einer Antikennachzeichnung.[6] Dasselbe gilt für eine blau grundierte Zeichnung in London mit einem Rossebändiger, der einem Dioskuren auf dem römischen Quirinal nachempfunden ist (Vgl.-Abb. 1). Das Londoner Blatt kommt in seiner technischen Durchführung der Dresdener Zeichnung nahe und wird heute meist ebenfalls Gozzoli zugewiesen.[7] Auch weitere Künstler der Zeit haben Studien nach antiken Skulpturen auf farbig gestrichenem Papier angefertigt, was mutmaßlich mithilfe zeichnerischer Vorarbeiten oder dreidimensionaler Modelle im Atelier und nicht vor dem Original selbst stattfand. Wie Stefan Morét herausgearbeitet hat, stand in diesen Fällen das plastische Volumen im Mittelpunkt des Interesses, und die aufwendige Technik versprach einen maximalen Effekt.[8] Bewusst oder unbewusst folgten sie darin einer Empfehlung von Leon Battista Alberti, der 1435/36 in seiner Schrift »De Pictura« das Nachzeichnen von Skulpturen empfahl.[9] Hier nämlich sei die Verteilung von Licht und Schatten besser als beim Kopieren von Malerei zu erlernen.[10] GM

1. Benozzo Gozzoli (zugeschrieben): Rossebändiger, um 1447/49. Metallstift, graubraun laviert und weiß gehöht, auf blau grundiertem Papier, 359 × 246 mm. London, The British Museum, Inv.-Nr. Pp. 1-18

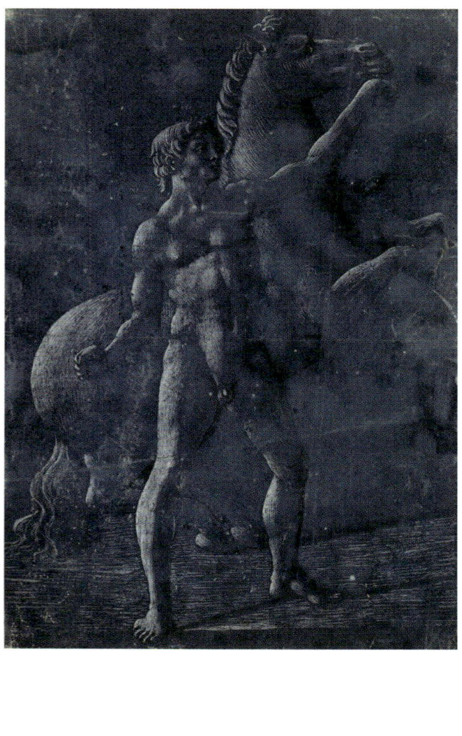

Anmerkungen

1 Heute Rom, Villa Medici; siehe Bober/Rubinstein 2010, S. 123 f., Nr. 76.
2 Woermann 1896–1898, Mappe 1, 1896, S. 7, Nr. 21.
3 Wingenroth 1897, S. 96; zur Zuschreibungsgeschichte allgemein siehe Melli 2006, S. 94 und 97 f.
4 Melli 2009a, S. 66.
5 Melli 2006, S. 97 f.
6 Ames-Lewis 2003, S. 35. Als Pioniere dieser wichtigen Form künstlerischer Aneignung gelten Gentile da Fabriano (um 1375–vor 1427) und Pisanello (vor 1395–um 1455); siehe Degenhart/Schmitt 1960 und für einen Überblick bes. Morét 2008.
7 Siehe zuletzt Dominique Cordellier in: Ausst.-Kat. Paris 2013/14, S. 370, Kat.-Nr. V.5.
8 Morét 2008, S. 32 f.
9 Erstmals 1540 im Druck erschienen, siehe die kritische Ausgabe Alberti 2011a, dort S. 80.
10 Auf diesen Zusammenhang hat schon Francis Ames-Lewis hingewiesen; siehe Ames-Lewis 1981, S. 94 und 2003, S. 38.

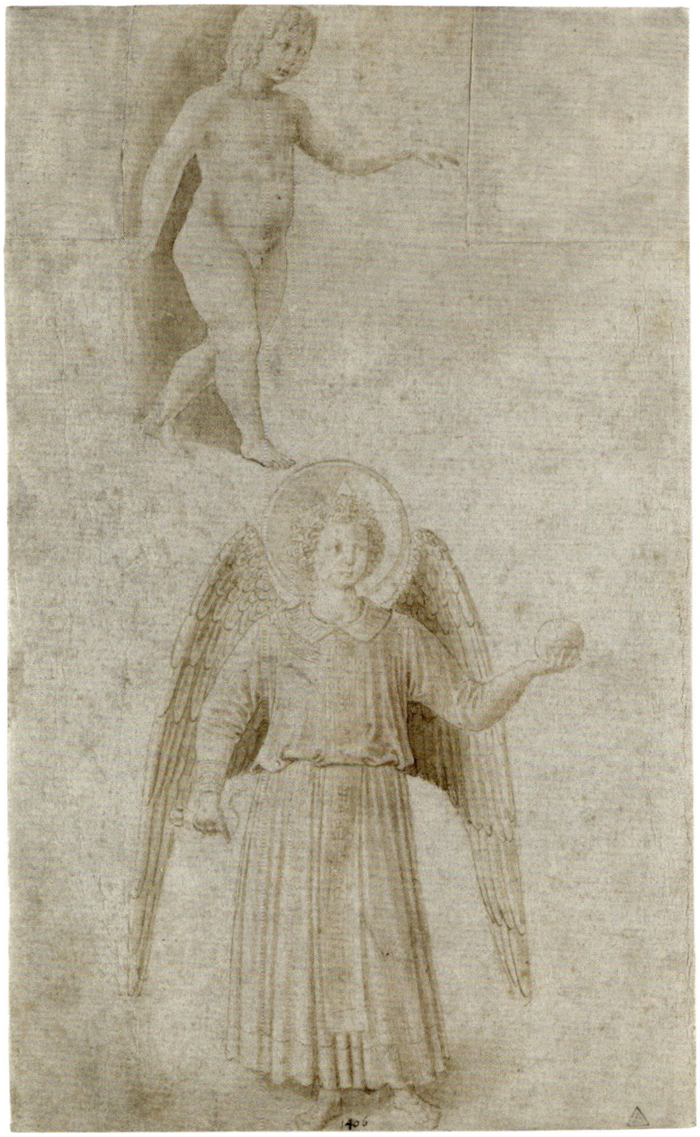

13 recto

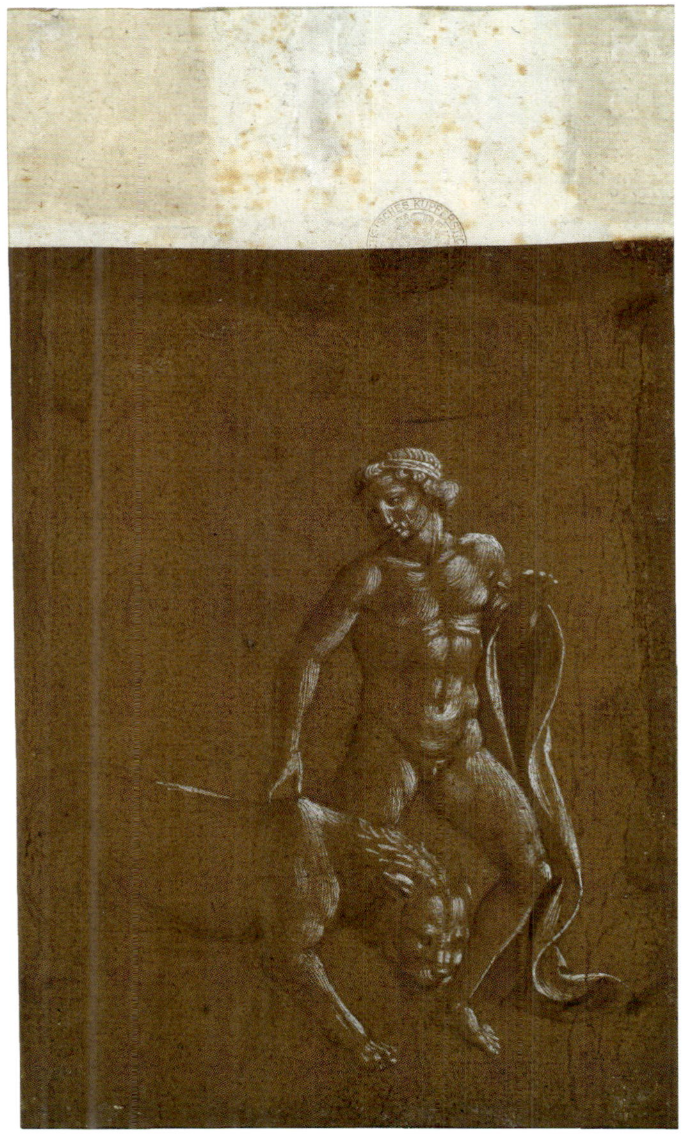

13 verso

14 ANDREA DEL VERROCCHIO

Florenz 1435–1488 Venedig

Madonna mit der Brosche | um 1470/74

zwei Metallstifte (Blei und Silber), leicht braun laviert und weiß gehöht, auf hellgrau grundiertem Papier; unten rechts alt ergänzt

190 × 167 mm

Kupferstich-Kabinett, Inv.-Nr. C 32

Literatur: Melli 2006, S. 104–109, Kat.-Nr. 19 (mit der früheren Literatur; dat. um 1474/76); Syre 2006, S. 52 (als Lorenzo di Credi); Neilson 2009, S. 103–106 (als Verrocchio und Werkstatt); Dalli Regoli 2010, S. 88 (als Leonardo da Vinci); Gudula Metze in: Maaz 2013, S. 60 (dat. um 1474/76) siehe auch Best.-Verz. Z 19

Das Blatt gehört zu den bekanntesten der Dresdener Altmeisterzeichnungen, und es galt bei seinem Erwerb 1728 als Werk von Leonardo da Vinci.[1] Zeitweise sah man darin eine Vorarbeit zu dem Andachtsbild mit der Madonna und dem Johannesknaben in Dresden, welches heute Lorenzo di Credi zugewiesen wird (G 30; Kat.-Nr. 15). Dieses Gemälde gelangte im Jahr 1860 in die Sammlung, wobei seinerzeit ebenfalls Leonardo als dessen Urheber angesehen wurde. Zweifel äußerte jedoch Giovanni Morelli, der zunächst für eine Zuschreibung der Zeichnung an Credi plädierte und in der Folge an Andrea del Verrocchio dachte.[2] Damit wurde die Debatte eröffnet, die versucht, das Blatt einem der drei erwähnten Künstler zuzuschreiben.[3]

In der Gesamtkomposition wie auch in charakteristischen Details, etwa dem Gewand Mariens mit der Perlenbrosche sowie der Frisur mit den dünnen Zöpfchen, entspricht die Zeichnung einem Darstellungsschema, das in den 1470er Jahren in Verrocchios Florentiner Werkstatt aufgekommen ist. Mindestens fünf Versionen von der Hand verschiedener Mitarbeiter sind bekannt.[4] Im Kern stellt sich also die Frage, in welcher Relation die Zeichnung zur Bilderfindung Verrocchios steht. Handelt es sich um ein vorbereitendes Werk, um eine Nachschöpfung oder um eine freie Interpretation? Wie schon im Katalog von 2006 ausgeführt, spricht die Art der Ausführung am ehesten für einen eigenhändigen Entwurf des Meisters.[5] Aufbauend auf diesen Überlegungen wird hier eine frühere Entstehungszeit vorgeschlagen, zudem lassen sich nun ergänzende Angaben zur Zeichentechnik und zu den verwendeten Materialien beibringen.[6]

Offenbar entwickelte der Künstler seine Komposition erst während des Zeichnens, als er die wichtigsten Strukturen mit dem Silberstift anlegte: Die Brosche hat er zunächst kleiner, dann größer entworfen, für das im Arm der Mutter sitzende Jesuskind prüfte er zwei Varianten und bei der Positionierung des Fensters im Hintergrund hat er sogar drei Mal neu angesetzt. In einem zweiten Schritt konzentrierte er sich auf die Modellierung des Gewandes. Dabei arbeitete er mit feinsten Silberstiftlinien und einer leichten braunen Lavierung, um zart nuancierte Schattierungen und tiefdunkle Gewandfalten anzugeben. Von der Kompositionsstudie wandelte sich die Zeichnung so in eine Draperiestudie. Zur Ausarbeitung wichtiger Elemente wie Gesicht, Hals und Brosche Mariens hat der Künstler schließlich einen zweiten Metallstift aus Blei verwendet und zuletzt mit Bleiweiß einzelne Gewandpartien hervorgehoben beziehungsweise Veränderungen überdeckt.

Der experimentelle Charakter und die weichen Abtönungen sprechen für die Urheberschaft Verrocchios. Als Entstehungszeit kommen die frühen 1470er Jahre in Frage, als dieser das Bildschema entwickelte, das Leonardo und Lorenzo di Credi später aufnehmen sollten: Leonardo mit einer Fortentwicklung der natürlichen Raumwirkung durch das Sfumato in der »Madonna mit der Nelke« (Vgl.-Abb. 1)[7] und Credi in seiner sorgsam und farbenfroh gemalten Madonna in Dresden. LM

1. Leonardo da Vinci: Die Madonna mit der Nelke, um 1475. Pappelholz, 62 × 48,5 cm. München, Bayerische Staatsgemäldesammlungen, Alte Pinakothek, Inv.-Nr. 7779

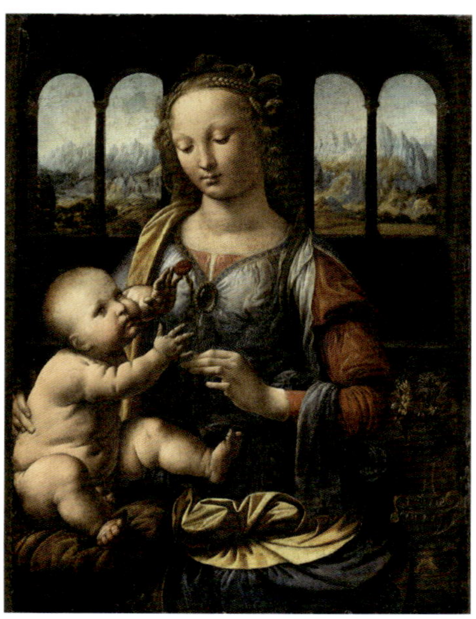

Anmerkungen

1 Siehe Melli 2006, S. 104 und S. 109, Anm. 1.
2 Bes. Morelli 1880, S. 257 f. (Lorenzo di Credi) und Morelli 1891, S. 349 und 369 (Verrocchio).
3 Zur Rezeptionsgeschichte siehe ausführlich Melli 2006, S. 104–109, Kat.-Nr. 19.
4 So die »Madonna Dreyfus« in Washington, deren Zuschreibung an Credi, Verrocchio oder Leonardo in der Diskussion steht (siehe auch Kat.-Nr. 15, Anm. 6), die »Madonna mit der Nelke« (Vgl.-Abb. 1), ein Frühwerk Leonardos, die von Credi ausgeführte »Madonna di Piazza« (Pistoia, San Zeno), die Dresdener Madonna von Credi (G 30; Kat.-Nr. 15) und zusätzlich die der Werkstatt Credis zugeschriebene Maria mit dem Kind und einem Engel (Los Angeles, The J. Paul Getty Museum, Inv.-Nr. 70.PB.28). Zu den verschiedenen Vergleichsbeispielen siehe auch Melli 2006, S. 106, mit weiterführenden Hinweisen und zu dem Bild in Los Angeles siehe Everett Fahy in: Ausst.-Kat. Florenz 2008, S. 148 f., Kat.-Nr. 27 (als »Tommaso«).
5 Melli 2006, S. 104–109, Kat.-Nr. 19.
6 Zu den zugrundeliegenden kunsttechnologischen Untersuchungen siehe den Beitrag von Lorenza Melli in diesem Band, S. 36.
7 Zu dem Gemälde siehe Ausst.-Kat. München 2006.

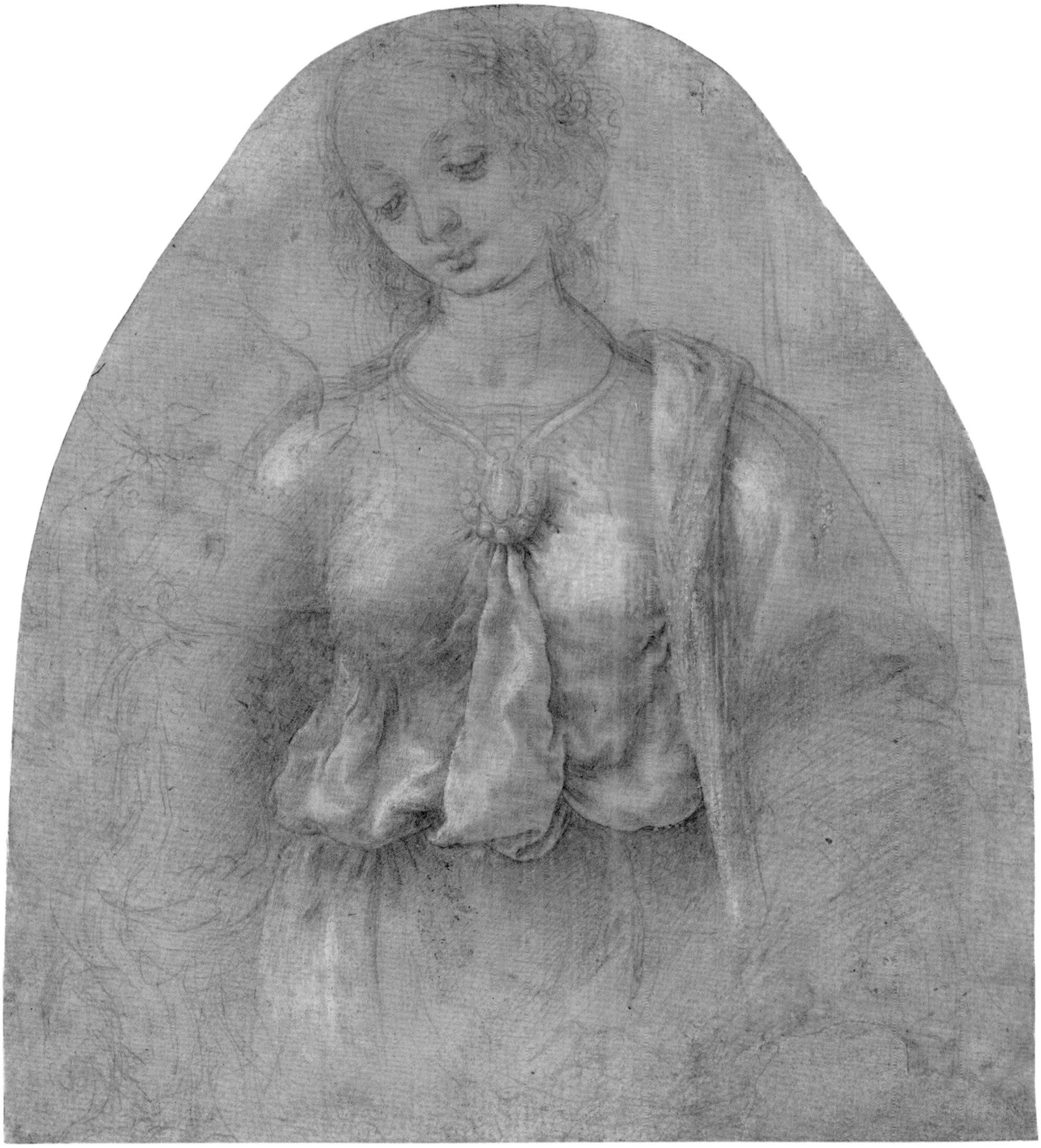

15 LORENZO DI CREDI

Florenz 1459–1537 Florenz

Maria mit dem Kind und Johannes | 1480/85

Pappelholz

37,3 × 29,7 cm

Gemäldegalerie Alte Meister, Gal.-Nr. 13

Literatur: Hübner 1862, S. 106, Nr. 30 (als Leonardo da Vinci); Woermann 1887, S. 31 f., Gal.-Nr. 13; Posse 1929, S. 6 f., Gal.-Nr. 13; Dalli Regoli 1966, S. 104, Nr. 9; Weber 1995; Melli 2006, S. 104; Marx 2006/07, Bd. 1, S. 146, Bd. 2, S. 336, Gal.-Nr. 13

siehe auch Best.-Verz. G 30

Die Dresdener Gemäldegalerie besitzt eine Reihe an Madonnentafeln aus der Zeit um 1500. Damals erlangte das Thema infolge einer wachsenden Marienfrömmigkeit an Popularität. Das Bild »Maria mit dem Kind und Johannes« von Lorenzo di Credi fungierte - wie auch die Botticelli-Tafel mit demselben Thema (G 11; Kat.-Nr. 18) - als privates Andachtsbild, vermutlich für einen wohlhabenden Florentiner Auftraggeber.

Das Gemälde zeigt die Madonna in einem perspektivisch dargestellten Raum mit einem Bett und einem Fenster, das den Ausblick auf eine Landschaft freigibt. Maria reicht dem Christuskind eine Traube, nach der es neugierig greift. Die Traube ist - wie auch das Kreuz des kleinen Johannesknaben - ein Symbol für die Passion.[1]

Lorenzo di Credi wurde 1459 in Florenz geboren. Es ist durch Quellen belegt, dass er um 1480 bereits in der Werkstatt Andrea del Verrocchios, eines der einflussreichsten Künstler der Frührenaissance, tätig war.[2] In diesem Umfeld lernte er den umbrischen Maler Pietro Perugino und Sandro Botticelli sowie Leonardo da Vinci kennen, der bis 1482 ebenfalls Schüler und Mitarbeiter Verrocchios war.[3] Credi übernahm Verrocchios Werkstatt nach dessen Tod im Jahr 1488.[4] Aufgrund der langen Zusammenarbeit zwischen Lorenzo di Credi und seinem Meister ist es bisweilen schwierig, ihre Arbeiten voneinander zu unterscheiden. Auch der circa fünf Jahre ältere Leonardo da Vinci hatte prägenden Einfluss auf den jungen Maler.[5] Wie intensiv der künstlerische Austausch in der Bottega (der Werkstatt Verrocchios) gewesen zu sein scheint, belegen vor allem Analogien in Bezug auf Kompositionen und Motive in den Werken der Protagonisten, wobei der Pinselduktus und die Maltechnik individuell variieren.

Lorenzo di Credi griff für das heute in Dresden aufbewahrte Gemälde ein Motiv aus einem Andachtsbild mit ähnlicher Raumauffassung von Leonardo auf: Das oben von zwei Bogen abgeschlossene Fenster hatte Leonardo für ein Madonnenbild ersonnen, das sich heute in der Eremitage in Sankt Petersburg befindet (Vgl.-Abb. 1). Den Ausblick auf eine Landschaft findet man allerdings in anderen Werken Leonardos sowie in der altniederländischen Malerei. Das Christuskind in dem Dresdener Bild scheint ein gespiegeltes Pendant des Kindes in Leonardos berühmter »Madonna mit der Nelke« in München zu sein (siehe Kat.-Nr. 14, Vgl.-Abb. 1). Der Typus der Madonna mit dem über der Brust zusammengehaltenen Kleid ist ebenfalls eine Erfindung aus der Werkstatt Verrocchios, die ihr berühmtestes Beispiel in der Washingtoner »Madonna Dreyfus« hat.[6] Eine Studie Verrocchios zu diesem Figurentypus befindet sich im Dresdener Kupferstich-Kabinett (Z 19; Kat.-Nr. 14).

Die Einschätzung des Galerieinspektors Julius Hübner, der in der Dresdener Tafel ein Jugendwerk Leonardos sehen wollte, war schon zur Zeit des Ankaufes nicht unumstritten.[7] Insbesondere die sehr liniendominierte Malweise steht dem Sfumato Leonardos diametral entgegen. Das Dresdener Gemälde gilt heute als ein eigenhändiges Werk des Lorenzo di Credi mit großer Nähe zum frühen Leonardo in der Werkstatt Verrocchios und wird daher auf die Zeit um 1480/85 datiert.[8] SL

1. Leonardo da Vinci: Madonna mit Blume (»Madonna Benois«), um 1478. Öl auf Leinwand, 49,5 × 33,0 cm. Sankt Petersburg, Eremitage

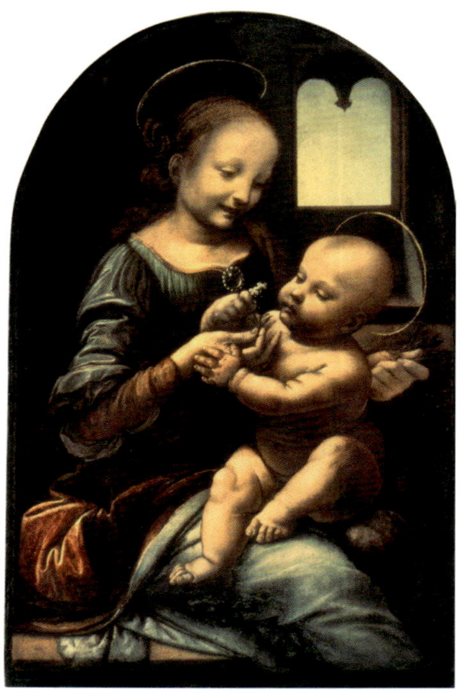

Anmerkungen

1 Weber 1995, S. 166.
2 Dalli Regoli 1966, S. 8.
3 Zum frühen Leonardo und zum Einfluss Andrea del Verrocchios und der Florentiner Kunst auf Leonardo und die Künstler in seiner Werkstatt siehe Syre 2006, bes. S. 44–54.
4 Dalli Regoli 1966, S. 93; Weber 1995, S. 166.
5 Zur Bedeutung Leonardos für Lorenzo di Credi im Umfeld der Werkstatt Verrocchios siehe Syre 2006, S. 54.
6 Verrocchio-Werkstatt, Leonardo da Vinci oder Lorenzo di Credi: Madonna mit dem Granatapfel (»Madonna Dreyfus«), um 1475–1480. Holz, 16,5 × 13,4 cm, Washington, National Gallery of Art, Samuel H. Kress Collection. Vgl. Ausst.-Kat. München 2006, S. 262 f.
7 Weber 1995, S. 167.
8 Ebd., S. 166 und 171.

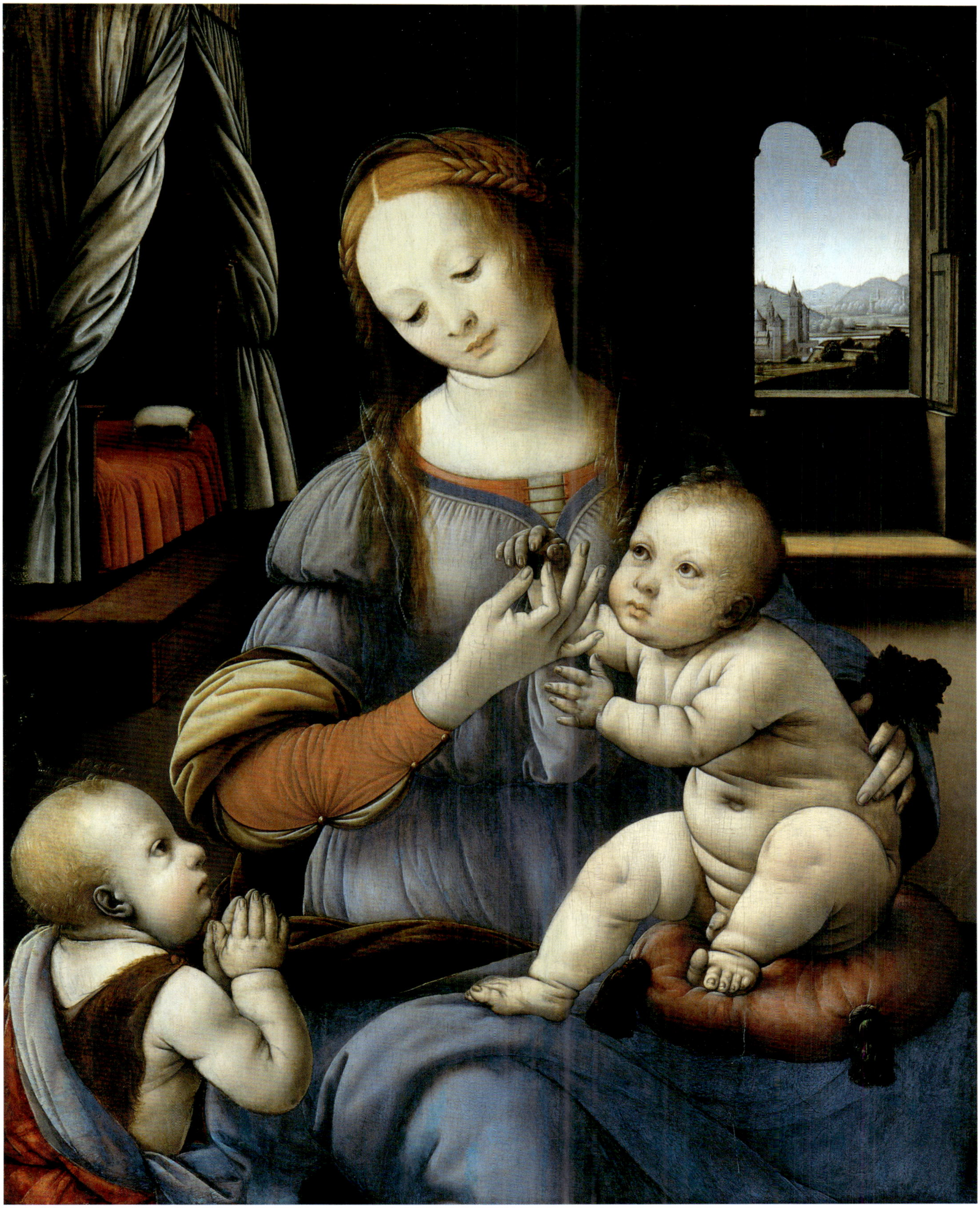

16 SANDRO BOTTICELLI

Florenz um 1445–1510 Florenz

Aus dem Leben des heiligen Zenobius | um 1500

Pappelholz
65,8 × 182,0 cm
Gemäldegalerie Alte Meister, Gal.-Nr. 9
Literatur: Tolosani 1863, S. V–XIX; Hübner 1872, S. 90, Nr. 26a; Woermann 1887, S. 30, Gal.-Nr. 9; Horne 1908, S. 308; Posse 1929, S. 5 f., Gal.-Nr. 9; Argan 1957, S. 131–133; Zeri/Gardner 1971, S. 19; Lightbown 1978, Bd. 2, S. 106–111; Callmann 1984, S. 492–495; Kat. Dresden 1992, S. 127 f., Gal.-Nr. 9; Barriault 1994, S. 2 f.; Cecchi 2005, S. 335 f.; Zöllner 2005, S. 269–271; Körner 2006, S. 228; Marx 2006/07, Bd. 1, S. 69, Bd. 2, S. 134, Gal.-Nr. 9; Ausst.-Kat. Frankfurt am Main 2009/10, S. 308–321
siehe auch Best.-Verz. G 12

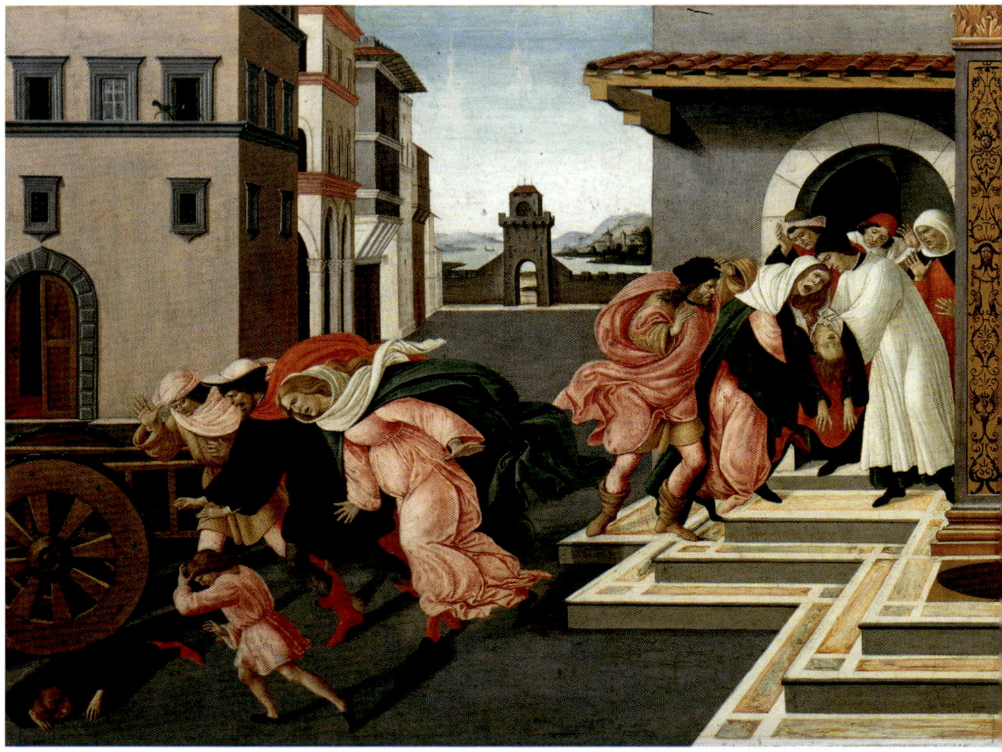

Fakten und Mythen rund um die Figur des heiligen Zenobius, der als erster Bischof von Florenz um 335 bis 424 lebte, lassen sich nur schwer voneinander trennen, weil keine zuverlässigen zeitgenössischen Berichte über das Wirken des Heiligen erhalten sind.[1] 1475 verfasste der Kleriker Clemente Mazza eine ausführliche »Vita di San Zenobio« im Auftrag des Florentiners Filippo de' Girolami, da dieser seine Abstammung auf Lucianus, den Vater des Zenobius, zurückführte. Die erstmals im Jahr 1487 in Florenz veröffentlichte Vita[2] diente Sandro Botticelli als Textquelle für seine vier Gemälde mit Szenen aus dem Leben des Heiligen, die in den Jahren um 1500 entstanden sind und der Erzählung von Mazza recht genau folgen. Die Gemäldefolge beginnt mit Ereignissen aus der Jugend des Heiligen und den ersten Wundertaten auf den beiden Londoner Tafeln,[3] wird mit weiteren Wundertaten des heiligen Zenobius und seines Subdiakons Eugenius auf der dritten Tafel in New York fortgesetzt,[4] um auf der Dresdener Tafel mit der Darstellung der letzten Wunder und des Todes zu enden.

Alle vier Werke befanden sich zu Beginn des 19. Jahrhundert in der Sammlung des Marchese Rondinelli beziehungsweise in seinem Palast in der Via della Stufa in Florenz.[5] Wann sie dorthin gelangten und wie lange sie Teil der Sammlung Rondinelli waren, ist nicht bekannt. Auf jeden Fall scheinen die Gemälde zu einem unbekannten Zeitpunkt separat voneinander verkauft worden zu sein. So gehörte die Dresdener Tafel in den 1820er Jahren zur Florentiner Sammlung Metzger, aus der Carl Friedrich von Rumohr sie vor Ostern 1823 als ein spätes Werk Botticellis, höchstwahrscheinlich für den Kunsthändler Kaspar Weiß, erworben hat. Weiß präsentierte das Bild 1823 auf der Leipziger Ostermesse, 1827 ist es in der Sammlung von Johann Gottlob von Quandt in Dresden nachweisbar.[6] Im April 1868 wurde die Zenobiustafel bei der Versteigerung der Sammlung Quandt für die Königliche Gemäldegalerie in Dresden zu einem Preis von 4000 Talern erworben.[7]

Auf der Dresdener Tafel beginnt die Erzählung entsprechend der Leserichtung links im Bild, wo ein Kind von einem Wagen überfahren wird, während mehrere Zeugen des Geschehens mit verzweifelten Gebärden herbeieilen. Ein Knabe im roten Gewand rauft sich die Haare angesichts des leblos unter dem Rad Liegenden. Eine Frau – wahrschein-

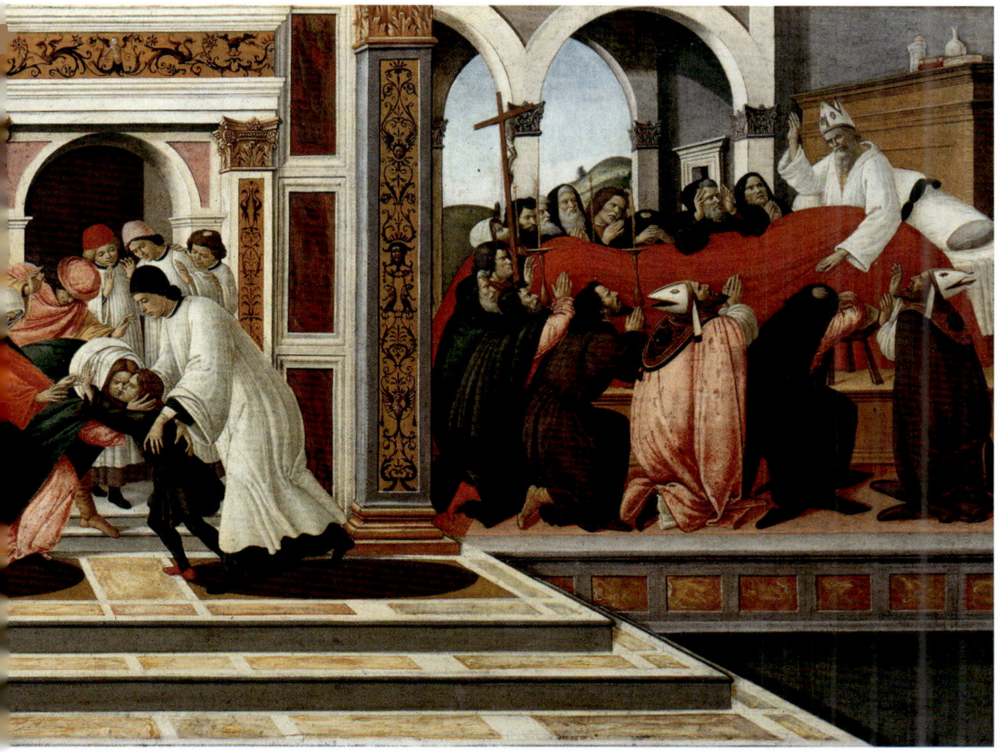

lich die Mutter – nähert sich mit weit ausgebreiteten Armen und schmerzverzerrtem Gesicht. Neben ihr betrauern zwei Passanten das Unglück mit erhobenen Armen und haben die Münder zum Schrei geöffnet. In der zweiten Szene, die auf den marmornen Stufen angesiedelt ist, nimmt das Wunder seinen Lauf: Hier überbringt die verzweifelte Mutter dem Subdiakon Eugenius den Leichnam ihres Sohnes, während die umstehenden Personen mit Entsetzen und Wehklagen antworten. Die dritte Szene zeigt dann das Ergebnis der Wundertat, die selbst nicht dargestellt ist: Der Subdiakon Eugenius, der nach Mazzas Erzählung das Kind zusammen mit dem heiligen Zenobius wieder zum Leben erweckt hat, führt den auferstandenen Jungen in Begleitung dreier Geistlicher zu seiner Mutter zurück. Diese schließt ihn beglückt in ihre Arme, und ihre beiden Begleiter reagieren mit freudigem Erstaunen. Während die Gewänder in den ersten beiden Szenen äußerst bewegt dargestellt sind und hier für die Dramatik der Handlung stehen, beruhigen sich die Bewegungen und mit ihnen die Gewänder in der zentralen Umarmungsszene und unterstreichen dadurch die glückliche Wendung der Geschichte. Die vierte und letzte Szene ganz rechts im Bild zeigt das Sterben des heiligen Zenobius. Am Ende der Vita berichtet Clemente Mazza, Zenobius sei am 25. Mai 424 gestorben, nachdem er den Tag seines Todes vorhergesagt hatte. Botticelli malt den Heiligen in seinem Sterbebett, um das sich zahlreiche Bürger, Amtsbrüder und Mönche der Stadt Florenz versammelt haben, vor allem jene, die von Zenobius geheilt oder erweckt worden waren. Der aufrecht im Bett sitzende Zenobius trägt ein weißes Hemd und als Zeichen seiner Bischofswürde die Mitra, wird von einer roten Decke gewärmt und segnet die vor dem Bett anbetend in die Knie gesunkenen Anwesenden mit seiner erhobenen rechten Hand.

Die Architektur hat im Rahmen der Bilderzählung die Funktion der Rhythmisierung und Gliederung: Die Szene mit dem Unfalltod des Kindes findet im Freien vor der Kulisse perspektivisch verkürzter Paläste statt. Im Obergeschoss des zuvorderst stehenden, ockerfarbenen Hauses ist eine schwarze Katze zu sehen, die sinnbildhaft für das Unglück und die Dramatik des dargestellten Ereignisses steht.[8] Zwischen der ersten und der zweiten Episode hat Botticelli im Hintergrund ein Stadttor eingefügt, das auf eine Hügellandschaft am Arno weist. Die zweite Szene spielt sich auf den drei Stufen vor einem

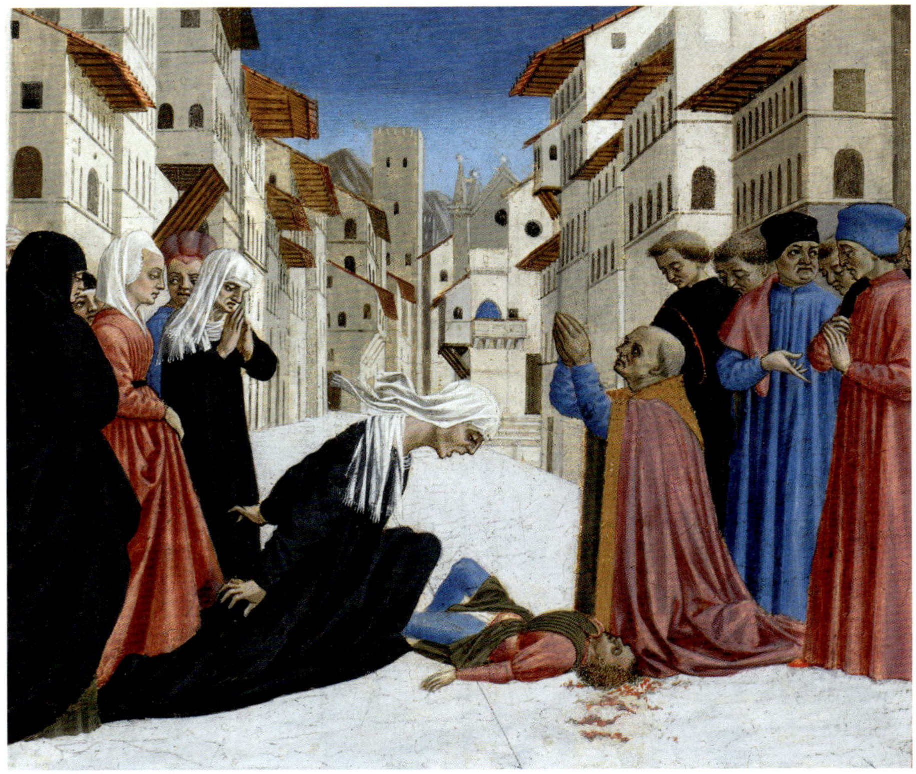

1. Domenico Veneziano: Wundertat des heiligen Zenobius, um 1445. Tempera auf Holz, 28,6 × 32,5 cm. Cambridge, Fitzwilliam Museum, Inv.-Nr. 1107

Torbogen mit Vordach ab, während die Episode der Rückführung des wiedererweckten Jungen zu seiner Mutter vor einem prächtig geschmückten Triumphtor erfolgt und derart als zentrales Ereignis gekennzeichnet ist. Die Grotesken an Pilastern und Architrav erinnern an die Freskendekoration der um 1480 in Rom wiederentdeckten Domus Aurea des Kaisers Nero.[9] Die abschließende Szene mit dem heiligen Zenobius auf dem Sterbebett ist vor einer Loggia dargestellt, durch die der Blick auf eine Hügellandschaft fällt. Das hölzerne Bett verfügt über ein hohes Kopfende, auf dem zwei Vasen, rot eingebundene Bücher, eine gelbe Frucht und ein rundes Behältnis stehen und zusammen ein kleines Stillleben bilden.

Die Frage nach der Bestimmung und dem Auftraggeber der vier Zenobiustafeln ist kontrovers beantwortet worden. Die in der Regel akzeptierte Datierung um 1500 ist gut mit dem Vorschlag von Ellen Callmann zu vereinbaren, die in Francesco di Zanobi de' Girolami den Auftraggeber sieht.[10] Danach sind Botticellis Tafeln im Auftrag von Girolami für die Vermählung eines seiner Söhne entstanden, entweder für die Hochzeit von Raffaello mit Alessandra di Francesca de' Nerli im Jahr 1497 oder für die Heirat Zanobis mit Maria di Salvi Borgherini im Jahr 1500. Alessandro Cecchi stimmt dieser Interpretation zu und nennt weitere Argumente für einen Auftrag der Girolami: Die spezielle Verehrung des heiligen Zenobius durch die Familie Girolami war so groß, dass sie eine Gedenktafel für den Heiligen am Familienturm in der Via Por Santa Maria anbringen ließ und ihm auch zwei der Familienkapellen weihte.[11]

Hinsichtlich der Bestimmung der Botticelli-Tafeln ist in der Literatur allgemein anerkannt, dass es sich um Dekorationen für »spalliere« handelt. Spalliere sind lange, oft friesartige Paneele; sie dienten entweder als dekorativer oberer Abschluss hölzerner Wandverkleidungen oder als Dekoration der Rückenlehne eines »cassone« (Truhe) beziehungsweise des Fuß- oder Kopfteils an einem Bett. Das Wort Spalliera leitet sich von »spalla« (Schulter) ab und deutet darauf hin, dass diese Tafelbilder an prominenter Position auf Augen- beziehungsweise Schulterhöhe platziert waren. Spalliera-Bilder waren in den Schlafzimmern wohlhabender Familien des 15. Jahrhunderts weit verbreitet und wurden vor allem anlässlich von Hochzeiten in Auftrag gegeben.[12] Die von Anne Barriault als typisch für Spalleria-Bilder definierten Merkmale wie das Vorhandensein vieler kleiner Figuren, Landschaften, Gebäude und perspektivischer Ansichten prägen auch Botticellis Zenobiustafeln. Die Szenen aus dem Leben des heiligen Zenobius sind nach den revolutionären perspektivischen Regeln des Quattrocento gestaltet und obwohl die Episoden in einem erzählerischen Kontinuum situiert sind, erlauben die abwechslungsreichen Architekturkulissen eine Unterteilung der verschiedenen Episoden.

Sandro Botticelli war nicht der erste Künstler, der die Legende des heiligen Zenobius bildnerisch umgesetzt hat. Tatsächlich zeigen toskanische Altarbilder mit Darstellungen der Sacra Conversazione häufig die Figur des Heiligen,[13] etwa auf dem vor 1338 von Bernardo Daddi realisierten »Flügelaltar des heiligen Pancratius« in den Uffizien in Florenz.[14] Eine frühere zyklische Darstellung der Wundertaten des heiligen Zenobius findet sich auf einem vom Bigallo-Meister um 1220/30 gefertigten Dossale.[15] Auch wurden die Wundertaten des Zenobius von Lorenzo Ghiberti auf dem bronzenen Sarkophag des heiligen Zenobius in Santa Maria del Fiore wiedergegeben.[16] Ghibertis Gestaltung des Themas wirkte auf spätere Darstellungen der Wundertaten, beispielsweise die um 1445 gemalte Predella von Domenico Veneziano (Vgl.-Abb. 1), die auch in Zusammenhang mit Botticellis Tafeln gesehen werden kann: Die Figur der Mutter in der Dresdener Tafel ist etwa von Domenicos Pilgerin beeinflusst. Ebenso wichtig für die Szene der Überführung und Erweckung des Kindes ist die Darstellung Ghibertis an der linken Schmalseite seines Bronzeschreins, die dieselbe Episode zeigt: Auffallend ist hier die Analogie zwischen der Beinhaltung des Jungen vor dem Wagen in Ghibertis Reliefs und jener des Kindes im Vordergrund von Botticellis Episode.

Die Dresdener Zenobiustafeln nimmt vor allem im Hinblick auf ihre Komposition und Erzählweise Bezug auf diese frühen Predellendarstellungen, was Carlo Argan dazu veranlasste, den späteren Stil Botticellis als »verspäteten Primitivismus« und »verfrühten Purismus« zu bezeichnen.[17] Was aber auf der Zenobiustafel Botticellis neu und auffallend ist, das sind die hochdramatischen und tragischen Akzente, die sich möglicherweise auf die politischen und religiösen Ereignisse in Florenz am Ende des 15. Jahrhunderts zurückführen lassen.[18] EC

Anmerkungen

1 Einigkeit besteht ebenso wenig im Hinblick auf die Lebensdaten des Heiligen; im Text sind die von Clemente Mazza genannten Lebensdaten angegeben. Vgl. Tolosani 1863, S. V und XIX.
2 Clemente Mazza, Clemens mazze plebanus at que theologus fratri in xpo optimo Philippo Zenobii de Girolamis Civi generoso florentino: De vita sanctissimi viri Zenobii episcopi florentini et eiusdem Philippi stipites ac consortis. Anno domini. Mccccl xxv [ie 1475], Florenz 1487.
3 Sandro Botticelli: Die Wundertaten des heiligen Zenobius, um 1500. 66,5 × 149,5 cm und 65,0 × 139,5 cm. London, The National Gallery, Inv.-Nrn. 3918 und 3919.
4 Sandro Botticelli: Die Wundertaten des heiligen Zenobius, um 1500. 67,3 × 150,5 cm. New York, The Metropolitan Museum, Inv.-Nr. II.98.
5 Vgl. Horne 1908, S. 308; Zeri/Gardner 1971, S. 19.
6 Vgl. Lightbown 1978, Bd. 2, S. 106–111.
7 Vgl. Akten des Archivs SKD, Nr. 4, Bd. 2, Bl. 67 r.
8 Vgl. Eliade 1997, Bd. 4, S. 279 f.
9 Botticelli kann die Domus Aurea zwischen 1481 und 1482 tatsächlich gesehen haben, als er gemeinsam mit anderen Künstlern von Papst Sixtus IV. nach Rom berufen wurde, um die neu errichtete Sixtinische Kapelle mit großen Wandgemälden zu schmücken. Vgl. Lightbown 1978, Bd. 1, S. 146 Körner 2006, S. 228.
10 Vgl. Callmann 1984, S. 492–495.
11 Vgl. Cecchi 2005, S. 335 f.
12 Vgl. Barriault 1994, S. 2 f.
13 Vgl. Kaftal 1952, S. 1035–1044.
14 Bernardo Daddi: Flügelaltar des heiligen Pancratius, vor 1338. Florenz, Galleria degli Uffizi.
15 Bigallo-Meister: Dossale mit vier Szenen aus dem Leben des heiligen Zenobius, um 1220/30. Florenz, Museo dell'Opera del Duomo.
16 Lorenzo Ghiberti: Sarkophag des heiligen Zenobius, 1432/42. Florenz, Santa Maria del Fiore.
17 Vgl. Argan 1957, S. 131–133.
18 1492 starb Lorenzo de' Medici und 1494 musste seine Familie in Anbetracht des Einmarschs von König Karl VIII. von Frankreich in Florenz kapitulieren. Der Dominikanermönch Girolamo Savonarola nutzte den Sturz der Medici, um in der Stadt die Macht zu ergreifen und erzeugte mit der Verbrennung von Kultur- und Luxusgütern sowie anderen Arten der Einschüchterung ein Klima der Angst. Siehe Körner 2006, S. 353 ff.

17 SANDRO BOTTICELLI

Florenz 1445–1510 Florenz

Kopf eines Knaben | Mitte 1470er Jahre

Metallstift, weiß gehöht, auf blau grundiertem Papier; oben rechts alt ergänzt

167 × 135 mm

Verso: Zwei Figuren (von anderer Hand); Spuren von Metallstift und Bleiweiß auf beigefarben grundiertem Papier

Kupferstich-Kabinett, Inv.-Nr. C 41

Literatur: Melli 2006, S. 116–119, Kat.-Nr. 21 (mit der früheren Literatur; dat. um 1478/80); Melli 2009c, S. 99 f., Abb. S. 100, Nr. 60

siehe auch Best.-Verz. Z 21

Auf diesem kleinformatigen Blatt, dessen blaue Grundierung weitgehend verblichen ist, hat Botticelli das zarte, himmelwärts blickende Gesicht eines Knaben dargestellt. Erst in neuerer Zeit ist die Zeichnung als eine Arbeit des berühmten florentinischen Meisters identifiziert worden. Vielleicht liegt es an der Zeichentechnik und am Erhaltungszustand, welche die Lesbarkeit ebenso wie die Reproduzierbarkeit des Werks beeinträchtigen, dass dessen Qualität und Ausdruckskraft nicht angemessen wahrgenommen wurden. Das Blatt gelangte vor 1764 in den Dresdener Bestand. In der Vergangenheit hat man es sowohl Fra Bartolommeo (vgl. Z 34; Kat.-Nr. 25) als auch Domenico Ghirlandaio zugeschrieben (vgl. Z 31; Kat.-Nr. 23), inventarisiert wurde es indessen als anonymes Werk des italienischen 16. Jahrhunderts und später des 15. Jahrhunderts.[1] Weder in der jüngeren Forschung noch in Ausstellungen zu Botticelli fand das Blatt Beachtung, bis schließlich die Verfasserin dieser Zeilen – einem vernachlässigten Hinweis von Carlo Ludovico Ragghianti zustimmend[2] – die Zuweisung an diesen Künstler befürwortete.[3]

Botticelli hat das Blatt mit einer dünn aufgetragenen Grundierung überzogen, die ursprünglich himmelblau gewesen sein muss. Unter dem Einfluss des Lichts wurde daraus ein blasser grünlicher Farbton. Auf die Grundierung ist mit Metallstift der Kopf des Knaben gezeichnet. Der in Untersicht Dargestellte richtet seinen Blick nach oben und leicht nach links, sein Haupt ist von kurzem, gelocktem Haar gerahmt. Mit äußerst leicht gezogenen Linien sind die Umrisse des Gesichts, die anatomischen Details und die Locken gezeichnet, während die Gesichtsrundung durch die subtilen, parallel gesetzten Pinselstriche mit Bleiweiß in den beleuchteten Wangenpartien angegeben wird. Die dreidimensionale Form entsteht hier allein aus aufgesetzten Lichtstreifen. Am Hals und im Haar arbeitete der Künstler mit Schattierungen, die er durch weiche Parallelschraffuren in Metallstifttechnik erzeugte. Diese dunklen Zonen heben sich effektvoll von dem abstrakt einfarbigen Hintergrund ab. Der Zeichenstil ist vor allem dem Licht verpflichtet und betont mit großer Sensibilität das Volumen der Formen und damit die plastischen Effekte. In diesem Zusammenhang sei nochmals betont, dass die Grundierung ursprünglich viel dunkler gewesen sein muss. Mit dem Verblassen der blauen Farbpigmente wurde auch die Kontrastwirkung zwischen dem Bleiweiß und dem Fond abgeschwächt.

Die physiognomischen Einzelheiten des Gesichtes sind gleichwohl gut erkennbar: die schweren Augenlider und die nach oben gerichteten Pupillen, die runden Bögen der Augenbrauen, das ausgeprägte Philtrum unter der Nase und die vollen, halb geöffneten Lippen, die den Blick auf die Zähne freigeben. Das Antlitz des Knaben mit seinen dichten Locken und runden Wangen drückt Hingabe, Sehnsucht und Inspiration zugleich aus; es scheint, als sei er von einer ekstatischen Vision erfasst. Die physiognomischen Merkmale in Verbindung mit dem entrückten Ausdruck sind typisch für die Darstellung der Engelsfiguren oder auch des Jesuskindes in Botticellis Gemälden mit religiösen Themen, wie er sie in den 1470er Jahren schuf. Bereits in dem heute im Museo di Capodimonte in Neapel befindlichen Madonnenbild (1468/69),[4] einem der frühesten bekannten Werke Botticellis, findet man diesen Gesichtstypus in der gleichen perspektivischen Verkürzung aus der Untersicht. Wiederaufgenommen wird er auch im Jesuskind mit den vollen, runden Wangen in Botticellis Tafelbild der »Madonna del Roseto« im Louvre (um 1470; siehe Kat.-Nr. 18, Vgl.-Abb. 1).[5] Bis zum Ende der 1480er Jahre griff Botticelli diesen Typus mit gesteigerter Plastizität in verschiedenen Madonnenbildnissen mehrfach auf, so zum Beispiel in seinen heute in Chicago,[6] Mailand (Vgl.-Abb. 1)[7] und Dresden (G 11; Kat.-Nr. 18) aufbewahrten Werken.

In der vorliegenden Zeichnung fällt die Form der Wangen allerdings schlanker aus als in den genannten Darstellungen des Jesuskindes. Anstelle eines Babykopfs sieht man hier vielmehr die Physiognomie eines Knaben, der dem Maler in der Werkstatt Modell gestanden haben muss. In den 1470er Jahren fertigte Botticelli gewöhnlich Studien nach dem lebenden Modell, die er dann auf die Schlüsselfiguren seiner Werke religiöser und weltlicher Themen übertrug. In diesem Zusammenhang bietet sich der Vergleich mit der Figur der Flora in Botticellis Gemälde »Primavera« an (um 1478).[8] Floras Gesicht hat den gleichen beseelten Ausdruck und zeigt eine ähnliche Haltung. Die Umrisslinien sind fast deckungsgleich, und die Verkürzung wird durch dieselben Kunstgriffe erzielt, auch wenn

1. Sandro Botticelli: Maria lehrt das Jesuskind lesen (»Madonna del libro«) (Detail), um 1483. Tempera auf Holz, 58,0 × 39,6 cm. Mailand, Museo Poldi Pezzoli, Inv.-Nr. 443

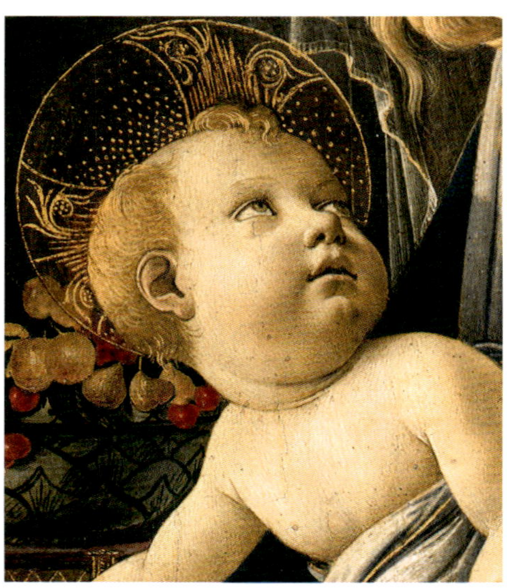

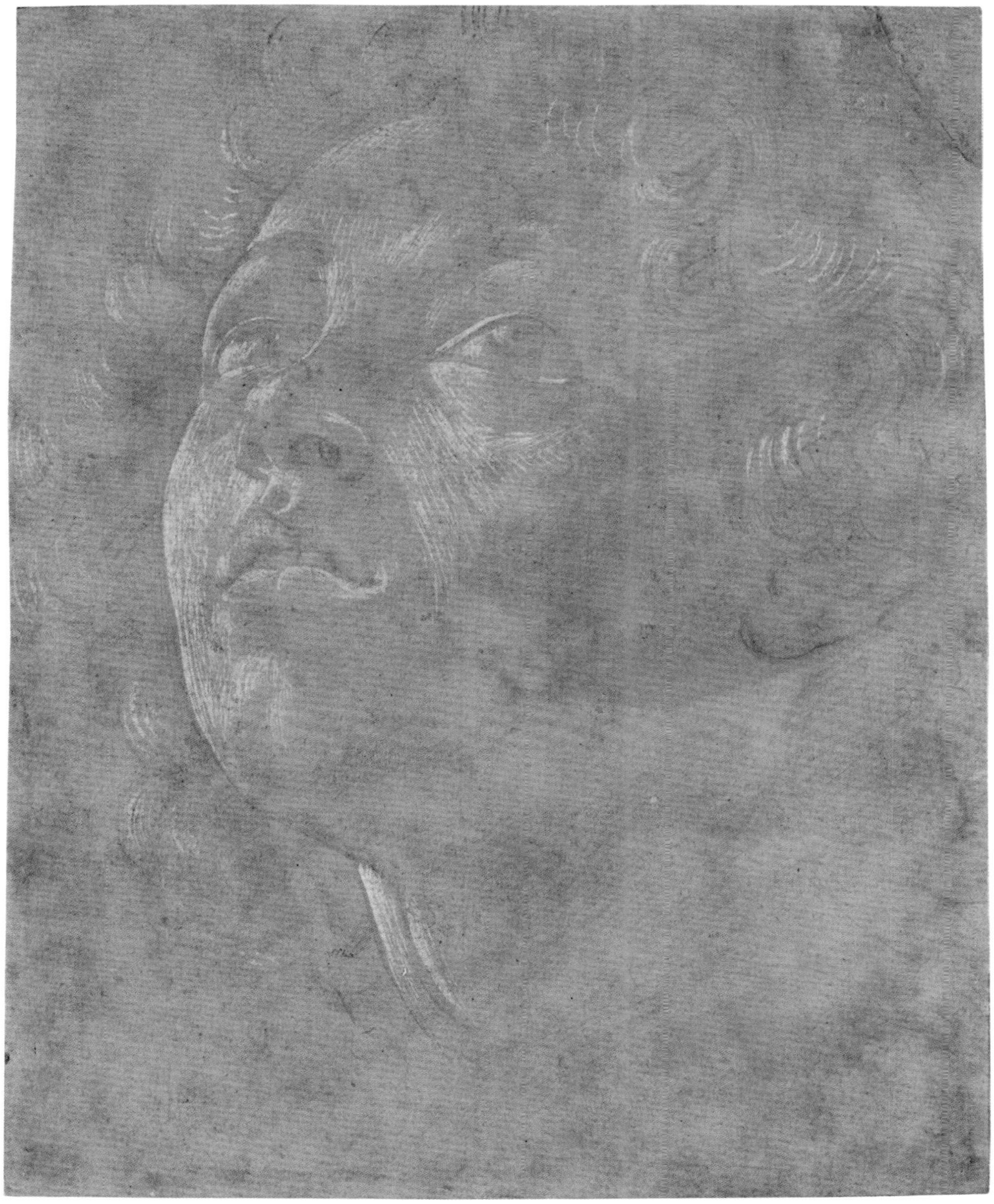

17 recto

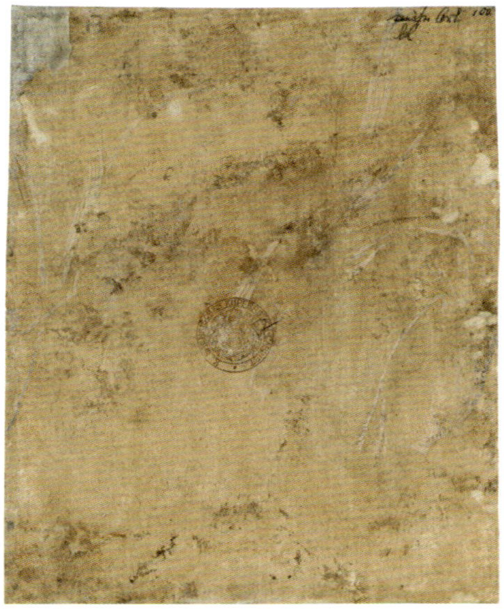

17 verso

dem Knaben die Drehung des Halses fehlt. Dem halb geöffneten Mund, der in der Zeichnung Anbetung und Entrücktheit suggeriert, entströmt bei Botticellis Flora eine Reihe von Blumen. Dass die Plastizität des zart ausgeführten Dresdener Blattes gegenüber der »Flora« deutlich zurückgenommen erscheint, dürfte einer früheren Entstehung geschuldet sein, die um die Mitte der 1470er Jahre anzusetzen ist.[9]

Aufschlussreich für die Beurteilung der Charakteristika von Botticellis Blatt ist auch der Vergleich mit der zeitgenössischen Kunst, namentlich einer Zeichnung von Andrea del Verrocchio. In den 1470er Jahren zeichnete der ein paar Jahre ältere Künstler (vgl. Z 19; Kat.-Nr. 14) dasselbe Sujet - einen aufblickenden Knabenkopf (Vgl.-Abb. 2).[10] Während Kopfhaltung und Gesichtsausdruck in beiden Darstellungen übereinstimmen, legte Verrocchio größeren Nachdruck auf die Perspektive. Das zeigt sich an der markanteren Kopfdrehung und der daraus resultierenden leichten Verzerrung der Form, so etwa in der Stauchung der Gesichtsfläche, dem von der Nase verdeckten rechten Auge und der Verkürzung der Stirn. Außerdem erzeugte Verrocchio in seiner Zeichnung körperliches Volumen hauptsächlich durch gewischte Kreide, indem er weiche Schattierungen über helle Flächen legte. Damit wählte er eine Vorgehensweise, die der Technik Botticellis bei dem Dresdener Blatt diametral entgegensteht. Dieser modellierte die Volumina mittels aufgesetzter Lichter, wobei er auf die Zeichentechnik von Fra Angelico und dessen Schule (Benozzo Gozzoli, vgl. Z 17; Kat.-Nr. 13, Fra Filippo Lippi und Pesellino) zurückgriff. Das Ergebnis ist dieser jugendliche, ganz aus Licht aufgebaute Kopf, der als eines der bemerkenswertesten frühen Werke des berühmten Malers angesehen werden kann. LM

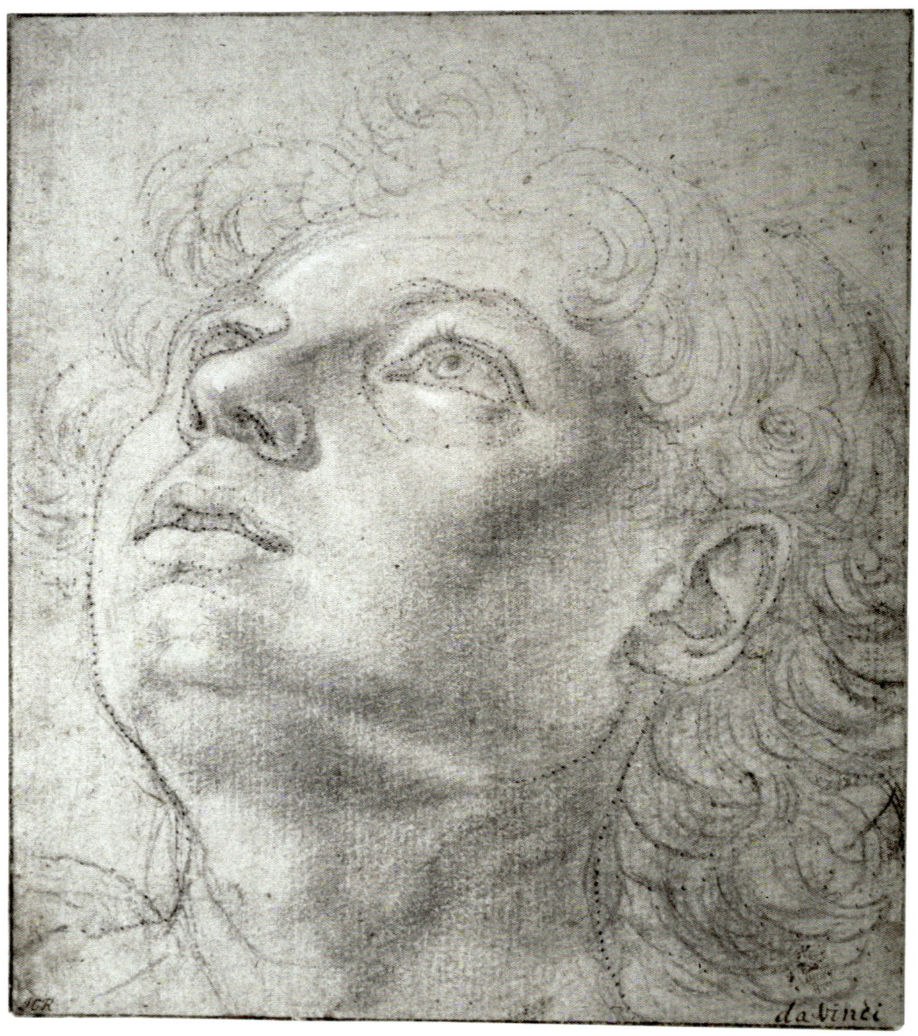

2. Andrea del Verrocchio: Engelskopf, 1470er Jahre. Grauschwarze Kreide, gewischt und weiß gehöht, Papier zu Übertragungszwecken durchstochen, 185 × 160 mm. Berlin, Staatliche Museen zu Berlin, Kupferstichkabinett, Inv.-Nr. KdZ 5095

Anmerkungen

1 Siehe Melli 2006, S. 116, Kat.-Nr. 21.

2 Carlo Ludovico Ragghianti stellte die Zeichnung in den Kontext einer Werkgruppe von Filippino Lippi und Andrea del Verrocchio, die er – ohne nähere Begründung – Botticelli zuschrieb (Ragghianti 1975, S. 29) Jean K. Cadogan erkannte in der Dresdener Zeichnung eine größere Nähe zu Botticelli als zu Domenico Ghirlandaio (Cadogan 2000, S. 312, Kat.-Nr. 121, als »erroneously attributed to Ghirlandaio«). Letzterem hatte Bernard Berenson das Blatt zugeschrieben, wobei er es für eine Kopie nach dem »Engelskopf« Verrocchios in Berlin hielt (Berenson 1938, Bd. II, Nr. 866C, Bd. III, Abb. 311; zu der Zeichnung Verrocchios siehe Vgl.-Abb. 2 und Anm. 10 unten). Morelli hingegen hat die Dresdener Zeichnung in seine Untersuchung von 1880 nicht einbezogen, da er sie als Fälschung deklarierte (so eine Notiz von 1889 von der Hand Karl Woermanns auf der Inventarkarte im Dresdener Kupferstich-Kabinett, siehe Melli 2006, S. 119, Anm. 1). Ebd. sprach sich Lehrs gegen diese Einschätzung aus, wobei er den schlechten Erhaltungszustand des Blattes zu bedenken gab und es in stilistischer Nähe zu einem von Filippino Lippi gezeichneten Profilkopf eines Knaben in Rom verortete (Rom, Istituto Nazionale per la Grafica, Inv.-Nr. 130455; siehe Ausst.-Kat. Rom/Florenz 1994/95, S. 28 f., Kat.-Nr. 6; Carmen C. Bambach in: Ausst.-Kat. New York 1997/98, S. 252 f., Kat.-Nr. 73 (mit der früheren Literatur) und Zambrano 2004 S. 333 f., Kat.-Nr. 21.d.3).

3 Siehe Melli 2006, S. 116–119, Kat.-Nr. 21.

4 Neapel, Museo di Capodimonte, Inv.-Nr. Q46; siehe Rossana Muzii in: Ausst.-Kat. Paris/Florenz 2003/04, S. 202 f., Kat.-Nr. 29; Körner 2006, S. 28 f., Abb. 23.

5 Paris, Louvre, Inv.-Nr. INV 286; siehe Tommaso Strinati in: Ausst.-Kat. Paris/Florenz 2003/04, S. 94 f., Kat.-Nr. 3; Körner 2006, S. 18, Abb 9.

6 Chicago, The Art Institute, Inv.-Nr. 1954.283. Das Bild wurde erst neuerdings von Nicoletta Pons als eigenhändiges Werk Botticellis erkannt, siehe Ausst.-Kat. Paris/Florenz 2003/04, S. 192 f., Kat.-Nr. 26 (mit der früheren Literatur); Frank Zöllner bleibt unschlüssig hinsichtlich der Eigenhändigkeit und Datierung (Zöllner 2005, S. 276, Nr. 94).

7 Mailand, Museo Poldi Pezzoli, Inv.-Nr. 443; siehe Alessandro Cecchi in: Ausst. Kat. Mailand 2010/11, Kat.-Nr. 2, S. 58.

8 Florenz, Galleria degli Uffizi, Inv. 1890, Nr. 8360.

9 Ich schlage also eine frühere Datierung vor als im Katalog der Dresdener Zeichnungen von 2006 (Melli 2006, S. 116–119, Kat.-Nr. 21), wo ich mich für die Jahre um 1478/80 ausgesprochen habe.

10 Berlin, Kupferstichkabinett, Inv.-Nr. KdZ 5095 recto; siehe Hein-Th. Schulze Altcappenberg in: Best.-Kat. Berlin 1995, S. 141–143 und S. 266, Kat.-Nr. 159 sowie Patricia Lee Rubin in: Ausst.-Kat. London 1999/2000, S. 198 f., Kat.-Nr. 32. Diese Zeichnung wurde von Ragghianti (siehe Anm. 2 oben) gemeinsam mit dem Dresdener Blatt Botticelli zugeschrieben.

18 SANDRO BOTTICELLI

Florenz um 1445–1510 Florenz

Maria mit dem Kind und dem Johannesknaben

Pappelholz
89,5 × 73,5 cm
Gemäldegalerie Alte Meister, Gal.-Nr. 8
Literatur: Hübner 1876, S. 466, Nr. 2409; Woermann 1887, S. 30, Gal.-Nr. 8; Posse 1929, S. 5, Gal.-Nr. 8; Kat. Dresden 1979, S. 115, Nr. 8; Kat. Dresden 1992, S. 127, Nr. 8; Bo/Mandel 1967, S. 102f., Nr. 110 (Komposition Botticelli, Qualität lasse ggf. auf Eigenhändigkeit schließen); Lightbown 1978, Bd. 1, S. 126, Nr. C 22 (als Botticelli Werkstatt); Hiller von Gaertringen 2004, S. 350–352 (Eigenhändigkeit Botticellis aufgrund der hohen Qualität möglich); Henning 2006, S. 20–22, Abb. 13; Körner 2006, S. 292; Marx 2006/07, Bd. 1, S. 68, Bd. 2, S. 134, Gal.-Nr. 8; Ausst.-Kat. Frankfurt 2009/10, S. 326 (als Botticelli oder Werkstatt)
siehe auch Best.-Verz. G 11

Die Muttergottes mit dem Christusknaben war um 1500 ein weit verbreitetes Bildthema. Vor dem Hintergrund einer seit dem späten Mittelalter sich ausprägenden Marienfrömmigkeit entstand eine große Nachfrage nach privaten Andachtsbildern, die sich zu einer neuen, eigenständigen Bildgattung entwickelten.[1] Hans Körner hat darauf aufmerksam gemacht, dass in der zweiten Hälfte des 15. Jahrhunderts ein immenser Preisanstieg von Werken dieser Gattung zu verzeichnen ist.[2] Botticelli und seine Werkstatt bedienten den Bedarf insbesondere im mittleren und höheren Preissegment, sodass man von einer regelrechten »Andachtsbildmanufaktur«[3] Botticellis sprechen kann. Zuletzt hat die Frankfurter Botticelli-Ausstellung gezeigt, dass im Florentiner Umkreis des Künstlers, seines Lehrers Fra Filippo Lippi und Andrea del Verrocchios neue ästhetische Maßstäbe formuliert wurden. Nicht wenige Bildformeln und Kompositionen von diesen Künstlern wurden so erfolgreich, dass sie mit individuellen Variationen mehrfach ausgeführt wurden.[4]

In der Dresdener Tafel hat Botticelli die Madonna mit dem Kind und dem Johannesknaben in der vordersten Ebene platziert. Die Figuren werden in einem Innenraum gezeigt und nehmen die Fläche des Bildes fast vollständig ein. Eine Arkade aus grauem Stein im oberen Drittel des Bildes und der Himmel, auf den die Arkade den Blick eröffnet, werden nahezu von den Protagonisten überdeckt. Wie bei Botticellis bekannter »Madonna Guidi«,[5] die verschiedene Kompositionen Lippis alludiert[6] und in der die Figuren vor einer in die Tiefe des Bildhintergrundes sich erstreckenden Landschaft und einer Mauer sitzend gezeigt werden, sind die Protagonisten in die vorderste Bildebene unmittelbar in den Bereich des Betrachters und mithin des Gläubigen gerückt. In der Dresdener Tafel erscheinen die Figuren allerdings ohne die Darstellung einer Landschaft unmittelbar im Vordergrund.

Wie bei der »Madonna Guidi« und bei Lippi sind Mutter und Kind im Dresdener Gemälde einander zugetan. Der kleine Christusknabe wendet sich zur Mutter; sie ist im Profil gezeigt und neigt ihren Kopf zu ihm herab. Während das Thema der Madonna mit dem Christuskind bei Lippi und auch in der »Madonna Guidi« trotz einer gewissen Zurückgenommenheit lebensnah dargestellt ist, erscheinen die Dargestellten in der Dresdener Tafel rätselhafter. Das hängt sicher mit einer gewissen Stilisierung der Figuren und deren emotionalem Ausdruck zusammen. Auch die Komposition des Gemäldes ist strenger. Während das Christuskind der »Madonna Guidi« locker auf dem Schoß seiner Mutter sitzt und sich ihr fast spielerisch zuwendet, bilden Mutter und Sohn in Dresden eine in sich geschlossene Zweiergruppe, die von einer prägnanten Konturenlinie umschlossen ist.[7] Starke Linien und flächig gestaltete Stoffbahnen verleihen dem Gewand der Mutter beinahe abstrakte Qualitäten. Der Pfeiler der Hintergrundarchitektur und das Kreuz des Täufers vor dem durchscheinenden Himmel fungieren als vertikale Trennlinien, die Mutter und Christuskind von dem anbetenden Johannesknaben abgrenzen, der hinter einem Betpult steht oder kniet. Botticelli hat eine ganz ähnliche Madonnen-Komposition bereits in einem seiner frühesten Werke in den 1470er Jahren gemalt. In diesem heute im Louvre befindlichen Gemälde (Vgl.-Abb. 1) schaut der Johannesknabe – anders als in Dresden – aus dem Bild heraus, wodurch eine stärkere Verbindung zwischen dem Betrachter und den Bildprotagonisten entsteht. Auch ist der Knabe näher an Mutter und Kind herangerückt. Die »Abgeschlossenheit« der Dresdener Komposition wird zusätzlich verstärkt durch die mit scharfen Konturen gemalten ernsten Gesichter der Figuren, während der Farbauftrag des früheren Bildes wie mit dem »Weichzeichner« gemalt erscheint, sowie durch die überlängten Gliedmaßen der Protagonisten, die kompositorisch weitere »Schranken« zwischen dem Betrachter und den im Bild handelnden Personen bilden.

Botticelli schuf mit der Dresdener Tafel ein Andachtsbild, das einen alten byzantinischen Typus aufgreift, die »Madonna Eleüsa«, die »mitleidende Madonna«.[8] Darüber hinaus erfüllten Andachtsbilder neben der religiösen auch eine künstlerisch anspruchsvolle, repräsentative Funktion. Insbesondere in Florenz hatte sich eine wohlhabende Käuferschicht herausgebildet, die Andachtsbilder als Bestandteil ambitionierter Palastausstattungen in Auftrag gab. Der stilisierte Charakter des Bildes, den wir beinahe als

1. Sandro Botticelli: Maria mit dem Jesuskind und dem Johannesknaben (»Madonna del Roseto«). Leinwand, 90,0 × 67,0 cm. Paris, Musée du Louvre

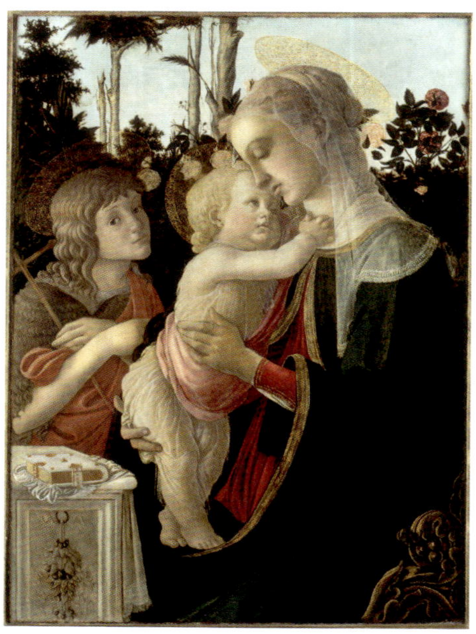

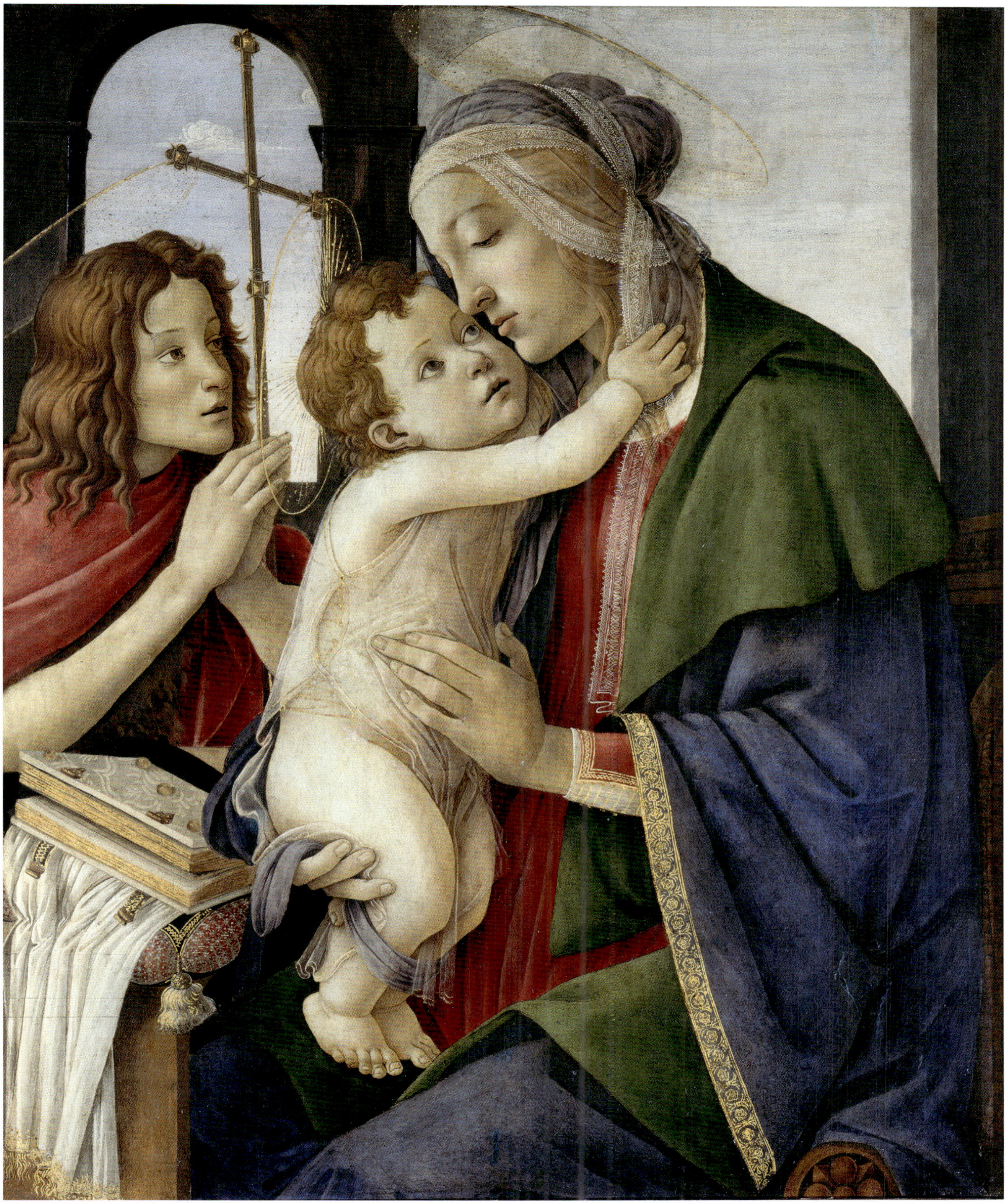

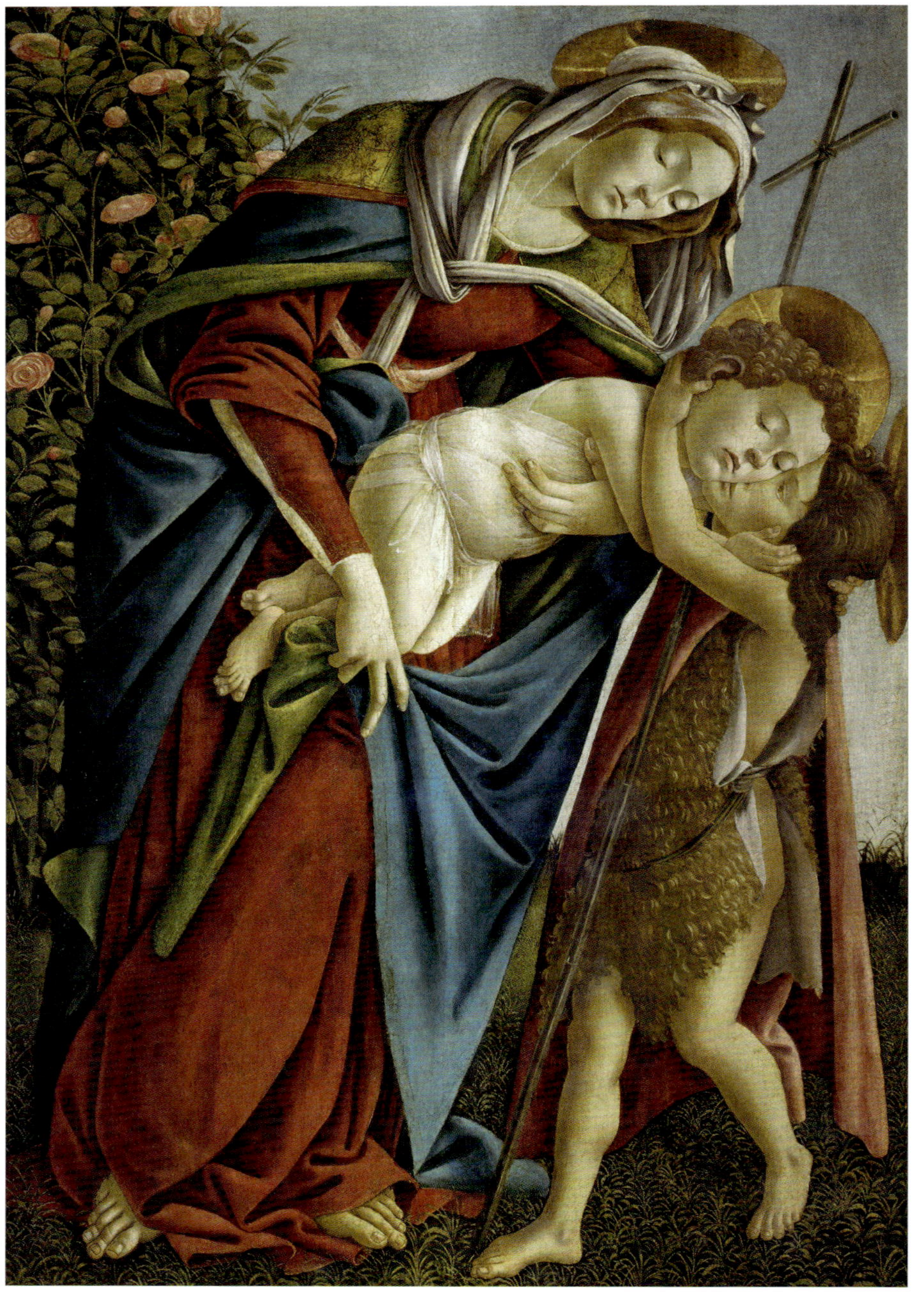

2. Sandro Botticelli: Madonna mit Kind und dem Johannesknaben. Leinwand, 134,0 × 92,0 cm. Florenz, Palazzo Pitti, Galleria Palatina

eine Distanziertheit der Protagonisten wahrnehmen, entsprach sicher genau dem Geschmack dieser Auftraggeber. Mit seinen verfeinerten Figuren, der Dominanz der Konturen und dem ernsthaften Ausdruck der Gesichter steht das Dresdener Bild stilistisch der »Madonna della Melagrana«[9] nahe, einem Marienbild im Rundformat, für das eine Datierung in das Jahr 1487 sehr wahrscheinlich ist und das heute eines der zentralen Werke in den Uffizien darstellt.[10]

Ähnliche stilistische Charakteristika wie die Dresdener Tafel weist ein Leinwandgemälde mit einer stehenden Madonna in der Galleria Palatina in Florenz auf (Vgl.-Abb. 2). Maria hält den Christusknaben, der sich zu Johannes dem Täufer herab neigt, auf dem Arm.[11] Diese neuartige Bilderfindung gilt als ein monumentales Hauptwerk, das den späten Arbeiten des Künstlers zugerechnet wird.[12] Der traurige Ausdruck der Gesichter, die Haltung der Maria und des Täufers sowie die überlängten Gliedmaßen der Figuren erinnern an Darstellungen der Pietà. Die Forschung hat in dem Bild eine Anspielung auf die Leiden Christi beziehungsweise die Kreuzabnahme oder die Beweinung gesehen.[13] Aufgrund einer vergleichbaren ernsten, trauervollen Mimik der Protagonisten, vor allem der

»mitleidenden Madonna«, und aufgrund der Dominanz des Kreuzes des Täufers in der Dresdener Tafel kann dieser ebenfalls eine Bedeutungsdimension zugemessen werden, die den Verweis auf die Passion einschließt.

Wie gezeigt steht das Dresdener Bild in einer Traditionslinie mit einer eigenhändigen Komposition in dem durch Lippi geprägten Frühwerks Botticellis, stilistisch weist es aber in eine ganz andere Richtung und steht den späten Arbeiten nahe.[14] Da es wiederum eine reiche Nachfolge erfahren hat, wird es als Prototyp einer eigenen Bildtradition gewertet.[15] Aufgrund der hohen künstlerischen Qualität wird das Dresdener Gemälde in der Literatur Botticelli selbst beziehungsweise dem engsten Werkstattumkreis zugeschrieben.[16] Eine weitere Variante im Städel Museum gilt aufgrund kleiner Schwächen in der künstlerischen Ausführung als von dem Bild der Gemäldegalerie Alte Meister abhängig.[17] In der Dresdener Version sind mit bloßem Auge Einritzungen im Malgrund zu sehen: Die Hintergrundarchitektur sollte ursprünglich nach rechts weitergeführt werden.[18] Da insgesamt eine große Ähnlichkeit in der Gesamtkomposition sowie in einzelnen Details der beiden Gemälde besteht, hat Rudolf Hiller von Gaertringen vorgeschlagen, dass die einzelnen Bildelemente in einem »kartongestützten Reproduktionsverfahren« vervielfältigt worden sein könnten.[19] Die im Zusammenhang mit der aktuellen Ausstellung durchgeführte technologische Untersuchung des Dresdener Bildes sowie eine bereits vorliegende Untersuchung des Frankfurter Gemäldes haben gezeigt, dass beide Werke leichte Pentimenti aufweisen – zum Beispiel an den Gliedmaßen der Figuren, die kleine Positionsänderungen erfahren haben. Daher ist es denkbar, dass für die Übertragung der gesamten Komposition ein großer Karton oder mehrere Teilkartons verwendet wurden und dass die kleinen Diskrepanzen, die in beiden Gemälden festzustellen sind, auf das Konto des jeweils ausführenden Malers gehen, sei es nun Botticelli selbst oder ein Künstler aus seinem Umkreis gewesen. SL

Anmerkungen

1 Vgl. Henning 2006, S. 20 f., mit weiterführender Literatur. Zur Definition des Andachtsbildes siehe Schade 1996. Zum Thema der Madonna mit Kind vgl. Kecks 1988.
2 Körner stützt sich auf die Grundlagenforschungen zur Geschichte des Kunstmarktes in Italien von Susanne Kubersky-Piredda 2003, S. 119 ff. Vgl. Körner 2006, S. 290.
3 Körner 2006, S. 290.
4 Ausst.-Kat. Frankfurt 2009/10, S. 42.
5 Sandro Botticelli, Madonna mit Kind (»Madonna Guidi«). Pappelholz, 73,0 × 40,0 cm. Paris, Musée du Louvre. Vgl. Ausst.-Kat. Frankfurt 2009/10, S. 254 f.
6 Es besteht eine große Ähnlichkeit zwischen der »Madonna Guidi« und Fra Filippo Lippi: Maria mit dem Kind. Holz, 76,3 × 54,2 cm. München, Bayerische Staatsgemäldesammlungen. Vgl. Ausst.-Kat. München 2006, S. 248 f. Als Inkunabel einer Madonna in der Landschaft, die unmittelbar in die Sphäre des Betrachters, sogar aus dem gemalten Rahmen gerückt ist, gilt Fra Filippo Lippi: Maria mit dem Kind und Engeln. Holz, 92,0 × 63,5 cm. Florenz, Galleria degli Uffizi. Vgl. Ausst.-Kat. Frankfurt 2009/10, S. 261.
7 Vgl. Henning 2006, S. 20.
8 Vgl. ebd.
9 Sandro Botticelli: Maria mit Kind und sechs Engeln (»Madonna della Melagrana«) 1486–1487. Tempera auf Holz, Durchmesser 143,5 cm. Florenz, Galleria degli Uffizi. Vgl. Ausst.-Kat. Frankfurt 2009/10, S. 44.
10 Mit großer Wahrscheinlichkeit ist das Gemälde mit dem Marientondo, den Botticelli gemäß einem Zahlungsdokument vom 18. Februar 1487 für den Audienzsaal des Magistrato de' Massai della Camera im Palazzo Vecchio schuf, identisch. Körner 2006, S. 310. Zum Vergleich des Dresdener Gemäldes mit der »Madonna della Melagrana« siehe Ausst.-Kat. Frankfurt 2009/10, S. 326.
11 Vgl. Ausst.-Kat Frankfurt 2009/10, S. 332–335.
12 Ebd., S. 334.
13 Ebd.
14 So auch die stilistische Einordnung von Bastian Eclercy ebd., S. 326. Vgl. ebenso Henning 2006, S. 20–22; Hiller von Gaertringen 2004, S. 352.
15 Ebd., S. 353.
16 Weniger qualitätvolle Varianten befinden sich u. a. in Mailand, Pasadena, Florenz, Lille und Oxford. Vgl. Körner 2006, S. 155. Zur Einschätzung der Eigenhändigkeit des Dresdener Gemäldes siehe Hiller von Gaertringen 2004, S. 350–352; Henning 2006, S. 22; Ausst.-Kat. Frankfurt 2009/10, S. 326.
17 Sandro Botticelli: Madonna mit Kind und dem Johannesknaben. Holz (auf Leinwand übertragen), 93,6 × 76,2 cm. Frankfurt am Main, Städel Museum. Vgl. Ausst.-Kat. Frankfurt 2009/10, S. 326 f.; Hiller von Gaertringen 2004, S. 345–354, vor allem S. 350.
18 Vgl. Henning 2006, S. 20.
19 Hiller von Gaertringen 2004, S. 353 arbeitete mit Umzeichnungen beider Gemälde in Dresden und Frankfurt.

19–20 FILIPPINO LIPPI

Prato um 1457–1504 Florenz

Sitzender junger Mann mit Kappe | um 1478/80

zwei Metallstifte (Blei und Silber), weiß gehöht, auf grau grundiertem Papier; oben links ergänzt
273 × 85 mm
Verso: Männlicher Akt mit Stab
Kupferstich-Kabinett, Inv.-Nr. C 21
Literatur: Melli 2006, S. 120–123, Kat.-Nr. 22 (mit der früheren Literatur); Melli 2008, S. 88–93 (dat. späte 1470er / frühe 1480er Jahre); Kuhn 2011, S. 264–266 (dat. späte 1470er oder frühe 1480er Jahre); Nelson 2011, S. 202, Nr. 42; Gudula Metze in: Maaz 2013, S. 61
siehe auch Best.-Verz. Z 22

Sitzender Mann mit einem stehenden bärtigen Mann mit Buch und Stock | um 1480/82

Metallstift (Blei), weiß gehöht, auf grau grundiertem Papier; oben links und an den unteren Ecken alt ergänzt
282 × 206 mm
Verso: Schlafender junger Mann und Mann in ungarischer Kleidung
Kupferstich-Kabinett, Inv.-Nr. C 39
Literatur: Melli 2006, S. 124–129, Kat.-Nr. 23 (mit der früheren Literatur); Melli 2008, S. 95–98; Kuhn 2011, S. 268 f. (dat. um 1482/83); Nelson 2011, S. 203, Nr. 44; Lorenza Melli in: Ausst.-Kat. Rom 2011/12, S. 122, unter Kat.-Nr. 15
siehe auch Best.-Verz. Z 23

1. Filippino Lippi (Umkreis): Thronende Madonna mit Heiligen, um 1482/85. Tempera auf Pappelholz, 162,0 × 144,0 cm (Bildtafel; Rahmen ursprünglich nicht zugehörig). Ehemals Berlin, Kaiser-Friedrich-Museum, Inv.-Nr. 98 (vermutlich 1945 zerstört)

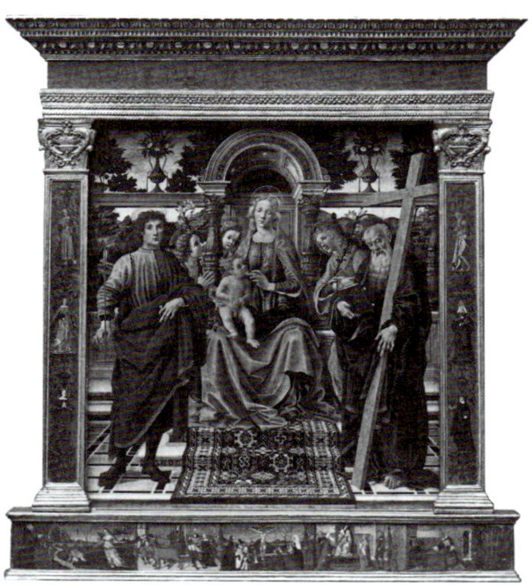

Über diese beidseitig bearbeiteten Metallstiftzeichnungen auf grau grundiertem Papier verteilen sich sechs Figurenstudien. Besonders ansprechend präsentiert sich der junge Mann in Denkerpose, der dem Betrachter freundlich entgegenschaut (Kat.-Nr. 19 recto). Der Kleidung nach gehört er dem späten 15. Jahrhundert an, doch sein wacher Blick überspringt mühelos ein halbes Jahrtausend. Ebenso gegenwärtig erscheint der Jüngling auf der Rückseite, der sich - nur mit Unterhose bekleidet - an einen Stab klammert und sein Gegenüber skeptisch mustert. Möglicherweise handelt es sich jeweils um dieselbe Person, deren bekleidete beziehungsweise nackte Erscheinung nicht nur rein äußerlich, sondern auch in ihrer Stimmung unterschieden wird.[1] Das andere Werk zeigt beiderseits jeweils zwei Männer, zwischen denen kein erzählerischer Zusammenhang besteht (Kat.-Nr. 20).[2] Hier kann man von Draperiestudien sprechen, denn alle Vier tragen Mäntel mit reichem Faltenwurf.[3] Auffällig ist der schnauzbärtige Herr mit Zepter auf der Rückseite, dessen Kleidung osteuropäisch oder asiatisch anmutet.

Die beiden so ähnlichen Blätter gelangten auf unterschiedlichen Wegen in die Sammlung, und sie wurden auch nicht immer unter demselben Künstlernamen geführt. Für das größere Exemplar liegen die Erwerbungsumstände im Dunkeln. Vermutlich befand es sich schon 1764 in der Sammlung. 1862 hing es in der Dauerausstellung des Kupferstich-Kabinetts, damals bereits mit der Zuschreibung an Filippino Lippi.[4] Das schmale Pendant wurde 1860 aus dem Nachlass von Samuel Woodburn erworben und lief unter dem Namen Cosimo Rosselli (1439–1507). Erst 1880 erkannte Giovanni Morelli die Hand Lippis.[5] In den 1890er Jahren kam für beide Exponate Raffaellino del Garbo (vgl. Z 29, 30; Kat.-Nr. 26) als Urheber ins Gespräch,[6] davon abgesehen blieb die Zuschreibung an Lippi jedoch bis heute unwidersprochen.

Filippino Lippi war ein äußerst produktiver Zeichner, der die Technik des Metallstifts in Kombination mit Weißhöhungen so virtuos wie kaum ein anderer Künstler seiner Generation anzuwenden wusste. Von seiner Hand haben sich viele Figurenstudien nach dem lebenden Modell erhalten.[7] In den meisten Fällen dürften Werkstattmitarbeiter posiert haben, sei es unbekleidet, in zeitgenössischer Tracht oder kostümiert. Ihnen kam das reiche Zeichnungsmaterial als Inspirationsquelle und variabel nutzbare Vorlage zugute, während der Meister darin die menschliche Statur und Physiognomie, Bewegungen, Stimmungslagen sowie Beleuchtungssituationen erforschte. Dabei hatte er offenbar selten einen konkreten Verwendungszweck im Sinn. In Lippis Studien - wie es Hein-Th. Schulze Altcappenberg ausdrückte - »verschwimmen die Grenzen zwischen der dienenden und sich selbst genügenden Funktion des Zeichnens«, sie erreichen einen »zuvor nicht bekannten autonomen Status«.[8] Tatsächlich finden sich bei den Gemälden von Lippi und seinem Kreis nur wenige Figuren in offensichtlicher Abhängigkeit von dem Studienmaterial. Ein Beispiel ist die wohl von einem Luccheser Meister aus Lippis Umkreis vollendete Sacra Conversazione, wo sich der lesende Alte vergröbernd in Gestalt des Heiligen Andreas wiederfindet (Vgl.-Abb. 1).[9] Nicht zuletzt wegen derartiger motivischer Bezüge wird dieses Blatt in der jüngeren Forschung den frühen 1480er Jahren zugeordnet,[10] während die andere doppelseitige Zeichnung in Dresden aufgrund ihrer minutiösen, die Konturen betonenden Ausführung als Zeugnis eines etwas früheren Stadiums von Lippis künstlerischer Entwicklung gilt.[11]

GM

Anmerkungen

1 Zu diesem Aspekt siehe bes. Kuhn 2011, S. 265 f.
2 Dazu Melli 2006, S. 128.
3 In diesem Sinne bereits Melli 2008, S. 95.
4 Gruner 1862, S. 27, Nr. 13.
5 Morelli 1880, S. 256.
6 Ulmann 1894, S. 112; Woermann 1896–1898, Mappe 1, 1896, S. 10 f., Nr. 28 f.
7 Siehe bes. Ausst.-Kat. New York 1997/98.
8 Hein-Th. Schulze Altcappenberg in: Best.-Kat. Berlin 1995, S. 162 bzw. 161.
9 Siehe Carmen C. Bambach in: Ausst.-Kat. New York 1997/98, S. 148 und Melli 2006, S. 128. Zu dem Gemälde siehe bes. Zambrano 2004, S. 205 und 235 f.
10 Dazu bes. Melli 2006, S. 128.
11 Siehe bes. Carmen C. Bambach in: Ausst.-Kat. New York 1997/98, S. 138 (dat. späte 1470er / frühe 1480er Jahre); Melli 2006, S. 121 und Melli 2008, S. 89 (dat. späte 1470er / frühe 1480er Jahre).

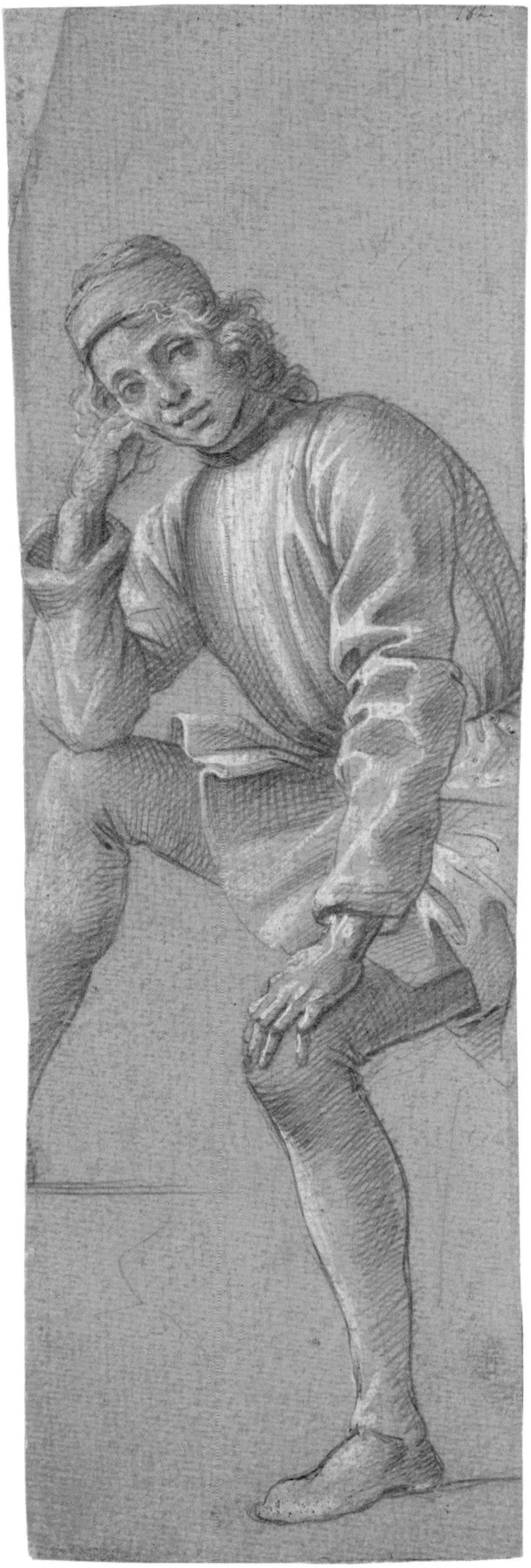

19 recto

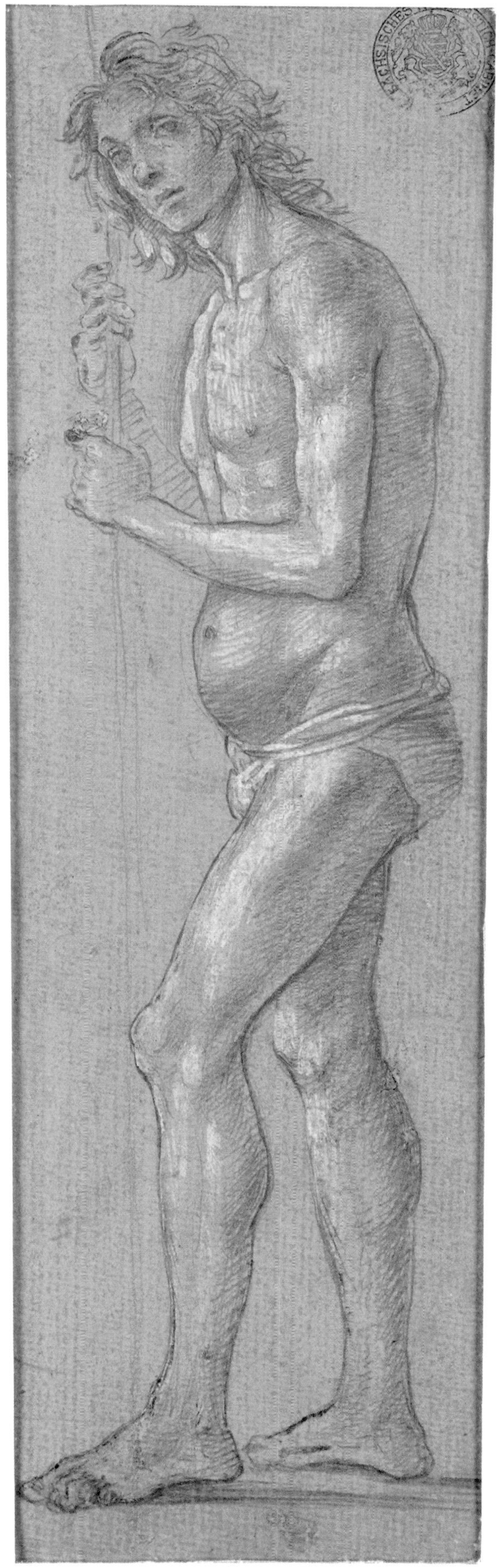

19 verso

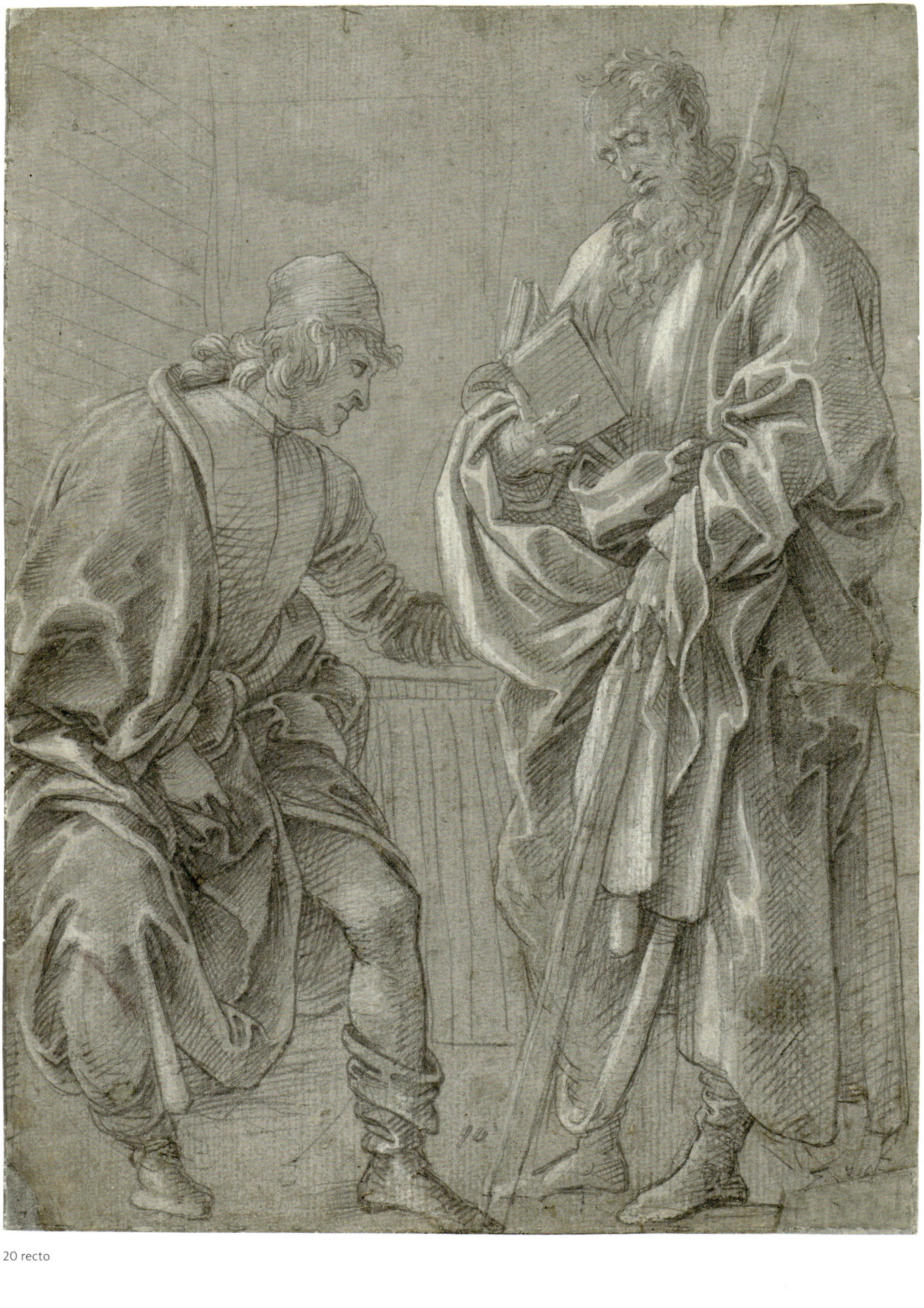

20 recto

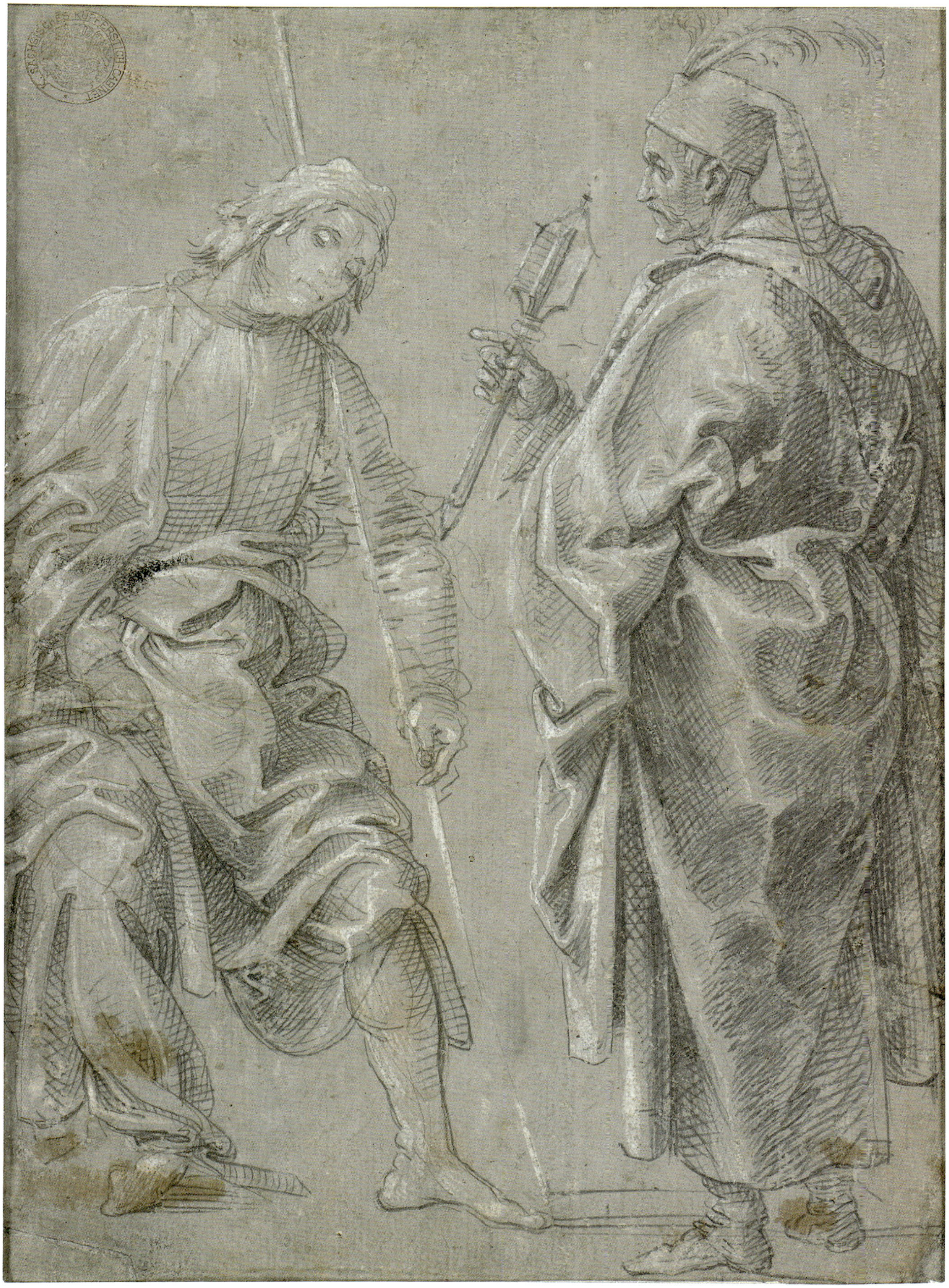

20 verso

21 MEISTER VON MEMPHIS

Ende 15. / Anfang 16. Jh. in Florenz und Prato tätig

Die Heiligen Stephanus und Katharina von Alexandria (nach Filippino Lippi) |

um 1498/1501

Metallstift, Pinsel in Braun, weiß gehöht, auf hellbraun grundiertem Papier; unten links alt ergänzt

260 × 131 mm

Verso: Figurenstudien (nach Fra Filippo Lippi und Pesellino); Metallstift, Pinsel in Braun, weiß gehöht, auf grau grundiertem Papier

Kupferstich-Kabinett, Inv.-Nr. C 38

Literatur: Melli 2006, S. 134–138, Kat.-Nr. 25 (mit der früheren Literatur); Nelson 2011, S. 202, Nr. 43

siehe auch Best.-Verz. Z 25

Die mit Metallstift, Pinsel und Weißhöhungen ausgeführte Zeichnung zeigt die heiligen Märtyrer Stephanus und Katharina von Alexandria. Die Figurengruppe stimmt weitestgehend mit einem Fresko Filippino Lippis in Prato überein: 1498 hatte dieser im Auftrag der Familie Tieri eine Wandnische an der Piazza Mercatale ausgemalt (»Tabernacolo del Mercatale«).[1] Zwei hochrechteckige Felder mit je zwei Heiligen flankieren dort ein Madonnenbild, wobei Stephanus und Katharina der Madonna von der rechten Seite aus die Referenz erweisen. Giorgio Vasari lobte besonders die frische Farbigkeit des Werks (»tutta l'opera è colorito con tanta freschezza e vivacità che merita per ciò essere lodato infinitamente«),[2] und über Jahrhunderte zählte der Andachtsort zu den Sehenswürdigkeiten der Stadt. Von der ehemaligen Pracht ist heute nur noch ein Abglanz zu erleben, denn 1944 erlitt das Bauwerk bei einem Bombardement schwerste Schäden. Aus den geborgenen Bruchstücken wurde das Fresko wieder zusammengesetzt und fand im Pratenser Museo di Palazzo Pretorio einen neuen Standort (Vgl.-Abb. 1). Hermann Ulmann erkannte den Zusammenhang mit Lippis Straßentabernakel und wertete die Arbeit in Dresden als eigenhändige Vorzeichnung,[3] doch mehrten sich schon früh Stimmen, die darin eine Kopie aus dem Umkreis des Künstlers sahen.[4]

Genauere Hinweise brachte die Rückseite des Blattes. Diese ist zwar spätestens seit dem ausgehenden 19. Jahrhundert bekannt, doch wurde sie lange nicht für die Zuschreibungsfrage herangezogen. Zu sehen sind Figurenstudien nach Fra Filippo Lippi (um 1406–1469) und Pesellino (vgl. G 37; Kat.-Nr. 9).[5] Unter den Künstlern, die im Umfeld der Genannten tätig waren und die entsprechend als Urheber einer derartigen Sammlung von Nachzeichnungen in Frage kämen, hob Lorenza Melli den sogenannten Meister von Memphis hervor. Dieser anonyme Mitarbeiter Filippino Lippis, dessen Name von einem Gemälde im Brooks Museum of Art in Memphis herrührt, griff auch in der Malerei auf den Straßentabernakel zurück: In einem Tondo fasste er die Madonnenfigur mit den beiden weiblichen Heiligen zusammen und adaptierte Lippis mehrteilige Komposition als Heiligenbild für den Hausgebrauch.[6] Seiner Zeichnung in Dresden kommt indessen wegen der massiven Beschädigung des Freskos besonderer dokumentarischer Wert zu, zumal die bekannten fotografischen Aufnahmen des Wandbilds aus der Vorkriegszeit bereits starke Beschädigungen und Übermalungen zeigen. GM

1. Filippino Lippi: Die Heiligen Stephanus und Katharina von Alexandria (»Tabernacolo del Mercatale«, rechte Seite), 1498. Fresko, auf Masonit übertragen, 170,0 × 82,0 cm. Prato, Museo di Palazzo Pretorio, Inv.-Nr. 1439

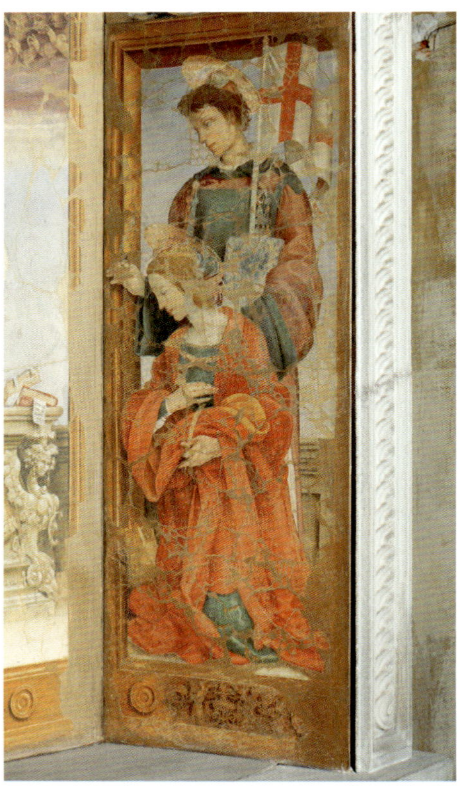

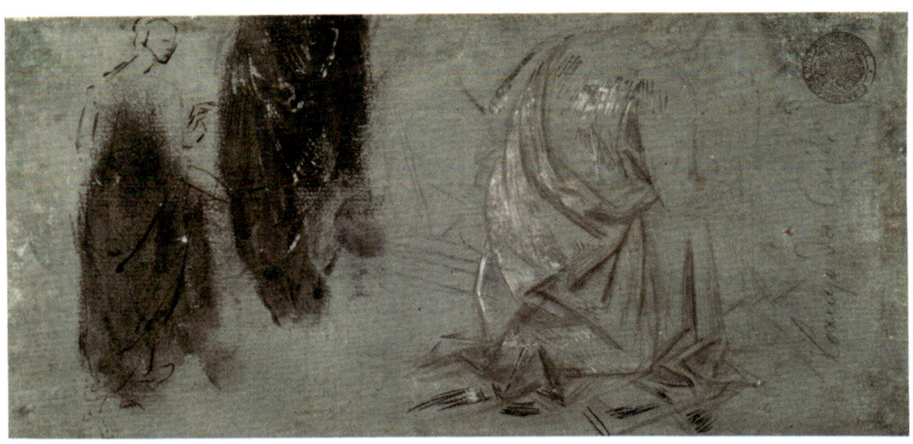

21 verso

Anmerkungen

1 Siehe Emanuele Zappasodi in: Ausst.-Kat. Prato 2013/14, S. 232, Kat.-Nr. 7.5 und Jonathan Katz Nelson in: Ausst.-Kat. Prato 2004, S. 48, Nr. 9.
2 Zitiert nach Bettarini/Barocchi 1966–1997, Bd. 3 (1971), S. 562.
3 Ulmann 1894, S. 112 f., Anm. 29.
4 Zur Zuschreibungsgeschichte siehe Melli 2006, S. 134–136.
5 Zur Identifikation im Einzelnen siehe ebd., S. 136 f.
6 Privatbesitz; siehe Zambrano/Nelson 2004, S. 609, Kat.-Nr. R26 und Jonathan Katz Nelson in: Ausst.-Kat. Prato 2004, S. 51, Kat.-Nr. 12 mit Angabe weiterer Gemälde Lippis, die dem anonymen Meister für den Tondo als Vorlage dienten.

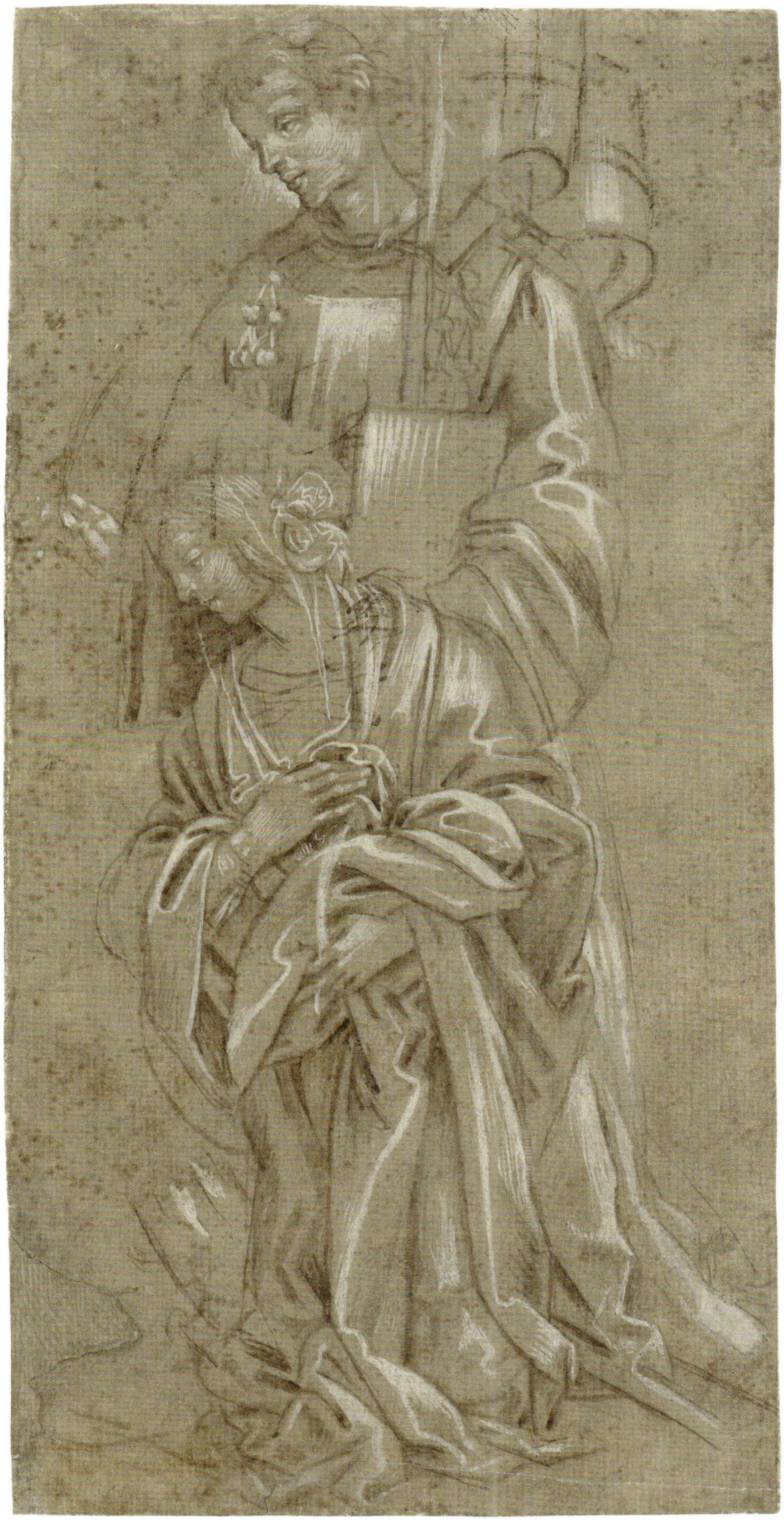

21 recto

22 GHERARDO DI GIOVANNI DEL FORA

Florenz um 1445/46–1497 Florenz

Figurenstudie für einen David | um 1480

Feder in Braun, braun laviert und weiß gehöht, über Spuren von schwarzer Kreide auf teilweise rosa-orange getöntem Papier; unten links alt ergänzt

194 × 118 mm

Kupferstich-Kabinett, Inv.-Nr. C 12

Literatur: Melli 2006, S. 110–115, Kat.-Nr. 20 (mit der früheren Literatur; dat. um 1470/80); Melli 2007, S. 37 f.; Melli 2009b, S. 33 f.

siehe auch Best.-Verz. Z 20

Auf leuchtend rosa-orange getöntem Papier ist ein nackter Jüngling dargestellt, der die Linke in die Hüfte stemmt und die freie Hand zur Faust ballt, als wolle er einen Gegenstand festhalten. Offenbar interessierte den Künstler vor allem die Körperhaltung. Hier handelt es sich um eine Variante jener von antiken Statuen her bekannten Bewegungsmotive, die heute als »Kontrapost« bezeichnet werden. Diese natürlich anmutenden und zugleich artifiziellen Posen zielten auf einen harmonischen Ausgleich der Kräfte. Vor allem wurde dies durch das Nebeneinander von Stand- und Spielbein erreicht, wobei sich das Becken zu Letzterem hin absenkt.[1] Eine Gegenbewegung des Oberkörpers gleicht die Gewichtsverschiebung aus.

Mit der betonten Biegung seiner schlanken Hüfte, welche die sinnliche Erscheinung des jugendlich geschmeidigen Körpers besonders zelebriert, ähnelt der Dresdener Jüngling antiken Skulpturen vom Typus des sogenannten Antinoos Belvedere.[2] Konkreter sind jedoch die Bezüge zur Florentiner Plastik der Renaissance: In der zweiten Hälfte der 1460er Jahre[3] hatte Andrea del Verrocchio (vgl. Z 19; Kat.-Nr. 14) im Auftrag der Medici eine Figur des jungen David gegossen, der mit dem Schwert in der Rechten über dem abgeschlagenen Haupt Goliaths triumphiert (Vgl.-Abb. 1).[4] Seinerseits konkurrierte Verrocchio dabei mit Donatello (um 1386–1466) und dessen berühmtem bronzenen David, doch arbeitete er die aggressive Tatkraft des jungen Helden stärker heraus. In Auseinandersetzung mit Donatello entstand eine Figur mit antikisierenden Zügen, zugleich beschritt Verrocchio neue Wege in der emotionalen Charakterisierung durch die Gestik.[5] Nicht umsonst erregte sein »David« von Anbeginn große Bewunderung.

Kleinere Abweichungen zwischen der Bronzeplastik und der Zeichnung in Dresden verraten, dass Letztere nicht unmittelbar nach dem dreidimensionalen Vorbild entstanden ist. Denkbar wäre, dass dem Künstler Studienmaterial Verrocchios vorlag. Offenbar waren solche Blätter oder auch plastische Modelle in Florentiner Werkstätten bekannt: Lorenza Melli konnte eine ganze Reihe von Zeichnungen aus den 1470er und 1480er Jahren nachweisen, die sich – gleich dem Dresdener Blatt – mit dem Standmotiv von Verrocchios »David« auseinandersetzen, ohne dass die Statue selbst als Vorlage gedient haben wird.[6] Auch die vorliegende Zeichnung schrieb Melli einem Florentiner Zeitgenossen Verrocchios zu, nämlich Gherardo di Giovanni del Fora.[7] Der Name dieses Malers, der besonders für seine Miniaturen berühmt ist, findet sich schon unter den Zuschreibungsvorschlägen des 16. Jahrhunderts auf der Rückseite des Blattes.[8] Die Studien Gherardos und anderer Künstler nach dem »David« geben einen Eindruck davon, wie neben der vorbildhaften Antike auch neuartige Bildformeln der Renaissance kanonischen Charakter annehmen konnten.

GM

1. Andrea del Verrocchio: David, zweite Hälfte 1460er Jahre. Bronze, 158,0 cm hoch. Florenz, Museo Nazionale del Bargello, Inv.-Nr. 14153/14154

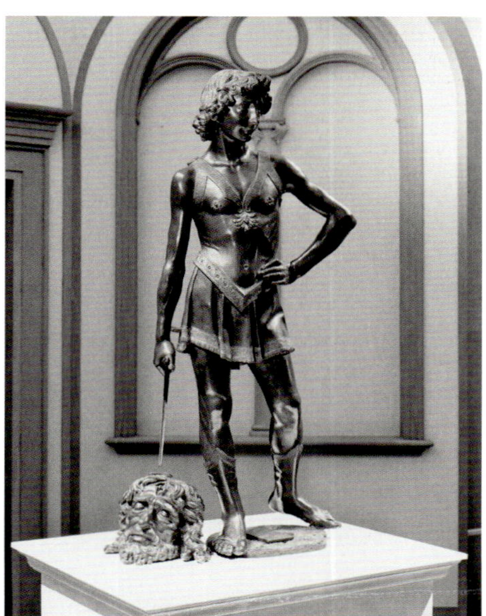

Anmerkungen

1 Dazu allg. Bühler 2002.
2 Bober/Rubinstein 2010, S. 62 f., Nr. 10.
3 Beatrice Paolozzi Strozzi und Maria Grazia Vaccari in: Ausst.-Kat. Florenz/Atlanta/Washington 2003/04, S. 14.
4 Siehe Ciaroni 2007, S. 187–201, Nr. 23 (dat. um 1465/76), mit weiterführenden Hinweisen.
5 Dazu und zum Vergleich mit Donatello siehe Bühler 2002, S. 196 f.
6 Melli 2009b. In diesem Zusammenhang stellt sich die Frage nach der öffentlichen Zugänglichkeit von Verrocchios Bronzeplastik in den ersten Jahren nach ihrer Vollendung. Wie Beatrice Paolozzi Strozzi und Maria Grazia Vaccari betonen, gibt es keine gesicherten Erkenntnisse darüber, ob die Plastik zunächst in einem der Medici-Paläste untergebracht war. Es sei ebenso denkbar, dass der »David« bis zum Verkauf an die Florentiner Signoria und der Aufstellung im Palazzo Vecchio 1476 im Atelier Verrocchios verblieb (Ausst.-Kat. Florenz/Atlanta/Washington 2003/04, S. 14, 26 und 28 f.). Lorenza Melli hingegen vermutete – eine These von Francesco Cagliotti aufgreifend (Cagliotti 2000, Bd. 1, S. 251) –, dass die Plastik selbst nur eingeschränkt zugänglich war und sich möglicherweise zunächst im Florentiner Palazzo Medici befand (Melli 2006, S. 113 und S. 115, Anm. 12 sowie Melli 2009b, S. 32; siehe auch Ciaroni 2007, S. 190).
7 Melli 2006, S. 114.
8 Mit Feder in Braun »Ger. Miniatore«, siehe die Abb. bei Melli 2006, S. 112, oben links.

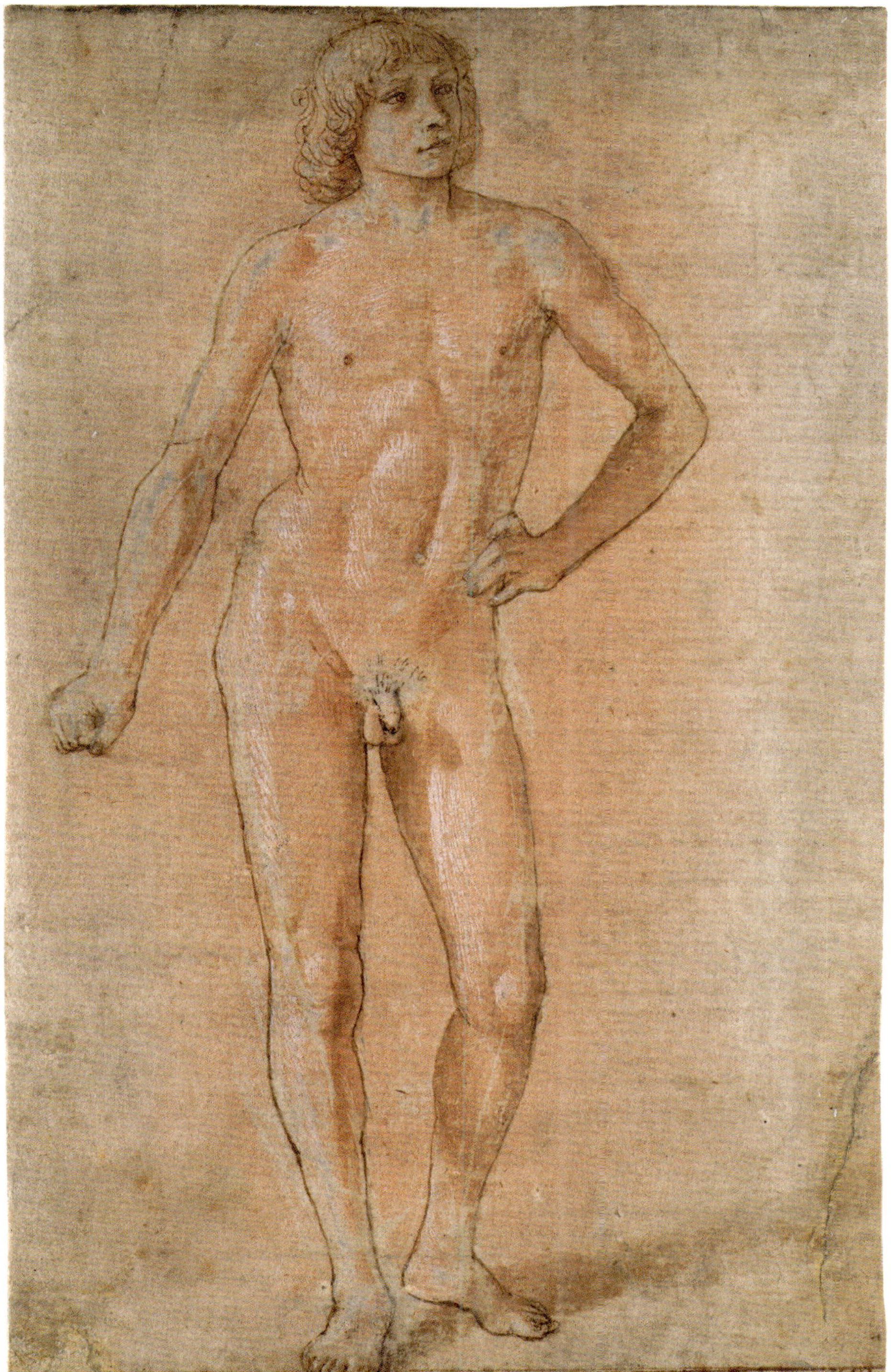
Gentile da Fabriano.

23 DOMENICO GHIRLANDAIO

Florenz 1449–1494 Florenz

Gewandstudie einer sitzenden Figur | um 1485/90

Feder in Dunkelbraun, braun laviert und weiß gehöht, auf teilweise rosa-orange getöntem Papier; am rechten Rand in der Mitte alt ergänzt

200 × 201 mm

Verso: Skizze einer weiblichen Figur (von anderer Hand); Kohle

Kupferstich-Kabinett, Inv.-Nr. C 22

Literatur: Melli 2006, S. 160–163, Kat.-Nr. 31

siehe auch Best.-Verz. Z 31

Trotz der Hinwendung zu Aktstudien und Anatomie blieben Gewanddrapierungen eine zentrale Darstellungsaufgabe der Frührenaissance. Es galt, die Bekleidung als einen Teil der sichtbaren Wirklichkeit realitätsnah darzustellen. Auch das expressive Potential der Faltenwürfe haben viele Künstler der Zeit ausgelotet, konnten sie doch den Eindruck von Gefühlsregungen oder innerer Sammlung auf diese Weise unterstreichen.

Das Dresdener Blatt widmet sich ganz einer drapierten Stoffbahn, die eine frontal sitzende Figur umspielt. Im Bereich der Darstellung hat der Künstler das Blatt mit rosa-orangefarbenem Pigment getönt, was zusammen mit den dunkelbraunen Schraffuren und den Weißhöhungen eine ausgeprägt plastische Wirkung erzeugt.[1] So scheinen die Knie deutlich hervorzutreten, und die schweren Schüsselfalten zwischen den Schenkeln schaffen zusätzliches Volumen.

Ein unbekannter Vorbesitzer des 18. Jahrhunderts vermerkte am oberen Blattrand den Namen des Domenico Ghirlandaio. Dieser führte im späten 15. Jahrhundert eine Malerwerkstatt und galt als einer der bedeutendsten Florentiner Maler seiner Generation. Tatsächlich kennt man von ihm eine Reihe stilistisch wie technisch vergleichbarer Draperiestudien.[2] Lorenza Melli sah darüber hinaus die enge Übereinstimmung der Studie mit dem Gewand der Marienfigur in Ghirlandaios »Anbetung durch die Heiligen Drei Könige« in der Cappella Tornabuoni (Florenz, Basilica di Santa Maria Novella).[3] Das um 1486/90 ausgeführte Fresko bietet sich damit auch als Grundlage für eine zeitliche Einordnung des Dresdener Blattes an. Ghirlandaio muss diese Zeichnung deshalb nicht ausdrücklich im Hinblick auf das Fresko geschaffen haben. Draperiestudien konnten als Mustervorrat und Vorführstücke in der Werkstatt dienen, zugleich schulte ihre Herstellung Auge und Hand.

Welch große Aufmerksamkeit Faltenwürfen im Florenz des späten 15. Jahrhunderts zuteil wurde, schilderte schon Giorgio Vasari in seiner Beschreibung des Lebens von Leonardo da Vinci (1452–1519). Dieser habe nämlich Figuren modelliert und sie mit gipsgetränkten Lappen bekleidet, um die räumliche Erscheinung in schwarz-weißen Pinselzeichnungen auf Leinwand festzuhalten.[4] Den Bericht Vasaris bringt die Forschung allgemein mit einer Gruppe von Gewandstudien in Verbindung, als deren Urheber jedoch nicht allein Leonardo in Frage kommt. Auch Andrea del Verrocchio (vgl. Z 19; Kat.-Nr. 14), Ghirlandaio und anderen hat man mehr oder weniger große Anteile zugeschrieben.[5] Ob die berühmteste Zeichnung dieser Werkgruppe – eine Draperiestudie im Louvre (Vgl.-Abb. 1) Leonardo oder Ghirlandaio anzurechnen sei, wurde in jüngerer Zeit mehrheitlich zugunsten von Leonardo entschieden.[6] Tatsächlich zeigt ein Vergleich dieser Pinselzeichnung mit der formal ähnlichen Dresdener Darstellung unterschiedliche Schwerpunkte in der Herangehensweise: Wo der Schöpfer des Bildes im Louvre nach dramatischen Lichteffekten, emotionaler Wirkung und Mimesis der Oberflächentextur strebt, betont Ghirlandaio die Klarheit, die geometrische Schärfe und ein festgefügtes Volumen. In ihrer antikischen Anmutung verspricht die abgebildete Draperie jeder Figur, die mit ihr bekleidet würde, ein Maximum an Würde und Majestät. GM

1. Leonardo da Vinci (zugeschrieben): Gewandstudie einer sitzenden Figur, 1470er Jahre. Pinsel in Grau, weiß gehöht, auf grau grundierter Leinwand, 266 × 233 mm. Paris, Musée du Louvre, Département des Arts graphiques, Inv.-Nr. INV 2255, recto

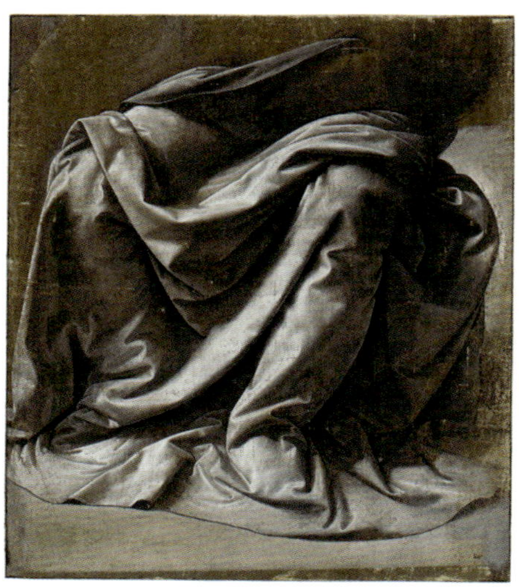

Anmerkungen

1 Zu diesem Zeichenverfahren siehe den Beitrag von Lorenza Melli im vorliegenden Band, S. 37, und Graul 2010, S. 79.
2 Siehe Melli 2006, S. 163.
3 Ebd., S. 162, Abb. S. 160, Nr. 31a. Zur Ausmalung der Cappella Tornabuoni siehe Roettgen 1997, S. 164–201, die »Anbetung durch die Heiligen Drei Könige« ebd., Abb. 88.
4 Siehe Bettarini/Barocchi 1966–1997, Bd. 4 (1976), S. 17.
5 Für eine Übersicht siehe Cadogan 1983 und Pedretti 1989 sowie Viatte 1989.
6 Françoise Viatte in: Ausst.-Kat. Paris 1989/90, S. 74, Kat.-Nr. 16 und in: Ausst.-Kat. Paris 2003, S. 68–70, Kat.-Nr. 11. Mit Zuschreibung an Ghirlandaio zuletzt bei Cadogan 2000, S. 303, Nr. 104.

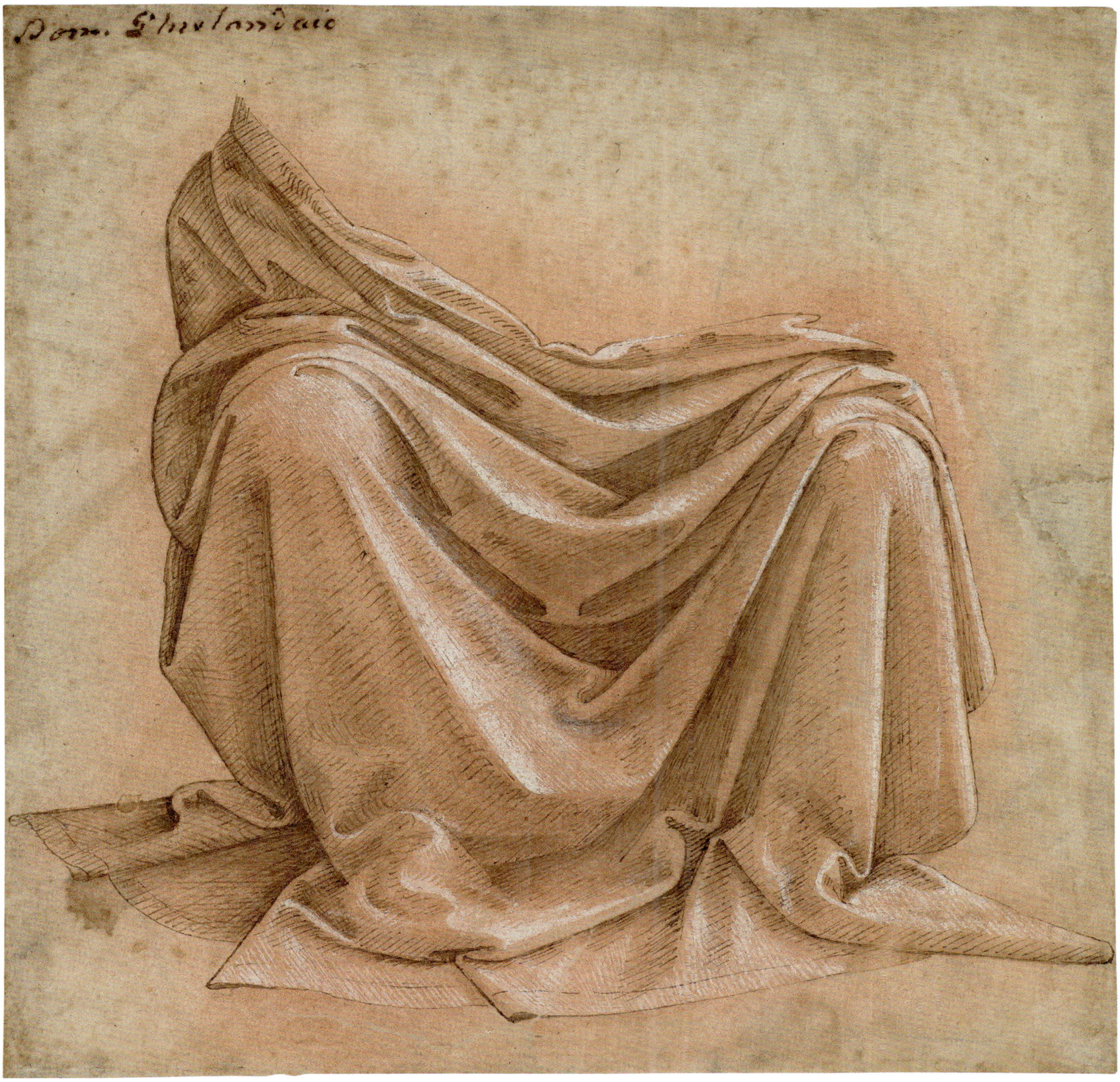

24 SEBASTIANO MAINARDI

San Gimignano 1466–1513 Florenz

Die Geburt Christi

wohl von Holz auf Leinwand übertragen
Durchmesser 79,0 cm
Gemäldegalerie Alte Meister, Gal.-Nr. 16
Literatur: Schäfer 1860, Bd. 2, S. 239 (als angeblich Domenico Ghirlandaio); Hübner 1862, S. 106, Nr. 29 (als Domenico Ghirlandaio Schule); Woermann 1887, S. 32, Gal.-Nr. 16 (als Domenico Ghirlandaio Schule); Posse 1929, S. 8, Gal.-Nr. 16 (als Domenico Ghirlandaio Schule); Marx 2006/07, Bd. 2, S. 343, Gal.-Nr. 16
siehe auch Best.-Verz. G 33

Spätestens seit den 1480er Jahren war Domenico Ghirlandaio einer der gefragtesten Maler von Florenz. Die große Zahl der Aufträge, die ihn bis nach Rom führten, bewältigte Ghirlandaio mithilfe einer gut organisierten Werkstatt, deren Mitarbeiter auf den Stil des Meisters verpflichtet waren.[1] Zu dieser gehörte neben den Brüdern Davide, Benedetto und Giambattista auch der in San Gimignano gebürtige Sebastiano Mainardi.[2] Letzterer siedelte wahrscheinlich 1489 – im Jahr seines Eintritts in die Florentiner Malergilde – nach Florenz über und war bis zu seinem Tod 1513 in der Ghirlandaio-Werkstatt tätig.[3]

Mainardis Dresdener Tafel der »Geburt Christi« entstand als freie Wiederholung der Altartafel desselben Themas, die Domenico Ghirlandaio vor 1485 zusammen mit der Freskenausmalung für die Kapelle der Familie Sassetti in Santa Trinità (Florenz) geschaffen hatte (Vgl.-Abb. 1).[4] Dieses Altarbild wurde in Florenz so sehr bewundert, dass in der Folge zahllose Aufträge für Kopien beziehungsweise Wiederholungen in kleinerem Maßstab an die Ghirlandaio-Werkstatt ergingen.[5] Mainardi übernahm von der Bildschöpfung seines Meisters grundlegende Elemente wie die Gruppe von Maria und dem Kind, die er seitenverkehrt wiedergab, oder den Stall mit Ochs und Esel und die Krippe. Auch das Christuskind ruht bei Mainardi auf dem ausgebreiteten Mantel der Maria. In der Reduzierung des Bildpersonals – die anbetenden Hirten und der Zug der Heiligen Drei Könige im Hintergrund fehlen gegenüber dem Vorbild – erfährt die Darstellung zugleich eine Fokussierung auf die Heilige Familie: Im Rundformat (Tondo) bildet die kniende und anbetende Maria das Zentrum; ihr zur Seite sitzt der aus dem Hinter- in den Vordergrund gerückte Joseph und hält das Christuskind zwischen seinen Beinen. Dieses hat in der Manier eines Kleinkindes einen Finger in den Mund gesteckt und sieht staunend zu seiner Mutter auf. Zugleich stützt es sich mit dem rechten Arm auf einem Strohbündel ab und hat ein Bein über das andere geschlagen – eine Pose, die artifiziell und antikisch anmutet. Der Stall ist nun ein einfacher Unterstand ohne Pfeiler und Kapitelle, an die Stelle des Sarkophags ist eine einfache Krippe aus Weidengeflecht getreten. Die Darstellung fällt damit im Grundtenor sehr viel intimer und bescheidener aus als Ghirlandaios Altarbild in der Sassetti-Kapelle und kam insofern den Ansprüchen eines potentiellen Käufers entgegen, der mit Mainardis »Geburt Christi« seine privaten Räumlichkeiten schmücken wollte.[6]

JC

1. Domenico Ghirlandaio: Die Geburt Christi, vor 1485. Tempera auf Holz. Florenz, Santa Trinità, Sassetti-Kapelle

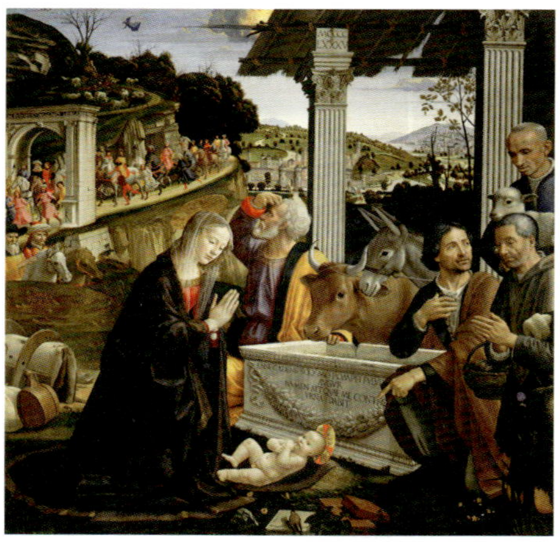

Anmerkungen

1 Kecks 2000.
2 Ungewiss ist bislang der Zeitpunkt von Sebastiano Mainardis Eintritt in die Ghirlandaio-Werkstatt, da diesbezügliche Dokumente fehlen. Eine Beteiligung an der Ausmalung der Kapelle der Heiligen Fina in San Gimignano (um 1477), von der Vasari berichtet, ist in Anbetracht von Mainardis Geburtsdatum (23. September 1466) zu früh angesetzt. Wahrscheinlicher ist dagegen eine Mitarbeit in der Ghirlandaio-Werkstatt seit den 1490er Jahren. Siehe Kecks 2000, S. 122 ff. Im Jahr 1494 ehelichte Mainardi Alessandra Bigordi, die Stiefschwester von Domenico, Benedetto und Davide Ghirlandaio, und war seitdem den Brüdern Ghirlandaio und ihrer Werkstatt auch familiär verbunden.
3 Es ist das Verdienst von Everett Fahy und Lisa Venturini, das Werk von Sebastiano Mainardi eingegrenzt und seine Handschrift genauer beschrieben zu haben. Siehe Fahy 1976; Venturini 1994/95.
4 Vgl. Pons 1994.
5 Zu den Wiederholungen des Altarbildes der Sassetti-Kapelle aus der Ghirlandaio-Werkstatt siehe ebd.
6 Zum Tondo als Form des Hausandachtsbildes insbesondere bei Madonnenbildern siehe Kecks 1988, S. 43–50.

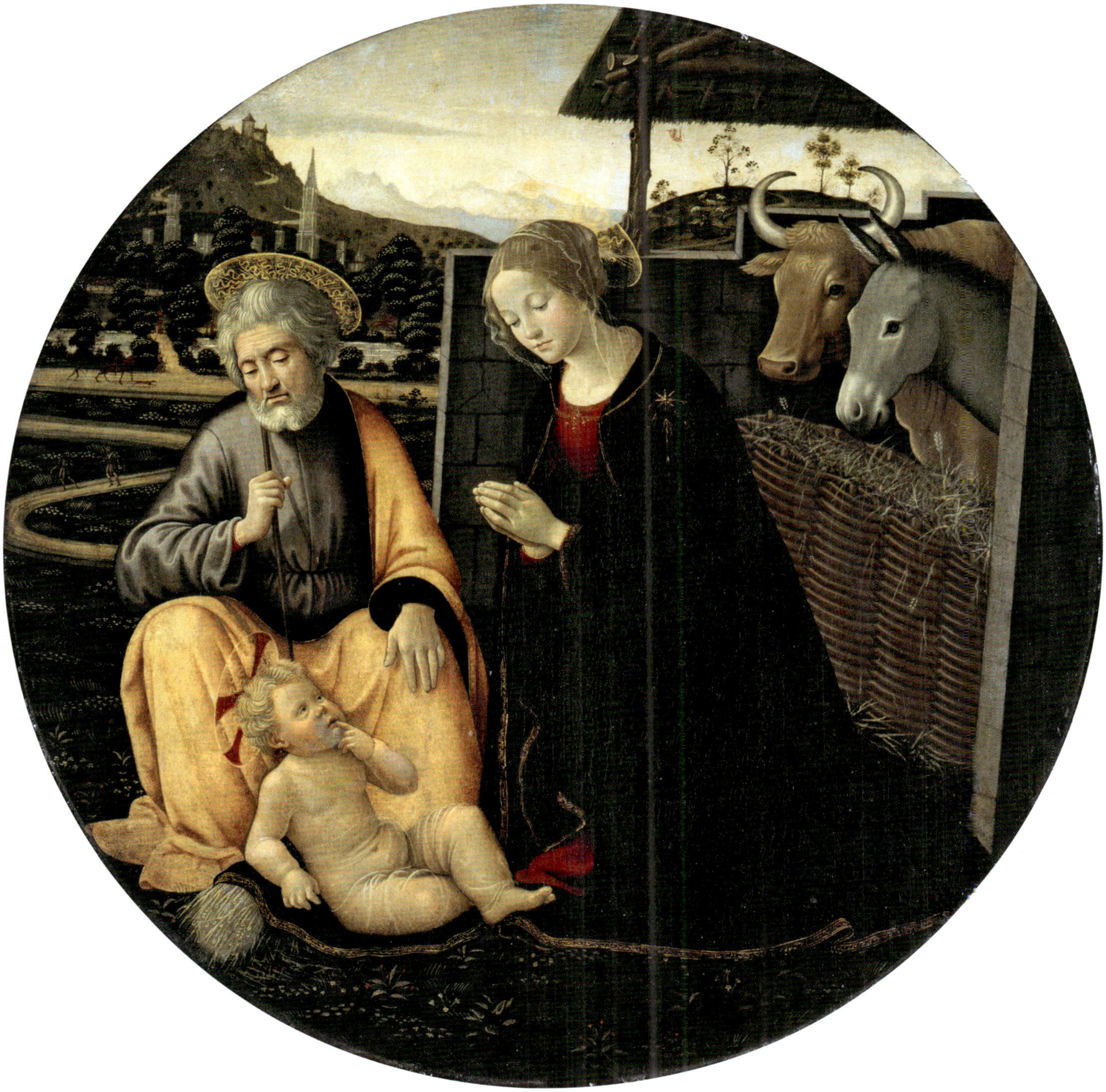

25 FRA BARTOLOMMEO

Florenz 1473–1517 Florenz

Die Versuchung des heiligen Antonius |
um 1499

Feder in Braun, leicht braun laviert und weiß gehöht, auf teilweise gelblich-rosa getöntem Papier

239 × 172 mm

Verso: Studie einer Groteske; Feder in Braun auf teilweise gelblich-rosa getöntem Papier

Kupferstich-Kabinett, Inv.-Nr. C 96

Literatur: Melli 2006, S. 172–176, Kat.-Nr. 34 (mit der früheren Literatur)

siehe auch Best.-Verz. Z 34

Die mit zartem Federstrich ausgeführte Zeichnung stellt eine Begebenheit aus der Legende des heiligen Antonius Abbas dar. Antonius soll im 3. Jahrhundert in der Wüste Theben gelebt haben, wo ihm der Teufel in verschiedenerlei Gestalt erschien, um ihn zur Aufgabe seines gottgefälligen Asketenlebens zu verführen. Unter anderem habe sich der Widersacher als schöne Frau getarnt. So zeigt ihn auch das Dresdener Blatt, nicht ohne seine teuflische Natur durch dürre Vogelfüße zu verdeutlichen.

In der unteren linken Ecke des Blattes findet sich die wohl im 18. Jahrhundert hinzugefügte Aufschrift »Plautilla Seur«. Gemeint ist Pulisena Nelli (1524-1588), die als Schwester Plautilla im Florentiner Dominikanerinnenkonvent Santa Caterina in Cafaggio lebte.[1] Das Stift lag in unmittelbarer Nähe zum Kloster San Marco, wo Fra Angelico (vgl. G 1; Kat.-Nr. 12) um 1440 wirkte; ab 1500 setzten Fra Bartolommeo sowie dessen Schüler Fra Paolino (1490?-1547) die künstlerische Tradition des Ortes fort. Bartolommeo vererbte Paolino fast 500 Skizzenblätter, die dieser schließlich Pulisena Nelli vermachte. Nelli führte im Katharinenkloster eine einträgliche Malerwerkstatt und konnte die Blätter als Inspirationsquelle gebrauchen. Was aber bedeutet dies für das Dresdener Blatt, das ihren Namen nennt? Meinte der unbekannte Schreiber, ein Werk Nellis vor sich zu haben? Oder wäre eher an ein Blatt aus dem Fundus Fra Bartolommeos zu denken, das durch ihre Hände gegangen ist? Giovanni Morelli sah in der Zeichnung eine Kopie der Nonne nach Fra Bartolommeo,[2] Karl Woermann wertete den Namenszug ebenfalls als Hinweis auf Nellis Autorschaft, obwohl er den Mangel an Vergleichsmaterial zu bedenken gab.[3] Erst Charles Loeser gab das Blatt 1896 an Fra Bartolommeo,[4] und Chris Fischer gelang die überzeugende Einordnung in die Werkphase Bartolommeos vor Ablegung der Profess; zu jener Zeit, um 1499, hatte ihn das Thema des bedrängten Eremiten besonders beschäftigt.[5]

Das Dresdener Blatt ist einer in Windsor aufbewahrten Zeichnung besonders nahe (Vgl.-Abb. 1). Nebeneinander gesehen ergibt sich fast eine erzählerische Sequenz: Tritt die Versucherin im ersten Fall an den erschrockenen Mönch heran, ist sie auf dem Blatt in Windsor bereits auf die felsige Sitzgelegenheit des Heiligen gesprungen und greift nach dessen Kapuze. Es handelt sich jedoch nicht um eine Bildgeschichte sondern um zwei Varianten derselben Szene, die der Künstler zeichnend erprobte. Zu einer Umsetzung als Gemälde kam es nicht.[6]

In der Dresdener Fassung präsentiert sich der Heilige in der linken Bildhälfte, ganz vom Fels hinterfangen und damit der Welt entrückt. Ihm steht rechts die teuflische Erscheinung gegenüber, die vor einen weiten Landschaftsfond und damit gleichsam vor die weltliche Ebene projiziert ist. Offensichtlich war dem Künstler die kompositorische Trennung von Teufel und Mönch besonders wichtig: Zunächst hatte Antonius seine Linke in Abwehr weit in Richtung des Gefäßes gestreckt, das ihm von der Frauengestalt dargereicht wird. Die Hand bedeckte der Künstler anschließend mit dichten Schraffuren und wählte eine neue, weniger ausgreifende Gebärde. Somit vergrößerte Bartolommeo den leeren Raum zwischen den Protagonisten und beugte dem Missverständnis vor, dass der Eremit das Gefäß zu fassen suche. Vielmehr bleibt der Ausgang der Offerte in dieser Darstellung offen: Als Sinnbild der Versuchung steht das Behältnis prominent zwischen beiden Figuren, und noch ist unklar, ob die Selbstbeherrschung siegen wird. GM

1. Fra Bartolommeo: Die Versuchung des heiligen Antonius, um 1499. Feder in Braun, braun laviert und weiß gehöht, auf gelblich getöntem Papier, 233 × 166 mm. Berkshire, Windsor Castle, The Royal Collection, Inv.-Nr. RCIN 912784

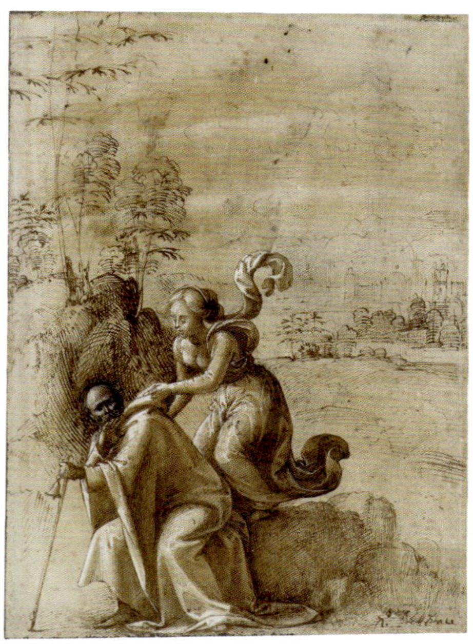

Anmerkungen

1 Siehe Nelson 2008.
2 Morelli 1880, S. 263.
3 Woermann 1896–1898, Mappe 6, 1897, S. 64 f., Nr. 197.
4 Max Lehrs notierte die wohl mündlich geäußerte Einschätzung Loesers auf der Inventarkarte im Archiv des Kupferstich-Kabinetts, wo er freilich 1910 vermerkte, dass dieser seine Meinung geändert habe.
5 Fischer 1990.
6 Die weibliche Figur der Zeichnung aus Windsor Castle verwendete Fra Bartolommeo für ein Gemälde mit der Darstellung der Ruhe auf der Flucht nach Ägypten, siehe ebd., S. 318–320.

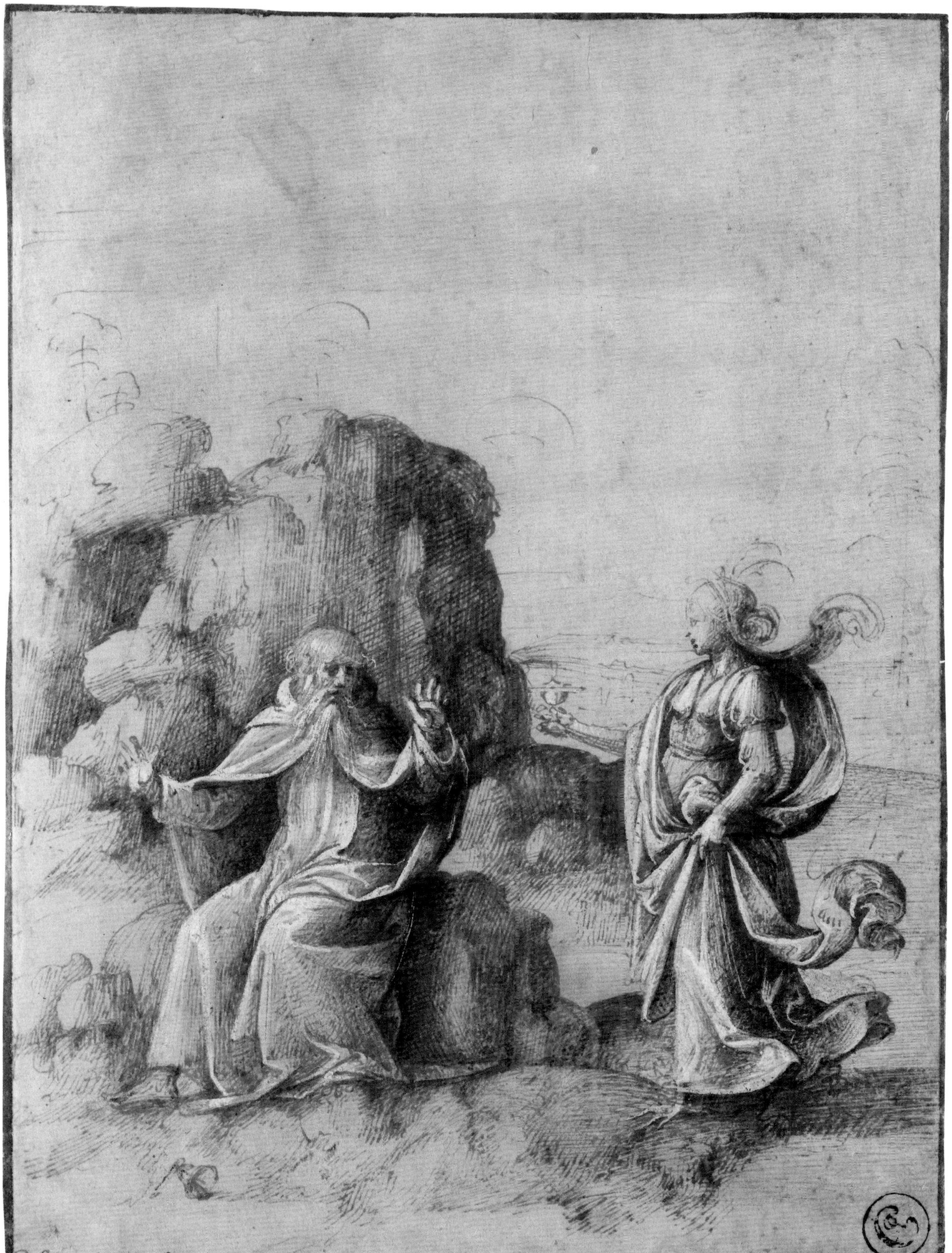

26 RAFFAELLINO DEL GARBO (Werkstatt)

San Lorenzo a Vigliano um 1466–1524 Florenz

Ein heiliger Herrscher mit Weltkugel und Zepter | um 1500

Feder in Braun, leicht dunkelbraun laviert und weiß gehöht, über Spuren von schwarzer Kreide auf bräunlich getöntem Papier; Konturen und Binnenzeichnung perforiert

Durchmesser 97 mm

Kupferstich-Kabinett, Inv.-Nr. C 42 b

Literatur: Melli 2006, S. 156–159, Kat.-Nr. 30 (mit der früheren Literatur)

siehe auch Best.-Verz. Z 30

1. Raffaellino del Garbo: Der Engel der Verkündigung, um 1500. Feder in Braun, braun laviert und weiß gehöht, über schwarzer Kreide auf bräunlich getöntem Papier; Konturen und Binnenzeichnung perforiert, Durchmesser 96 mm. New York, The Metropolitan Museum, Inv.-Nr. 12.56.5a (Rogers Fund, 1912)

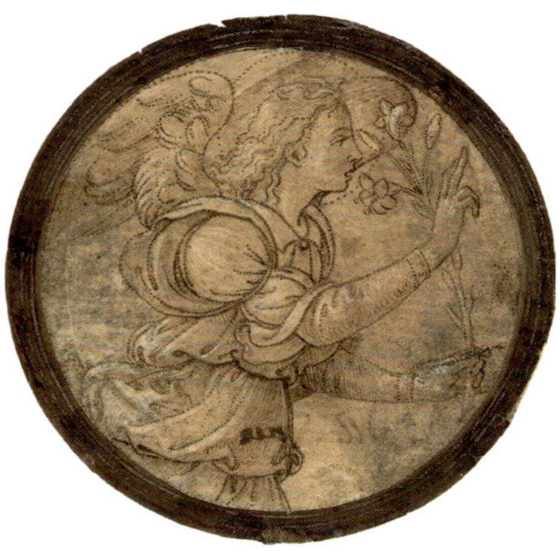

2. Raffaellino del Garbo und Werkstatt: Heiliger König, um 1500. Feder in Braun, braun laviert und weiß gehöht, über schwarzer Kreide auf bräunlich getöntem Papier; Konturen und Binnenzeichnung perforiert, Durchmesser 97 mm. Rom, Istituto Nazionale per la Grafica, Inv.-Nr. F.C. 130470

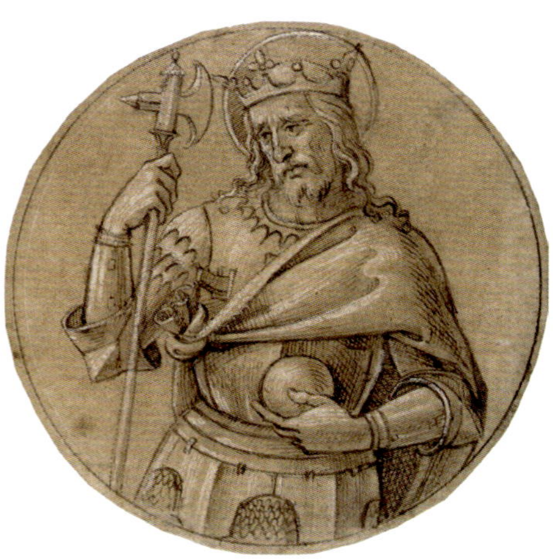

Das Blatt zeigt einen bärtigen Herrscher mit Heiligenschein, dem zur Charakterisierung neben dem Reichsapfel ein Lilienzepter und eine Krone beigegeben sind. In die Sammlung gelangte die Federzeichnung 1860 als Darstellung von Gottvater.[1] Die Suche nach passenden heiligen Regenten eröffnete 1903 Bernard Berenson: Er schlug König Sigismund von Burgund vor, der oft in königlichem Ornat mit Zepter und Reichsapfel dargestellt wird.[2] Lorenza Melli wertete die Bügelkrone und den Reichsapfel als Insignien eines Kaisers und erwog wegen des Lilienzepters die Identifikation mit Karl dem Großen.[3] Mangels weiterer Hinweise ist kaum zu entscheiden, wen der Zeichner tatsächlich meinte, denn in der Praxis schmückte sich auch mancher König mit derartigen Insignien.[4] Das Lilienattribut blieb dabei nicht auf das französische Herrscherhaus beschränkt. Neben Karl wäre also ebenso an den erwähnten Sigismund, an Kaiser Heinrich II.,[5] König Stephan von Ungarn[6] und andere mehr zu denken.

Offenbar war das mit Feder, Lavierung und leichter Weißhöhung ausgeführte Bild einer praktischen Verwendung als Kopiervorlage zugedacht. Die Umrisse und wichtigsten Binnenstrukturen sind sorgsam mit Nadelstichen markiert. Durch die feinen Löcher konnte die Komposition mit Kohlestaub oder anderem färbendem Pulver auf einen darunterliegenden Bildträger übertragen werden - ein seinerzeit übliches Verfahren.[7] Solche kleinformatigen Vorlagen hat man gerne für Stickereien an liturgischen Gewändern genutzt.[8] Als Bezugsquelle für derartige Entwürfe erwähnte Giorgio Vasari das Florentiner Maleratelier von Raffaellino del Garbo, einem Schüler Filippino Lippis (vgl. Z 22, 23; Kat.-Nr. 19, 20).[9] Mit diesem Künstler wird das vorliegende Werk ebenso wie eine Reihe gleichartiger Zeichnungen in Verbindung gebracht.[10] Zu der genannten Werkgruppe zählt etwa das Bild eines Verkündigungsengels in New York (Vgl.-Abb. 1), in dessen zeichnerischem Duktus Lorenza Melli freilich eine andere Hand erkannte als in dem Dresdener Gegenstück.[11] Sehr nahe sei diesem hingegen das Bild eines heiligen Königs in Rom (Vgl.-Abb. 2).[12]

Welche Blätter tatsächlich auf Raffaellino zurückgehen, bleibt umstritten. Dabei spielt der Mangel an sicherem Vergleichsmaterial ebenso eine Rolle wie die Retuschen, die heute nur noch eingeschränkt ein Urteil über die ursprüngliche Gestalt dieser Stickvorlagen ermöglichen.[13] GM

Anmerkungen

1 KK Zugangskat. 1852–1872, Bl. 70 v f. (»Gott Vater, rundes Blatt [von] Pietro della Francesco [sic]«). Das Blatt wurde zusammen mit anderen Zeichnungen gegen ein Exemplar des Dresdener Galeriewerks eingetauscht.

2 Berenson 1903, Bd. II, S. 2, Nr. 21. Lorenza Melli wandte sich gegen diese Identifikation, da der heilige Sigismund üblicherweise mit Rüstung und Märtyrerpalme dargestellt werde (Melli 2006, S. 156). Dies lässt sich jedoch nicht bestätigen (vgl. Christel Squarr in: LCI, Bd. 8, Sp. 350).

3 Melli 2006, S. 156.

4 Beispielsweise hat man die ungarische Krone schon im 12. Jahrhundert mit einem Doppelbügel versehen, siehe Schramm 1959, S. 561 f.

5 Vgl. Paul Stintzi in: LCI, Bd. 6, Sp. 478–481.

6 Vgl. Z. Szilárdfy in: LCI, Bd. 8, Sp. 407–409.

7 Dazu bes. Bambach 1999, S. 117–124.

8 Zu diesem Themenkreis siehe bes. Garzelli 1973.

9 Bettarini/Barocchi 1966–1997, Bd. 4 (1976), S. 118 f.; siehe auch Dalli Regoli 1999, S. 70 f. und Buschmann 1993, S. 100 f.

10 Zur Zuschreibung des Dresdener Blattes mit weitergehenden Überlegungen zur Urheberschaft und Datierung siehe Melli 2006, S. 156; zu den vergleichbaren Zeichnungen in weiteren Sammlungen ebd., S. 158. Ergänzend zu Raffaellino auch Waldman 2006.

11 Zu dem New Yorker Blatt Carmen C. Bambach in: Ausst.-Kat. New York 1997/98, S. 348, Nr. 116 und Bambach 1999, S. 484, Anm. 76; zum Vergleich Melli 2006, S. 158.

12 Siehe Enrichetta Beltrame Quattrocchi in: Ausst.-Kat. Rom 1979, S. 41, Nr. 22 e. Der Dargestellte mit Rüstung, Hellebarde und Reichsapfel wird dort als heiliger Sigismund gedeutet, naheliegender wäre allerdings der heilige Ladislaus von Ungarn (vgl. Z. Szilárdfy in: LCI, Bd. 7, Sp. 361–363).

13 Für das Dresdener Blatt vermutete Melli, die Retuschen seien vom Künstler selbst ausgeführt worden (Melli 2006, S. 156). Bei der Zeichnung in Rom ging Enrichetta Beltrame Quattrocchi hingegen davon aus, dass der Sticker zum Pinsel gegriffen habe (Ausst.-Kat. Rom 1979, S. 41, Nr. 22 e).

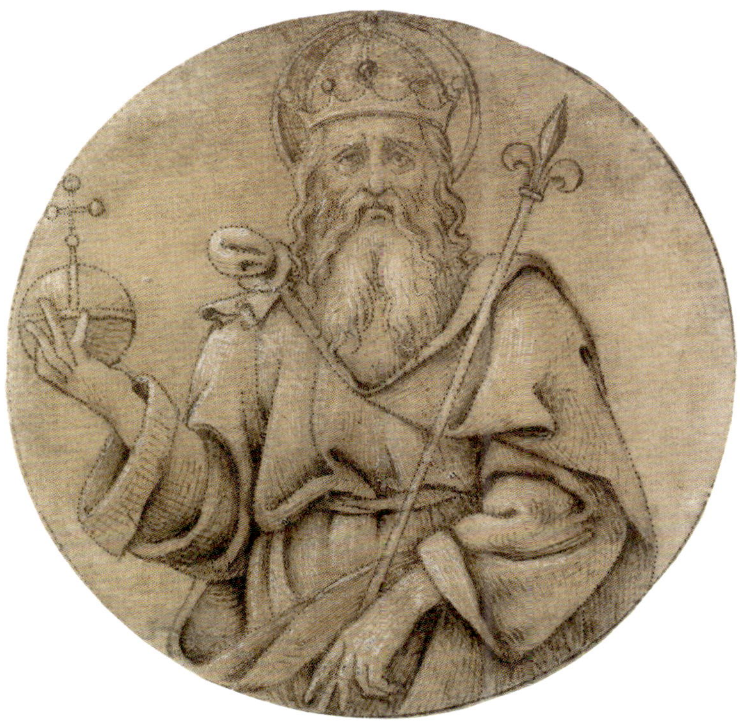

27 PINTORICCHIO

Perugia um 1456/60–1513 Siena

Profilkopf eines bärtigen Orientalen mit Ohrring | um 1483/1500

Metallstift und Feder in Braun, weiß gehöht, auf grau grundiertem Papier

127 × 92 mm

Kupferstich-Kabinett, Inv.-Nr. C 268

Literatur: Melli 2006, S. 194–199, Kat.-Nr. 39 (mit der früheren Literatur; dat. 1494/1500); La Malfa 2008b, S. 348–350 (dat. um 1483)

siehe auch Best.-Verz. Z 39

Zwischen Türkenkriegen, Faszination für das Exotische und verstärktem internationalen Austausch wuchs im Italien der Frührenaissance das Interesse an orientalischen Physiognomien. Vor allem gilt dies für Venedig mit seinen traditionell engen Beziehungen zur Levante,[1] die immer wieder von militärischen Auseinandersetzungen überschattet wurden.

Nach dem Frieden von 1479, der den zweiten venezianischen Türkenkrieg beendete, erbat Sultan Mehmed II. von seinem ehemaligen Gegner verschiedene künstlerische Fachkräfte. Die Wahl der venezianischen Regierung fiel unter anderem auf Gentile Bellini (um 1430–1507). Bis zu Mehmeds Tod 1481 arbeitete Bellini am osmanischen Hof. Im Anschluss bereiste er vermutlich das Heilige Land, bevor er nach Venedig zurückkehrte. Mit seinen Gemälden und Zeichnungen, aus denen die unmittelbare Anschauung des Orients spricht, geriet Gentile zum bedeutendsten Vermittler einschlägiger Motive in der italienischen Renaissance.[2] Es erstaunt daher nicht, dass dieser mit Metallstift, Feder und leichten Weißhöhungen gezeichnete Profilkopf eines Orientalen im 19. Jahrhundert als Werk dieses Künstlers angesehen wurde.[3] Dasselbe gilt für sein Pendant, welches ebenfalls zur Dresdener Sammlung gehört (Z 38).

Zwei auffallend ähnliche Figuren finden sich auf einer Zeichnung in London mit dem Fragment eines Gelehrtendisputs (Vgl.-Abb. 1). Diese Darstellung beruht auf einem verlorenen Prototyp, als dessen Urheber meist der Umbrer Pintoricchio angenommen wird.[4] Während das Londoner Blatt einem Kopisten aus Pintoricchios Kreis zuzuschreiben ist, sprach sich Lorenza Melli 2006 dafür aus, dass bei den beiden Dresdener Orientalenköpfen der Meister selbst am Werk gewesen sei.[5] Er habe den Bartträger und den jungen Mann mit Haube allerdings nicht notwendigerweise für die Komposition mit den diskutierenden Gelehrten entworfen, da vergleichbare Physiognomien in seinem Œuvre verschiedentlich in Erscheinung treten.[6] Beispiele finden sich etwa in Rom[7] und in Spello.[8] Vielmehr, so Melli weiter, dürfte es sich bei den Zeichnungen in Dresden um variabel einsetzbare Musterblätter des ausgehenden 15. Jahrhunderts handeln. Claudia La Malfa konnte die Zuschreibung 2008 bestätigen.[9] Gleichzeitig schlug sie eine deutlich frühere Datierung vor, indem sie auf ikonographische Parallelen zu einem bereits um 1483 ausgeführten Fresko Pintoricchios hinwies.[10] Da sich die Dresdener Blätter nach dem derzeitigen Kenntnisstand keinem Projekt des Künstlers sicher zuordnen lassen, erweitert sich somit die denkbare Entstehungszeit.

GM

1. Nach Pintoricchio: Disput unter Gelehrten, spätes 15. / frühes 16. Jh. Metallstift auf blaugrün grundiertem Papier, weiß gehöht, 250 × 183 mm. London, The British Museum, Inv.-Nr. 1895,0915.599

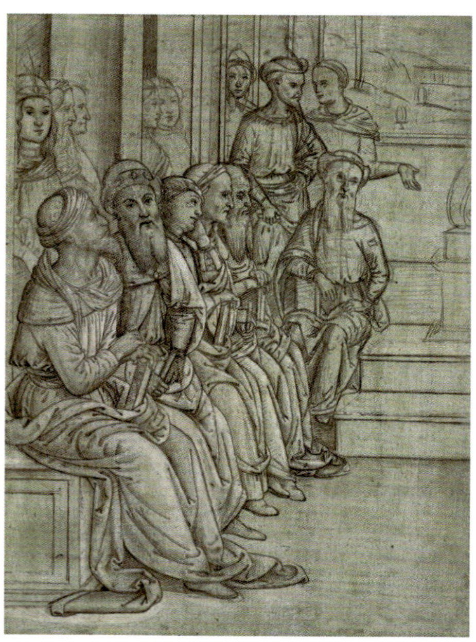

Anmerkungen

1 Dazu allg. Ausst.-Kat. Paris/New York/Venedig 2006/07.
2 In diesem Zusammenhang sind vor allem acht Zeichnungen mit Darstellungen orientalischer Figuren zu nennen, die traditionell mit Gentiles Aufenthalt im Osten in Verbindung gebracht werden, siehe Ausst.-Kat. Boston/London 2005/06, S. 98–105, Kat.-Nr. 24–30 und S. 122, Kat.-Nr. 32.
3 Zur Zuschreibungsgeschichte siehe Melli 2006, S. 194–199.
4 Weiterführende Hinweise ebd., S. 196 f.; zu der Zeichnung in London siehe auch Popham/Pouncey 1950, Bd. 1, S. 132 f., Nr. 217.
5 Melli 2006, S. 197–199.
6 Pintoricchios Vorliebe für orientalische Figuren lässt sich in direkten Bezug zu Gentile Bellini setzen: Einige Bellini zugeschriebene Zeichnungen mit Darstellungen von Orientalen oder nach diesen entstandene Kopien könnte Pintoricchio für seine Fresken in den Appartamenti Borgia in Rom und der Sieneser Libreria Piccolomini verwendet haben (dazu La Malfa 2008b, S. 360 f. und Michael Barry in: Ausst.-Kat. Paris/New York 2006/07, S. 150). Für die Dresdener Blätter sind keine derart unmittelbaren Zusammenhänge mit Bellini feststellbar.
7 Pintoricchio: Disputation der heiligen Katharina von Alexandria mit den Philosophen, 1492/94. Rom, Appartamenti Borgia.
8 Pintoricchio: Der zwölfjährige Jesus im Disput mit den Schriftgelehrten, 1500/01. Spello, Santa Maria Maggiore, Cappella Baglioni; siehe auch die Detailabb. in: Melli 2006, S. 192, Nr. 38a und S. 194, Nr. 39a.
9 La Malfa 2008b, S. 348–350.
10 Pintoricchio: Die Totenfeier des heiligen Bernhardin von Siena, um 1483. Rom, Santa Maria in Aracoeli, Bufalini-Kapelle; zur Datierung siehe La Malfa 2008a, hier bes. S. 59 und 61.

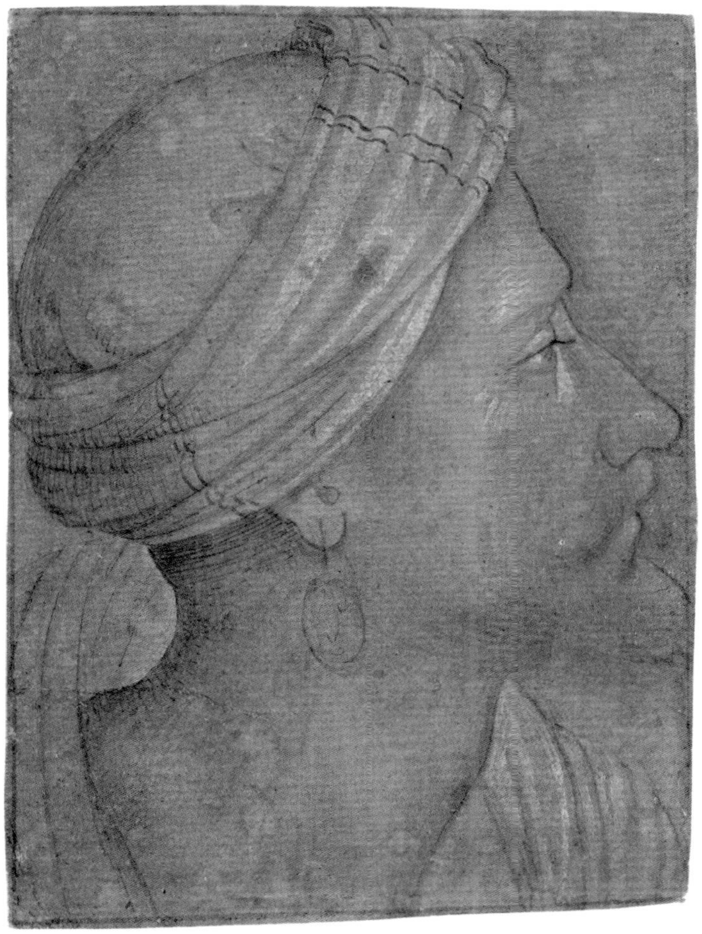

28 PINTORICCHIO

Perugia um 1456/60–1513 Siena

Bildnis eines Knaben

Pappelholz

50,0 × 35,4 cm, Rückseite mit originaler Rautenmustermalerei

zwischen Winter 1747 und Frühjahr 1748 im sog. »verlorenen Inventar Dresden 1747ff.« (Nr. 3897) aufgenommen

Gemäldegalerie Alte Meister, Gal.-Nr. 41

Literatur: Matthäi 1833, Innere Galerie, S. 4, Nr. 2 (vermutungsweise als Giovanni Sanzio, Bildnis Raffaels); Hübner 1856, S. 82, Nr. 9 (als florentinische Schule); Morelli 1880, S. 245 (um 1480); Woermann 1887, S. 38 f., Gal.-Nr. 41; Posse 1929, S. 17, Gal.-Nr. 41; Kat. Dresden 1979, S. 258, Gal.-Nr. 41; Scarpellini 1984, S. 308, Abb. 22c (als Andrea d'Assisi?); Todini 1989, Bd. 1, S. 91, Bd. 2, Abb. 1186 (als Andrea d'Assisi, Frühwerk); Kat. Dresden 1992, S. 301, Gal.-Nr. 41; Ausst.-Kat. Perugia 2004, S. 228 f., Nr. I.29 (als Andrea d'Assisi zugeschrieben); Scarpellini 2004, S. 82, Abb. 12 (als Pintoricchio und Andrea d'Assisi?); Marx 2006/07, Bd. 1, S. 176 f., Bd. 2, S. 407, Gal.-Nr. 41; Scarpellini 2008, S. 44 f. (als Pintoricchio und Andrea d'Assisi?); Ausst.-Kat. Berlin/New York 2011/12, S. 295–297, Nr. 124 (als Andrea d'Assisi?); AKL 1992 ff., Bd. 76 (2013), S. 278 (als Andrea d'Assisi)

siehe auch Best.-Verz. G 39

1. Pintoricchio: Bildnis eines Knaben. Rückseite

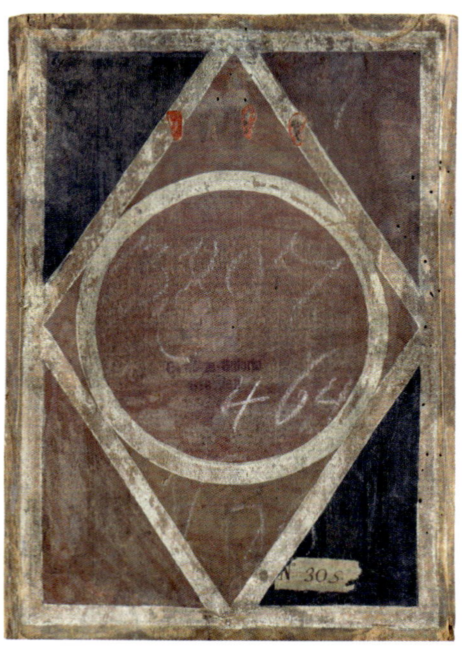

In der Porträtmalerei der italienischen Frührenaissance lassen sich bemerkenswerte Entwicklungen feststellen. Mehr und mehr wurde der Mensch porträtähnlich dargestellt und seine Gestalt plastisch im Bildraum evoziert, sodass den Bildnissen eine völlig neue Lebendigkeit zukam. Zugleich lässt sich in der Geschichte der Porträtmalerei - gleichsam wie in einem Spiegel - verfolgen, wie der Mensch sich seiner selbst zunehmend bewusst wird.

Der etwa zwölfjährige Knabe ist leicht erhöht vor einer weiten Landschaft dargestellt. Ganz nah an den vorderen Bildrand gerückt, steht er leicht schräg im Bildraum. Während sein Körper von einer großen Ruhe durchströmt wird, was insbesondere durch die Ausblendung jeglicher Handbewegung erzeugt wird, wendet er seine Augen zum Betrachter, um mit ihm Kontakt aufzunehmen. Die Kombination eines Porträts mit einem Landschaftsausblick findet sich in Italien ab den 1470er Jahren immer häufiger, unter anderem bei Künstlern wie Piero della Francesca, Botticelli und Perugino.[1] Das Dresdener Bild zeigt im Mittelgrund einen Fluss, gesäumt von einer Stadt, von Wiesen, Bäumen und Felsen. Durch die ungewöhnlich weit oben fixierte Horizontlinie auf Höhe der Augen des Knaben vermag der Betrachter über die Ebene bis zu den Bergen im Hintergrund zu schauen. Dabei eignet der Natur eine Morgenfrische, die mit der Jugend des Dargestellten harmoniert.

Die Zuschreibung des Bildes wird kontrovers beurteilt. Auch wenn es bereits Mitte des 18. Jahrhunderts in der Königlichen Gemäldegalerie inventarisiert wurde, so lässt sich das Werk erst ab 1833 in den Galeriekatalogen verfolgen. Dabei wurde es zunächst Giovanni Sanzio, dem Vater Raffaels, zugeordnet.[2] Seit Ende des 19. Jahrhunderts wird das Bildnis Pintoricchio zugeschrieben.[3] Dieser Künstler zählt zu den bedeutendsten umbrischen Malern des ausgehenden Quattrocento. Zu seinen Hauptwerken gehört die Ausmalung des Borgia-Apartments im vatikanischen Palast in Rom und die Freskierung der Piccolomini-Bibliothek im Dom zu Siena; zudem entstand eine Vielzahl an Altar- und Andachtsbildern. In seinen Anfangsjahren arbeitete Pintoricchio in der Werkstatt von Pietro Perugino. Die Entstehung des Dresdener Bildnisses könnte in der Zeit erfolgt sein, als Perugino 1480/82 einige Fresken in der Sixtinischen Kapelle im Vatikan schuf, an denen auch Pintoricchio mitwirkte. In jüngerer Zeit wurde das Bildnis mehrfach, mitunter allerdings auch nur frageweise Andrea d'Assisi (genannt l'Ingegno) zugeschrieben, der ebenfalls in Peruginos Werkstatt tätig war. Allerdings ist das Œuvre dieses Malers aufgrund fehlender Quellen und signierter Werke nur schwer in seinen Umrissen zu bestimmen.[4] Jede Zuweisung des Dresdener Bildnisses an Andrea d'Assisi muss somit problematisch bleiben. Doch ebenso im direkten Vergleich mit dem Dresdener Porträt lassen sich deutliche Unterschiede feststellen. Werke, die mit dem frühen Œuvre von Andrea d'Assisi identifiziert werden, zeigen eine hölzerne Menschendarstellung wie im Oratorio dei Pellegrini in Assisi[5] oder eine vergleichsweise schematisch ausgeführte Landschaft und unbeseelt wirkende Figuren wie in dem Marienbild in Denver.[6] Auch mit der vor der Erblindung des Malers 1501 entstandenen peruginesken Holztafel in London[7] hat das Dresdener Werk wenig gemein. Vielmehr sprechen Malweise und Qualität des Knabenbildnisses für eine eigenhändige Ausführung durch Pintoricchio. AH

Anmerkungen

1 Beyer 2002, S. 78 ff.
2 Matthäi 1833, Innere Galerie, S. 4, Nr. 2; vgl. Weber 2005, S. 171 f.; Paula 2012, S. 79.
3 Morelli 1880, S. 245; Woermann 1887, S. 38 f., Gal.-Nr. 41.
4 Ferino Pagden 1981; Todini 1989, Bd. 1, S. 91 f.; Todini 2005, S. 54–59.
5 Vgl. die Darstellungen der Heiligen Ansano und Jakobus, im Oratorio dei Pellegrini in Assisi (um 1477); siehe Todini 1989, Bd. 1, S. 91, Bd. 2, Abb. 1188.
6 Andrea d'Assisi: Madonna mit segnendem Jesuskind. Denver (CO), Denver Art Museum, Inv.-Nr. 1961.165 (Kress Collection Nr. 1375); siehe Todini 1989, Bd. 1, S. 91, Bd. 2, Abb. 1187.
7 Andrea d'Assisi: Madonna mit Jesuskind, 1501. London, National Gallery, Inv.-Nr. 1220; siehe Todini 1989, Bd. 1, S. 91.

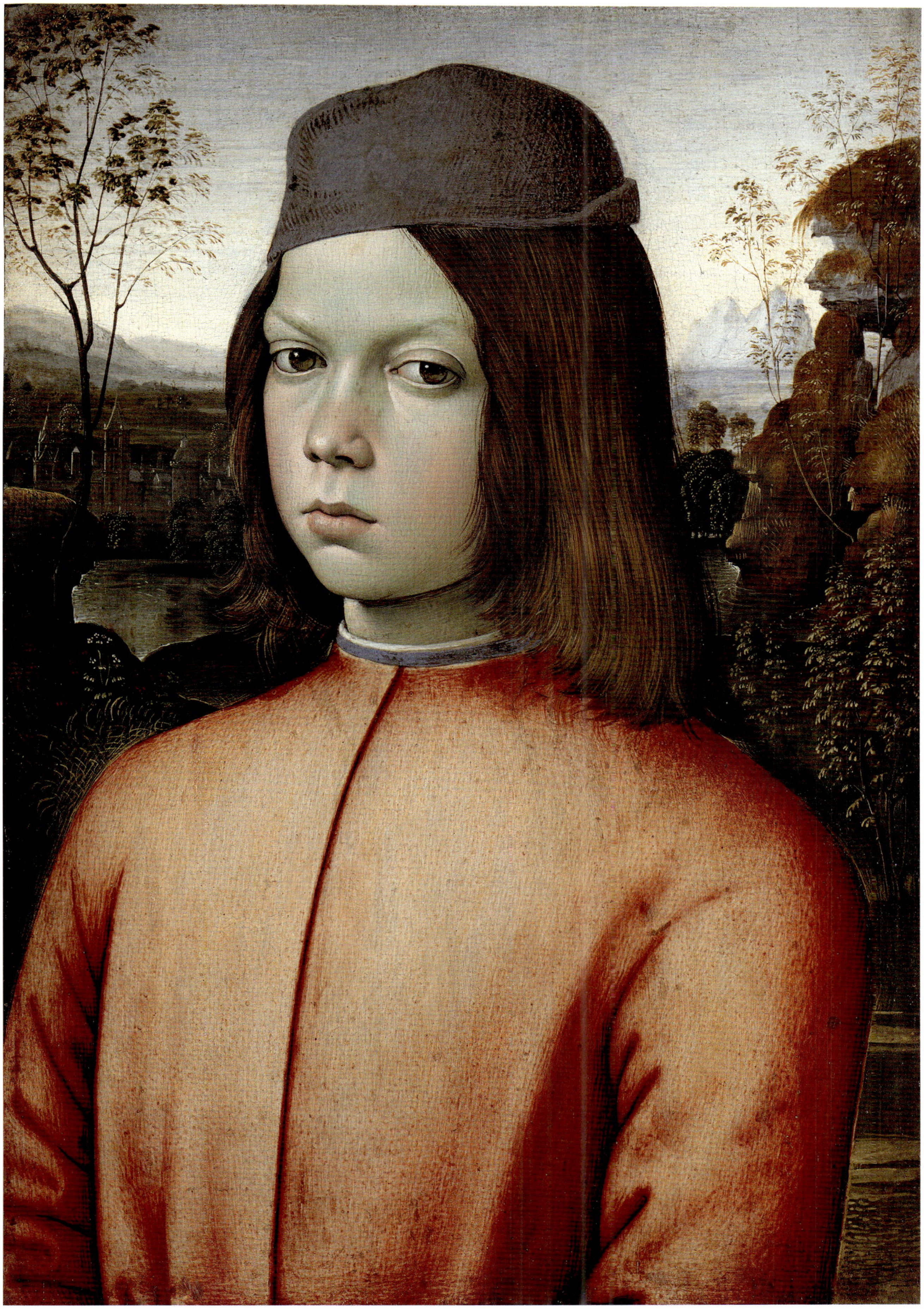

29 PINTORICCHIO (Nachfolger)

Perugia um 1456/60–1513 Siena

Zwei römische Soldaten unter einem Bogen mit Trophäen | um 1496/98

Feder in Braun, ockerfarben laviert und weiß gehöht, über Spuren von schwarzer Kreide

248 × 196 mm

Kupferstich-Kabinett, Inv.-Nr. C 15

Literatur: Melli 2006, S. 200–203, Kat.-Nr. 40 (mit der früheren Literatur)

siehe auch Best.-Verz. Z 40

Die Überlegenheit der Malerei vor allen anderen Künsten unterstreichend formulierte Francisco de Hollanda in seinen »Diálogos de Roma« von 1548: »Muß ich noch erst erwähnen, daß sie [die Malerei] uns viele große Männer vergangener Zeit, von denen nicht einmal die Gebeine erhalten sind, vergegenwärtigt, damit wir ihren berühmten Taten nacheifern können«.[1] Die Malerei wird hier zum Medium, das legendäre Helden wie etwa Mucius Scaevola oder Scipio Africanus mit pädagogischem Anspruch vor Augen führt; ihnen nachzustreben galt in der Renaissance als die Voraussetzung für Tugendhaftigkeit. So ist es nicht verwunderlich, dass seit dem frühen 15. Jahrhundert – und auch inspiriert von Francesco Petrarcas (1304–1374) Schrift »De viris illustribus« – zahlreiche italienische Künstler die sogenannten Uomini famosi, das heißt berühmte Männer der Geschichte, in Palästen und Villen darstellten.[2]

Wie die Komposition vermuten lässt, wird auch die fein ausgearbeitete Federzeichnung »Zwei römische Soldaten unter einem Bogen mit Trophäen« im Kontext eines solchen in der Wandmalerei ausgeführten oder geplanten Uomini famosi-Zyklus entstanden sein; vielleicht als vorbereitende Projektstudie oder sogar als Präsentationszeichnung.[3] Eine detailliert und perspektivisch gezeichnete Scheinarchitektur führt hier den Blick im Sinne eines Aussichtsfensters auf eine weite Landschaft mit Hügeln, Vegetation und ländlichen Gebäuden.[4] Auf dem Sockel dieser Fensterarchitektur stehen zwei männliche Figuren, die sich durch ihre Rüstungen, ihre Bewaffnung sowie die ihnen zugeordneten militärischen Trophäen als Soldaten der Antike zu erkennen geben. Ihre grazil geschwungenen Körper sowie die anmutige Gesichtsbildung der linken Figur lassen vermuten, dass die Zeichnung im Umkreis von Pintoricchio entstand. Lorenza Melli zieht Amico Aspertini in Erwägung, der ab 1496 in Rom arbeitete und stark vom umbrischen Meister beeinflusst wurde.[5]

Ob die Zeichnung spezifische Persönlichkeiten darstellt, wie etwa in Pietro Peruginos zeitgenössischem Heldenzyklus aus dem Collegio del Cambio in Perugia (Vgl.-Abb. 1; siehe auch Z 41; Kat.-Nr. 33), oder ganz allgemein eine antike Militär- und Tugendwelt vor Augen führt, muss offen bleiben, da Inschriften und Attribute fehlen. Bemerkenswert an diesem Blatt, das im Medium der Zeichnung eindrucksvoll die Genese monumentaler Freskenprogramme in der Frühen Neuzeit dokumentiert, ist das für Uomini famosi-Zyklen untypische Vorhangmotiv. Dieses öffnet hier ähnlich wie in Raffaels Dresdener Altarbild »Sixtinische Madonna« (1512/13) in fast theatralischer Weise den Bildraum und verlebendigt durch seinen stofflichen Charakter die Scheinarchitektur in hohem Maße. Darin unterscheidet sich die Zeichnung von den römischen Fresken Pintoricchios in der Sala dei Mesi (Palazzo dei Penitenzieri), in denen – wie bereits Melli festgestellt hat – das Kompositionsschema der Dresdener Zeichnung in den Grundzügen vorgebildet ist.[6] SF

1. Perugino: Zwölf antike Uomini famosi (Detail mit Lucius Sicinius, Leonidas und Horatius Cocles, darüber Fortitudo), 1496–1500. Fresko. Perugia, Collegio del Cambio, Sala di Udienza

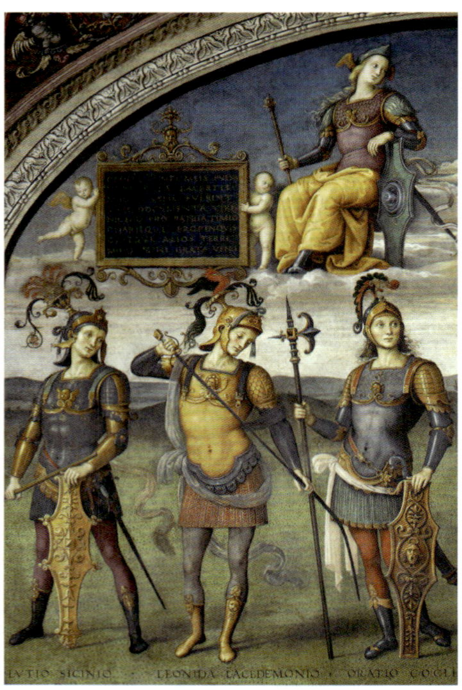

Anmerkungen

1 Francisco de Hollanda: Römische Gespräche, zitiert in Übersetzung nach Koch 1957, S. 174.
2 So etwa Taddeo Di Bartolo (Palazzo Pubblico, Siena, 1413/14), Andrea del Castagno (Galleria degli Uffizi, Florenz, um 1450), Domenico Ghirlandaio (Sala dei Gigli, Palazzo Vecchio, Florenz, 1482–1485) oder Pietro Perugino (Collegio del Cambio, Perugia, 1496–1500). Zu dem Bildthema der Uomini famosi siehe einführend Geiger 2003; Guerrini 2003.
3 In diesem Sinne Melli 2006, S. 202.
4 Zur Ästhetik der gerahmten Landschaftsschau in der Malerei der Renaissance siehe Fischer 2014, bes. S. 18–24.
5 Melli 2006, S. 202 f.
6 Ebd.; zu Pintoricchios Arbeiten in der Sala dei Mesi siehe La Malfa 2009, bes. S. 84–87 mit weiterführenden Hinweisen.

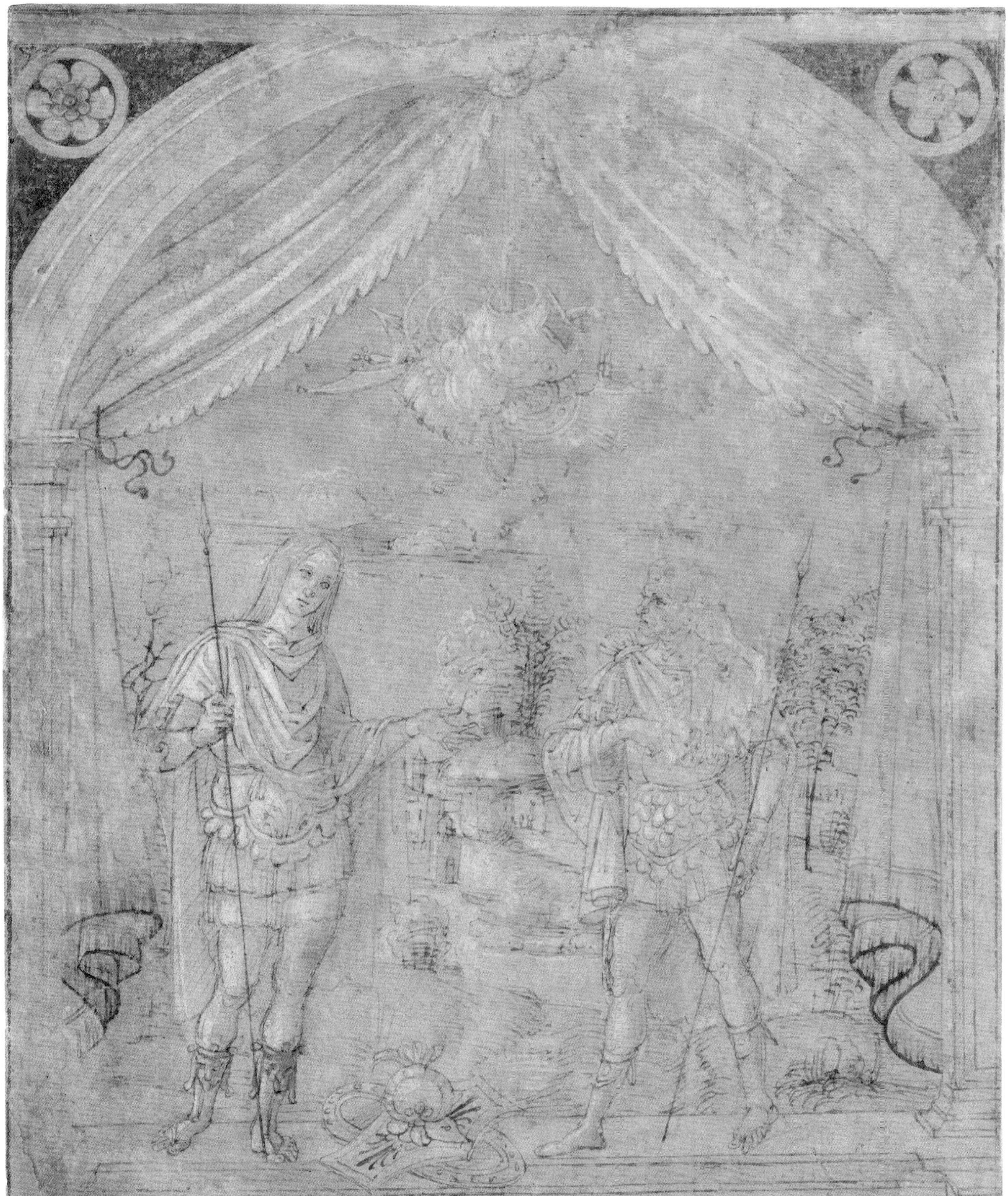

30 LUCA SIGNORELLI

Cortona um 1441 oder 1450–1523 Cortona

Vier liegende Männerakte | um 1495/99

Metallstift (Silber), stellenweise Feder in Braun, mit Griffelspuren auf altrosa grundiertem Papier

207 × 289 mm

Verso: Sich niederwerfender Mann; Metallstift (Silber) mit Griffelspuren auf rot grundiertem Papier

Kupferstich-Kabinett, Inv.-Nr. C 20

Literatur: Melli 2006, S. 186–191, Kat.-Nr. 37 (mit der früheren Literatur)

siehe auch Best.-Verz. Z 37

Das altrosa grundierte Blatt hat der Künstler maximal ausgenutzt: Vier Männerakte sind so auf die Fläche gesetzt, dass alle eben Platz finden und nur wenige Überschneidungen auftreten. Vielleicht handelt es sich jeweils um dasselbe Modell. Besonderes Augenmerk liegt auf der anatomisch wie perspektivisch überzeugenden Darstellung.[1] Zunächst hat der Zeichner sein Werk mit zarten Silberstiftlinien skizziert, über die er in einem zweiten Schritt Konturen und Schraffuren legte. Dabei wich er stellenweise von seinem ursprünglichen Plan ab.

Das Blatt zeigt zwei Darstellungen eines sehnig-muskulösen, auf dem Rücken liegenden Leibes mit je einem angewinkelten Bein. Wie die Vorzeichnung offenbart, dachte der Zeichner bei der Figur unten rechts zunächst daran, beide Beine angezogen zu präsentieren. Da der Platz auf dem Papier für die endgültige Version mit einem langgestreckten Bein nicht ausreichte, setzte er neu an und widmete dem zugehörigen Fuß eine gesonderte Studie.

Oben links erkennt man ein gebeugt kniendes Modell. Stellt man das Blatt jedoch auf den Kopf, erscheint dieselbe Gestalt liegend in Embryonenhaltung. Der zeichnerische Duktus und der Schattenwurf legen nahe, dass dies die richtige Ansicht ist. Auf jeden Fall ist die Drehung des Bildes notwendig, um die vierte Einzelstudie zu betrachten: Sie zeigt einen Mann, der sich seitlich aufgestützt vom Boden erhebt. Eine weitere, auf die Knie niedergeworfene Figur sieht man auf der zinnoberroten Rückseite.[2]

Im Inventar des Kupferstich-Kabinetts firmierte das 1860 erworbene Blatt von Anbeginn als Arbeit von Luca Signorelli. Seit Giovanni Morelli wird die Zeichnung meist im Zusammenhang von dessen 1499–1504 ausgeführtem Weltgerichtszyklus in der Cappella Nova des Orvietaner Doms gesehen (Vgl.-Abb. 1).[3] Hier schuf der Künstler ein Panoptikum nackter Körper: Frauen und Männer, die sich aus Gräbern winden, dem Ruf der Engel folgen, von Teufeln gequält werden und dergleichen mehr.

Einzelne Bewegungsmotive finden entfernte Parallelen in der Dresdener Zeichnung, es lassen sich allerdings keine direkten Bezüge ausmachen. Überhaupt sind erstaunlich wenige Entwürfe unmittelbar dem Projekt in Orvieto zuzuordnen, obwohl man eine Vielzahl von Aktstudien Signorellis kennt.[4] Andrew Martindale erklärte diesen Befund mit der Arbeitsweise des Künstlers, der sich beim Freskieren nicht darauf beschränkte, eine vorab definierte Form auf den Putz zu übertragen. Vielmehr habe er das endgültige Erscheinungsbild erst an der Wand selbst entwickelt. Entsprechend könnte die Dresdener Studie dem Künstler sehr wohl als Ausgangpunkt für Figuren gedient haben, wie man sie in Orvieto im Fresko der Verdammten findet.[5] In deren oft schmerzhaft übersteigerten Bewegungen nutzte Signorelli das volle Potential des menschlichen Körpers als Ausdrucksträger. Mit dieser durchaus manieristischen Figurenbildung beeinflusste er Künstler der nachfolgenden Generation, allen voran Michelangelo (1475–1564). GM

1. Luca Signorelli: Die Verdammten, um 1500/02. Fresko. Orvieto, Dom, Cappella Nova

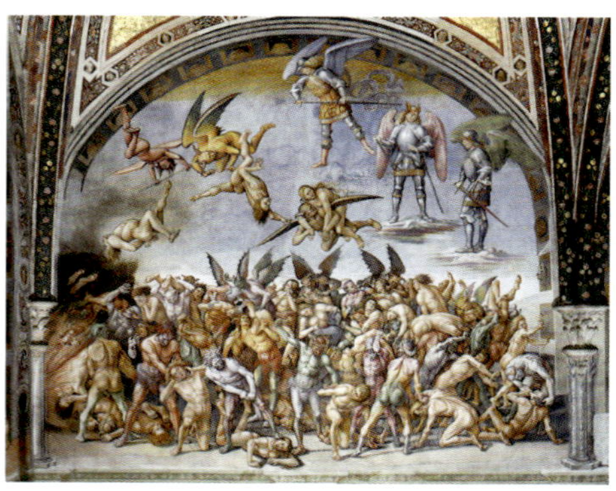

Anmerkungen

1 Siehe auch die Angaben von Lorenza Melli zu den gegriffelten Hilfslinien auf der Rückseite des Blattes (Melli 2006, S. 189).
2 Die unterschiedliche Farbigkeit beider Seiten beruht auf einer stärkeren Beimischung von Knochenweiß auf der Vorderseite, siehe den Beitrag von Lorenza Melli im vorliegenden Band, S. 39.
3 Morelli 1880, S. 256. Zu dem Zyklus in Orvieto siehe bes. Roettgen 1997, S. 384–421; Delogu 2012 und Henry 2012, S. 175–209.
4 Für einen allgemeinen Überblick zu Signorellis Figurenstudien siehe Van Cleave 1998, zu den Zeichnungen für die Cappella Nova siehe Van Cleave 1996 und Henry 2012, S. 200–208.
5 Martindale 1961; zu der Dresdener Zeichnung ebd., S. 219, Anm. 13. Siehe auch Melli 2001, S. 390 mit Abb. auf S. 392 und Melli 2006, S. 190.

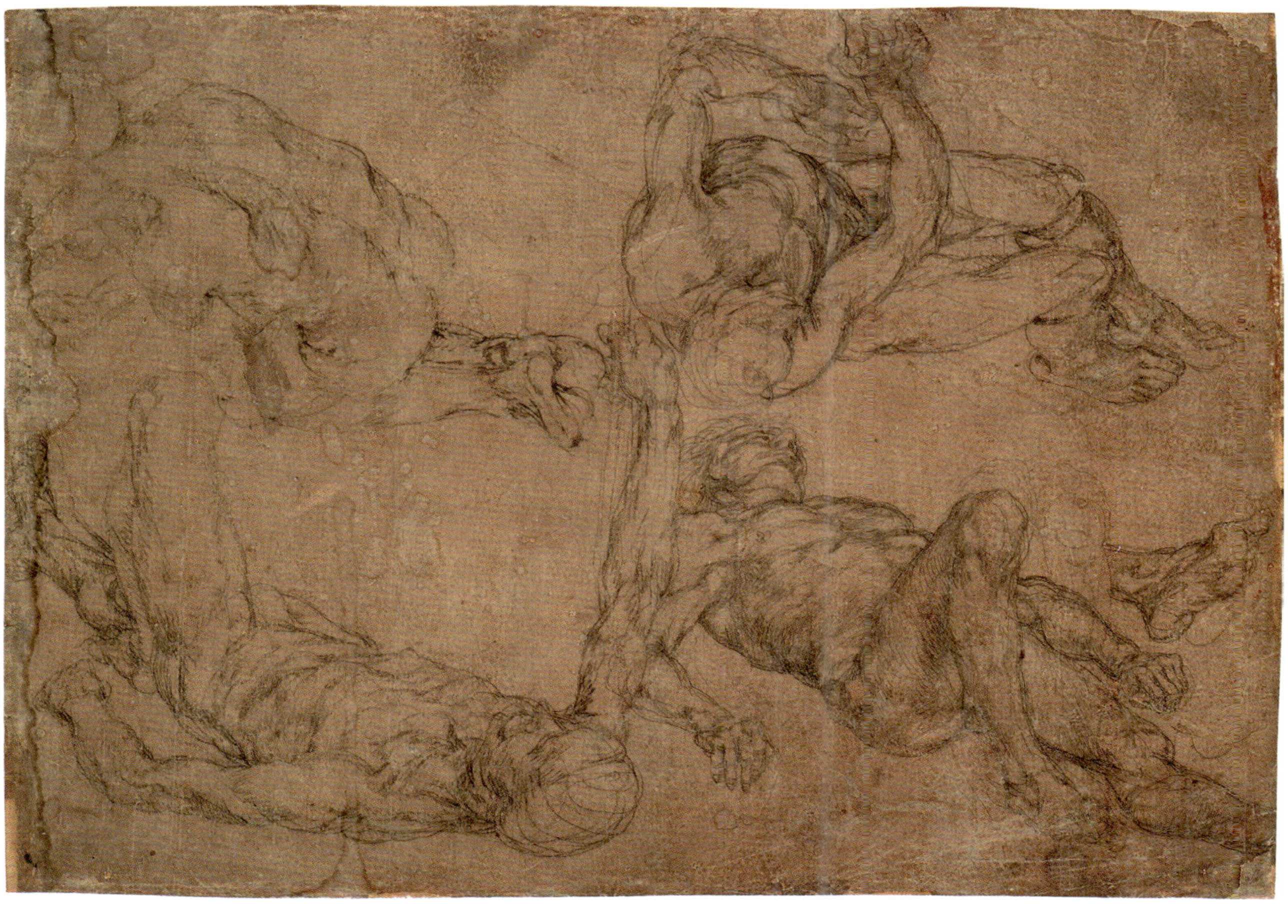

30 recto

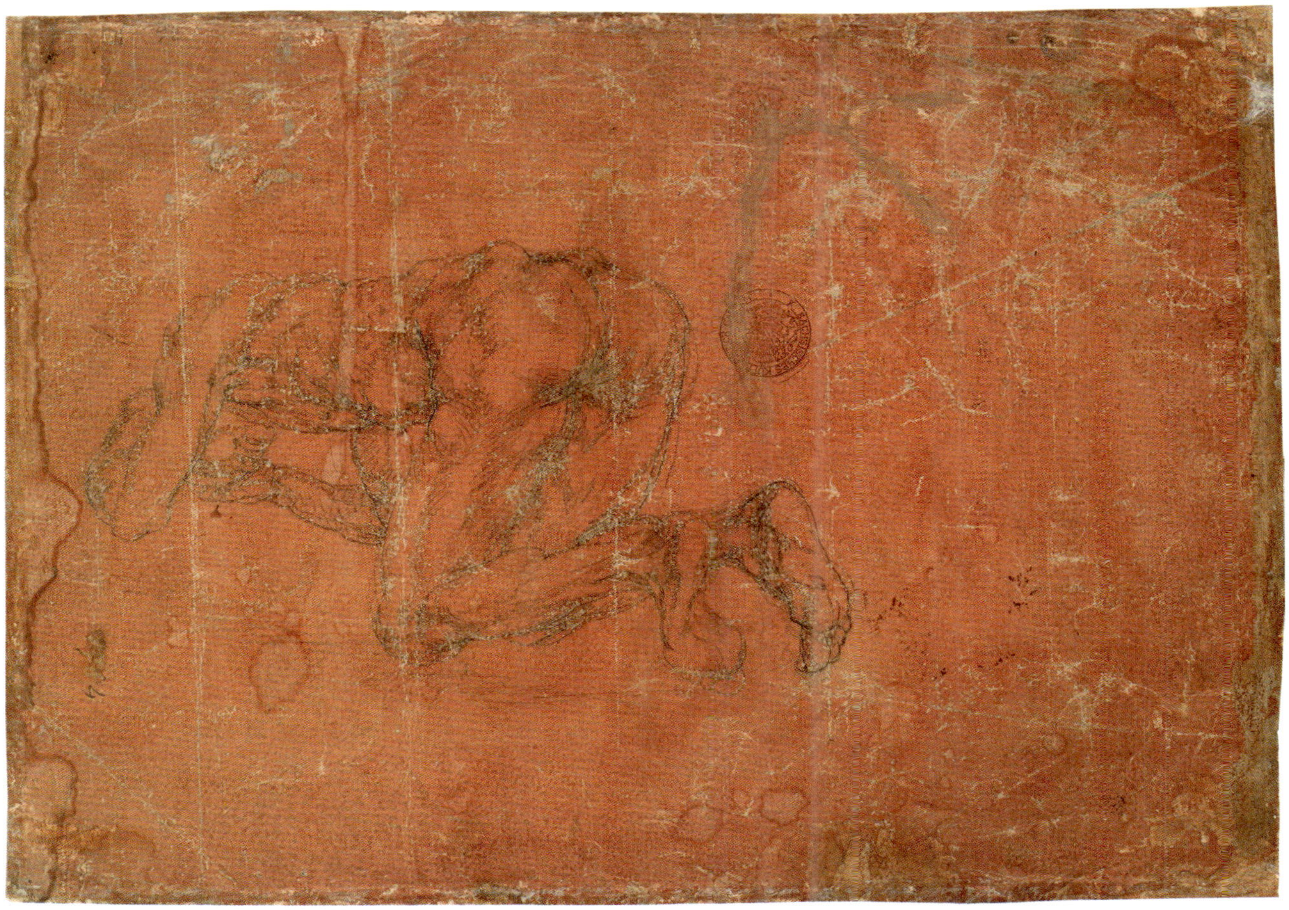

30 verso

31–32 LUCA SIGNORELLI (Werkstatt)

Cortona um 1441 oder 1450–1523 Cortona

Bemalter Pilaster: Der Erzengel Raphael mit Tobias, der heilige Hieronymus und der heilige Bernhardin von Siena

Pappelholz, mit integrierter Rahmung
168,5 × 18,0 × 3,3 cm; 130,0 × 11,0 cm (Bildmaß)
Gemäldegalerie Alte Meister, Gal.-Nr. 36

Bemalter Pilaster: Der heilige Bernhard von Clairvaux (?), der heilige Onuphrius und die heilige Elisabeth von Ungarn

Pappelholz, mit integrierter Rahmung
168,5 × 18,0 × 3,3 cm; 130,0 × 11,0 cm (Bildmaß)
Gemäldegalerie Alte Meister, Gal.-Nr. 37

Literatur: Waagen 1875, S. 141 (als Luca Signorelli); Hübner 1876, S. 460, Nr. 2384 (als Luca Signorelli); Vischer 1879, S. 262 (als Luca Signorelli); Woermann 1887, S. 37 f., Gal.-Nr. 36 und Gal.-Nr. 37 (als Luca Signorelli); Posse 1929, S. 15 f., Gal.-Nr. 36 und Gal.-Nr. 37; Kanter/Henry 2002, S. 166 f. (als Luca Signorelli?); Marx 2006/07, Bd. 2, S. 490, Gal.-Nr. 36 und Gal.-Nr. 37

siehe auch Best.-Verz. G 52 und G 53

Luca Signorelli stammte aus der toskanischen Stadt Cortona. Dem Kunstschriftsteller Giorgio Vasari zufolge war er ein Schüler Piero della Francescas. Um 1482/83 schuf Signorelli in direkter Zusammenarbeit mit den führenden Malern Umbriens und der Toskana zwei Fresken in der Sixtinischen Kapelle.[1] Die Wandmalereien mit Darstellungen der Auferstehung des Fleisches am Jüngsten Tag und der Verdammten im Dom von Orvieto in Umbrien (1499–1504) gelten als berühmtestes Werk des Malers. Aufgrund der Ausdruckskraft der an künstlerischen Einfällen reichen Fresken mit ihren drastisch wiedergegebenen Figuren wird Signorelli seit Giorgio Vasari als ein Vorbild für den ungleich berühmteren Michelangelo angesehen.[2]

Die Rahmenpilaster in Dresden schmückten ursprünglich die Seiten eines Altarbildes, das vermutlich verloren ist.[3] Signorelli war für die großen Orden in der Toskana tätig.[4] Der Altar könnte für eine Franziskanergründung gedacht gewesen sein, da der Franziskanerheilige Bernhardin von Siena auf einem der Pilaster zu sehen ist. Bei dem Mönch in der weißen Kutte handelt es sich wohl um Bernhard von Clairvaux, was wiederum ein Hinweis auf einen Zisterzienserauftrag sein könnte.[5] Bei Gustav Friedrich Waagen findet sich eine Erwähnung, dass die Pilaster mit einer Kreuzabnahme in einer Kirche San Donnino in Zusammenhang stünden.[6] Julius Hübner verortet die Kirche in Florenz, womit er die Kirche San Donnino in Campi Bisenzio bei Florenz meinen könnte.[7] Da Signorelli länger in Volterra wirkte, kommt Laurence Kanter und Tom Henry zufolge als möglicher Herkunftsort der Dresdener Tafeln »die Kirche San Donnino in Villamagna bei Volterra« in Frage.[8] Kanter und Henry beziehen sich höchstwahrscheinlich auf die Familienkapelle der von Baldassare Peruzzi erbauten Villa des bedeutenden Humanisten und Klerikers Mario Maffei (1459–1537),[9] da es eine Kirche mit dem Donnino-Patrozinium in Villamagna bei Volterra nicht gibt.

Neben dem Aufstellungsort sind auch Eigenhändigkeit und Datierung der bemalten Pilaster umstritten. In der neuesten Literatur werden sie überwiegend als Werkstattarbeiten angesehen.[10] Die Faltenbildung am Gewand des Hieronymus ist Kanter und Henry zufolge charakteristisch für die Arbeiten der späten 1480er oder frühen 90er Jahre.[11] Vergleichbare Falten finden sich aber auch noch in Werken, die auf das erste Jahrzehnt des 16. Jahrhunderts datiert werden (Vgl.-Abb. 1).[12] Im Unterschied zu Signorellis Fresken und den monumentalen Altarwerken erscheinen die Figuren in Bezug auf den Grad der künstlerischen Ausarbeitung einfacher aufgefasst, was auch damit zusammenhängt, dass auf den extrem schmalen Bildflächen wenig Raum zur Verfügung stand. Der Prozess der Bildfindung wird in den Infratrotaufnahmen sichtbar: Ursprünglich sollte der heilige Bernhard einen weitaus größeren Stab in der Hand halten. Bei Onuphrius erscheint in der mit dem Pinsel angelegten Unterzeichnung rechts am Bildrand ein Efeublatt, das nicht in der Malerei ausgeführt wurde. SL

1. Luca Signorelli: Die heiligen Eligius und Antonius, Prozessionsbanner, 1505–1507. Leinwand, 212,0 × 157,0 cm. Sansepolcro, Museo Civico

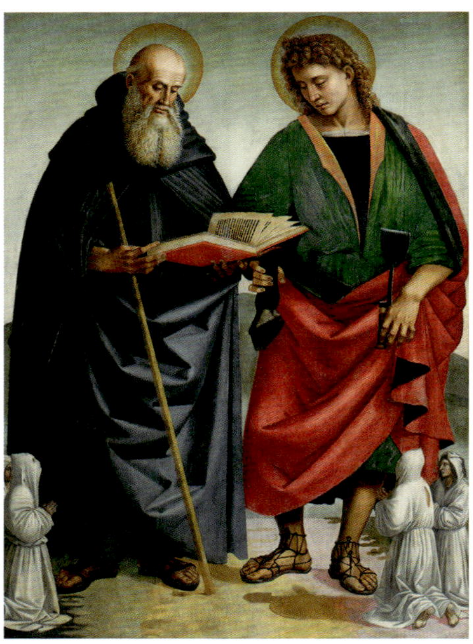

Anmerkungen

1 Paolucci 1990, S. 15.
2 Vasari/Gründler/Wenderholm 2012, S. 73; Vischer 1879; Gaier 2007, S. 19.
3 Kanter/Henry 2002, S. 166.
4 Paolucci 1990, S. 66.
5 Kanter/Henry 2002, S. 166.
6 Waagen 1875, S. 141.
7 Hübner 1876, S. 460; zu der Kirche vgl. Simari 2010.
8 Kanter/Henry 2002, S. 167.
9 Vgl. Benedetti 2007.
10 Zur Forschungsgeschichte siehe Kanter/Henry 2002, S. 167.
11 Ebd.
12 Vgl. ebd., S. 211 f.

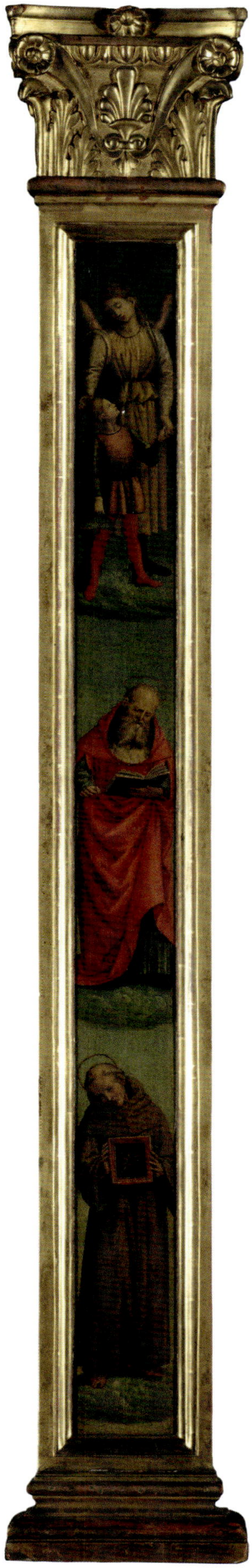

31

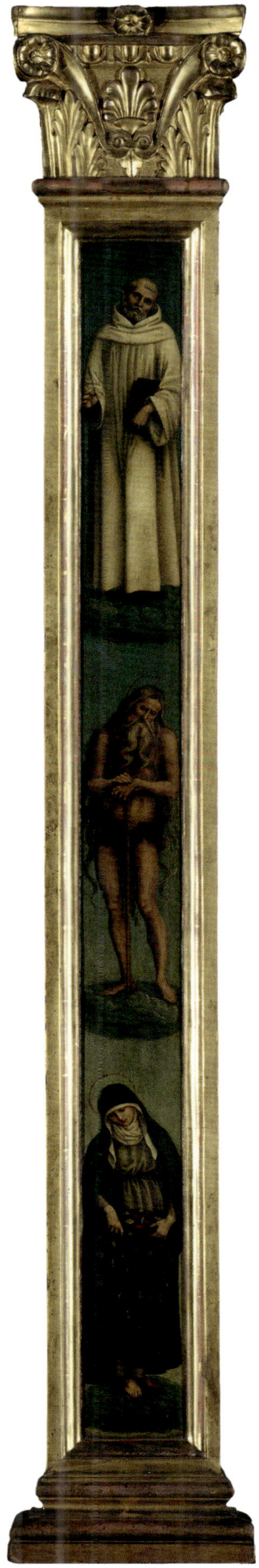

32

33 PERUGINO (Nachfolger)

Città della Pieve um 1450–1523 Perugia

Zwei Apostel (nach der »Verklärung Christi« von Perugino im Collegio del Cambio in Perugia) | um 1500/05

Feder in Braun über Spuren von schwarzer Kreide
189 × 273 mm
Kupferstich-Kabinett, Inv.-Nr. C 154
Literatur: Melli 2006, S. 204–207, Kat.-Nr. 41 (mit der früheren Literatur)
siehe auch Best.-Verz. Z 41

Diese sorgfältig ausgeführte Federzeichnung gibt die Apostel Johannes und Petrus wieder, wie sie Perugino 1496–1500 in der Sala di Udienza des Peruginer Collegio del Cambio (vgl. auch Z 40; Kat.-Nr. 29) freskiert hat.[1] Die beiden erstaunt aufblickenden Gefährten Jesu finden sich dort in der Darstellung der »Verklärung« (Vgl.-Abb. 1). Fresko und Zeichnung entsprechen einander bis hin zu Details. Nur kleinere Unterschiede lassen sich feststellen, wie etwa die in der Zeichnung fehlenden Nimben oder der abweichende Halsausschnitt an der Kleidung Petri.

Angesichts der akkuraten und sicheren Strichführung ist kaum davon auszugehen, dass Perugino auf diesem Blatt seine Komposition für das Fresko entwickelte. Vielmehr handelt es sich, wie schon Giovanni Morelli vermutete, um eine Kopie.[2] In Anbetracht der geringfügigen Divergenzen zwischen Zeichnung und Fresko muss offen bleiben, ob das fertig ausgeführte Wandbild oder ein Entwurf des Meisters als Muster diente.[3]

Man kennt viele Zeichnungen nach Kompositionen, Einzelfiguren und Figurengruppen von Perugino, die zeitgleich mit ihren Vorbildern oder wenig später entstanden sein dürften.[4] Neben den Dresdener Aposteln der »Verklärung« zählt auch die Metallstiftzeichnung einer Maria der Verkündigung zu dieser Gruppe (Z 42). Derartige Kopien unterstreichen die Bedeutung Peruginos, der mit seinen Mitarbeitern in den beiden letzten Jahrzehnten des 15. Jahrhunderts eine enorme Anzahl wichtiger Aufträge übernahm. Dass sein Ruhm wenig später hinter dem seines Schülers Raffael verblasste, hat den Blick auf sein Œuvre lange Zeit beeinträchtigt. Dazu kam die Demontage durch Giorgio Vasari, der Peruginos effiziente Werkstattorganisation als Ausdruck einer materialistischen Geisteshaltung schmähte und bemängelte, dass die Figurentypen aus dem Repertoire des Meisters wiederholt zum Einsatz gelangten.[5] Von der modernen Kunstgeschichtsschreibung rehabilitiert, erfuhr Perugino in jüngerer Zeit eine Neubewertung, was seine stilbildende Kraft und die Systematik seiner Vorgehensweise betrifft. So ist diese gerade in ihrer »arbeitsteiligen Umsetzung und in der seriellen Wiederholung von Figuren und Kompositionstypen [...] aus heutiger Sicht von berückender Modernität«, wie es Rudolf Hiller von Gaertringen ausdrückte.[6]

Zum Inventar von Künstlerateliers gehörten in der Renaissancezeit üblicherweise Kopien nach Bilderfindungen des Meisters, die den Mitarbeitern als Richtschnur, Vorlage und Übungsmaterial dienten. In der Werkstatt von Perugino scheinen sie eine besonders wichtige Rolle gespielt zu haben, wie die Vielzahl überkommenener Beispiele nahelegt. Die konkrete Funktion dieser Blätter und insbesondere ihre Verwendung bei der Wiederholung von Bildideen bleibt freilich schwer fassbar.[7] Neben dem praktischen Nutzwert innerhalb des Ateliers dürften die Zeichnungen dazu gedient haben, den Stil des erfolgreichen Künstlers weithin bekannt zu machen - ein Ziel, das Raffael wenig später konsequent durch die Zusammenarbeit mit dem Kupferstecher Marcantonio Raimondi (vgl. Z 9; Kat.-Nr. 43) verfolgen sollte.[8] GM

1. Perugino: Die Verklärung Christi, 1496–1500. Fresko. Perugia, Collegio del Cambio, Sala di Udienza

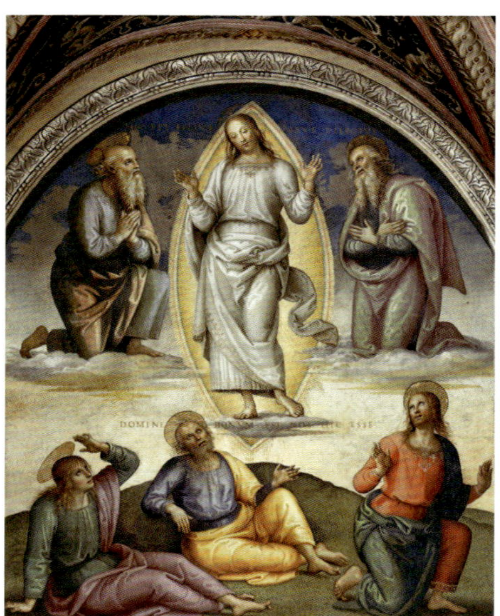

Anmerkungen

1 Zum Projekt siehe Roettgen 1997, S. 254–277.
2 Morelli 1891, S. 367.
3 In diesem Sinne auch Melli 2006, S. 206 mit weiterführenden Überlegungen.
4 Bisher existiert keine systematische Überschau; zu Zeichnungen aus Peruginos Umfeld, die im Zusammenhang der Peruginer Sala di Udienza stehen, siehe Roettgen 1997, S. 261 f. (ohne Erwähnung des Dresdener Blattes); zu vergleichbaren Zeichnungen aus dem Kreis Peruginos allgemein siehe Melli 2006, S. 206.
5 Dazu bes. Hiller von Gaertringen 2011.
6 Ebd., S. 125; zu Peruginos Arbeitsweise siehe auch O'Malley 2013, S. 174–186.
7 Was die Übertragung von Figurentypen betrifft, arbeitete Perugino ausgiebig mit Kartons. Dazu grundlegend Hiller von Gaertringen 1999.
8 In diesem Sinne bereits Sylvia Ferino Pagden in: Best.-Kat. Venedig 1984, S. 147.

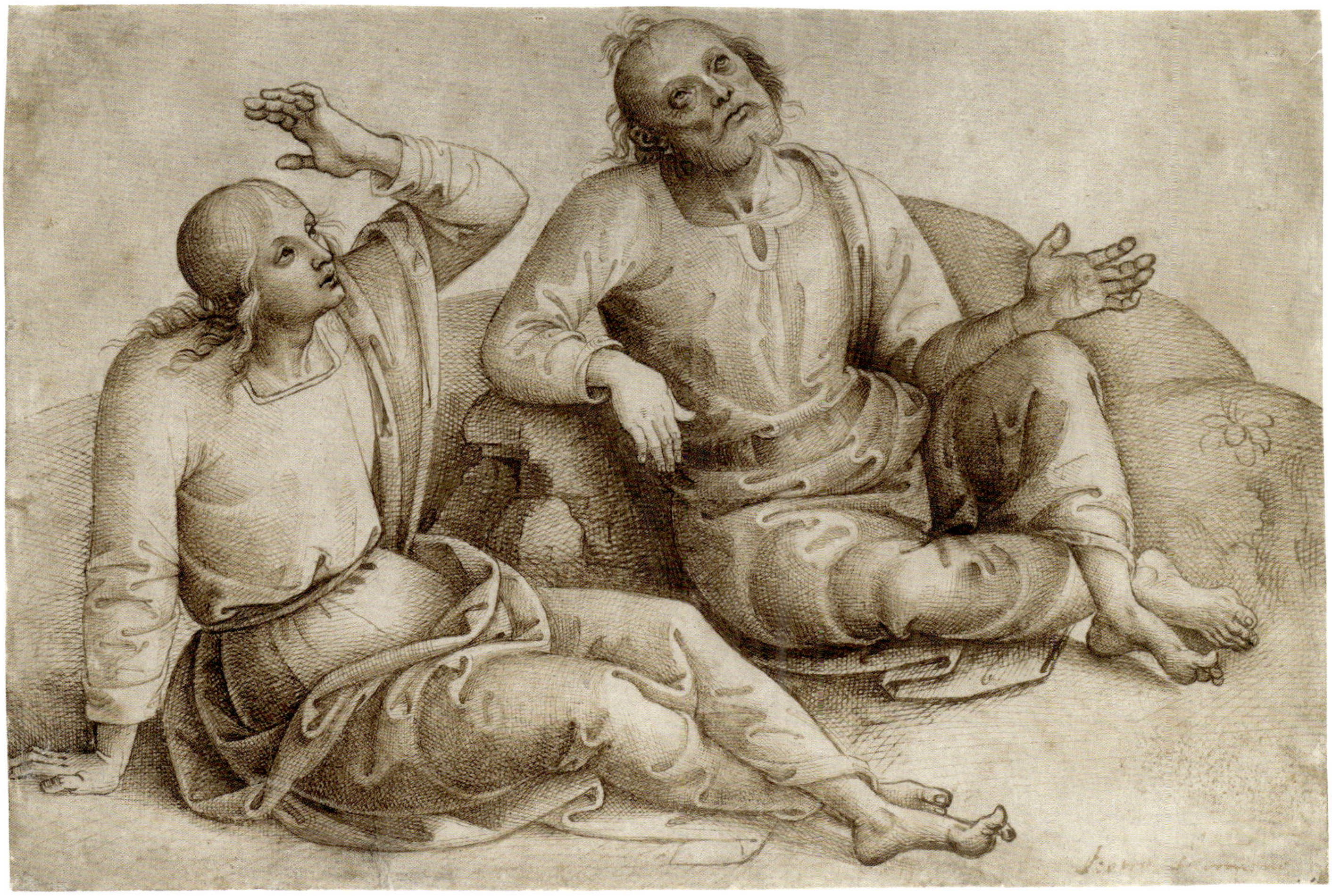

34 RAFFAEL (mit späteren Retuschen)
Urbino 1483–1520 Rom
Der Erzengel Michael | um 1503/04
Feder in Braun, braun laviert, auf braun laviertem Papier; die Zeichnung wurde bei einer späteren Restaurierung mit schwarzer Kreide übergangen, entlang der Konturen ausgeschnitten und auf beigefarben laviertem Papier aufgezogen
282 × 172 mm (größte Maße der ausgeschnittenen Zeichnung); 294 × 185 mm (Unterlagepapier)
Kupferstich-Kabinett, Inv.-Nr. C 151
Literatur: Melli 2006, S. 212–216, Kat.-Nr. 43 (als nach Raffael?, um 1502/04)
siehe auch Best.-Verz. Z 43

Das Blatt galt als anonyme Arbeit der umbrischen Schule, bis die von späteren Überarbeitungen verunklärte Zeichnung 2006 als ein mögliches Frühwerk Raffaels eine Neubewertung erfuhr.[1] In Fortschreibung der damaligen Argumentation kann diese Zuweisung nun bestätigt werden.

Dargestellt ist der Erzengel Michael als Sieger über den Teufel: Er erscheint in römischer Rüstung mit Schwert und Schild, während sich zu seinen Füßen ein gehörnter Dämon in Menschengestalt windet. Die Zeichnung ist mit Feder in Braun ausgeführt und braun laviert. Ihre Hauptlinien hat man später mit schwarzer Kreide übergangen, wie die Infrarotreflektographie zeigt (vgl. Abb. zu Z 43, S. 179).[2] Im Rahmen dieser Überarbeitung wurde die Figurengruppe außerdem entlang der Umrisslinien ausgeschnitten und auf Papier aufgezogen. Mithilfe einer UV-Aufnahme lässt sich eine Vorstellung vom Originalzustand der Darstellung gewinnen (vgl. die Abb. zu Z 43, S. 179). Wie es scheint, ist die Komposition selbst unverändert, wenngleich beschnitten - wovon die fehlenden Gliedmaßen des Teufels zeugen. Dafür besitzt dieser heute drei Arme, was auf die Missdeutung eines Flügels oder des gewundenen Schwanzes durch den anonymen Restaurator zurückgehen dürfte.

Der jugendliche Erzengel tritt auf die Brust seines Widersachers und konzentriert seine ganze Kraft auf das gezückte Schwert. Im gesenkten Schild ist die energische Angriffsbewegung vorweggenommen, die den Liegenden im nächsten Moment treffen wird. Diese Bilderfindung entspricht Raffaels Themenspektrum zu Beginn des 16. Jahrhunderts, und sie spiegelt zahlreiche seiner formalen Lösungen. So ruft die Darstellung den von Signorellis Fresken in Orvieto (siehe Kat.-Nr. 30, Vgl.-Abb. 1) angeregten Dämon in Raffaels »Krönung des heiligen Nikolaus von Tolentino« (1500/01) ins Gedächtnis.[3] Der thematische Bezug ist bei zwei im Louvre befindlichen Tafelbildern gegeben, die den heiligen Michael beziehungsweise den heiligen Georg zeigen. Höchstwahrscheinlich wurden diese zwischen 1503 und 1505 für den Hof der Montefeltro-Della Rovere in Urbino ausgeführt.[4] Der gemalte heilige Michael (Vgl.-Abb. 1) und sein gezeichnetes Pendant tragen - vom Brustharnisch abgesehen - die nahezu gleiche militärische Rüstung mit einem nach hinten flatternden Gewand. Obwohl die Figuren formal ähnlich gestaltet sind, entwickelt die Bewegung bei der Zeichnung einen statischen und beim Gemälde einen dynamischen Charakter. Generell äußert sich in der Zeichnung eine andere künstlerische Ausdrucksweise, die noch mehr der umbrischen Linienführung Peruginos (vgl. G 35, 36 und Z 41; Kat.-Nr. 33) beziehungsweise bei der Teufelsfigur dem Vorbild Signorellis verpflichtet ist (vgl. Z 37; Kat.-Nr. 30).

Das Blatt kann entsprechend im Zusammenhang mit einer verlorengegangenen Bilderfindung Raffaels stehen. In Frage käme eine Vorgängerversion oder eine Variante des Gemäldes im Louvre. In diesem Kontext ist auch die annähernd gleiche Größe der Heiligenfigur in der Zeichnung und im Gemälde anzumerken.[5] Darüber hinaus hat Raffael in seiner Frühzeit häufig die Technik der lavierten Federzeichnung eingesetzt, wenn er Gemälde vorbereitete.[6] All diese Aspekte sprechen dafür, dass unter den Überarbeitungen des Dresdener Blattes ein Werk von der Hand des jungen Raffael liegt, das im Rahmen seiner malerischen Aktivitäten in Urbino um 1503/04 entstanden ist. LM

1. Raffael: Der Erzengel Michael, um 1503/05. Öl auf Pappelholz, 30,9 × 26,5 cm. Paris, Musée du Louvre, Inv.-Nr. 608

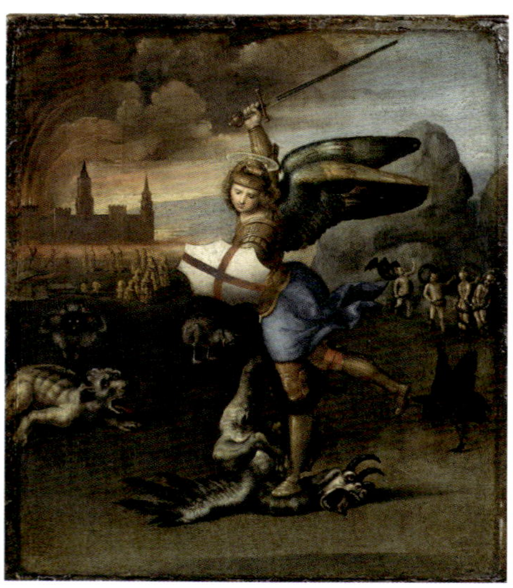

Anmerkungen

1 Melli 2006, S. 212–216, Kat.-Nr. 43.
2 Für genauere Angaben siehe den Beitrag von Lorenza Melli im vorliegenden Band, S. 39.
3 Den Dämon hat Raffael in einer Studie vorbereitet: Paris, Musée du Louvre, Département des Arts graphiques, Inv.-Nr. 3870 v; siehe Knab/Mitsch/Oberhuber 1983, S. 556, Kat.-Nr. 15. Die im Kontrapost mit gebeugtem Oberkörper gegebene Figur des Engels erinnert z. B. an die Engel im Dreifaltigkeitsfresko (1505) in der Cappella di San Severo in Perugia. Das Sujet des Soldaten findet sich auch in Raffaels »Traum des Ritters« in der Londoner National Gallery (um 1504).
4 Siehe Tom Henry in: Ausst.-Kat. London 2004/05, S. 134–137, Kat.-Nr. 33 f.
5 Gemessen jeweils vom Fuß bis zur in die Höhe gehobenen Hand: 225 mm in der Zeichnung und 230 mm im Gemälde.
6 So etwa in den Kartons für die Fresken der Biblioteca Piccolomini in Siena (1502/03).

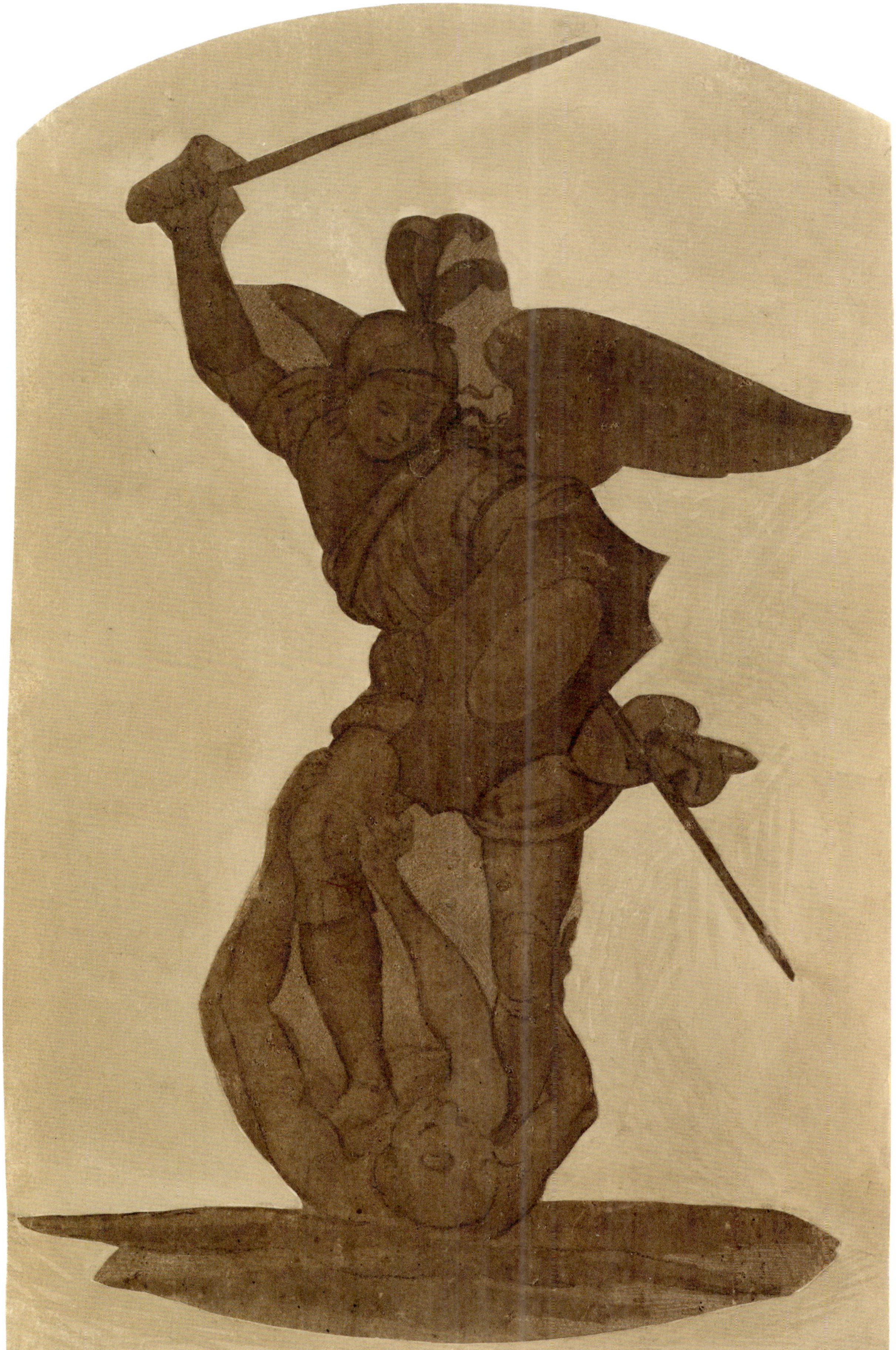

35–36 ERCOLE DE' ROBERTI
Ferrara um 1455–1496 Ferrara

Gefangennahme Christi | 1482/86
Pappelholz
35,2 × 118,0 cm
Gemäldegalerie Alte Meister, Gal.-Nr. 46

Christi Gang nach Golgatha | 1482/86
Pappelholz
35,2 × 118,0 cm
Gemäldegalerie Alte Meister, Gal.-Nr. 45
Literatur: Riedel/Wenzel 1765, Innere Galerie, S. 179, Nr. 58 und Nr. 59 (als Ercole Grandi); Hübner 1856, S. 100, Nr. 129 und Nr. 130 (als Ercole Grandi); Woermann 1887, S. 40 f., Gal.-Nr. 45 und Gal.-Nr. 46; Posse 1929, S. 19–21, Gal.-Nr. 45 und Gal.-Nr. 46; Kat. Dresden 1979, S. 277 f., Gal.-Nr. 45 und Gal.-Nr. 46; Manca 1992, S. 126–129, Nr. 14a und Nr. 14b; Kat. Dresden 1992, S. 323 f., Gal.-Nr. 45 und Gal.-Nr. 46; Ausst.-Kat. Ferrara/Dresden 2002/03, S. 91–94, Kat.-Nr. 5 und Kat.-Nr. 6; Marx 2006/07, Bd. 1, S. 188 f., Bd. 2, S. 435, Gal.-Nr. 45 und Gal.-Nr. 46
siehe auch Best.-Verz. G 41 und 42

Ercole de' Roberti, wahrscheinlich ein Schüler von Francesco del Cossa, zählt zu den wichtigsten Künstlern der Ferrareser Malerei seiner Zeit. Anfang der 1480er Jahre arbeitete er in Bologna, bis er 1486 als Hofmaler von Ercole I. d' Este nach Ferrara zurückkehrte. Aus seinen Bologneser Jahren stammen die beiden Dresdener Predellen. Sie zeigen den für ihn so typischen expressiven, stark zeichnerisch geprägten Charakter der Figurenauffassung.

Die Darstellung der Gefangennahme Christi vereint simultan zwei verschiedene Szenen: links das Gebet des Gottessohns im Garten von Gethsemane, rechts seine Gefangennahme. Wie das Neue Testament belegt, geleitete Christus nach dem Abendmahl seine Jünger zu einem Garten in Gethsemane. Während die Jünger vom Schlaf übermannt wurden, richtete er im Wissen um die kommende Passion drei Mal sein Gebet an Gott: »Mein Vater, ist's nicht möglich, dass dieser Kelch von mir gehe, ich trinke ihn denn, so geschehe dein Wille!« (Mt 26,42). Lukas bezeugt, dass Christus ein Engel erschien, der ihn stärkte. Unmittelbar im Anschluss schildern die Evangelien die Gefangennahme Christi. Den Quellen gemäß zeigt der Künstler die bewaffnete Menge, mit der Judas zum Garten Gethsemane kommt (Kat.-Nr. 35). Überaus ausdrucksstark hat Ercole de' Roberti ihren Zorn und Tatendrang in Gestik und Mimik eingezeichnet. Im Zentrum der bewegten Szene ist Judas zu sehen, der Christus als Erkennungszeichen einen Kuss gibt. Zudem schildert der Künstler den wütenden Petrus, wie er im Begriffe ist, Malchus, einem Knecht des Hohepriesters, ein Ohr abzuschlagen.

Auf der zweiten Predellentafel wird eine nicht minder dramatische Szene entfaltet. Im Gegensatz zur »Gefangennahme«, wo die von links und rechts heraneilenden Schergen auf die zentrale Gruppe von Christus und Judas treffen und somit den Gottessohn auch wirkungsästhetisch umstellen, wird der Weg nach Golgatha von einem Menschenstrom geschildert, der in seiner steten Bewegung nach links Christus mit sich zerrt (Kat.-Nr. 36). Geschickt hat der Künstler ein retardierendes Moment eingebaut. Entgegen dem unerbittlichen Fortgang zur Kreuzigungsstätte dreht sich Christus zurück zur Gruppe der drei Marien, in der die Gottesmutter ohnmächtig zusammensinkt. Diese widerstreitenden Ausrichtungen verleihen der Szene eine zusätzliche Spannung.

Die beiden Tafeln werden als Teile einer Predella identifiziert, die Vasari in der Bologneser Kirche San Giovanni in Monte erwähnt.[1] 1750 wurden sie durch die Vermittlung des Monsignore Luigi Crespi, Domherr von Santa Maria Maggiore in Bologna, von Pietro Guarienti für die Königliche Sammlung Augusts III. angekauft. Interessanterweise ist dabei eine weitere Tafel aus dieser Predellenzone nicht miterworben worden (Vgl.-Abb. 1).[2] Ursprünglich fungierte die »Beweinung Christi« als mittlere Tafel der Predella, flankiert von den beiden Dresdener Bildern. Predellen, die die Sockelzone eines Altarretabels bilden und sich somit direkt über dem Altar erheben, besaßen in ihrem Zentrum sehr oft eine Darstellung, die den Tod Christi thematisiert. Oftmals wird die Kreuzigung gezeigt, häufig aber auch der Schmerzensmann oder eine Pietà. Die Darstellung des toten Christus bezog sich dabei auf die Hostie, die sich im Zuge der Messfeier in den Leib des Herrn verwandelt.

AH

1. Ercole de' Roberti: Pietà, um 1483/86. Tempera auf Holz, 34,3 × 31,3 cm. Liverpool, Walkers Art Gallery, Inv.-Nr. WAG2773

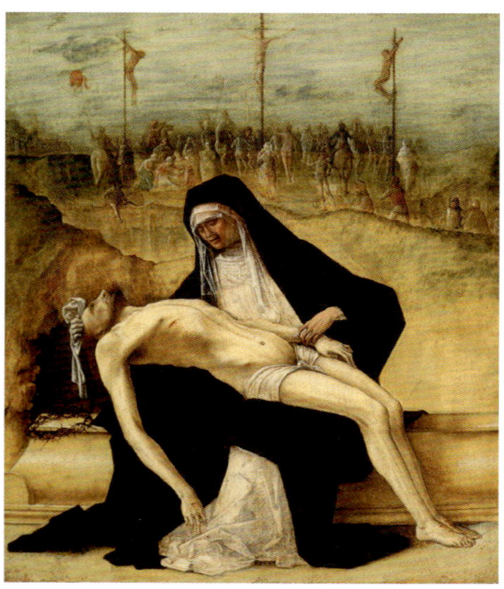

Anmerkungen

1 Bettarini/Barocchi 1966–1997, Bd. 3 (1971), S. 422. Lorenzo Costas vor Ort befindliches Altarbild (»Marienkrönung mit Heiligen«) wurde allerdings erst 1501 fertiggestellt, sodass die ursprüngliche Verwendung von Ercole de' Robertis Predellentafeln nicht geklärt ist.
2 Manca 1992, S. 129 f., Nr. 14c.

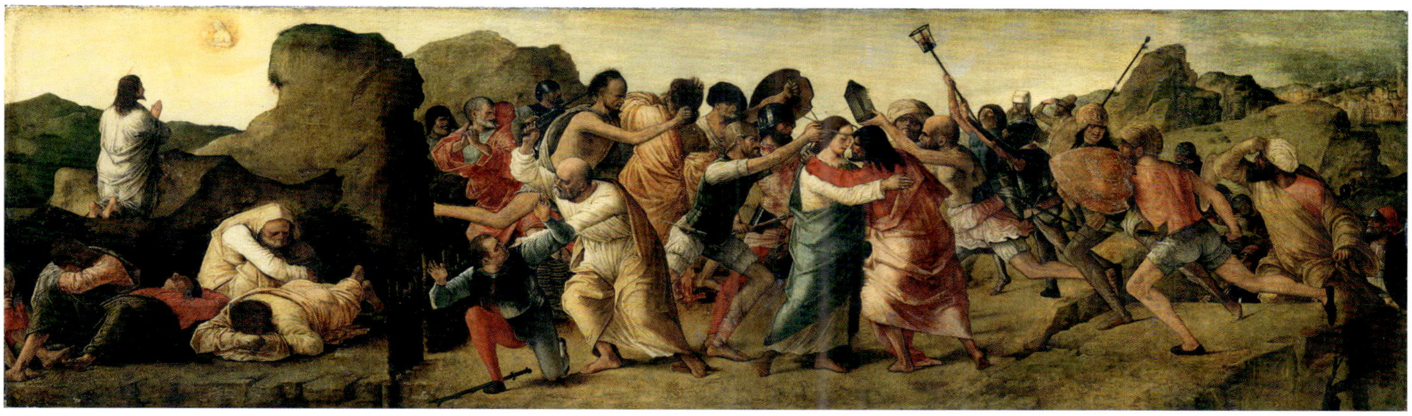

35

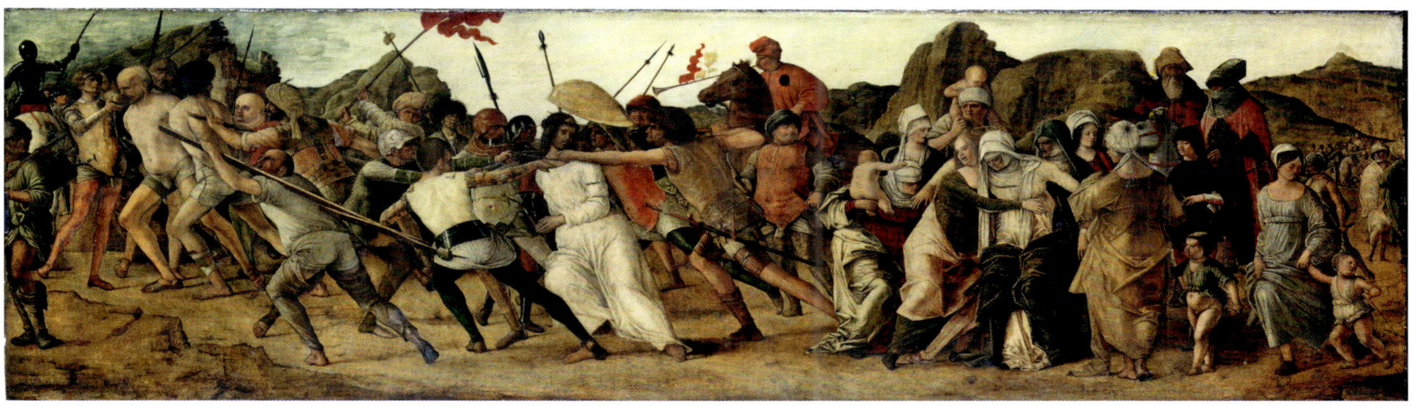

36

37 BERNARDINO DA PARENZO

Poreč/Kroatien um 1450–um 1496 Padua

Mann, einen Widder auf dem Rücken tragend | um 1480

Feder in Braun; untere Ecken ergänzt

261 × 180 mm

Kupferstich-Kabinett, Inv.-Nr. C 1911-23

Literatur: Melli 2006, S. 46–49, Kat.-Nr. 5 (mit der früheren Literatur)

siehe auch Best.-Verz. Z 5

Die Zeichnung eines Mannes, der einen toten Widder auf dem Rücken trägt, wurde erstmals 1932 von Giuseppe Fiocco mit dem in Padua und Mantua tätigen Maler Bernardino da Parenzo in Verbindung gebracht.[1] Damit bewegt sich die Zuschreibung auf zwangsläufig unsicherem Gelände, denn Bernardinos Hauptwerk, die monochromen Fresken aus den 1490er Jahren im Kreuzgang von Santa Giustina in Padua, ist lediglich fragmentarisch erhalten. Was das zeichnerische Œuvre betrifft, so wird sein Name mit einer Gruppe von Blättern profanen Charakters verknüpft, die stilistisch zum Teil nur wenig gemein haben.[2]

Bernardinos Biographie weist Unschärfen auf, und über lange Zeit wurde seine Person mit einem gleichnamigen Augustinermönch vermengt.[3] Die künstlerischen Wurzeln dieses »Experten für Bilderfindungen antikischer Art«[4] scheinen im antiquarisch-gelehrten Umfeld der Universitätsstadt Padua zu liegen. Ob Bernardino dort wie Mantegna (vgl. G 34) eine Ausbildung bei Francesco Squarcione erhielt, muss offen bleiben. Alternativ wurde der Squarcione-Schüler Giorgio di Tomaso Schiavone (um 1433/36–1504) als möglicher Lehrmeister vorgeschlagen. Denkbar wäre, dass Bernardino durch seinen Landsmann Schiavone Charakteristika der Paduaner Kunst kennenlernte, bevor er selbst in dieser Stadt sein Glück suchte.[5] Mit seiner Vorliebe für Antikenzitate und markante plastische Effekte fügt sich der Künstler jedenfalls ohne Weiteres in die Schar der »Squarcioneschi«.

Besonders ausgeprägt zeigen sich die Einflüsse Squarciones sowie des jungen Mantegna in einer Reihe von Federzeichnungen, der das Dresdener Blatt und eine Darstellung Merkurs in Bayonne (Vgl.-Abb. 1) angehören. Die Schraffurtechnik mit feinen, langgezogenen Linien wie auch das ähnliche Blattformat lassen auf einen unmittelbaren Zusammenhang schließen. Lorenza Melli deutete diese homogene Gruppe als frühe Werke des Künstlers aus den 1480er Jahren. Durch die zeitliche Einordnung vermochte sie die stilistische Abweichung von den mutmaßlich späteren Zeichnungen zu erklären, die sich stärker auf den Mantegna der Mantuaner Jahre beziehen.[6] Für Blätter aus dem genannten Werkkomplex wurden jedoch auch anderslautende Zuschreibungen vorgebracht, sodass weiterführende Forschungen wünschenswert sind. Inbesondere bestehen Probleme der Abgrenzung gegenüber dem Veroneser Maler und Miniator Liberale da Verona, unter dessen Namen die abgebildete Planetengottheit aktuell in Bayonne geführt wird.[7]

Bei dem Monogramm »S C« handelt es sich offenbar nicht um eine Künstlersignatur sondern um ein Kürzel antikischer Anmutung, wofür Bernardino eine besondere Vorliebe hegte. Einen analogen Schriftzug auf einer ihm zugeschriebenen Zeichnung im Berliner Kupferstichkabinett hat Hein-Th. Schulze Altcappenberg im Sinne der antiken Formel »Senatus Consultum« (»Senatsbeschluss«) interpretiert, die auf antiken Münzen allgegenwärtig ist (vgl. auch Z 7; Kat.-Nr. 38).[8] Weder bei dem Berliner Blatt noch bei vorliegender Zeichnung besteht ein erkennbarer Zusammenhang zum Bildinhalt, der im Fall des Dresdener Blattes zudem vage bleibt. Vermutlich darf man sich vorstellen, dass der grobschlächtige Bärtige den Widder soeben mit dem Messer getötet hat, welches nun am Boden liegt.

GM

1. Bernardino da Parenzo (?): Merkur als Planetengott, 1480er Jahre (?). Feder in Braun, 244 × 175 mm. Bayonne, Musée Bonnat-Helleu, Inv.-Nr. 1250 (andere Nr. NI 1646)

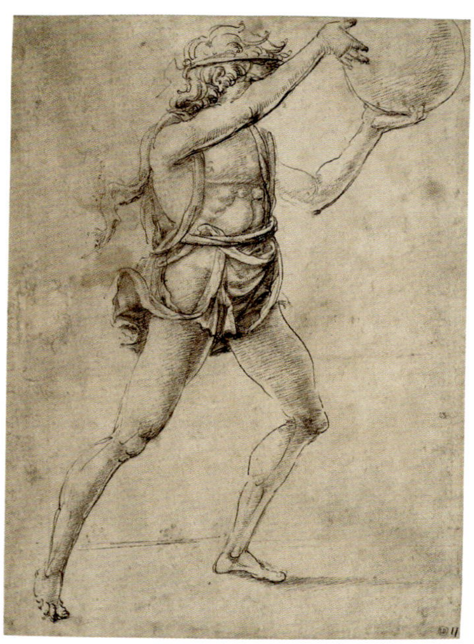

Anmerkungen

1 Fiocco 1932, S. 438.
2 Die Zahl der zugeschriebenen Blätter schwankt zwischen 13 und 43, siehe die Forschungsübersicht bei Melli 2006, S. 46.
3 Der Irrtum wurde aufgeklärt bei Billanovich 1969, bes. S. 201–224.
4 Giovanni Agosti nennt ihn einen »grande specialista di fantasie all'antica«, siehe Ausst.-Kat. Florenz 2001, S. 31.
5 Billanovich 1981, bes. S. 388–390 und 292 f.
6 Zu der Gruppe gleichartiger Zeichnungen siehe Melli 2006, S. 49.
7 Zu dieser Zeichnung siehe Best.-Kat. Bayonne 1960, Kat.-Nr. 59 (als Liberale da Verona?); siehe auch ebd., Kat.-Nr. 58, eine weitere Zeichnung von derselben Hand.
8 Hein-Th. Schulze Altcappenberg in: Best.-Kat. Berlin 1995, S. 234, Kat.-Nr. 105.

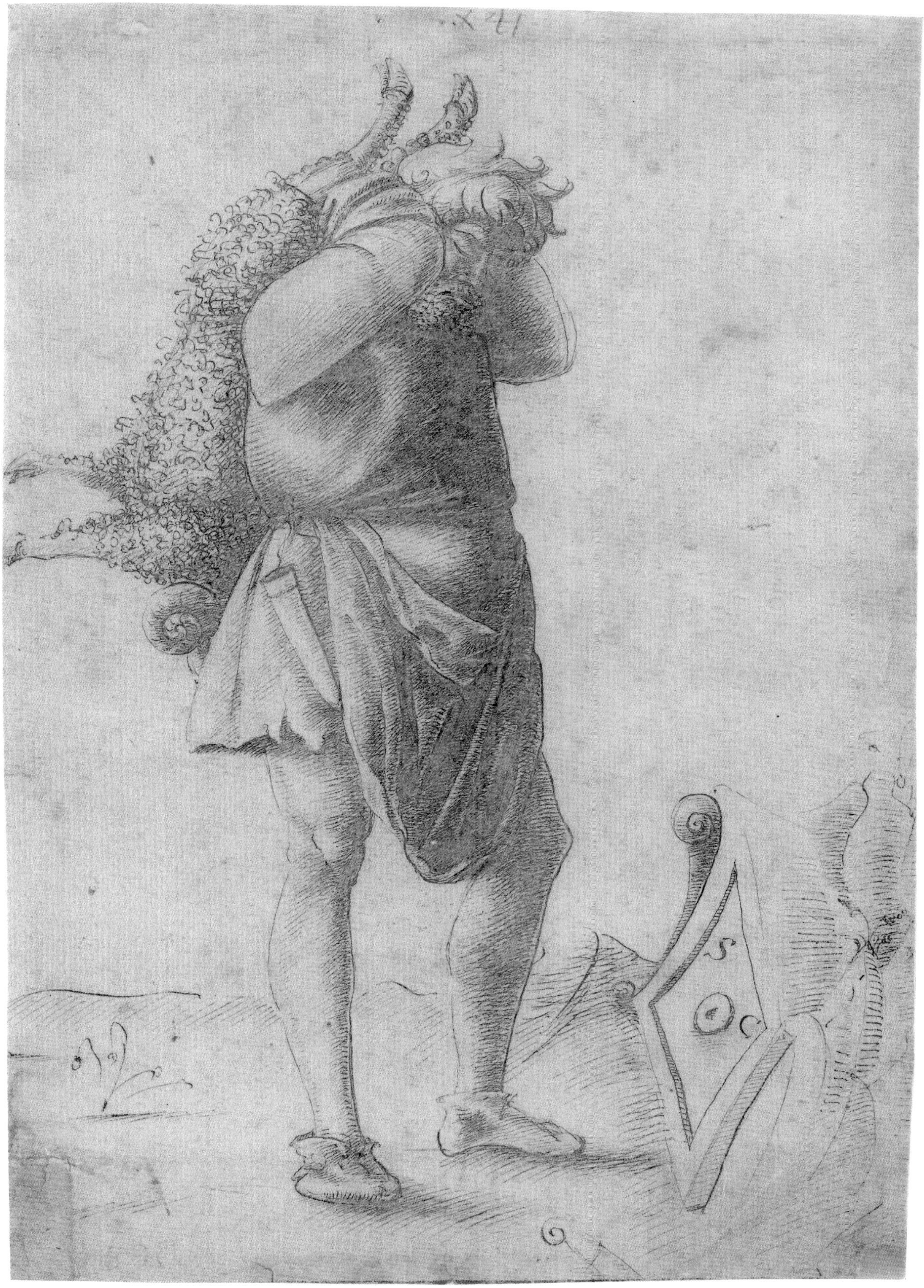

38 GIOVANNI MARIA FALCONETTO

Verona 1468–1535 Padua

Triumph eines römischen Kaisers | nach 1497

Metallstift, Feder in Braun, braun laviert, weiß und gelb gehöht, auf grau grundiertem Papier

135 × 176 mm

Kupferstich-Kabinett, Inv.-Nr. C 431

Literatur: Melli 2006, S. 54–56, Kat.-Nr. 7 (mit der früheren Literatur); Hans-Joachim Eberhardt in: Ausst.-Kat. Verona 2006/07, S. 335, unter Kat.-Nr. 94

siehe auch Best.-Verz. Z 7

Im Umgang mit dem antiken Erbe, seiner Aufarbeitung und humanistischen Interpretation erfüllten Zeichnungen im 15. und 16. Jahrhundert eine überaus wichtige Funktion.[1] Kaum eine andere Gattung ermöglichte Künstlern wie Auftraggebern eine solche Filterung, Objektivierung und Aneignung antiker Bild- und Architekturmotive, die sich in Italien an Monumenten und Ruinen erhalten hatten. Wie sehr das Nachzeichnen antiker Vorlagen und die Zusammenstellung leicht transportabler Bildkompendien als gängige Praxis der Zeit verbreitet war, überliefert eindrücklich der portugiesische Maler und Autor Francisco de Hollanda (1517-1585). Die eigene Beschäftigung mit der römischen Kunst beschreibend formulierte er in seinen 1548 veröffentlichten »Diálogos de Roma«: »Welche ewigen Bauten und Statuen habe ich dieser Stadt noch nicht geraubt und ohne Wagen und Schiff auf leichten Blättern davongetragen? Welche kostbaren Stuckarbeiten und Grotesken sind noch in den Grotten und alten Bauten von Rom [...] zu finden, die ich nicht schon in meinen Heften aufgezeichnet hätte?«[2]

Innerhalb des Bestandes der frühen italienischen Zeichnungen des Kupferstich-Kabinetts steht das dem Veroneser Architekten, Maler und Zeichner Giovanni Maria Falconetto zugeschriebene Blatt »Triumph eines römischen Kaisers« exemplarisch für die vitale Antikenrezeption der Zeit.[3] Dargestellt ist ein siegreicher Imperator in einer Quadriga, der durch die Siegesgöttin mit dem Lorbeerkranz bekrönt und von seinen Soldaten begleitet wird. Das berühmte Triumphrelief des Kaisers Marc Aurel lieferte die zentrale Vorlage für die Dresdener Zeichnung (Vgl.-Abb. 1).[4] Bemerkenswert sind bei aller kompositorischen Nähe zum Vorbild jedoch zahlreiche Abweichungen. So verzichtete Falconetto, der laut Giorgio Vasari längere Zeit in Rom gelebt hatte (Lorenza Melli schlägt den Zeitraum 1491-1497 vor),[5] auf die bühnenartige Hintergrundarchitektur des antiken Reliefs, fügte links neben dem Streitwagen einen marschierenden Soldaten ein und ersetzte den bärtigen Marc Aurel durch eine an Julius Cäsar erinnernde Figur.

Im Kontext der Antikenrezeption sind diese Änderungen Zeugnis für die Funktion der Zeichnung, die der kreativen Leistungsfähigkeit der Künstler stets auch Freiräume für eigene, über das Urbild hinausgehende Gestaltungen bot; eine Praxis, die Falconetto ebenfalls in der Dresdener Zeichnung »Kaiser Hadrian beim Opfer an Diana« verfolgte (Z 6.1-2).[6] Dieses in zwei Teile zerschnittene und jüngst wieder zusammengefügte Blatt zeigt ein kaiserliches Opferrelief vom römischen Konstantinsbogen, verändert jedoch dessen originär runde Gestalt und überführt sie in eine quadratische Rahmung. In beiden Zeichnungen zielte Falconetto demnach nicht auf eine archäologische Wiedergabe der antiken Befunde, sondern – im Sinne eines reflektierten, auch selbstbewussten und beweglichen Umgangs mit dem hochverehrten Zeitalter der Antike – auf die Modifizierung ausgewählter Motive.

SF

1. Römischer Bildhauer: Triumphzug des Marc Aurel, um 176/180 n. Chr. Marmor, 350,0 × 238,0 cm. Rom, Musei Capitolini, Inv.-Nr. MC0808

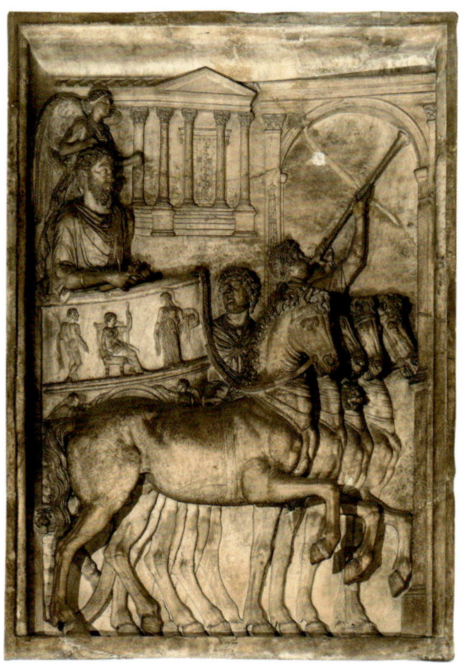

Anmerkungen

1 Einführend zur Praxis der Antikennachzeichnung in der italienischen Frühen Neuzeit siehe Morét 2008, vgl. auch Z 17 und Kat.-Nr. 13.
2 Francisco de Hollanda: Römische Gespräche, zitiert in Übersetzung nach Koch 1957, S. 161.
3 Schweikhart/Buddensieg 2001, S. 25 f.
4 Ebd.
5 Melli 2006, S. 54.
6 Zu dieser Zeichnung siehe den Beitrag von Olaf Simon und Carsten Wintermann im vorliegenden Band, S. 28.

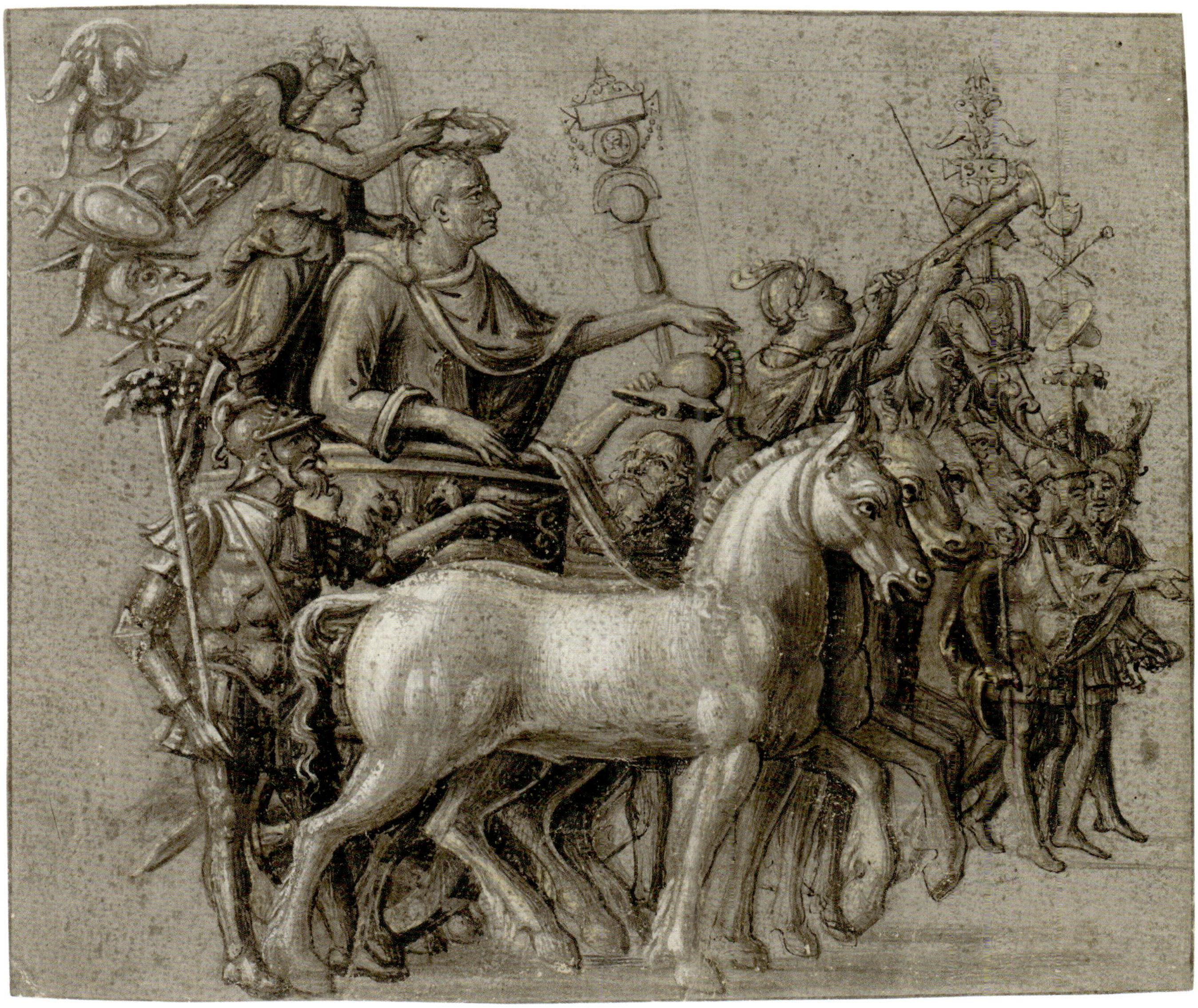

39 LOMBARDISCHER KÜNSTLER im Umkreis von Donato Bramante

Monte Asdrualdo 1444–1514 Rom

Der kleine Herkules erwürgt zwei Schlangen | um 1490/1500

Feder in Braun über Spuren von schwarzer Kreide
195 × 140 mm
Kupferstich-Kabinett, Inv.-Nr. C 1874-21 a
Literatur: Melli 2006, S. 70–73, Kat.-Nr. 11
siehe auch Best.-Verz. Z 11

In der Renaissance war der antike Held Herkules, der als Sohn des Gottes Zeus und der Sterblichen Alkmene geboren wurde, eine zentrale Symbolfigur. In ihm und seinen sagenhaften Heldentaten vereinten und spiegelten sich Tugenden wie Stärke, Mut und Unerschrockenheit, die ihn innerhalb des europäischen Humanismus als Vorbild für einen idealen Lebensentwurf empfahlen. Insbesondere die Tatsache, dass er aufgrund seines Mutes in die Sphäre der Götter aufsteigen durfte, machte ihn zu einer naheliegenden, den Machtanspruch untermauernden Identifikationsfigur zahlreicher Fürsten, Könige aber auch Staaten.

Schon in der frühesten Kindheit stellte Herkules seine außergewöhnlichen Kräfte unter Beweis. So schickte die mit Alkmene betrogene Hera, Zeus' Gattin, zwei Schlangen, um ihn zu töten. Wie jedoch auch das hier besprochene, 1874 aus dem Londoner Kunsthandel erworbene Blatt rechts im Vordergrund vor Augen führt, konnte der eben dem Säuglingsalter entwachsene Heroe die Tiere erwürgen. Lorenza Melli hat festgestellt, dass dieses programmatische Motiv in sehr ähnlicher Weise von der Schule des Giovanni Antonio Amadeo 1475–1480 an der Fassade des Klosters Certosa di Pavia ausgeführt wurde.[1] Parallelen bestehen auch zum Revers einer in jüngerer Zeit Cosmè Tura (tätig um 1451–1479) zugeschriebenen Medaille von 1477 auf den einjährigen Herzog von Ferrara, Alfonso I. d'Este (1476–1534).[2]

Zur Zeit ihres Ankaufs interpretierte man die Dresdener Zeichnung als Werk des Architekten und Kunsttheoretikers Leon Battista Alberti (1404–1472).[3] Anlass zu dieser Deutung gab wohl insbesondere die bilddominante Darstellung eines Profangebäudes, dessen Erdgeschoss sich in Form einer mit Pfeilern gestützten Wandelhalle zu einem Platz hin öffnet. Die Architektur, die seitlich von einem vielfach gestaffelten und reich verzierten Standbild flankiert wird, verweist auf die Tradition der antiken Theaterkulisse, der sogenannten Scaenae frons. Zugleich ist sie ebenso wie in der »Perspektivischen Ansicht einer Straßenflucht« (Z 10; Kat.-Nr. 40) ein wichtiges Zeugnis für das ausgeprägte zeitgenössische Interesse an idealen Straßen-, Platz- und Stadtanlagen. Motivische Parallelen (etwa das gestaffelte Säulenmonument oder das Radfenster) verdeutlichen, dass dem anonymen Zeichner die vom Baumeister Donato Bramante kurz vor Oktober 1481 in dem lombardischen Kunstzentrum Mailand geschaffene und zeitnah von Bernardo Prevedari als Kupferstich umgesetzte Architekturvedute als Vorlage diente (Vgl.-Abb. 1).[4] Bramantes souveränen Umgang mit einer perspektivischen Architekturdarstellung findet man im vorliegenden Blatt allerdings nicht. So stimmt die Staffelung der Pfeiler in der Wandelhalle nicht überein, und auch die Fassade des Piano nobile ist räumlich kaum zu erfassen. Wollte man das gezeichnete Gebäude in der Realität nachbauen, bestünden erhebliche Schwierigkeiten.

Der Zeichner fügte zwar Einzelmotive nebeneinander, doch sind diese nicht stimmig ausponderiert. Lorenza Melli vermutete als Urheber einen Goldschmied oder Graveur, der das Blatt als Vorlage für einen Stich nutzte. Insbesondere aufgrund der Schwächen in der Architekturdarstellung kann ein erfahrener Meister ausgeschlossen werden. Vielleicht handelt es sich um das Studienblatt eines in der Lombardei aktiven Schülers beziehungsweise jungen Künstlers, der sich um 1490–1500 im Genre des Capriccios an verschiedenen zeitgenössischen Motiven in der Kunst der Zeichnung übte. SF

1. Bernardino Prevedari nach Donato Bramante: Innenansicht einer Ruine mit Figuren, 1481. Kupferstich, 708 × 512 mm. London, British Museum, Inv.-Nr. V,1.69

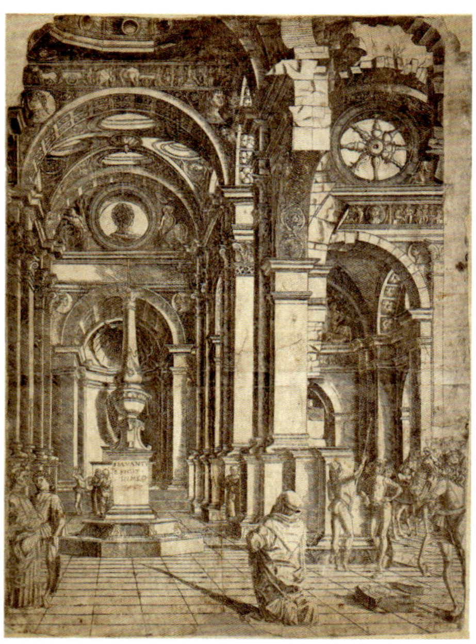

Anmerkungen

1 Siehe Melli 2006, S. 70, Abb. Nr. 11a und S. 72 f. mit weiterführenden Hinweisen.
2 Siehe Ausst.-Kat. Berlin/New York 2011/12, S. 223–225, Kat.-Nr. 82 und Melli 2006, S. 70, Anm. 8.
3 Melli 2006, S. 70.
4 Zu dem nur in zwei Abdrucken überlieferten Kupferstich siehe Mark J. Zucker in: TIB, Nr. 2412.001 und zuletzt Aldovini 2009.

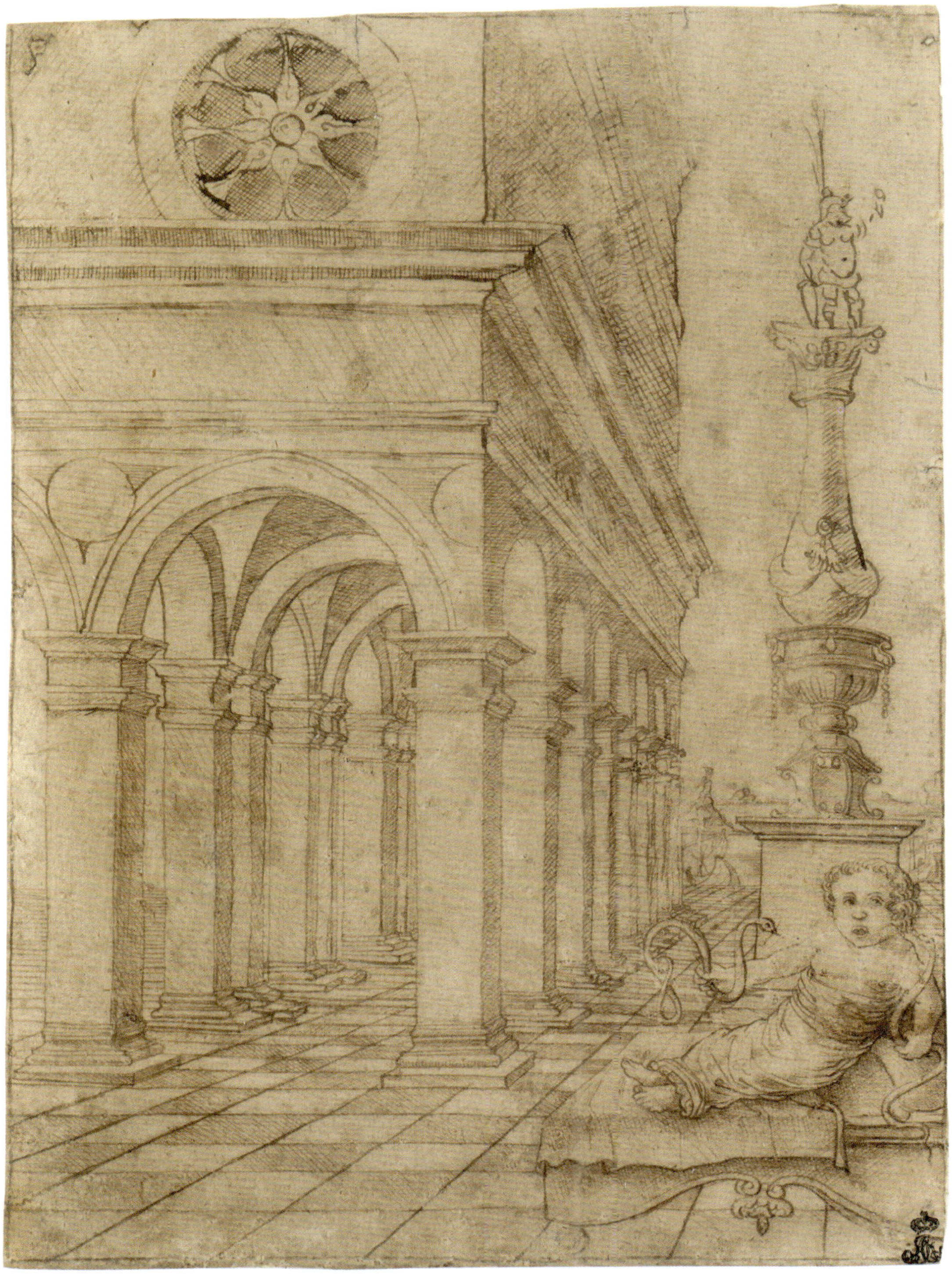

40 NORDITALIENISCHER KÜNSTLER
Perspektivische Ansicht einer Straßenflucht | um 1490/1500

Feder in Braun, braun laviert, mit dem Griffel gezogene Fluchtlinien, Nadellöcher
190 × 330 mm
Kupferstich-Kabinett, Inv.-Nr. C 1874-22
Literatur: Melli 2006, S. 66–69, Kat.-Nr. 10 (mit der früheren Literatur)
siehe auch Best.-Verz. Z 10

Nach den Regeln der Linearperspektive hat der unbekannte Zeichner eine Straßenflucht konstruiert. Der schnurgerade Weg zwischen schlichten, würfelartigen Häusern ist wohl keinem realen Stadtraum nachempfunden, obwohl die Bauten mit ihren verschiedenen Dächern, Fenstern und Maueroberflächen durchaus wirklichkeitsnah gestaltet sind. Vielmehr stand der Zeichner in der Tradition der Idealarchitekturen, die als Bildthema im späten 15. Jahrhundert eine wesentliche Rolle spielten.[1] Solche Darstellungen zeigen fiktive urbane Schauplätze, die in Renaissanceformen gestaltet sind. Enge Parallelen bestehen zu architektonischen Theaterkulissen oder zu Räumen, wie man sie für Bilderzählungen entwarf. Sie bedurften der Staffagefiguren allerdings nicht unbedingt – als Verkörperung einer idealen Rationalität und Ausgewogenheit schätzte man die streng konstruierten Kompositionen auch um ihrer selbst willen. Die Vorliebe für derartige Blickachsen beruht auf der Zentralprojektion, einer wesentlichen Grundlage der italienischen Renaissancekunst. Wie Perspektivkonstruktionen zu erstellen seien, hat Leon Battista Alberti 1435/36 in »De Pictura« beschrieben.[2] Seine Abhandlung steht am Anfang einer Reihe von Traktaten zur Linearperspektive, die bis ins 17. Jahrhundert das Verständnis der geometrischen Gesetzmäßigkeiten noch wesentlich zu erweitern vermochten.

Innerhalb der Möglichkeiten perspektivischen Zeichnens begnügte sich der Urheber des Dresdener Blattes mit einfachen, aber effektvollen Mitteln. Den Hauptpunkt der Konstruktion setzte er in den mittleren Bereich des Blattes, wo die Straßenflucht in ein halbgeöffnetes Tor mündet. Wenn das Auge diesem Punkt in der richtigen Distanz gegenübersteht, erscheint die Perspektive dem Betrachter als korrekt, und es entsteht ein starker Tiefensog. Aber war es eine bewusste Entscheidung des Künstlers, dem Betrachter diesen Standpunkt zuzuweisen? Oder bestimmte er den Hauptpunkt im mittleren Bereich des Bildes hauptsächlich zugunsten der Symmetrie? Dass der Zeichner die gewählte Konstruktionsmethode wirklich durchdrungen hat, erscheint jedenfalls wenig wahrscheinlich.

Möglicherweise sollte das Blatt als Muster für eine Intarsie dienen, also für ein aus verschiedenfarbigen Hölzern und anderen Materialien zusammengesetztes Bild. In der Renaissance entwickelte sich die Intarsienkunst zu einem der wichtigsten Anwendungsgebiete zentralperspektivischer Konstruktionsverfahren, da sich diese für geometrische Darstellungen besonders eignete. Im Lauf des 15. Jahrhunderts wurden in diesem Zusammenhang fiktive Architekturen beliebt[3] – zunächst in Florenz, später auch mit den betont geometrisch-abstrakten Intarsien der Brüder Lorenzo und Cristoforo Canozi da Lendinara (gestorben 1477 beziehungsweise um 1490/91) im norditalienischen Raum, wo Lorenza Melli die Dresdener Zeichnung verortete.[4] Dem vorliegenden Blatt ähnliche breitgelagerte Bildformate finden sich etwa auf Chorgestühlen, Türfüllungen und besonders Truhen (»Cassoni«), wie hier anhand eines Florentiner Beispiels zu sehen ist (Vgl.-Abb. 1).[5] GM

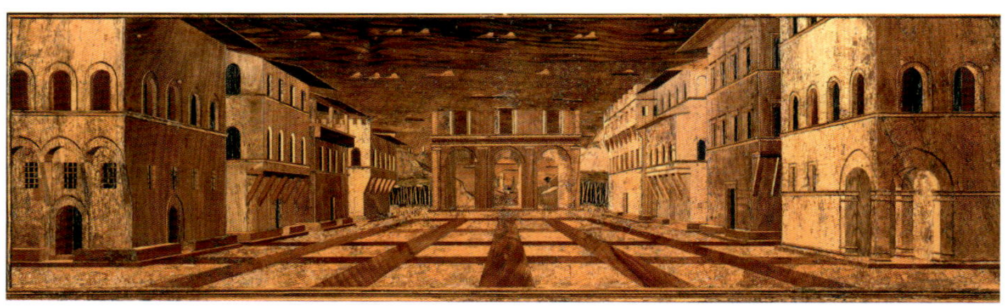

1. Florentiner Werkstatt: Front eines Cassone mit Idealarchitektur, um 1489/94. Holz mit Einlegearbeiten, 100,0 × 209,0 × 77,0 cm (Cassone gesamt). Florenz, Galleria degli Uffizi, Inv.-Nr. CB n. 49

Anmerkungen

1 Siehe Ausst.-Kat. Urbino 2012.
2 Erstmals 1540 im Druck erschienen, siehe die kritische Ausgabe Alberti 2011a, dort zur Perspektive passim, bes. S. 38–43. Aus der unüberschaubaren Menge an Literatur zur Perspektivelehre sei auf die Überblicksdarstellung bei Edgerton 2002 hingewiesen, siehe auch aus der jüngeren Zeit Büttner 2005; Dubois 2010 und ergänzend Büttner 2011.
3 Für einen Überblick zu den Idealarchitekturen in der Intarsienkunst der italienischen Renaissance siehe Barucca 2012; zur Anwendung der Zentralperspektive in der Intarsienkunst allgemein siehe Dubois 2010, S. 100–110 und Rohark 2007, S. 99–106.
4 Melli 2006, S. 68 f. Zu den Brüdern da Lendinara siehe bes. Röper-Steinhauer 1992.
5 Siehe Cecilia Prete in: Ausst.-Kat. Urbino 2012, S. 202, Kat.-Nr. 4.8.

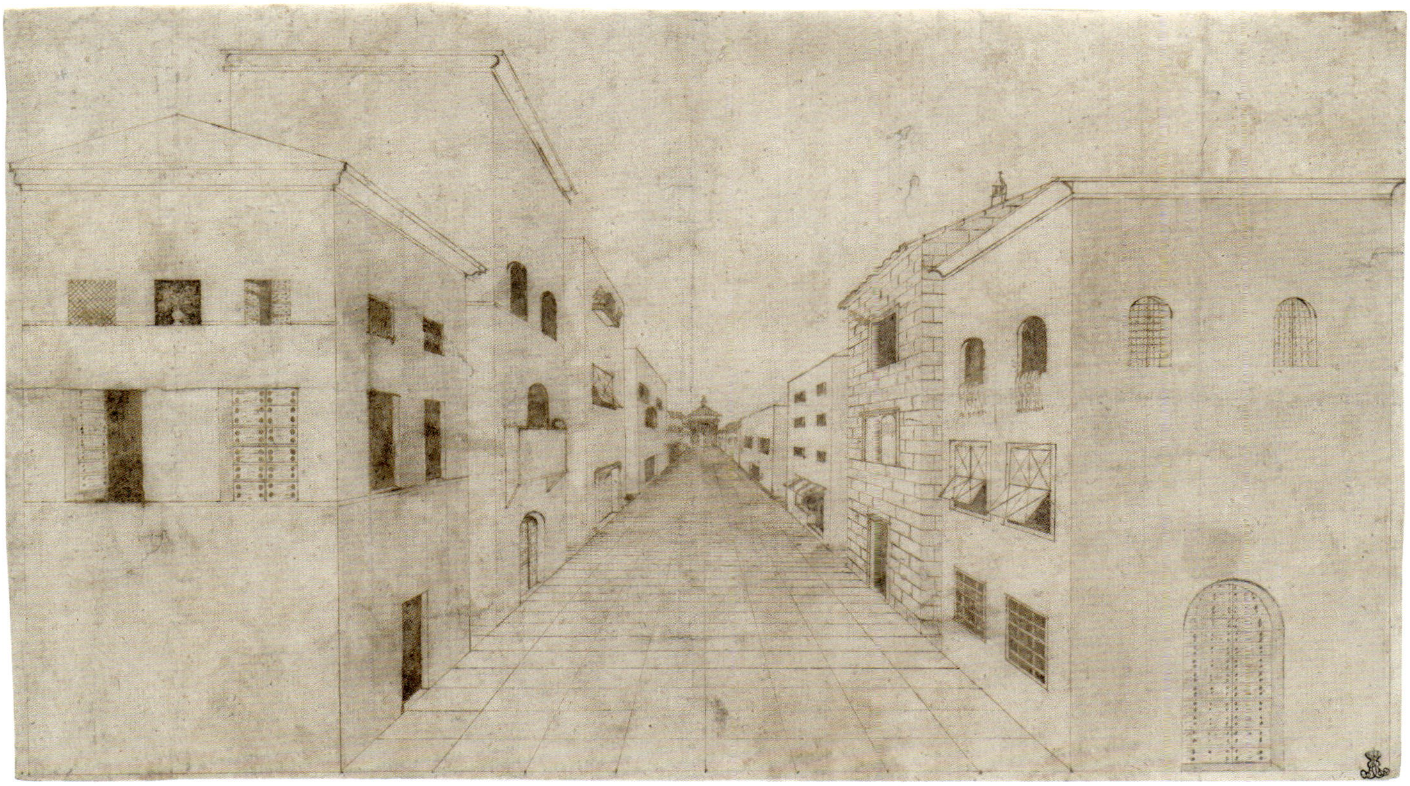

41 MARCO BASAITI (?)

Venedig um 1470–nach 1530 Venedig

Landschaft mit bäuerlichen Anwesen und Karawane (Szenen der Josephsgeschichte?) | um 1496/1505

Pinsel in Weiß und Braun über Spuren von schwarzer Kreide auf blau grundiertem Papier

210 × 291 mm

Kupferstich-Kabinett, Inv.-Nr. C 7

Literatur: Melli 2006, S. 81–85, Kat.-Nr. 14; Dagmar Korbacher in: Ausst.-Kat. Tokio/Fukuoka 2012, S. 276, unter Kat.-Nr. 99

siehe auch Best.-Verz. Z 14

Eine Vielzahl von Nebensächlichkeiten sind hier zu einem Bild vereint. In gebirgiger Flusslandschaft entfaltet sich ein Potpourri landschaftlicher Aktivitäten und undefinierbarer Geschäftigkeit: Man reitet in die verschiedensten Himmelsrichtungen, es wird geangelt, Hühner und Schafe suchen ihr Futter, Pferde stehen im Stall und anderes mehr. Von Hauptszenen lässt sich angesichts des Durcheinanders kaum sprechen, doch scheint sich die Bilderzählung links und vorne rechts zu verdichten. Am linken Rand führt eine Brücke über ein Gewässer, darüber ziehen Reiter mit stabförmigen Waffen. Besonders auffällig sind die drei Herren in ihrer Mitte, deren langhalsige Reittiere vielleicht Dromedare darstellen. Rechts im Vordergrund überreicht ein Kniender einem bärtigen Alten ein rauchendes Gefäß, während ringsum acht Körbe bereitstehen. Weiter im Hintergrund, jenseits eines bäuerlichen Anwesens, spielt sich außerdem eine Szene an einem Brunnen ab. Hier machen sich zehn Personen um dessen Öffnung zu schaffen. Dabei könnte es sich um eine Begebenheit aus der biblischen Josephsgeschichte handeln (Joseph wird von seinen Brüdern in den Brunnen geworfen), zu der auch Bildelemente wie die Karawane (ismaelitische Händler bringen Joseph nach Ägypten) und die Szene zwischen den Körben (Joseph und seine Brüder in Ägypten) passen.

Im Berliner Kupferstichkabinett hat sich ein Pendant erhalten (Vgl.-Abb. 1).[1] Hier geht die Grundierung stärker ins Türkise, außerdem sind die Weißhöhungen feiner und diaphaner aufgetragen. Die künstlerische Handschrift scheint jedoch identisch. Wiederum gibt es drei Reiter auf dromedarähnlichen Tieren, die in diesem Fall mit berittenen Kriegern in der Höhle im Bildmittelpunkt versammelt sind. Rechts davon schließt sich ein prächtiger Rundbau mit bäuerlichen Nebengebäuden an. Abgesehen davon weist das Bühnenbild weitgehende Parallelen zu dem Dresdener Gegenstück auf, so etwa die von zwei Bäumen gerahmte Brücke.

Wegen der drei orientalisch anmutenden Reiter auf ihren exotischen Tieren hat man das Berliner Blatt ehemals im Zusammenhang der Geschichte von den Heiligen Drei Königen gesehen. Konkretisieren ließ sich der ikonographische Hintergrund hier ebenso wenig wie für das Dresdener Blatt. Mehr noch: Sollte ein Zusammenhang zwischen der Bilderzählung beider Blätter bestehen, wären sowohl die Josephsgeschichte als auch die Reise der drei Könige auszuschließen. Oder sollte hier die Landschaft, wie so oft in der norditalienischen Kunst ab dem ausgehenden 15. Jahrhundert, die eigentliche Protagonistin sein? Ebenso offen wie die Ikonographie bleibt die Frage, welchen Zweck der Künstler mit diesen monochromen, in ihrer Kleinteiligkeit an Buchmalerei erinnernden Bildern verfolgte.

Hein-Th. Schulze Altcappenberg nannte als möglichen Urheber den Veroneser Maler und Miniator Girolamo dai Libri (um 1474/75–1555) oder dessen Kreis.[2] Zeichnungen in analoger Technik sind jedoch auch, wie Lorenza Melli betonte, von Giovanni Maria Falconetto (vgl. Z 6.1–2, 7; Kat.-Nr. 38) und Jacopo Ripanda (um 1465–um 1516/22) bekannt.[3] Da die Zeichenmethode[4] allein zur Bestimmung des Urhebers nicht ausreicht, konzentrierte sich Melli auf den Vergleich mit Landschaftsdarstellungen aus dem venezianischen Raum, wo sich bäuerliche und orientalisierende Elemente oft in ähnlicher Weise mischen. Wie zuvor schon Mauro Lucco schlug sie den hauptsächlich in Venedig tätigen Maler Marco Basaiti vor, in dessen Frühwerk sich eine entsprechende Auffassung zeigt.[5] Bedenkenswert sind auch Mellis Verweise auf analoge Bildelemente in Marcello Fogolino (um 1483/88–um 1550/58) zugeschriebenen Gemälden.[6] Darüber hinaus ergeben sich verschiedentlich Anknüpfungspunkte zur norditalienischen Malerei um 1500, innerhalb des Dresdener Bestands etwa zur »Beweinung« eines Ferrareser Meisters (G 23). GM

1. Marco Basaiti (?): Landschaft mit phantastischem Turm und Reitern, um 1500. Pinsel in Blaugrau und Weiß auf hellblau getöntem Papier, 212 × 302 mm. Berlin, Staatliche Museen zu Berlin, Kupferstichkabinett, Inv.-Nr. KdZ 12240

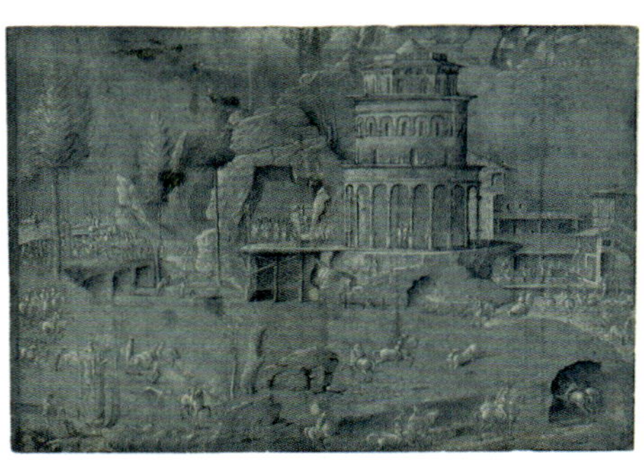

Anmerkungen

1 Dazu Hein-Th. Schulze Altcappenberg in: Best.-Kat. Berlin 1995, S. 216 f., Kat.-Nr. 66 und ders. in: Ausst.-Kat. Verona 2006/07, S. 376 f., Kat.-Nr. 123.
2 Ebd.
3 Melli 2006, S. 82.
4 Siehe dazu auch die Beiträge von Olaf Simon und Carsten Wintermann sowie Lorenza Melli im vorliegenden Band, S. 29 f. und 34 f.
5 Melli 2006, S. 82–85, zum Hinweis Luccos ebd. S. 85, Anm. 9.
6 Ebd., S. 85.

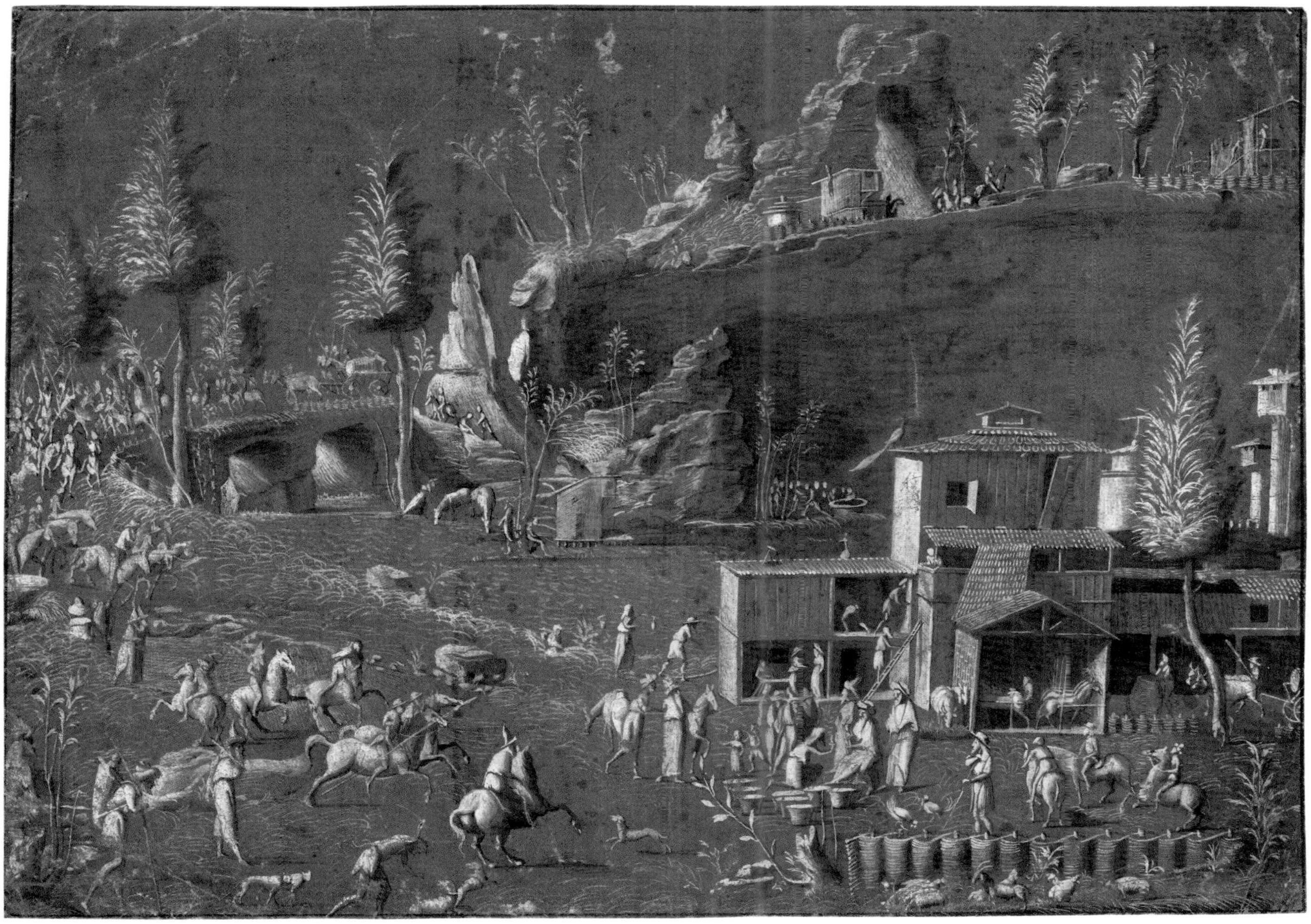

42 LORENZO COSTA

Ferrara 1460–1535 Mantua

Auf einem Aulos spielender Jüngling | um 1483/95

Pinsel in Braun, weiß gehöht, auf leicht braun getöntem Papier

254 × 194 mm

Kupferstich-Kabinett, Inv.-Nr. C 273

Literatur: Melli 2006, S. 42–45, Kat.-Nr. 4 (dat. um 1483/85); Gudula Metze in: Maaz 2013, S. 66 (dat. spätes 15. Jh.)

siehe auch Best.-Verz. Z 4

Auf bräunlich getöntem Papier ist ein Flöte blasender Jüngling zu sehen, der plastisch wie ein Relief aus dem Fond hervorzutreten scheint. Der Künstler erreichte diesen Effekt durch die Modellierung mit Pinselstrichen in Braun und Weiß. Als Sitzgelegenheit dient dem Musikanten ein mit wenigen Schattierungen angedeutetes Gebilde, unter dem man sich wohl einen Felsen vorstellen darf. Genauer brauchte der Künstler den Ort nicht zu charakterisieren: In seiner schlichten Kleidung und der gefühlsbetonten Verfassung gibt sich der junge Mann als Hirte zu erkennen, wie er eine Szene der antiken Mythologie oder eine arkadische Landschaft bevölkern mochte.

Damit ist nicht das geographische Arkadien auf der Peloponnes gemeint, sondern die idyllische Kunstwelt, die sich Dichter und Künstler seit dem Ende des 15. Jahrhunderts als literarische Fiktion erträumten.[1] Diese Utopie ungezwungenen Lebens im Einklang mit der Natur schöpft aus der antiken Literatur, namentlich den Eklogen Vergils. Wirksam wurde sie vor allem mit Jacopo Sannazaros Dichtung »Arcadia«, die ab den 1480er Jahren als Manuskript kursierte und 1504 im Druck erschien. Sannazaro schilderte Arkadien als einen »locus amoenus«, einen lieblichen Ort, in dem ein Abglanz des Goldenen Zeitalters zu fühlen war. Prosaischer Pflichten enthoben, füllten die Arkadier ihre Tage mit Flötenspiel und Gesang. In der Regel kreisten die Lieder um Liebesschmerz, vor dem die erotische Zwanglosigkeit der idyllischen Gefilde offenbar nicht schützte.

Ob der Hirte der Dresdener Zeichnung eine bestimmte Figur darstellt, wie sie die »Arcadia« oder verwandte Texte schilderten, lässt sich nicht sagen. Wollte man ihm einen Namen geben, so wäre am ehesten an Daphnis zu denken, den mythischen Erfinder der bukolischen Dichtung. Von Pan soll er einst das Flötenspiel gelernt haben. Mehrere antike Statuen zeigen ihn als melancholischen Flötenspieler allein oder mit seinem Lehrer, wobei die Parallelen zu der Dresdener Zeichnung ins Auge fallen (Vgl.-Abb. 1). In ähnlich elegischer Stimmung ist Daphnis auf einem Gemälde Pietro Peruginos von etwa 1490 zu sehen.[2]

Als Urheber des Blattes benannte Lorenza Melli den Ferrareser Maler Lorenzo Costa, der ab 1483 in Bologna arbeitete und schließlich in Mantua tätig wurde.[3] In stilistischer und technischer Hinsicht stützte sie die Zuschreibung vor allem auf Costas gezeichnete »Fortuna« im Berliner Kupferstichkabinett aus der Zeit um 1505,[4] doch datierte sie den Dresdener Flötenspieler seiner ferraresischen und mantegnesken Züge wegen noch in das 15. Jahrhundert.[5] Mellis Datierung ist in diesem Katalog beibehalten, obschon – wie der Vergleich mit dem Berliner Blatt zeigt – auch spätere Jahre für die Entstehung der Zeichnung nicht auszuschließen sind. Ikonographisch böten sich ebenso Anknüpfungspunkte in Costas reiferem Werk, zumal sich dieser vor allem ab 1506 als Mantuaner Hofmaler mit dem Genre allegorisch-mythologischer Darstellungen im landschaftlichen Rahmen beschäftigte.

GM

1. Antoninische Kopie nach einem hellenistischen Original: Daphnis, um 120 v. Chr. Marmor, 134,0 cm hoch. Brüssel, Musées Royaux d'Art et d'Histoire, Inv.-Nr. A1144

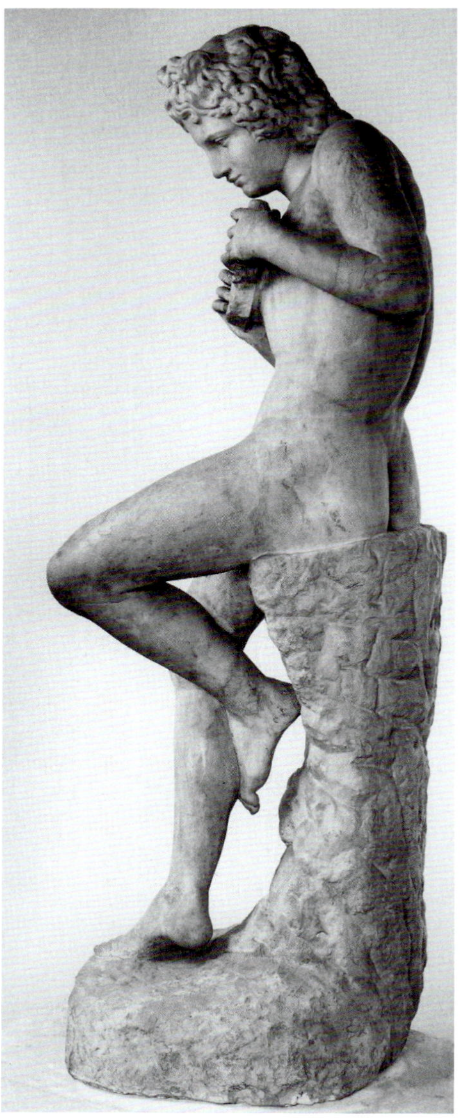

Anmerkungen

1 Dazu Dagmar Korbacher in: Ausst.-Kat. Berlin 2014.

2 Paris, Musée du Louvre, Inv.-Nr. RF 370; siehe Annette Hojer in: Ausst.-Kat. München 2011/12, S. 204–207, Kat.-Nr. 5.

3 Melli 2006, S. 104–109, Kat.-Nr. 4.

4 Berlin, Staatliche Museen zu Berlin, Kupferstichkabinett, Inv.-Nr. KdZ 2382; siehe Hein-Th. Schulze Altcappenberg in: Best.-Kat. Berlin 1995, S. 90–92 und S. 196, Kat.-Nr. 24 verso; zur Datierung auch Negro/Roio 2001, S. 125, Kat.-Nr. 54.D.C; zum Vergleich Melli 2006, S. 44.

5 Zunächst setzte Melli die Entstehung auf ca. 1483/85 an, siehe Melli 2006, S. 42–45, Kat.-Nr. 4. In stilistischer und thematischer Hinsicht zog sie unter anderem Costas »Konzert« in der Londoner National Gallery (Inv.-Nr. NG 2486) heran, für das sie eine Entstehung um 1488/90 annahm. Das Gemälde zeigt jedoch offenbar eine zeitgenössische Darbietung realer Interpreten und keine mythologische Szene. Zudem wurde die Datierung des Gemäldes in die frühe Bologneser Schaffenszeit Costas jüngst von Katherine Wallace einer kritischen Überprüfung unterzogen und eine deutlich spätere Entstehung bis um 1505 zumindest nicht ausgeschlossen (Wallace 2008). Entsprechend revidierte Melli ihren Datierungsvorschlag auf die Zeit um 1483/95 (E-Mail vom 4. August 2014).

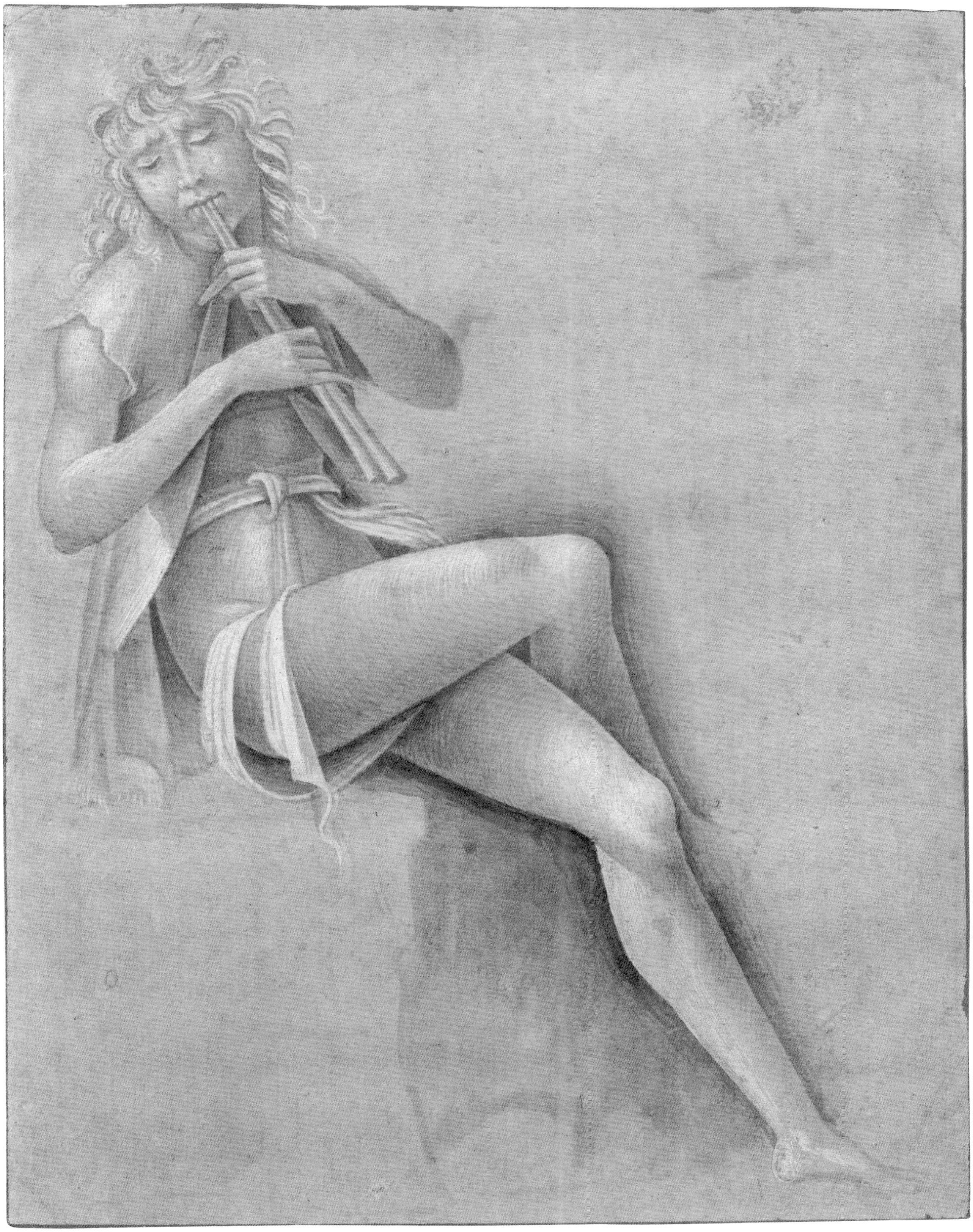

43 MARCANTONIO RAIMONDI

Bologna um 1480–vor 1534 Bologna

Der Tod der Dido | um 1500/03

Feder in Braun

180 × 174 mm

Kupferstich-Kabinett, Inv.-Nr. C 502

Literatur: Melli 2006, S. 62–65, Kat.-Nr. 9 (mit der früheren Literatur)

siehe auch Best.-Verz. Z 9

Von Karthagos Königin Dido geht die Sage, sie habe nach dem Tod ihres Gatten ein Keuschheitsgelübde abgelegt. Laut der »Aeneis« des Vergil verliebte sie sich trotz dieses Eides in Aeneas, als dieser auf der Flucht aus Troja in Karthago Schutz suchte.[1] Das Glück war jedoch von begrenzter Dauer, da der Gast seinen göttlichen Auftrag in Italien erfüllen musste. In rasender Verzweiflung übergab die Verschmähte Aeneas' Hinterlassenschaften dem Feuer und stürzte sich fluchend in ein Schwert. Der fortreisende Geliebte werde, so Didos Kalkül, das Feuer vom Schiff aus sehen und die Folgen seines Tuns erkennen. Eine andere antike Überlieferung schildert die Königin als Musterbeispiel ehelicher Treue, und als solches fand sie Aufnahme in Giovanni Boccaccios (1313–1375) Biographiensammlung »De claris mulieribus«. Hier erstach sich die verwitwete Dido nicht aus Liebeskummer, sondern um einer politisch gebotenen Wiederverheiratung zu entgehen.[2]

Mehrfach haben sich Künstler der Renaissance mit dem Selbstmord der Königin auseinandergesetzt, und nicht immer erschließt sich, welcher literarischen Tradition sie dabei anhingen; in den Bildern konnten durchaus Vergils unbeherrschte Liebende und Boccaccios Tugendheldin zugleich enthalten sein.[3] Auch beim Dresdener Blatt fehlen eindeutige Hinweise. An Vergils Version erinnert vor allem die nervös bewegte Pose der Selbstmörderin, die seitlich aus dem Bild herausblickt, als wolle sie sich der Aufmerksamkeit ihres Publikums versichern. Offenbar suchte der Zeichner noch nach der richtigen Form. Vor allem der Arm mit dem Schwert bereitete ihm Probleme; eine erste Fassung wurde mit Schraffuren überdeckt und durch eine näher am Körper geführte Bewegung ersetzt.

Konrad Oberhuber erkannte in diesem Werk die Hand des jungen Marcantonio Raimondi.[4] Unklar bleibt, ob die lateinischen Beischriften der Zeichnung ebenfalls auf Raimondi zurückgehen. Auszuschließen ist dies trotz der abweichenden Tinte nicht.[5] Offenkundig war es dem Schreibenden ein Anliegen, den Selbstmord mit passenden Textstellen zu flankieren, wobei - soweit identifizierbar - antike Autoren Pate standen.[6] So findet sich am unteren Blattrand eine Passage aus den »Tusculanae disputationes« von Cicero, wonach der Ehrliche in Leben und Tod nichts zu befürchten habe. Und auf der Rückseite wird unter anderem der Gedanke formuliert, dass der Tod keine Strafe sondern vielmehr das Ende der Strafen sei. Im Kontext dieser Sinnsprüche erscheint Dido als tugendhaft-tragische Heroine, was wiederum an Boccaccios Version des Mythos erinnert.

Jahre später, als Raimondi die Zusammenarbeit mit Raffael suchte, beschäftigte er sich als Kupferstecher erneut mit dem Bildthema der sterbenden Königin (Vgl.-Abb. 1).[7] In diesem Fall nutzte er eine Zeichnung Raffaels als Vorlage und kombinierte die ebenso monumentale wie pathosschwere Figur mit einer Beischrift, die den Selbstmord als Akt der Selbstbestimmung deutet, auf Deutsch »Selbstmord ist Leben«.[8] Zwar lässt sich zwischen dem Dresdener Blatt und der gestochenen Dido keine direkte Verbindung herstellen, doch erweist sich bereits in dem Frühwerk Raimondis Geschick, antike Themen kreativ zu vergegenwärtigen.

GM

1. Marcantonio Raimondi: Dido, um 1510. Kupferstich, 161 × 127 mm (Blatt). Dresden, Staatliche Kunstsammlungen Dresden, Kupferstich-Kabinett, Inv.-Nr. A 89115

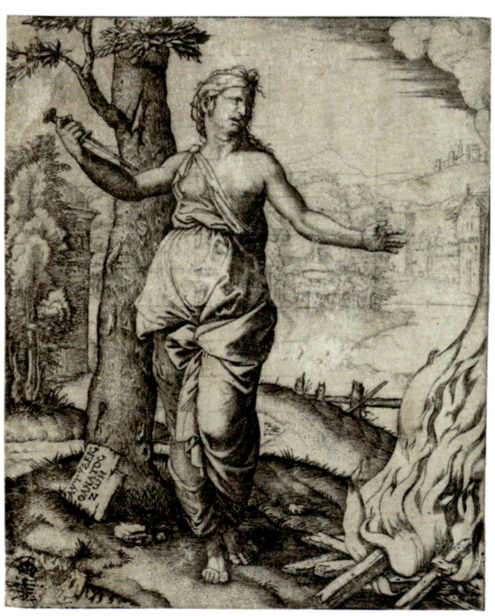

Anmerkungen

1 Vergil, Aeneis I, 335–368 und IV.
2 Die erstmals 1473 gedruckte, aber bereits vorher in zahlreichen Manuskripten kursierende Schrift ist auszugsweise z. B. in der lateinisch-deutschen Ausgabe Erfen/Schmitt 1995 zugänglich, dort zu Dido S. 133–149.
3 Siehe Schrodi-Grimm 2009, S. 103–117, bes. S. 110; vgl. Jong 2009, der Dido vor allem in der Rolle als Negativbeispiel sieht.
4 Siehe Ausst.-Kat. Wien 1988, S. 75 f. und Melli 2006, S. 62 f.
5 In diesem Sinne Melli 2006, S. 65.
6 Zur Transkription und Identifikation der Beischriften siehe Melli 2006, S. 62 und 65; siehe auch die Beiträge von Olaf Simon und Carsten Wintermann sowie Lorenza Melli im vorliegenden Band, S. 28 und 35.
7 Zu dem Stich siehe bes. Shoemaker/Broun 1981, S. 88, Nr. 18 und, zum Vergleich mit der in vielen Aspekten ähnlichen »Lukrezia« Raimondis, Jong 2009, S. 79–81.
8 Zur Transkription und Übersetzung siehe Jong 2009, S. 81 und S. 89, Anm. 29.

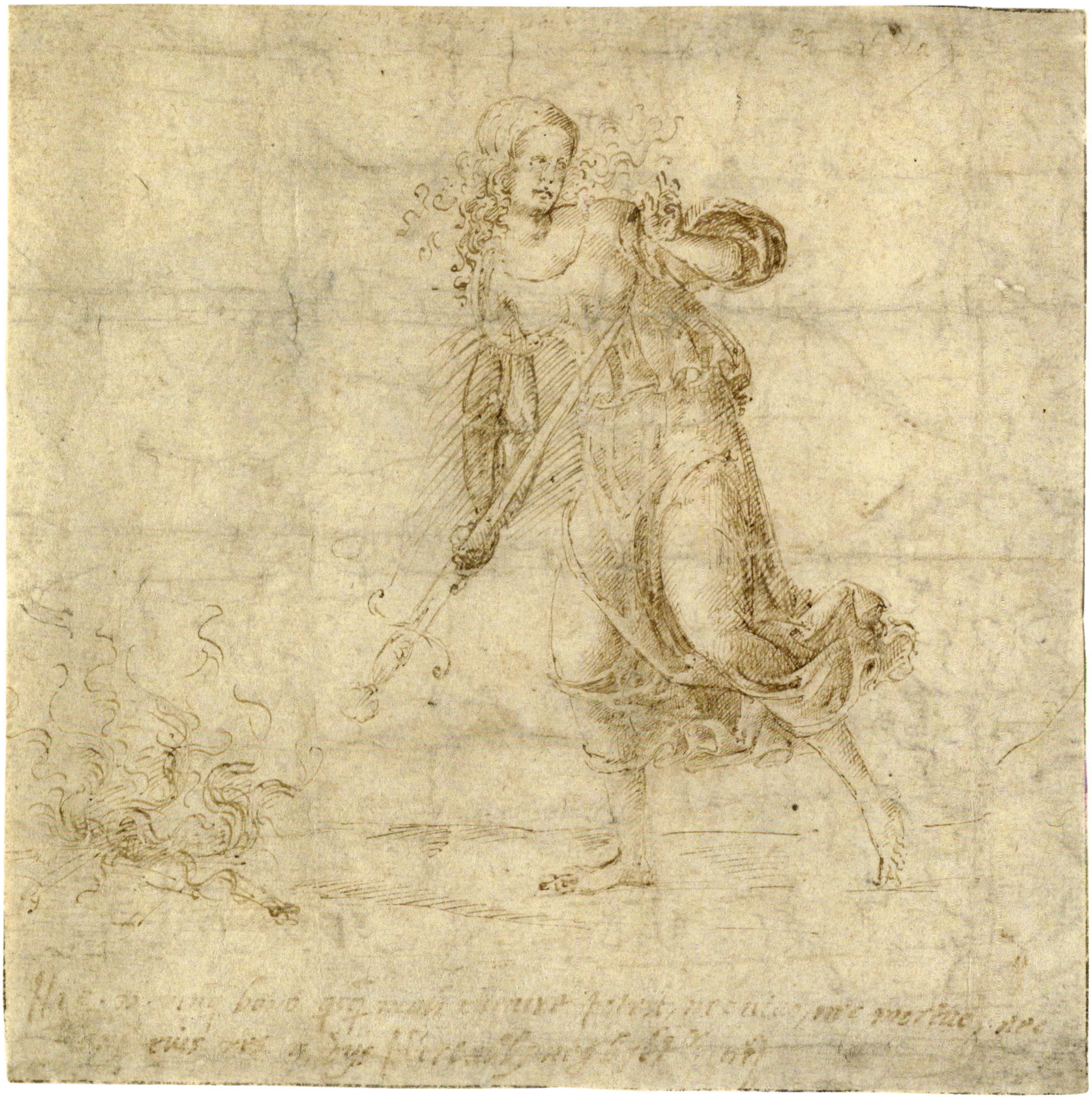

44 FRANCESCO FRANCIA

Zola Predosa/Bologna (?) um 1447–1517 Bologna

Lukrezia | um 1505/06

vermutlich von Holz auf Leinwand übertragen

64,1 × 48,0 cm

Gemäldegalerie Alte Meister, Gal.-Nr. 49A

Literatur: Posse 1920, S. 11, Gal.-Nr. 49A; Posse 1929, S. 23, Gal.-Nr. 49A; Ausst.-Kat. Berlin 1983, S. 296, Nr. E 4; Stagni 1986, S. 3 und S. 8; Negro/Roio 1998, S. 184–187, Nr. 60a; Marx 2006/07, Bd. 2, S. 257, Gal.-Nr. 49A; Ausst.-Kat. Brüssel/Paris 2010/11, S. 149, Nr. 80

siehe auch Best.-Verz. G 26

Francesco Francia steht am Übergang zur Hochrenaissance. Einerseits war er der Malerei des Quattrocento eines Andrea Mantegna oder Francesco del Cossa verpflichtet, wobei er ganz traditionell zunächst in der Goldschmiedekunst ausgebildet worden war. Andererseits gehörte er in Bologna zu den Künstlern, die die neue Bildsprache des 16. Jahrhunderts entwickelten, und wurde beispielsweise von Raffael sehr geschätzt.

Mit der Darstellung des Selbstmordes der Lukrezia schuf Francesco Francia ein überaus erfolgreiches Bildmotiv. Allein vier weitere Fassungen haben sich erhalten, wobei das Dresdener Gemälde eine sehr hohe Qualität aufweist.[1] Sie wird nur noch von einer weiteren Tafel erreicht, die sich seit Kurzem in Ponte Ronca di Zola Predosa befindet.[2] Die dem Motiv zugrunde liegende Geschichte entnahm der Künstler der römischen Historie, wie sie vor allem von Livius (Ab urbe condita I, 57-60) und Ovid (Fasti II, 785-852) berichtet wird. Lukrezia, verheiratet mit Lucius Tarquinius Collatinus, suchte den Freitod, nachdem sie von dem römischen Königssohn Sextus Tarquinius vergewaltigt worden war. Historisch betrachtet führte diese Begebenheit zum Ende der Königsherrschaft in Rom, denn Sextus Tarquinius wurde nach seinem Verbrechen aus der ewigen Stadt verbannt und das Regierungsamt fortan jährlich auf die Konsuln übertragen (um 510 v. Chr.). In moralischer Hinsicht wurde Lukrezia als ein Vorbild erachtet, da sie Tugendhaftigkeit und Mut bewiesen hatte. Diese ethische Dimension der Geschichte wurde besonders durch die Schilderung von Livius geprägt. Der Autor erzählt, wie Lukrezia stockend ihrem Vater und ihrem Ehemann von der ungeheuren Tat des Sextus Tarquinius berichtet: »›Ich kann mich zwar von der Sünde freisprechen, der Strafe aber will ich mich nicht entziehen; und es soll künftig keine Frau, die ihre Ehre verloren hat, unter Berufung auf Lucretia weiterleben.‹ Damit stieß sie ein Messer, das sie unter ihrem Kleid verborgen hatte, ins Herz, sank über der Wunde zusammen und fiel sterbend zu Boden.«[3]

Francesco Francia fokussiert die gesamte Geschichte auf den Augenblick des Selbstmords, wobei er alle weiteren Protagonisten ausblendet. Lukrezia zieht mit der einen Hand den Saum ihres Gewandes etwas herunter, damit sie mit dem Dolch auf der Höhe des Herzens einstechen kann. Leid wie Standhaftigkeit spiegeln sich in ihrem Gesichtsausdruck. Interessanterweise unterstreicht der Künstler die von Livius hervorgehobene moralische Vorbildlichkeit der Lukrezia, indem er ihr einen himmelnden Blick verleiht, der eigentlich der Ikonographie christlicher Märtyrer angehört.[4] Die hoch emotionale Körpersprache, die Francesco Francia hier anwendet, weist bereits weit über die Zeit der Frührenaissance hinaus. Darstellungen des Selbstmords der Lukrezia fanden mit Beginn des 16. Jahrhunderts eine immer größere Verbreitung, unter anderem durch Marcantonio Raimondi, Albrecht Dürer und Lucas Cranach d. Ä. AH

Anmerkungen

1 Ausst.-Kat. Bologna 2002, S. 78 und AKL 1992 ff., Bd. 43 (2004), S. 393 geben irrtümlicherweise an, dass das Dresdener Bild 1945 zerstört wurde.

2 Ausst.-Kat. Bologna 2002, S. 78 f., Nr. 9, Abb. S. 46. Zu den anderen überlieferten Fassungen in Dublin, York und einer Privatsammlung siehe Negro/Roio 1998, S. 184–187, Nr. 60b–d.

3 Livius/Hillen 1991, Bd. 1, 58, 10–11.

4 Weber 1998, S. 5 f., Abb. 2; Henning 1998, S. 19–23.

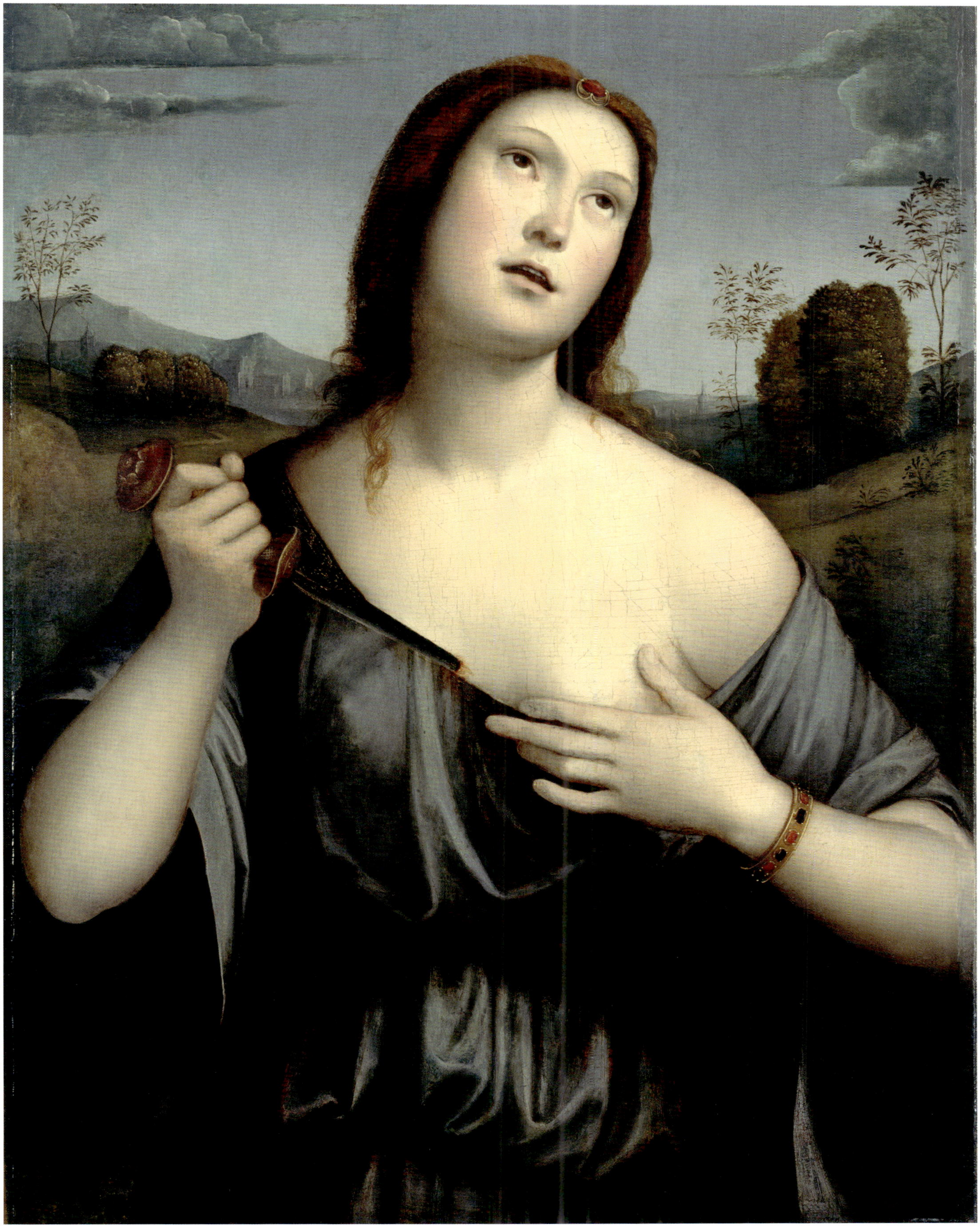

45 FRANCESCO FRANCIA (Umkreis)

Zola Predosa/Bologna (?) um 1447–1517 Bologna

Das Seelengespann | um 1500/05

Feder in Braun, braun laviert, über Spuren von schwarzer Kreide

249 × 200 mm

Verso: Profile zweier Gesimse

Kupferstich-Kabinett, Inv.-Nr. C 432

Literatur: Melli 2006, S. 57–61, Kat.-Nr. 8; Pfisterer 2008a, S. 362

siehe auch Best.-Verz. Z 8

Literarische, von der antiken Tradition inspirierte Themen erlebten mit der Renaissance einen enormen Aufschwung und fanden in hohem Maße Eingang in die bildende Kunst. Keineswegs begnügte man sich mit geläufigen Sujets. In gelehrten Kreisen entstanden außergewöhnliche Bildschöpfungen, in denen antike Inhalte neu interpretiert wurden. Ein Beispiel dafür ist diese zart lavierte Federzeichnung. Aus nächster Nähe scheint ein Wagen frontal auf den Betrachter zuzurollen. Zwei Pferde ziehen das massive Gefährt, das in seinem Aufbau die Form einer Renaissanceädikula aufnimmt. Ob die Fahrt den gewünschten Verlauf nimmt, bleibt offen – die Pferde streben in unterschiedliche Richtungen, und während das rechte schräg nach vorne steigt, bäumt sich das andere auf und wendet den Kopf zurück zu dem geflügelten Wagenlenker. Dieser versucht offenbar, dem eigensinnigen Tier mit Zügeln und Peitsche beizukommen.

Auf den ersten Blick erinnert die Darstellung an Bilder aus dem seinerzeit beliebten Themenkreis der Triumphzüge. Das Motiv einer Gottheit, eines Herrschers oder einer anderen siegreichen Person auf einem Gespann hatte nicht zuletzt mit der Dichtung »I Trionfi« von Francesco Petrarca (1304–1374) an Bedeutung gewonnen, und zwar im allegorischen Sinne: Bei Petrarca triumphieren Liebe, Keuschheit, Tod, Ruhm, Zeit und schließlich die Ewigkeit, um gleichnishaft das menschliche Leben und Streben vor Augen zu stellen (Vgl.-Abb. 1).[1] Wahrscheinlich deutete man ehemals auch die Dresdener Zeichnung vor diesem Hintergrund, denn eine nicht vom Künstler stammende Aufschrift auf der Rückseite des Blattes lautet »Tempus«, die Zeit. Konkretisieren lässt sich der Bezug auf die betreffende Bild- und Texttradition jedoch nicht.

Lorenza Melli hingegen brachte das Blatt überzeugend mit einer Passage aus dem »Phaidros« des griechischen Philosophen Platon (um 428/27–um 348/47 v. Chr.) in Verbindung. Marsilio Ficino (1433–1499), ein wegweisender Vertreter des Humanismus in Florenz, hatte diesen Text 1484 im Rahmen seiner kommentierten lateinischen Übersetzung von Platons Gesamtwerk publiziert und damit erheblich zur Rezeption plato-

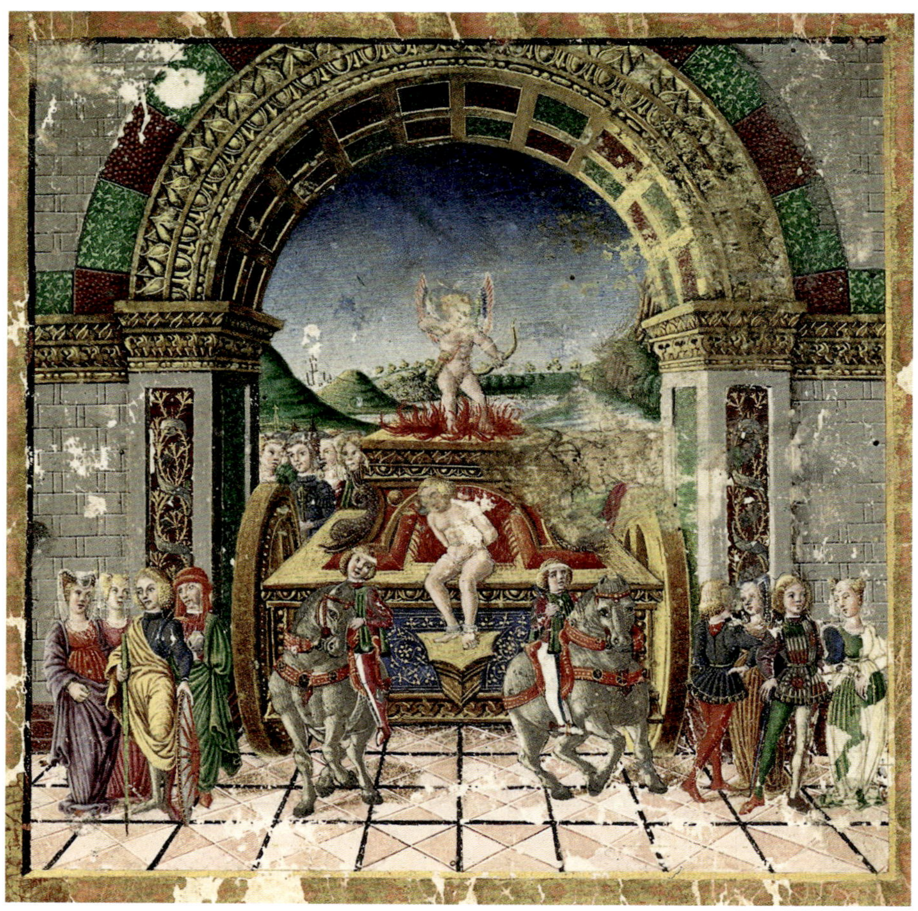

1. Norditalienischer Illuminator: Der Triumph der Liebe, um 1465. Miniatur auf Pergament in einer Handschrift mit den »Rime« und »Trionfi« Petrarcas. London, The British Library, Harley 3567, Bl. 149 r

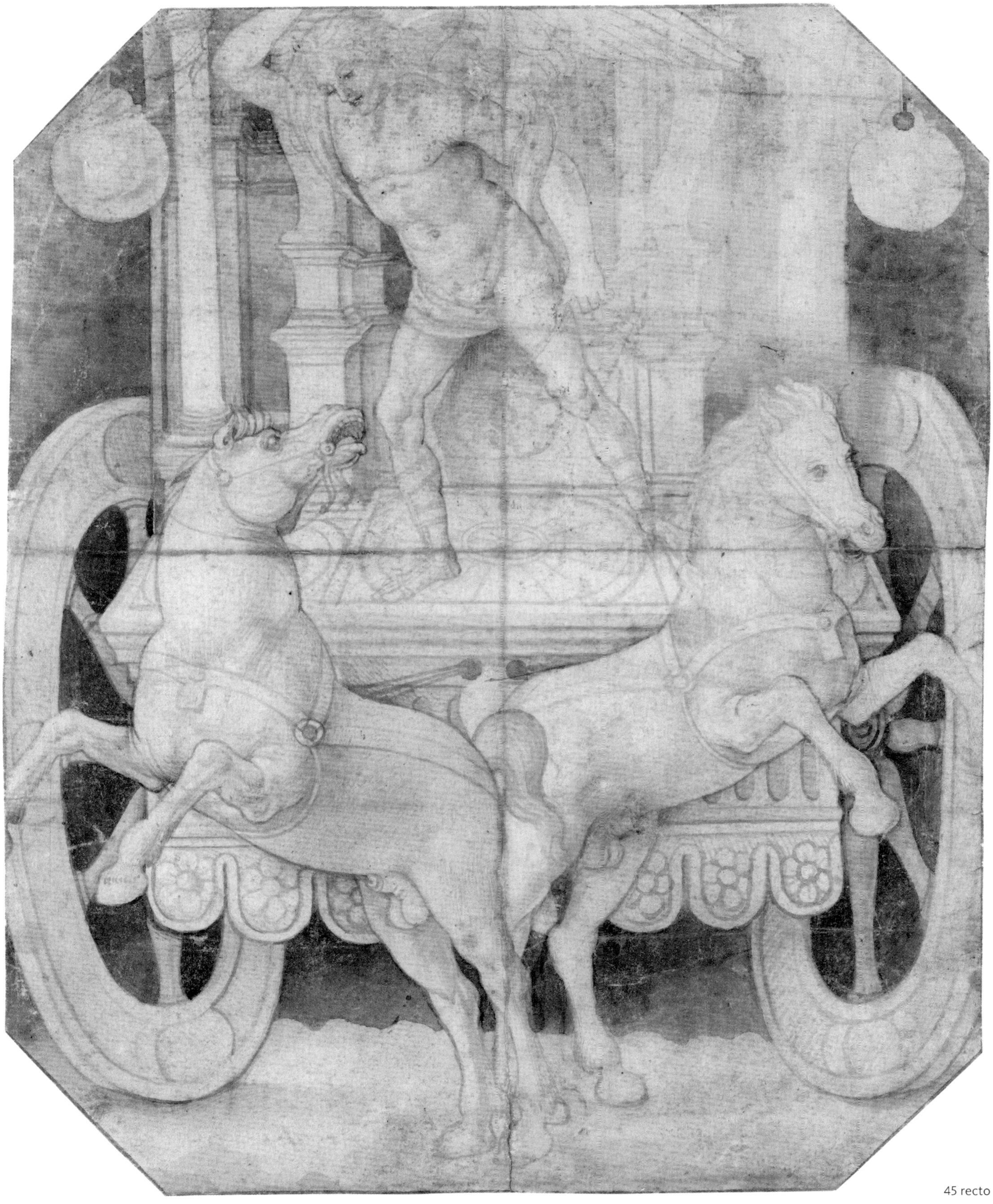

45 recto

2. Florentiner Bildhauer: Sogenannter Platonischer Jüngling, letztes Viertel 15. Jh. (?). Bronze, 39,2 cm hoch. Florenz, Museo Nazionale del Bargello, Inv.-Nr. 13709

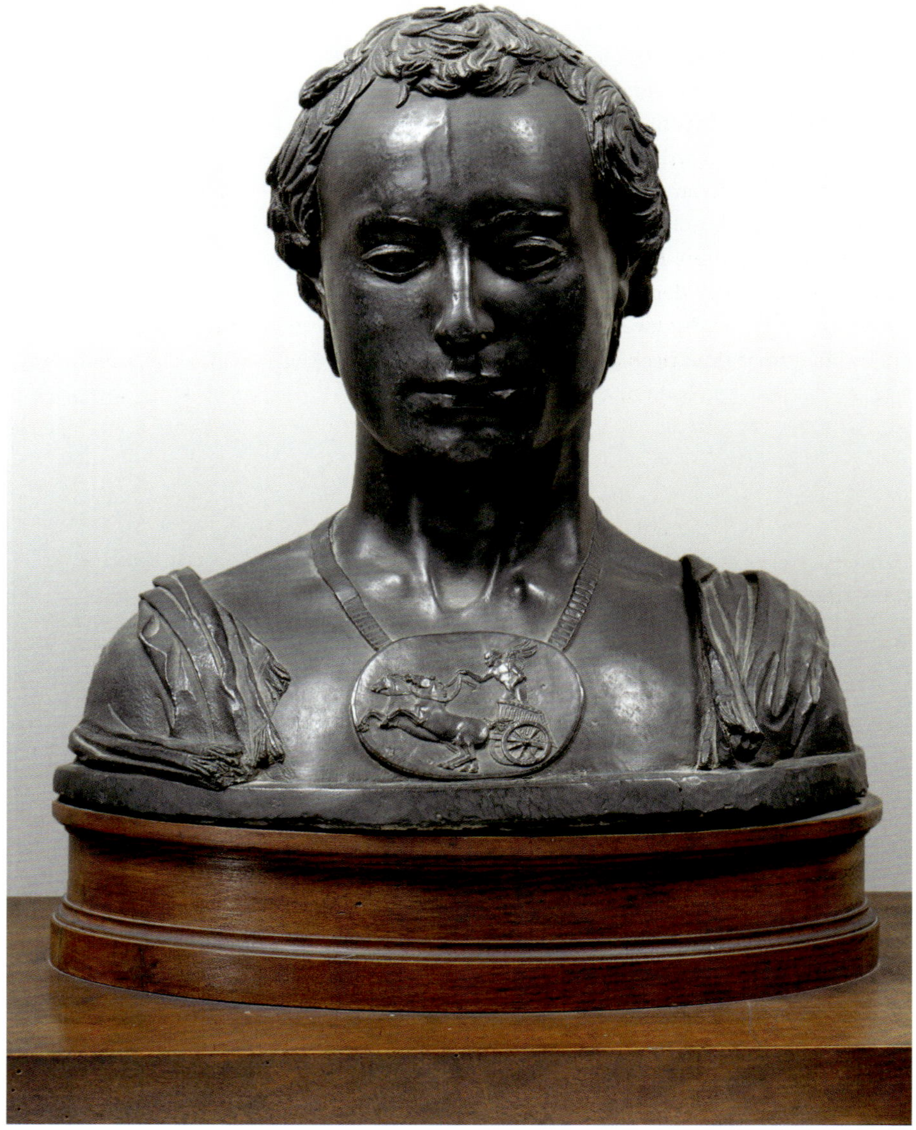

3. Giulio della Torre: Das Seelengespann (»Auriga Platonis«), Revers einer Medaille auf Francesco della Torre, späte 1530er Jahre. Bronze, Durchmesser 67 mm. Aufbewahrungsort unbekannt

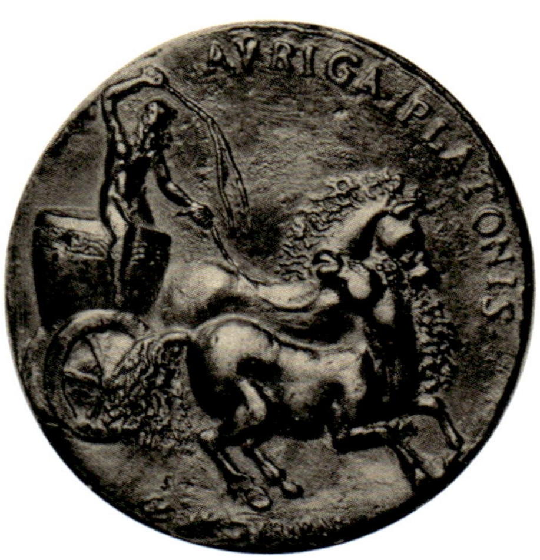

nischen Gedankenguts in der italienischen Renaissance beigetragen. Demnach sei die menschliche Seele einem geflügelten Pferdewagen vergleichbar. Der Intellekt lenkt, doch droht der Wagen vom Weg abzukommen, und zwar aufgrund der Begierden, symbolisiert durch ein widerspenstiges Pferd, welches seinen irdischen Instinkten folgt. Das zweite Pferd hingegen - ein edles, wohlgesonnenes Tier - strebt den himmlischen Höhen entgegen. Auch in anderen Zusammenhängen griff Ficino Platons Seelengleichnis auf, so erstmals 1457.[2]

In der Antike hat man das anspruchsvolle Thema, soweit heute nachweisbar, nicht bildlich umgesetzt. Und auch in der Renaissance finden sich nur wenige Beispiele. So wurden einzelne Darstellungen eines geflügelten Wagenlenkers mit zwei Zugpferden, die formal nach dem Vorbild einer antiken wagenlenkenden Nike gestaltet sind, im Sinne des Platon'schen Seelengespanns gedeutet.[3] Berühmtheit erlangte vor allem der sogenannte Platonische Jüngling, eine oft Donatello (um 1386-1466) zugeschriebene Bronzebüste. Die Brust dieser Figur schmückt eine entsprechend gestaltete Plakette (Vgl.-Abb. 2).[4] Ferner hat die Forschung unter anderem ein Relief aus der Werkstatt von Antonio Rossellino (1427-1479) am Grabmal des Kardinals von Portugal in der Florentiner Kirche San Miniato al Monte herangezogen. Die Deutung dieser Arbeit im Sinne des Platon'schen

Seelengespanns ist jedoch keineswegs zwingend.[5] Noch seltener begegnen Darstellungen, die – wie das Dresdener Blatt – ein betont unbotmäßiges Pferd zeigen. Hier bietet sich eine Medaille des vor allem in Padua tätigen Giulio della Torre (um 1480–um 1540) mit der Beischrift »Auriga Platonis« als Vergleich an (Vgl.-Abb. 3).[6] Es ist jedoch bisher kein zweiter Fall bekannt geworden, bei dem die platonische Allegorie mit einer frontalen Wiedergabe des Wagens kombiniert worden wäre, wie man sie oft bei Illustrationen der »Trionfi« Petrarcas findet (Vgl.-Abb. 1).[7]

Wer diese einzigartige und hochgelehrte Allegorie gezeichnet hat, ist schwer zu sagen. Viele Konturen sind mit breiten Federstrichen nachgezogen, was das Erscheinungsbild des Blattes vergröbert, wenn nicht gar verfälscht.[8] Im 18. Jahrhundert galt das Blatt als Werk des Umbrers Pietro Perugino (vgl. bes. Z 41; Kat.-Nr. 33). Im Jahrhundert darauf wurde es unter dem Namen Francesco Francias aufbewahrt, des führenden Bologneser Malers in der zweiten Hälfte des 15. Jahrhunderts. Aus dessen Atelier in der humanistisch-antiquarisch geprägten Universitätsstadt gingen zahlreiche Künstler hervor, so Marcantonio Raimondi (vgl. Z 9; Kat.-Nr. 43) und Giacomo Francia (um 1486–vor 1557), möglicherweise auch Jacopo Ripanda (um 1465–um 1516/22), Jacopo da Bologna[9] (tätig vor 1516) sowie Amico und Guido Aspertini (um 1474/75–1552 beziehungsweise um 1467/68–vor 1504).[10] Unter diesen Künstlern, die im frühen 16. Jahrhundert in Francias Kreis tätig waren – namentlich Jacopo da Bologna und Guido Aspertini – vermutete Melli den Zeichner des Dresdener Seelengespanns.[11] GM

45 verso

Anmerkungen

1 Zur ikonographischen Tradition der »Trionfi« Petrarcas siehe Ortner 1998. Zum Urheber der abgebildeten Handschrift siehe Ausst.-Kat. London/New York 1994/95, S. 80, unter Kat. Nr. 22, sowie Giordana Mariano Canova in: Ausst.-Kat. Mantua 2006/07, S. 86–88.

2 Siehe die Edition von Ficinos lateinischem Text und Kommentar mit Angaben zu weiteren einschlägigen Texten bei Allen 1981.

3 Zu dem antiken Vorbild siehe Bober/Rubinstein 2010, S. 219, Nr. 172.

4 Zu der Büste allgemein siehe bes. Ciaroni 2007, S. 23–29 mit weiterführenden Hinweisen (dort als Werk Donatellos, dat. um 1448). Siehe auch die folgende Anm.

5 Zur Interpretation dieses Reliefs sowie der Bronzebüste vor dem Hintergrund Platons siehe bes. Ames-Lewis 2002, S. 333–338; zu einer entsprechenden Darstellung auf dem Fußboden des Lesesaals der Biblioteca Medicea Laurenziana in Florenz siehe Catalano 1992, S. 22–25, Abb. 57, ebd. auch eine Übersicht zur Bildtradition. Ergänzend und als Korrektiv siehe die Ausführungen von Ulrich Pfisterer, der nach kritischer Überschau des Materials zu dem Schluss kommt, dass nach dem »Platonischen Jüngling« erst wieder im frühen 16. Jahrhundert gesicherte Darstellungen des Platon'schen Seelengespanns in Italien greifbar werden, wobei die Dresdener Zeichnung zu den ältesten Beispielen zählt. Für den »Platonischen Jüngling« wiederum macht Pfisterer eine Entstehungszeit ab den 1470er Jahren wahrscheinlich, sodass Donatello als Urheber nicht in Frage kommt (Pfisterer 2008a, S. 350–362, bes. S. 362).

6 Siehe Hill 1930, Bd. 1, S. 145, Nr. 565. Wo sich die beiden von Hill erwähnten Exemplare in Berlin und Turin heute befinden, ist unbekannt. In jüngerer Zeit wurde die Abbildung aus Hills Corpuswerk verschiedentlich mit der Standortangabe Turin, Museo civico d'arte antica, publiziert. Dort befindet sich jedoch kein Exemplar der Medaille (freundliche Auskunft von Barbara Nepote, Fondazione Torino Musei, vom 8. August 2014). Auch in der Turiner Biblioteca Reale befindet sich die Medaille nicht (freundliche Auskunft von Pier Franco Chillin, Biblioteca Reale, vom 27. August 2014).

7 Allenfalls wäre eine in den frühen 1480er Jahren in Pintoricchios (vgl. bes. Z 39; Kat.-Nr. 27 und G 39; Kat.-Nr. 28) Werkstatt geschaffene Variante des Motivs am »Soffitto dei Semidei« im römischen Palazzo dei Penitenzieri zu nennen (zu Pintoricchios dortigen Arbeiten siehe La Malfa 2009, S. 79–109 mit weiterführenden Hinweisen). Hier steht ein geflügelter Putto mit gespreizten Beinen auf zwei Pferden und lässt sich über Wasser ziehen. Ob bei dieser phantasievollen Darstellung jedoch tatsächlich auf das Seelengleichnis Platons angespielt wird, wie Maria Giulia Aurigemma und Anna Cavallaro argumentieren (siehe Aurigemma/Cavallaro 1999, S. 218 f.), ist angesichts der für das 15. Jahrhundert nur sehr dünn belegten Darstellungstradition zweifelhaft.

8 Im UV-Licht treten die Veränderungen noch deutlicher zutage, siehe die Abb. zu Z 8, S. 167; siehe auch Melli 2006, S. 60, Nr. 8c.

9 Zu Jacopo da Bologna siehe Marzia Faietti in: Ausst.-Kat. Wien 1988, S. 230–232 und Ebert-Schifferer ebd., S. 311–317, ebenso Faietti 1990 und Marzia Faietti in: Ausst.-Kat. Paris 2001, S. 39 f.

10 Zu Guido Aspertini siehe Ferretti 1993.

11 Melli 2006, S. 60 f.

46 FRANCESCO FRANCIA

Zola Predosa/Bologna (?) um 1447–1517 Bologna

Die Anbetung der Könige | um 1505/06

Pappelholz

41,3 × 58,7 cm

Gemäldegalerie Alte Meister, Gal.-Nr. 49

Literatur: Riedel/Wenzel 1765, Innere Galerie, S. 209, Nr. 218 (als Perugino); Hübner 1856, S. 138, Nr. 412; Woermann 1887, S. 42, Gal.-Nr. 49 (als Francia); Posse 1929, S. 22 f., Gal.-Nr. 49; Berenson 1968, S. 147; Kat. Dresden 1979, S. 181, Gal.-Nr. 49; Fortunati Pietrantonio 1986, S. 8; Kat. Dresden 1992, S. 203, Gal.-Nr. 49; Schweers 1994, S. 567; Negro/Roio 1998, S. 186 f., Nr. 61; Marx 2006/07, Bd. 1, S. 120, Bd. 2, S. 257, Gal.-Nr. 49

siehe auch Best.-Verz. G 25

Die kleinformatige »Anbetung der Könige« gilt als eines der qualitätvollsten Werke der Reifezeit des Bologneser Malers Francesco Raibolini, genannt Francia.[1] Sie ist vermutlich etwa zeitgleich mit den Fresken im Oratorio di Santa Cecilia in Bologna entstanden, mit deren Ausführung Francesco Francia zusammen mit dem Ferraresen Lorenzo Costa um 1505/06 beauftragt wurde.[2]

Für seine »Anbetung der Könige« nutzt der Maler das Querformat und führt den Zug der Heiligen Drei Könige mit reichem Gefolge in aller Ausführlichkeit vor. Der Ziel- und Endpunkt der Reise aus dem Morgenland ist das heilige Kind im Schoß der Madonna, dem die drei Könige kniend und anbetend ihre Geschenke darbringen. Die Heilige Familie am linken Bildrand ist in einer weiten Landschaft durch ein stufenförmiges Podest erhöht und wird von einer hoch aufragenden, steinernen Architektur hinterfangen. Bestechend ist die Vielfarbigkeit der Gewänder, in die nicht nur die Hauptpersonen, sondern auch die übrigen eleganten und exotisch wirkenden Figuren gekleidet sind. Fremdartige Kopfbedeckungen wie Turbane und Hüte mit auffällig hochstehenden Krempen erhöhen den Eindruck von Exklusivität. So ist diese kleine Tafel in der Feinheit der malerischen Ausführung und Brillanz der Farben eine wahre Kostbarkeit. Zudem setzt der Maler - ein ausgebildeter Goldschmied - auf die Blätter der Bäume und Büsche mit feinsten Strichen Vergoldungen als Glanzlichter.

Dem Detailreichtum des ausgeführten Gemäldes entspricht auch die Unterzeichnung mit Pinsel oder Feder, die eine Infrarotaufnahme sichtbar macht. Hier zeigt sich, dass Francia für die malerische Ausführung nichts dem Zufall überließ, sondern bereits kleinste Details wie zum Beispiel Faltenwürfe und Schattentäler der Gewänder zeichnerisch fixierte (vgl. Abb. zu G 25).

Francesco Francia reagierte als Künstler auf vielfältige Einflüsse - venezianisch-ferraresische ebenso wie florentinisch-umbrische -, um daraus seinen eigenen schönlinigen, klassischen Stil zu entwickeln.[3]

Bei seiner Dresdener Tafel zeigt er sich insbesondere von Perugino beziehungsweise dessen Schüler Raffael beeindruckt, weshalb das Bild Mitte des 18. Jahrhundert vermutlich auch als ein Werk von Perugino angekauft wurde.[4] Eine Verbindung zu Raffaels Predellentafel der »Pala degli Oddi« (1503/04) mit demselben Darstellungsgegenstand ist offensichtlich und wurde bereits des Öfteren angemerkt (Vgl.-Abb. 1).[5] Fast »wörtliche« Übernahmen sind das weiße, von der Rückansicht dargestellte Pferd, der Hund sowie die Rückenfigur eines jungen Höflings und der im Kontrapost und in ein rotes Gewand gehüllte Jüngling rechts daneben. Im Unterschied zu Raffael legt Francia den Blickpunkt allerdings höher, sodass sich hinter dem Personenzug eine weite, phantastisch anmutende Landschaft mit einem See im Mittel- und einer Stadt sowie schneebedecktem Gebirge im Hintergrund eröffnet. Dadurch kommt es zu einer Akzentverschiebung: Der bei Raffael im Fokus stehende Personenzug ist bei Francia in die Landschaft eingebettet, zugleich werden die gewählten Farbtöne von der Landschaft wieder aufgenommen.

Ob Francias »Anbetung der Könige« in gleicher Weise wie Raffaels Tafel als Teil einer Predella gedient hat, ist nicht bekannt. Insofern kann auch eine Bestimmung für den privaten Bereich nicht ausgeschlossen werden.[6] JC

1. Raffael: Anbetung der Könige, 1503/04. Öl auf Holz, 39,0 × 190,0 cm. Rom, Vatikanstadt, Vatikanische Museen

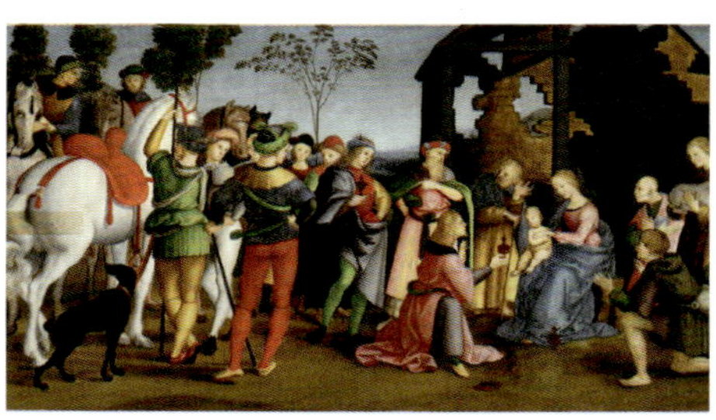

Anmerkungen

1 Vgl. Negro/Roio 1998, S. 187.
2 Fortunati Pietrantonio 1986, S. 4.
3 Vorbilder aus dem umbrisch-toskanischen Raum waren Perugino, Lorenzo di Credi, Piero di Cosimo und der junge Bartolomeo della Porta; siehe dazu Negro/Roio 1999, S. 80. Mit der Ferrareser Kunst war Francia nicht nur durch eine Reise vertraut, sondern auch über den Ferrareser Maler Lorenzo Costa, der seit 1483 in Bologna lebte und arbeitete. Das Verhältnis der beiden Maler, sei es als Lehrer und Schüler oder als eigenständige Künstler, die in Konkurrenz zueinander standen, ist in der kunsthistorischen Forschung sehr unterschiedlich bewertet worden. Siehe u. a. Ausst.-Kat. Ferrara/Dresden 2002/03.
4 Eine zweite eigenhändige Version des Gemäldes befindet sich in der Alten Pinakothek in München (Inv.-Nr. 1127). Siehe Schweers 1994, S. 567; Paula 2012, S. 79.
5 Negro/Roio 1998, S. 187.
6 Ebd.

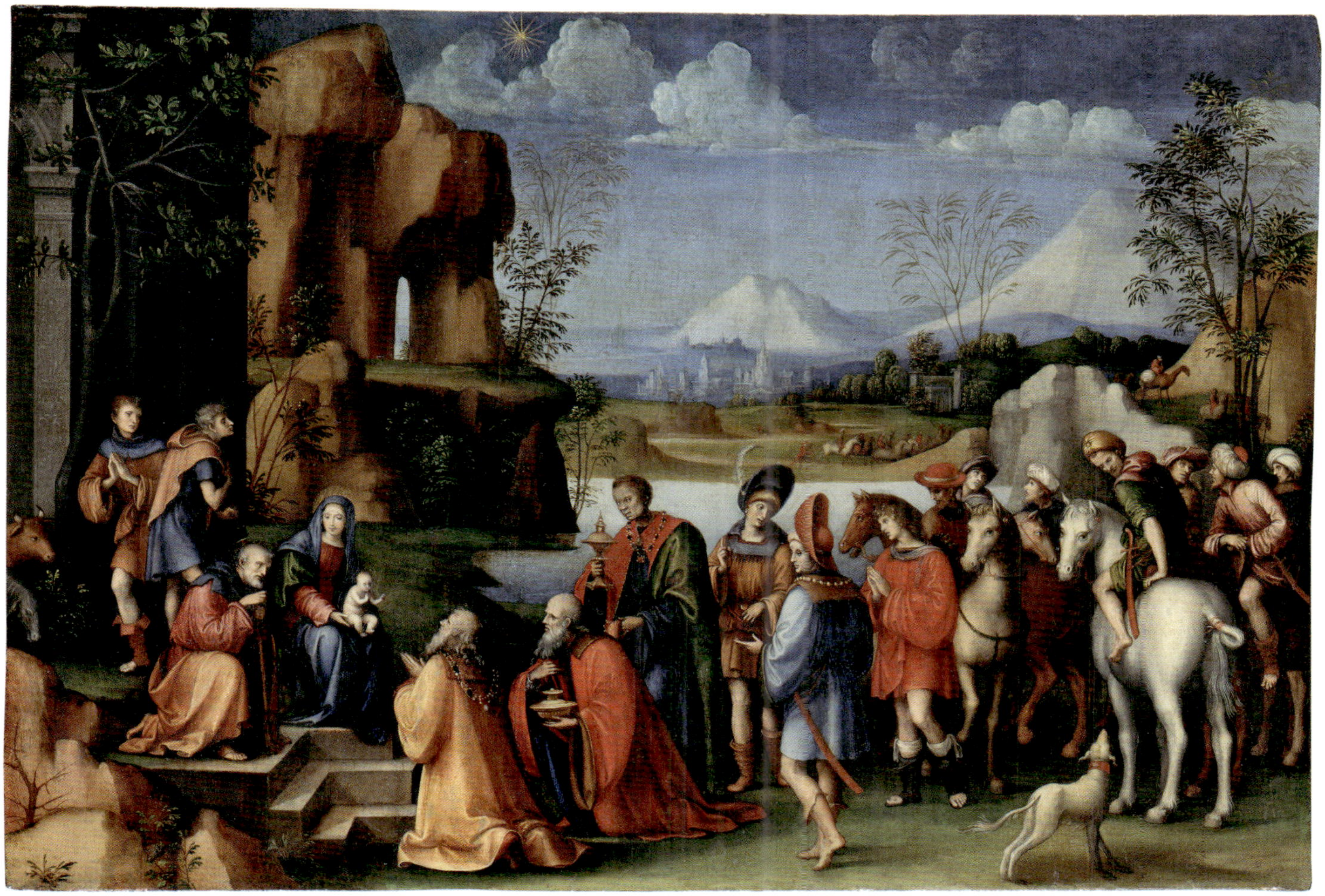

47 GIOVANNI BELLINI (Schule)

Venedig wohl 1430/35–1516 Venedig

Maria mit dem Leichnam Christi

Pappelholz
56,5 × 38,5 cm
Gemäldegalerie Alte Meister, Gal.-Nr. 52A
Literatur: Woermann 1902, S. 22, Gal.-Nr. 52A (als »Richtung Giovanni Bellini's«); Posse 1929, S. 25 f., Gal.-Nr. 52A; Van Marle 1935, S. 242–243 (als Werkstatt Giovanni Bellini); Berenson 1957, Bd. 1, S. 30 (als Werkstatt Giovanni Bellini); Heinemann 1962, Bd. 1, S. 49, Nr. 161a (als Werkstatt Giovanni Bellini); Kat. Dresden 1979, S. 103, Gal.-Nr. 52A; Lucco 1990, Bd. 2, S. 755 (als Maestro del Cattaver); Kat. Dresden 1992, S. 110, Gal.-Nr. 52A; Henning 2006, S. 24–27, Abb. 19; Marx 2006/07, Bd. 1, S. 54, Bd. 2, S. 107, Gal.-Nr. 52A
siehe auch Best.-Verz. G 9

Das Bild des im Grab aufgerichteten toten Christus mit den deutlich sichtbaren Wundmalen an Brust und Händen wird in den Quellenschriften des 15. Jahrhunderts als »imago pietatis« (Bild der hingebenden Gottesliebe) bezeichnet.[1] Demnach zeigt es keine biblische Begebenheit zwischen Kreuzabnahme und Grablegung Christi, sondern einen überzeitlichen Moment, in dem die doppelte Natur Christi als Gott und Mensch anschaulich wird: Christus, der als Mensch am Kreuz gestorben ist, siegt als Gott über den Tod.

Die »imago pietatis« ist eines der zentralen Themen im Œuvre des venezianischen Malers Giovanni Bellini,[2] der verschiedene Varianten dieses Bildtypus mit jeweils wechselndem Personal entwickelte: Christus als Einzelfigur (Museo Poldi Pezzoli, Mailand), mit Engeln (Museo Correr, Venedig), mit Maria und dem Lieblingsjünger Johannes (Brera, Mailand) oder nur mit der Gottesmutter wie in Dresden. Hier zeigt das Gemälde den leblosen Körper Christi nicht stehend, sondern auf der zur Seite geschobenen Platte des marmornen Sarkophags sitzend und von der trauernden Madonna gestützt. Maria hat den Kopf des Sohnes mit der linken Hand zu sich herangezogen, sodass nun Stirn an Stirn liegen. Ihre Augen sind vom Weinen gerötet und der Mund ist im Wehklagen geöffnet. Mit der rechten Hand hält sie den Arm Christi empor, um dem Betrachter das Wundmal der Hand zu präsentieren und ihn dazu aufzufordern, mit ihr den geliebten Sohn zu betrauern.[3]

Die Dresdener Tafel gilt als ein Werk aus der Schule des Meisters und fehlt in der Regel in Überblicksdarstellungen zu Bellinis »imago pietatis«. Ein Grund dafür mag die gewisse Härte in der Behandlung der Körperlichkeit sein, die von den eigenhändigen Arbeiten Bellinis abweicht. Sie veranlasste Mauro Lucco dazu, das Gemälde einem Maler aus der Werkstatt Bellinis, dem sogenannten »Maestro del Cattaver« (tätig um 1460–1470) zuzuschreiben.[4] Im Vergleich mit Giovanni Bellinis reifen Bildfindungen zum Thema, etwa der Darstellung in der Mailänder Brera (Vgl.-Abb. 1), wirkt die Dresdener Christusfigur in der Tat weniger lebensnah; Muskeln und Rippenbogen sind übermäßig stark herausgearbeitet. Unstimmig erscheint auch das Sitzmotiv, das die Position der Beine unterhalb beziehungsweise hinter der frontalen Brüstung unklar lässt. Zudem geht die leichte Drehung des Oberkörpers nicht mit einer überzeugenden Verkürzung einher. Auch wenn demnach einiges gegen die Eigenhändigkeit des Werks spricht, stehen zugleich doch die eindeutigen Qualitäten der Dresdener Tafel - ihre ausgewogene, stimmige Komposition sowie die kühle, differenzierte Farbigkeit - außer Frage: Letztere zeigt sich im stimmungsvollen Kontrast des hellen Inkarnats zum Farbklang aus Blau im Himmel und matten Rot im Mantel und Unterkleid der Madonna.[5] JC

1. Giovanni Bellini: Pietà, um 1465/70. Tempera auf Holz, 86,0 cm × 107,0 cm. Mailand, Pinacoteca di Brera

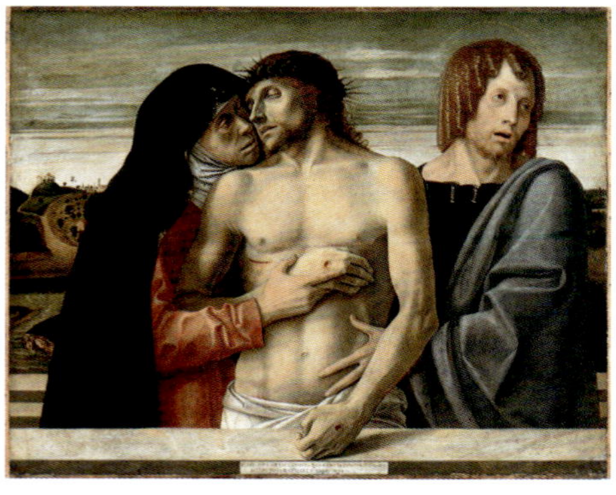

Anmerkungen

1 Zur Bildform der »imago pietatis« grundlegend sind Panofsky 1927; Belting 1981, S. 53–68; Belting 1985, S. 10; Suckale 2003.
2 Belting 1985.
3 Entsprechend den Ausführungen von Leon Battista Alberti in »De pictura« (1435/36) haben die Figuren einer bildlich dargestellten »historia« die Aufgabe, den Betrachter auf eine bestimmte Gefühlslage einzustimmen. Vgl. dazu Belting 1985, S. 31–36.
4 Als weitere Werke des »Maestro del Cattaver« bezeichnet Lucco die seitlichen Heiligen eines Triptychons mit einer Geburt Christi sowie eine auf 1469 datierte Tafel mit dem thronenden Christus, flankiert von vier Heiligen, beide in den Gallerie dell'Accademia, Venedig. Über diese Zuschreibungen hinaus gab Lucco diesem Maler jedoch kein genaueres Profil. Siehe Lucco 1990, S. 755, Abb. 467, S. 406, Abb. 473, S. 409. Auch Bernard Berenson und Fritz Heinemann gehen von einer Arbeit der Werkstatt aus (Berenson 1957; Heinemann 1962).
5 Der rote Farbton des Mantels erscheint heute wohl gegenüber seiner ursprünglichen Wirkung sehr viel blasser. Für diesen Hinweis danke ich Christoph Schölzel.

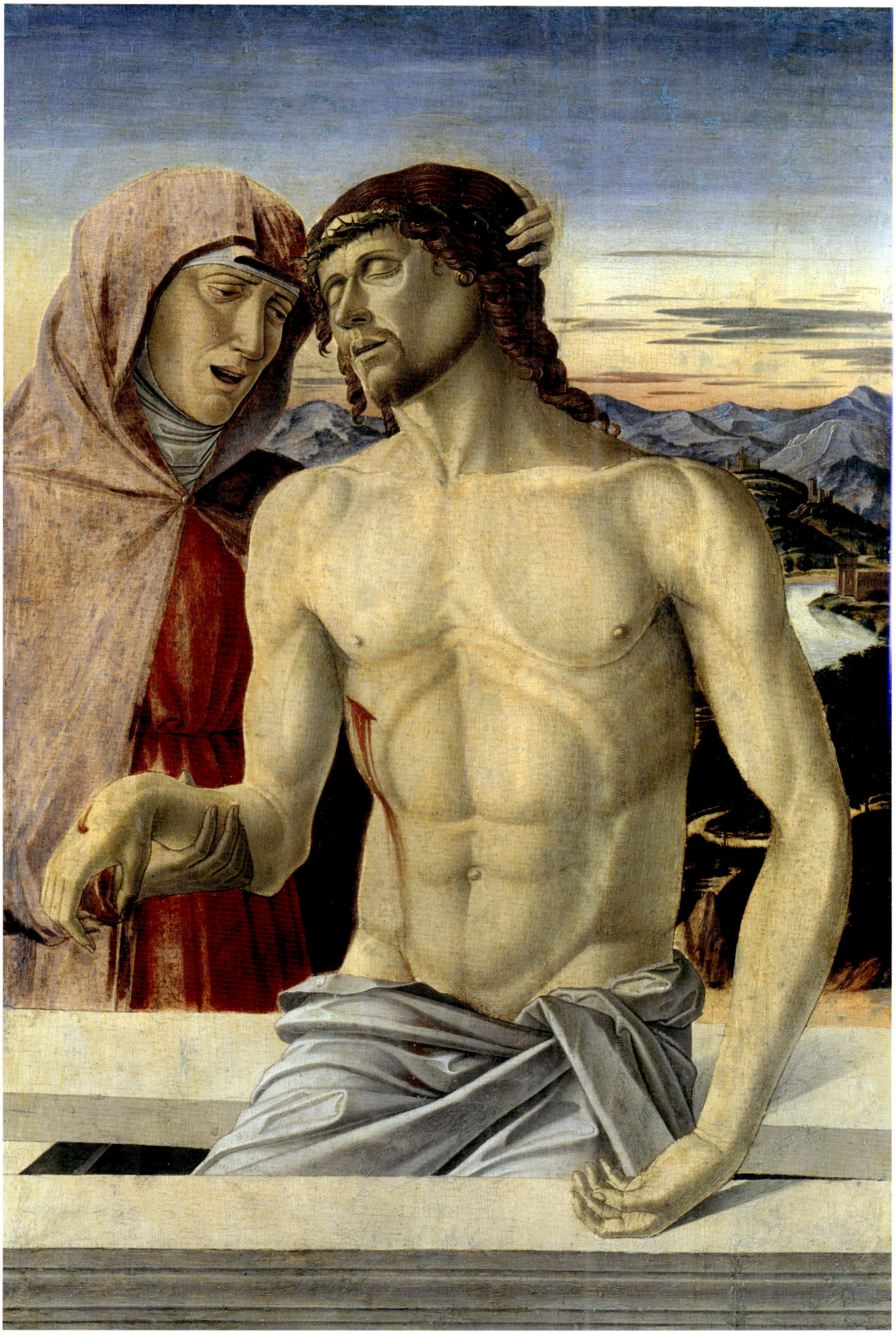

48 CIMA DA CONEGLIANO

Conegliano 1459/60–1517/18 Conegliano

Christus | um 1505/06

Pappelholz

34,5 × 25,2 cm

Gemäldegalerie Alte Meister, Gal.-Nr. 62

Literatur: Matthäi 1835, Zweite Hauptabteilung, Innere Galerie, S. 109, Nr. 552 (als mailändische Schule); Hübner 1856, S. 84, Nr. 19 (als mailändische Schule); Woermann 1887, S. 47, Gal.-Nr. 62 (als Cima); Burckhardt 1905, S. 115 (als Werkstattarbeit); Posse 1929, S. 29, Gal.-Nr. 62; Berenson 1957, S. 65; Coletti 1959, S. 84; Humfrey 1983, S. 98 (um 1505/06); Marx 2006/07, Bd. 2, S. 161, Gal.-Nr. 62

siehe auch Best.-Verz. G 16

Die kleinformatige Tafel zeigt Christus als jungen Mann mit feinsinnigen Zügen sowie Bart und gelocktem, bis auf die Schultern herabfallendem Haar. Er trägt ein rotes Untergewand, das am Halsausschnitt von einer goldenen Borte gesäumt wird,[1] sowie einen weiten, vor der Brust zusammengefassten blauen Mantel. Die Figur ist aus der strengen Frontalität leicht herausgedreht, sodass die linke Schulter etwas zurückgesetzt erscheint; zugleich wird die Büste von den Seiten überschnitten, wodurch der Eindruck räumlicher Enge entsteht und die Präsenz des Dargestellten gesteigert wird. Der dunkle Grund lenkt die Aufmerksamkeit auf das Gesicht Christi, insbesondere auf die Augen, die den Betrachter direkt anblicken.

Cima da Coneglianos Christusfigur steht in einer Traditionslinie kleinformatiger Darstellungen des jugendlichen Erlösers, die als Brustbild ausgeführt wurden. Dieser vor allem gegen Ende des 15. Jahrhunderts in Norditalien sehr beliebte und weit verbreitete Bildtypus geht seinerseits höchstwahrscheinlich auf flämische Vorbilder zurück.[2] Dass das Bild des jugendlichen Christus offensichtlich ganz dem Geschmack der Zeit entsprach, verdeutlicht unter anderem ein entsprechender Bildauftrag von Isabella d'Este an Leonardo da Vinci, den der Künstler jedoch nicht ausführte.[3]

Ein bedeutendes Beispiel ist Antonello da Messinas »Salvator Mundi« in der National Gallery in London (Vgl.-Abb. 1). Er zeigt einen in Kleidung und Typus dem Dresdener Bild ähnlichen Christus, der jedoch streng frontal wiedergegeben ist und seine rechte Hand zum Segensgestus erhoben hat, während die linke auf der Brüstung mit »cartellino« ruht; damit ist eine deutliche Barriere zwischen Bild- und Betrachterwirklichkeit gelegt.

Dieser Vergleich vermag auch den wesentlichen Unterschied zum Dresdener Werk zu zeigen: Cima da Conegliano verzichtete bei seinem Christusbild fast vollständig auf die allgemein geläufigen Attribute wie Heiligenschein oder Weltenkugel. Auch die kreuzförmige Aureole ist allein angedeutet und heute zudem kaum mehr sichtbar. Darüber hinaus fehlen der Segensgestus oder Zeichen der Passion Christi wie das Kreuz oder die Dornenkrone, die in der Regel mit dem Ausdruck des Leidens verbunden sind.[4] In dem Verzicht auf diese äußeren Zeichen seiner Identität beziehungsweise Bestimmung und in der Herauslösung aus dem Kontext der biblischen Erzählung nimmt Cimas Christusfigur innerhalb der Traditionslinie eine Sonderstellung ein. Es ließe sich auch die Frage aufwerfen, was diesen schönen jungen Mann eigentlich zu Christus, dem Sohn Gottes, macht.

Das Spezifische der Bildfindung des Dresdener Gemäldes liegt in seiner Ähnlichkeit zu zeitgenössischen Porträtdarstellungen. Einem Bildnis vergleichbar ist diese Christusfigur durch Format, Ausschnitt und die Ansicht im Dreiviertelprofil ebenso wie durch ihre Nähe und Hinwendung zum Betrachter. Da Porträtdarstellungen im Œuvre Cimas nur als Stifter- beziehungsweise Assistenzfiguren seiner vielfigurigen Heiligendarstellungen vorkommen, autonome Porträts von seiner Hand dagegen nicht bekannt sind,[5] ist eine solche Beobachtung umso bemerkenswerter. Bedeutsam ist in diesem Zusammenhang möglicherweise das in der Infrarotreflektographie und Röntgenaufnahme sichtbar gemachte zweite Gemälde unter der eigentlichen Malschicht (Vgl.-Abb. 2, 3).

Deutlich zu erkennen ist hier die seitlich leicht nach links versetzte Anlage eines etwas kleineren Bildniskopfes, dessen rechtes Auge sich auf Höhe der Nasenwurzel der Christusfigur befindet und nach rechts blickt. Links daneben zeichnet sich die Linie der Nase ab, die seitlich verschattet ist, sowie das zweite Auge und der tief liegende, dunkle Haaransatz. Die Röntgenaufnahme zeigt zudem das Ohr der Figur und als Kopfbedeckung eine Kappe sowie einen weiten, hoch geschlossenen Mantel (Vgl.-Abb. 4). Eine entsprechende Kleidung wurde im Quattrocento von wohlsituierten Bürgern und in vergleichbarer Weise auch von Geistlichen getragen, sodass es sich bei dem »Gemälde unter dem Gemälde« offensichtlich um ein Porträt handelt. Dieses wurde letzten Endes verworfen, um von Cima da Conegliano mit dem Christusbild übermalt zu werden. Ob Cima auch für das zunächst entworfene Porträt verantwortlich zeichnet, ist schwer zu entscheiden, doch mag es den Charakter seines »Christus« nicht unwesentlich beeinflusst haben.

1. Antonello da Messina: Salvator Mundi, um 1465/75. Öl auf Holz, 38,7 × 29,8 cm. London, National Gallery

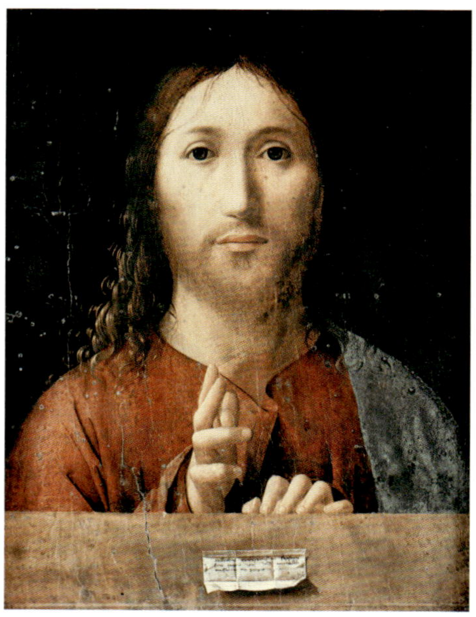

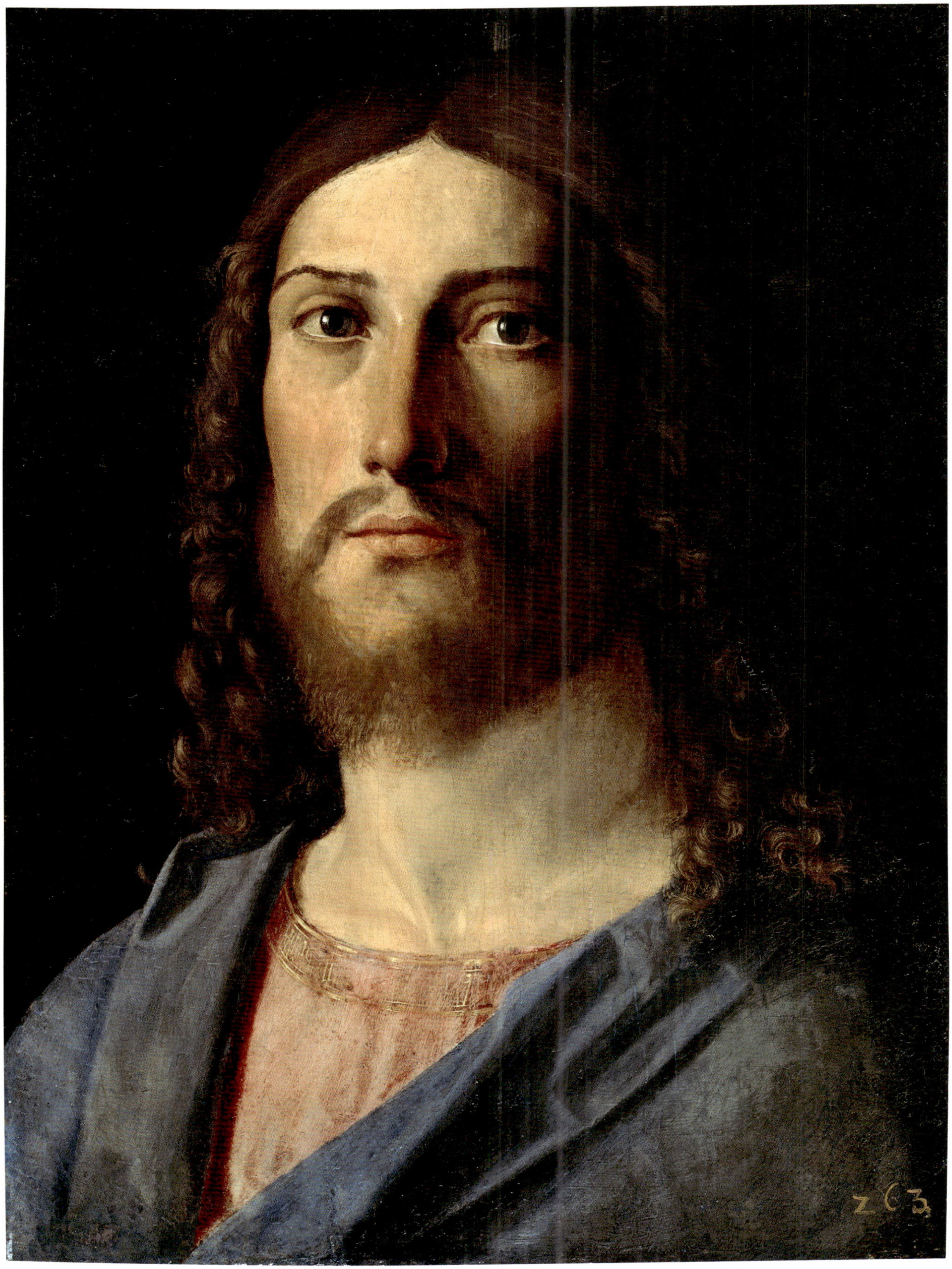
Z 63

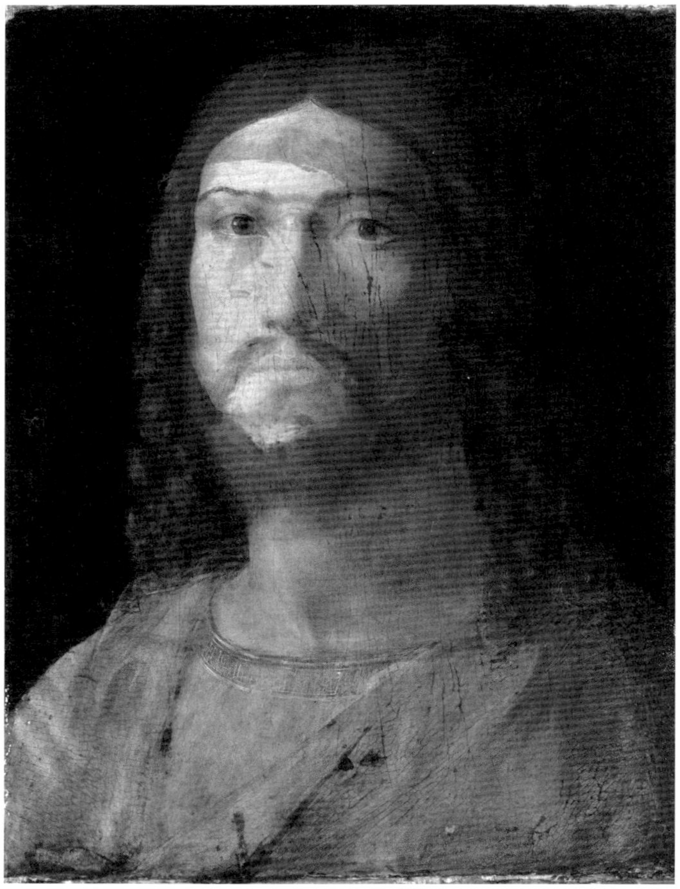

2. Cima da Conegliano: Christus, um 1505/06. Digitale Infrarotreflektographie

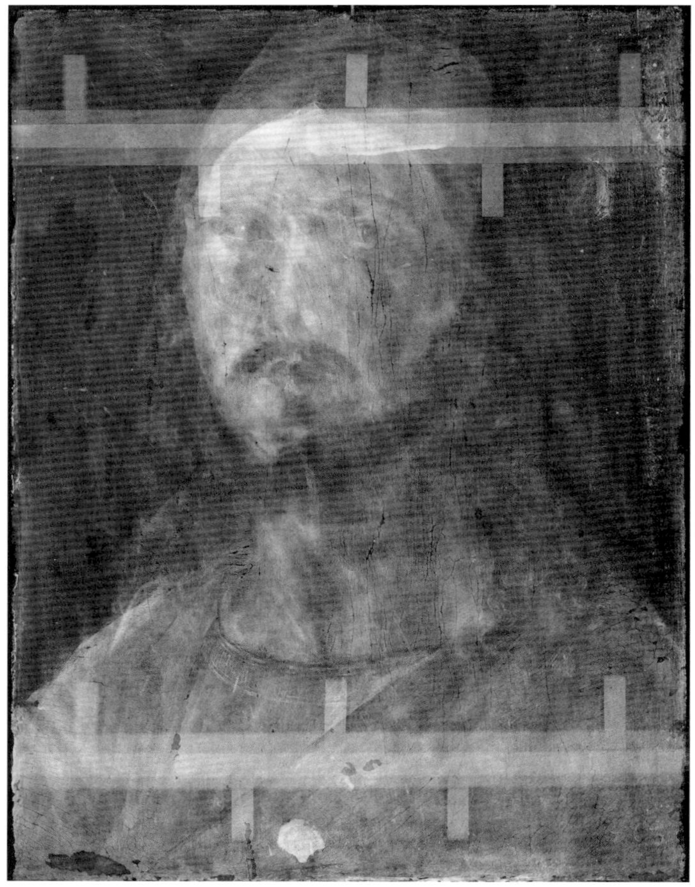

3. Cima da Conegliano: Christus, um 1505/06. Röntgenaufnahme

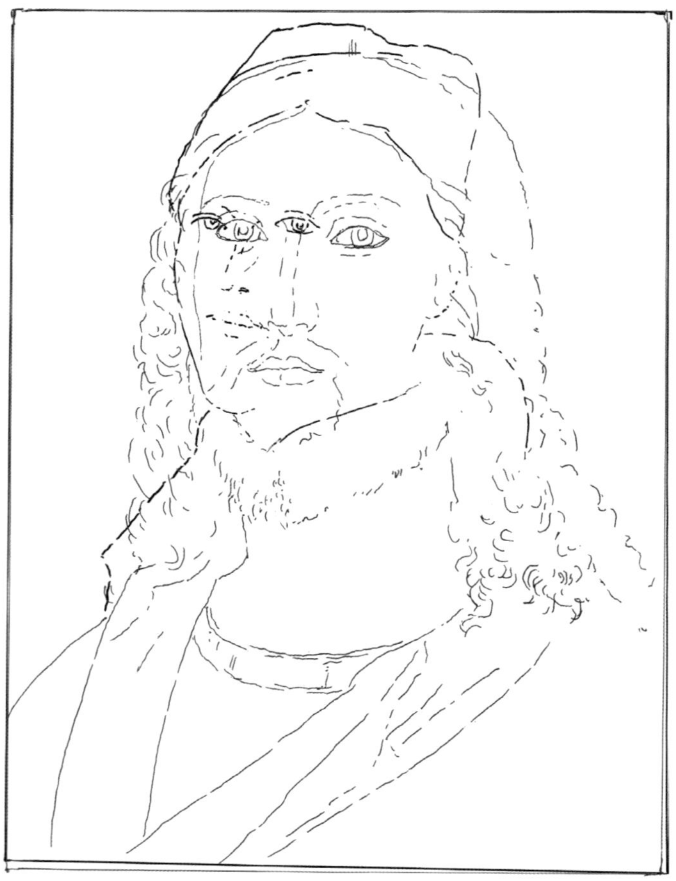

4. Pauszeichnung der Umrisse des Bildniskopfes aus digitaler Infrarotreflektographie und Röntgenaufnahme (Christoph Schölzel, 2014, Gemälde-Restaurierungswerkstatt der Staatlichen Kunstsammlungen Dresden)

Porträtähnlich ist das Dresdener Christusbild schließlich weniger aufgrund individueller Gesichtszüge – es entspricht hier ganz dem Typenhaften –, sondern vor allem aufgrund des sprechenden Ausdrucks seiner Augen, deren Blick mit großer Intensität auf den Betrachter gerichtet ist, sodass er sich schwerlich entziehen kann. In diesem Blick liegt das Wissen Christi um sein unausweichliches Schicksal, den Kreuzestod, das sich dem Betrachter eindrücklich mitteilt und ihn zur Anteilnahme an seinen Leiden auffordert.[6] Christus erscheint damit als weltlicher Herrscher, der in seiner Porträthaftigkeit von »Mensch zu Mensch« begegnet.

In der Forschung besteht mittlerweile ein Konsens in der Frage der Eigenhändigkeit des Dresdener Gemäldes, das nach der Datierung von Peter Humfrey in den Jahren von 1505/06 entstanden ist,[7] in denen der Maler den Zenit seiner künstlerischen Tätigkeit erreichte.[8]

Nach wie vor ist der Kontext, für den das Gemälde bestimmt war, aufgrund fehlender Dokumente nicht zu rekonstruieren.[9] Es ist wohl auszuschließen, dass die Tafel zu einem größeren, mehrteiligen Altar mit der Darstellung einer Sacra Conversazione gehörte – wie sie etwa das Polyptychon in Miglionico (Matera) zeigt.[10] Eher wird es sich um ein eigenständiges Werk handeln, das auf einen speziellen Auftrag hin zum Zweck der privaten Andacht und Zwiesprache gemalt wurde. JC

Anmerkungen

1 Die Goldstickerei dieser Borte, die im rechten Teil stark berieben ist, ist mit einer Gewandborte in Cimas ganzfigurigem Gemälde »Der segnende Christus« in der Dresdener Gemäldegalerie (Gal.-Nr. 61) vergleichbar. Den dort erkennbaren Schriftzug identifizierte Nadejda Lebedeva als Thuluth, eine ältere Form der arabischen Inschrift, und vermutet, Cima sei im Besitz eines Korans gewesen. Die Übernahme von einem Gewand hält sie ebenfalls für denkbar (schriftliche Auskunft von Nadejda Lebedeva).

2 Sixten Ringbom bezeichnet Petrus Christus als den Urheber dieses Bildtypus; Ringbom 1984, S. 173. Er behandelt diverse Werke mit Darstellungen des »Salvator Mundi« und verweist insbesondere auf die Wandelbarkeit des Typus in Oberitalien; ebd., S. 171–178.

3 Ebd., S. 175.

4 Von Cima selbst stammt das Brustbild eines »Schmerzensmannes«, das in zwei fast identischen Versionen existiert (National Gallery, London, und Sammlung Prof. Nigro, Genua). Sie zeigen den Erlöser entsprechend der geläufigen Ikonographie mit Dornenkrone, rotgeränderten Augen und blutleeren Lippen, wenngleich sie in ihrer starken Farbigkeit von ungewöhnlicher Ausdrucksstärke sind. Siehe Coletti 1959, S. 97, Kat.-Nr. 151.

5 Luigi Coletti bezeichnet das Brustbild des Heiligen Sebastian (Brooklyn Museum, New York, ehemals Sammlung Murray) als ein verstecktes Porträt, mit dem er die Liste der unbekannten Porträts von Cima anführt, die es neben seinen Stifterdarstellungen gegeben haben soll; Coletti 1959, S. 96.

6 Leon Battista Alberti betont in »De pictura« ausdrücklich die Funktion der »compassio«, die das Andachtsbild zu erfüllen habe. Siehe Janitschek 1876, S. 124.

7 Humfrey 1983, S. 98, Kat.-Nr. 43.

8 Eine etwa zeitgleiche Entstehung des Dresdener Gemäldes »Der segnende Christus« (Gal.-Nr. 61), wie sie Humfrey annimmt, ist nicht haltbar. Siehe Humfrey 1983, S. 97 f. Betrachtet man die Augenpartie beider Christusfiguren – in diesem Bereich befinden sich keine Retuschen –, finden sich deutliche Unterschiede in der malerischen Behandlung. Für diesen Hinweis danke ich Christoph Schölzel.

9 Schäfer vermutet, es könne sich bei dem Dresdener Gemälde um einen Studienkopf zu einer größeren Komposition handeln. Siehe Schäfer 1860, S. 272. Sowohl die Detailgenauigkeit als auch die hohe Qualität der Ausführung widersprechen jedoch einer Studienarbeit.

10 Die Gemälde mit dem Kopf einer Heiligen (Museum Poldi Pezzoli, Mailand) und der Halbfigur des heiligen Stephan (Museum of Art, Johnson Collection) sind Beispiele für entsprechende Fragmente eines Altares. Vgl. Humfrey 1983, S. 124, Kat.-Nr. 87; S. 142, Kat.-Nr. 124.

49 VINCENZO DI BIAGIO CATENA

Venedig 1470/80–1531 Venedig

Maria mit dem Kind zwischen den Heiligen Petrus und Helena | um 1505/06

Pappelholz

80,3 × 107,5 cm

Gemäldegalerie Alte Meister, Gal.-Nr. 64A

Literatur: Hübner 1876, Nachtrag, S. 461, Nr. 2387 (als Giovanni Bellini); Woermann 1887, S. 44 f., Gal.-Nr. 54 (als »Schule Giovanni Bellini's«); Posse 1929, S. 31, Gal.-Nr. 64A; Robertson 1954, Nr. 8, S. 44; Heinemann 1962 (als Vincenzo di Girolamo); Kat. Dresden 1979, S. 130, Gal.-Nr. 64A; Kat. Dresden 1992, S. 142, Gal.-Nr. 64A; Henning 2006, S. 24–26, Abb. 20; Marx 2006/07, Bd. 1, S. 83, Bd. 2, S. 158, Gal.-Nr. 64A

siehe auch Best.-Verz. G 14

Seit dem Ankauf der Tafel »Madonna mit Kind und Heiligen« durch die Dresdener Gemäldegalerie im Jahr 1874 wird ihre Autorschaft kontrovers diskutiert.[1] Gilles Robertson gliederte das Gemälde überzeugend in das Werk Vincenzo Catenas ein, indem er Parallelen zu dessen signierten Werken in Budapest und Venedig aufzeigte. Zudem bezeichnete er die seitlichen Heiligen als Wiederholungen derselben Figurentypen in Catenas Gemälden in Berlin (heute verloren) und St. Petersburg beziehungsweise in Poznań/Posen. Zu datieren wäre das Dresdener Gemälde weiterhin auf die Zeit um 1505/06.[2]

Vincenzo Catena wird in der kunsthistorischen Forschung zu den weniger bedeutenden venezianischen Malern der ersten Jahrzehnte des 16. Jahrhunderts gezählt. Dennoch scheint er in der Lagunenstadt in gehobenen gesellschaftlichen Kreisen verkehrt und hoch geschätzt worden zu sein: Catena war mit führenden Humanisten wie Marcantonio Michiel und dem Kardinal Pietro Bembo bekannt und verfügte bei seinem Tod im Jahr 1531 über ein beachtliches Vermögen.[3] Über seine künstlerischen Anfänge ist wenig mehr überliefert, als sich von seinen Gemälden selbst ableiten lässt: Catena gehörte zunächst zu den engsten Nachfolgern des bedeutendsten venezianischen Malers der zweiten Hälfte des Quattrocento, Giovanni Bellini, und geriet erst in späteren Jahren unter den Einfluss Giorgiones. Sein malerisches Œuvre zeigt ihn als Schöpfer von kleinformatigen Andachtsbildern ebenso wie von Porträtdarstellungen.

Das Dresdener Gemälde entspricht der auf ein Halbfigurenbild reduzierten ikonographischen Form der Sacra Conversazione (Heilige Unterhaltung) und war für die private Andacht bestimmt.[4] Im Bildzentrum befindet sich die Madonna mit dem Kind hinter einer steinernen Brüstung und wird von dem heiligen Petrus links und der heiligen Helena rechts flankiert, die mit ihren Attributen - Schlüssel und Kreuz - ausgestattet sind. Als Fond erscheint das Blau des Himmels, das sich nach unten hin aufhellt und auf Schulterhöhe der Figuren ein horizontales Wolkenband ausbildet. Die plastisch präsente Figur Mariens ist in einen weiten, prächtige Falten werfenden Mantel gehüllt und präsentiert dem Betrachter das auf der Brüstung stehende Christuskind. Das Gemälde besticht durch die leuchtenden Töne einer insgesamt sehr hellen Farbpalette.

Wie eng sich Vincenzo Catena mitunter an Bildfindungen Giovanni Bellinis anlehnte, zeigt ein Vergleich mit dessen »Madonna mit Kind und Stifter« in der Sammlung Harewood in Yorkshire (Vgl.-Abb. 1).[5] Die Übereinstimmungen bei der zentralen Figurengruppe gehen bis in Details wie den Faltenwurf am weißen Kopftuch der Madonna. Vincenzo Catena variierte lediglich die Blickführung: Während Bellinis Christuskind direkt zum Betrachter sieht, richtet es bei Catena den Blick gen Himmel. Stattdessen übernimmt die Gottesmutter die Kommunikation mit dem Betrachter und schaut ihn mit wissendem Blick aus den Augenwickeln heraus an. Die Madonna Bellinis erscheint dagegen in sich gekehrt beziehungsweise ist auf das Kind vor ihr konzentriert.

Wie auch dieses Beispiel zeigt, darf die Sacra Conversazione nicht als Gespräch unter Heiligen missverstanden werden. Bei ihr handelt es sich vielmehr um eine Versammlung von Heiligen, die weniger untereinander kommunizieren, als dass sie über Blicke und Gesten Kontakt zum Betrachter des Bildes aufnehmen.[6] JC

1. Giovanni Bellini: Madonna mit Kind und Stifter, um 1485. Holz, 82,5 × 70,0 cm. Yorkshire, Sammlung Harewood

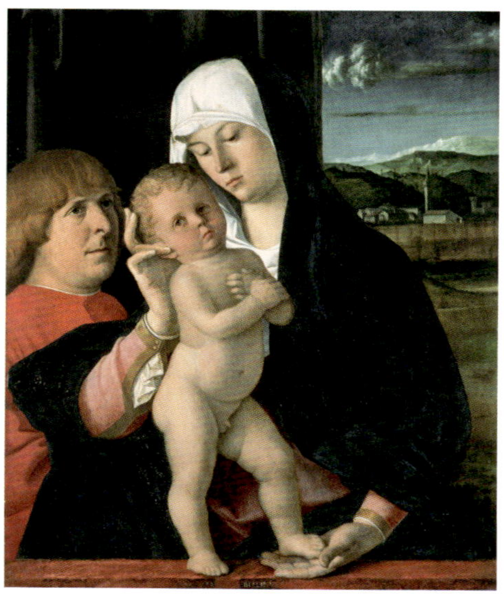

Anmerkungen

1 Das Gemälde wurde als ein Werk von Giovanni Bellini für die Dresdener Gemäldegalerie angekauft, wird in den Galeriekatalogen aber seit Hans Posse als Arbeit des Vincenzo Catena geführt. Fritz Heinemann schlug dagegen vor, es Vincenzo di Girolamo als Jugendwerk zuzuweisen. Siehe Heinemann 1962, S. 27.

2 Siehe Robertson 1954, S. 43–48.

3 Ebd.

4 Vgl. Goffen 1975.

5 Luitpold Dussler nennt zwei Wiederholungen nach Bellinis Gemälde in Harewood Castle, Yorkshire, darunter auch die Dresdener Sacra Conversazione, vgl. Dussler 1949, Abb. 76.

6 Der Begriff der »Sacra Conversazione« wurde erst 1763 irrtümlich eingeführt. Um 1500 war dagegen die Bezeichnung als »Madonna mit Heiligen« geläufig. Siehe Huse/Wolters 1996, S. 217.

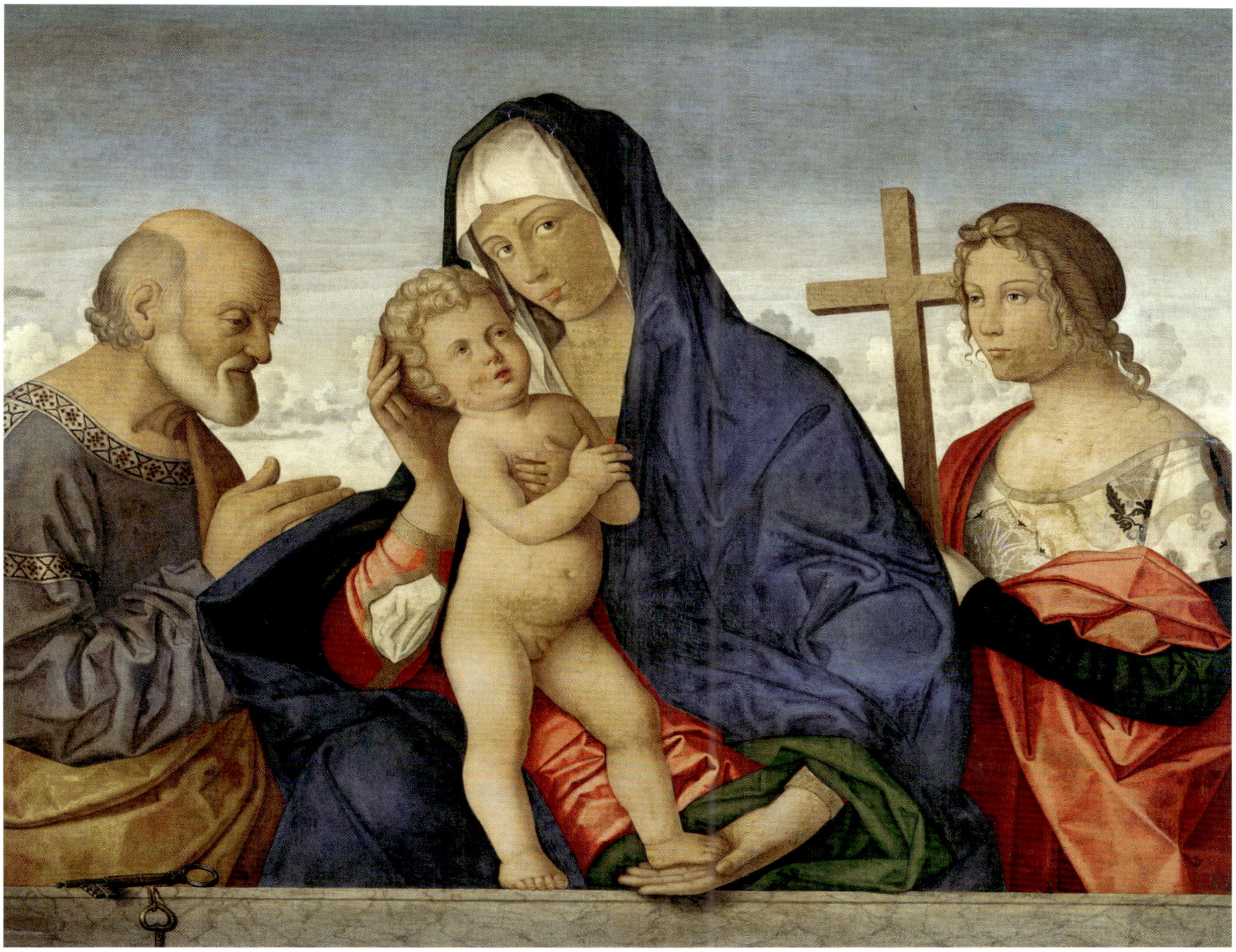

50 VITTORE CARPACCIO
Venedig um 1465–um 1525/26 Venedig
und BENEDETTO CARPACCIO
1530–1560 in Venedig und Koper/Slowenien nachweisbar
Thronende Madonna mit zwei Märtyrern und Engelsputten | um 1515/26
Feder und Pinsel in Braun über Spuren von schwarzer Kreide; kaschiert
292 × 235 mm (Einfassungslinie); 303 × 246 mm (Blatt)
Kupferstich-Kabinett, Inv.-Nr. C 271
Literatur: Melli 2006, S. 86–90, Kat.-Nr. 15 (mit der früheren Literatur); Fossaluzza 2012, S. 138 f., Abb. S. 141 (als Vittore Carpaccio und Werkstatt)
siehe auch Best.-Verz. Z 15

Wahrscheinlich gehörte diese Zeichnung schon früh zum Bestand des Dresdener Kupferstich-Kabinetts: Im ältesten Inventar der Sammlung wird 1738 eine Zeichnung von Giovanni Bellini (um 1430/35-1516) erwähnt,[1] dem Hauptmeister der Frührenaissance-Malerei in Venedig. Diesen Namen hat eine unbekannte Hand des 18. Jahrhunderts auch am oberen Rand des Blattes notiert.[2] Die Zuschreibung an Bellini beruht sicherlich nicht auf dem zeichnerischen Duktus mit routiniert und sparsam gezogenen Umrissen sowie Lavierungen, die summarisch die Verteilung von Licht und Schatten andeuten. Nachvollziehbar ist sie hingegen angesichts der Komposition: Die Darstellung einer thronenden Madonna mit Heiligen lässt sich einem Typus von Altarbildern zuordnen, dessen klassische Ausprägung auf Bellini zurückgeht.[3] Seit dem 18. Jahrhundert nennt man diesen Typus »Sacra Conversazione«,[4] was nicht wörtlich zu nehmen ist: Die Protagonisten verbindet kein Gespräch, sondern gemeinsames Verharren in weihevoller Stimmung. Ihren Ursprung hat dieses ideelle Beieinandersein in den traditionellen mehrteiligen Altarwerken (Polyptychen), doch befinden sich nun alle Beteiligten in einem einzigen Bildraum.

Im vorliegenden Fall ist der Raum irreal, wenn auch aus realistischen Elementen zusammengesetzt. Als Bühne dient eine Treppe, die zu dem erhöhten Thron der Maria und des Jesuskindes führt. Flankiert werden die beiden Hauptfiguren von zwei jungen Männern. Schwerter und Palmen kennzeichnen diese als Märtyrer. Auf den Stufen vor dem Thron musizieren Engel, und hinter der ganzen Anlage eröffnet sich dem Betrachter eine weite Landschaft. Mittels Infrarotreflektographie wurden darüber hinaus Reste einer Vorzeichnung und einer Quadrierung sichtbar, die der Übertragung in ein größeres Format dienen konnte.[5]

Zwar greift die gezeichnete Sacra Conversazione Bildelemente auf, die man von Werken Bellinis kennt, es lässt sich jedoch keine konkrete Verbindung herstellen. Vielmehr entspricht die Darstellung zu großen Teilen einer Altartafel von Vittore Carpaccio, einem jüngeren Zeitgenossen Bellinis, der heute vor allem für seine lebensvoll-erzählerischen Historienbilder bekannt ist. 1519 signierte Carpaccio die sogenannte »Pala Averoldi« mit den Brescianer Schutzheiligen Faustinus und Iovita. Die für die Kirche San Giovanni Evangelista in Brescia gemalte Tafel wurde 1869 nach London verkauft. Sie versank unterwegs im Ärmelkanal, ist aber fotografisch dokumentiert (Vgl.-Abb. 1).[6]

Giovanni Morelli erkannte den Zusammenhang und publizierte das Blatt 1880 als eigenhändige Vorzeichnung Carpaccios für die Pala.[7] Diese These fand jedoch nur teilweise Zustimmung.[8] Dagegen spricht zum einen der sichere, an keiner Stelle nach der Form suchende Strich, der eher an einen Kopisten denken lässt. Zum anderen weicht die Zeichnung in vielen Details von der Pala ab. Aus diesem Grund konnte sich auch die Deutung als Werkstattkopie nach dem Altarbild nicht durchsetzen. Wenn die Zeichnung also das Gemälde weder vorbereitet noch kopiert, welche Funktion vermochte sie dann zu erfüllen? Lorenza Melli deutete das Blatt 2006 sehr wohl als Vorzeichnung, allerdings nicht für die Pala Averoldi, sondern für ein anderes Werk. Zu diesem Zweck seien Elemente der Pala mit Versatzstücken aus Carpaccios Motivrepertoire neu arrangiert worden. Vor allem in der späten Schaffensphase des Künstlers im Jahrzehnt um 1520, als er mutmaßlich mit seinem Sohn Benedetto arbeitete, wäre ein solcher Rückgriff auf erprobte Schemata kein Einzelfall. GM

1. Vittore Carpaccio: Thronende Madonna mit den Heiligen Faustinus und Iovita (»Pala Averoldi«), 1519. Ehemals Brescia, San Giovanni Evangelista (zerstört)

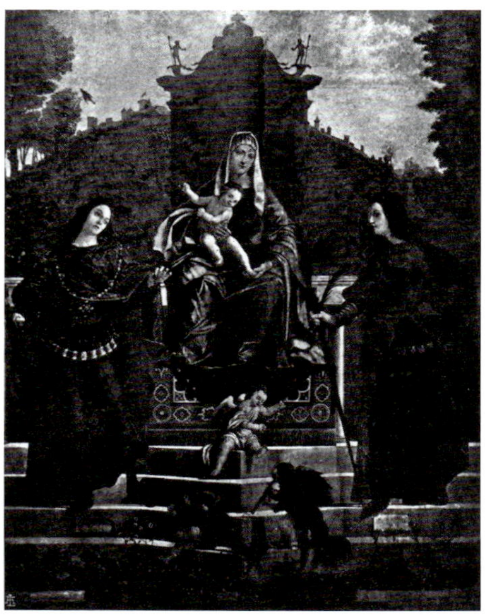

Anmerkungen
1 KK Kat. 1 (1738), S. 114 (»Jean Bellin«).
2 Der Eintrag im Inventar von 1738 könnte sich jedoch ebenso auf die mit dem Schriftzug »Jean Bellin« versehene anonyme »Grablegung« beziehen, die heute unter der Inv.-Nr. C 270 geführt wird, siehe Dittrich 2010, S. 41.
3 Siehe Humfrey 1993, bes. S. 184–246.
4 Siehe auch Kat.-Nr. 49.
5 Siehe auch den Beitrag von Olaf Simon und Carsten Wintermann im vorliegenden Band, S. 29.
6 Die Abbildung wurde erstmals publiziert bei Malaguzzi-Valeri 1913. Zu dem Gemälde siehe zuletzt Fossaluzza 2012, S. 138 f. und 205 f., Anm. 16 mit weiterführenden Hinweisen.
7 Morelli 1880, S. 253.
8 Für eine Übersicht zur der Zuschreibungsgeschichte siehe Melli 2006, S. 88.

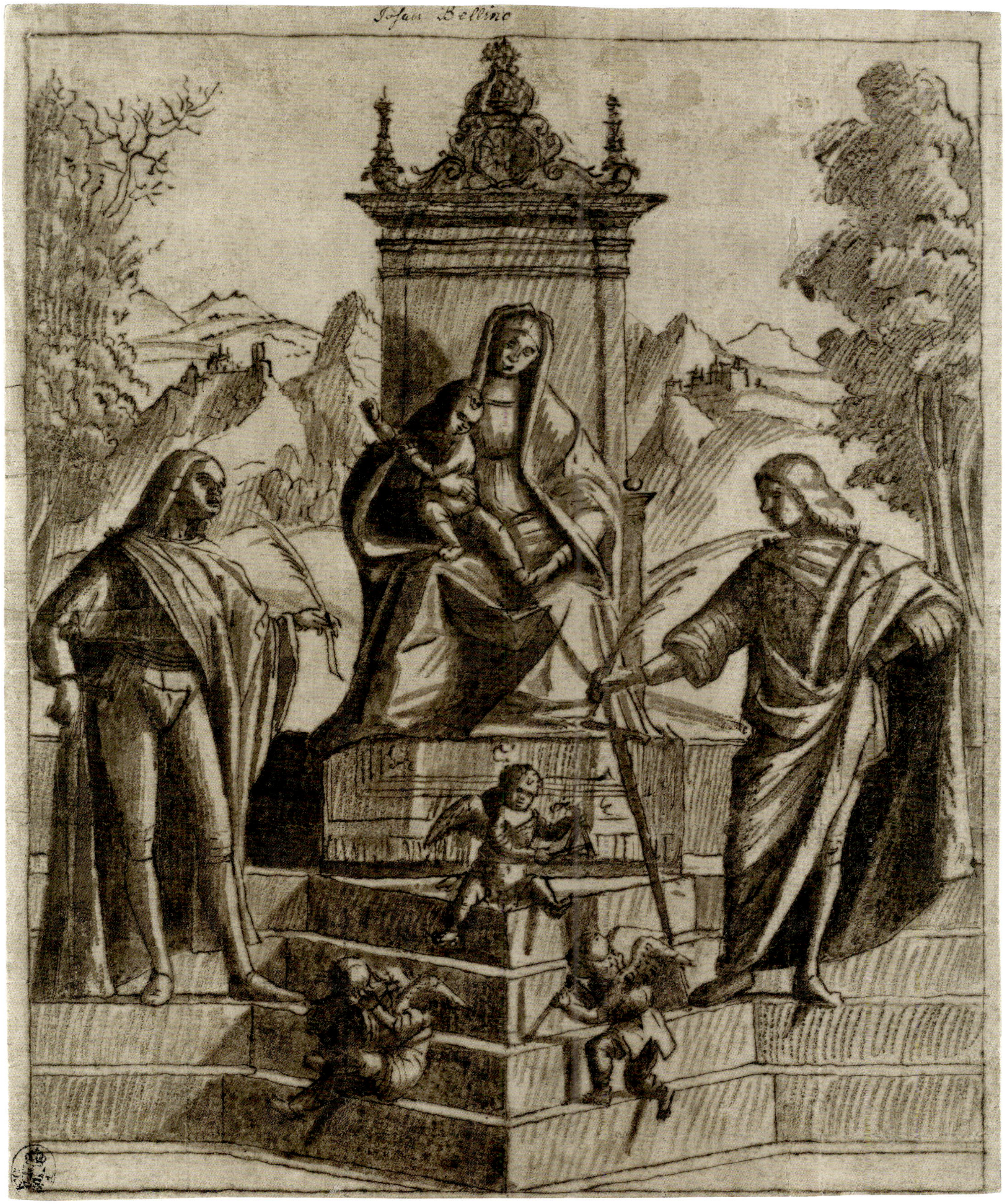

51–52 JACOPO DE' BARBARI

Venedig, gestorben vor 1516

Die heilige Katharina | um 1503
Lindenholz
50,5 × 30,0 cm
Gemäldegalerie Alte Meister, Gal.-Nr. 58

Die heilige Barbara | um 1503
von Holz auf Leinwand übertragen
42,5 × 27,5 cm
Gemäldegalerie Alte Meister, Gal.-Nr. 59

Literatur: Matthäi 1846, Äußere Galerie, S. 56 f., Nr. 468a und Nr. 468b (Ältere deutsche und niederländische Gemälde, unbekannt); Hübner 1856, S. 306, Nr. 1682 und Nr. 1683; Woermann 1887, S. 46, Gal.-Nr. 58 und Gal.-Nr. 59 (als Jacopo de' Barbari); Posse 1929, S. 27 f., Gal.-Nr. 58 und Gal.-Nr. 59; Levenson 1978, S. 180, Kat.-Nr. 3 und Kat.-Nr. 4; Kat. Dresden 1979, S. 99, Gal.-Nr. 58 und Gal.-Nr. 59; Ferrari 1990, S. 97 f., Nr. 10 und Nr. 11; Kat. Dresden 1992, S. 104, Gal.-Nr. 58 und Gal.-Nr. 59; Marx 2006/07, Bd. 1, S. 47 f., Bd. 2, S. 99, Gal.-Nr. 58 und Gal.-Nr. 59
siehe auch Best.-Verz. G 4 und G 5

Die beiden Gemälde mit Darstellungen der Heiligen Katharina und Barbara sind in Dresden erstmalig im Inventar der Kunstkammer von 1595 aufgeführt.[1] Angekauft wurden sie wahrscheinlich 1588 aus dem Nachlass des zwei Jahre zuvor verstorbenen Lucas Cranach d. J., der die Gemälde vermutlich von seinem Vater Lucas Cranach d. Ä. geerbt hatte.[2] Möglicherweise wurden die Tafeln als Neuzugänge der Kunstkammer im unteren Bereich beschnitten und nach den Seiten leicht verbreitert, um sie auf diese Weise den kleinteiligen Objekten der Kunstkammer im Format anzugleichen.

Aus der Kunstkammer wurden die beiden Werke 1830 in die Gemäldegalerie überführt und waren einem unbekannten Künstler der älteren deutschen beziehungsweise niederländischen Schule zugeschrieben. Erst mit Karl Woermann (1887) setzte sich die Zuschreibung an den Italiener Jacopo de' Barbari durch, die heute allgemein anerkannt ist.[3] Die Zuordnung der Gemälde erwies sich als schwierig, da de' Barbari als mobiler, selten lange an einem Ort verweilender Künstler in seinem Werk auf verschiedene Einflüsse reagierte, denen er an seinen wechselnden Lebensstationen begegnete.

Der Maler und Kupferstecher Jacopo de' Barbari wurde um 1475 höchstwahrscheinlich in Venedig geboren.[4] Während über das frühe Schaffen des Künstlers in Italien keine gesicherten Informationen vorliegen, ist sein Werdegang an den nordeuropäischen Fürstenhöfen von 1500 bis zu seinem Tod im Jahr 1516 gut dokumentiert.[5] Hier stand de' Barbari – im Norden »Jakob, der Walch« (der Welsche) genannt – in Diensten so einflussreicher Fürsten wie Kaiser Maximilian I., Kurfürst Friedrich dem Weisen und Margarete von Österreich. Damit ist de' Barbari als Grenzgänger zwischen den Kulturen zu bezeichnen, in dessen Werk sich süd- und nordalpine Elemente in originärer Weise verbinden.

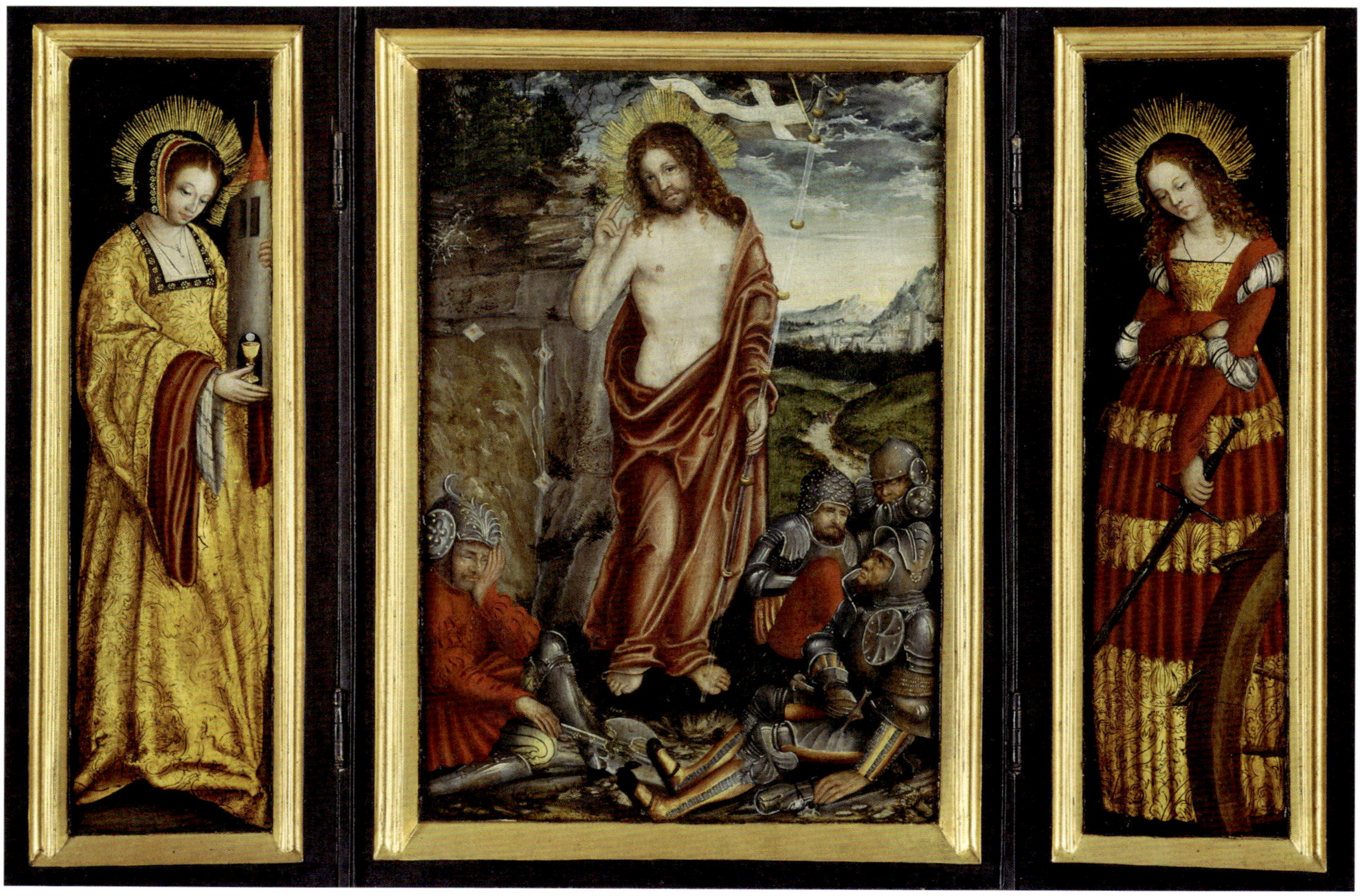

1. Lucas Cranach d. Ä. (Werkstatt): Heilige Katharina und heilige Barbara, zwei Seitenflügel eines Altars, Mittelteil unbekannt, um 1510. Holz, je ca. 74,0 × 27,0 cm. Museumslandschaft Hessen Kassel, Gemäldegalerie Alte Meister

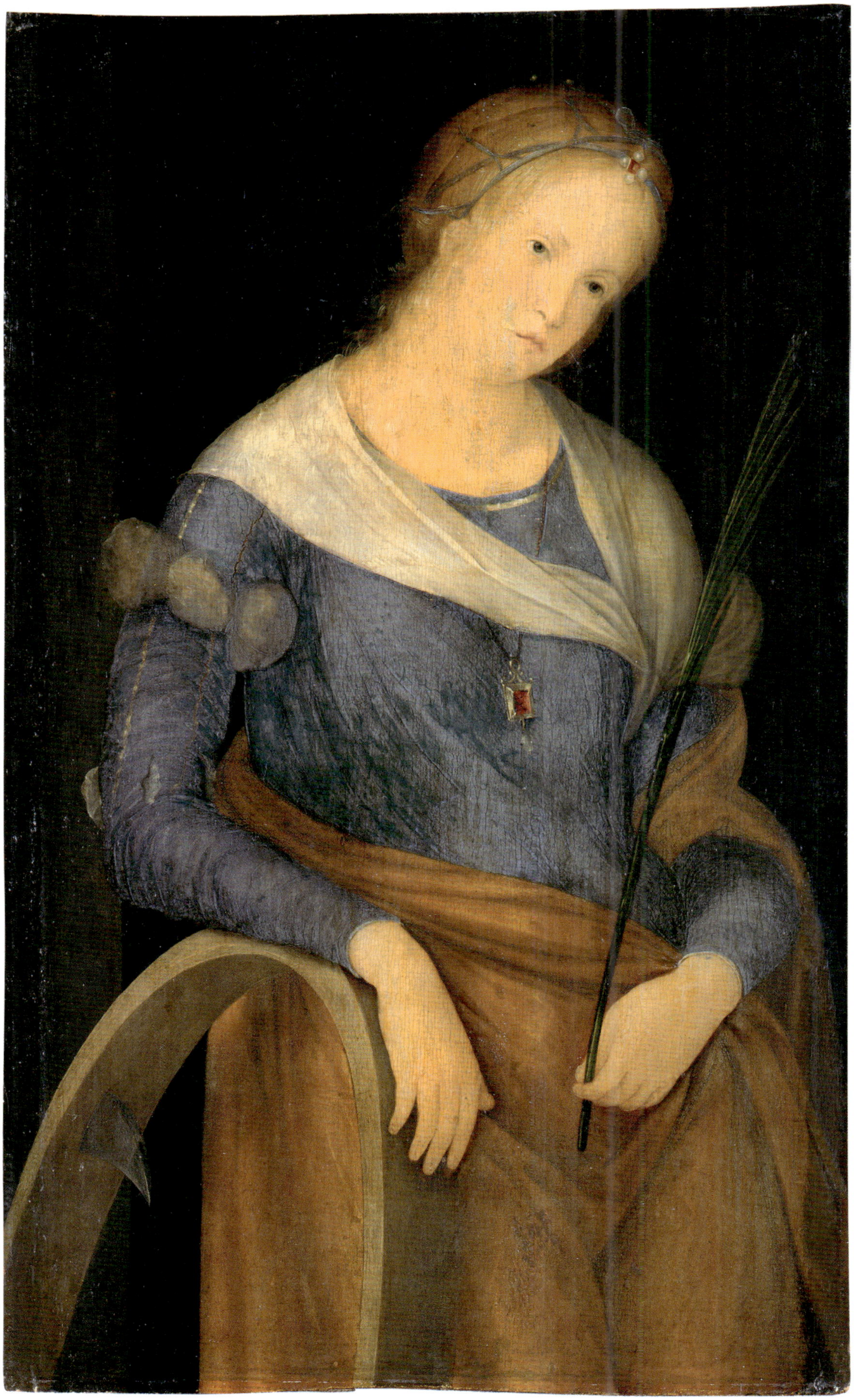

51

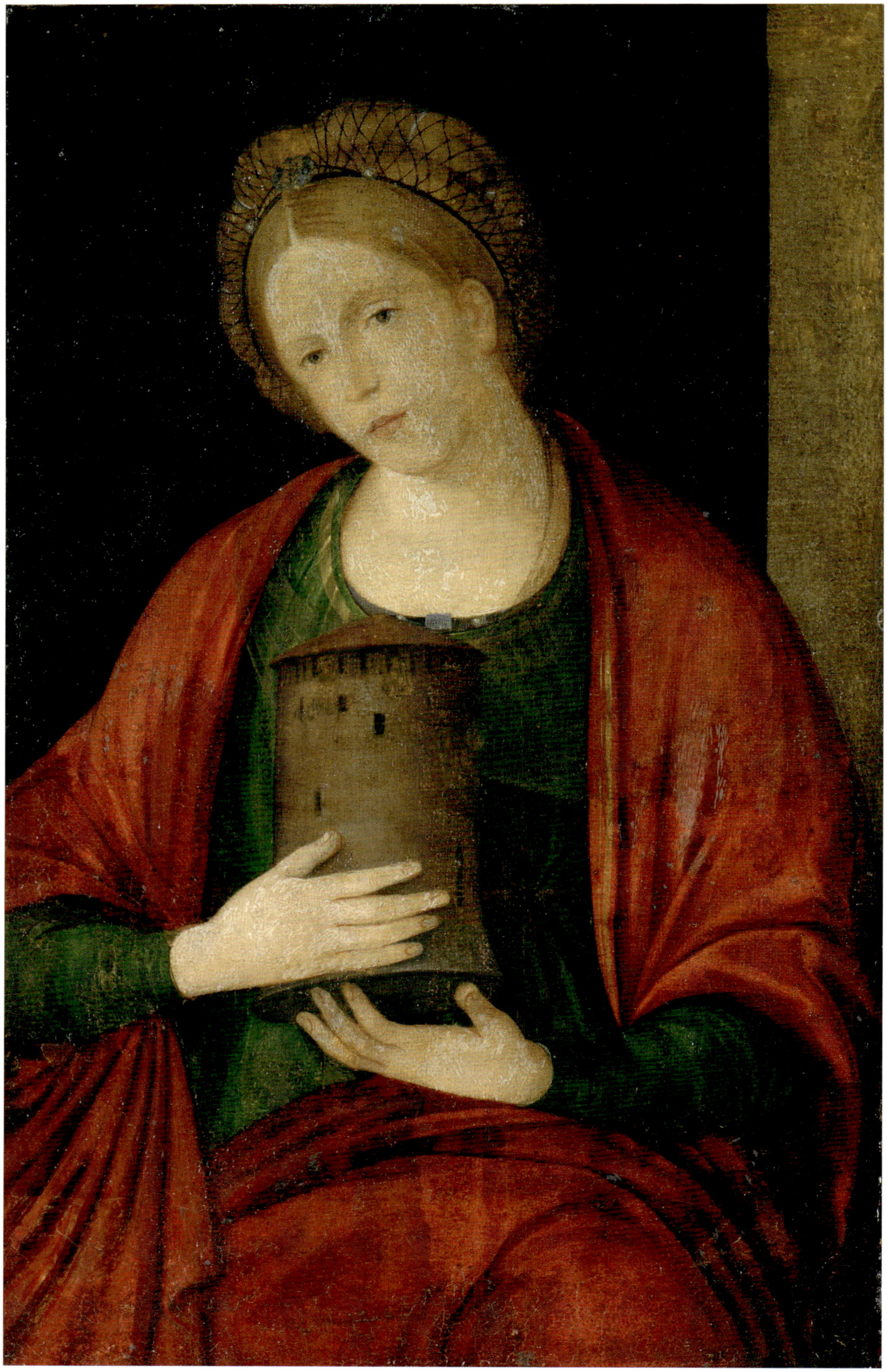

52

Die beiden Dresdener Tafeln entstanden höchstwahrscheinlich um 1503 während de' Barbaris Aufenthalt in Wittenberg, das heißt im Umkreis des Hofes von Kurfürst Friedrich dem Weisen.[6] Es handelt sich hier um die Fragmente der Seitenflügel eines kleinen, dreiteiligen Altars, dessen Mitteltafel nicht erhalten ist. Aufgrund der Fragmentierung zeigen die beiden ungleich beschnittenen Tafeln die heilige Katharina heute nur mehr als Dreiviertelfigur und die heilige Barbara als Halbfigur, und nicht als Ganzfiguren wie ursprünglich vom Künstler konzipiert. An der heiligen Katharina lässt sich am ehesten das Standmotiv ablesen: ein Kontrapost, der von der weichen, wellenförmigen Kontur des Körpers aufgenommen wird. Beide Figuren erscheinen, wie für de' Barbari typisch, vor dunklem Grund und sind leicht einwärts gewandt – die heilige Katharina nach rechts und die heilige Barbara nach links –, sodass sie auf ein Zentrum (die ursprünglich vorhandene Mitteltafel) ausgerichtet sind. Sie haben die Köpfe geneigt, deren ovale Gesichtsform, das fliehende Kinn und der kleine Mund ebenfalls charakteristisch für die Figuren de' Barbaris sind.[7] Ihre schlanken, hoch aufgewachsenen Körper werden von fließenden Gewändern umspielt. Während die heilige Katharina mit dem rechten Arm auf dem Rad lehnt – ihrem Attribut und Marterinstrument – und in der linken einen Palmzweig als Zeichen ihres Märtyrertums hält, umfasst die heilige Barbara mit beiden Händen ihr Attribut, den Turm.

Ebenso wie Jacopo de' Barbari Anregungen italienischer und nordalpiner Künstler aufnahm und verarbeitete, gingen von seinem Werk wichtige Impulse für Künstler wie Lucas Cranach d. Ä. aus. Von diesem Kunsttransfer zeugen beispielweise die um 1510 entstandenen Darstellungen der Heiligen Katharina und Barbara aus der Cranach-Werkstatt in der Gemäldegalerie Alte Meister in Kassel (Vgl.-Abb. 1).[8] Möglichweise waren die beiden Dresdener Heiligentafeln zuvor in den Besitz von Lucas Cranach d. Ä. gelangt, der seinen italienischen Kollegen de' Barbari 1505 im Amt des Hofmalers in Wittenberg ablöste. JC

Anmerkungen

1 Das Inventar verzeichnet auch Jacopo de' Barbaris »Segnenden Christus« (Gal.-Nr. 57). Siehe Ferrari 1990, S. 95, 97.
2 Siehe Schneckenburger-Broschek 1997, S. 60.
3 Ferrari 1990, S. 97 f.
4 Ebd.
5 Böckem 2013, S. 43 f.
6 Zur Datierung siehe Levenson 1978, S. 181.
7 Das trifft vor allem für die heilige Katharina zu, während das Gesicht der heiligen Barbara durch nachträgliche Retuschen verändert wurde.
8 Schneckenburger-Broschek 1997, S. 59–64.

53 GIOVANNI AGOSTINO DA LODI

um 1492–um 1520 in Mailand und Venedig tätig

Kopf eines Mannes im Dreiviertelprofil | um 1500/10

Rötel

162 × 108 mm

Kupferstich-Kabinett, Inv.-Nr. C 1923-14

Literatur: Melli 2006, S. 78–80, Kat.-Nr. 13 (mit der früheren Literatur)

siehe auch Best.-Verz. Z 13

Mit der wilden Lockenpracht, dem pathosschwer geöffneten Mund und der gerunzelten Stirn konzentrierte sich der Zeichner bei diesem Brustbild eines jungen Mannes ganz auf die physiognomische Charakterisierung und den emotionalen Ausdruck. Die nachlässig skizzierte Kleidung sagt hingegen nur wenig über den Dargestellten aus, und auch sonst gibt es keine Hinweise auf dessen Identität.

Sowohl das offensichtliche Interesse am expressiven Potential verzerrter Gesichtszüge als auch die technische Ausführung mit Rötelkreide legen nahe, dass der Künstler Leonardo da Vinci nacheiferte.[1] Nicht umsonst galt das Dresdener Blatt im 19. Jahrhundert als ein Werk dieses Meisters. Giulio Bora nannte schließlich Giovanni Agostino da Lodi als Urheber, einen in Mailand und Venedig tätigen Maler.[2] Von dem Venedigaufenthalt Leonardos im Jahr 1500 abgesehen war es vor allem Giovanni Agostino, der in der Lagunenstadt leonardeske Einflüsse vermittelte. Sein zeichnerisches Œuvre, das in jüngerer Zeit stark an Profil gewonnen hat, besteht mehrheitlich aus vergleichbaren Charakterköpfen.[3] Sehr ähnlich ist etwa eine Zeichnung in Los Angeles, die einen Männerkopf mit bewegter Miene zeigt (Vgl.-Abb. 1).[4] Wegen des krausen Fells, das den Hals des Bärtigen umspielt, wurde an eine Darstellung von Johannes dem Täufer gedacht. Unmittelbare Bezüge zu Gemälden lassen sich bei dem »Johannes« jedoch ebenso wenig nachweisen wie bei der Dresdener Zeichnung. Mehr als um konkrete Vorarbeiten mag es sich um ein Typenrepertoire handeln, das dazu diente, verschiedenste Personen ausdrucksstark darzustellen.

In die Bestände des Dresdener Kupferstich-Kabinetts gelangte das Blatt 1923 am Rande eines aus heutiger Sicht wenig vorteilhaften Handels. Der damalige Direktor des Kabinetts, Max Lehrs, hatte mit dem niederländischen Sammler Frits Lugt den Tausch von zwei farbigen Radierungen Hercules Segers' aus Dresden gegen eine Rembrandt-Zeichnung vereinbart.[5] Als Geschenk legte Lugt das in Rötel gezeichnete Männerbildnis bei, dessen traditionelle Zuweisung an Leonardo schon damals in Zweifel gezogen wurde. Nicht anders erging es dem Rembrandt zugewiesenen Blatt, das heute als Schülerarbeit gilt.

In jüngerer Zeit wurde der Dresdener Bestand an mutmaßlichen Werken von Giovanni Agostino da Lodi durch eine Neuzuschreibung bereichert, indem Carmen C. Bambach die Hand dieses Künstlers in einer kleinen, vordem anonymen allegorischen Zeichnung erkannt hat (Z 45).[6]

GM

1. Giovanni Agostino da Lodi: Johannes der Täufer, um 1500. Rötel, 145 × 108 mm. Los Angeles, J. Paul Getty Museum, Inv.-Nr. 90.GB.116

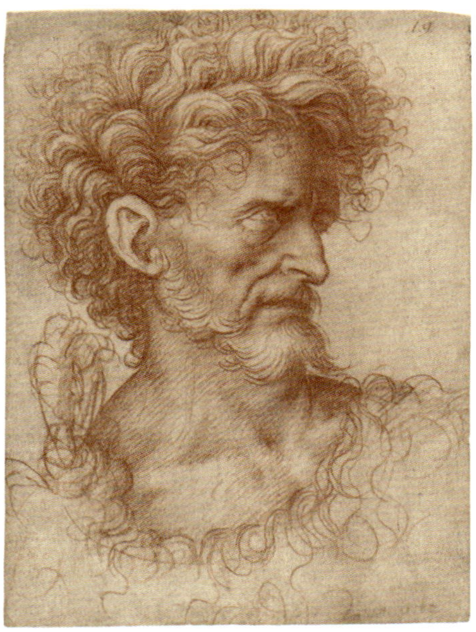

Anmerkungen

1 Vgl. Kwakkelstein 1994.
2 Bora 1987, S. 145, Anm. 7 (Bora bezog sich dabei auf eine Notiz von Philip Pouncey auf dem ehemaligen Passepartout der Dresdener Zeichnung, wo Pouncey die Zuschreibung an den – damals noch unter dem Notnamen »Pseudo-Boccaccino« bekannten – Künstler vorgeschlagen hatte). Für weitere Angaben zur Zuschreibungsgeschichte siehe Melli 2006, S. 78.
3 Siehe bes. Bora 1987 und ders. in: Ausst.-Kat. Mailand 1987/88, S. 83–85, Kat.-Nr. 30. Zur Technik der Rötelzeichnung bei Lodi siehe Spagnolo 2000, bes. S. 74–81.
4 Zu der Zeichnung in Los Angeles und zum Vergleich mit dem Dresdener Blatt siehe Turner und Plazzotta in: Best.-Kat. Los Angeles 1997, S. 45–47, Kat.-Nr. 19.
5 Inv.-Nr. C 1923-13. Zu dem Tausch siehe Dittrich 1996, S. 114 und Ketelsen 2010.
6 Bambach 2008a, S. 59 f.

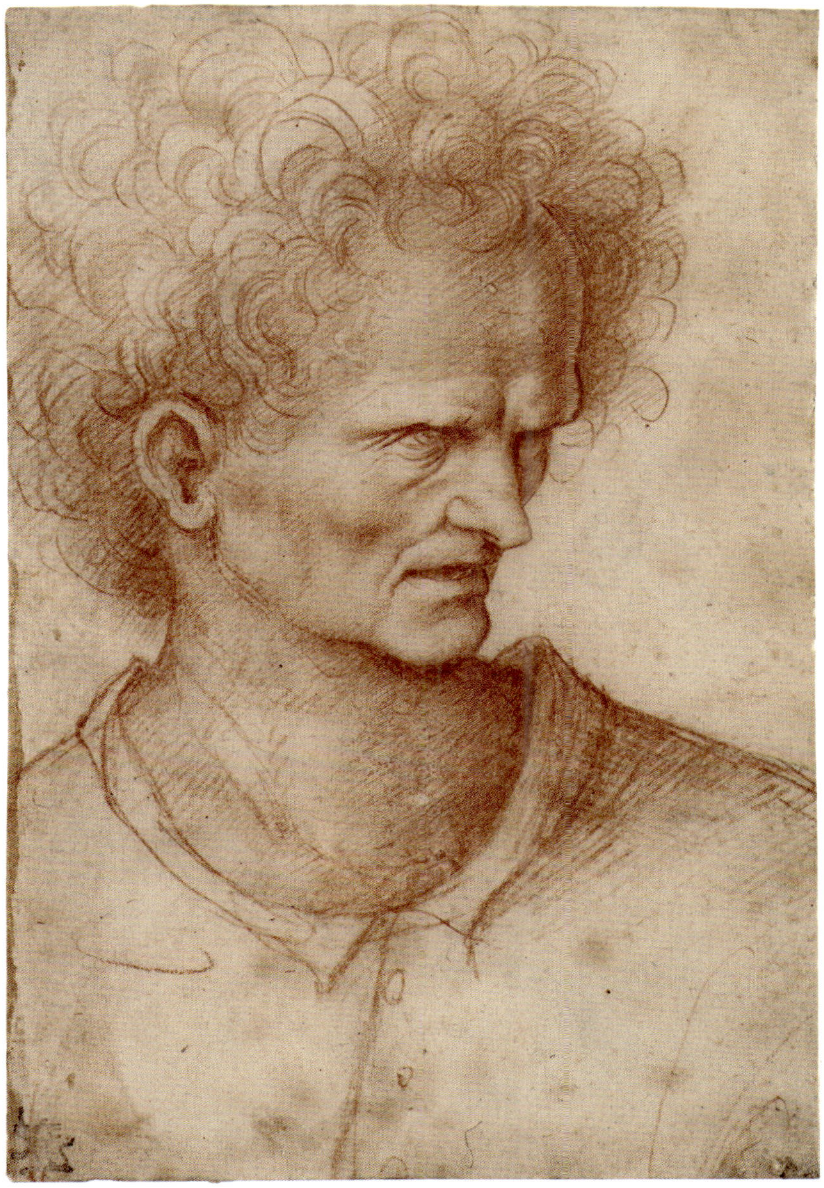

BESTANDSVERZEICHNISSE

Lorenza Melli

BESTANDSVERZEICHNIS DER ZEICHNUNGEN DER ITALIENISCHEN SPÄTGOTIK UND FRÜHRENAISSANCE IM DRESDENER KUPFERSTICH-KABINETT

Grundlage dieses Verzeichnisses ist der 2006 von der Autorin in italienischer Sprache vorgelegte Bestandskatalog zu den italienischen Zeichnungen des Quattrocento in Dresden (Melli 2006). Für ausführliche Informationen zu den einzelnen Blättern sei auf diese Publikation verwiesen. Ergänzend wurden neue Forschungsergebnisse und die seit 2006 erschienene Literatur aufgenommen.

Nach der Publikation des Katalogs von 2006 hat Olaf Simon die irrigerweise unter den Blättern der deutschen Schule abgelegte linke Hälfte einer Zeichnung entdeckt, die als Z 6.1 eingereiht ist. Unter Z 44–49 sind darüber hinaus Blätter verzeichnet, die in jüngerer Zeit als Werke des italienischen 15. oder frühen 16. Jahrhunderts bis ca. 1510 im Dresdener Bestand identifiziert oder diskutiert wurden. Ergänzend findet sich im Folgenden eine Auswahl der digitalen Infrarotreflektographien und UV-Aufnahmen, die Olaf Simon und Carsten Wintermann 2014 hergestellt haben. Abgebildet sind auch diejenigen Zeichnungen, die nicht im vorderen Teil des Bandes besprochen wurden. Die Größenverhältnisse der Blätter untereinander blieben unberücksichtigt. Zur näheren Beschreibung und Auswertung der Wasserzeichen siehe das Verzeichnis von Georg Dietz im vorliegenden Band, S. 182 f., und zu den vermissten Werken den Beitrag von Andreas Henning und Gudula Metze, S. 44.

Z1 Infrarotaufnahme

Z1 UV-Aufnahme

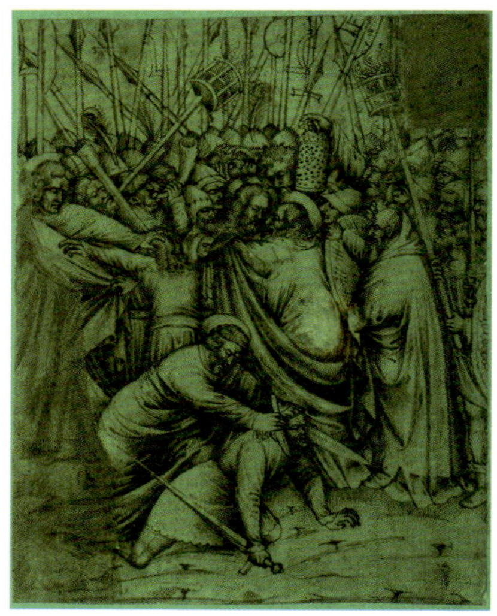

NORDITALIEN

Z1 JACOPO DI PIETRO AVANZI (Umkreis)
Ende 14. Jh. in Bologna und Padua tätig
JACOPO DI PAOLO (?)
1378–1426 in Bologna tätig
Der Judaskuss | um 1400/10
Feder in Braun, leicht braun laviert; der Heiligenschein Jesu ist mit Feder in Braun nachgezogen; unten links und oben rechts alt ergänzt
254 × 191 mm
Provenienz: alter Bestand, vermutlich vor 1738 erworben
Kupferstich-Kabinett, Inv.-Nr. C 1
Literatur: Melli 2006, S. 26–29, Kat.-Nr. 1 (mit der früheren Literatur); Gudula Metze in: Maaz 2013, S. 52
siehe auch Kat.-Nr. 3 und S. 12

Z2 Infrarotaufnahme

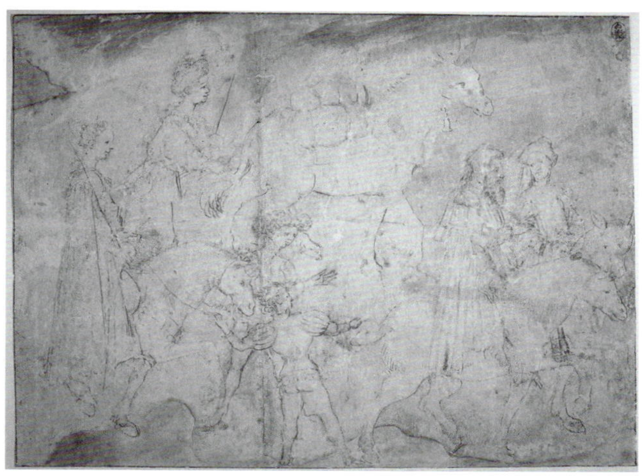

Z2 GIOVANNI DA MODENA
geboren in Modena, um 1409–1455 in Bologna tätig
Reiterzug mit einer Prinzessin, zwei Männern und Pagen | um 1410/20
Feder in Braun, weiß gehöht, über Spuren von schwarzer Kreide, Hintergrund braun laviert, auf blauem Papier; stellenweise perforiert; Retuschen mit Feder und Bleiweiß; oben links und unten alt ergänzt
342 × 460 mm
Provenienz: alter Bestand, vermutlich 1728 mit der Sammlung des Leipziger Stadtbaumeisters Gottfried Wagner (1652–1725; nicht bei Lugt) erworben
Kupferstich-Kabinett, Inv.-Nr. C 150
Literatur: Melli 2006, S. 30–35, Kat.-Nr. 2 (mit der früheren Literatur); Tordella 2009, S. 120; Ornato 2011, S. 59; De Marchi 2013b, S. 449 f., Anm. 32
siehe auch Kat.-Nr. 8 sowie S. 37 und 41, mit Abb. S. 32

Z3 verso UV-Aufnahme

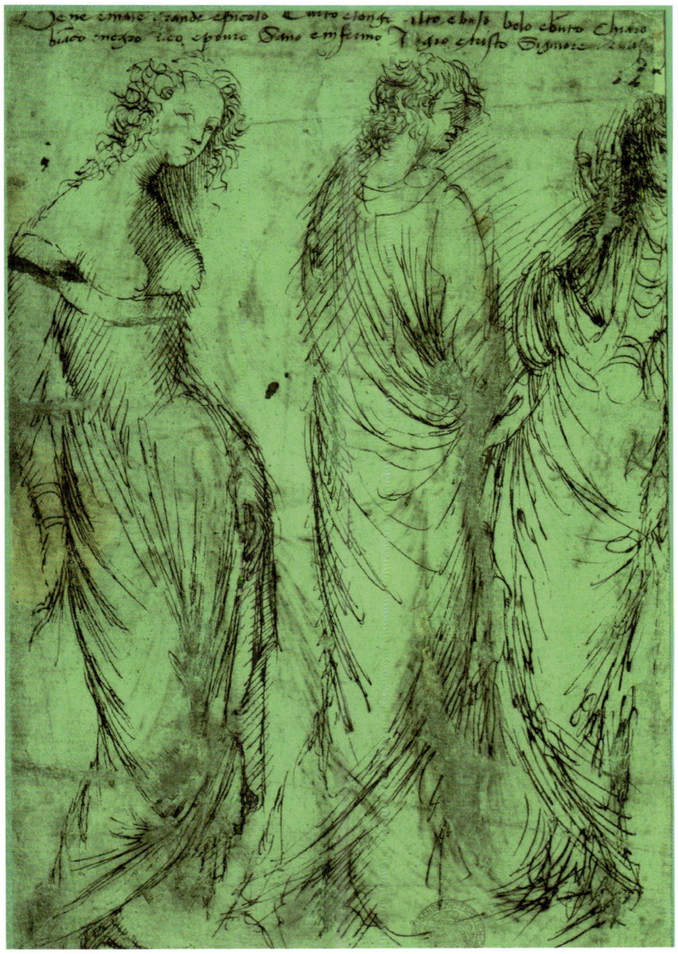

Z3 STEFANO DA VERONA
Paris oder Pavia um 1374/75–nach 1438 Verona
Drei Frauen und ein Kind | um 1430/38
Feder in Braun; am linken Rand teilweise alt ergänzt
294 × 197 mm
Verso: Drei Figuren und ein Kopf
Wz.: Glocke mit Kreis
Provenienz: alter Bestand, vor 1764 erworben
Kupferstich-Kabinett, Inv.-Nr. C 125
Literatur: Melli 2006, S. 36–41, Kat.-Nr. 3 (mit der früheren Literatur); Karet 2014, S. 144 f.
siehe auch Kat.-Nr. 7 und S. 14 f.

Z4 LORENZO COSTA
Ferrara 1460–1535 Mantua
Auf einem Aulos spielender Jüngling | um 1483/95
Pinsel in Braun, weiß gehöht, auf leicht braun getöntem Papier
254 × 194 mm
Provenienz: alter Bestand, vor 1764 erworben
Kupferstich-Kabinett, Inv.-Nr. C 273
Literatur: Melli 2006, S. 42–45, Kat.-Nr. 4 (dat. um 1483/85); Gudula Metze in: Maaz 2013, S. 66 (dat. spätes 15. Jh.)
siehe auch Kat.-Nr. 42

Z5 BERNARDINO DA PARENZO
Poreč/Kroatien um 1450–um 1496 Padua
Mann, einen Widder auf dem Rücken tragend | um 1480
Feder in Braun; untere Ecken ergänzt
261 × 180 mm
Wz.: unbestimmtes Motiv (wohl Waage im Kreis)
Provenienz: 1911 von Erich Dehmel (Weinböhla/Meißen, nicht bei Lugt) erworben
Kupferstich-Kabinett, Inv.-Nr. C 1911-23
Literatur: Melli 2006, S. 46–49, Kat.-Nr. 5 (mit der früheren Literatur)
siehe auch Kat.-Nr. 37

Z4 UV-Aufnahme

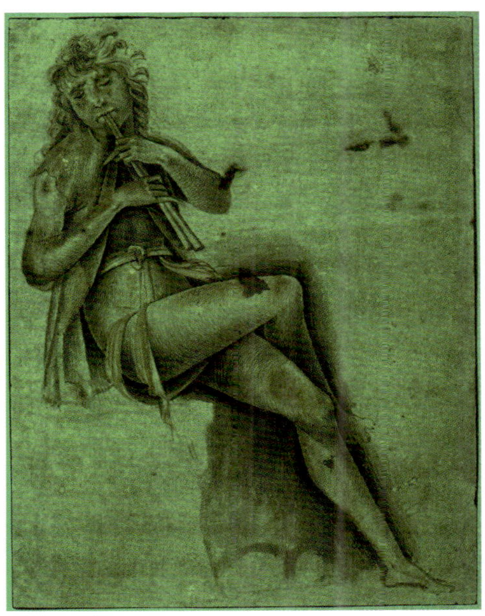

Z5 UV-Aufnahme

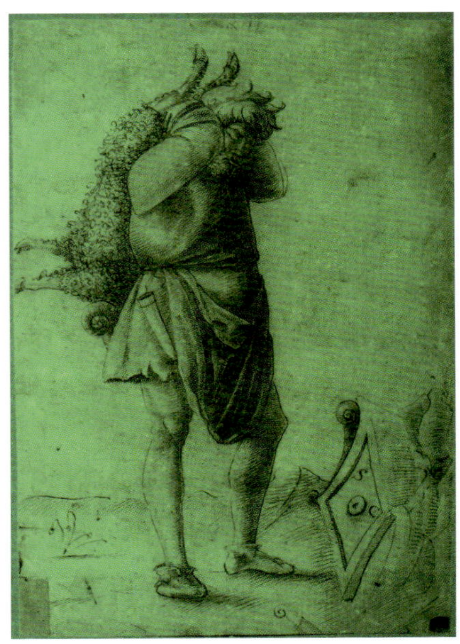

Z 6.1–2 Infrarotaufnahme

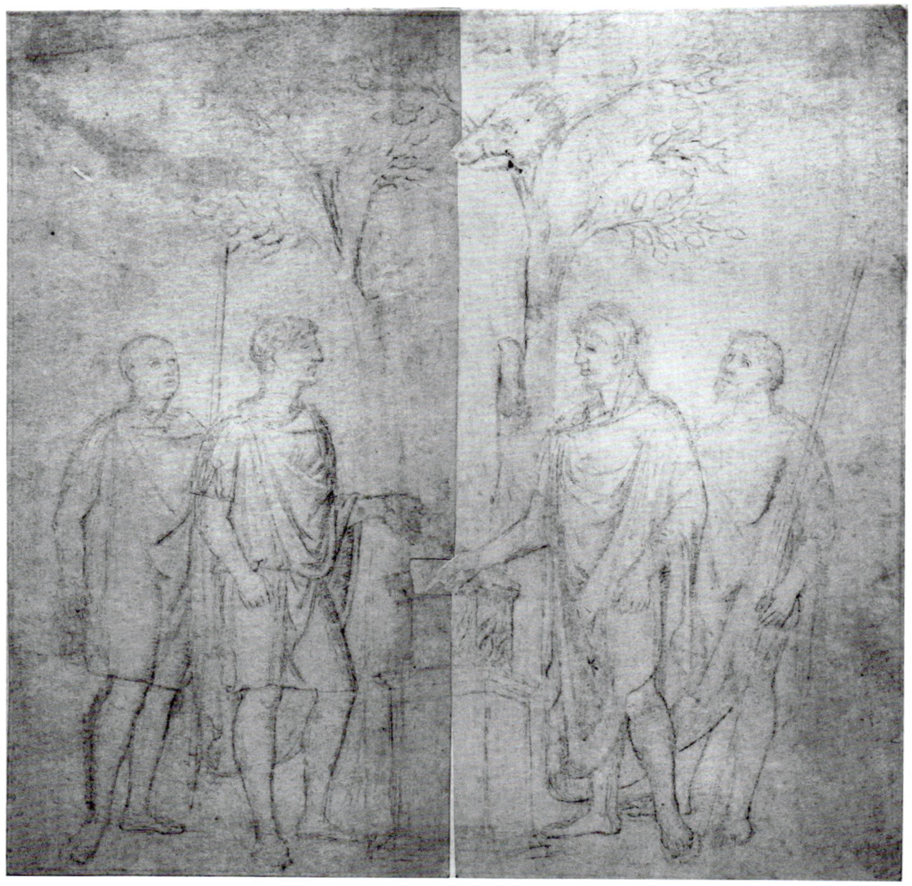

Z 6.1–2 UV-Aufnahme

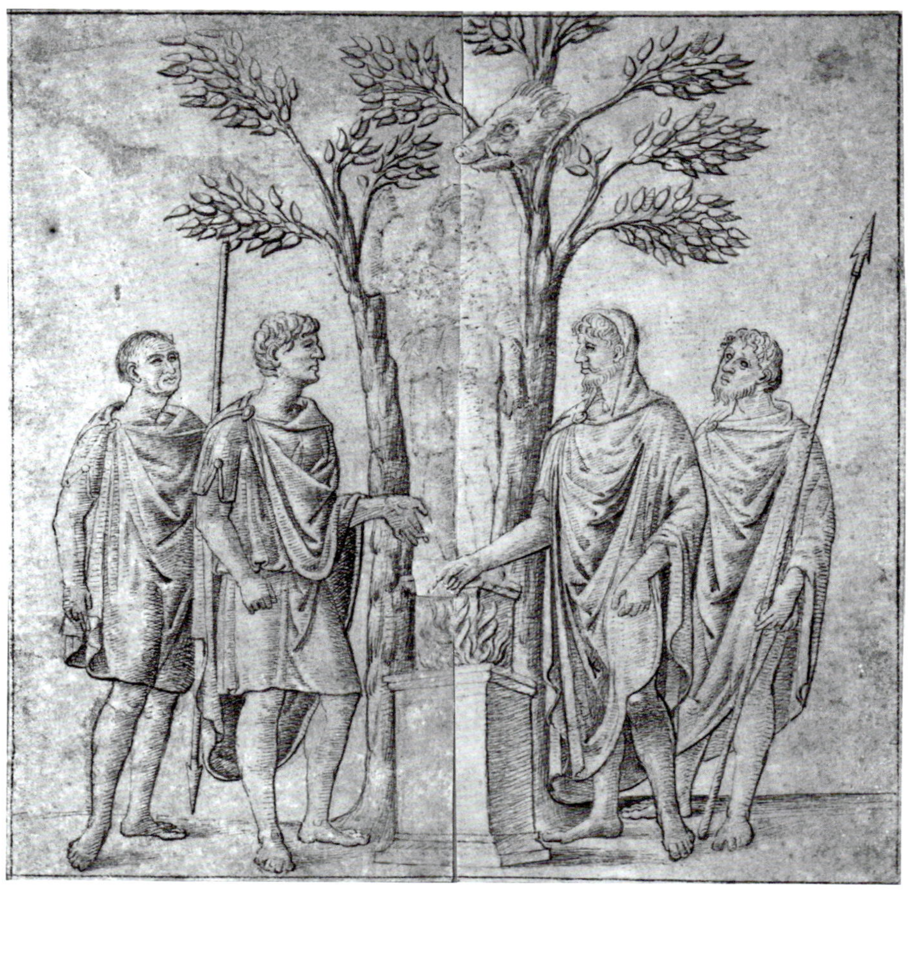

Z 6.1 GIOVANNI MARIA FALCONETTO
Verona 1468–1535 Padua
Kaiser Hadrian beim Opfer an Diana (nach einem Relief am Konstantinsbogen in Rom; linke Hälfte) | um 1491/97
Feder in Braun über Spuren von schwarzer Kreide; Retuschen mit Feder von späterer Hand
201 × 101 mm
Wz.: unbestimmtes Motiv, eventuell Teil einer Glocke
Provenienz: alter Bestand, vermutlich 1728 mit der Sammlung des Leipziger Stadtbaumeisters Gottfried Wagner (1652–1725; nicht bei Lugt) erworben
Kupferstich-Kabinett, Inv.-Nr. C 7513 a
Literatur: unpubliziert
siehe auch unter Kat.-Nr. 38 sowie S. 28, mit Abb.

Z 6.2 GIOVANNI MARIA FALCONETTO
Verona 1468–1535 Padua
Kaiser Hadrian beim Opfer an Diana (nach einem Relief am Konstantinsbogen in Rom; rechte Hälfte) | um 1491/97
Feder in Braun über Spuren von schwarzer Kreide; Retuschen mit Feder von späterer Hand
201 × 100 mm
Provenienz: alter Bestand, vermutlich 1728 mit der Sammlung des Leipziger Stadtbaumeisters Gottfried Wagner (1652–1725; nicht bei Lugt) erworben
Kupferstich-Kabinett, Inv.-Nr. C 7513 b
Literatur: Melli 2006, S. 50–53, Kat.-Nr. 6; Hans-Joachim Eberhardt in: Ausst.-Kat. Verona 2006/07, S. 335, unter Kat.-Nr. 94
siehe auch unter Kat.-Nr. 38 sowie S. 28, mit Abb.

Die zu einem unbekannten Zeitpunkt getrennten Bildhälften mit den ehem. Inv.-Nrn. C 7402 und C 7513 wurden im August 2014 wieder zusammengefügt. Sie werden seither als Inv.-Nr. C 7513 a–b geführt.

Z7 GIOVANNI MARIA FALCONETTO
Verona 1468–1535 Padua
Triumph eines römischen Kaisers | nach 1497
Metallstift, Feder in Braun, braun laviert, weiß und gelb gehöht, auf grau grundiertem Papier
135 × 176 mm
Provenienz: alter Bestand, vor 1764 erworben
Kupferstich-Kabinett, Inv.-Nr. C 431
Literatur: Melli 2006, S. 54–56, Kat.-Nr. 7 (mit der früheren Literatur); Hans-Joachim Eberhardt in: Ausst.-Kat. Verona 2006/07, S. 335, unter Kat.-Nr. 94
siehe auch Kat.-Nr. 38

Z8 FRANCESCO FRANCIA (Umkreis)
Zola Predosa/Bologna (?) um 1447–1517 Bologna
Das Seelengespann | um 1500/05
Feder in Braun, braun laviert, über Spuren von schwarzer Kreide
249 × 200 mm
Verso: Profile zweier Gesimse
Provenienz: alter Bestand, vor 1764 erworben
Kupferstich-Kabinett, Inv.-Nr. C 432
Literatur: Melli 2006, S. 57–61, Kat.-Nr. 8; Pfisterer 2008a, S. 362
siehe auch Kat.-Nr. 45 und S. 34, mit Abb.

Z9 MARCANTONIO RAIMONDI
Bologna um 1480–vor 1534 Bologna
Der Tod der Dido | um 1500/03
Feder in Braun
180 × 174 mm
Provenienz: alter Bestand, vor 1764 erworben
Kupferstich-Kabinett, Inv.-Nr. C 502
Literatur: Melli 2006, S. 62–65, Kat.-Nr. 9 (mit der früheren Literatur)
siehe auch Kat.-Nr. 43 sowie S. 28 und 35

Z10 NORDITALIENISCHER KÜNSTLER
Perspektivische Ansicht einer Straßenflucht | um 1490/1500
Feder in Braun, braun laviert, mit dem Griffel gezogene Fluchtlinien, Nadellöcher
190 × 330 mm
Wz.: sechszackiger Stern mit Buchstaben »G« und »B« darunter
Provenienz: 1874 bei Homann in London erworben
Kupferstich-Kabinett, Inv.-Nr. C 1874-22
Literatur: Melli 2006, S. 66–69, Kat.-Nr. 10 (mit der früheren Literatur)
siehe auch Kat.-Nr. 40

Z11 LOMBARDISCHER KÜNSTLER
im Umkreis von Donato Bramante
Monte Asdrualdo 1444–1514 Rom
Der kleine Herkules erwürgt zwei Schlangen | um 1490/1500
Feder in Braun über Spuren von schwarzer Kreide
195 × 140 mm
Provenienz: 1874 bei Homann in London erworben
Kupferstich-Kabinett, Inv.-Nr. C 1874-21 a
Literatur: Melli 2006, S. 70–73, Kat.-Nr. 11
siehe auch Kat.-Nr. 39

Z8 UV-Aufnahme

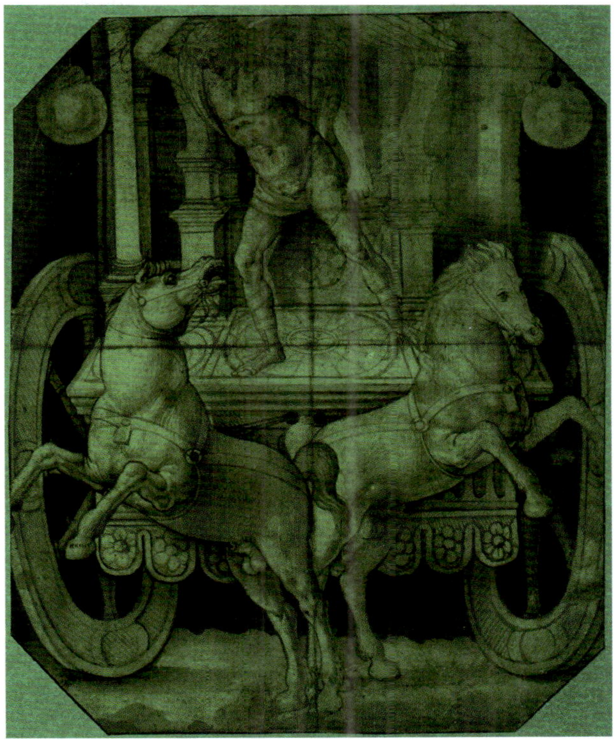

Z9 UV-Aufnahme

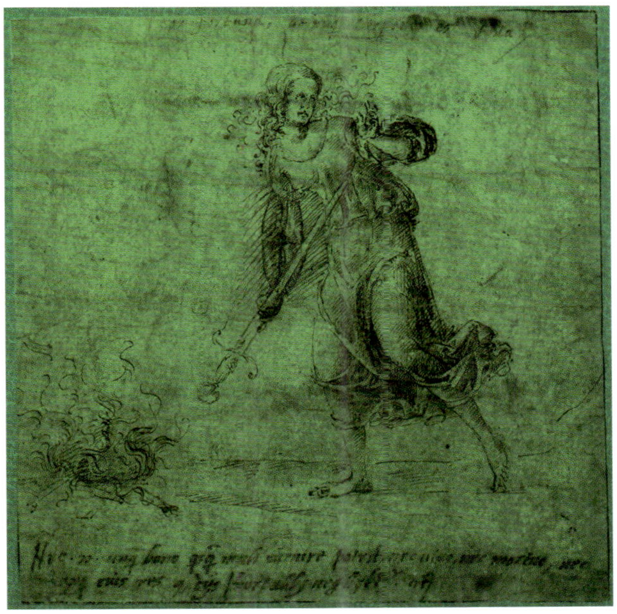

Z10 UV-Aufnahme

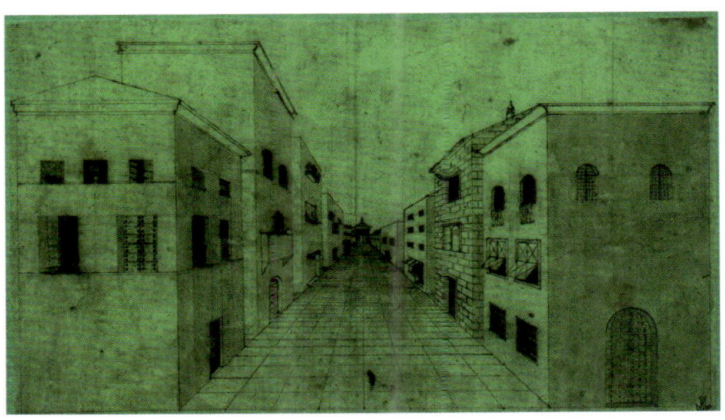

Z 12 LOMBARDISCHER KÜNSTLER
Halbfigur eines Mannes mit Turban im Profil |
um 1490/1500
zwei Metallstifte (Silber und Blei), Pinsel in Braun, weiß gehöht, auf hellgrau grundiertem Papier
104 × 60 mm
Verso: flüchtig gezeichneter, karikaturhafter Profilkopf (von anderer Hand)
Wz.: Bogen mit Pfeil
Provenienz: alter Bestand, vor 1764 erworben
Kupferstich-Kabinett, Inv.-Nr. C 33
Literatur: Melli 2006, S. 74–77, Kat.-Nr. 12 (mit der früheren Literatur)

Z 13 GIOVANNI AGOSTINO DA LODI
um 1492–um 1520 in Mailand und Venedig tätig
Kopf eines Mannes im Dreiviertelprofil |
um 1500/10
Rötel
162 × 108 mm
Provenienz: William Mayor (Lugt 2799); 1923 als Geschenk von Frits Lugt (Lugt 1028, hier ohne Stempel)
Kupferstich-Kabinett, Inv.-Nr. C 1923-14
Literatur: Melli 2006, S. 78–80, Kat.-Nr. 13 (mit der früheren Literatur)
siehe auch Kat.-Nr. 53

Z 14 MARCO BASAITI (?)
Venedig um 1470–nach 1530 Venedig
Landschaft mit bäuerlichen Anwesen und Karawane (Szenen der Josephsgeschichte?) |
um 1496/1505
Pinsel in Weiß und Braun über Spuren von schwarzer Kreide auf blau grundiertem Papier
210 × 291 mm
Provenienz: alter Bestand, vor 1764 erworben
Kupferstich-Kabinett, Inv.-Nr. C 7
Literatur: Melli 2006, S. 81–85, Kat.-Nr. 14; Dagmar Korbacher in: Ausst.-Kat. Tokio/Fukuoka 2012, S. 276, unter Kat.-Nr. 99
siehe auch Kat.-Nr. 41 sowie S. 29 und 34, mit Abb. S. 26 und 30

Z 15 VITTORE CARPACCIO
Venedig um 1465–um 1525/26 Venedig
und BENEDETTO CARPACCIO
1530–1560 in Venedig und Koper/Slowenien nachweisbar
Thronende Madonna mit zwei Märtyrern und Engelsputten | um 1515/26
Feder und Pinsel in Braun über Spuren von schwarzer Kreide; kaschiert
292 × 235 mm (Einfassungslinie); 303 × 246 mm (Blatt)
Wz.: Anker im Kreis und auf der Kaschierung Äskulapstab, evtl. über Krone (?)
Provenienz: alter Bestand, vermutlich 1728 mit der Sammlung des Leipziger Stadtbaumeisters Gottfried Wagner (1652–1725; nicht bei Lugt) erworben
Kupferstich-Kabinett, Inv.-Nr. C 271
Literatur: Melli 2006, S. 86–90, Kat.-Nr. 15 (mit der früheren Literatur); Fossaluzza 2012, S. 138 f., Abb. S. 141 (als Vittore Carpaccio und Werkstatt)
siehe auch Kat.-Nr. 50 sowie S. 29, 41 und 43, mit Abb. S. 29

Z 12 recto

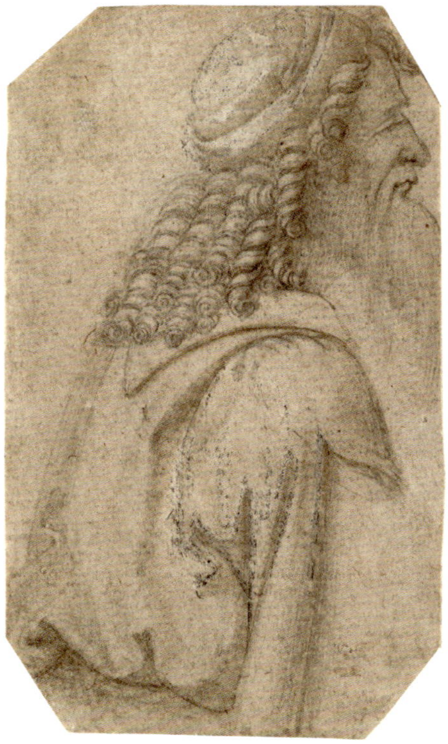

Z 12 verso

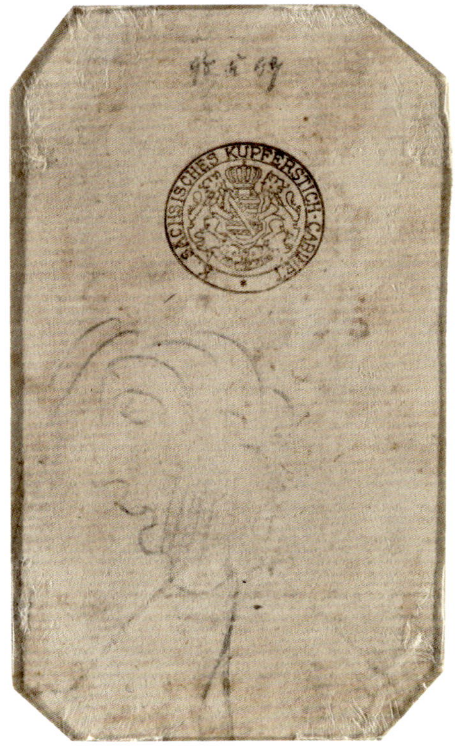

Z 12 recto Infrarotaufnahme

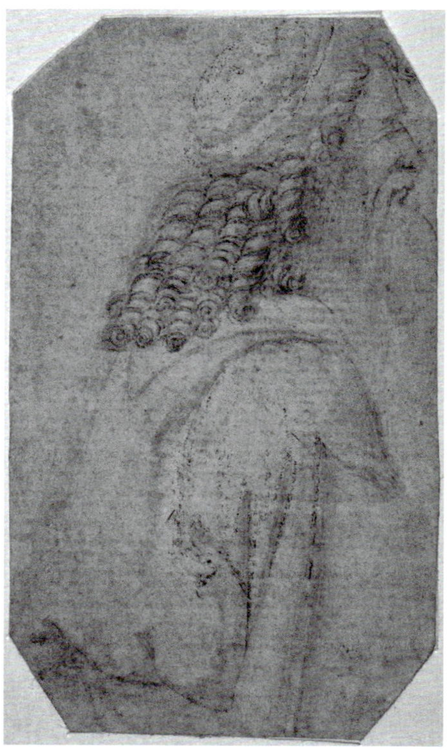

Z 12 recto UV-Aufnahme

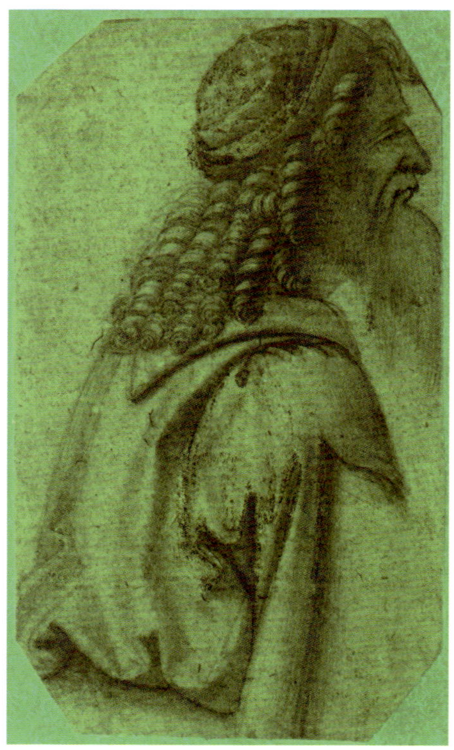

TOSKANA

Z16 GIOVANNI DA MILANO oder Werkstatt
geboren um 1320 in Caversaccio (Como),
dokumentiert in Florenz und Rom 1346–1369
Der kreuztragende Christus | um 1360
Feder in Braun, braun laviert, Spuren von Pinsel in Rot und Rosa; oben links und oben rechts alt ergänzt; kaschiert
236 × 154 mm
Provenienz: Jonathan Richardson Sr. (Lugt 2184); Jonathan Richardson Jr. (vgl. Lugt 2170, hier ohne Sammlervermerk); Sir Thomas Lawrence (Lugt 2445); Samuel Woodburn (Lugt 2584, hier ohne Sammlervermerk); 1860 auf dessen Auktion bei Christie, Manson & Woods in London erworben
Kupferstich-Kabinett, Inv.-Nr. C 124
Literatur: Melli 2006, S. 91–93, Kat.-Nr. 16 (mit der früheren Literatur)
siehe auch Kat.-Nr. 5 sowie S. 13, 28 und 43

Z17 BENOZZO GOZZOLI
Florenz um 1421/24–1497 Pistoia
und FRA ANGELICO (?)
bei Vicchio gegen 1400–1455 Rom
Ein Putto und der Erzengel Michael | gegen 1450
Feder in Braun, braun und rosa laviert, Spuren von schwarzer Kreide; am oberen Rand wurde bei einer Restaurierung rückseitig ein Papierstreifen aufgeklebt, um die fehlenden Ecken zu ergänzen
253 × 150 mm
Verso: Jüngling mit einem Löwen; Metallstift, braun laviert und weiß gehöht, auf braun grundiertem Papier
Provenienz: Giorgio Vasari (?; vgl. Lugt 2480); Pierre-Jean Mariette (?; vgl. Lugt 1789, 1852 und 2998); Jean Baptiste Florentin Gabriel de Meyran de Lagoy (Lugt 1710); vermutlich Thomas Dimsdale (Lugt 2426, hier ohne Stempel); Sir Thomas Lawrence (Lugt 2445); Samuel Woodburn (Lugt 2584, hier ohne Sammlervermerk); 1860 auf dessen Auktion bei Christie, Manson & Woods in London erworben
Kupferstich-Kabinett, Inv.-Nr. C 6
Literatur: Melli 2006, S. 94–98, Kat.-Nr. 17 (mit der früheren Literatur; als Benozzo Gozzoli); Melli 2009a, S. 65 f.; Bober/Rubinstein 2010, S. 123, Nr. 76b (verso; als Benozzo Gozzoli)
siehe auch Kat.-Nr. 13 und unter Kat.-Nr. 17 sowie S. 13 und 16

Z18 BENOZZO GOZZOLI
Florenz 1421/24–1497 Pistoia
Die Tonsur der heiligen Rosa von Viterbo | 1453
Feder in Braun, grau laviert, über Spuren von schwarzer Kreide auf leicht rot getöntem Papier
168 × 107 mm
Provenienz: Jonathan Richardson Sr. (Lugt 2183); Jonathan Richardson Jr. (?; vgl. Lugt 2170, hier ohne Sammlervermerk); John Thane (?; vgl. Lugt 2393, hier ohne Sammlervermerk); Sir Thomas Lawrence (Lugt 2445); Samuel Woodburn (Lugt 2584, hier ohne Sammlervermerk); 1860 auf dessen Auktion bei Christie, Manson & Woods in London erworben
Kupferstich-Kabinett, Inv.-Nr. C 2
Literatur: Melli 2006, S. 99–103, Kat.-Nr. 18 (mit der früheren Literatur)
siehe auch S. 34 und 43

Z16 Infrarotaufnahme

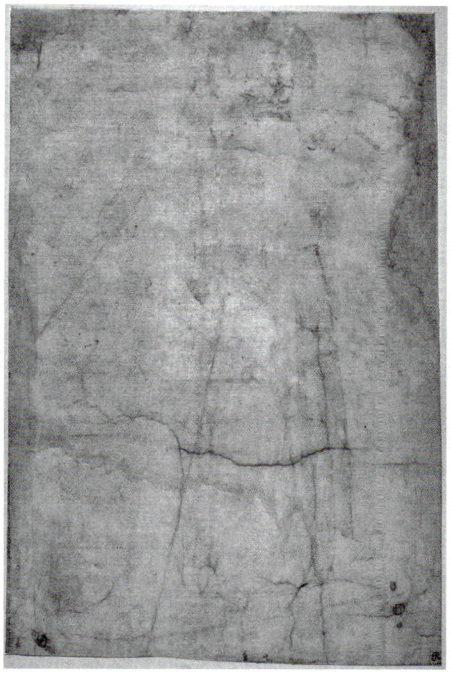

Z16 UV-Aufnahme

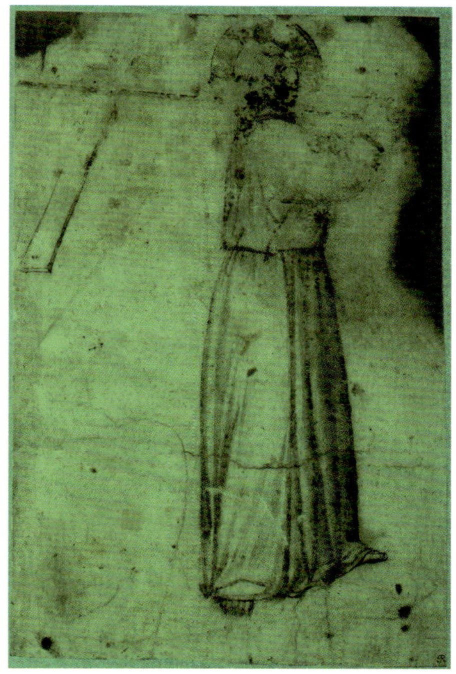

Z18

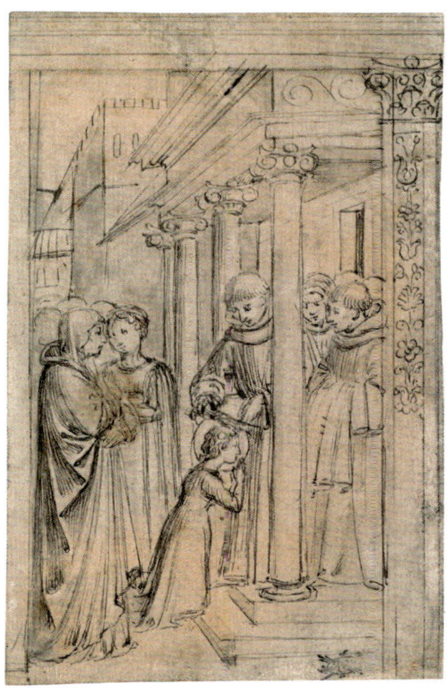

Z18 Infrarotaufnahme

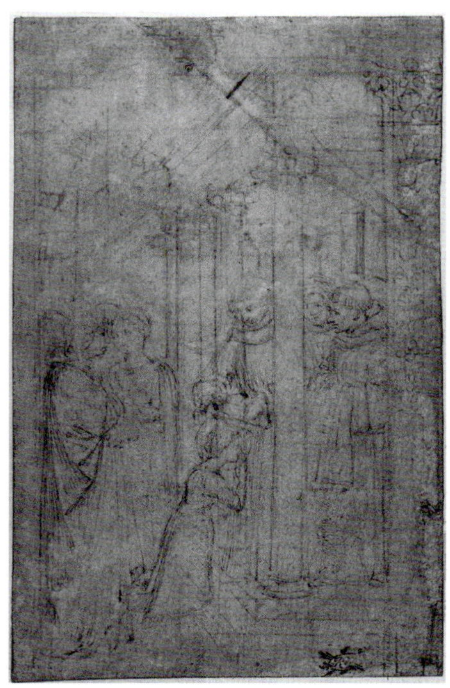

Z 19 Infrarotaufnahme

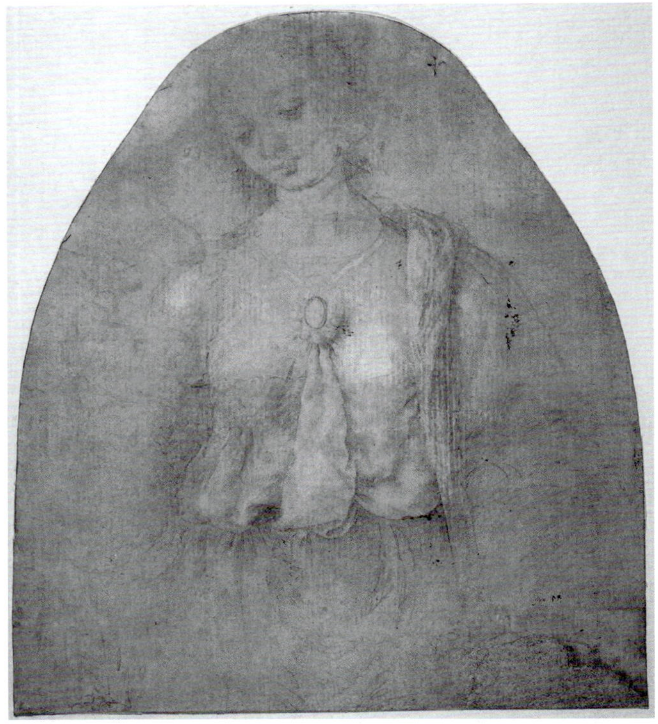

Z 20 Infrarotaufnahme

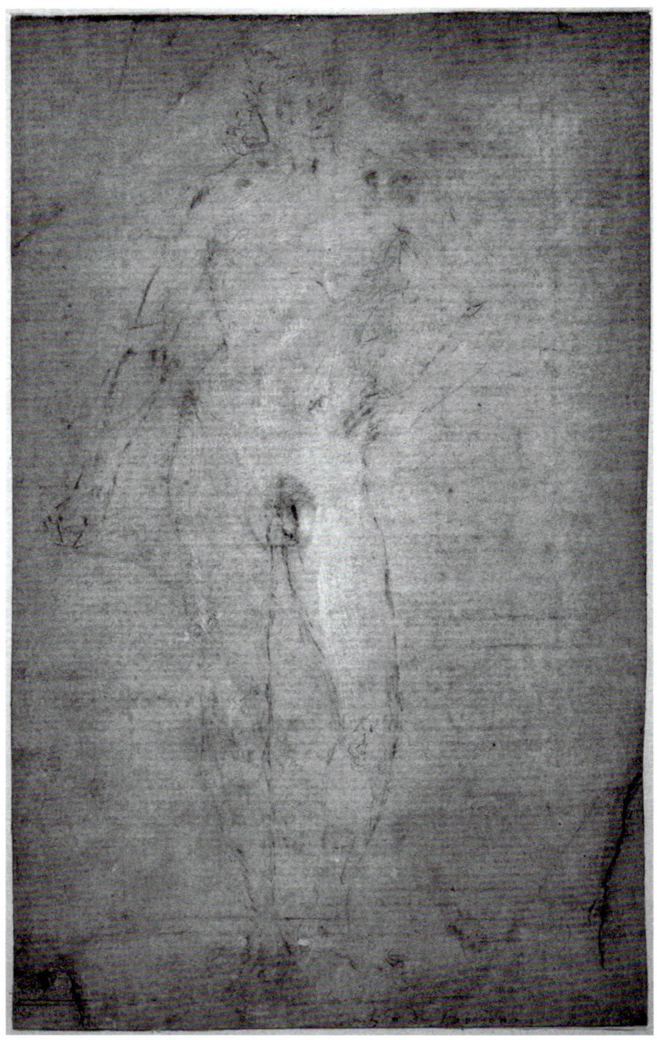

Z 19 ANDREA DEL VERROCCHIO
Florenz 1435–1488 Venedig
Madonna mit der Brosche | um 1470/74
zwei Metallstifte (Blei und Silber), leicht braun laviert und weiß gehöht, auf hellgrau grundiertem Papier; unten rechts alt ergänzt
190 × 167 mm
Kupferstich-Kabinett, Inv.-Nr. C 32
Wz.: unbestimmtes Motiv (evtl. mit Kreuz darüber)
Provenienz: alter Bestand, vermutlich 1728 mit der Sammlung des Leipziger Stadtbaumeisters Gottfried Wagner (1652–1725; nicht bei Lugt) erworben (als Leonardo da Vinci)
Kupferstich-Kabinett, Inv.-Nr. C 32
Literatur: Melli 2006, S. 104–109, Kat.-Nr. 19 (mit der früheren Literatur; dat. um 1474/76); Syre 2006, S. 52 (als Lorenzo di Credi); Neilson 2009, S. 103–106 (als Verrocchio und Werkstatt); Dalli Regoli 2010, S. 88 (als Leonardo da Vinci); Gudula Metze in: Maaz 2013, S. 60 (dat. um 1474/76)
siehe auch Kat.-Nr. 14 sowie unter Kat.-Nr. 15 und S. 14, 36, 41 und 43

Z 20 GHERARDO DI GIOVANNI DEL FORA
Florenz um 1445/46–1497 Florenz
Figurenstudie für einen David | um 1480
Feder in Braun, braun laviert und weiß gehöht, über Spuren von schwarzer Kreide auf teilweise rosa-orange getöntem Papier; unten links alt ergänzt
194 × 118 mm
Provenienz: Giorgio Vasari (?; vgl. Lugt 2480); William Roscoe (vgl. Lugt 2645, hier ohne Sammlervermerk); William Esdaile (Lugt 2617); 1860 aus unbekannter Quelle in London erworben
Kupferstich-Kabinett, Inv.-Nr. C 12
Literatur: Melli 2006, S. 110–115, Kat.-Nr. 20 (mit der früheren Literatur); Melli 2007, S. 37 f.; Melli 2009b, S. 33 f.
siehe auch Kat.-Nr. 22 sowie S. 14 und 37

Z 21 SANDRO BOTTICELLI
Florenz 1445–1510 Florenz
Kopf eines Knaben | Mitte 1470er Jahre
Metallstift, weiß gehöht, auf blau grundiertem Papier; oben rechts alt ergänzt
167 × 135 mm
Verso: zwei Figuren (von anderer Hand); Spuren von Metallstift und Bleiweiß auf beigefarben grundiertem Papier
Provenienz: alter Bestand, vor 1764 erworben
Kupferstich-Kabinett, Inv.-Nr. C 41
Literatur: Melli 2006, S. 116–119, Kat.-Nr. 21 (mit der früheren Literatur; dat. um 1478/80); Melli 2009c, S. 99 f., Abb. S. 100, Nr. 60
siehe auch Kat.-Nr. 17

Z 23 recto Infrarotaufnahme

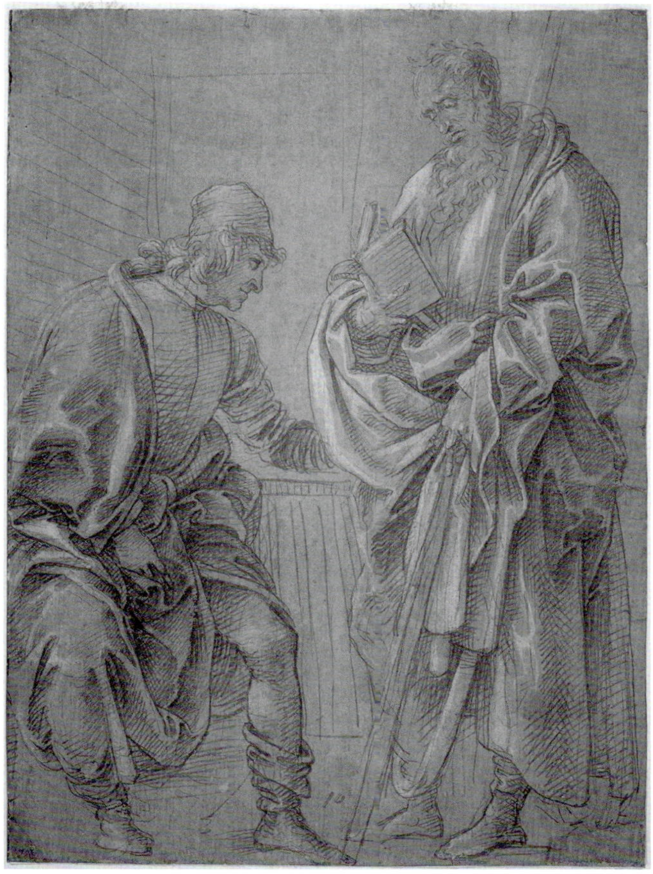

Z 23 verso Infrarotaufnahme

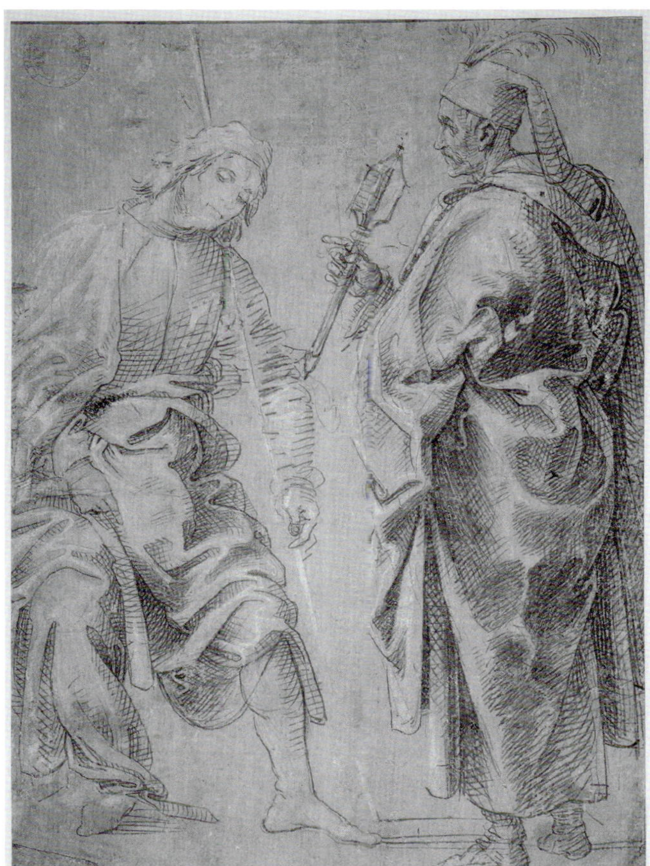

Z 22 FILIPPINO LIPPI
Prato um 1457–1504 Florenz
Sitzender junger Mann mit Kappe | um 1478/80
zwei Metallstifte (Blei und Silber), weiß gehöht, auf grau grundiertem Papier; oben links ergänzt
273 × 85 mm
Verso: Männlicher Akt mit Stab
Provenienz: Sir Thomas Lawrence (Lugt 2445); Samuel Woodburn (Lugt 2584, hier ohne Sammlervermerk); 1860 auf dessen Auktion bei Christie, Manson & Woods in London erworben
Kupferstich-Kabinett, Inv.-Nr. C 21
Literatur: Melli 2006, S. 120–123, Kat.-Nr. 22 (mit der früheren Literatur); Melli 2008, S. 88–93 (dat. späte 1470er / frühe 1480er Jahre); Kuhn 2011, S. 264–266 (dat. späte 1470er oder frühe 1480er Jahre); Nelson 2011, S. 202, Nr. 42; Gudula Metze in: Maaz 2013, S. 61
siehe auch Kat.-Nr. 19 sowie S. 16, 30 f., 35 f. und 43, mit Abb. S. 35

Z 23 FILIPPINO LIPPI
Prato um 1457–1504 Florenz
Sitzender Mann mit einem stehenden bärtigen Mann mit Buch und Stock | um 1480/82
Metallstift (Blei), weiß gehöht, auf grau grundiertem Papier; oben links und an den unteren Ecken alt ergänzt
282 × 206 mm
Verso: Schlafender junger Mann und Mann in ungarischer Kleidung
Provenienz: alter Bestand, vor 1764 erworben
Kupferstich-Kabinett, Inv.-Nr. C 39
Literatur: Melli 2006, S. 124–129, Kat.-Nr. 23 (mit der früheren Literatur); Melli 2008, S. 95–98; Kuhn 2011, S. 268 f. (dat. um 1482/83); Nelson 2011, S. 203, Nr. 44; Lorenza Melli in: Ausst.-Kat. Rom 2011/12, S. 122, unter Kat. Nr. 15
siehe auch Kat.-Nr. 20 sowie S. 36

Z 24 FLORENTINER KÜNSTLER
Der älteste der Heiligen Drei Könige (nach Pintoricchio oder Perugino) | um 1485/95
Metallstift, weiß gehöht auf hellgrau grundiertem Papier; oben links alt ergänzt
156 × 119 mm
Provenienz: alter Bestand, vor 1764 erworben
Kupferstich-Kabinett, Inv.-Nr. C 8
Literatur: Melli 2006, S. 130–133, Kat.-Nr. 24 (mit der früheren Literatur); Bambach 2008a, S. 57 und Abb. S. 56 (als Filippino Lippi, um 1480/85, »Kneeling Man«); Nelson 2011, S. 202, Nr. 39

Z 25 MEISTER VON MEMPHIS
Ende 15. / Anfang 16. Jh. in Florenz und Prato tätig
Die Heiligen Stephanus und Katharina von Alexandria (nach Filippino Lippi) | um 1498/1501
Metallstift, Pinsel in Braun, weiß gehöht, auf hellbraun grundiertem Papier; unten links alt ergänzt
260 × 131 mm
Verso: Figurenstudien (nach Fra Filippo Lippi und Pesellino); Metallstift, Pinsel in Braun, weiß gehöht, auf grau grundiertem Papier
Provenienz: alter Bestand, vor 1764 erworben
Kupferstich-Kabinett, Inv.-Nr. C 38
Literatur: Melli 2006, S. 134–138, Kat.-Nr. 25 (mit der früheren Literatur); Nelson 2011, S. 202, Nr. 43
siehe auch Kat.-Nr. 21

Z 26 GIULIANO DA SANGALLO (?)
Florenz um 1445–1516 Florenz
Rückenfigur eines stehenden Jünglings mit erhobenem linken Arm (nach Filippino Lippi) | um 1490/95
Feder in Braun, weiß gehöht, über Spuren von schwarzer Kreide auf leicht rosa getöntem Papier; am oberen Rand alt ergänzt
218 × 106 mm
Verso: Rückenfigur eines sitzenden Mannes (nach Filippino Lippi); Feder in Braun, braun laviert und weiß gehöht, über Spuren von schwarzer Kreide auf teilweise gelb-ocker getöntem Papier
Provenienz: Giorgio Vasari (?; vgl. Lugt 2480); alter Bestand, vor 1764 erworben
Kupferstich-Kabinett, Inv.-Nr. C 18
Literatur: Melli 2006, S. 139–143, Kat.-Nr. 26 (mit der früheren Literatur); Nelson 2011, S. 202, Nr. 41
siehe auch S. 13 und 37

Z 27 GIULIANO DA SANGALLO
Florenz um 1445–1516 Florenz
Figurenstudie zu Johannes dem Täufer | um 1495/1500
Feder in Braun über zahlreichen Spuren von schwarzer Kreide auf beigefarben getöntem Papier; die Zeichnung wurde bei einer späteren Restaurierung links entlang der Kontur ausgeschnitten und durch die Anstückung beigefarbenen Papiers zu einem Rechteck ergänzt
283 × 133 mm
Verso: Figurenstudie zu Johannes dem Täufer (Fragment); Feder in Braun, braun und grün laviert, weiß gehöht, über Spuren von schwarzer Kreide auf elfenbeinfarben getöntem Papier
Provenienz: alter Bestand, vor 1764 erworben
Kupferstich-Kabinett, Inv.-Nr. C 16
Literatur: Melli 2006, S. 144–148, Kat.-Nr. 27 (mit der früheren Literatur; als Giuliano da Sangallo?); Nelson 2011, S. 202, Nr. 40
siehe auch S. 36

Z 24

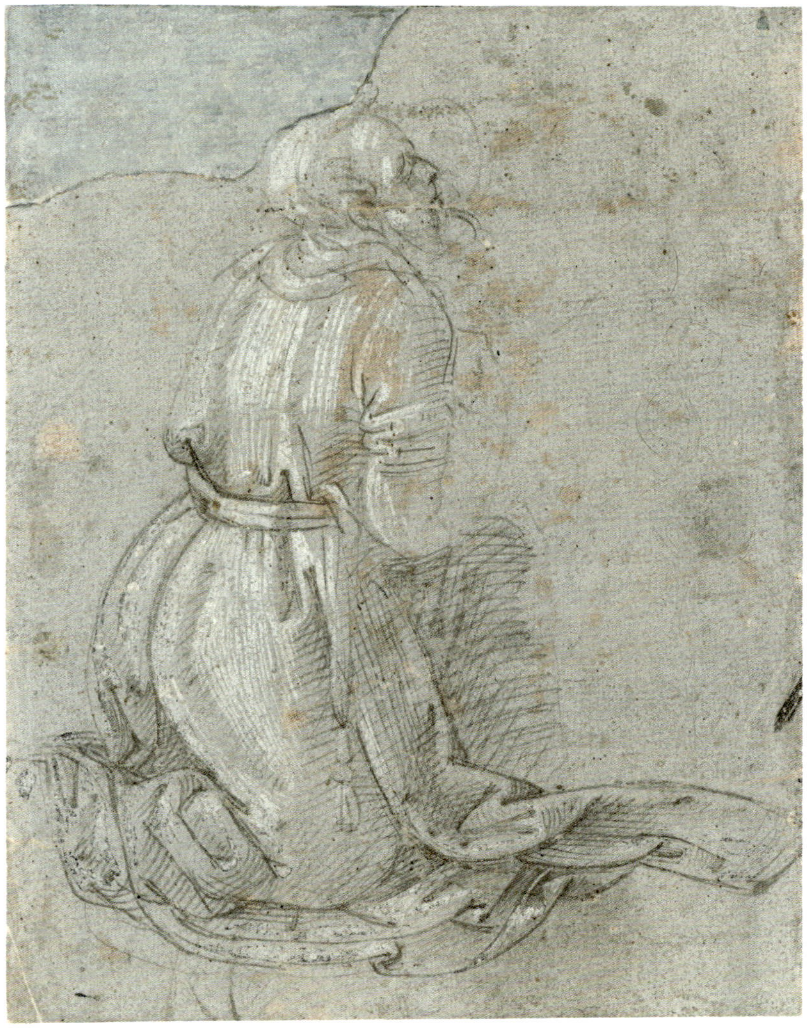

Z 25 recto UV-Aufnahme

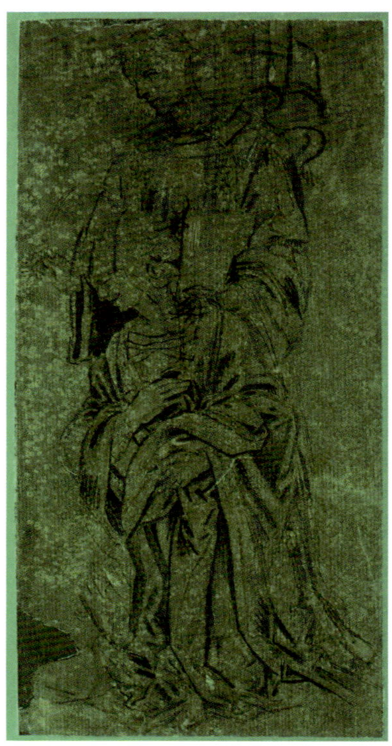

Z 25 verso Infrarotaufnahme

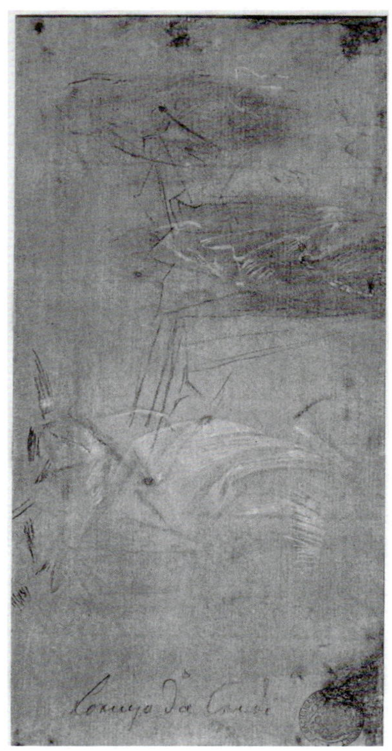

Z 26 recto

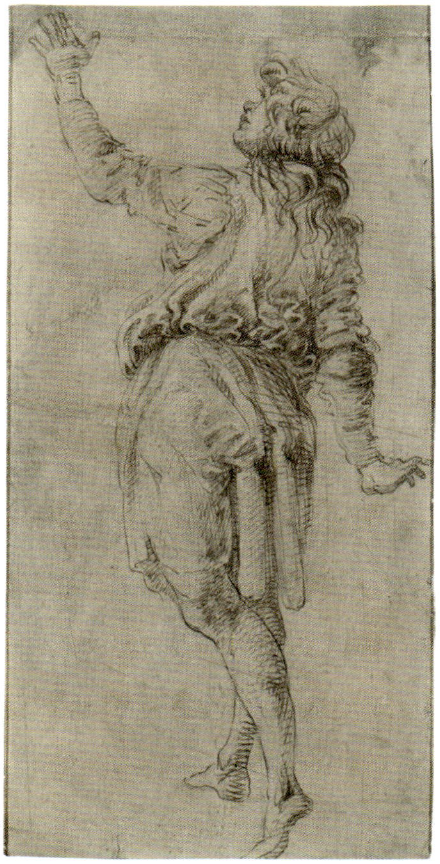

Z 26 recto Infrarotaufnahme

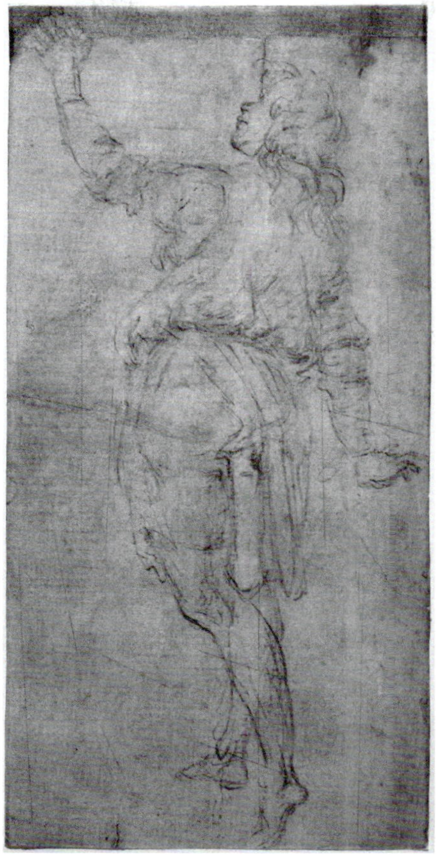

Z 26 verso

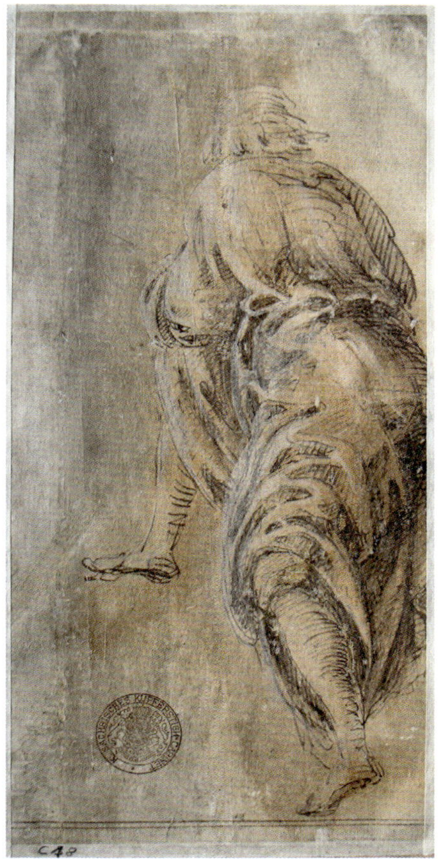

Z 27 recto

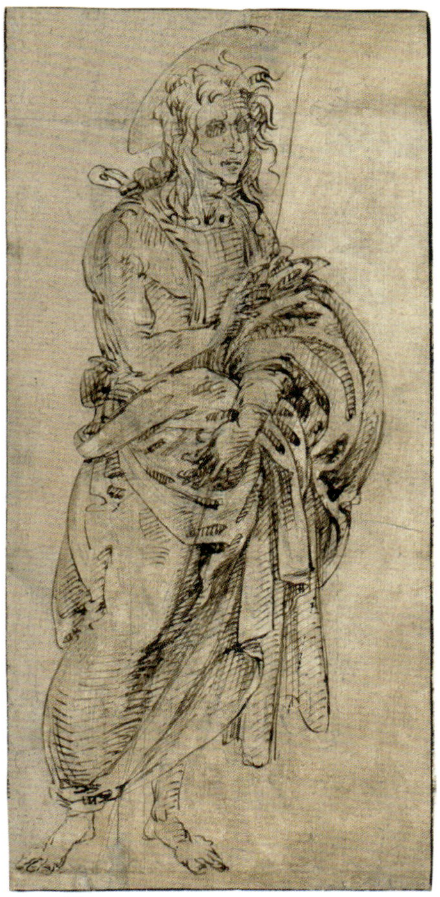

Z 27 recto Infrarotaufnahme

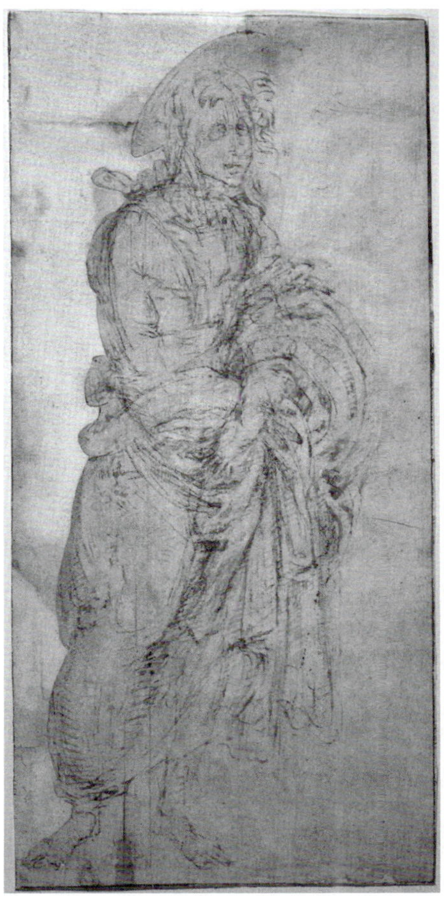

Z 27 verso

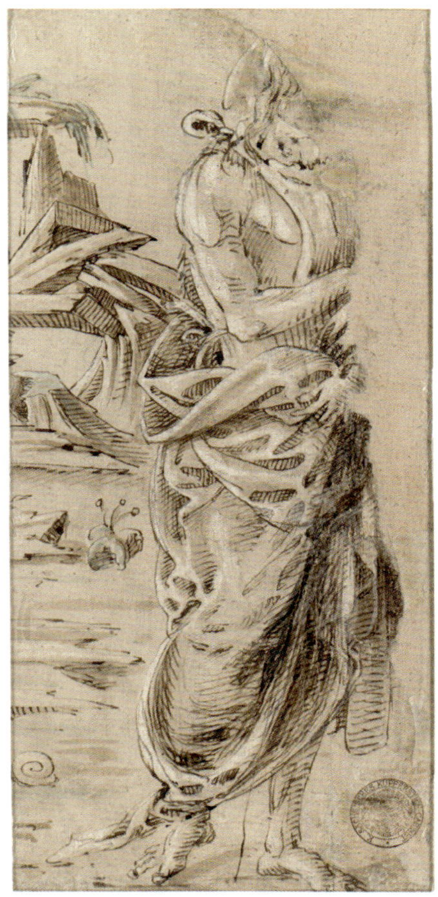

Z 28 recto

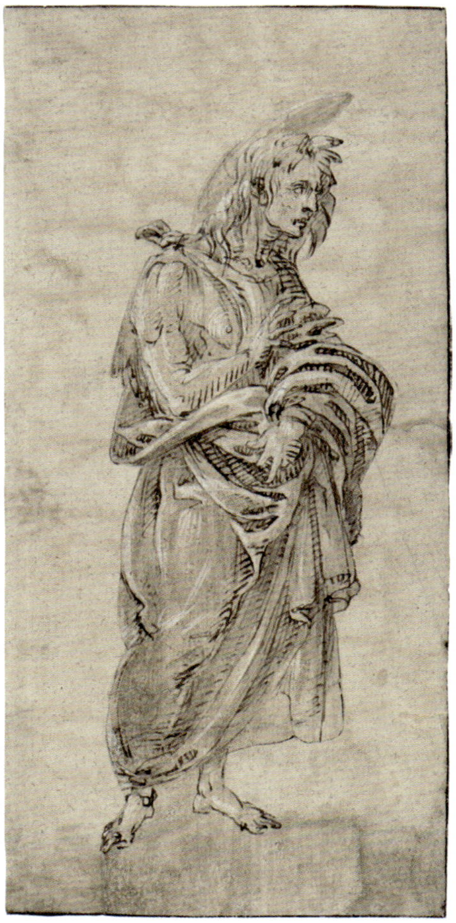

Z 28 recto Infrarotaufnahme

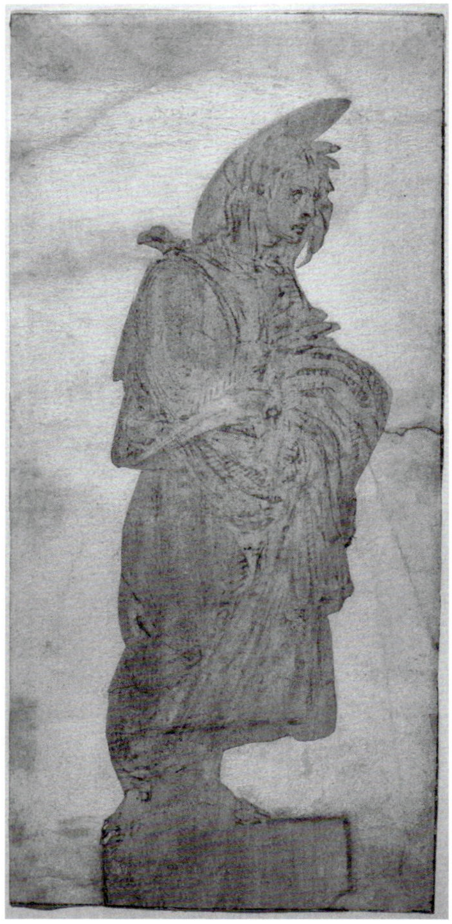

Z 29

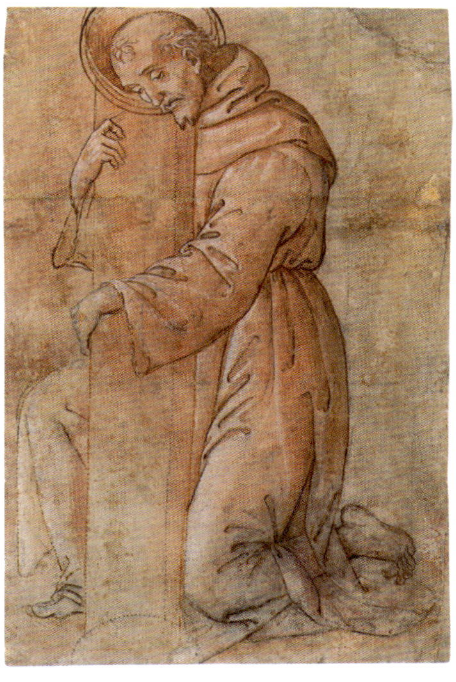

Z 29 UV-Aufnahme

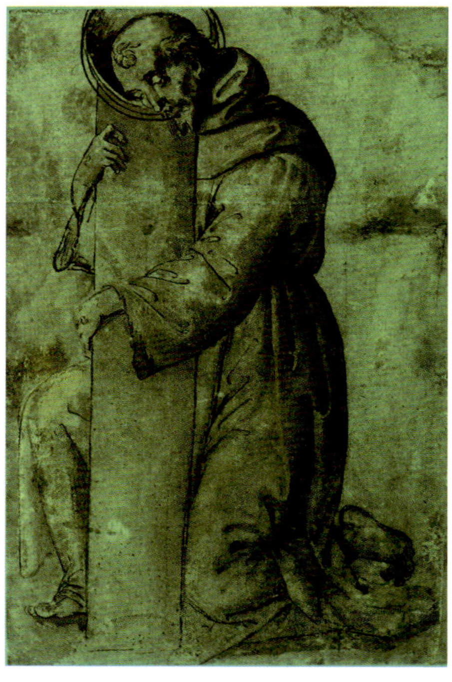

Z 28 GIULIANO DA SANGALLO
Florenz um 1445–1516 Florenz
Figurenstudie zu Johannes dem Täufer | um 1495/1500
Feder in Braun, braun laviert und weiß gehöht, auf beigefarben getöntem Papier; entlang der Konturen ausgeschnitten und auf Papier geklebt
279 × 128 mm
Verso (im Durchlicht sichtbar): Figurenstudie zu Johannes dem Täufer (?); Feder in Braun, laviert (?)
Provenienz: alter Bestand, vor 1764 erworben
Kupferstich-Kabinett, Inv.-Nr. C 17
Literatur: Melli 2006, S. 149–151, Kat.-Nr. 28 (mit der früheren Literatur; als Giuliano da Sangallo?)
siehe auch S. 37

Z 29 RAFFAELLINO DEL GARBO
San Lorenzo a Vigliano um 1466–1524 Florenz
Der heilige Franziskus, am Fuß des Kreuzes kniend | um 1500
Feder in Braun, braun laviert und weiß gehöht, über Spuren von schwarzer Kreide, auf teilweise rosa-orange getöntem Papier, das vor dem Zeichnen aus zwei Teilen zusammengefügt wurde; Konturen und Binnenzeichnung perforiert; oben rechts alt ergänzt
217 × 142 mm
Provenienz: Sir Thomas Lawrence (Lugt 2445); Samuel Woodburn (Lugt 2584, hier ohne Sammlervermerk); 1860 auf dessen Auktion bei Christie, Manson & Woods in London erworben
Kupferstich-Kabinett, Inv.-Nr. C 64
Literatur: Melli 2006, S. 152–155, Kat.-Nr. 29 (mit der früheren Literatur)
siehe auch S. 37 und 43, mit Abb. S. 36

Z 30 RAFFAELLINO DEL GARBO (Werkstatt)
San Lorenzo a Vigliano um 1466–1524 Florenz
Ein heiliger Herrscher mit Weltkugel und Zepter | um 1500
Feder in Braun, leicht dunkelbraun laviert und weiß gehöht, über Spuren von schwarzer Kreide auf bräunlich getöntem Papier; Konturen und Binnenzeichnung perforiert
Durchmesser 97 mm
Provenienz: 1860 in London aus unbekannter Quelle erworben
Kupferstich-Kabinett, Inv.-Nr. C 22 b
Literatur: Melli 2006, S. 156–159, Kat.-Nr. 30 (mit der früheren Literatur)
siehe auch Kat.-Nr. 26

Z 31 DOMENICO GHIRLANDAIO
Florenz 1449–1494 Florenz
Gewandstudie einer sitzenden Figur | um 1485/90
Feder in Dunkelbraun, braun laviert und weiß gehöht, auf teilweise rosa-orange getöntem Papier; am rechten Rand in der Mitte alt ergänzt
200 × 201 mm
Verso: Skizze einer weiblichen Figur (von anderer Hand); Kohle
Provenienz: William Young Ottley (Lugt 2662, hier ohne Sammlervermerk); Sir Thomas Lawrence (Lugt 2445); Samuel Woodburn (Lugt 2584, hier ohne Sammlervermerk); 1860 auf dessen Auktion bei Christie, Manson & Woods in London erworben
Kupferstich-Kabinett, Inv.-Nr. C 22
Literatur: Melli 2006, S. 160–163, Kat.-Nr. 31
siehe auch Kat.-Nr. 23 sowie S. 14, 37 und 43

Z 32 DOMENICO GHIRLANDAIO (Schule)
Florenz 1449–1494 Florenz
Rückenfigur eines stehenden Mannes im Mantel | um 1490
Metallstift, weiß gehöht, auf hellgrau grundiertem Papier
198 × 123 mm
Wz.: unbestimmtes Motiv
Provenienz: alter Bestand, vor 1764 erworben
Kupferstich-Kabinett, Inv.-Nr. C 9
Literatur: Melli 2006, S. 164–167, Kat.-Nr. 32 (mit der früheren Literatur)

Z 33 DOMENICO GHIRLANDAIO (Werkstatt)
Florenz 1449–1494 Florenz
Ein nach links gewandter Mann im Mantel | Anfang 16. Jh.
Pinsel in Braun über schwarzer Kreide bzw. Metallstift auf blau grundiertem Papier; am linken Rand und unten rechts alt ergänzt
214 × 81 mm
Verso: Figurenstudie (Fragment), um 1485; Metallstift auf blau grundiertem Papier
Provenienz: alter Bestand, vor 1764 erworben
Kupferstich-Kabinett, Inv.-Nr. C 10
Literatur: Melli 2006, S. 168–171, Kat.-Nr. 33

Z 30 Infrarotaufnahme

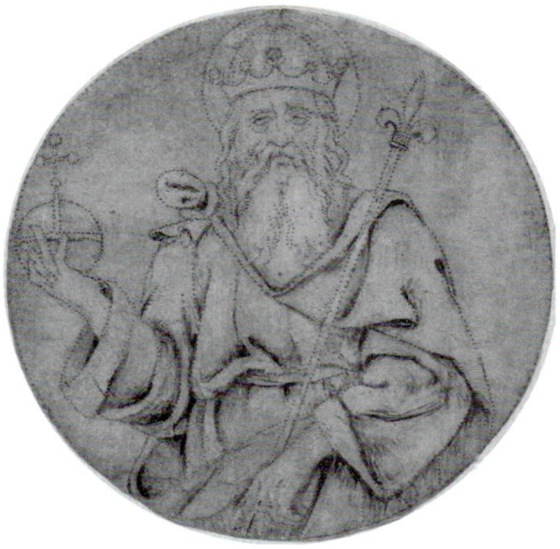

Z 32

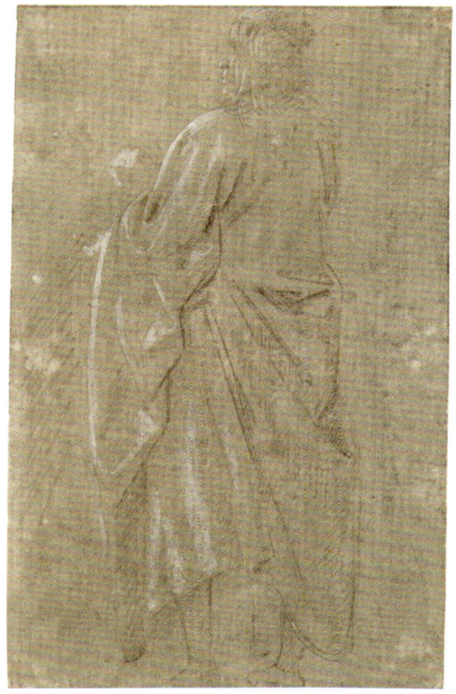

Z 31 verso

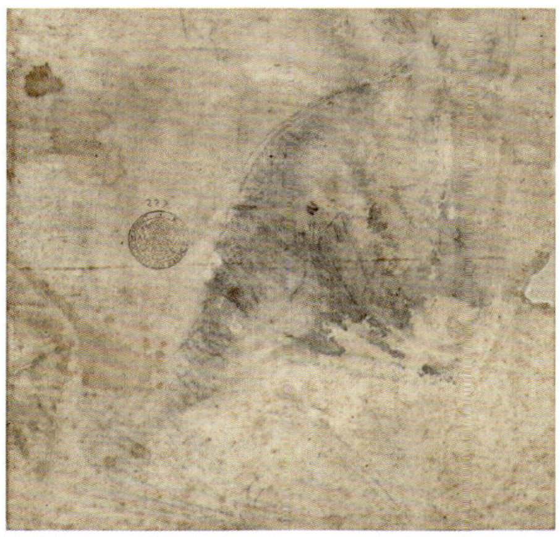

Z 33 recto

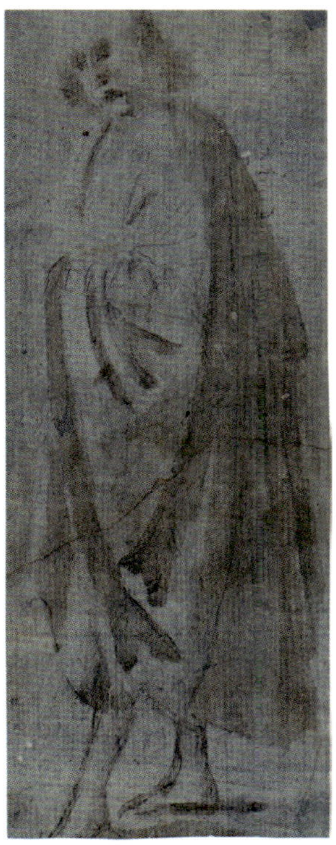

Z 33 recto Infrarotaufnahme

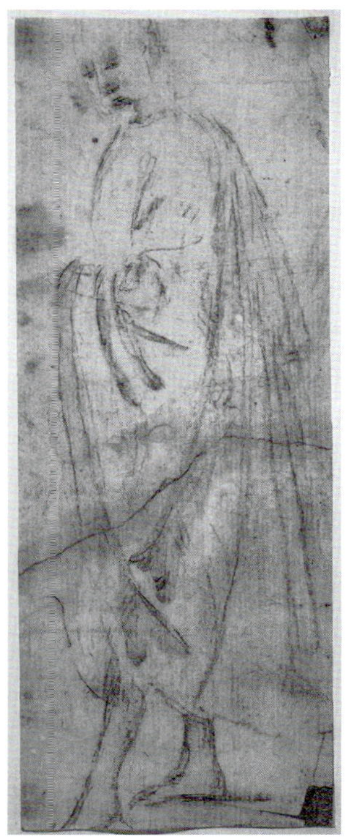

Z 33 verso

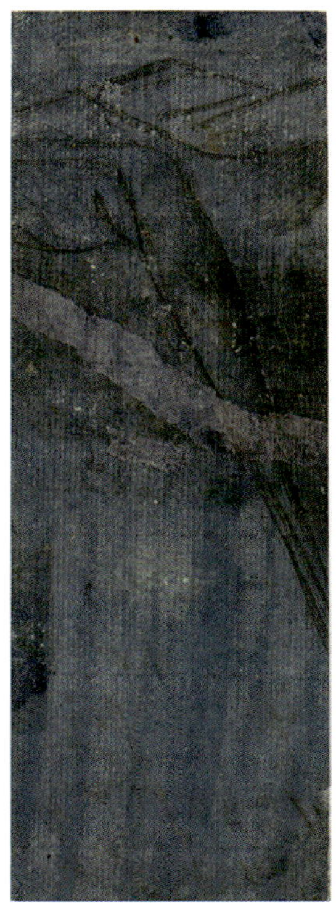

Z 34 verso

Z 34 verso Infrarotaufnahme

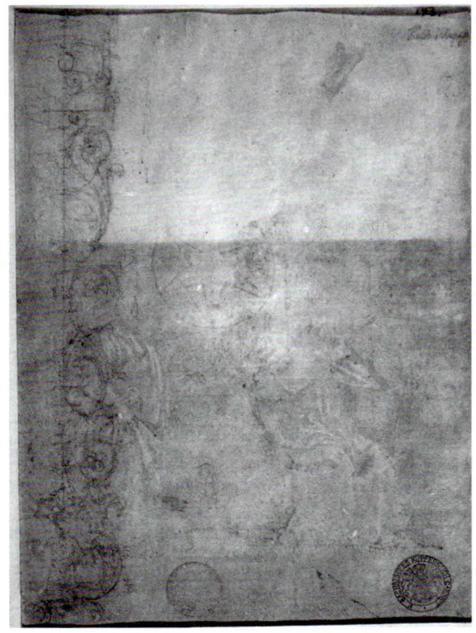

Z 34 FRA BARTOLOMMEO
Florenz 1473–1517 Florenz
Die Versuchung des heiligen Antonius |
um 1499
Feder in Braun, leicht braun laviert und weiß gehöht, auf teilweise gelblich-rosa getöntem Papier
239 × 172 mm
Verso: Studie einer Groteske; Feder in Braun auf teilweise gelblich-rosa getöntem Papier
Wz.: sechszackiger Stern im Kreis
Provenienz: Richard Cosway (Lugt 628); Sir Thomas Lawrence (Lugt 2445); Samuel Woodburn (Lugt 2584, hier ohne Sammlervermerk); 1860 auf dessen Auktion bei Christie, Manson & Woods in London erworben
Kupferstich-Kabinett, Inv.-Nr. C 96
Literatur: Melli 2006, S. 172–176, Kat.-Nr. 34 (mit der früheren Literatur)
siehe auch Kat.-Nr. 25 und S. 43

UMBRIEN UND MITTELITALIEN

Z 35

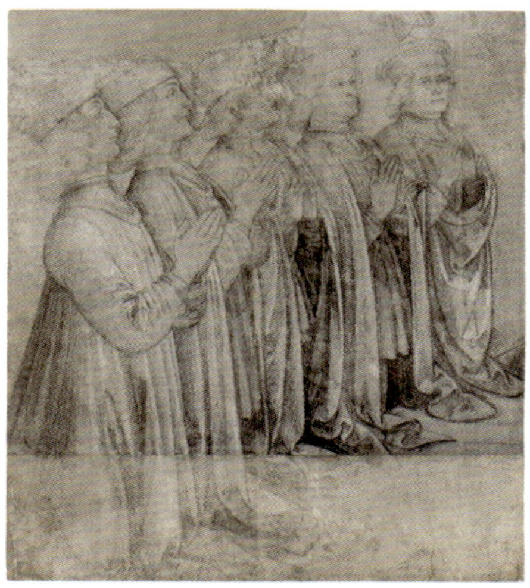

Z 35 Infrarotaufnahme

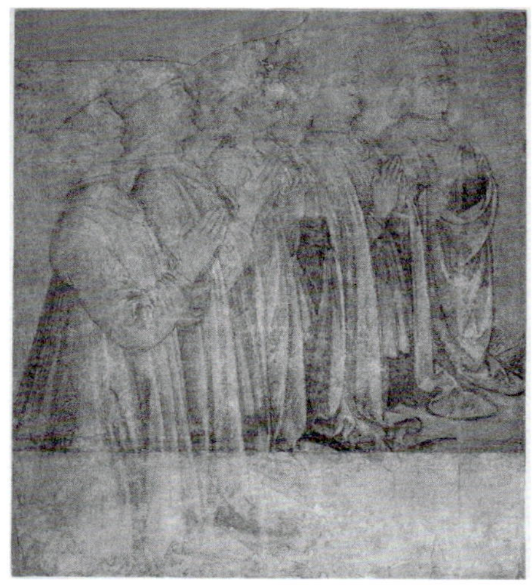

Z 35 ANTONIAZZO ROMANO
Rom um 1435–nach 1508 Rom
Fünf kniende Stifter, nach rechts gewandt |
um 1480/90
schwarze Kreide und Kohle (?), weiß gehöht auf grau grundiertem Papier; unterer Streifen vom Künstler selbst nachträglich ergänzt; Konturen perforiert; oben links ergänzt; kaschiert
305 × 267 mm
Provenienz: Jonathan Richardson Sr. (Lugt 2183, hier ohne Stempel); Jonathan Richardson Jr. (vgl. Lugt 2997); Sir Thomas Lawrence (Lugt 2445); Samuel Woodburn (Lugt 2584, hier ohne Sammlervermerk); 1860 auf dessen Auktion bei Christie, Manson & Woods in London erworben
Kupferstich-Kabinett, Inv.-Nr. C 356
Literatur: Melli 2006, S. 177–179, Kat.-Nr. 35 (mit der früheren Literatur)
siehe auch S. 43

Z 36

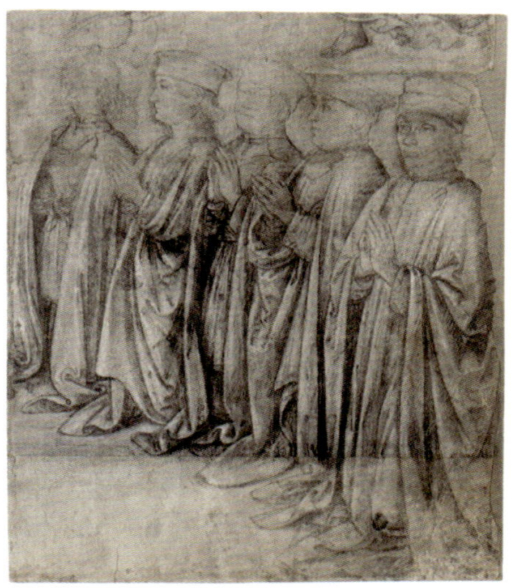

Z 36 Infrarotaufnahme

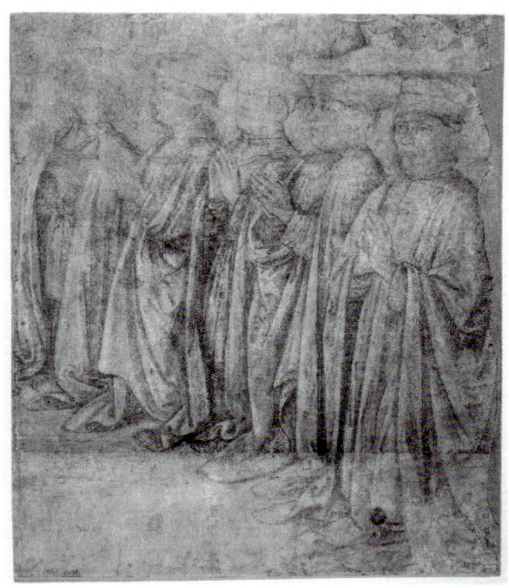

Z 36 ANTONIAZZO ROMANO
Rom um 1435–nach 1508 Rom
Fünf kniende Stifter, nach links gewandt |
um 1480/85
schwarze Kreide und Kohle (?), weiß gehöht auf grau grundiertem Papier; Blatt aus zwei Teilen zusammengefügt, unterer Streifen vom Künstler selbst nachträglich ergänzt; Konturen perforiert; die obere rechte Ecke wurde bei einer späteren Restaurierung ausgeschnitten und wieder eingesetzt; am rechten Rand ergänzt
314 × 267 mm
Provenienz: Jonathan Richardson Sr. (Lugt 2183, hier ohne Stempel); Jonathan Richardson Jr. (vgl. Lugt 2997); Sir Thomas Lawrence (Lugt 2445); Samuel Woodburn (Lugt 2584, hier ohne Sammlervermerk); 1860 auf dessen Auktion bei Christie, Manson & Woods in London erworben
Kupferstich-Kabinett, Inv.-Nr. C 357
Literatur: Melli 2006, S. 180–185, Kat.-Nr. 36 (mit der früheren Literatur)
siehe auch S. 43

Z 37 recto Infrarotaufnahme

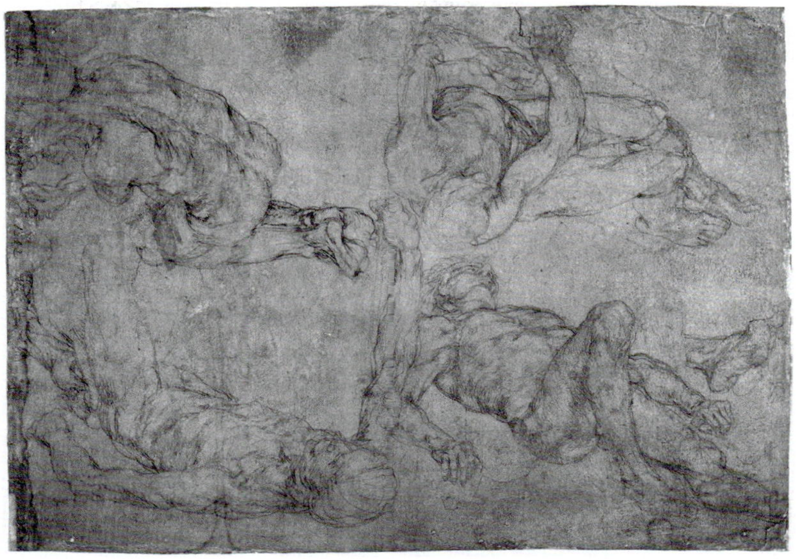

Z 37 verso Infrarotaufnahme

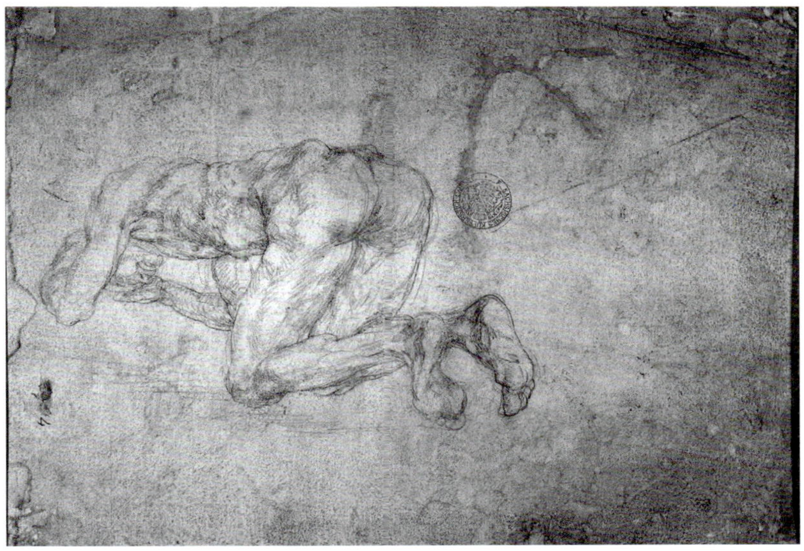

Z 38

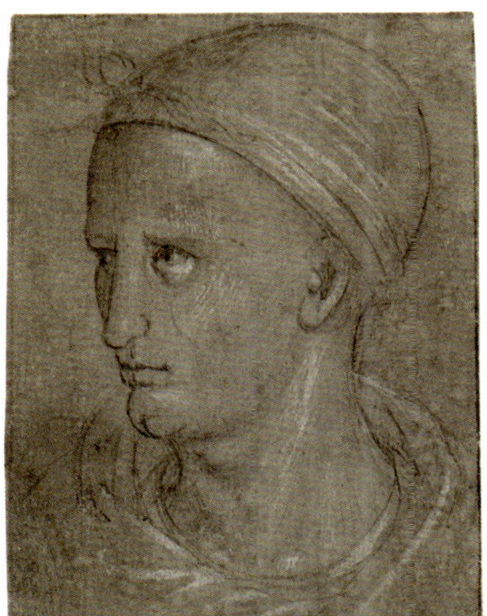

Z 38 Infrarotaufnahme

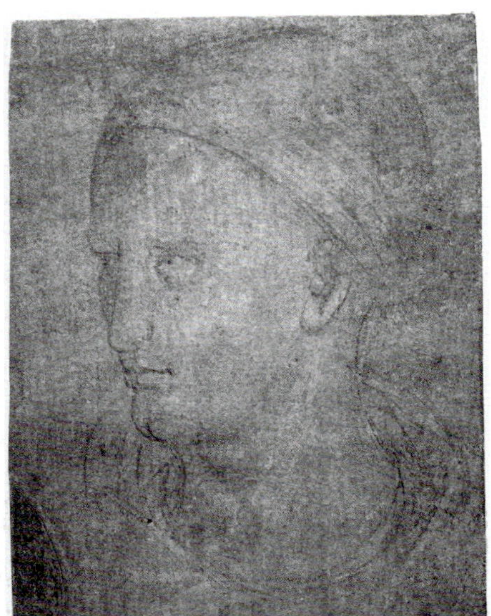

Z 37 LUCA SIGNORELLI
Cortona um 1441 oder 1450–1523 Cortona
Vier liegende Männerakte | um 1495/99
Metallstift (Silber), stellenweise Feder in Braun, mit Griffelspuren auf altrosa grundiertem Papier
207 × 289 mm
Verso: Sich niederwerfender Mann; Metallstift (Silber) mit Griffelspuren auf rot grundiertem Papier
Provenienz: Sir Thomas Lawrence (Lugt 2445); Samuel Woodburn (Lugt 2584, hier ohne Sammlervermerk); 1860 auf dessen Auktion bei Christie, Manson & Woods in London erworben
Kupferstich-Kabinett, Inv.-Nr. C 20
Literatur: Melli 2006, S. 186–191, Kat.-Nr. 37 (mit der früheren Literatur)
siehe auch Kat.-Nr. 30 sowie S. 13, 30, 37–39 und 43, mit Abb. S. 38

Z 38 PINTORICCHIO
Perugia um 1456/60–1513 Siena
Männlicher Kopf im Dreiviertelprofil nach links | um 1483/1500
Feder in Braun und Spuren von Metallstift, weiß gehöht, auf grau grundiertem Papier; unten links ergänzt
120 × 91 mm
Provenienz: alter Bestand, vor 1764 erworben
Kupferstich-Kabinett, Inv.-Nr. C 269
Literatur: Melli 2006, S. 192 f., Kat.-Nr. 38 (dat. um 1494/1500); La Malfa 2008b, S. 349 f. (dat. um 1483)
siehe auch unter Kat.-Nr. 27

Z 39 Infrarotaufnahme

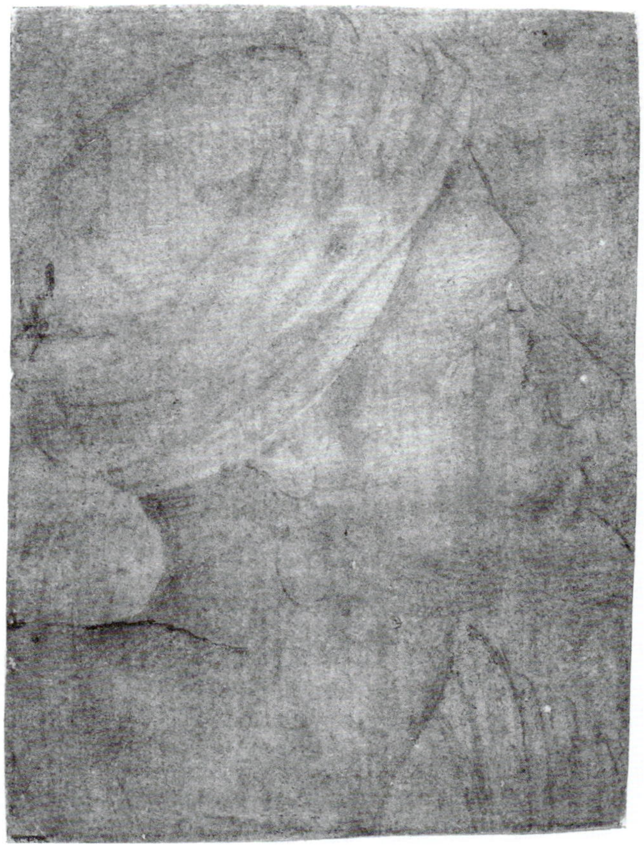

Z 39 PINTORICCHIO
Perugia um 1456/60–1513 Siena
Profilkopf eines bärtigen Orientalen mit Ohrring | um 1483/1500
Metallstift und Feder in Braun, weiß gehöht, auf grau grundiertem Papier
127 × 92 mm
Provenienz: alter Bestand, vor 1764 erworben
Kupferstich-Kabinett, Inv.-Nr. C 268
Literatur: Melli 2006, S. 194–199, Kat.-Nr. 39 (mit der früheren Literatur; dat. um 1494/1500); La Malfa 2008b, S. 348–350 (dat. um 1483)
siehe auch Kat.-Nr. 27

Z 40 Infrarotaufnahme

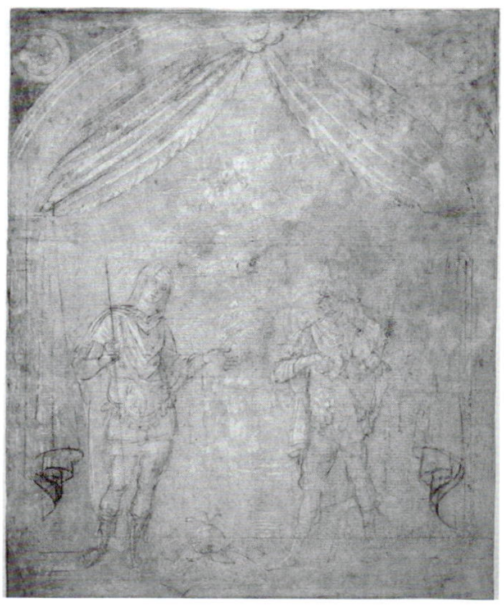

Z 40 UV-Aufnahme

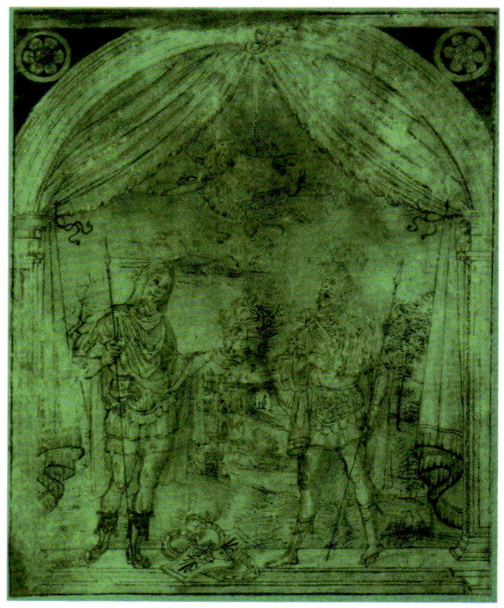

Z 40 PINTORICCHIO (Nachfolger)
Perugia um 1456/60–1513 Siena
Zwei römische Soldaten unter einem Bogen mit Trophäen | um 1496/98
Feder in Braun, ockerfarben laviert und weiß gehöht, über Spuren von schwarzer Kreide
248 × 196 mm
Wz.: Blume (?) im (Doppel-)Kreis
Provenienz: alter Bestand, vor 1764 erworben
Kupferstich-Kabinett, Inv.-Nr. C 15
Literatur: Melli 2006, S. 200–203, Kat.-Nr. 40 (mit der früheren Literatur)
siehe auch Kat.-Nr. 29

Z 41 Infrarotaufnahme

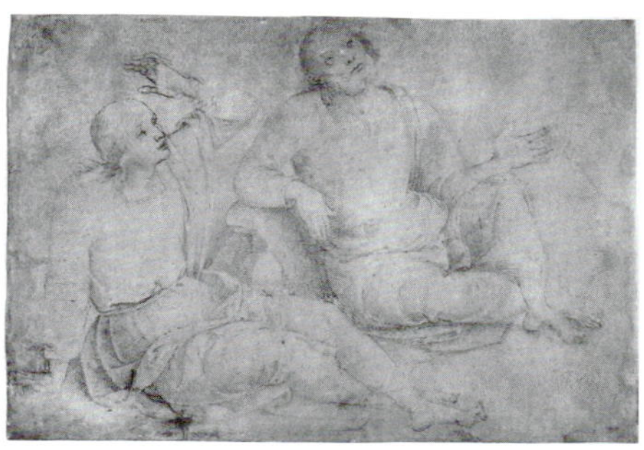

Z 41 UV-Aufnahme

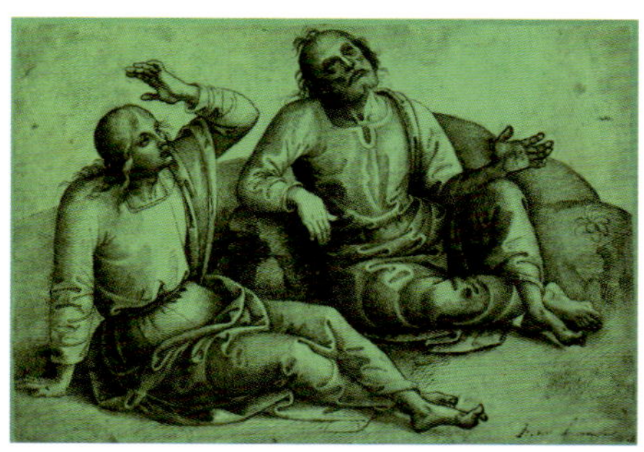

Z 41 PERUGINO (Nachfolger)
Città della Pieve um 1450–1523 Perugia
Zwei Apostel (nach der »Verklärung Christi« von Perugino im Collegio del Cambio in Perugia) | um 1500/05
Feder in Braun über Spuren von schwarzer Kreide
189 × 273 mm
Provenienz: Sir Thomas Lawrence (Lugt 2445); Samuel Woodburn (Lugt 2584, hier ohne Sammlervermerk); 1860 auf dessen Auktion bei Christie, Manson & Woods in London erworben
Kupferstich-Kabinett, Inv.-Nr. C 154
Literatur: Melli 2006, S. 204–207, Kat.-Nr. 41 (mit der früheren Literatur)
siehe auch Kat.-Nr. 33 sowie S. 43

Z 42

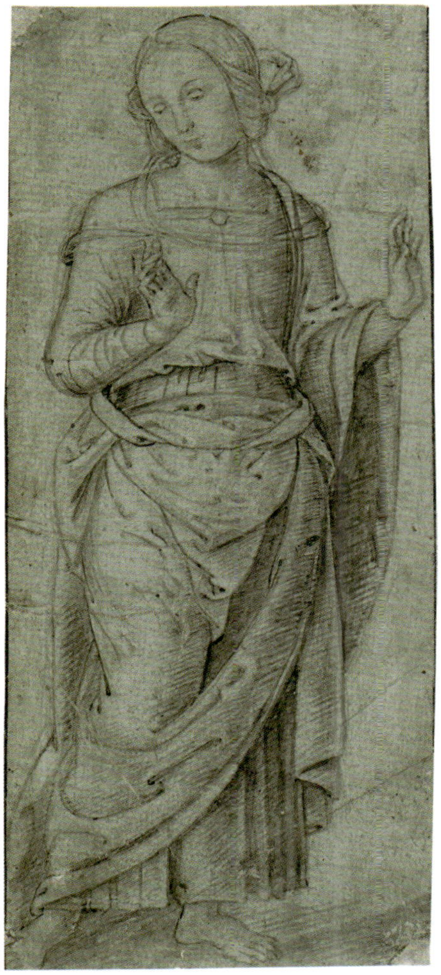

Z 42 Infrarotaufnahme

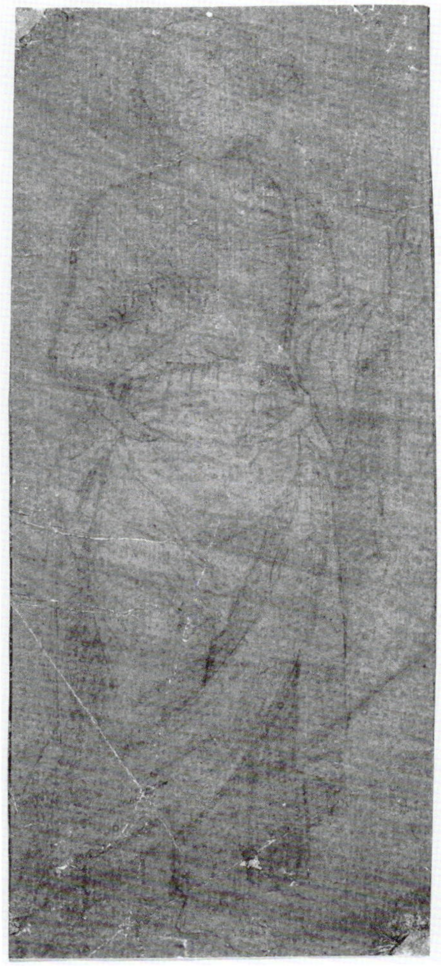

Z 43 Infrarotaufnahme

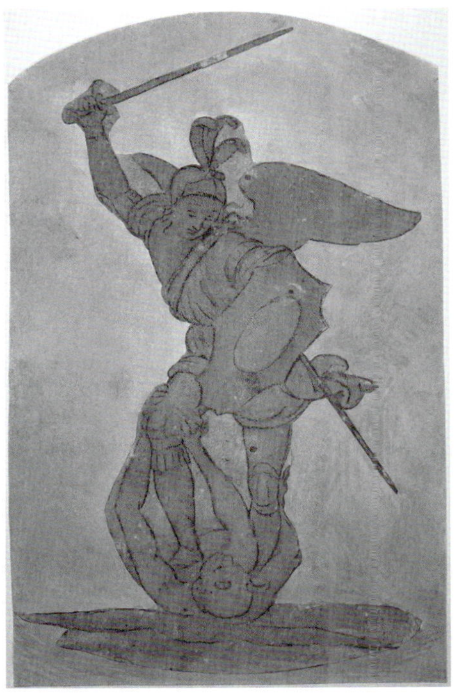

Z 43 UV-Aufnahme

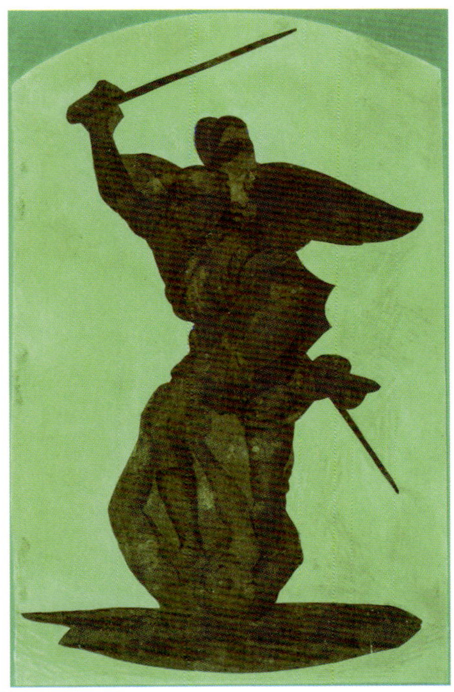

Z 42 PERUGINO (Werkstatt)
Città della Pieve um 1450–1523 Perugia
BERTO DI GIOVANNI (?)
um 1495–1529 in Perugia tätig
Maria der Verkündigung | um 1495/1506
Metallstift und Feder in Braun, leicht braun laviert, mit Griffelspuren, auf grünlich grundiertem Papier; oben links und unten rechts alt ergänzt
171 × 74 mm
Provenienz: alter Bestand, vor 1764 erworben
Kupferstich-Kabinett, Inv.-Nr. C 53
Literatur: Melli 2006, S. 208–211, Kat.-Nr. 42 (mit der früheren Literatur)

Z 43 RAFFAEL (mit späteren Retuschen)
Urbino 1483–1520 Rom
Der Erzengel Michael | um 1503/04
Feder in Braun, braun laviert, auf braun laviertem Papier; die Zeichnung wurde bei einer späteren Restaurierung mit schwarzer Kreide übergangen, entlang der Konturen ausgeschnitten und auf beigefarben laviertem Papier aufgezogen
282 × 172 mm (größte Maße der ausgeschnittenen Zeichnung); 294 × 185 mm (Unterlagepapier)
Provenienz: Johann Gottlob von Quandt (Lugt 2123, hier ohne Stempel); 1860 auf dessen Auktion bei Rudolph Weigel in Leipzig erworben
Kupferstich-Kabinett, Inv.-Nr. C 151
Literatur: Melli 2006, S. 212–216, Kat.-Nr. 43 (als nach Raffael?, um 1502/04)
siehe auch Kat.-Nr. 34 sowie S. 39

Z 44

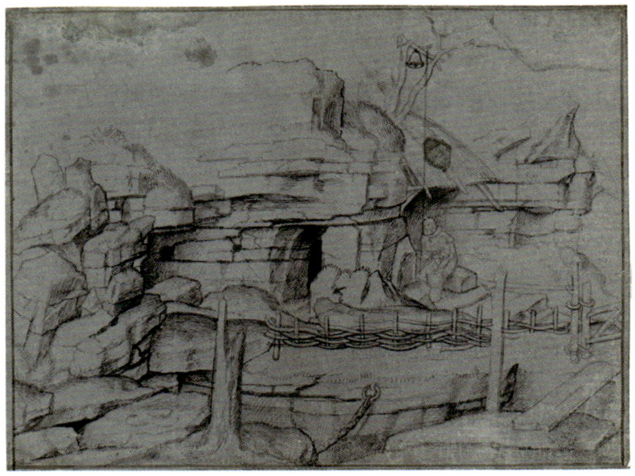

Z 45

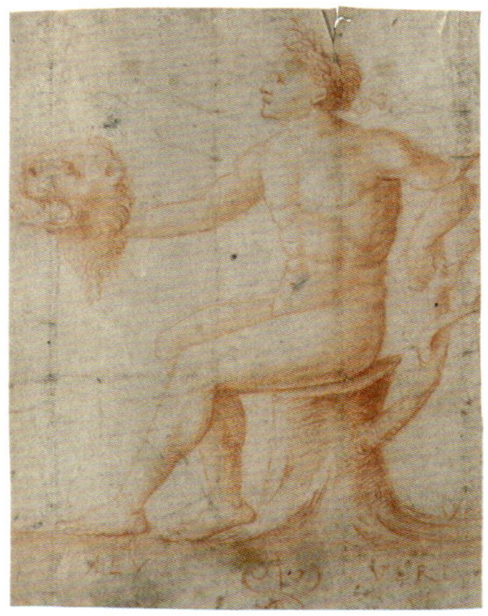

Z 46

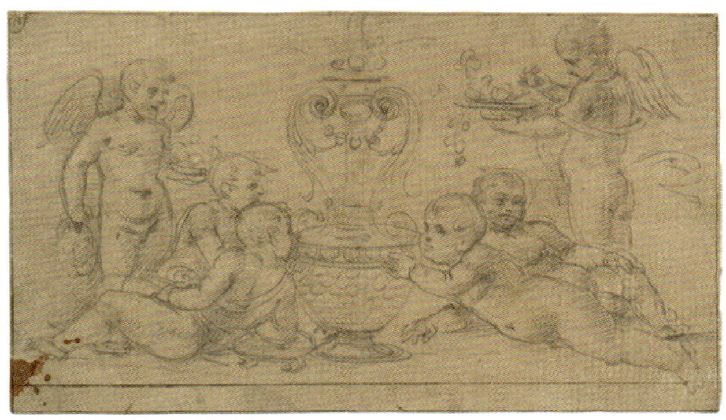

Z 46 Infrarotaufnahme

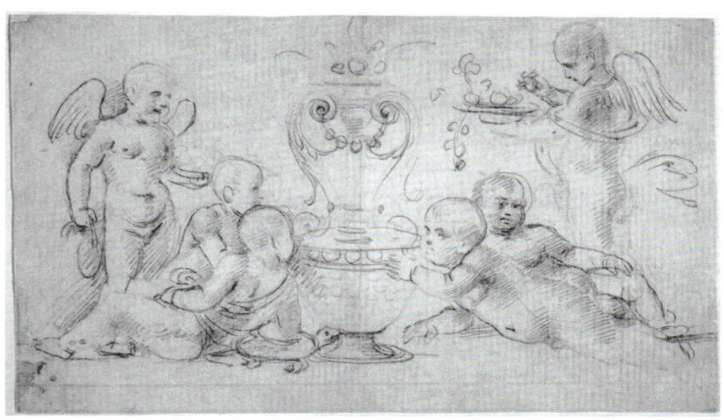

NACHTRÄGE

Z 44 VENEZIANISCHER KÜNSTLER
Einsiedler, vor einer Höhle sitzend (heiliger Antonius?) | Ende 15. Jh.
Pinsel in Grau auf graublau grundiertem Papier
208 × 278 mm
Verso: vierzehn Zeilen eines unvollständigen französischen Textes, Hand des späten 15. Jhs. (?)
Wz.: unbestimmtes Motiv (evtl. Wappenschild mit Blume darüber und »B«)
Provenienz: alter Bestand, vor 1764 erworben (laut der alten Inventarkarte von Karl Woermann wurde das Blatt 1889 aus dem »Vorrath« entnommen und in die Sammlung integriert)
Kupferstich-Kabinett, Inv.-Nr. C 1981-127
Literatur: unpubliziert

Z 45 GIOVANNI AGOSTINO DA LODI (zugeschrieben)
um 1492–um 1520 in Mailand und Venedig tätig
Allegorische Szene | um 1500/10
Rötel
162 × 112 mm
Provenienz: alter Bestand, 1728 mit der Sammlung des Leipziger Stadtbaumeisters Gottfried Wagner (1652–1725; nicht bei Lugt) erworben (in Klebeband Ca 3, Bl. 158 r, Nr. 112)
Kupferstich-Kabinett, Inv.-Nr. Ca 3/112
Literatur: Bambach 2008a, S. 59 f. und S. 59, Abb. 10 (als Giovanni Agostino da Lodi, um 1500/10)
siehe auch unter Kat.-Nr. 53

Z 46 RAFFAEL (zugeschrieben)
Urbino 1483–1520 Rom
Sechs Putten und eine Ziervase (nach Donatello) | frühes 16. Jh.
Metallstifte (Silber und Blei) auf ockerfarben grundiertem Papier; Retuschen von späterer Hand
149 × 252 mm
Wz.: zwei Kreise mit Kreuz darüber
Provenienz: alter Bestand, 1728 mit der Sammlung des Leipziger Stadtbaumeisters Gottfried Wagner (1652–1725; nicht bei Lugt) erworben (ehem. Klebeband Ca 21, Bl. 194 r, Nr. 44; 2007 entnommen)
Kupferstich-Kabinett, Inv.-Nr. C 7775
Literatur: Bambach 2007, S. 772–778 (als Raffael, um 1504/08)

Z 47

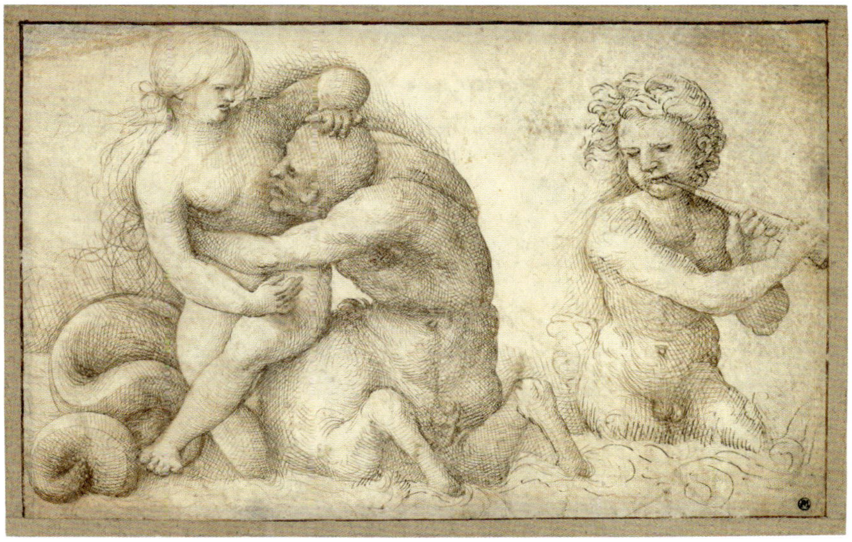

Z 47 AMICO ASPERTINI
Bologna um 1474/75–1552 Bologna
Liebeskampf zwischen Nereide und Triton mit einem Flöte spielenden Triton | gegen 1510
Feder in Braun; Einfassungslinie mit Feder in Braun; oben links ergänzt; auf beigebraunes Papier aufgezogen und auf Karton kaschiert
116 × 182 mm (Blatt); 124 × 191 mm (Unterlagepapier und -karton)
Provenienz: Pierre-Jean Mariette (Lugt 1852); Graf Moritz von Fries (Lugt 2903, Sammlermarke beschnitten und nicht sicher erkennbar); Sir Thomas Lawrence (Lugt 2445); Samuel Woodburn (Lugt 2584, hier kein Sammlervermerk sichtbar); 1860 auf dessen Auktion bei Christie, Manson & Woods in London erworben
Kupferstich-Kabinett, Inv.-Nr. C 36
Literatur: Faietti/Scaglietti Kelescian 1995, S. 260, Nr. 45 (mit der früheren Literatur)
siehe auch S. 43

Z 48

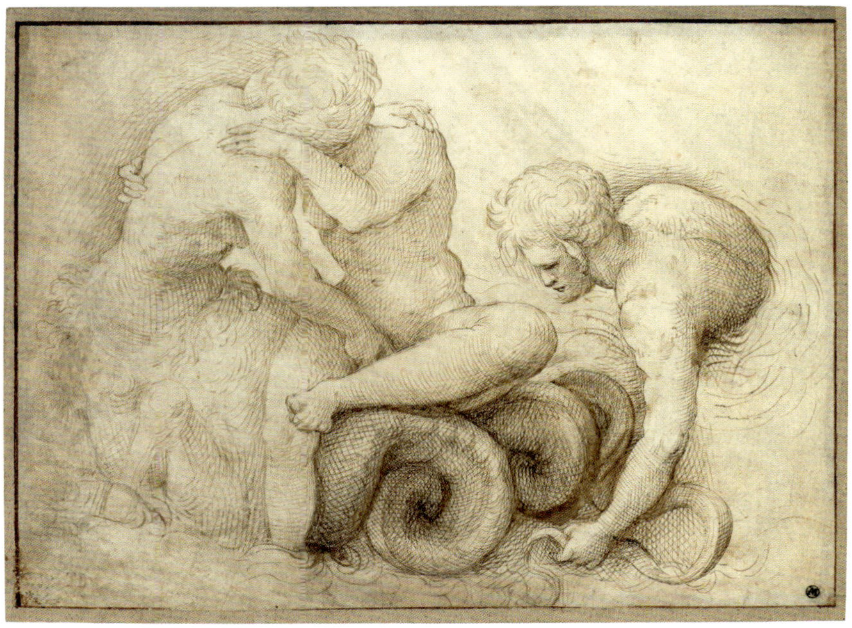

Z 48 AMICO ASPERTINI
Bologna um 1474/75–1552 Bologna
Liebesszene zwischen Nereide und Triton mit weiterem Triton | gegen 1510
Feder in Braun; Einfassungslinie mit Feder in Braun; auf beigebraunes Papier aufgezogen und auf Karton kaschiert
125 × 173 mm (Blatt); 133 × 178 mm (Unterlagepapier und -karton)
Provenienz: Pierre-Jean Mariette (Lugt 1852); Graf Moritz von Fries (Lugt 2903); Sir Thomas Lawrence (Lugt 2445); Samuel Woodburn (Lugt 2584, hier kein Sammlervermerk sichtbar); 1860 auf dessen Auktion bei Christie, Manson & Woods in London erworben
Kupferstich-Kabinett, Inv.-Nr. C 37
Literatur: Faietti/Scaglietti Kelescian 1995, S. 260 f., Nr. 46 (mit der früheren Literatur)
siehe auch S. 43

Z 49

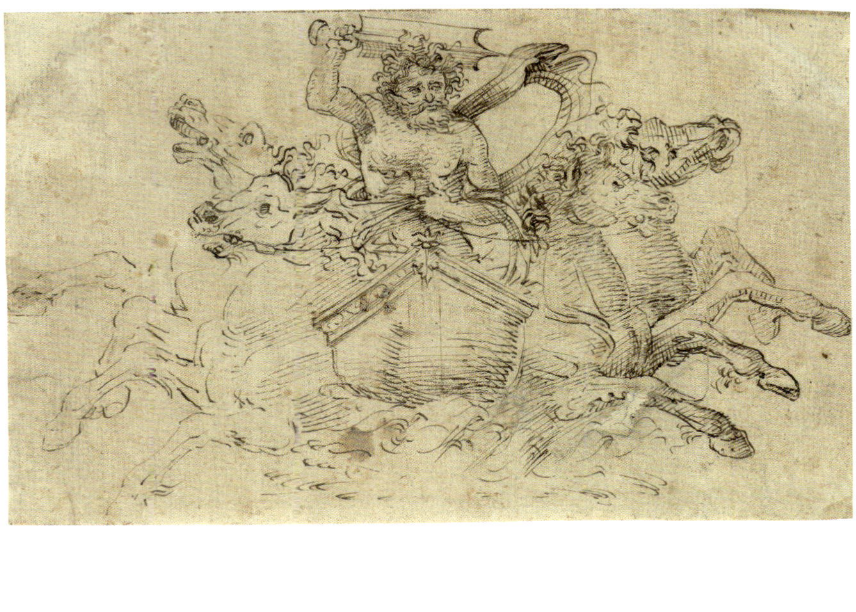

Z 49 FILIPPINO LIPPI (Nachfolger)
Prato um 1457–1504 Florenz
Neptun auf einem von Hippokampen gezogenen Wagen | 16. Jh.
Feder in Braun über Spuren von schwarzer Kreide; obere Ecken ergänzt
151 × 242 mm
Provenienz: alter Bestand, 1728 mit der Sammlung des Leipziger Stadtbaumeisters Gottfried Wagner (1652–1725; nicht bei Lugt) erworben (ehem. Klebeband Ca 3, Nr. 709; 1963 entnommen)
Kupferstich-Kabinett, Inv.-Nr. C 1963-2084
Literatur: Bambach 2008a, S. 58 und S. 57, Abb. 5 (als Filippino Lippi, um 1495/1500); Nelson 2011, S. 203, Nr. 45

Georg Dietz

DIE WASSERZEICHEN DER FRÜHEN ITALIENISCHEN ZEICHNUNGEN IM DRESDENER KUPFERSTICH-KABINETT

Wie bereits im Vorfeld des Bestandskatalogs von 2006[1] wurden auch im Juli 2014 die Zeichnungen der italienischen Spätgotik und Frührenaissance im Dresdener Kupferstich-Kabinett auf Wasserzeichen hin untersucht. Als Grundlage standen neue, von Carsten Wintermann angefertigte Durchlichtaufnahmen zur Verfügung. Mittels digitaler Bildbearbeitung ließen sich Strukturen im Papier wie Kettstegabstände und Wasserzeichen stärker hervorheben (Vgl.-Abb. 1). Solche Strukturen entstanden bei der Papierherstellung durch den Abdruck des Drahtgeflechts von dem verwendeten Schöpfsieb, das in der Regel zusätzlich mit Drahtfiguren versehen war, um charakteristische Spuren in der Faserschicht des Papiers zu hinterlassen. Zur einfacheren Orientierung wurden die Wasserzeichen digital nachgezeichnet.

Datierungen von Wasserzeichen erfolgen auf der Grundlage ihrer Verwandtschaftsverhältnisse: Wasserzeichen können zueinander »identisch« (deckungsgleich mit einer Toleranz von zwei Strichbreiten gegenüber umgezeichneten Wasserzeichen), »ähnlich« (sie zeigen gleiche, nur durch Verschiebung oder Beschädigung abweichende Drahtfiguren) oder nur vom »gleichen Motivtyp« sein. Bei einem Verweis auf einen Datumsbeleg mit identischem Wasserzeichen kann nach derzeitigem Wissensstand die Datierung mit +/- 2-4 Jahren übernommen werden, was sich aus der allgemein vermuteten Verwendungsdauer eines Schöpfsiebes von anderthalb[2] bis vier Jahren[3] erklärt.

In Bezug auf die Kettstegabstände wurden verschiedene Abmessungen erhoben (Vgl.-Abb. 1), zunächst - sofern es die Größe des Blattes erlaubte - ein durchschnittlicher Abstand der vom Wasserzeichen unabhängigen Kettstege (A). Da die Kettstegabstände am Wasserzeichen mitunter von diesen abweichen beziehungsweise sich die Wasserzeichen über mehrere Kettstegabstände erstrecken können, ist die betreffende Spanne gesondert ausgewiesen. Dem einzelnen Kettstegabstand am Wasserzeichen (B) folgt dabei der Abstand aller Kettstege (C), die das Wasserzeichen einschließen (zum Beispiel »34/68 mm«). Letztere Angabe entspricht den mehrheitlich im sogenannten Bernstein-Portal ausgewiesenen Kettstegabständen.

Sämtliche im Rahmen des Projekts erhobenen Wasserzeichen einschließlich der Durchlichtaufnahmen sind über das genannte Portal online recherchierbar (www.memoryofpaper.eu). Über diese Metadatenbank erfolgten Suchabfragen unter anderem im Wasserzeichen-Informationssystem (WZIS), in Piccard Online (POL), in Briquet Online und weiteren 16 Datenbanken mit derzeit mehr als 200 000 hinterlegten Datensätzen. Für die Auswertung der im Folgenden beschriebenen Wasserzeichen diente das Bernstein-Portal als wichtigstes Instrument. Leider sind für das Gebiet des heutigen Italien bisher relativ wenige Belege aus dem 13. bis 16. Jahrhundert online verfügbar, was die Beurteilung erschwert. Im Rahmen dieses Projekts war es nicht möglich, zusätzlich gedruckte Kompendien[4] heranzuziehen beziehungsweise die in unterschiedlichsten Bestandskatalogen zur italienischen Zeichenkunst publizierten Wasserzeichen auszuwerten.

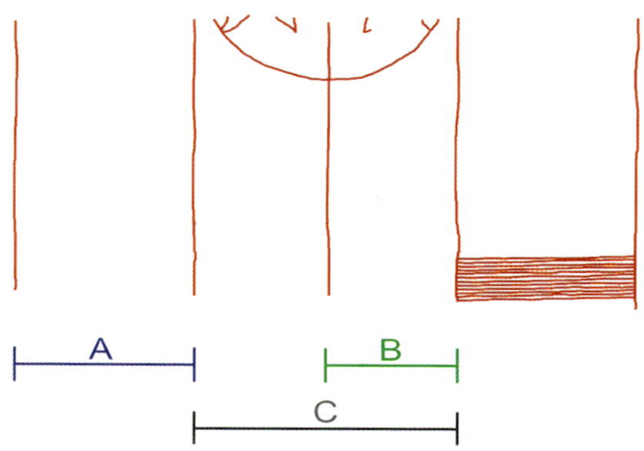

1. Kettstegabstände, die bei den Untersuchungen der Blätter erhoben wurden

Anmerkungen
1 Melli 2006.
2 Zonghi 1953.
3 Tschudin 2002, S. 32.
4 Piccard 1961, S. 23.

Vorbemerkung
Der Ausdruck Wasserzeichen wird Wz. abgekürzt, n. b. steht für »nicht bestimmbar«.

Z 3 Glocke mit Kreis. Höhe 67 mm, Breite 49 mm, Kettstegabstand durchschnittlich 40 mm. Die Suche über das Bernstein-Portal nach Wz. dieses Motivtyps, wobei der Kreis neben der Glocke angeordnet ist, führte zu vier Belegen (POL41083, POL41084, POL41085 sowie Briquet Nr. 4005). Die Nutzung der betreffenden Papiere datiert zwischen 1417 und 1444. Es fanden sich jedoch keine identischen Wz., die eine Einschränkung des Papierverwendungszeitraums ermöglicht hätten.

Z 5 Unbestimmtes Motiv (wohl Waage im Kreis). Stark beschnitten. Höhe n. b., Breite n. b., Kettstegabstand durchschnittlich 42 mm beziehungsweise am Wz. 31 mm. Das nur teilweise sichtbare Wz. bietet nicht genügend Informationen für eine Auswertung.

Z 6.1 Unbestimmtes Motiv, eventuell Teil einer Glocke. Stark beschnitten. Höhe n. b., Breite n. b., Kettstegabstand durchschnittlich 40 mm beziehungsweise am Wz. 40/80 mm. Das nur teilweise sichtbare Wz. bietet nicht genügend Informationen für eine Auswertung.
Der sich aus der Darstellung ergebende Entstehungszusammenhang der Zeichnungen Z 6.1 und Z 6.2 wird auch von den gleichen Kettstegabständen gestützt. In der Zeichnung Z 6.2 gelang es jedoch nicht, die zweite Hälfte des mutmaßlichen Wasserzeichens sichtbar zu machen. Daher kann die These, dass das Papier nach seiner Bezeichnung durchgeschnitten wurde, mit einer Wz.-basierten Argumentation nicht untermauert werden.

Z 10 Sechszackiger Stern mit Buchstaben »G« und »B« darunter. Höhe 49 mm, Breite 46 mm, Kettstegabstand durchschnittlich 34,7 mm beziehungsweise am Wz. 34/68 mm. Es konnten keine relevanten Belege nachgewiesen werden.

Z 12 Bogen mit Pfeil. Stark beschnitten. Höhe n. b., Breite n. b., Kettstegabstand n. b. Die Suche über das Bernstein-Portal führte zu 506 Wz. dieses Motivtyps, für die Papierverwendungen zwischen 1301 und 1550 in ganz Europa belegt sind. Ähnlich sind insbesondere WZIS-DE4815-I_103_97 (1370–1410), WZIS-DE4815-I_103_89 (Oberitalien/Toskana, um 1390), POL123612 (Marienburg, 1402), POL123718 (Mechelen, 1417) und POL123476 (Marienburg 1400). Ob einer dieser Belege identisch ist, lässt sich jedoch wegen des fragmentierten Zustands des Wz. nicht beurteilen. Ähnlich erscheint auch Briquet Nr. 799 (Paris, 1406), doch kann wegen der Abweichungen im Detail kein direkter Bezug hergestellt werden. Briquet verweist zudem auf mindestens 27 Varianten dieses Wz. bei Zonghi 1953, deren Papierverwendungen für Fabriano zwischen 1333 und 1422 belegt sind.

Z 15 (1. Wz.) Anker im Kreis. Höhe 47 mm, Breite 30 mm, Kettstegabstand durchschnittlich 19 (?) mm beziehungsweise am Wz. 28,5/57 mm. Die Suche über das Bernstein-Portal führte zu insgesamt 552 Ergebnissen dieses Motivtyps, die zwischen 1250 und 1750 mehrheitlich für Norditalien, den Alpenraum und Süddeutschland belegt sind. Schränkt man darüber hinaus den Kettstegabstand auf 57 +/-2 mm ein, führte dies zu 64 Belegen. Darunter konnten jedoch keine relevanten Wz. nachgewiesen werden.

Z 15 (2. Wz., auf Kaschierung) Äskulapstab, evtl. über Krone (?). Höhe n. b., Breite n. b., Kettstegabstand durchschnittlich 24 mm beziehungsweise am Wz. n. b. Das Motiv »Äskulap/Äskulapstab« wird im Bernstein-Portal nicht als ein solches geführt. Daher wurden kombinierte Suchen auf die Motive »Schlange«, »Stange« und »Krone« durchgeführt, die aber keine relevanten Belege ergaben. Dieses Wz. gehört zur Kaschierung und ist daher für die Datierung der Zeichnung nicht von Belang.

Z 19 Unbestimmtes Motiv (evtl. mit Kreuz darüber). Stark beschnitten. Höhe n. b., Breite n. b., Kettstegabstand durchschnittlich 38,7 mm beziehungsweise am Wz. 74 (?) mm. Für eine Auswertung ist das Wz. zu schlecht sichtbar und zu stark beschnitten. Keine Abb.

Z 32 Unbestimmtes Motiv. Stark beschnitten. Höhe n. b., Breite n. b., Kettstegabstand durchschnittlich 37 mm beziehungsweise am Wz. 52 mm. Das nur teilweise sichtbare Wz. bietet nicht genügend Informationen für eine Auswertung.

Z 34 Sechszackiger Stern im Kreis. Höhe 46 mm, Breite 46 mm, Kettstegabstand durchschnittlich 29,5 mm beziehungsweise am Wz. 54 mm. Die Suche über das Bernstein-Portal führte zu den ähnlichen Wz. POL41614 (Velters, 1551), POL41615 (Ingolstadt, 1409) und POL41617 (Innsbruck, 1409). Keines davon ließ sich jedoch in direkte Konvergenz bringen, da unter anderem die Kettstegabstände zu unterschiedlich waren.

Z 40 Blume (?) im (Doppel-)Kreis. Höhe 39 mm, Breite 34 mm, Kettstegabstand durchschnittlich 40 mm beziehungsweise am Wz. 61 mm. Die Suche über das Bernstein-Portal nach »Blume« und »Kreis« unter Ausschluss von »Hand« führte zu 410 Belegen, die sich jedoch nicht in Bezug zu diesem Wz. setzen ließen. So ist beispielsweise Briquets Nr. 6709 (Reggio Emilia, 1504) zwar vom gleichen Wz.-Motivtyp jedoch in Höhe, Breite und den Detailausformungen stärker als zwei Strichbreiten abweichend.

Z 44 Unbestimmtes Motiv (evtl. Wappenschild mit Blume darüber und »B«). Höhe n. b., Breite n. b., Kettstegabstand durchschnittlich 23,3 mm beziehungsweise am Wz. 22/44 mm. Da das Wz. mit dem verwendeten Bildaufnahmeverfahren nicht eindeutig sichtbar ist, kann auch über das Motiv nur gemutmaßt werden. Möglicherweise handelt es sich um einen Wappenschild, eventuell mit Lilie(n), einer Blume darüber und einem Buchstaben darunter. Die Suche über das Bernstein-Portal nach »Wappenschild«, »Buchstabe«, Kettstegabstand »44 +/-2 mm« und »Lilie« führte zu 65 Belegen, von denen die motivisch möglicherweise relevanten Beispiele zwischen 1460 und 1535 datieren. Die Papierverwendungsorte liegen dabei im niederländisch-rheinischen Raum. Wegen der vagen Motivbestimmung kann daraus jedoch kein datierungsrelevanter Bezug abgeleitet werden.

Z 46 Zwei Kreise mit Kreuz darüber. Höhe 85 mm, Breite 23 mm, Kettstegabstand durchschnittlich sowie am Wz. 41 mm. Wz. dieses Typs sind – von zwei Ausnahmen (1405 und 1567) abgesehen – lediglich für die zweite Hälfte des 14. Jahrhunderts belegt. Die Suche über das Bernstein-Portal führte zu insgesamt 14 Ergebnissen, wovon sechs mit Datum und Ort versehen sind. Sie datieren zwischen 1348 und 1567. Als Verwendungsorte sind mehrfach Pistoia und Bologna sowie in je einem Fall Malines und Würzburg nachgewiesen. Es fanden sich jedoch keine ähnlichen oder gar identischen Wz.

Z 3

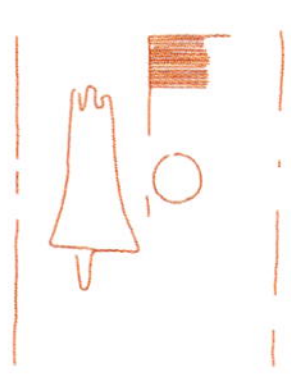

Z 5

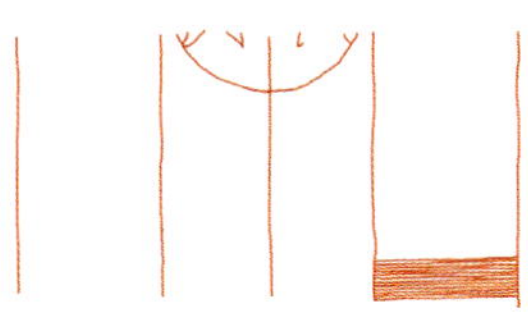

Z 6.1

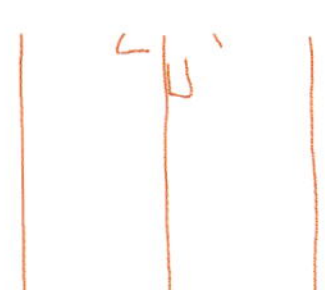

Z 10

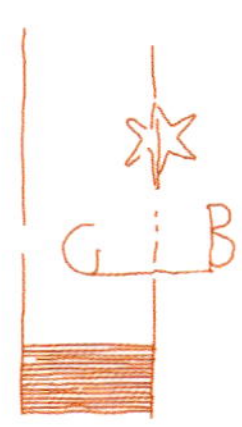

Z 12

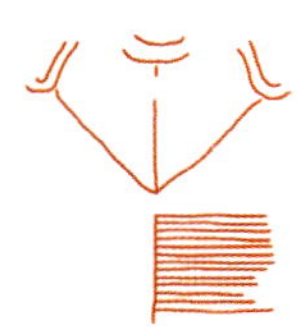

Z 15.1

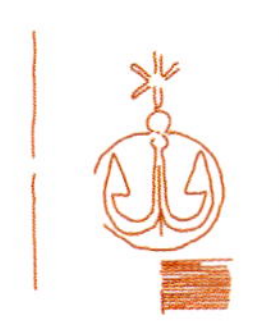

Z 15.2

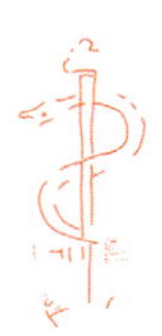

Z 32

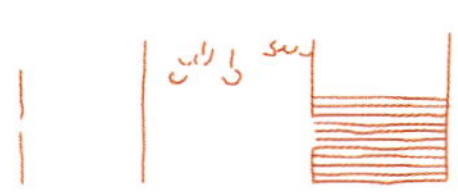

Z 34

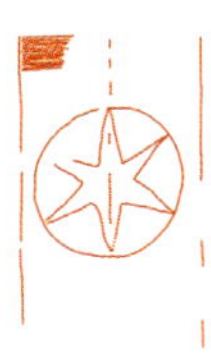

Z 40

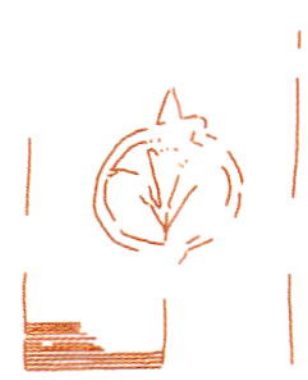

Z 44

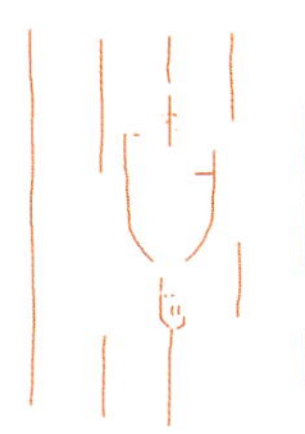

Z 46

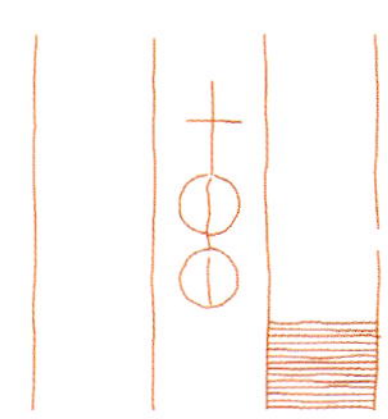

Judith Claus, Andreas Henning und Christoph Schölzel

BESTANDSVERZEICHNIS DER GEMÄLDE DER ITALIENISCHEN SPÄTGOTIK UND FRÜHRENAISSANCE IN DER GEMÄLDEGALERIE ALTE MEISTER DRESDEN

Die Angaben zur Holzart basieren auf der Kenntnis der häufigen Verwendung von Pappelholz bei den italienischen Künstlern und sind nicht durch Holzartenanalysen untersetzt. Insofern die Bindemittel (Tempera/Ölfarbe) zuvor nicht untersucht wurden, erfolgt keine Angabe. Die Aussagen zu den Unterzeichnungen basieren auf Untersuchungen mithilfe der Infrarotreflektographie und des Mikroskops. Die Infrarotreflektographien wurden im Zeitraum von 2007 bis 2014 von Silke Beisiegel, Axel Börner, Konstanze Krüger und Christoph Schölzel mit der Hamamatsu-Vidicon-Kamera und seit 2009 insbesondere mit der Osiris-Kamera vorgenommen. Die Literaturangaben konzentrieren sich jeweils auf die für die Sammlungsgeschichte des Werks zentralen Dresdener Galeriekataloge, ergänzt um eine Auswahl an Forschungsliteratur. Die Gemälde, die zu den Kriegsverlusten zählen, wurden nicht mit aufgeführt; sie wurden zuletzt in Marx 2006/07, Bd. 2, S. 682–787 publiziert.

G1 Infrarotaufnahme (Detail)

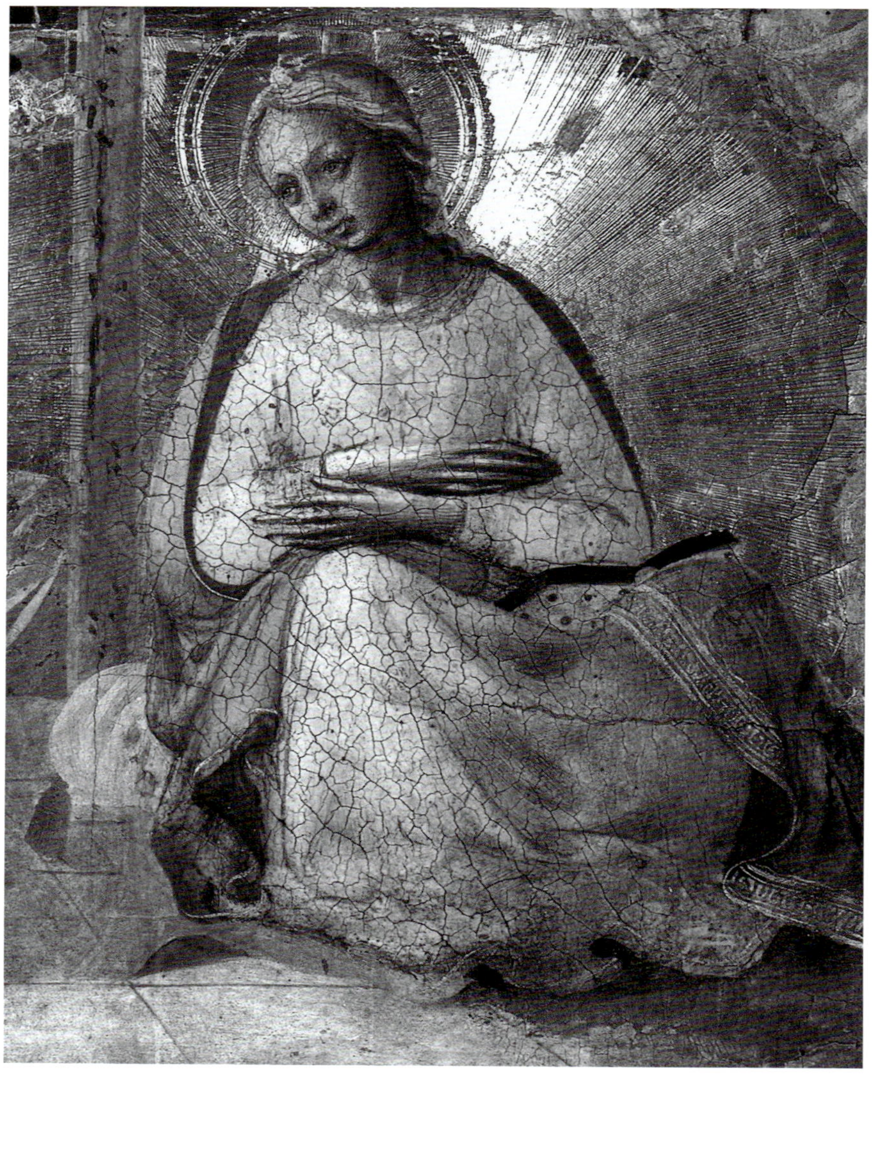

G1 FRA ANGELICO
bei Vicchio gegen 1400–1455 Rom
Die Verkündigung | um 1435
Konstruktion aus zwei originalen Pappelholztafelfragmenten und einer segmentbogenförmigen Ergänzung in der Mitte
27,2 × 44,8 cm
Provenienz: 1846 aus der Nachlassversteigerung von Carl Friedrich von Rumohr (1785–1843) in Dresden erworben; Inv. Dresden 1809, Bd. 2, Nachtrag, Bl. 489 v, Nr. 1877
Gemäldegalerie Alte Meister, Gal.-Nr. 7
Literatur: Frenzel 1846, S. 431 f., Nr. 4316; Matthäi 1852, S. 71, Nr. 576e; Morelli 1880, S. 244; Woermann 1887, S. 30, Gal.-Nr. 7; Wingenroth 1897, S. 95; Schottmüller 1924, S. 249; Posse 1929, S. 3 f., Gal.-Nr. 7; Puppi 1963, S. 251, Abb. 4; Boskovits 1976, S. 40, Abb. 18a; Spike 1996, S. 260, Nr. 125; Bonsanti 1998, S. 138, Nr. 55; Marx 2006/07, Bd. 1, S. 43, Bd. 2, S. 91, Gal.-Nr. 7; Ausst.-Kat. Rom 2009, S. 182–185, Nr. 15
siehe auch Kat.-Nr. 12
Unterzeichnung: Umrisse der Köpfe, Gewänder und Engelsflügel mit Ritzlinien in der Grundierung angelegt; geringfügige Abweichungen dieser Konturen zur nachfolgenden Malerei; lange Pinsellinien zur Bezeichnung der Hauptrichtungen in den Gewandfalten und Präzisierung der Form am Knie der Maria

G 2 Infrarotaufnahme (Detail)

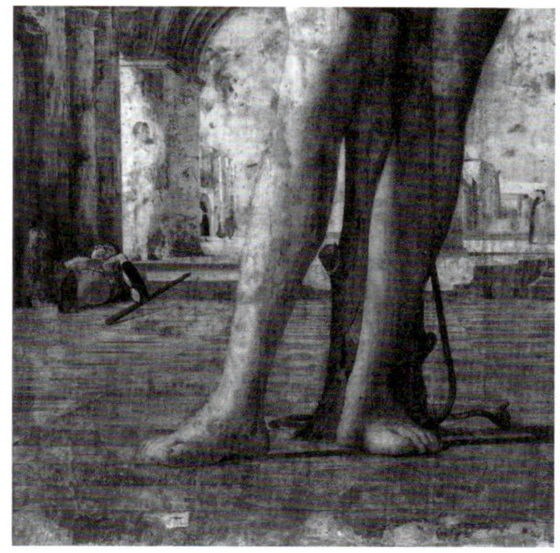

G 2 ANTONELLO DA MESSINA
Messina um 1430–1479 Messina
Der heilige Sebastian | um 1478
bez. unten links auf dem Cartellino: [Antone]ll[us] [m]essaneus
von Holz auf Leinwand übertragen
171,3 × 86,5 cm
Provenienz: 1873 aus der Sammlung Johann Christian Endris in Wien erworben; Inv. Dresden Zugänge 1844–1874, Bl. 34 v, o. Nr.
Gemäldegalerie Alte Meister, Gal.-Nr. 52
Literatur: Hübner 1876, Nachtrag, S. 460, Nr. 2382; Woermann 1887, S. 43, Gal.-Nr. 52; Posse 1929, S. 24 f., Gal.-Nr. 52; Kat. Dresden 1979, S. 95, Gal.-Nr. 52; Kat. Dresden 1992, S. 99, Gal.-Nr. 52; Savettieri 1998, S. 112 ff., Nr. 13; Ausst.-Kat. Dresden 2005, S. 91, Gal.-Nr. 52; Ausst.-Kat. 2005; Henning 2006, S. 75–90; Marx 2006/07, Bd. 1, S. 44 f., Bd. 2, S. 91, Gal.-Nr. 52
siehe auch S. 42
Anmerkung: als Altarflügel für die Bruderschaft des heiligen Rochus in Venedig gefertigt
Unterzeichnung: Ritzlinien in der Grundierung für das Fliesenmuster des Fußbodens; dünne Linien zur Angabe der Architektur; die wenigen Pinselstriche in der Figur sind nicht mit Sicherheit der Unterzeichnung zuzuordnen

G 3 JACOPO DE' BARBARI
Venedig, gestorben vor 1516
Der segnende Christus | wohl 1503
von Holz auf Leinwand übertragen
61,0 × 48,0 cm
auf dem Gewand hebräische Inschrift [kein vollständiger Satz; könnte mit Joh 14,6 bedeuten: Ich werde Wahrheit und Leben sein, Jehova.]
Provenienz: 1588 aus dem Nachlass Lucas Cranach d. J. zur Kunstkammer (als Lucas van Leyden); 1832 zur Galerie (nach Posse 1929)
Gemäldegalerie Alte Meister, Gal.-Nr. 57
Literatur: Kat. Dresden 1843, Äußere Galerie, S. 60, Nr. 465 (als Lucas van Leyden); Hübner 1856, S. 307, Nr. 1689 (als van der Leyden?); Woermann 1887, S. 46, Gal.-Nr. 57 (als Jacopo de' Barbari); Posse 1929, S. 26 f., Gal.-Nr. 57; Levenson 1978, Kat.-Nr. 5, S. 182–188; Kat. Dresden 1992, S. 103 f., Gal.-Nr. 57; Ferrari 1990, S. 51 f., S. 95 f., Nr. 9; Saracino 2003, S. 9 ff.; Marx 2006/07, Bd. 1, S. 47, Bd. 2, S. 99, Gal.-Nr. 57
Unterzeichnung: die zarten Umrisslinien mit dem Pinsel beispielsweise an der Oberlippe, an der Gesichtskontur rechts, an den Begrenzungen der Schriftbänder, sind nicht durchweg mit Sicherheit der Unterzeichnung zuzuordnen; lineare Unterzeichnungen in den Händen; Schraffuren in den Gewandfalten unten links

G 4 JACOPO DE' BARBARI
Venedig, gestorben vor 1516
Die heilige Katharina | um 1503
Lindenholz
50,5 × 30,0 cm
Provenienz: wahrscheinlich aus dem Nachlass Lucas Cranach d. J. zur Kunstkammer; 1830 zur Galerie (nach Posse 1929)
Gemäldegalerie Alte Meister, Gal.-Nr. 58
Literatur: Matthäi 1846, Äußere Galerie, S. 56, Nr. 468 a (Ältere deutsche und niederländische Gemälde, unbekannt); Hübner 1856, S. 306, Nr. 1682; Woermann 1887, S. 46, Gal.-Nr. 58 (als Jacopo de' Barbari); Posse 1929, S. 27 f., Gal.-Nr. 58; Levenson 1978, S. 180, Kat.-Nr. 3; Kat. Dresden 1979, S. 99, Gal.-Nr. 58; Ferrari 1990, S. 97 f., Nr. 10; Kat. Dresden 1992, S. 104, Gal.-Nr. 58; Marx 2006/07, Bd. 1, S. 47 f., Bd. 2, S. 99, Gal.-Nr. 58
siehe auch Kat.-Nr. 51
Anmerkung: Gegenstück zu Gal.-Nr. 59 (G 5)
Unterzeichnung: die wenigen zarten Linien sind nicht mit Sicherheit der Unterzeichnung zuzuordnen

G 5 JACOPO DE' BARBARI
Venedig, gestorben vor 1516
Die heilige Barbara | um 1503
von Holz auf Leinwand übertragen
42,5 × 27,5 cm
Provenienz: wahrscheinlich aus dem Nachlass Lucas Cranach d. J. zur Kunstkammer; 1830 zur Galerie (nach Posse 1929)
Gemäldegalerie Alte Meister, Gal.-Nr. 59
Literatur: Matthäi 1846, Äußere Galerie, S. 57, Nr. 468 b (Ältere deutsche und niederländische Gemälde, unbekannt); Hübner 1856, S. 306, Nr. 1683; Woermann 1887, S. 46, Gal.-Nr. 59 (als Jacopo de' Barbari); Posse 1929, S. 28, Gal.-Nr. 59; Levenson 1978, S. 180, Kat.-Nr. 4; Kat. Dresden 1979, S. 99, Gal.-Nr. 59; Ferrari 1990, S. 97 f., Nr. 11; Kat. Dresden 1992, S. 104, Gal.-Nr. 59; Marx 2006/07, Bd. 1, S. 48, Bd. 2, S. 99, Gal.-Nr. 59
siehe auch Kat.-Nr. 52
Anmerkung: Gegenstück zu Gal.-Nr. 58 (G 4)
Unterzeichnung: die wenigen zarten Linien sind nicht mit Sicherheit der Unterzeichnung zuzuordnen

G 3

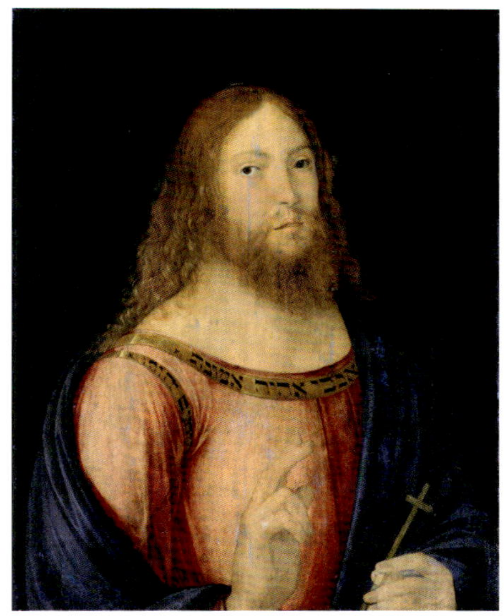

G 3 Infrarotaufnahme (Detail)

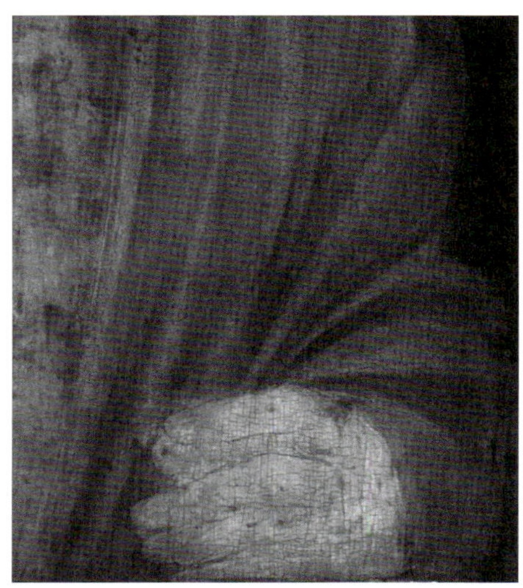

G 6 Art des JACOPO DE' BARBARI
Venedig, gestorben vor 1516
Galatea
Pappelholz
130,5 × 54,0 cm
Provenienz: Inv. Dresden 1754, Bl. 100 v, Nr. 610 (Äußere Galerie; unbekannter nordischer Meister)
Gemäldegalerie Alte Meister, Gal.-Nr. 59A
Literatur: Matthäi 1833, Äußere Galerie, S. 144, Nr. 835 (als »unbekannter alter Meister«); Hübner 1856, S. 83, Nr. 15 (als Botticelli Schule?); Woermann 1887, S. 127 f., Gal.-Nr. 294 (als unbestimmter Oberitaliener, Anfang 16. Jahrhundert); Posse 1929, S. 28, Gal.-Nr. 59A; Levenson 1978, S. 290–292, Kat.-Nr. 49; Kat. Dresden 1979, S. 99, Gal.-Nr. 59A; Ferrari 1990, S. 162 (ehemals Jacopo de' Barbari zugeschrieben); Kat. Dresden 1992, S. 104 f., Gal.-Nr. 59A (als Jacopo de' Barbari?); Marx 2006/07, Bd. 2, S. 100, Gal.-Nr. 59A
Anmerkung: die Zuschreibung des Gemäldes durch Giovanni Morelli 1880 an Jacopo de' Barbari, die Hans Posse 1929 unterstützte, wird allgemein angezweifelt
Unterzeichnung: auf Umrisse und wenige Binnenformen beschränkte sparsame Pinselunterzeichnung mit langen Linien in der gesamten Figur ohne unbedingte Deckungsgleichheit zur nachfolgenden Malerei

G 7 BARTOLOMEO DI GIOVANNI
ab 1488 in Florenz nachweisbar, gestorben 1501 in Florenz
Erzengel Michael
Pappelholz
21,8 × 21,9 cm
Provenienz: Samuel Woodburn; 1860 auf dessen Auktion bei Christie, Manson & Woods in London erworben; Inv. Dresden Zugänge 1844–1874, Bl. 23 r, Nr. 2093 (als Gherardo Starnina)
Gemäldegalerie Alte Meister, Gal.-Nr. 17
Literatur: Hübner 1862, S. 103, Nr. 15 (als Gherardo Starnina); Woermann 1887, S. 33, Gal.-Nr. 17 (als »Schule Domenico Ghirlandaio's«); Posse 1929, S. 8 f., Gal.-Nr. 17 (als Ghirlandaio Schule); AKL, Bd. 7 (1993), S. 287; Marx 2006/07, Bd. 2, S. 101, Gal.-Nr. 17
Anmerkung: Gegenstück zu Gal.-Nr. 18 (G 8)
Unterzeichnung: mehrere, mit Zirkel gezogene Ritzlinien zur Begrenzung der Bildfläche; die Pinselstriche in den Flügeln, im Gewand und im Gesicht sind nicht eindeutig der Unterzeichnung zuzuordnen

G 8 BARTOLOMEO DI GIOVANNI
ab 1488 in Florenz nachweisbar, gestorben 1501 in Florenz
Erzengel Raffael mit Tobias
Pappelholz
22,0 × 21,7 cm
Provenienz: Samuel Woodburn; 1860 auf dessen Auktion bei Christie, Manson & Woods in London erworben; Inv. Dresden Zugänge 1844–1874, Bl. 23 v, Nr. 2094 (als Gherardo Starnina)
Gemäldegalerie Alte Meister, Gal.-Nr. 18
Literatur: Hübner 1862, S. 103, Nr. 16 (als Gherardo Starnina); Woermann 1887, S. 33, Gal.-Nr. 18 (als »Schule Domenico Ghirlandaio's«); Posse 1929, S. 8 f., Gal.-Nr. 18 (als Ghirlandaio Schule); AKL, Bd. 7 (1993), S. 287; Marx 2006/07, Bd. 2, S. 101, Gal.-Nr. 18
Anmerkung: Gegenstück zu Gal.-Nr. 17 (G7)
Unterzeichnung: Umrisslinie zur Begrenzung des Bildfeldes; Unterzeichnung der Umrisse und einiger Details mit Pinsel in lockerer, sich mitunter auch korrigierender Handschrift; mehrere Abweichungen zwischen Unterzeichnung und Malerei beispielsweise an der Stellung des Gesichtes und der Haartracht des Engels, an den Fingern der links zu sehenden Hand des Engels, an den Begrenzungslinien des Flügels, an den Begrenzungen der Schultern und Oberarme des Engels

G 6 Infrarotaufnahme (Detail)

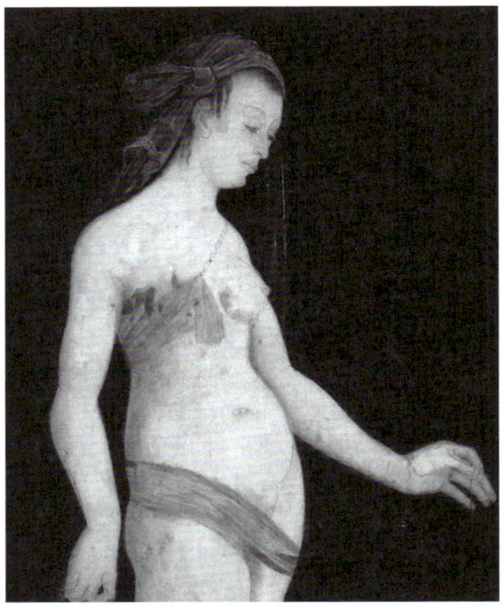

G 6

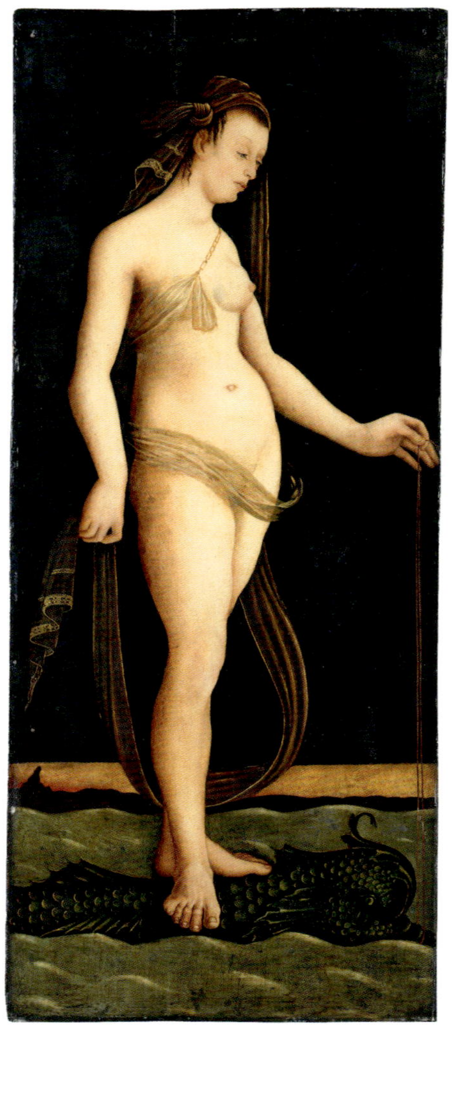

G 7

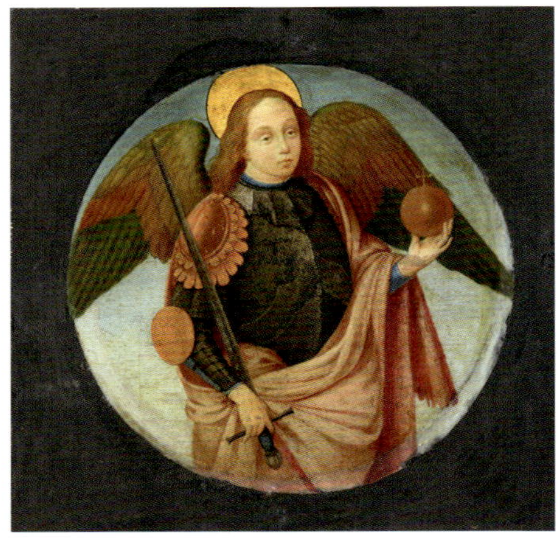

G 8

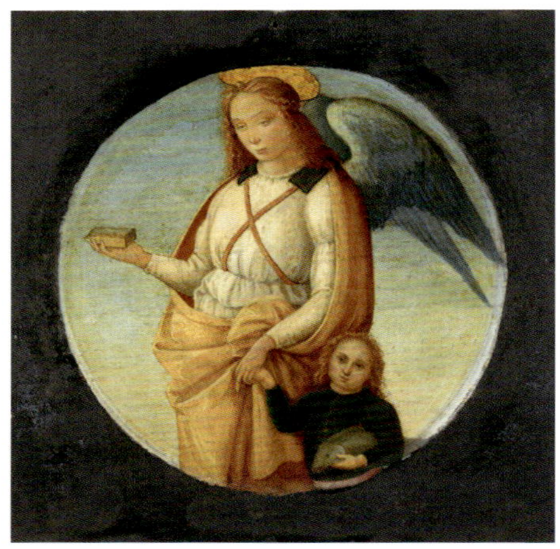

G 8 Infrarotaufnahme

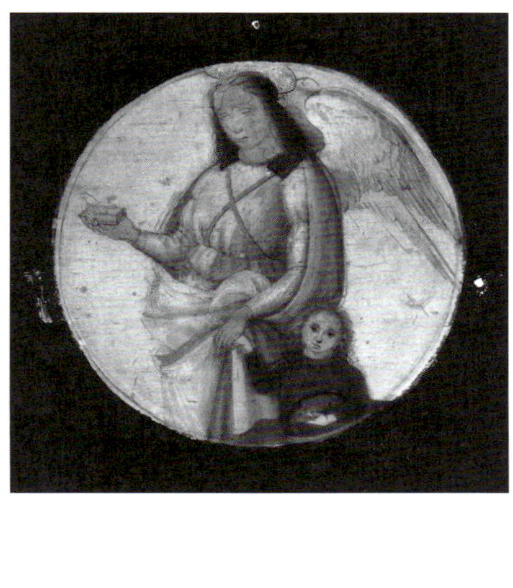

G9 Infrarotaufnahme

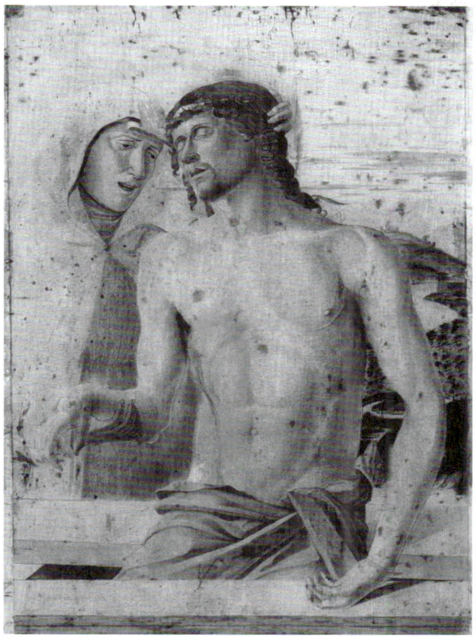

G10

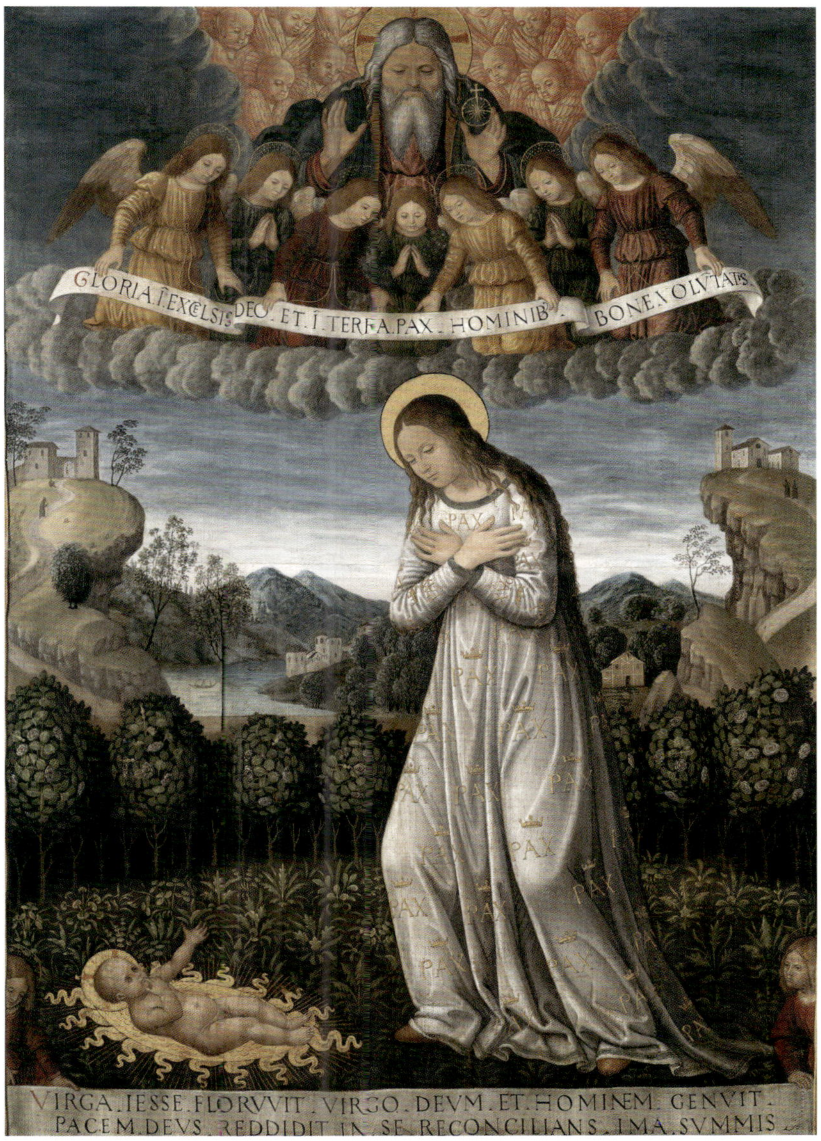

G9 GIOVANNI BELLINI (Schule)
Venedig wohl 1430/35–1516 Venedig
Maria mit dem Leichnam Christi
Pappelholz
56,5 × 38,5 cm
Provenienz: 1892 als Vermächtnis von G. W. Ed. Joh. Kestner und Frau in Dresden erworben; Inv. Dresden Zugänge 1874–1944, Bl. 80 v–81 r, Nr. 261 (als »Richtung des Andrea Mantegna«)
Gemäldegalerie Alte Meister, Gal.-Nr. 52A
Literatur: Woermann 1902, S. 22, Gal.-Nr. 52A (als »Richtung Giovanni Bellini's«); Posse 1929, S. 25 f., Gal.-Nr. 52A; Van Marle 1935, S. 242 f. (als Werkstatt Giovanni Bellini); Berenson 1957, Bd. 1, S. 30 (als Werkstatt Giovanni Bellini); Heinemann 1962, Bd. 1, S. 49, Nr. 161a (als Werkstatt Giovanni Bellini); Kat. Dresden 1979, S. 103, Gal.-Nr. 52A; Lucco 1990, Bd. 2, S. 755 (als Maestro del Cattaver); Kat. Dresden 1992, S. 110, Gal.-Nr. 52A; Henning 2006, S. 24–27, Abb. 19; Marx 2006/07, Bd. 1, S. 54, Bd. 2, S. 107, Gal.-Nr. 52A
siehe auch Kat.-Nr. 47
Unterzeichnung: Ritzlinie zur Begrenzung des Bildfeldes, Konstruktionslinien der Grabplatten, Heiligenschein der Maria; die wenigen zarten Linien sind nicht zweifelsfrei der Unterzeichnung zuzuordnen

G10 GIOVANNI AMBROGIO BEVILACQUA
1474–1516 in Mailand nachweisbar
Maria, das Kind anbetend | um 1500/10
bez. auf dem Spruchband oben: GLORIA.I[N].EXCELSIS DEO.ET.I[N].TERRA.PAX.HOMINIB.BONE.VOLV[N]TATIS.
auf dem Gewand der Maria mehrfach: PAX
am unteren Rand: VIRGA.IESSE.FLORVVIT.VIRGO.DEVM.ET.HOMINEM.GENVIT. / PACEM.DEVS.REDDIDIT. N.SE.RECONCILIANS.IMA.SVMMIS.
Tempera auf Leinwand
152,0 × 107,0 cm
Provenienz: 1851 aus dem Nachlass des Kunsthändlers Kaspar Weiß in Dresden erworben; Inv. Dresden Zugänge 1844–1874, Bl. 2 v, Nr. 1911 (als »Borgognone«)
Gemäldegalerie Alte Meister, Gal.-Nr. 68
Literatur: Hübner 1856, S. 100, Nr. 131 (als Ambrogio Borgognone, lombardische Schule); Woermann 1887, S. 49 f., Gal.-Nr. 68 (als Art Ambrogio Borgognone's, mailändische Schule); Posse 1929, S. 34, Gal.-Nr. 68 (als Giovanni Ambrogio Bevilacqua, Schule von Mailand); Kat. Dresden 1979, S. 110, Gal.-Nr. 68 (Frühwerk der 1480er Jahre); Kat. Dresden 1992, S. 121, Gal.-Nr. 68; Righi 1995, S. 185; Henning 2006, S. 23 f., Abb. 17; Marx 2006/07, Bd. 1, S. 67, Bd. 2, S. 120, Gal.-Nr. 68; Schölzel 2008, S. 10–19
Unterzeichnung: in Pinsel und dunklem Farbmaterial ausgeführte Unterzeichnung der Umrisse und wichtiger Binnenformen, gut sichtbar im Jesuskind, in den Engeln, im Gottvater und in den Seraphimköpfen; sehr sparsamer Einsatz von Schraffierungen; eventuell auch Einsatz von trockenem Zeichenmaterial beispielsweise am rechten rotgekleideten Engel; skizzenhafte Anlage der Landschaft im Hintergrund; wenige geringfügige Abweichungen der Unterzeichnung zur nachfolgenden Malerei

G 11 SANDRO BOTTICELLI
Florenz um 1445–1510 Florenz
Maria mit dem Kind und dem Johannesknaben
Pappelholz
89,5 × 73,5 cm
Provenienz: 1874 über den Kunsthandel Raffaelle Pinti in London aus der Sammlung Alexander Fitzmorrice erworben; Inv. Dresden Zugänge 1874–1944, Bl. 11 v–12 r, Nr. 40
Gemäldegalerie Alte Meister, Gal.-Nr. 8
Literatur: Hübner 1876, S. 466, Nr. 2409; Woermann 1887, S. 30, Gal.-Nr. 8; Posse 1929, S. 5, Gal.-Nr. 8; Kat. Dresden 1979, S. 115, Nr. 8; Kat. Dresden 1992, S. 127, Nr. 8; Bo/Mandel 1967, S. 102 f., Nr. 110 (Komposition Botticelli, Qualität lasse ggf. auf Eigenhändigkeit schließen); Lightbown 1978, Bd. 1, S. 126, Nr. C 22 (als Botticelli Werkstatt); Hiller von Gaertringen 2004, S. 352 (Eigenhändigkeit Botticellis aufgrund der hohen Qualität möglich); Henning 2006, S. 20–22, Abb. 13; Körner 2006, S. 292; Marx 2006/07, Bd. 1, S. 68, Bd. 2, S. 134, Gal.-Nr. 8; Ausst.-Kat. Frankfurt 2009/10, S. 326 (als Botticelli oder Werkstatt)
siehe auch Kat.-Nr. 18
Unterzeichnung: Ritzlinien in der Grundierung zur präzisen Vorgabe der Architektur und des Betpultes; genaue Unterzeichnung der Umrisse und wichtiger Bildpartien mit Pinsellinien; vereinzelte Abweichungen zwischen Unterzeichnung und Malerei beispielsweise an Christi Füßen, an den Fingern von Maria und am Arm Christi

G 12 SANDRO BOTTICELLI
Florenz um 1445–1510 Florenz
Aus dem Leben des heiligen Zenobius | um 1500
Pappelholz
65,8 × 182,0 cm
Provenienz: 1868 aus der Sammlung von Johann Gottlob von Quandt in Dresden erworben; Inv. Dresden Zugänge 1844–1874, Bl. 29 r, Nr. 2138
Gemäldegalerie Alte Meister, Gal.-Nr. 9
Literatur: Tolosani 1863, S. V–XIX; Hübner 1872, S. 90, Nr. 26a; Woermann 1887, S. 30, Gal.-Nr. 9; Horne 1908, S. 308; Posse 1929, S. 5 f., Gal.-Nr. 9; Argan 1957, S. 131–133; Zeri/Gardner 1971, S. 19; Lightbown 1978, Bd. 2, S. 106–111; Callmann 1984, S. 492–495; Kat. Dresden 1992, S. 127 f., Gal.-Nr. 9; Barriault 1994, S. 2 f.; Cecchi 2005, S. 335 f.; Zöllner 2005, S. 269–271; Körner 2006, S. 228; Marx 2006/07, Bd. 1, S. 69, Bd. 2, S. 134, Gal.-Nr. 9; Ausst.-Kat. Frankfurt am Main 2009/10, S. 308–321
siehe auch Kat.-Nr. 16
Anmerkung: wohl als spalliera im Auftrag von Francesco di Zanobi de' Girolami, Florenz, anlässlich der Heirat eines seiner Söhne entstanden
Unterzeichnung: präzise, dünne Konstruktionslinien für die Architektur, Arkadenbögen rechts mit dem Zirkel gezeichnet; Abweichungen beispielsweise an den Dachkanten der linken hinteren Häuser, den Bögen über den Fenstern an der Fassade links oben, an den Sockelstufen rechts; Figuren mit dünnen Umrisslinien unterzeichnet; etliche kleinere Abweichungen zwischen Unterzeichnung und Malerei beispielsweise am linken Knie des mittleren Mannes in der Figurengruppe links, am Gesichtsprofil des Jungen, der sich zum Verunglückten herabbeugt, am Kinn des Zenobius in der zweiten Figurengruppe von links, an der Rückenlinie und an der Kopfbedeckung des Zenobius in der dritten Figurengruppe von links, an den Händen des Mannes hinter Zenobius in der dritten Figurengruppe von links, am Fuß des Mannes links neben dem Kind in der dritten Figurengruppe von links, am Fuß des zweiten Mannes von links in der rechten Figurengruppe; dichte Schraffuren in kurzen, meist parallelen Strichen im Gewand des dritten Mannes von links in der rechten Figurengruppe

G 11 Infrarotaufnahme (Detail)

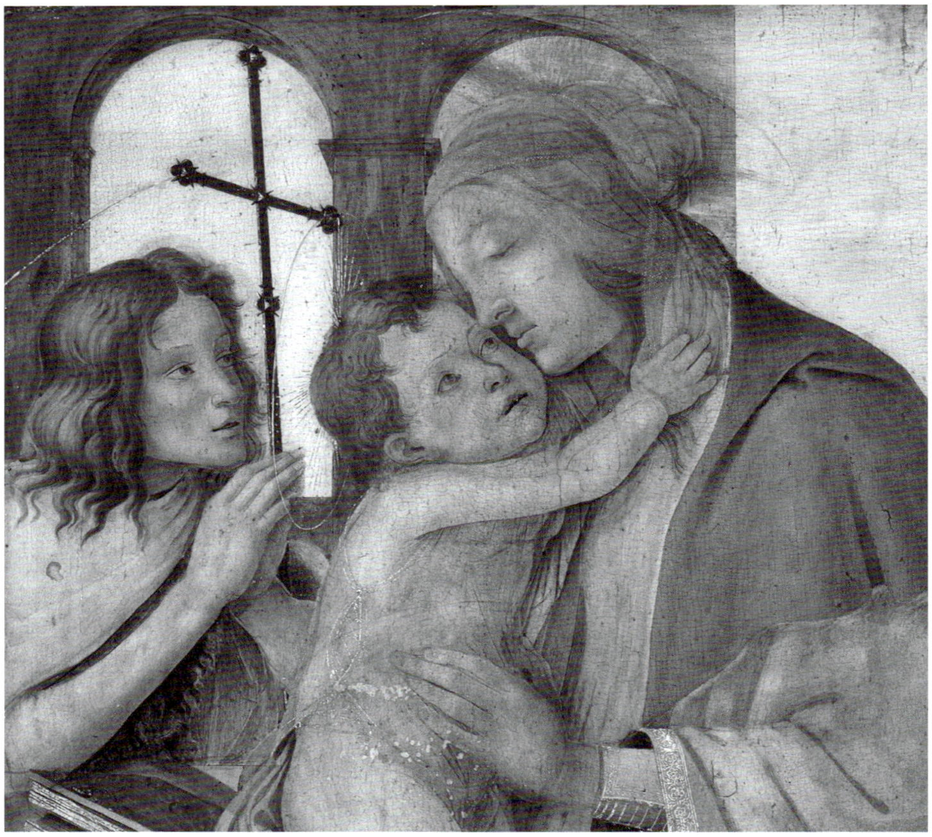

G 12 Infrarotaufnahme (Detail)

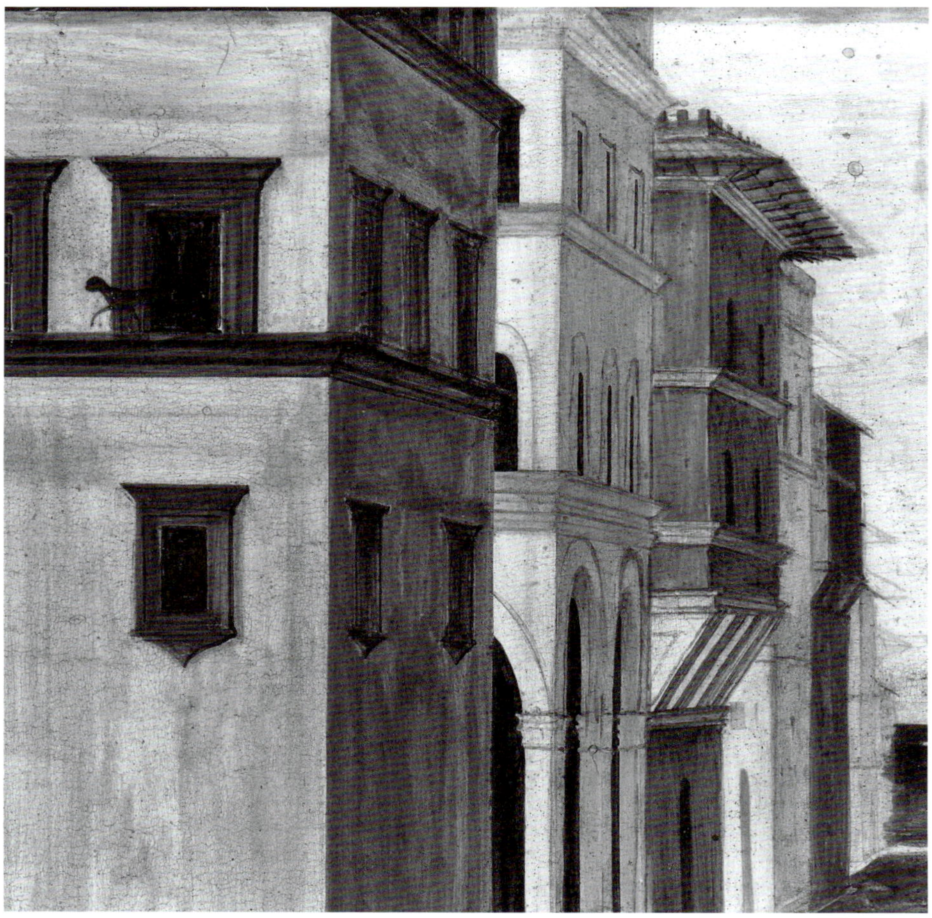

G 13 SANDRO BOTTICELLI (Schule)
Florenz um 1445–1510 Florenz
Maria mit dem Kind und Engeln
von Holz auf Leinwand auf Tischlerplatte übertragen
Durchmesser 93,0 cm
Provenienz: 1832 im Tausch gegen zwei kleine Bilder Poelenburghs aus dem Kunsthandel erworben
Gemäldegalerie Alte Meister, Gal.-Nr. 10
Literatur: Matthäi 1833, Innere Galerie, S. 4, Nr. 3 (als Sandro Botticelli; abweichende Maße); Hübner 1856, S. 83, Nr. 14 (als Botticelli Schule, wahrscheinlich von dem Künstler selbst); Woermann 1887, S. 31, Gal.-Nr. 10; Posse 1929, S. 6, Gal.-Nr. 10; Marx 2006/07, Bd. 2, S. 134, Gal.-Nr. 10
Unterzeichnung: feine dünne Linien im Gesicht und auf der Brust des Jesuskindes; Umrisslinien in flüssigem Material teilweise sichtbar wie an der Kinnlinie der Maria und an der Rose rechts hinter dem rechten Engelskopf; geringfügige Abweichungen zwischen Unterzeichnung und Malerei beispielsweise am rechten Auge und an den Augenbrauen der Figur im roten Gewand, an der Gesichtskontur der Figur rechts; Korrekturen während des Malvorganges unter anderem an den Fingern der rechten Hand der Maria, an dem ursprünglich rechts neben der Maria hervorschauenden Engel, am Umriss des rechts zu sehenden Unterschenkels und des Gesichtes des Jesuskindes, im Gesicht der Figur über dem Jesuskind und im Gesicht der Figur am linken Bildrand

G 14 VINCENZO DI BIAGIO CATENA
Venedig 1470/80–1531 Venedig
Maria mit dem Kind zwischen den Heiligen Petrus und Helena | um 1505/06
Pappelholz
80,3 × 107,5 cm
Provenienz: 1874 aus der Sammlung Alexander Barker (ca. 1797–1873) in London; Inv. Dresden Zugänge 1874–1944, Bl. 9 v–10 r, Nr. 28 (als Giovanni Bellini)
Gemäldegalerie Alte Meister, Gal.-Nr. 64A
Literatur: Hübner 1876, Nachtrag, S. 461, Nr. 2387 (als Giovanni Bellini); Woermann 1887, S. 44 f., Gal.-Nr. 54 (als »Schule Giovanni Bellini's«); Posse 1929, S. 31, Gal.-Nr. 64A; Robertson 1954, Nr. 8, S. 44; Heinemann 1962 (als Vincenzo di Girolamo); Kat. Dresden 1979, S. 130, Gal.-Nr. 64A; Kat. Dresden 1992, S. 142, Gal.-Nr. 64A; Henning 2006, S. 24–26, Abb. 20; Marx 2006/07, Bd. 1, S. 83, Bd. 2, S. 158, Gal.-Nr. 64A
siehe auch Kat.-Nr. 49
Unterzeichnung: feine Linien wohl mit trockenem Material in großer Übereinstimmung zur linienbetonten Malerei beispielsweise in den Gewändern der Heiligen Petrus und Helena, mit Lineal gezogene Linien der Brüstung und des Kreuzes; Abweichungen zwischen Unterzeichnung und Malerei beispielsweise an der rechten Gesichtskontur des Christuskindes, im rechts zu sehenden Oberschenkel des Christuskindes, den Fingerspitzen von Marias Hand am Kopf des Christuskindes

G 15 CIMA DA CONEGLIANO
Conegliano 1459/60–1517/18 Conegliano
Der segnende Christus | um 1505/06
in der arabischen Inschrift des Gewandes, in Thuluth geschrieben, sind nur einzelne Wörter identifizierbar: »hohe« (»erhabene«), »die Welt« (eventuell auch zu lesen als: »mir [gehört] die Welt«) (Auskunft von Nadejda Lebedeva)
Pappelholz
152,0 × 77,0 cm
Provenienz: Inv. Dresden 1747/50, Bl. 29 r, Nr. 61 (als Giovanni Bellini)
Gemäldegalerie Alte Meister, Gal.-Nr. 61
Literatur: Riedel/Wenzel 1765, Innere Galerie, S. 184, Nr. 90 (als Giovanni Bellini); Hübner 1856, S. 110, Nr. 195; Woermann 1887, S. 47, Gal.-Nr. 61; Posse 1929, S. 29, Gal.-Nr. 61; Kat. Dresden 1979, S. 132, Gal.-Nr. 61 (um 1500); Humfrey 1983, S. 97 f., Nr. 42; Kat. Dresden 1992, S. 145, Gal.-Nr. 61; Marx 2006/07, Bd. 1, S. 85, Bd. 2, S. 160, Gal.-Nr. 61.
Unterzeichnung: detaillierte Unterzeichnung wohl mit flüssigem Material beispielsweise zur Durchbildung der Gewandfalten mit mehrfachen Strichen und Schraffuren; im Gesicht nur wenige Linien beispielsweise am Haaransatz, an der Oberlippe sichtbar; Schraffuren rechts neben der Nase; skizzenhafte Linien eventuell mit trockenem Material im Himmel und im Landschaftshintergrund links

G 16 CIMA DA CONEGLIANO
Conegliano 1459/60–1517/18 Conegliano
Christus | um 1505/06
Pappelholz
34,5 × 25,2 cm
Provenienz: vor 1723 durch Andreas Philipp Kindermann (vermutlich 1714 in Venedig); Inv. Dresden 1722/28, Bl. 7, Nr. A 263 (als Leonardo da Vinci)
Gemäldegalerie Alte Meister, Gal.-Nr. 62
Literatur: Matthäi 1835, Zweite Hauptabteilung, Innere Galerie, S. 109, Nr. 552 (als mailändische Schule); Hübner 1856, S. 84, Nr. 19 (als mailändische Schule); Woermann 1887, S. 47, Gal.-Nr. 62 (als Cima); Burckhardt 1905, S. 115 (als Werkstattarbeit); Posse 1929, S. 29, Gal.-Nr. 62; Berenson 1957, S. 65; Coletti 1959, S. 84; Humfrey 1983, S. 98 (um 1505/06); Marx 2006/07, Bd. 2, S. 161, Gal.-Nr. 62
siehe auch Kat.-Nr. 48
Unterzeichnung: die einzelnen Linien am Kragen links können nicht mit Sicherheit der Unterzeichnung zugerechnet werden; gravierende Veränderung innerhalb des Malprozesses wird mit der IRR-Untersuchung und in der Röntgenaufnahme deutlich: unter der Malschicht existiert ein zweites, nach links gewendetes und gemaltes Gesicht, deutlich erkennbar sind beide Augen, die Nasenrückenlinie, der tiefer liegende Haaransatz und die Kappe

G 13

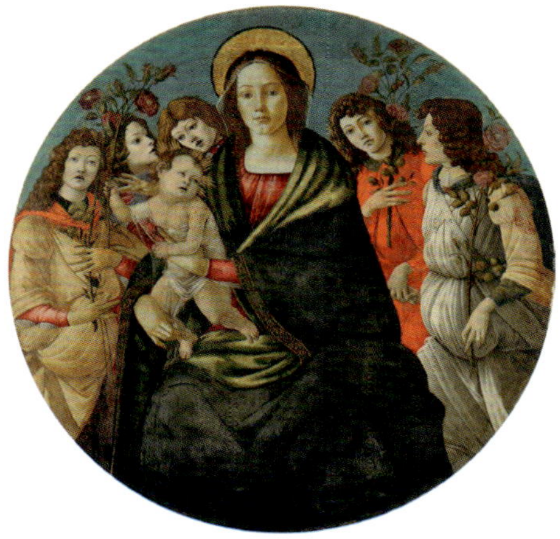

G 15

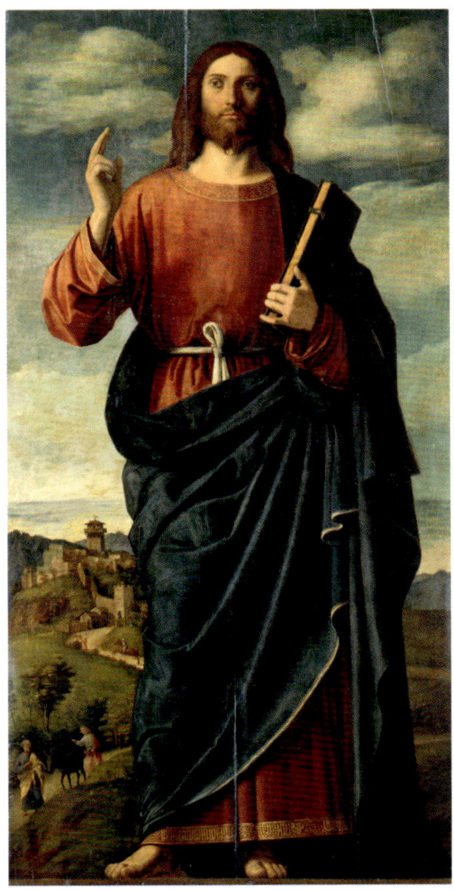

G 17 CIMA DA CONEGLIANO
Conegliano 1459/60–1517/18 Conegliano
Tempelgang Mariä | um 1496/97
Pappelholz
106,5 × 146,5 cm
Provenienz: 1743 durch Giovanni Pietro Minelli aus einer Kirche in Venedig erworben; Inv. Dresden 1754, Bl. 13 v, Nr. 146 (Giovanni Bellini)
Gemäldegalerie Alte Meister, Gal.-Nr. 63
Literatur: Riedel/Wenzel 1765, Innere Galerie, S. 196, Nr. 148 (als Giovanni Bellini); Hübner 1856, S. 110, Nr. 196; Woermann 1887, S. 47, Gal.-Nr. 63; Posse 1929, S. 29 f., Gal.-Nr. 63; Kat. Dresden 1979, S. 132 f., Gal.-Nr. 63 (um 1500); Humfrey 1983, S. 99, Nr. 44 (um 1495/97); Kat. Dresden 1992, S. 145 f., Gal.-Nr. 63; Marx 2006/07, Bd. 1, S. 85, Bd. 2, S. 161, Gal.-Nr. 63.
Unterzeichnung: Architektur (beispielsweise die Treppenstufen rechts oder Fassade des Gebäudes hinter der Priestergruppe) in dünnen Strichen wohl mit trockenem Zeichenmaterial konstruiert; Figuren eventuell mit flüssigem Material unterzeichnet, teilweise dichte Schraffuren zur Klärung der Hell-Dunkel-Verteilungen etwa in den Gewändern der beiden Frauen rechts oben, im Gesichtsprofil und Gewand der auf der Stufe sitzenden Frau; wenige geringfügige Abweichungen zwischen Unterzeichnung und Malerei

G 18 FRANCESCO DEL COSSA
Ferrara 1436–1477/78 Bologna
Die Verkündigung | 1470/72
Pappelholz
138,6 × 113,2 cm
Provenienz: 1750 durch den Kanonikus Luigi Crespi aus dem Santuario dell'Osservanza in Bologna erworben; Inv. Dresden 1747/50, Bl. 45 v, Nr. 433 (als Andrea Mantegna)
Gemäldegalerie Alte Meister, Gal.-Nr. 43
Literatur: Riedel/Wenzel 1765, S. 234, Nr. 350 (als unbekannter italienischer Meister); Hübner 1856, S. 82, Nr. 8 (als Alexius Baldovinetti?); Woermann 1887, S. 39 f., Gal.-Nr. 43; Posse 1929, S. 18 f., Gal.-Nr. 43; Ruhmer 1959, S. 77, Nr. 53–57; Kat. Dresden 1979, S. 138, Gal.-Nr. 43; Bacchi 1991, S. 46, Nr. 4a; Kat. Dresden 1992, S. 152, Gal.-Nr. 43; Ausst.-Kat. Ferrara/Dresden 2002/03, S. 83–85, Kat.-Nr. 1; Marx 2006/07, Bd. 1, S. 92 f., Bd. 2, S. 168, Gal.-Nr. 43
siehe auch S. 21
Anmerkung: zum Gemälde gehört die Predella Gal.-Nr. 44 (G. 19)
Unterzeichnung: Ritzlinien in der Grundierung (beispielsweise die Fußbodenfliesen und Pfeiler links, Kanneluren der Säule, Umrisslinien im Engelsflügel); dünne, mit Lineal und Zirkel (Einstichpunkte für die beiden Kreisbögen oben und über dem Kopf der Maria) und trockenem Material gezogene Linien für die Architektur; dünne Linien in den Figuren (etwa im Gewand des Engels Umrisslinien und zarte Schraffuren mit einem Stift); dichte Pinselzeichnung für die Binnenzeichnung in den Figuren (im Gewand des Engels und der Maria dichte Hell-Dunkel-Angabe mit Parallelschraffuren, einige Schraffuren im Gesicht der Maria); eventuell Pauspunkte in den Ornamentbändern oben; geringfügige Abweichungen zwischen Unterzeichnung und Malerei: beispielsweise in den Flächen neben den oberen Bögen ursprünglich eine Mauerwerksquaderung vorgesehen, Voluten unter dem Geschossüberstand des hinteren Hauses in etwas veränderter Form, vier Engelköpfchen unter Gottvater im Himmelshintergrund, Kapitell der Mittelsäule mit etwas versetzten Blattformen

G 17
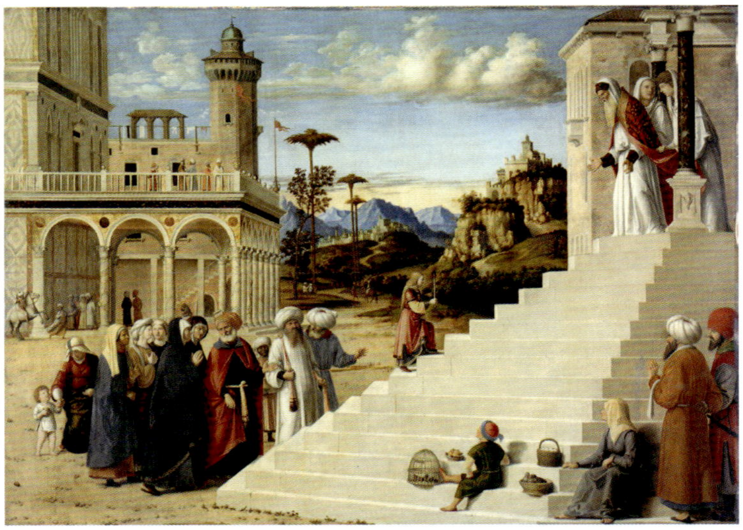

G 18 Infrarotaufnahme (Detail)
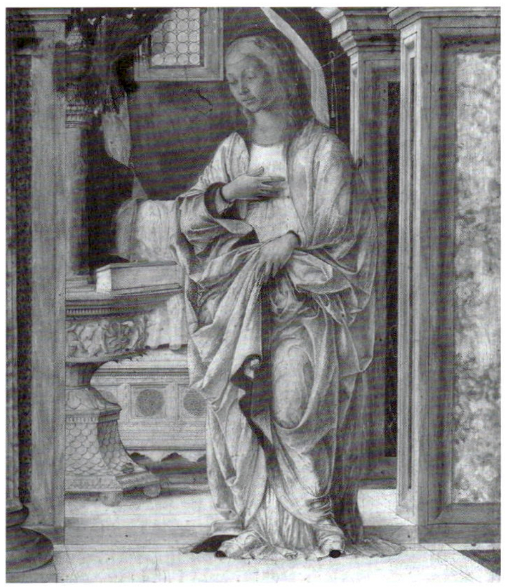

G 19 Infrarotaufnahme (Detail)
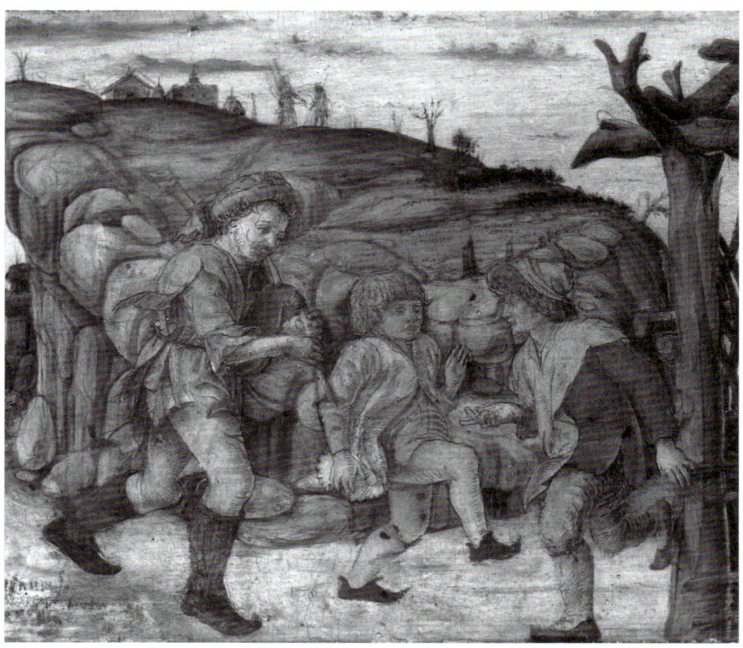

G 19 FRANCESCO DEL COSSA
Ferrara 1436–1477/78 Bologna
Die Geburt Christi | 1470/72
bez. links unten (nachträglich): ...m florentin / A mccccxxxiii.
Pappelholz
26,2 × 115,0 cm
Provenienz: Inv. Dresden 1754, Bl. 25 r, Nr. 302 (Giotto)
Gemäldegalerie Alte Meister, Gal.-Nr. 44
Literatur: Riedel/Wenzel 1765, Innere Galerie, S. 227, Nr. 308 (als unbekannter italienischer Meister); Hübner 1856, S. 82, Nr. 10 (»unbekannt, wahrscheinlich Pesello Peselli (Francesco) gen. Pesellino«); Woermann 1887, S. 40, Gal.-Nr. 44 (als Schule des Francesco Cossa); Posse 1929, S. 19, Gal.-Nr. 44 (als Werkstatt des Francesco Cossa); Ruhmer 1959, S. 77, Nr. 53–57; Kat. Dresden 1979, S. 140, Gal.-Nr. 44 (als Francesco del Cossa?); Bacchi 1991, S. 46, Nr. 4b; Kat. Dresden 1992, S. 154, Gal.-Nr. 44; Ausst.-Kat. Ferrara/Dresden 2002/03, Kat.-Nr. 2, S. 86–88; Marx 2006/07, Bd. 1, S. 92 f., Bd. 2, S. 168, Gal.-Nr. 44
siehe auch S. 22
Anmerkung: das Gemälde bildete die Predella zur Gal.-Nr. 43 (G 18); beide Werke wurden vermutlich zusammen erworben
Unterzeichnung: detaillierte Pinselzeichnung mit Umrisslinien und Binnenzeichnungen der Formen, mit Häkchen und Schraffuren zur Klärung der Licht-Schatten-Verteilung (beispielsweise in der Figur der Maria, den tanzenden Hirten, dem Ochsen und dem Felsenkranz rechts neben der Krippe); wenige Abweichungen zwischen Unterzeichnung und Malerei unter anderem an der oberen Rundung des Dudelsacks des Hirten, im Gebälk des Stalls links, am Fuß des Joseph, am linken Horn des Ochsen, Umrisslinien des Engels über dem Ochsen, obere Spitze des Felsentores; bessere Lesbarkeit der Inschrift links mithilfe der Infrarotuntersuchung

G 20 LORENZO COSTA
Ferrara 1460–1535 Mantua
Der heilige Sebastian | 1480/85
bez. auf dem Schild links an der Säulenbasis in hebräischer Schrift: opus Lorenzo Costa
Pappelholz
171,0 × 58,8 cm
Provenienz: 1896 von Michelangelo Guggenheim in Venedig erworben; Inv. Dresden Zugänge 1874–1944, Bl. 92 v–93 r, Nr. 316 (als Cosimo Tura)
Gemäldegalerie Alte Meister, Gal.-Nr. 42A
Literatur: Woermann 1899, S. 40, Gal.-Nr. 42A (als Cosimo Tura); Posse 1929, S. 18, Gal.-Nr. 42 A (als Cosimo Tura); Varese 1967, S. 69, Nr. 38 (als Cosimo Tura Nachfolger); Manca 2000, S. 168, Nr. 7; Ausst.-Kat. Ferrara/Dresden 2002/03, S. 88 f., Kat.-Nr. 3; Marx 2006/07, Bd. 1, S. 94, Bd. 2, S. 169, Gal.-Nr. 42A
Unterzeichnung: souveräne, weitgehend auf Umrisslinien beschränkte Unterzeichnung mit flüssigem Zeichenmaterial (unter anderem in der Hintergrundarchitektur, in der Hand und den Füßen des heiligen Sebastian); eventuell auch Verwendung von trockener Kreide (beispielsweise einige Linien im Soldaten im Hintergrund); mehrere Abweichungen zwischen Unterzeichnung und Malerei etwa an Sebastians Auge rechts, im Gesicht des Ritters, am Lendentuch rechts, an den Unterschenkeln und Füßen, Begrenzung der Standfläche, Form der Schriftkartusche, Gebälkarchitektur oben links

G 21 BERNARDO DADDI
Florenz um 1290/99–vor 1348 Florenz
Enthauptung der heiligen Reparata
Pappelholz, später angesetztes Rahmenprofil aus Stuckmasse
27,8 × 36,5 cm
Provenienz: 1943 von Erhard Göpel in Paris für Hitlers »Sonderauftrag Linz« erworben; von der Direktion des Museums für Kunsthandwerk 1964 an die Gemäldegalerie überwiesen; Zuordnung zum Verwaltungsvermögen der Gemäldegalerie Alte Meister der Staatlichen Kunstsammlungen Dresden durch das Bundesamt für zentrale Dienste und offene Vermögensfragen 2012 bestätigt
Gemäldegalerie Alte Meister, Gal.-Nr. 3577
Literatur: Steinweg 1956, S. 37 (als verschollen); Offner/Boskovits/Neri Lusanna 1989, S. 292 f. (als Verbleib unbekannt); Ausst.-Kat. Dresden 2010, Bd. 1, S. 252 f., Nr. 289; Hipp 2010
siehe auch Kat.-Nr. 2
Unterzeichnung: die Linienabweichungen an der Unterkante des Gewandes der heiligen Reparata und an der auf den Rücken gelegten Hand des verdeckten Mannes rechts könnten zur Unterzeichnung gehören

G 20

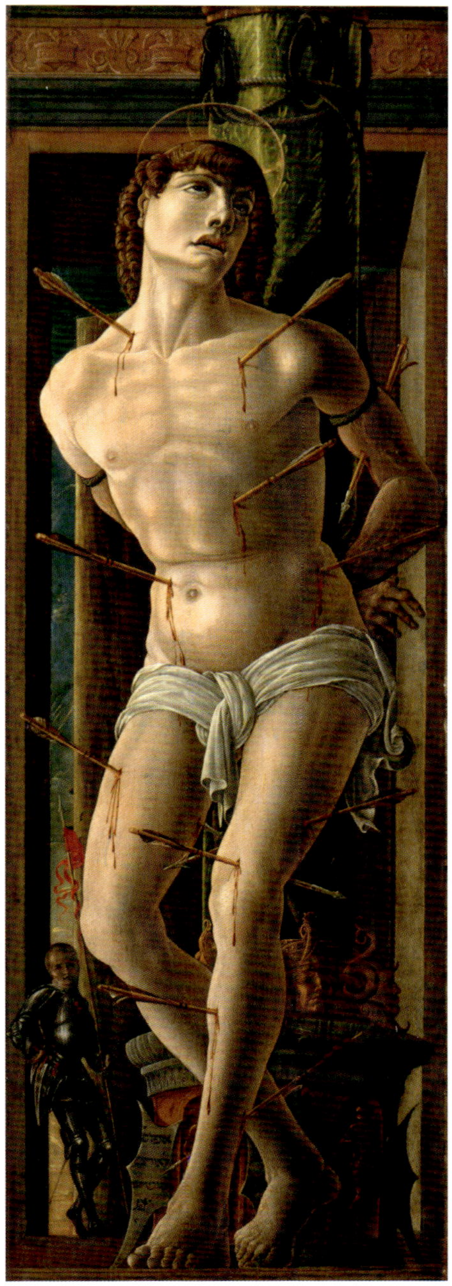

G 20 Infrarotaufnahme (Detail)

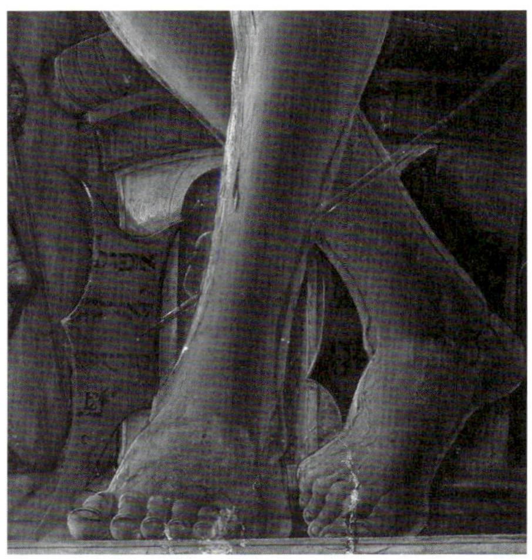

G 22 FERRARESER MALER
Maria der Verkündigung | um 1500
Pappelholz
61,3 × 62,0 cm
Provenienz: 1922 aus Venedig; Inv. Dresden 1874–1944, Bl. 163 v–164 r, Nr. 680 (als Lorenzo Costa)
Gemäldegalerie Alte Meister, Gal.-Nr. 47A
Literatur: Posse 1927, S. 11, Nr. 47A; Posse 1929, S. 21, Gal.-Nr. 47A; Kat. Dresden 1979, S. 140, Gal.-Nr. 47A (als Lorenzo Costa); Ballarin 1994/95, Bd. 1, S. 262, Nr. 201 (als Ortolano); Negro/Roio 2001, S. 137, Nr. III (als Art des Costa, häufig Zaganelli zugeschrieben); Ausst.-Kat. Ferrara/Dresden 2002/03, S. 90 f., Kat.-Nr. 4; Marx 2006/07, Bd. 1, S. 107, Bd. 2, S. 247, Gal.-Nr. 47A
Unterzeichnung: Ritzlinien für die Umrisse des Kopfes, der Haare, des Heiligenscheins und der Hauptfaltenlinien des Schleiers; Abweichungen zwischen Vorritzung und Malerei beispielsweise an der Nasenlinie der Maria

G 22

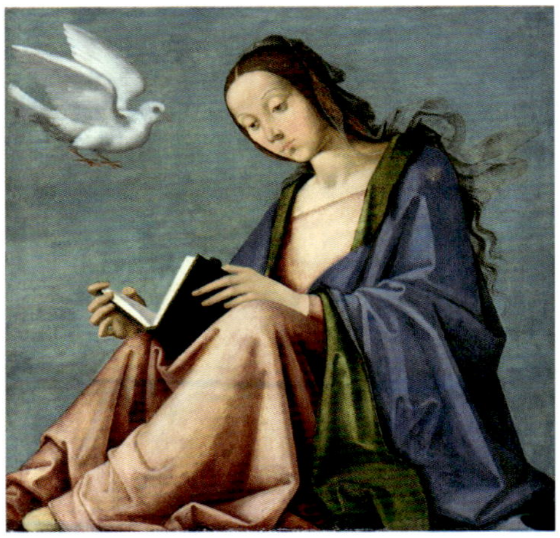

G 22 Infrarotaufnahme (Detail)

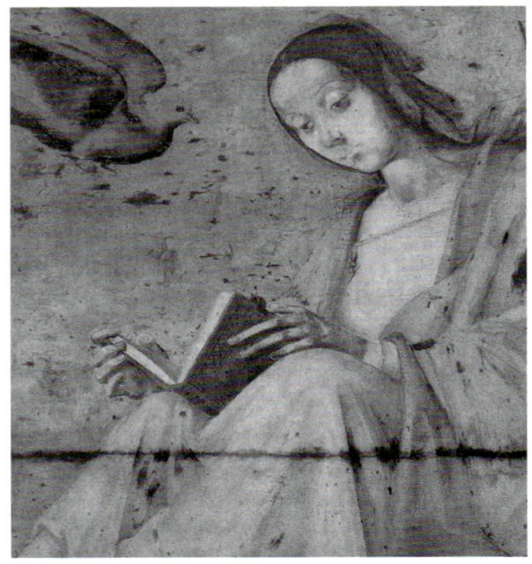

G 23 FERRARESER MALER
Beweinung Christi | um 1500/10
Pappelholz
69,5 × 53,0 cm
Provenienz: Matthäi 1833, Innere Galerie, S. 12, Nr. 33 (als Francesco Squarcione)
Gemäldegalerie Alte Meister, Gal.-Nr. 149A
Literatur: Matthäi 1833, Innere Galerie, S. 12, Nr. 33 (als Francesco Squarcione); Hübner 1856, S. 109, Nr. 188 (als Francesco Squarcione); Woermann 1887, S. 128, Gal.-Nr. 297 (als unbestimmter Italiener); Posse 1929, S. 72 f., Gal.-Nr. 149A (als ferraresische Schule, um 1520); Ausst.-Kat. Ferrara/Dresden 2002/03, S. 96–98, Kat.-Nr. 8; Marx 2006/07, Bd. 2, S. 248, Gal.-Nr. 149A
Unterzeichnung: verknappte lineare Unterzeichnung wohl mit dem Pinsel für die Umrisse und für wichtige Binnenformen, beispielsweise im Körper des Jesus und im Gewand der Maria Magdalena; sehr skizzenhafte Anlage der Felsen im Landschaftshintergrund; Abweichungen zwischen Unterzeichnung und Malerei im Obergewand des Johannes, an der Rückenlinie und am Ärmel der Maria, im Kopf der Maria Magdalena sowie am Querbalken des Kruzifixes im Hintergrund

G 23

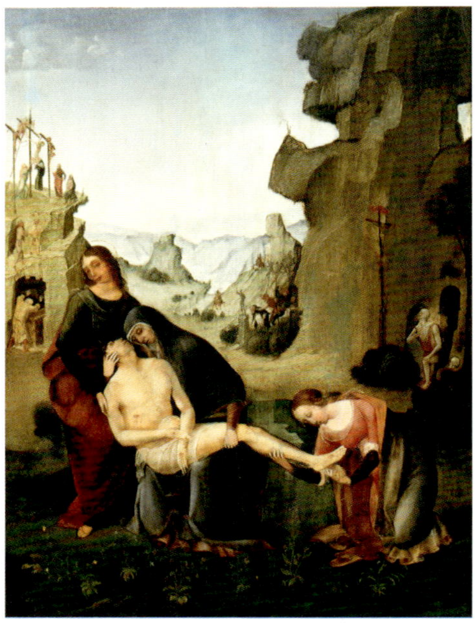

G 23 Infrarotaufnahme (Detail)

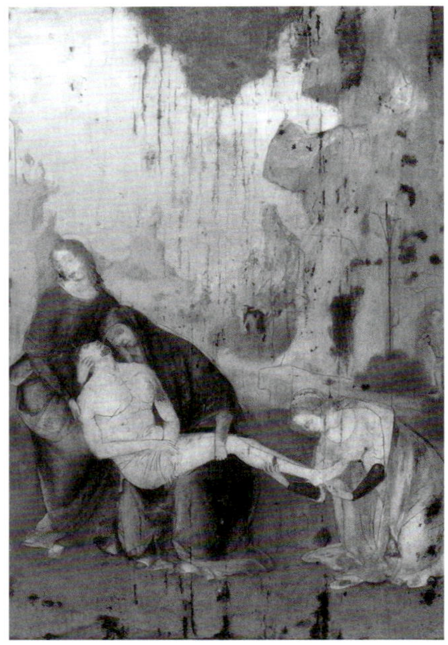

G 24 FRANCESCO FRANCIA
Zola Predosa/Bologna (?) um 1447–1517 Bologna
Die Taufe Christi | 1509
bez. unten links: FRANCIA. AVRIFEX. BON. F. / M.V.VIIII
Pappelholz
209,3 × 169,8 cm
Provenienz: Inv. Dresden 1747/50, Bl. 22 r, Nr. 449
Gemäldegalerie Alte Meister, Gal.-Nr. 48
Literatur: Riedel/Wenzel 1765, Innere Galerie, S. 229, Nr. 320, Hübner 1856, S. 138, Nr. 410; Woermann 1887, S. 42, Gal.-Nr. 48; Posse 1929, S. 22, Gal.-Nr. 48; Kat. Dresden 1979, S. 180, Gal.-Nr. 48; Kat. Dresden 1992, S. 202 f., Gal.-Nr. 48; Negro/Roio 1998, S. 195, Nr. 69; Marx 2006/07, Bd. 1, S. 118 f., Bd. 2, S. 257, Gal.-Nr. 48
Anmerkung: wohl für die Klosterkirche San Giovanni Battista in Bologna geschaffen
Unterzeichnung: einige wenige Unterzeichnungslinien in flüssigem Material sind nicht eindeutig der Unterzeichnung zuzurechnen, beispielsweise im Arm und am Ärmel des rot gekleideten Engels, im Gewand des Täufers, an den Fingern und am Unterarm von Jesus links; geringfügige Abweichungen zwischen Unterzeichnung und Malerei unter anderem an den Fingern der Hände des Täufers und am Lendentuch Jesu

G 24

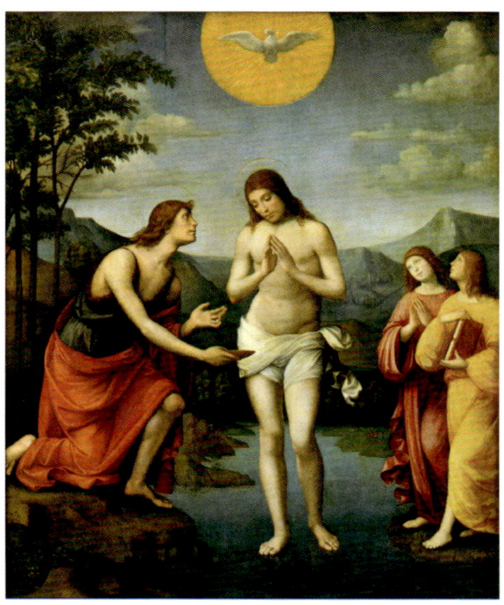

G 25 Infrarotaufnahme (Detail)

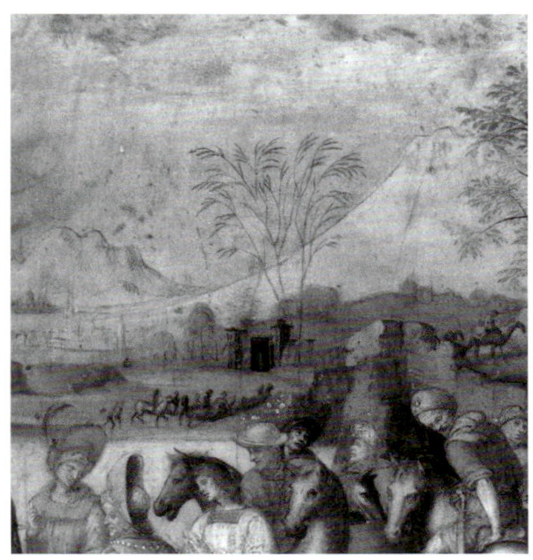

G 25 FRANCESCO FRANCIA
Zola Predosa/Bologna (?) um 1447–1517 Bologna
Die Anbetung der Könige | um 1505/06
Pappelholz
41,3 × 58,7 cm
Provenienz: Inv. Dresden 1754, Bl. 7 v, Nr. 74 (als Perugino)
Gemäldegalerie Alte Meister, Gal.-Nr. 49
Literatur: Riedel/Wenzel 1765, Innere Galerie, S. 209, Nr. 218 (als Perugino); Hübner 1856, S. 138, Nr. 412; Woermann 1887, S. 42, Gal.-Nr. 49 (als Francia); Posse 1929, S. 22 f., Gal.-Nr. 49; Berenson 1968, S. 147; Kat. Dresden 1979, S. 181, Gal.-Nr. 49; Fortunati Pietrantonio 1986, S. 8; Kat. Dresden 1992, S. 203, Gal.-Nr. 49; Schweers 1994, S. 567; Negro/Roio 1998, S. 186 f., Nr. 61; Marx 2006/07, Bd. 1, S. 120, Bd. 2, S. 257, Gal.-Nr. 49
siehe auch Kat.-Nr. 46
Unterzeichnung: detailreiche Unterzeichnung in flüssigem Material beispielsweise in der Landschaft im Hintergrund mit einigen Schraffuren in den Bergen, in den Figuren mit dichten Schraffuren für die Hell-Dunkel-Verteilung; geringfügige Abweichungen zwischen Unterzeichnung und Malerei beispielsweise am Kopf des Jesusknaben, an den Treppenstufen und an den Pferdebeinen rechts

G 26 FRANCESCO FRANCIA
Zola Predosa/Bologna (?) um 1447–1517 Bologna
Lukrezia | um 1505/06
vermutlich von Holz auf Leinwand übertragen
64,1 × 48,0 cm
Provenienz: 1916 als Vermächtnis von Karl August Lingner in Dresden erworben; Inv. Dresden Zugänge 1874–1944, Bl. 140 v–141 r, Nr. 563
Gemäldegalerie Alte Meister, Gal.-Nr. 49A
Literatur: Posse 1920, S. 11, Gal.-Nr. 49A; Posse 1929, S. 23, Gal.-Nr. 49A; Ausst.-Kat. Berlin 1983, S. 296, Nr. E 4; Stagni 1986, S. 3 u. S. 8; Negro/Roio 1998, S. 184–187, Nr. 60a; Marx 2006/07, Bd. 2, S. 257, Gal.-Nr. 49A; Ausst.-Kat. Brüssel/Paris 2010/11, S. 149, Nr. 80
siehe auch Kat.-Nr. 44
Unterzeichnung: wenige, auf Umrisse beschränkte Unterzeichnungslinien wohl mit trockenem Zeichenmaterial beispielsweise in den Haaren, an der Schulter rechts, am Finger der Hand rechts, am Schaft des Dolches; Abweichungen zwischen Unterzeichnung und Malerei unter anderem am Griff des Dolches und am Unterarm rechts

G 27 GIOTTO DI BONDONE (Werkstatt)
Florenz um 1270–1337 Florenz
Johannes der Täufer im Gefängnis
Pappelholz, spitzgiebelig, mit integriertem Rahmen
89,5 × 44,0 cm
Provenienz: Samuel Woodburn; 1860 auf dessen Auktion bei Christie, Manson & Woods in London erworben; Inv. Dresden Zugänge 1844–1874, Bl. 23 r, Nr. 2092
Gemäldegalerie Alte Meister, Gal.-Nr. 5
Literatur: Hübner 1862, S. 103, Nr. 14 (als Tommaso di Stefano, gen. Giottino); Woermann 1887, S. 29, Gal.-Nr. 5 (als Schule Giottos); Posse 1929, S. 3 (als Schule des Giotto di Bondone), Gal.-Nr. 5; Bologna 1969 (als Giotto); Brandi 1983, S. 130–134, 185 (als Giotto-Schule); Ausst.-Kat. Florenz 2000, S. 160–163 (als Giotto zugeschrieben oder Jacopo del Casentino?); Marx 2006/07, Bd. 2, S. 272, Gal.-Nr. 5 (als Giotto-Schule)
siehe auch Kat.-Nr. 1
Unterzeichnung: feine Ritzlinien in der Grundierung separieren die vergoldeten Bereiche von der Hintergrundarchitektur und von den Figurenumrissen; geritzte Kreislinie im Bildfeld oben; sparsame geritzte Linien für Schulterlinie und Schriftrolle im oberen Bildfeld; die vereinzelten Umrisslinien sind nicht eindeutig der Unterzeichnung zuzuordnen

G 28 GIOTTO DI BONDONE (Schule)
Florenz um 1270–1337 Florenz
Die Beweinung Christi
Pappelholz, mit integriertem Rahmen
Durchmesser 25,0 cm
Provenienz: 1857 aus der Sammlung von Moritz Steinla (1791–1858) in Dresden erworben; Inv. Dresden Zugänge 1844–1874, Bl. 14 r, Nr. 2083
Gemäldegalerie Alte Meister, Gal.-Nr. 6
Literatur: Hübner 1862, S. 102, Nr. 6; Woermann 1887, S. 29, Gal.-Nr. 6; Posse 1929, S. 3, Gal.-Nr. 6; Marx 2006/07, Bd. 2, S. 272, Gal.-Nr. 6
Unterzeichnung: Ritzlinien in der Grundierung zur Angabe der Konturen teilweise in einfacheren Formen beispielsweise rechts an der Hand Christi und zur Trennung von Farb- und Goldflächen; lockere Pinselunterzeichnung unter anderem an den Händen und am Lendentuch Christi; geringfügige Abweichungen zwischen Unterzeichnung und Malerei beispielsweise an den Fingern am Oberarm Christi

G 29 FILIPPINO LIPPI (Schule)
Prato 1457–1507 Florenz
Maria mit dem Kind
1864 von Holz auf Leinwand übertragen
48,0 × 37,0 cm
Provenienz: 1857 aus der Sammlung von Moritz Steinla (1791–1858) in Dresden erworben; Inv. Dresden Zugänge 1844–1874, Bl. 8 v, Nr. 2038
Gemäldegalerie Alte Meister, Gal.-Nr. 19
Literatur: Hübner 1862, S. 107, Nr. 35 (als Filippino Lippi); Woermann 1887, S. 33, Gal.-Nr. 19; Posse 1929, S. 8 f., Gal.-Nr. 19; Henning 2006, S. 22, Abb. 16; Marx 2006/07, Bd. 2, S. 333, Gal.-Nr. 19
Unterzeichnung: deutliche Umrisslinien, die wohl weitgehend von der Konturmalerei herrühren, Doppellinien am Daumen der Maria und am Unterschenkel des Jesusknaben links

G 28

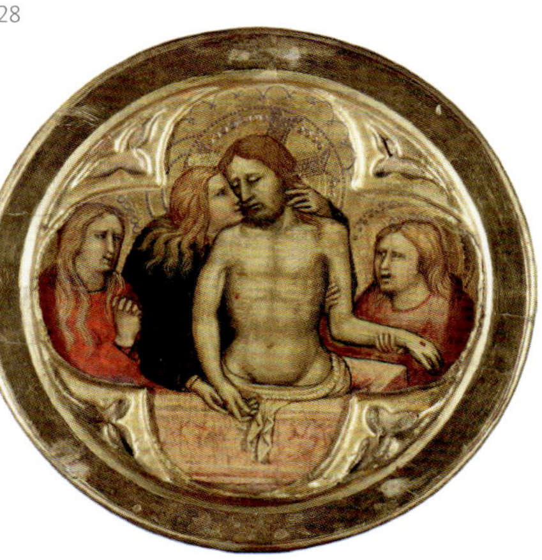

G 28 Infrarotaufnahme (Detail)

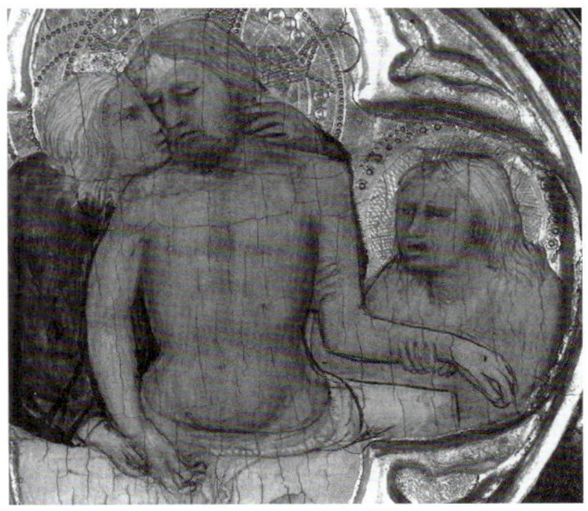

G 29

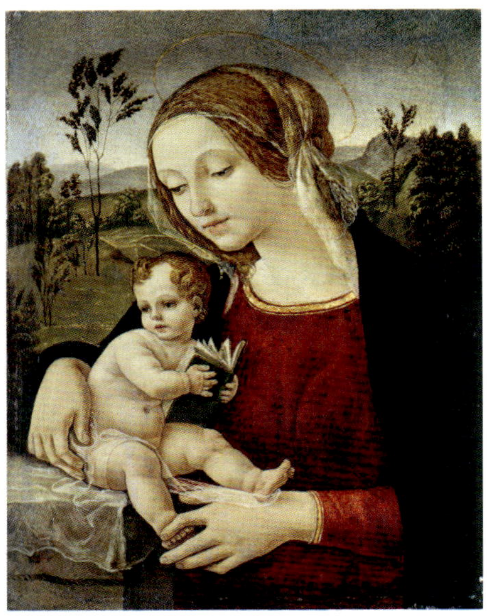

G 30 Infrarotaufnahme

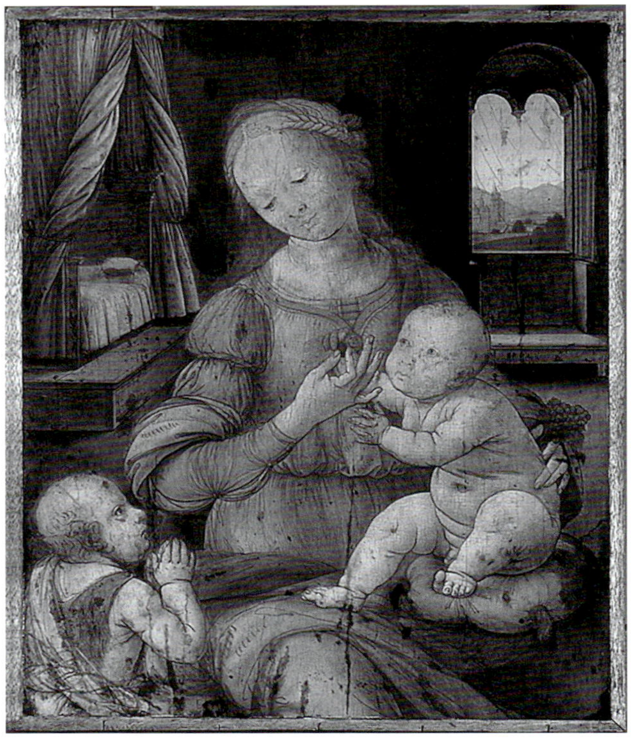

G 30 LORENZO DI CREDI
Florenz 1459–1537 Florenz
Maria mit dem Kind und Johannes | 1480/85
Pappelholz
37,3 × 29,7 cm
Provenienz: Samuel Woodburn; 1860 auf dessen Auktion bei Christie, Manson & Woods in London erworben; Inv. Dresden Zugänge 1844–1874, Bl. 23 r, Nr. 2091 (mit abweichenden Maßen)
Gemäldegalerie Alte Meister, Gal.-Nr. 13
Literatur: Hübner 1862, S. 106, Nr. 30 (als Leonardo da Vinci); Woermann 1887, S. 31 f., Gal.-Nr. 13; Posse 1929, S. 6 f., Gal.-Nr. 13; Dalli Regoli 1966, S. 104, Nr. 9; Weber 1995; Melli 2006, S. 104; Marx 2006/07, Bd. 1, S. 146, Bd. 2, S. 336, Gal.-Nr. 13
siehe auch Kat.-Nr. 15
Unterzeichnung: feine Konstruktionslinien wohl mit trockenem Material am Podest des Bettes, am Bettgestell und in der Architektur des Hintergrundes; detailgenaue Unterzeichnung mit Pinsel (eventuell auch mit trockenem Material) in den Figuren; wenige kurze Schraffuren beispielsweise am Ärmel der Maria und am Knie des Jesuskindes; geringfügige Abweichungen zwischen Unterzeichnung und Malerei am Ohr des Johannes, an den Haaren der Maria, am Halsausschnitt und Schulteransatz der Maria, an den Händen der Maria, des Johannes und des Jesuskindes; Umrisslinie neben der rechten Bildkante

G 31

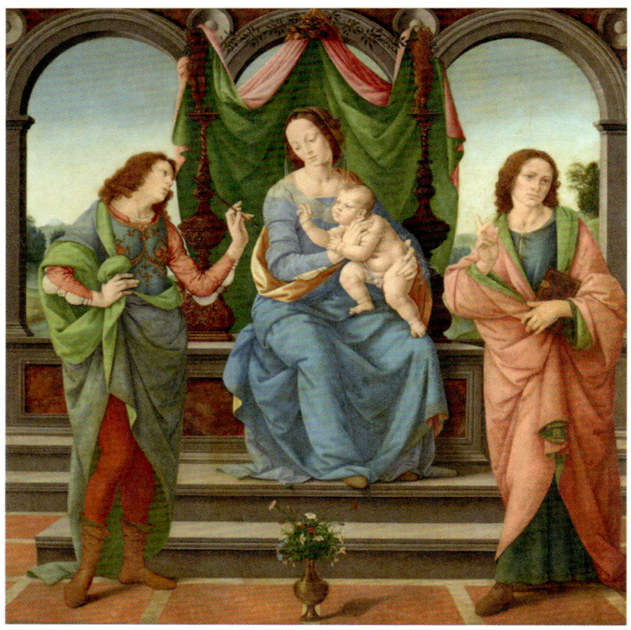

G 31 LORENZO DI CREDI
Florenz 1459–1537 Florenz
Maria mit Kind, dem heiligen Sebastian und Johannes dem Evangelisten | um 1516
Pappelholz
176,0 × 177,0 cm
Provenienz: 1874 aus der Sammlung Alexander Barker (ca. 1797–1873) in London erworben; Inv. Dresden Zugänge 1874–1944, Bl. 8 v–9 r, Nr. 26
Gemäldegalerie Alte Meister, Gal.-Nr. 15
Literatur: Hübner 1876, Nachtrag, Nr. 2386; Woermann 1887, S. 32, Gal.-Nr. 15; Posse 1929, S. 7, Gal.-Nr. 15; Dalli Regoli 1966, S. 168, Nr. 151; Kat. Dresden 1979, S. 147, Gal.-Nr. 15; Marx 2006/07, Bd. 1, S. 144 f., Bd. 2, S. 336, Gal.-Nr. 15
Unterzeichnung: dünne Konstruktionslinien mithilfe von Lineal und Zirkel für die Architektur; Mittellinie für den linken Kandelaber; skizzenhafte Angaben für den Vorhang hinter dem Thron; Figuren detailliert unterzeichnet mit flüssigem Material; sparsame Verwendung von spiraligen Parallelschraffuren; geringfügige Abweichungen zwischen Unterzeichnung und Malerei beispielsweise in Gesicht, Händen und Gewand des Johannes, in den Händen der Maria, in den Füßen des Jesusknaben, in Schulter, Hand und Tuch von Sebastian links; Punkte im Gesicht des Johannes eventuell von einem Pausverfahren

G 31 Infrarotaufnahme (Detail)

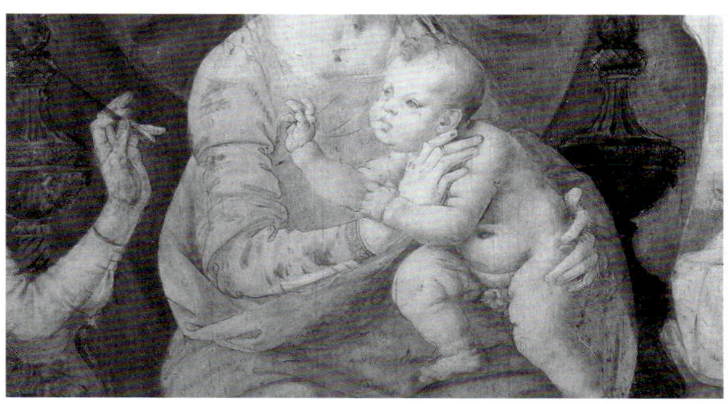

G 32 LORENZO DI CREDI (Werkstatt)
Florenz 1459–1537 Florenz
Die Heilige Familie
Pappelholz
88,2 × 65,2 cm
Provenienz: 1874 aus der Sammlung Alexander Barker (ca. 1797–1873) in London erworben; Inv. Dresden Zugänge 1874–1944, Bl. 9 v–10 r, Nr. 31
Gemäldegalerie Alte Meister, Gal.-Nr. 14
Literatur: Hübner 1876, Nachtrag, S. 460, Nr. 2385 (1c.) (als Lorenzo di Credi); Posse 1929, S. 7, Gal.-Nr. 14 (als Lorenzo di Credi); Dalli Regoli 1966, S. 183, Nr. 183 (als Lorenzo di Credi Werkstatt); Kat. Dresden 1979, S. 146, Gal.-Nr. 14 (als Lorenzo di Credi); Henning 2006, S. 22 f., Abb. 15; Marx 2006/07, Bd. 1, S. 146, Bd. 2, S. 337, Gal.-Nr. 14
Unterzeichnung: dünne Linien in der Maria und im Jesuskind eventuell von der Unterzeichnung; geringfügige Abweichungen zwischen Unterzeichnung und Malerei beispielsweise am Nasenrücken von Maria und Jesus, am Oberarm von Christus, am Ringfinger der vorderen Hand von Maria; Joseph mit detailreicher, linearer Unterzeichnung in trockenem Material; Landschaft rechts skizzenhaft angedeutet; Landschaft links wohl in präziser Weise unterzeichnet

G 33 SEBASTIANO MAINARDI
San Gimignano 1466–1513 Florenz
Die Geburt Christi
wohl von Holz auf Leinwand übertragen
Durchmesser 79,0 cm
Provenienz: 1857 aus der Sammlung von Moritz Steinla (1791–1858) in Dresden erworben; Inv. Dresden Zugänge 1844–1874, Bl. 8 v, Nr. 2039 (als Domenico Ghirlandaio)
Gemäldegalerie Alte Meister, Gal.-Nr. 16
Literatur: Schäfer 1860, Bd. 2, S. 239 (als angeblich Domenico Ghirlandaio); Hübner 1862, S. 106, Nr. 29 (als Domenico Ghirlandaio Schule); Woermann 1887, S. 32, Gal.-Nr. 16 (als Domenico Ghirlandaio Schule); Posse 1929, S. 8, Gal.-Nr. 16 (als Domenico Ghirlandaio Schule); Marx 2006/07, Bd. 2, S. 343, Gal.-Nr. 16
siehe auch Kat.-Nr. 24
Unterzeichnung: mit Ausnahme einer Doppellinie an der rechten Hand von Joseph keine Unterzeichnungslinien sichtbar

G 34 ANDREA MANTEGNA
Isola di Cartura bei Padua 1430/31–1506 Mantua
Die Heilige Familie | um 1495/1500
Tempera auf Leinwand
75,0 × 61,5 cm
Provenienz: 1876 aus dem Nachlass von Sir Charles Eastlake in London erworben; Inv. Dresden Zugänge 1874–1944, Bl. 26 v–27 r, Nr. 93
Gemäldegalerie Alte Meister, Gal.-Nr. 51
Literatur: Hübner 1880, S. 146, Nr. 226 (3c.); Woermann 1887, S. 43, Gal.-Nr. 51; Posse 1929, S. 24, Gal.-Nr. 51; Kat. Dresden 1979, S. 225, Gal.-Nr. 51; Lightbown 1986, S. 446, Nr. 44; Kat. Dresden 1992, S. 256, Gal.-Nr. 51; De Nicolò Salmazo 2004, S. 251, Nr. 71; Ausst.-Kat. Dresden 2006; Marx 2006/07, Bd. 1, S. 150 f., Bd. 2, S. 344, Gal.-Nr. 51
siehe auch S. 44
Unterzeichnung: keine Unterzeichnung erkennbar

G 35 PERUGINO (Schule)
Città della Pieve um 1450–1523 Perugia
Der heilige Crispinus
von Holz auf Leinwand auf Tischlerplatte übertragen
36,0 × 25,0 cm
Provenienz: 1857 aus der Sammlung von Moritz Steinla (1791–1858) in Dresden erworben; Inv. Dresden 1844–1874, Bl. 8 v, Nr. 2036
Gemäldegalerie Alte Meister, Gal.-Nr. 38
Literatur: Hübner 1862, S. 105, Nr. 22; Woermann 1887, S. 38, Gal.-Nr. 38; Posse 1929, S. 15 f., Gal.-Nr. 38; Marx 2006/07, Bd. 2, S. 403, Gal.-Nr. 38
Unterzeichnung: einige mit flüssigem Material ausgeführte Linien im Gesicht und an den Begrenzungslinien des Kragens sind nicht eindeutig einer Unterzeichnung zuzurechnen

G 36 PERUGINO (Schule)
Città della Pieve um 1450–1523 Perugia
Der heilige Franziskus
Pappelholz
21,6 × 14,3 cm
Provenienz: 1875 von Nichols in London; Inv. Dresden Zugänge 1874–1944, Bl. 17 v–18 r, Nr. 62
Gemäldegalerie Alte Meister, Gal.-Nr. 39
Literatur: Hübner 1880, S. 113, Nr. 27; Woermann 1887, S. 38, Gal.-Nr. 39; Posse 1929, S. 15 f., Gal.-Nr. 39; Marx 2006/07, Bd. 2, S. 403, Gal.-Nr. 39
Unterzeichnung: Unterzeichnung mit flüssigem (eventuell auch trockenem) Material in sparsamen Linien beispielsweise in der Mittelachse am Gesicht, an den Händen, kleine Schraffuren in den Faltentiefen der Mönchskutte; einige Abweichungen zwischen Unterzeichnung und nachfolgender Malerei unter anderem an der Begrenzung von Kapuze und Schulter, an der Stellung des Daumens der Hand rechts und in der Position der Füße

G 32

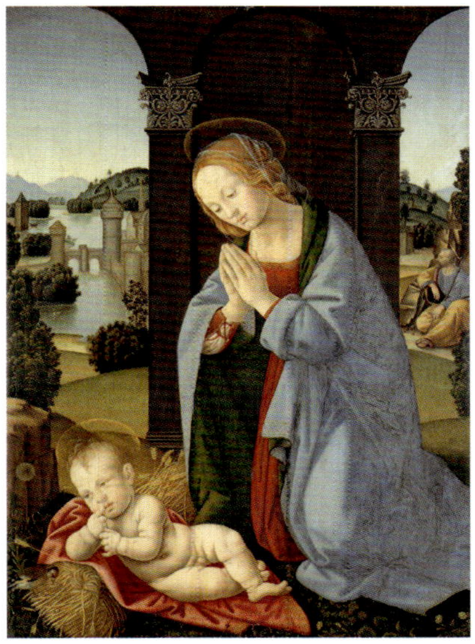

G 35

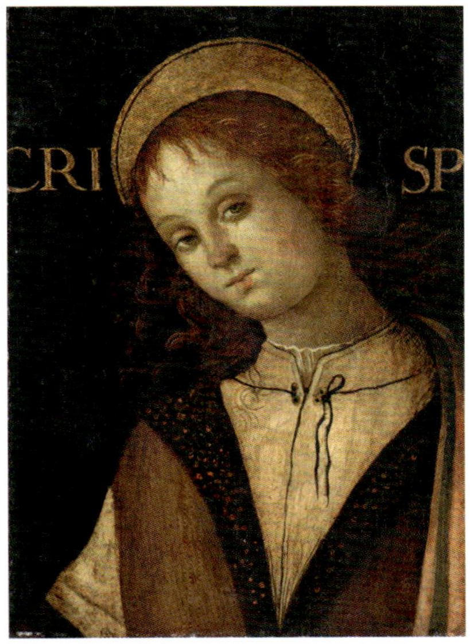

G 36

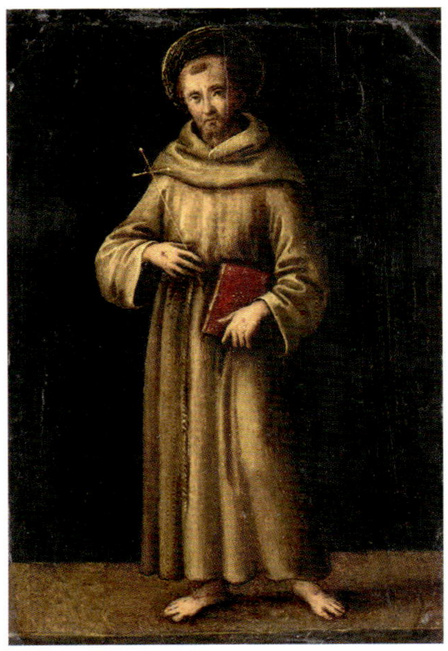

G 37 PESELLINO (?)
Florenz um 1422–1457 Florenz
Thronende Maria mit dem Kind

Pappelholz
69,8 × 46,9 cm
Provenienz: 1874 aus der Sammlung Alexander Barker (ca. 1797–1873) in London erworben; Inv. Dresden Zugänge 1874–1944, Bl. 9 v–10 r, Nr. 29 (als Gentile da Fabriano)
Gemäldegalerie Alte Meister, Gal.-Nr. 7A
Literatur: Hübner 1880, S. 114, Nr. 30 (als Gentile da Fabriano); Woermann 1887, S. 37, Gal.-Nr. 35 (als Art des Gentile da Fabriano); Logan 1901, S. 28 (als Compagno del Pesellino); Posse 1929, S. 4, Gal.-Nr. 7A (als Richtung des Francesco Pesello, gen. Pesellino); Berenson 1932a, S. 442; Berenson 1932b, S. 676 (als Pesellino); Kat. Dresden 1979, S. 255, Gal.-Nr. 7A (als Richtung Pesellino); Kat. Dresden 1992, S. 297, Gal.-Nr. 7A (als Richtung Pesellino); Marx 2006/07, Bd. 1, S. 172, Bd. 2, S. 403, Gal.-Nr. 7A (als Pesellino (Nachfolger)); Staderini 2008, S. 159 f. (als Pesellino)
siehe auch Kat.-Nr. 9
Unterzeichnung: Ritzlinien in der Grundierung zur Abgrenzung des vergoldeten Vorhangs und der Heiligenscheine von der Malerei; lange Pinselstriche zur Unterzeichnung der Architektur, der Figurenumrisse und der Gewandfalten; geringfügige Abweichungen zwischen Unterzeichnung und Malerei beispielsweise am Daumen und Zeigefinger der Hand Marias rechts und am Sims über dem Heiligenschein Christi

G 38 PIERO DI COSIMO
Florenz 1462–1521 (?) Florenz
Die Heilige Familie | um 1490–1500

Pappelholz
Durchmesser 166,5 cm
Provenienz: Samuel Woodburn; 1860 auf dessen Auktion bei Christie, Manson & Woods in London erworben; Inv. Dresden Zugänge 1844–1874, Bl. 22 v, Nr. 2090 (als Luca Signorelli)
Gemäldegalerie Alte Meister, Gal.-Nr. 20
Literatur: Hübner 1862, S. 104, Nr. 21 (als Luca di Gilio oder Egidio Signorelli); Woermann 1887, S. 33 f., Gal.-Nr. 20; Posse 1929, S. 9 f., Gal.-Nr. 20; Kat. Dresden 1979, S. 257, Gal.-Nr. 20; Kat. Dresden 1992, S. 300, Gal.-Nr. 20; Forlani Tempesti/Capretti 1996, S. 118 f., Nr. 28; Mataušek 2003; Marx 2006/07, Bd. 1, S. 175, Bd. 2, S. 406, Gal.-Nr. 20
Unterzeichnung: Unterzeichnung wohl in Pinsel zur Angabe der Umrisse mit teilweise korrigierten Linien; Abweichungen zwischen Unterzeichnung und Malerei beispielsweise an der Hand Marias rechts, an den Augen des Jesusknaben, am Kinn der Maria, an der Hand, an Schulter, Oberarm und am Bart von Joseph sowie am Körper von Johannes

G 39 PINTORICCHIO
Perugia um 1456/60–1513 Siena
Bildnis eines Knaben

Pappelholz
50,0 × 35,4 cm, Rückseite mit originaler Rautenmustermalerei
Provenienz: zwischen Winter 1747 und Frühjahr 1748 im sog. »verlorenen Inventar 1747ff.« (Nr. 3897) aufgenommen
Gemäldegalerie Alte Meister, Gal.-Nr. 41
Literatur: Matthäi 1833, Innere Galerie, S. 4, Nr. 2 (vermutungsweise als Giovanni Sanzio, Bildnis Raffaels); Hübner 1856, S. 82, Nr. 9 (als florentinische Schule); Morelli 1880, S. 245 (um 1480); Woermann 1887, S. 38 f., Gal.-Nr. 41; Posse 1929, S. 17, Gal.-Nr. 41; Kat. Dresden 1979, S. 258, Gal.-Nr. 41; Scarpellini 1984, S. 308, Abb. 22c (als Andrea d'Assisi?); Todini 1989, Bd. 1, S. 91, Bd. 2, Abb. 1186 (als Andrea d'Assisi, Frühwerk); Kat. Dresden 1992, S. 301, Gal.-Nr. 41; Ausst.-Kat. Perugia 2004, S. 228 f., Nr. I.29 (als Andrea d'Assisi zugeschrieben); Scarpellini 2004, S. 82, Abb. 12 (als Pintoricchio und Andrea d'Assisi?); Marx 2006/07, Bd. 1, S. 176 f., Bd. 2, S. 407, Gal.-Nr. 41; Scarpellini 2008, S. 44 f. (als Pintoricchio und Andrea d'Assisi?); Ausst.-Kat. Berlin/New York 2011/12, S. 295–297, Nr. 124 (als Andrea d'Assisi?); AKL 1992 ff., Bd. 76 (2013), S. 278 (als Andrea d'Assisi)
siehe auch Kat.-Nr. 28
Unterzeichnung: die wenigen Pinsellinien beispielsweise am Hals rechts, in den Haaren rechts oben vom einst heruntergeklappten Rand der Kappe sind nicht eindeutig der Unterzeichnung zuzuordnen

G 40 RAFFAELLINO DEL GARBO und Werkstatt
San Lorenzo a Vigliano um 1466–1524 Florenz
Maria mit dem Kind und Heilige

Pappelholz
Durchmesser 76,7 cm
Provenienz: 1857 aus der Sammlung von Moritz Steinla (1791–1858) in Dresden erworben; Inv. Dresden Zugänge 1844–1874, Bl. 9 r, Nr. 2041
Gemäldegalerie Alte Meister, Gal.-Nr. 21
Literatur: Hübner 1862, S.107, Nr. 36 (als Raffaelino del Garbo); Woermann 1887, S. 34, Gal.-Nr. 21; Posse 1929, S. 10, Gal.-Nr. 21 (als Raffaelino del Garbo?); Buschmann 1993, S. 165 f., Nr. 30; Marx 2006/07, Bd. 2, S. 420, Gal.-Nr. 21
Anmerkung: links neben Maria mit Jesuskind der heilige Hieronymus, rechts der heilige Franziskus
Unterzeichnung: dünne Ritzlinien zur Angabe der Thronarchitektur und der Balustrade; Unterzeichnung in flüssigem Material zur Angabe sparsamer Umgrenzungslinien; sorgfältige Parallel- und Kreuzschraffuren im Gewand der Maria und des Hieronymus; einige Abweichungen zwischen Unterzeichnung und Malerei beispielsweise im Kreuz des Franziskus, an der Kapuze des Franziskus und an der Stirn des Hieronymus

G 41 ERCOLE DE' ROBERTI
Ferrara um 1455–1496 Ferrara
Gefangennahme Christi | 1482/86

Pappelholz
35,2 × 118,0 cm
Provenienz: 1750 aus Bologna; Inv. Dresden 1747/50, Bl. 28 r, Nr. 415
Gemäldegalerie Alte Meister, Gal.-Nr. 46
Literatur: Riedel/Wenzel 1765, Innere Galerie, S. 179, Nr. 59 (als Ercole Grandi); Hübner 1856, S. 100, Nr. 130 (als Ercole Grandi); Woermann 1887, S. 41, Gal.-Nr. 46; Posse 1929, S. 20 f., Gal.-Nr. 46; Kat. Dresden 1979, S. 277, Gal.-Nr. 46; Manca 1992, S. 126–129, Nr. 14a; Kat. Dresden 1992, S. 323, Gal.-Nr. 46; Ausst.-Kat. Ferrara/Dresden 2002/03, S. 91–94, Kat.-Nr. 5; Marx 2006/07, Bd. 1, S. 188 f., Bd. 2, S. 435, Gal.-Nr. 46
siehe auch Kat.-Nr. 35
Anmerkung: wie das Gegenstück Gal.-Nr. 45 (G 42) Teil der Predella des Hochaltarretabels in San Giovanni in Monte zu Bologna
Unterzeichnung: dünne Linien eventuell in Feder, die weitgehend von den Konturlinien der Malerei überlagert werden, unter anderem Parallelstriche neben dem Stab der Laterne, durchgezogene Beinlinien rechts neben Judas; feine Parallelschraffuren beispielsweise im Gewand Christi, von Judas und dem Mann mit dem Turban; einige Abweichungen zwischen Unterzeichnung und Malerei etwa im Gewand des links dargestellten Christus, am Bein und hinteren Fuß des Knienden rechts neben dem Zaun; gezeichneter Kopf eines Mannes im Hintergrund hinter den Jüngern nicht ausgeführt; Kopf des Mannes rechts hinter dem Schildträger sollte ursprünglich größer sein

G 37 Infrarotaufnahme (Detail)

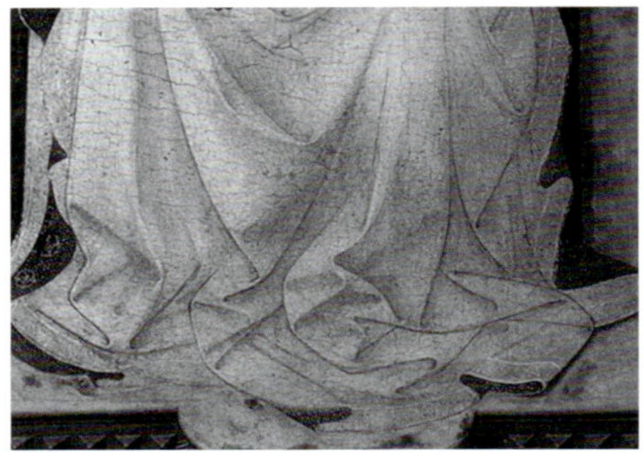

G 38

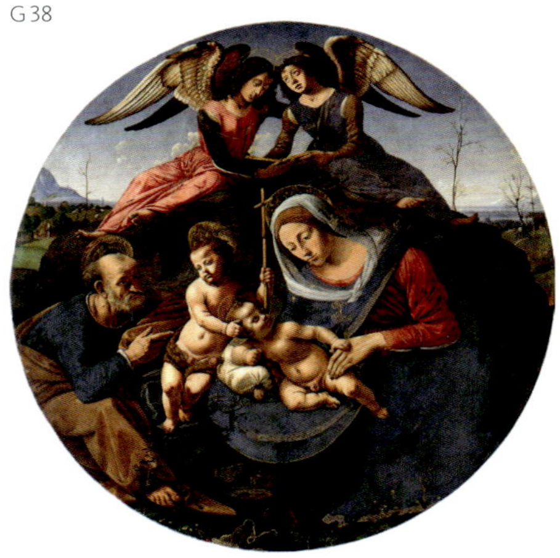

G 38 Infrarotaufnahme (Detail)

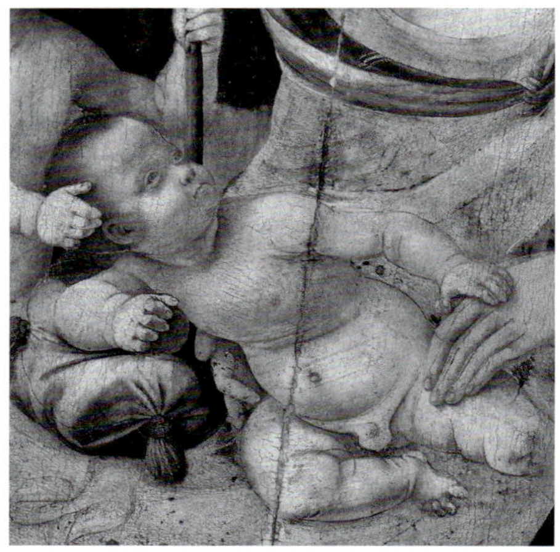

G 40

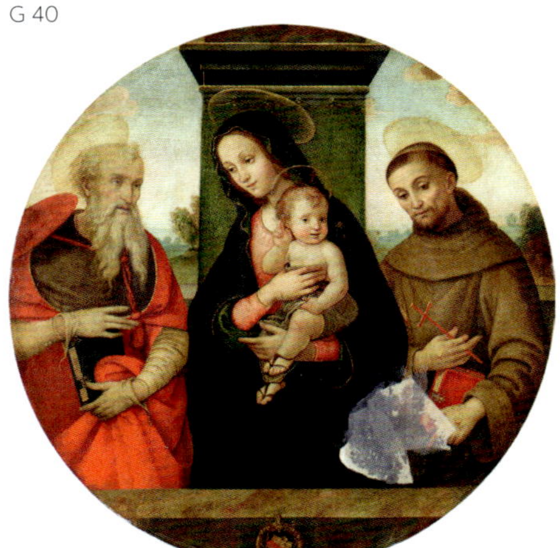

G 41 Infrarotaufnahme (Detail)

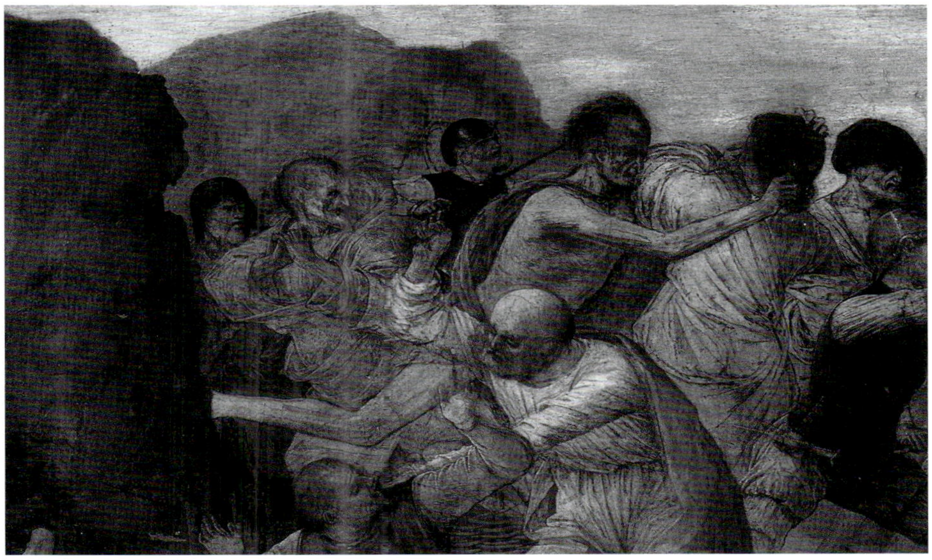

G 42 ERCOLE DE' ROBERTI
Ferrara um 1455–1496 Ferrara
Christi Gang nach Golgatha | 1482/86
Pappelholz
35,2 × 118,0 cm
Provenienz: 1750 aus Bologna; Inv. Dresden 1747/50, Bl. 29 v, Nr. 416
Gemäldegalerie Alte Meister, Gal.-Nr. 45
Literatur: Riedel/Wenzel 1765, Innere Galerie, S. 179, Nr. 58 (als Ercole Grandi); Hübner 1856, S. 100, Nr. 129 (als Ercole Grandi); Woermann 1887, S. 40 f., Gal.-Nr. 45; Posse 1929, S. 19 f., Gal.-Nr. 45; Kat. Dresden 1979, S. 277 f., Gal.-Nr. 45; Manca 1992, S. 126–129, Nr. 14b; Kat. Dresden 1992, S. 323 f., Gal.-Nr. 45; Ausst.-Kat. Ferrara/Dresden 2002/03, S. 91–94, Kat.-Nr. 6; Marx 2006/07, Bd. 1, S. 188 f., Bd. 2, S. 435, Gal.-Nr. 45
siehe auch Kat.-Nr. 36
Anmerkung: wie das Gegenstück Gal.-Nr. 46 (G 41) Teil der Predella des Hochaltarretabels in San Giovanni in Monte zu Bologna
Unterzeichnung: dünne Linien eventuell in Feder, die weitgehend von den Konturlinien der Malerei überlagert sind; feine Parallelschraffuren beispielsweise in den Beinen von Christus, im Rumpf des Häschers hinter Christus, am Ärmel der Frau mit dem Kind auf dem Arm; einige Abweichungen zwischen Unterzeichnung und Malerei beispielsweise am Gesicht und an den Beinen der ganz links stehenden Figur, am Kopf und an der Hand des Reiters ganz links oben, am Kopf und an der Hand der Christus ziehenden Rückenfigur, am Ellbogen des Christus mit dem Schwert bedrohenden Kriegers, am Gürtel der Frau mit dem Kind rechts und am Arm sowie an der Figur dieses Kindes

G 42 Infrarotaufnahme (Detail)

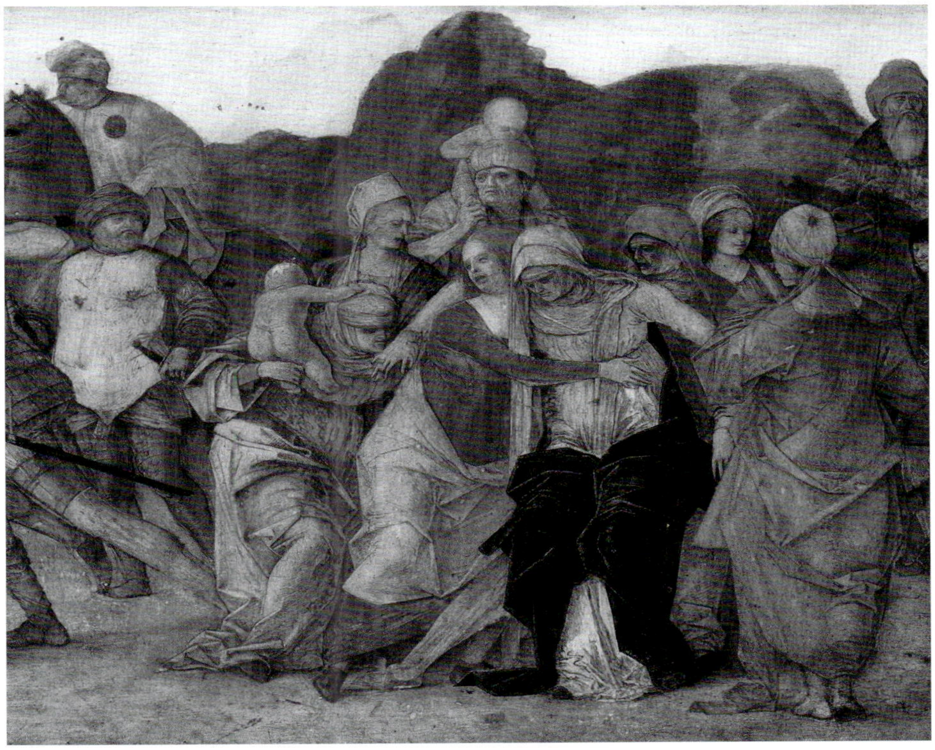

G 43 ERCOLE DE' ROBERTI (Kopie)
Ferrara nach 1455–1496 Ferrara
Die Mannalese
Pappelholz
30,0 × 66,0 cm
Provenienz: Matthäi 1835, Innere Galerie, S. 4, Nr. 2b (als Benozzo Gozzoli)
Gemäldegalerie Alte Meister, Gal.-Nr. 47
Literatur: Matthäi 1835, Innere Galerie, S. 4, Nr. 2b (als Benozzo Gozzoli); Hübner 1856, S. 82, Nr. 11 (als Alt-Florentinisch, Benozzo Gozzoli?); Woermann 1887, S. 41, Gal.-Nr. 47 (»nach Ercole de Roberti Grandi«); Posse 1929, S. 20 f., Gal.-Nr. 47; Ausst.-Kat. Ferrara/Dresden 2002/03, S. 94–96, Kat.-Nr. 7; Marx 2006/07, Bd. 2, S. 436, Gal.-Nr. 47.
Anmerkung: Kopie nach der urspünglich wohl für San Domenico in Ferrara gemalten Predella, die sich heute in der National Gallery in London befindet
Unterzeichnung: einzelne erkennbare Pinselstriche sind nicht mit Sicherheit der Unterzeichnung zuzurechnen

G 43

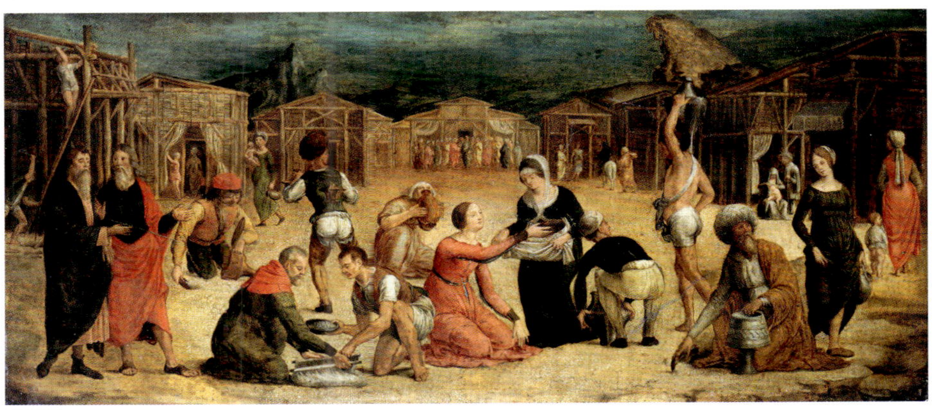

G 44 SANO DI PIETRO
Siena 1406–1481 Siena
Reliquientafel
Pappelholz, giebelförmiger Abschluss mit Krabbenverzierung, 12 vertiefte Reliquiendosen mit blauem Glas verschlossen
52,5 × 41,0 cm
Provenienz: Matthäi 1843, Innere Galerie, S. 71, Nr. 571
Gemäldegalerie Alte Meister, Gal.-Nr. 24
Literatur: Matthäi 1843, Innere Galerie, S. 71, Nr. 571; Hübner 1856, S. 81, Nr. 2; Woermann 1887, S. 35, Gal.-Nr. 24; Posse 1929, S. 11, Gal.-Nr. 24; Kat. Dresden 1979, S. 292 f., Gal.-Nr. 24; Kat. Dresden 1992, S. 343 f., Gal.-Nr. 24; Marx 2006/07, Bd. 1, S. 198, Bd. 2, S. 468, Gal.-Nr. 24; Schmidt 2012, S. 131–137, Abb. 1
Unterzeichnung: die wenigen Linien sind nicht eindeutig einer Unterzeichnung zuzuordnen; von der Malerei abweichende Linien beispielsweise oberhalb des Zupfinstruments des rechten Engels im Giebelfeld

G 45 SANO DI PIETRO
Siena 1406–1481 Siena
Bemaltes Kreuz
Pappelholz
54,0 × 43,0 cm
Provenienz: Matthäi 1843, Innere Galerie, S. 71, Nr. 572
Gemäldegalerie Alte Meister, Gal.-Nr. 25
Literatur: Matthäi 1843, Innere Galerie, S. 71, Nr. 572; Hübner 1856, S. 81, Nr. 3; Woermann 1887, S. 35, Gal.-Nr. 25; Posse 1929, S. 11, Gal.-Nr. 25; Kat. Dresden 1979, S. 292, Gal.-Nr. 25; Kat. Dresden 1992, S. 343, Gal.-Nr. 25; Marx 2006/07, Bd. 1, S. 199, Bd. 2, S. 468, Gal.-Nr. 25
siehe auch Kat.-Nr. 11
Anmerkung: Kreuz ursprünglich zu Gal.-Nr. 26 (G 46) gehörig
Unterzeichnung: die wenigen Linien beispielsweise im Gewand von Christus im oberen Dreipass, oberhalb des Lendentuchs des Gekreuzigten sowie die linke Gewandkontur der Maria sind nicht mit Sicherheit der Unterzeichnung zuzurechnen

G 46 SANO DI PIETRO
Siena 1406–1481 Siena
Bemaltes Kreuz
Pappelholz
54,0 × 43,0 cm
Provenienz: Matthäi 1843, Innere Galerie, S. 71, Nr. 573
Gemäldegalerie Alte Meister, Gal.-Nr. 26
Literatur: Matthäi 1843, Innere Galerie, S. 71, Nr. 573; Hübner 1856, S. 81, Nr. 4; Woermann 1887, S. 35, Gal.-Nr. 26; Posse 1929, S. 11 f., Gal.-Nr. 26; Kat. Dresden 1979, S. 292, Gal.-Nr. 26; Kat. Dresden 1992, S. 343, Gal.-Nr. 26; Marx 2006/07, Bd. 1, S. 199, Bd. 2, S. 468, Gal.-Nr. 26
siehe auch Kat.-Nr. 10
Anmerkung: Kreuz ursprünglich zu Gal.-Nr. 25 (G 45) gehörig
Unterzeichnung: die wenigen Linien beispielsweise am Lendentuch des Gekreuzigten und im Gewand des Evangelisten im rechten Dreipass sind nicht mit Sicherheit der Unterzeichnung zuzurechnen

G 44
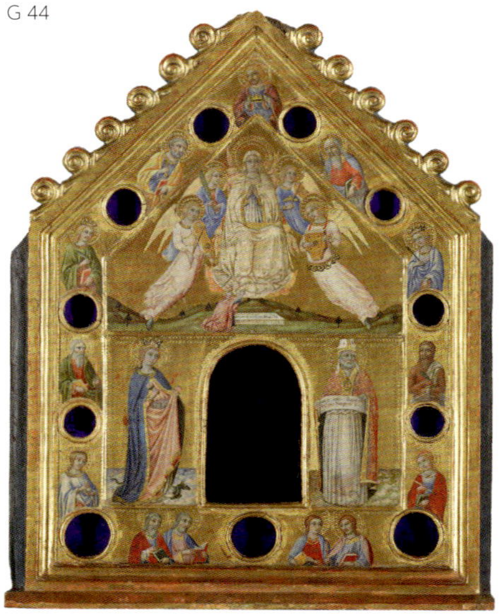

G 47
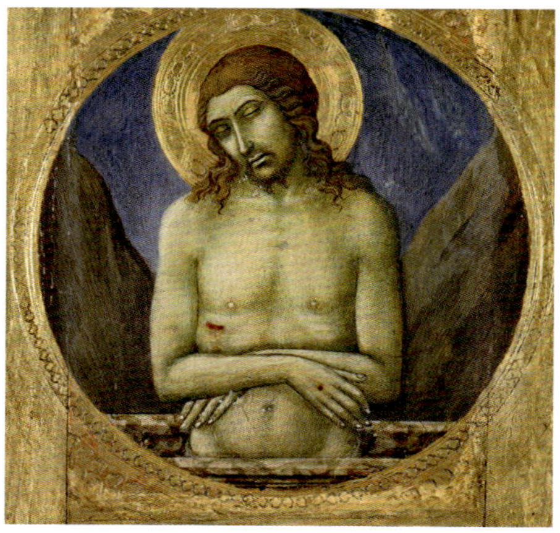

G 47 Infrarotaufnahme (Detail)
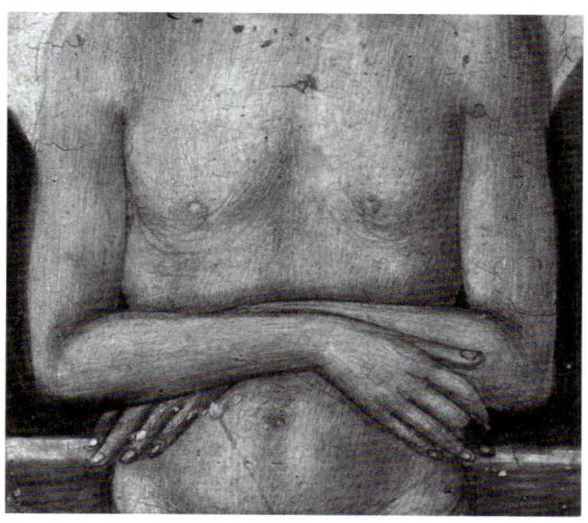

G 47 SANO DI PIETRO
Siena 1406–1481 Siena
Der Schmerzensmann
Pappelholz, mit späteren Anstückungen
20,9 × 15,0 cm
Provenienz: 1874 von der Buch- und Kunsthandlung Heinrich Buttstaedt in Berlin erworben; Inv. Dresden Zugänge 1874–1944, Bl. 12 v–13 r, Nr. 44 (als Lippo Memmi)
Gemäldegalerie Alte Meister, Gal.-Nr. 31
Literatur: Hübner 1880, S. 110, Nr. 14 (als Lippo Memmi); Woermann 1887, S. 36, Gal.-Nr. 31 (als unbestimmter Sienese, 14. Jahrhundert); Posse 1929, S. 13, Gal.-Nr. 31; Kat. Dresden 1979, S. 294, Gal.-Nr. 31 (als Sano di Pietro?); Kat. Dresden 1992, S. 344, Gal.-Nr. 31; Marx 2006/07, Bd. 1, S. 199, Bd. 2, S. 468, Gal.-Nr. 31
Unterzeichnung: mit Zirkel ausgeführte Ritzlinien für Bildfeldbegrenzung und Heiligenschein; teilweise skizzenhafte Unterzeichnung wohl mit flüssigem Material der Umrisse und für Angaben der Binnenformen beispielsweise an der Brust, in der Leistengegend; geringfügige Abweichungen zwischen Unterzeichnung und Malerei unter anderem an Christi rechter Hand und rechter Schulter

G 48 SIENESER MALER
Maria mit dem Kind | um 1350
Pappelholz, spitzgiebeliger oberer Abschluss, mit integriertem Rahmen
33,0 × 16,0 cm
Provenienz: 1846 aus der Nachlassversteigerung von Carl Friedrich von Rumohr (1785–1843) in Dresden erworben; Inv. Dresden 1809, Nachtrag, 1876 (als »im Styl des Duccio di Buoninsegna«)
Gemäldegalerie Alte Meister, Gal.-Nr. 28
Literatur: Frenzel 1846, S. 430, Nr. 4313 (als »Periode Giotto's«), Kat. 1852, S. 70, Nr. 576 (als Schule von Filipepi); Hübner 1856, S. 81, Nr. 6 (als Schule von Siena); Woermann 1887, S. 36, Gal.-Nr. 28 (als unbestimmter Sienese, 14. Jahrhundert); Posse 1929, S. 12 f., Gal.-Nr. 28; De Benedictis 1979, S. 82 (als Naddo Ceccarelli); Kat. Dresden 1979, S. 302, Gal.-Nr. 28; Kat. Dresden 1992, S. 352, Gal.-Nr. 28; Marx 2006/07, Bd. 1, S. 206, Bd. 2, S. 489, Gal.-Nr. 28
Unterzeichnung: keine Unterzeichnung erkennbar; Pinsellinien zur Begrenzung der Hände und des Fußes des Jesuskindes gehören wohl zum Malprozess

G 49 SIENESER MALER
Thronende Madonna mit Kind und zwei weiblichen Heiligen | 14. Jh.
Pappelholz, spitzgiebliger Abschluss mit Krabbendekoration
54,0 × 24,5 cm, bemalte Rückseite mit Sprenkelstruktur
Provenienz: 1846 aus der Nachlassversteigerung von Carl Friedrich von Rumohr (1785–1843) in Dresden erworben; Inv. Dresden 1809, Nachtrag, 1875 (als »im Styl des Lippo Memmi«)
Gemäldegalerie Alte Meister, Gal.-Nr. 32
Literatur: Frenzel 1846, S. 430, Nr. 4341 (als »Styl der Alt-Sienesischen Schule«), Kat. 1852, S. 70, Nr. 576c (als Art des Lippo Memmi); Hübner 1856, S. 81, Nr. 5 (als im Stil des Lippo Memmi); Woermann 1887, S. 37, Gal.-Nr. 32 (als Schule des Lippo Memmi); Posse 1929, S. 12, 14, Gal.-Nr. 32 (als Schule des Lippo Memmi); Marx 2006/07, Bd. 1, S. 206, Bd. 2, S. 489, Gal.-Nr. 32

G 49

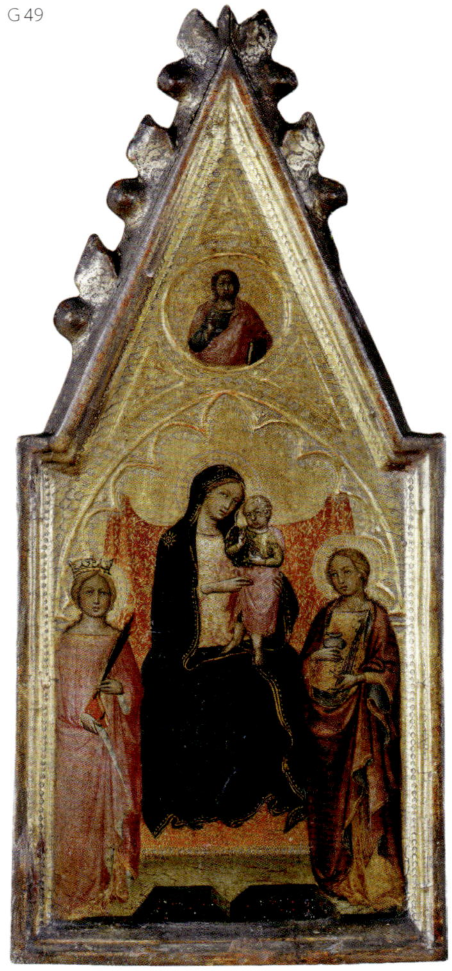

G 48

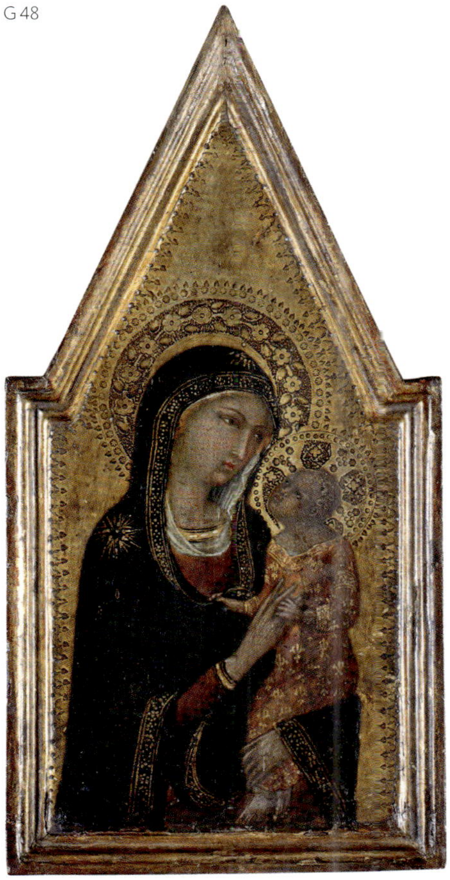

Unterzeichnung: in die Grundierung geritzte Linien im Gewand der links stehenden Heiligen; lineare Unterzeichnung besonders im Gewand von Christus im oberen Rundfeld, im Gewand der Maria zur Angabe der Hauptrichtungen der Falten und in der Architektur des Sockels (hier leichte Abweichungen zwischen Unterzeichnung und Malerei)

G 50 SIENESER MALER
Die Darstellung im Tempel | um 1400
Pappelholz, mit angesetzten Rahmenleisten
92,0 × 63,5 cm
Provenienz: 1874 vom Kunsthändler Alessandro Colagiacomo in Rom erworben; Inv. Dresden Zugänge 1874–1944, Bl. 11 v–12 r, Nr. 37 (als Giotto)
Gemäldegalerie Alte Meister, Gal.-Nr. 27
Literatur: Hübner 1876, S. 462, Nr. 2392 (als Giotto); Woermann 1887, S. 36, Gal.-Nr. 27 (als unbestimmter Sienese, 14. Jahrhundert); Posse 1929, S. 11 f., Gal.-Nr. 27 (als aus der Schule des Ambrogio Lorenzetti); Marx 2006/07, Bd. 2, S. 489, Gal.-Nr. 27
Unterzeichnung: Ritzlinien in der Grundierung zur Angabe wesentlicher Elemente der Architektur; einzelne erkennbare Pinsellinien beispielsweise am Altar in der Mitte und in den Gewändern sind wohl nicht der Unterzeichnung zuzurechnen

G 51 SIENESER MALER
Die Heilige Familie | 15. Jh.
Pappelholz, bogenförmiger oberer Abschluss, mit aufgesetzten Rahmenleisten
69,3 × 41,5 cm
Provenienz: 1872 aus dem Palazzo Piccolomini in Siena erworben; Inv. Dresden Zugänge 1844–1874, Bl. 33 r, Nr. 2170 (als Italienische Schule des XV. Jahrhunderts, angeblich Andrea del Castagno)
Gemäldegalerie Alte Meister, Gal.-Nr. 33
Literatur: Hübner 1876, S. 459, Nr. 2381 (als Andrea del Castagno); Woermann 1887, S. 37, Gal.-Nr. 33 (als unbestimmter Sienese, 15. Jahrhundert); Posse 1929, S. 14, Gal.-Nr. 33; Marx 2006/07, Bd. 2, S. 490, Gal.-Nr. 33
Unterzeichnung: dichte, detailreiche Unterzeichnung wohl mit trockenem (beispielsweise an der Hand der Maria) und auch flüssigem Material (beispielsweise am Mantel des Johannes); neben der präzisen Formenumrandung auch Licht-Schatten-Angaben durch Schraffuren beispielsweise an der unteren Hand von Johannes, an den Fingern von Joseph, an den Falten des Gewandes von Johannes, an der rechten Körperseite des Christuskindes, an der rechten Wange und am Hals von Maria; Abweichungen zwischen Unterzeichnung und Malerei unter anderem am Haarscheitel und am Kreuz von Johannes, an der Kontur der Taube, an der linken Begrenzungslinie des Halsausschnittes von Maria, an der Konturlinie ihrer Hände und Finger, an Nacken- und Schulterlinie des Christuskindes

G 50

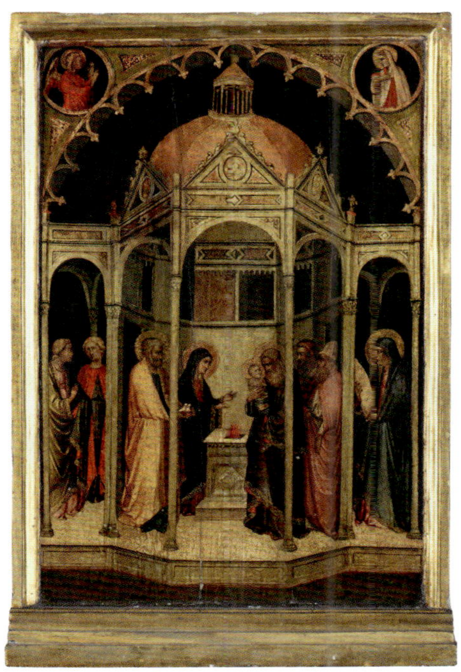

G 51

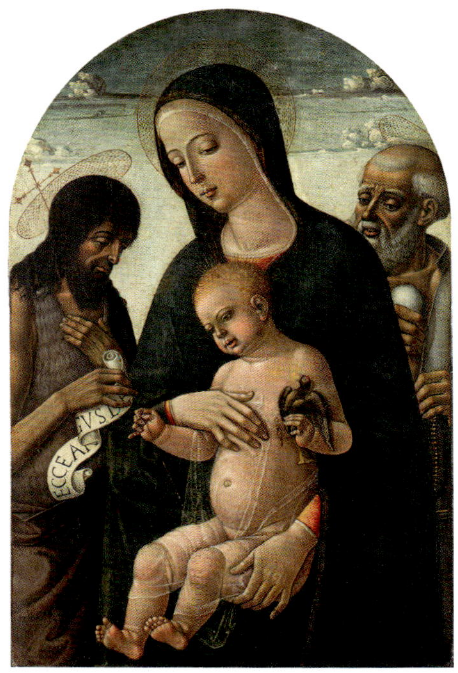

G 52 LUCA SIGNORELLI (Werkstatt)
Cortona um 1441 oder 1450–1523 Cortona
Bemalter Pilaster: Der Erzengel Raphael mit Tobias, der heilige Hieronymus und der heilige Bernhardin von Siena
Pappelholz, mit integrierter Rahmung
168,5 × 18,0 × 3,3 cm; 130,0 × 11,0 cm (Bildmaß)
Provenienz: 1874 aus der Sammlung Alexander Barker (ca. 1797–1873) in London erworben; Inv. Dresden Zugänge 1874–1944, Bl. 9 v, Nr. 30 (als Luca Signorelli)
Gemäldegalerie Alte Meister, Gal.-Nr. 36
Literatur: Waagen 1875, S. 141 (als Luca Signorelli); Hübner 1876, S. 460, Nr. 2384 (als Luca Signorelli); Vischer 1879, S. 262 (als Luca Signorelli); Woermann 1887, S. 37 f., Gal.-Nr. 36 (als Luca Signorelli); Posse 1929, S. 15 f., Gal.-Nr. 36; Kanter/Henry 2002, S. 166 f. (als Luca Signorelli?); Marx 2006/07, Bd. 2, S. 490, Gal.-Nr. 36
siehe auch Kat.-Nr. 31
Anmerkung: Gegenstück zu Gal.-Nr. 37 (G 53)
Unterzeichnung: dichte, schwer von der Malerei zu unterscheidende Unterzeichnung in flüssigem Material beispielsweise an den Gewandfalten des Erzengels, am Buchdeckel außen, im Gesicht des heiligen Bernhardin von Siena; an den Falten des Gewandes des heiligen Bernhardin von Siena einige Parallelschraffuren und dichte Linienbüschel in den Faltentiefen; geringfügige Abweichungen zwischen Unterzeichnung und Malerei etwa an der Gürtellinie von Tobias, an der rechten Kontur des Gewandes von Tobias, an der Beinstellung von Tobias und an den Fingern der Hand des heiligen Bernhardin von Siena rechts

G 53 LUCA SIGNORELLI (Werkstatt)
Cortona um 1441 oder 1450–1523 Cortona
Bemalter Pilaster: Der heilige Bernhard von Clairvaux (?), der heilige Onuphrius und die heilige Elisabeth von Ungarn
Pappelholz, mit integrierter Rahmung
168,5 × 18,0 × 3,3 cm; 130,0 × 11,0 cm (Bildmaß)
Provenienz: 1874 aus der Sammlung Alexander Barker (ca. 1797–1873) in London erworben; Inv. Dresden Zugänge 1874–1944, Bl. 9 v–10 r, Nr. 30 (als Luca Signorelli)
Gemäldegalerie Alte Meister, Gal.-Nr. 37
Literatur: Waagen 1875, S. 141 (als Luca Signorelli); Hübner 1876, S. 460, Nr. 2384 (als Luca Signorelli); Vischer 1879, S. 262 (als Luca Signorelli); Woermann 1887, S. 38, Gal.-Nr. 37; Posse 1929, S. 15 f., Gal.-Nr. 37; Kanter/Henry 2002, S. 166 f. (als Luca Signorelli?); Marx 2006/07, Bd. 2, S. 490, Gal.-Nr. 37
siehe auch Kat.-Nr. 32
Anmerkung: Gegenstück zu Gal.-Nr. 36 (G 52)
Unterzeichnung: feine Unterzeichnung wohl in flüssigem Material mit hoher Deckungsgenauigkeit zur Malerei beispielsweise an den Ärmelfalten des heiligen Bernhard von Clairvaux, in Gesicht, Bart, Unterarm rechts, Laubkranz sowie Beinen des heiligen Onuphrius und im Gesicht der heiligen Elisabeth von Ungarn; geringfügige Abweichungen zwischen Unterzeichnung und Malerei unter anderem bei der Nasenlänge und unteren Gewandbegrenzung des heiligen Bernhard von Clairvaux sowie an der Fußlänge des heiligen Onuphrius

G 54 GHERARDO STARNINA, der sogenannte »Maestro del Bambino Vispo«
Florenz um 1354/60–vor 1413 Florenz
Maria | um 1404/07
Pappelholz, obere Ecken angesetzt
35,0 × 29,2 cm
Provenienz: 1857 aus der Sammlung von Moritz Steinla (1791–1858) in Dresden erworben; Inv. Dresden Zugänge 1844–1874, Bl. 8 v, Nr. 2035 (als Lorenzetti, sienesische Schule)
Gemäldegalerie Alte Meister, Gal.-Nr. 30
Literatur: Schäfer 1860, Bd. 2, S. 207 (als Lorenzetti. Alt-Sienesisch); Hübner 1862, S. 102, Nr. 12 (als Lorenzetti, Schule von Siena); Woermann 1887, S. 36, Gal.-Nr. 30 (als unbestimmter Sienese); Posse 1929, S. 13, Gal.-Nr. 30 (als Schule von Siena des XIV. Jahrhunderts); Oertel 1964 (als Maestro del Bambino Vispo); Syre 1979 (als Maestro del Bambino Vispo/Starnina); Kat. Dresden 1979, S. 223, Gal.-Nr. 30 (als Maestro del Bambino Vispo); Kat. Dresden 1992, S. 254, Gal.-Nr. 30 (als Maestro del Bambino Vispo); Hiller von Gaertringen 2004, bes. S. 192–195 (als Maestro del Bambino Vispo/Starnina); Marx 2006/07, Bd. 1, S. 147, Bd. 2, S. 343, Gal.-Nr. 30 (als Maestro del Bambino Vispo)
siehe auch Kat.-Nr. 6
Anmerkung: Fragment der Mitteltafel des Laurentiusaltars, den Kardinal Angelo Acciaiuoli für seine Kapelle in der Certosa del Galluzzo bei Florenz in Auftrag gab
Unterzeichnung: erkennbare Linien im Kopftuch links, an Wange und Hals rechts, in der linken Pupille, am Halsausschnitt links und an der Faltenrundung rechts unten sind nicht eindeutig der Unterzeichnung zuzuordnen; geringfügige Korrektur der rechten Umrisslinie von Wange und Hals mit Pinselstrichen

G 55 UMBRISCHER MALER
Maria mit dem Kind und einem Engel | 15. Jh.
Nadelholz
74,0 × 46,7 cm
Provenienz: 1874 vom Kunsthändler Alessandro Colagiacomo in Rom erworben; Inv. Dresden Zugänge 1874–1944, Bl. 11 v–12 r, Nr. 38
Gemäldegalerie Alte Meister, Gal.-Nr. 34
Literatur: Hübner 1876, S. 462, Nr. 2391; Woermann 1887, S. 37, Gal.-Nr. 34 (als unbestimmter Sienese, XV. Jahrhundert); Posse 1929, S. 15, Gal.-Nr. 34; Marx 2006/07, Bd. 2, S. 550, Gal.-Nr. 34
Unterzeichnung: Begrenzungslinien zwischen Malerei und Vergoldung sowie Heiligenscheine in die Grundierung eingeritzt; lineare Umrisszeichnung zuerst wohl mit dem Pinsel ausgeführt, beispielsweise Faltenandeutungen im blauen Gewand der Maria rechts unten, und anschließend mit Ritzungen in der Grundierung nachgezogen, etwa Hände der Maria, Hand des Engels mit der Früchteschale, rotes Untergewand der Maria mit den Borten und Fuß des Christuskindes rechts; Abweichungen zwischen Unterzeichnung und Malerei beispielsweise an der Schulter des Engels rechts, an der Nasenlinie der Maria; merkwürdige Veränderungen der Haare und Abdruck von Schrift (?) im Gesicht des Engels

G 55

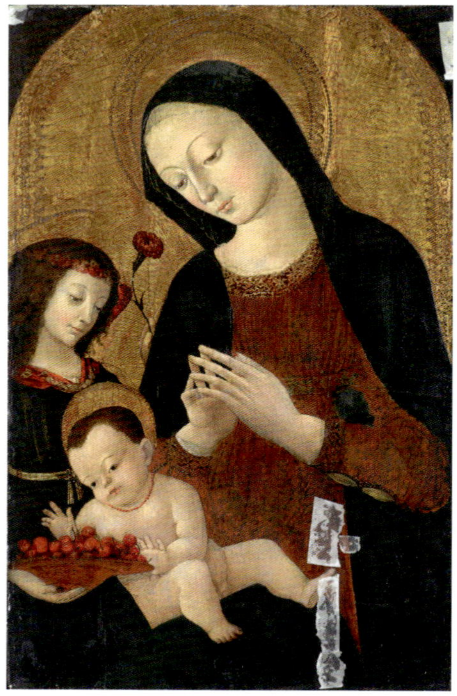

G 55 Infrarotaufnahme (Detail)

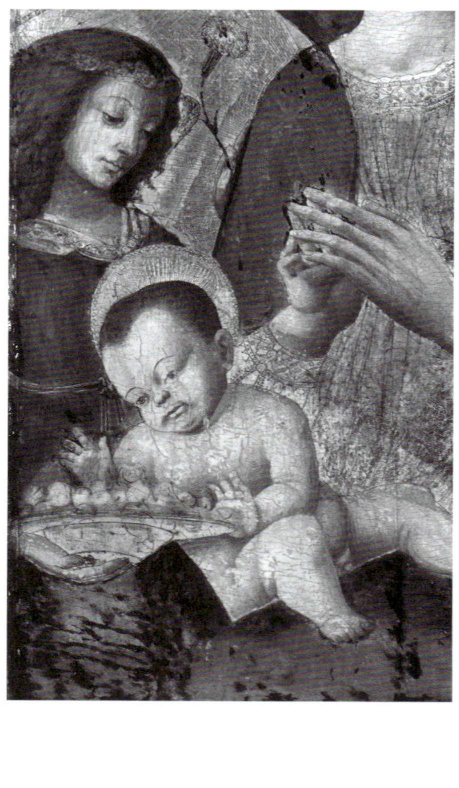

G 56 UMBRISCHER MALER
Die Anbetung der Könige | 15. Jh.
Pappelholz
61,2 × 45,4 cm
Provenienz: Matthäi 1835, Innere Galerie, S. 4f., Nr. 4 (ohne Angabe eines Künstlers, um 1470; Verweis auf die »Schule von Perugino« bzw. »einen Schüler des Fiesole«)
Gemäldegalerie Alte Meister, Gal.-Nr. 42
Literatur: Matthäi 1835, Innere Galerie, S. 4 f., Nr. 4; Hübner 1856, S. 83, Nr. 16 (als Marco Palmezzano da Forli); Woermann 1887, S. 39, Gal.-Nr. 42 (als »angeblich Marco Palmezzo«); Posse 1929, S. 17, Gal.-Nr. 42; Marx 2006/07, Bd. 2, S. 550, Gal.-Nr. 42
Unterzeichnung: Architektur mit Lineal und Zirkel umrissen; Konturen und wichtige Linien beispielsweise zur Angabe der Gewandfalten eventuell mit Griffel oder Metallstift in die Grundierung eingedrückt

G 57 FRANCESCO DI VANNUCCIO (?)
dokumentiert in Siena 1356–1392
Zwei Seitenflügel eines spitzgiebeligen Triptychons
Pappelholz
linker Flügel: 54,0 × 13,7 cm, rechter Flügel: 53,5 × 12,5 cm
Provenienz: 1857 aus der Sammlung von Moritz Steinla (1791–1858) in Dresden erworben; Inv. Dresden Zugänge 1844–1874, Bl. 8 r, Nr. 2034 (als Duccio di Buoninsegna)
Gemäldegalerie Alte Meister, Gal.-Nr. 29
Anmerkung: früher Andrea di Bartolo zugeschrieben
Literatur: Hübner 1862, S. 102, Nr. 11 (als aus der Zeit und im Stil des Duccio di Buoninsegna, Schule von Siena); Woermann 1887, S. 36, Gal.-Nr. 29 (als unbestimmter Sienese, 14. Jahrhundert); Posse 1929, S. 12 f., Gal.-Nr. 29 (als in der Art des Bartolo di Maestro Fredi); Marx 2006/07, Bd. 2, S. 100, Gal.-Nr. 29 (als Andrea di Bartolo?)
siehe auch Kat.-Nr. 4
Anmerkung: die beiden Tafeln wurden in der Gemäldegalerie Alte Meister bis 2013 in gemeinsamer Rahmung bei vertauschter Position der Flügel gezeigt
Unterzeichnung: in den Einzelbildern mit Goldhintergrund Ritzlinien in der Grundierung für die Umrisse der Figuren und für wichtige Linien in den Gewändern (nicht immer ganz verbindlich für die Goldauflage beziehungsweise für die Malerei); im Franziskus-Bild: Linien in den Felsen eventuell zur Unterzeichnung gehörend; in der Figur des Apostels möglicherweise einige Unterzeichnungslinien zur Angabe der Falten; Füße des heiligen Ludwig ursprünglich kürzer vorgesehen

G 56

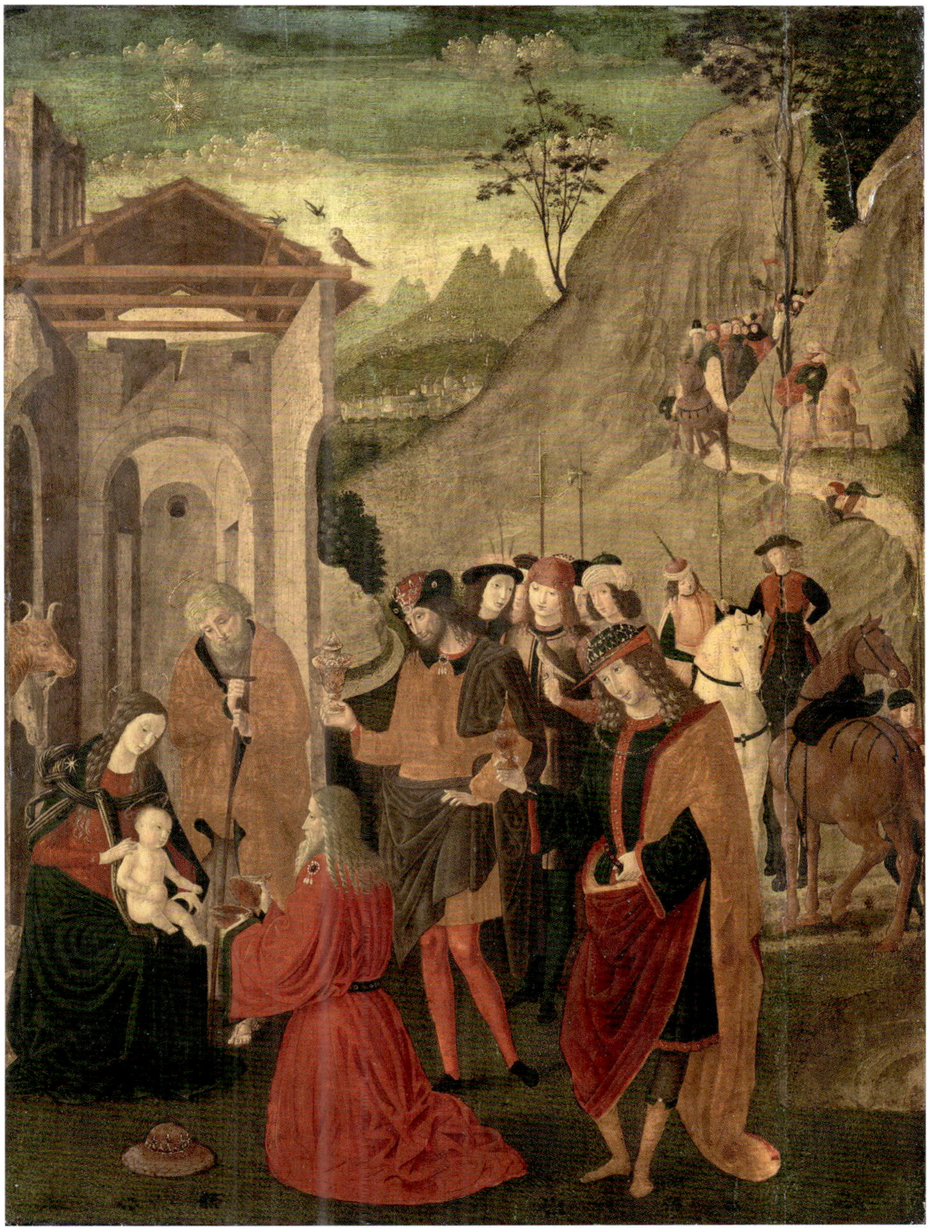

G 58

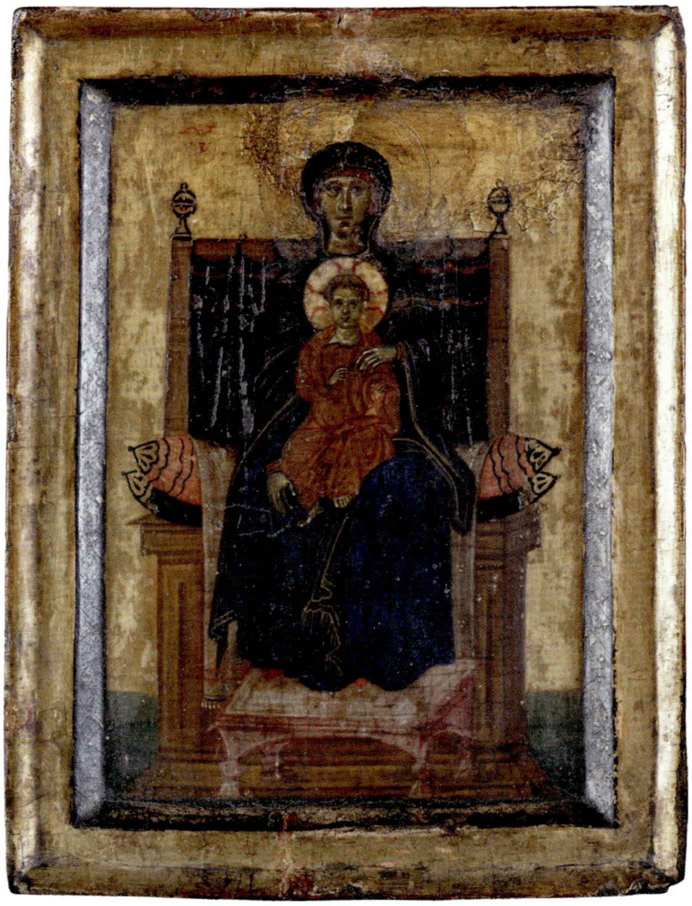

G 59

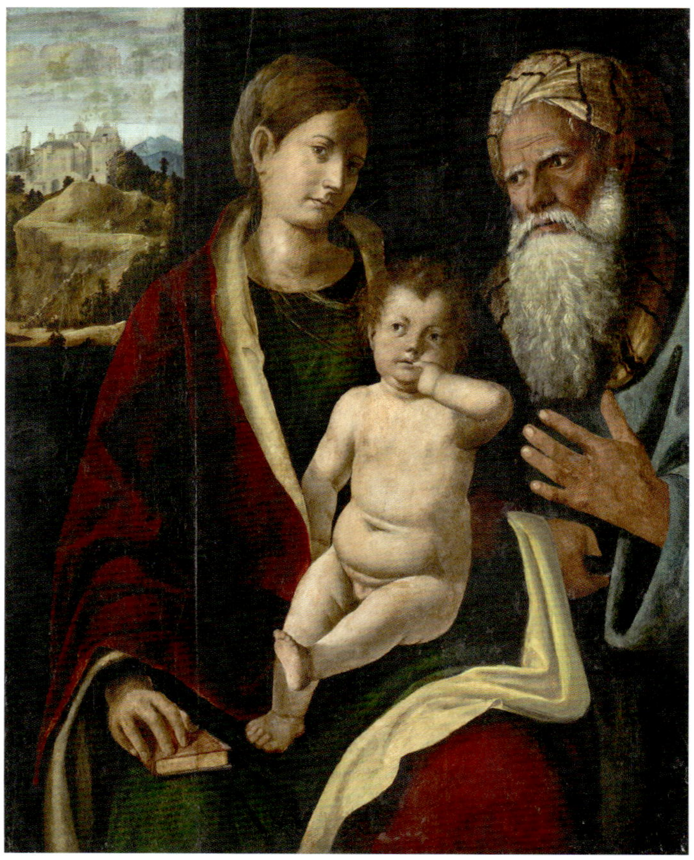

G 58 VENEZIANISCHER MALER
Thronende Madonna mit Kind | 14. Jh.
Pappelholz, mit integriertem Rahmen
20,3 × 14,8 cm
Provenienz: Samuel Woodburn; 1860 auf dessen Auktion bei Christie, Manson & Woods in London erworben; Inv. Dresden Zugänge 1844–1874, Bl. 23 v, Nr. 2095 (als Giunta Pisano)
Gemäldegalerie Alte Meister, Gal.-Nr. 23
Literatur: Hübner 1862, S. 101, Nr. 5 (als Giunta Pisano); Woermann 1887, S. 35, Gal.-Nr. 23 (als unbestimmter Toskaner, 13. Jahrhundert); Posse 1929, S. 10, Gal.-Nr. 23 (als toskanische Schule, XIII. Jahrhundert; Kat. Dresden 1979, S. 331, Gal.-Nr. 23 (Anfang 14. Jahrhundert); Kat. Dresden 1992, S. 395, Gal.-Nr. 23; Marx 2006/07, Bd. 1, S. 228, Bd. 2, S. 565, Gal.-Nr. 23
Unterzeichnung: Ritzlinien zur Angabe der Heiligenscheine und der Thronarchitektur

G 59 VENEZIANISCHER MALER
Die Heilige Familie | um 1500
Pappelholz
88,4 × 69,3 cm
Provenienz: Matthäi 1835, Innere Galerie, S. 12, Nr. 35 (als Gentile Bellini)
Gemäldegalerie Alte Meister, Gal.-Nr. 67
Literatur: Matthäi 1835, Innere Galerie, S. 12, Nr. 35; Hübner 1856, S. 109, Nr. 189 (als Gentile Bellini?); Woermann 1887, S. 49, Gal.-Nr. 67; Posse 1929, S. 32 f., Gal.-Nr. 67; Marx 2006/07, Bd. 2, S. 565, Gal.-Nr. 67
Unterzeichnung: die wenigen Linien wohl mit flüssigem Material sind nicht eindeutig der Unterzeichnung zuzuordnen, beispielsweise an den Füßen des Christuskindes, an Lippe und Kinn der Maria, in den Gebäuden und der Landschaft des Hintergrundes

ANHANG

BIBLIOGRAPHIE

INVENTARE

STAATLICHE KUNSTSAMMLUNGEN DRESDEN

Lieber 1979
Elfriede Lieber: Verzeichnis der Inventare der Staatlichen Kunstsammlungen Dresden, Dresden 1979.

GEMÄLDEGALERIE ALTE MEISTER

Inv. Dresden 1722/28
[Johann Adam Steinhäuser:] Lit. A et B Inventaria Sr. Königl. Majestät in Pohlen und Churfürstl. Durchl. Zu Sachsen große, wie auch kleine Cabinets und andere Schildereyen. Extract Dererjenigen Königlichen Schildereyen, welche Mense Julii 1722 bey gehaltener Comißarischen Inventirung sich die Vorrath befunden, Item, was nach dem darzu erkaufft und geliefert, oder von anderen Köngl. Schlößern zur Einnahme zu bringen angegeben, und wo dato dieselbe aufgemacht sind, ist zu ersehen, wie folgt: Ex Libro Inventarii sub Lit: A. Extrahirt Mense Aug. ao 1728 (Ms., Gemäldegalerie Alte Meister; Lieber 1979, Nr. 356).

Inv. Dresden 1747/50
[Pietro Guarienti:] Catalogo delli quadri, che sono nel Gabinetto di Sua Maestà (Ms., Gemäldegalerie Alte Meister; Lieber 1979, Nr. 358).

Inv. Dresden 1754
[Matthias Oesterreich:] Inventarium von der Königlichen Bilder-Galerie zu Dreßden, gefertiget Mens: Julij & August 1754 (Ms., Gemäldegalerie Alte Meister; Lieber 1979, Nr. 359).

Inv. Dresden 1809
[Johann Anton Riedel:] Verzeichnis der Königlich-Sächsischen Bild-Galerie zu Dresden, neu gefertigt und vollendet 1809 […]. Erster Band außerdem enthaltend die äussere galerie No. 1–847.
Verzeichnis der Königlich Sächsischen Bildergalerie zu Dresden, neu gefertigt und vollendet, im Jahre 1809 […]. Zweyter Band enthaltend 1.) die innere Galerie No. 848–1214 und von No. 1387–1868 2.) Das Kabinett der Pastel Gemälde No. 1215–1386 [enthält außerdem spätere Nachträge] (Ms., Gemäldegalerie Alte Meister; Lieber 1979, Nr. 360 f.).

Inv. Dresden Zugänge 1844–1874
Inventarium, in die Königliche Gemälde Galerie aufgenommene Gemälde betreffd.
Darin auch enthalten: Verzeichniß der Genälde aus dem Vorrath, welche im neuen Museum mit aufgenommen worden sind [enthält nicht sämtliche Zugänge des angegebenen Zeitraums] (Ms., Gemäldegalerie Alte Meister; Lieber 1979, Nr. 366).

Inv. Dresden Zugänge 1874–1944
Zugangsverzeichnis Gemäldegalerie 1874–1944 (Ms., Gemäldegalerie Alte Meister; Lieber 1979, Nr. 367).

KUPFERSTICH-KABINETT

KK Kat. 1 (1738)
Johann Heinrich von Heucher: Consignation en detail de tous les tomes d'Estampes qui se trouvent dans les Bureaux du Salon d'Estampes de Sa Maj. Le Roi de Pol: Elect: de Saxe, 1738 (Ms., Kupferstich-Kabinett, Signatur Cat. 1; Lieber 1979, Nr. 370).

KK Kat. 2 I (1738)
[Johann Heinrich von Heucher:] Consignation de touttes les Estampes qui se trouvent dans le Salon d'Estampes du Roi tires d'apres les Tableaux des Peintres de L'Ecole Romaine, 1738 (Ms., Kupferstich-Kabinett, Signatur Cat. 2 I; Lieber 1979, Nr. 371).

KK Kat. 2 II (1738)
[Johann Heinrich von Heucher: Consignation de touttes les Estampes qui se trouvent dans le Salon d'Estampes du Roi tires d'apres les Tableaux des Peintres de] L'Ecole Lombardienne, [1738] (Ms., Kupferstich-Kabinett, Signatur Cat. 2 II; Lieber 1979, Nr. 372).

KK Kat. 2 III (1738)
[Johann Heinrich von Heucher: Consignation de touttes les Estampes qui se trouvent dans le Salon d'Estampes du Roi tires d'apres les Tableaux des Peintres de] L'Ecole Florentine, [1738] (Ms., Kupferstich-Kabinett, Signatur Cat. 2 III; Lieber 1979, Nr. 373).

KK Kat. 2 IV (1738)
[Johann Heinrich von Heucher: Consignation de touttes les Estampes qui se trouvent dans le Salon d'Estampes du Roi tires d'apres les Tableaux des Peintres de] L'Ecole Venitienne, [1738] (Ms., Kupferstich-Kabinett, Signatur Cat. 2 IV; Lieber 1979, Nr. 374).

KK Kat. 10 I (vor 1763)
[Carl Heinrich von Heineken:] Catalogue des Estampes qui se trouvent dans le Cabinet du Roi, Tome I, Italiens, A–B, [vor 1763]. Enthält Revision, angefangen am 1. Juli 1805 von F. A. Schneyder [?], fortgesetzt durch Gottlieb Abraham Frenzel (Ms., Kupferstich-Kabinett, Signatur Cat. 10 I; Lieber 1979, Nr. 384).

KK Kat. 10 II (vor 1763)
[Carl Heinrich von Heineken:] Catalogue, qui contient les Estampes du Cabinet du Roi, Tome II, Italiens, C, [vor 1763]. Enthält Revision, angefangen am 1. Juli 1805 von F. A. Schneyder [?], fortgesetzt durch Gottlieb Abraham Frenzel (Ms., Kupferstich-Kabinett, Signatur Cat. 10 II; Lieber 1979, Nr. 385).

KK Kat. 10 III (vor 1763)
[Carl Heinrich von Heineken:] Catalogue des Estampes du Cabinet du Roi, Tome III, Italiens, D–I, [vor 1763]. Enthält Revision, angefangen am 1. Juli 1805 von F. A. Schneyder [?], fortgesetzt durch Gottlieb Abraham Frenzel (Ms., Kupferstich-Kabinett, Signatur Cat. 10 III; Lieber 1979, Nr. 386).

KK Kat. 10 IV (vor 1763)
[Carl Heinrich von Heineken:] Catalogue des Estampes du Cabinet du Roi, Tome IV, Italiens, L–P, [vor 1763]. Enthält Revision, angefangen am 1. Juli 1805 von F. A. Schneyder [?], fortgesetzt durch Gottlieb Abraham Frenzel (Ms., Kupferstich-Kabinett, Signatur Cat. 10 IV; Lieber 1979, Nr. 387).

KK Kat. 10 V (vor 1763)
[Carl Heinrich von Heineken:] Catalogue des Estampes du Cabinet du Roi, Tome V, Italiens, R–Z, [vor 1763]. Mit späteren Ergänzungen und Korrekturen, insbesondere von Gottlieb Abraham Frenzel und aus der Zeit des Direktorats von Ludwig Gruner (Ms., Kupferstich-Kabinett, Signatur Cat. 10 V; Lieber 1979, Nr. 388).

KK Kat. 64 I (1865)
Andreas Gottlieb Marius Franke: Catalog der Hand-Zeichnungen, 1865. Mit den ab 1960 zugeordneten Inv.-Nr. C 1 bis C 3563 und Adestierungsvermerken (Ms., Kupferstich-Kabinett, Signatur Cat. 64 I; Lieber 1979, Nr. 457).

KK Kat. 65 a (1862)
Andreas Gottlieb Marius Franke: [Reinschrift von Kat. 65, d. i. Die Königliche Kupferstich-Sammlung von ihrem Entstehen 1720–1862], 1862 (Ms., Kupferstich-Kabinett, Signatur Cat. 65 a; Lieber 1979, Nr. 459).

KK Kat. 67 (vor 1763)
[Carl Heinrich von Heineken:] Livres des arts, [vor 1763] (Ms., Kupferstich-Kabinett, Signatur Cat. 67; Lieber 1979, Nr. 462).

KK Zugangskat. 1852–1872
[Zugangskatalog des Kupferstich-Kabinetts, Bd. 4, für den Zeitraum 1852–1889 (1873 fehlt). Hier 1852–1872: Zeichnungen, Druckgraphik, Bücher und Reproduktionsphotographie] (Ms., Kupferstich-Kabinett, Signatur Cat. 105, Bl. 1 v–126 v; Lieber 1979, Nr. 479).

QUELLEN UND SEKUNDÄRLITERATUR

Agosti 1990
Giovanni Agosti: Bambaia e il classicismo lombardo, Turin 1990.

Ahl 2002
Diane Cole Ahl: Benozzo Gozzoli, Paris 2002 (franz. Ausgabe, zuerst New Haven/London 1996).

AKL 1992 ff.
Allgemeines Künstlerlexikon. Die bildenden Künstler aller Zeiten und Völker, mitbegr. und mithg. von Günter Meißner u. a., München/Leipzig 1992 ff.

Alberti 1966
Leon Battista Alberti: De re aedificatoria, hg. von Giovanni Orlandi, übers. von Paolo Portoghesi, Mailand 1966.

Alberti 1972
Leon Battista Alberti: On Painting and On Sculpture. The Latin Texts of *De Pictura* and *De Statua*, hg., übers., eingel. und komm. von Cecil Grayson, London 1972.

Alberti 1975
Leon Battista Alberti: Zehn Bücher über die Baukunst, hg., übers. und komm. von Max Theuer, Darmstadt 1975.

Alberti 2002
Leon Battista Alberti: Della pittura – Über die Malkunst, hg., eingel., übers. und komm. von Oskar Bätschmann und Sandra Gianfreda, Darmstadt 2002.

Alberti 2011a
Leon Battista Alberti: On Painting. A New Translation and Critical Edition, hg. und übers. von Rocco Sinisgalli, Cambridge 2011.

Alberti 2011b
Leon Battista Alberti: Das Standbild. Die Malkunst. Grundlagen der Malerei, hg., eingel., übers. und komm. von Oskar Bätschmann und Christoph Schäublin, unter Mitarb. von Kristine Patz, Darmstadt 2011.

Aldovini 2009
Laura Aldovini: The Prevedari Print, in: Print Quarterly 26 (2009), Nr. 1, S. 38–45

Algarotti 1792
Francesco Algarotti: Progetto per ridurre a compimento il Regio Museo di Dresda, presentato in Hubertsbourg alla R[egia] M[aestà] di Augusto III. Re di Polonia il dì 28. ottobre 1742, in: Ders.: Opere del conte Algarotti. Edizione novissima, Bd. 8, Venedig 1792, S. 351–388.

Allen 1981
Michael J. B. Allen: Marsilio Ficino and the Phaedran Charioteer, Berkeley/Los Angeles/London 1981.

Ambers/Higgitt/Saunders 2010
Janet Ambers, Catherine Higgitt und David Saunders: Italian Renaissance Drawings. Technical Examination and Analysis, The British Museum, London 2010.

Ambrosini 2008
Alberto Ambrosini: Immaginazione visiva e conoscenza. Teoria della visione e pratica figurativa nei trattati di Leon Battista Alberti, Lorenzo Ghiberti, Leonardo da Vinci, Pisa 2008.

Ames-Lewis 1981
Francis Ames-Lewis: Drawing in Early Renaissance Italy, New Haven/London 1981.

Ames-Lewis 1996
Francis Ames-Lewis: Pesellino (Franceso di Stefano), in: Jane Turner (Hg.): The Dictionary of Art, Bd. 24, New York 1996, S. 537–539.

Ames-Lewis 1998
Francis Ames-Lewis: Training and Practice in the Early Renaissance Workshop: Observations on Benozzo Gozzoli's Rotterdam Sketchbook, in: Drawing 1400–1600. Invention and Innovation, hg. von Stuart Currie, Aldershot 1998, S. 26–44.

Ames-Lewis 2000
Francis Ames-Lewis: The Intellectual Life of the Early Renaissance Artist, New Haven 2000.

Ames-Lewis 2002
Francis Ames-Lewis: Neoplatonism and the Visual Arts at the Time of Marsilio Ficino, in: Michael J. B. Allen und Valery Rees mit Martin Davies (Hg.): Marsilio Ficino. His Theology, his Philosophy, his Legacy, Leiden 2002, S. 327–338.

Ames-Lewis 2003
Francis Ames-Lewis: Benozzo Gozzoli e l'immagine di sé come artista, in: Enrico Castelnuovo und Alessandra Malquori (Hg.): Benozzo Gozzoli. Viaggio attraverso un secolo. Convegno Internazionale di Studi (Firenze/Pisa, 8–10 gennaio 1998), Pisa 2003, S. 27–40.

Arasse 2000
Daniel Arasse: Le regard de l'escargot, in: Ders., On n'y voit rien. Descriptions, Paris 2000, S. 31–56.

Argan 1957
Giulio Carlo Argan: Botticelli. Biographisch-kritische Studie, Genf 1957.

Asperen de Boer 1968
Johan Rudolph Justus van Asperen de Boer: Infrared Reflectography. A Method for the Examination of Paintings, in: Applied Optics 7 (1968) Nr. 9, S. 1711–1714.

Asperen de Boer 1970
Johan Rudolph Justus van Asperen de Boer: Infrared Reflectography. A Contribution to the Examination of Earlier European Paintings, Amsterdam 1970.

Aukt.-Kat. London 1860
Catalogue of the Valuable and Important Collection of Drawings, by the Old Masters, Formerly in the Collection of the Late Sir Thomas Lawrence, P.R.A., and More Recently in the Property of that Distinguished Connoisseur, Samuel Woodburn, Esq., Deceased [...]. Katalog der Auktion bei Christie, Manson & Woods in London am 4. Juni 1860 ff., London 1860.

Aurigemma/Cavallaro 1999
Maria Giulia Aurigemma und Anna Cavallaro: Il Palazzo di Domenico della Rovere in Borgo, Rom 1999.

Ausst.-Kat. Berlin 1983
Kunst der Reformationszeit, bearb. von Klaus-Peter Arnold u. a., Ausst.-Kat. Berlin, Altes Museum, 26. August bis 13. November 1983, Berlin 1983.

Ausst.-Kat. Berlin 2005/06
Geschichten auf Gold. Bilderzählungen in der frühen italienischen Malerei, hg. von Stefan Weppelmann, Ausst.-Kat. Berlin, Gemäldegalerie, 4. November 2005 bis 26. Februar 2006, Berlin/Köln 2005.

Ausst.-Kat. Berlin 2008
Fantasie und Handwerk. Cennino Cennini und die Tradition der toskanischen Malerei von Giotto bis Lorenzo Monaco, hg. von Wolf-Dietrich Löhr und Stefan Weppelmann, Ausst.-Kat. Berlin, Gemäldegalerie, 10. Januar bis 13. April 2008, München 2008.

Ausst.-Kat. Berlin 2014
Arkadien. Paradies auf Papier, hg. von Dagmar Korbacher, mit Beiträgen von Christophe Brouard und Marco Riccòmini, Ausst.-Kat. Berlin, Kupferstichkabinett, 7. März bis 22. Juni 2014, Petersberg 2014.

Ausst.-Kat. Berlin/New York 2011/12
Gesichter der Renaissance: Meisterwerke italienischer Portrait-Kunst, hg. von Keith Christiansen und Stefan Weppelmann, Ausst.-Kat. Berlin, Bode-Museum, 25. August bis 20. November 2011; New York, Metropolitan Museum of Art, 19. Dezember 2011 bis 18. März 2012, München 2011.

Ausst.-Kat. Bologna 2002
Il Cinquecento a Bologna. Disegni dal Louvre e dipinti a confronto, hg. von Marzia Faetti in Zusammenarbeit mit Dominique Cordellier, Ausst.-Kat. Bologna, Pinacoteca Nazionale, 18. Mai bis 18. August 2002, Martellago 2002.

Ausst.-Kat. Dresden 1978
Die Albertina und das Dresdner Kupferstich-Kabinett. Meisterzeichnungen aus zwei alten Sammlungen. Eine Ausstellung mit der Graphischen Sammlung Albertina Wien, Ausst.-Kat. Dresden, Kupferstich-Kabinett (im Albertinum), 26. September bis 26. November 1978, Dresden 1978.

Ausst.-Kat. Boston/London 2005/06
Bellini and the East, hg. von Caroline Campbell und Alan Chong, Ausst.-Kat. Boston, Isabella Stewart Gardner Museum, 14. Dezember 2005 bis 26. März 2006; London, The National Gallery, 12. April bis 25. Juni 2006, London 2005.

Ausst.-Kat. Brüssel 2010/11
Die Welt des Lucas Cranach. Ein Künstler im Zeitalter von Dürer, Tizian und Metsys, hg. von Guido Messling, Ausst.-Kat. Brüssel, Palais des Beaux Arts, 20. Oktober 2010 bis 23. Januar 2011, Tielt 2010.

Ausst.-Kat. Conegliano 2010
Cima da Conegliano. Poeta del Paesaggio, hg. von Anna Maria Spiazzi und Giovanni Carlo Federico Villa, Ausst.-Kat. Conegliano, Palazzo Sarcinelli, 26. Februar bis 20. Juni 2010, Mailand 2011.

Ausst.-Kat. Dresden 1998/99
Der himmelnde Blick. Zur Geschichte eines Bildmotivs von Raffael bis Rotari, hg. von Andreas Henning und Gregor J. M. Weber, Ausst.-Kat. Dresden, Gemäldegalerie Alte Meister, 3. November 1998 bis 10. Januar 1999, Emsdetten/Dresden 1998.

Ausst.-Kat. Dresden 2005
Das Geheimnis des Jan van Eyck. Die frühen niederländischen Zeichnungen und Gemälde in Dresden, hg. von Thomas Ketelsen und Uta Neidhardt, Ausst.-Kat. Dresden, Gemäldegalerie Alte Meister und Kupferstich-Kabinett, 13. August bis 31. Oktober 2005, München/Berlin 2005.

Ausst.-Kat. Dresden 2005/06
Antonello da Messina. Der heilige Sebastian. Kabinettausstellung anlässlich der Restaurierung des Gemäldes, Ausst.-Kat. Dresden, Gemäldegalerie Alte Meister, 12. November 2005 bis 5. Februar 2006, Dresden 2005.

Ausst.-Kat. Dresden 2006
Andrea Mantegna. Die Heilige Familie, hg. von Andreas Henning und Christoph Schölzel, Ausst.-Kat. Dresden, Gemäldegalerie Alte Meister, 12. Mai bis 23. Juli 2006, Dresden 2006.

Ausst.-Kat. Dresden 2010
Zukunft seit 1560. Von der Kunstkammer zu den Staatlichen Kunstsammlungen Dresden, 3 Bde., hg. von Karin Kolb, Gilbert Lupfer und Martin Roth, Ausst.-Kat. Dresden, Residenzschloss, 18. April bis 7. November 2010, Berlin/München 2010.

Ausst.-Kat. Dresden 2012
Die Sixtinische Madonna. Raffaels Kultbild wird 500, hg. von Andreas Henning, Ausst.-Kat. Dresden, Gemäldegalerie Alte Meister, 26. Mai bis 26. August 2012, München 2012.

Ausst.-Kat. Ferrara/Dresden 2002/03
Der Triumph des Bacchus. Meisterwerke der Ferrareser Malerei in Dresden, 1480–1620, hg. von Gregor J. M. Weber, Ausst.-Kat. Ferrara, Castello Estense, 6. Oktober 2002 bis 16. März 2003; Dresden, Residenzschloss, 5. April 2003 bis 2. August 2003, Turin/London/Venedig 2002.

Ausst.-Kat. Florenz 1992
Maestri e botteghe. Pittura a Firenze alla fine del Quattrocento, hg. von Mina Gregori, Ausst.-Kat. Florenz, Palazzo Strozzi, 16. Oktober 1992 bis 10. Januar 1992, Florenz 1992.

Ausst.-Kat. Florenz 2000
Giotto. Bilancio critico di sessant'anni di studi e richerche, hg. von Angelo Tartuferi, Ausst.-Kat. Florenz, Galleria dell'Accademia, 3. Juni bis 30. September 2000, Florenz 2000.

Ausst.-Kat. Florenz 2001
Disegni del Rinascimento in Valpadana, hg. von Giovanni Agosti, Ausst.-Kat. Florenz, Gabinetto Disegni e Stampe degli Uffizi, Florenz 2001 (= Gabinetto Disegni e Stampe degli Uffizi, Bd. 87).

Ausst.-Kat. Florenz 2008
Firenze e gli antichi Paesi Bassi 1430–1530, dialoghi tra artisti: da Jan van Eyck a Ghirlandaio, da Memling a Raffaello ..., hg. von Bert W. Meijer, Ausst.-Kat. Florenz, Palazzo Pitti, Galleria Palatina, 20. Juni bis 26. Oktober 2008, Livorno 2008.

Ausst.-Kat. Florenz/Atlanta/Washington 2003/04
Beatrice Paolozzi Strozzi und Maria Grazia Vaccari: Il bronzo e l'oro. Il David del Verrocchio restaurato, Ausst.-Kat. Florenz, Museo Nazionale del Bargello, 7. Oktober bis 9. November 2003; Atlanta, High Museum of Art, 22. November 2003 bis 8. Februar 2004; Washington, National Gallery of Art, 13. Februar bis 21. März 2004, Atlanta/Florenz 2003.

Ausst.-Kat. Frankfurt am Main 2006
Kult Bild: Das Altar- und Andachtsbild von Duccio bis Perugino, hg. von Jochen Sander, Ausst.-Kat. Frankfurt am Main, Städelsches Kulturinstitut und Städtische Galerie, 7. Juli bis 22. Oktober 2006, Petersberg 2006.

Ausst.-Kat. Frankfurt am Main 2009/10
Botticelli. Bildnis, Mythos, Andacht, hg. von Andreas Schumacher, Ausst.-Kat. Frankfurt am Main, Städel Museum, 13. November 2009 bis 28. Februar 2010, Ostfildern 2009.

Ausst.-Kat. Göttingen 2013/14
Abgekupfert. Roms Antiken in den Reproduktionsmedien der Frühen Neuzeit, hg. von Manfred Luchterhand, Lisa Roemer, Johannes Begemann und Daniel Graepler, Ausst.-Kat. Göttingen, Kunstsammlung und Sammlung der Gipsabgüsse der Universität, 27. Oktober 2013 bis 16. Februar 2014, Petersberg 2013.

Ausst.-Kat. London 1989/90
Art in the Making: Italian Painting before 1400, hg. von David Bomford, Jill Dunkerton und Dillian Gordon, Ausst.-Kat. London, National Gallery, 19. November 1989 bis 28. Februar 1990, London 1989.

Ausst.-Kat. London 1999/2000
Renaissance Florence. The Art of the 1470s, hg. von Patricia Lee Rubin und Alison Wright, Ausst.-Kat. London, National Gallery, 20. Oktober 1999 bis 16. Januar 2000, London 1999.

Ausst.-Kat. London 2004/05
Raphael. From Urbino to Rome, hg. von Hugo Chapman, Tom Henry und Carol Plazzotta, Ausst.-Kat. London, National Gallery, 20. Oktober 2004 bis 16. Januar 2005, London 2004.

Ausst.-Kat. London/Florenz 2010/11
Fra Angelico to Leonardo. Italian Renaissance Drawings, hg. von Hugo Chapman und Marzia Faietti, Ausst.-Kat. London, The British Museum, 22. April bis 25. Juli 2010; Florenz, Galleria degli Uffizi, 1. Februar bis 30. April 2011, London 2010.

Ausst.-Kat. London/New York 1994/95
The Painted Page. Italian Renaissance Book Illumination 1450–1550, hg. von Jonathan J. G. Alexander, Ausst.-Kat. London, Royal Academy of Arts, 27. Oktober 1994 bis 22. Januar 1995; New York, The Pierpont Morgan Library, 15. Februar bis 7. Mai 1995, London/München 1994.

Ausst.-Kat. Mailand 1987/88
Disegni e dipinti leonardeschi dalle collezioni milanesi, hg. von Giulio Bora, Luisa Cogliati Arano, Maria Teresa Fiorio und Pietro C. Marani, Ausst.-Kat. Mailand, Palazzo Reale, 27. November 1987 bis 31. Januar 1988, Mailand 1987.

Ausst.-Kat. Mailand 2010/11
Botticelli nelle collezioni lombarde, hg. von Andrea Di Lorenzo, Ausst.-Kat. Mailand, Museo Poldi Pezzoli, 12. November 2010 bis 28. Februar 2011, Mailand 2010.

Ausst.-Kat. Mailand 2012/13
Giovanni Bellini: dall'icona alla storia, hg. von Andrea de Marchi, Ausst.-Kat. Mailand, Museo Poldi Pezzoli, 9. November 2012 bis 25. Februar 2013, Turin 2012.

Ausst.-Kat. Mantua 2006/07
Andrea Mantegna e i Gonzaga. Rinascimento nel Castello di San Giorgio, hg. von Filippo Trevisani, Ausst.-Kat. Mantua, Castello di San Giorgio, 16. September 2006 bis 14. Januar 2007, Mailand 2006.

Ausst.-Kat. München 2006
Leonardo da Vinci. Die Madonna mit der Nelke, hg. von Cornelia Syre, Jan Schmidt und Heike Stege, Ausst.-Kat. München, Alte Pinakothek, 15. September bis 3. Dezember 2006, München 2006.

Ausst.-Kat. München 2009
Kurfürst Johann Wilhelms Bilder, hg. von Reinhold Baumstark, Ausst.-Kat. München, Alte Pinakothek, 5. Februar bis 17. Mai 2009, 3 Bde., München 2009.

Ausst.-Kat. München 2011
Drunter und drüber. Altdorfer, Cranach und Dürer auf der Spur, hg. von den Bayerischen Staatsgemäldesammlungen, mit Beiträgen von Andreas Burmester und Martin Schawe, Ausst.-Kat. München, Alte Pinakothek, 7. Juli bis 18. September 2011, München 2011.

Ausst.-Kat. München 2011/12
Perugino – Raffaels Meister, hg. von Andreas Schumacher, mit Beiträgen von Matteo Burioni, Rudolf Hiller von Gaertringen, Annette Hojer u. a., Ausst.-Kat. München, Alte Pinakothek, 13. Oktober 2011 bis 15. Januar 2012, Ostfildern 2011.

Ausst.-Kat. New York 1988/89
Paintings in Renaissance Siena 1420–1500, hg. von Keith Christiansen, Laurence B. Kanter und Carl Brandon Strehlke, Ausst.-Kat. New York, Metropolitan Museum of Art, 20. Dezember 1988 bis 19. März 1989, New York 1988.

Ausst.-Kat. New York 1997/98
The Drawings of Filippino Lippi and His Circle, hg. von George R. Goldner u. a., Ausst.-Kat. New York, The Metropolitan Museum of Art, 28. Oktober 1997 bis 11. Januar 1998, New York 1997.

Ausst.-Kat. Paris 1989/90
Leonardo da Vinci. Die Gewandstudien, hg. von Françoise Viatte, mit Beiträgen von Carlo Pedretti und André Chastel, unter Mitwirkung von Catherine Monbeig-Goguel und Madeleine Pinault, aus dem Franz. übers. von Anne-Marie Bonnet und Roland Brus, Ausst.-Kat. Paris, Musée du Louvre, 5. Dezember 1989 bis 26. Februar 1990, München 1990.

Ausst.-Kat. Paris 2001
Un siècle de dessin à Bologne. 1480–1580. De la Renaissance à la réforme tridentine, hg. von Marzia Faietti und Dominique Cordellier, unter Mitarbeit von Laura Aldovini, Bernadette Py und Roberta Serra, Ausst.-Kat. Paris, Musée du Louvre, 30. März bis 2. Juli 2001, Paris 2001.

Ausst.-Kat. Paris 2003
Léonard de Vinci. Dessins et manuscrits, hg. von Françoise Viatte u. a., Ausst.-Kat. Paris, Musée du Louvre, 5. Mai bis 14. Juli 2003, Paris 2003.

Ausst.-Kat. Paris 2011
Le papier à l'œuvre, hg. von Natalie Coural, Ausst.-Kat. Paris, Musée du Louvre, 9. Juni bis 5. September 2011, Vanves/Paris 2011.

Ausst.-Kat. Paris 2013
Giotto e Compagni, hg. von Dominique Thiébaut, Ausst.-Kat. Paris, Musée du Louvre, 18. April bis 15. Juli 2013, Paris 2013.

Ausst.-Kat. Paris 2013/14
Le Printemps de la Renaissance. La sculpture et les arts à Florence 1400–1460, hg. von Marc Bormand und Beatrice Paolozzi Strozzi. Ausst.-Kat. Paris, Musée du Louvre, 26. September 2013 bis 6. Januar 2014, Paris 2013 (ital. Ausgabe unter dem Titel La Primavera del Rinascimento. La scultura e le arti a Firenze 1400–1460, erschienen zur Ausstellung in Florenz, Palazzo Strozzi, 23. März bis 18. August 2013; engl. Ausgabe unter dem Titel The Springtime of the Renaissance. Sculpture and the Arts in Florence 1400–1460).

Ausst.-Kat. Paris/Florenz 2003/04
Botticelli e Filippino. L'inquietudine e la grazia nella pittura fiorentina del Quattrocento, hg. von Daniel Arasse, Pierluigi De Vecchi und J. K. Nelson, Ausst.-Kat. Paris, Musée du Luxembourg, 1. Oktober 2003 bis 22. Februar 2004; Florenz, Palazzo Strozzi, 11. März bis 11. Juli 2004, Mailand 2004.

Ausst.-Kat. Paris/New York/Venedig 2006/07
Venice and the Islamic World 828–1797, hg. von Stefano Carboni, Ausst.-Kat. Paris, Institut du Monde Arabe, 2. Oktober 2006 bis 18. Februar 2007; New York, The Metropolitan Museum of Art, 27. März bis 8. Juli 2007; Venedig, Palazzo Ducale, 28. Juli bis 25. November 2007, New York/New Haven/London 2006.

Ausst.-Kat. Perugia 2004
Perugino. Il divin pittore, hg. von Vittoria Garibaldi und Francesco Federico Mancini, Ausst.-Kat. Perugia, Galleria Nazionale dell'Umbria, Cinisello Baslamo 2004.

Ausst.-Kat. Perugia/Orvieto/Città di Castello 2012
Luca Signorelli, hg. von Fabio De Chirico, Vittoria Garibaldi, Tom Henry und Francesco Federico Mancini, Ausst.-Kat. Perugia, Galleria Nazionale dell'Umbria; Orvieto, Museo dell'Opera del Duomo; Città di Castello, Pinacoteca Comunale, 21. April bis 26. August 2012, Mailand 2012.

Ausst.-Kat. Perugia/Spello 2008
Pintoricchio, hg. von Vittoria Garibaldi und Francesco Federico Mancini, Ausst.-Kat. Perugia, Galleria Nazionale dell'Umbria; Spello, Pinacoteca Civica, 2. Februar bis 29. Juni 2008, Mailand 2008.

Ausst.-Kat. Prato 2004
Filippino Lippi. Un bellissimo ingegno. Origini ed eredità nel territorio di Prato hg. von Maria Pia Mannini, Ausst.-Kat. Prato, Museo di Pittura Murale, Antiche Stanze di Santa Caterina, 8. Mai bis 25. Juli 2004, Mailand/Florenz 2004.

Ausst.-Kat. Prato 2013/14
Da Donatello a Lippi. Officina Pratese, hg. von Andrea De Marchi und Cristina Gnoni Mavarelli, Ausst.-Kat.Prato, Museo di Palazzo Pretorio, 13 September 2013 bis 13. Januar 2014, Prato/Mailand 2013.

Ausst.-Kat. Rennes 2007
Au delà de l'image. Les techniques du dessin révélées par la science, hg. von Francis Ribemont und Patrick Daum, Ausst.-Kat. Rennes, Musées des Beaux-Arts et d'Archéologie, 23. Mai bis 26. August 2007, Paris 2007.

Ausst.-Kat. Rom 1979
Disegni toscani e umbri del primo rinascimento dalle colezioni del Gabinetto Nazionale delle Stampe, hg. von Enrichetta Beltrame Quattrocchi, Ausst.-Kat. Rom, Villa alla Farnesina alla Lungara, 22. März bis 31. Mai 1979, Rom 1979.

Ausst.-Kat. Rom 1988
Da Pisanello alla nascita dei Musei Capitolini. L'Antico a Roma alla vigilia del Rinascimento, hg. von Anna Cavallaro und Enrico Parlato, Ausst.-Kat. Rom, Musei Capitolini, 24. Mai bis 19. Juli 1988, Mailand 1988.

Ausst.-Kat. Rom 2008/09
Giovanni Bellini, hg. von Mauro Lucco und Giovanni C. F. Villa, Ausst.-Kat. Rom, Scuderie del Quirinale, 30. September 2008 bis 11. Januar 2009, Mailand 2008.

Ausst.-Kat. Rom 2009
Beato Angelico. L'alba del Rinascimento, hg. von Alessandro Zuccari, Giovanni Morello und Gerardo de Simone, Ausst.-Kat. Rom, Musei Capitolini, 4. April bis 5. Juli 2009, Mailand 2009.

Ausst.-Kat. Rom 2011/12
Filippino Lippi e Sandro Botticelli nella Firenze del '400, hg. von Alessandro Cecchi, Ausst.-Kat. Rom, Scuderie del Quirinale, 5. Oktober 2011 bis 15. Januar 2012, Mailand 2011.

Ausst.-Kat. Rom/Florenz 1994/95
Da Leonardo a Volterrano. Disegni fiorentini dal XV al XVII secolo, hg. von Simonetta Prosperi Valenti Rodinò, Ausst.-Kat. Rom, Gabinetto Nazionale dei Disegni e delle Stampe, 24. November 1994 bis 28. Januar 1995; Florenz, Gabinetto Disegni e Stampe, 1995, Rom 1994.

Ausst.-Kat. Tokio/Fukuoka 2012
From Renaissance to Rococo. Four Centuries of European Drawing, Painting and Sculpture, hg. von Stefan Weppelmann u. a., Ausst.-Kat. Tokio, National Museum of Western Art, 13. Juni bis 17. September 2012; Fukuoka, Kyushu National Museum, 9. Oktober bis 12. Dezember 2012, Tokio 2012.

Ausst.-Kat. Treviso 1962
Cima da Conegliano, hg. von Luigi Menegazzi, Ausst.-Kat. Treviso, Palazzo dei Trecento, 26. August bis 11. November 1962, Treviso 1962.

Ausst.-Kat. Urbino 2012
La città ideale. L'utopia del Rinascimento a Urbino tra Piero della Francesca e Raffaello, hg. von Alessandro Marchi und Maria Rosaria Valazzi, Ausst.-Kat. Urbino, Galleria Nazionale delle Marche, 6. April bis 8. Juli 2012, Mailand 2012.

Ausst.-Kat. Verona 2006/07
Mantegna e le Arti a Verona. 1450–1500, hg. von Sergio Marinelli und Paola Marini, Ausst.-Kat. Verona, Palazzo della Gran Guardia, 16. September 2006 bis 14. Januar 2007, Venedig 2006.

Ausst.-Kat. Wien 1988
Humanismus in Bologna 1490–1510, hg. von Marzia Faietti und Konrad Oberhuber, Ausst.-Kat. Wien, Graphische Sammlung Albertina, 20. Mai bis 26. Juni 1988, mit Beiträgen von Sybille Ebert-Schifferer u. a., Bologna 1988.

Baader 2008
Hannah Baader: Sündenfall und Wissenschaft. Zur Verschriftlichung künstlerischer Techniken durch Cennino Cennini, in: Ausst.-Kat. Berlin 2008, S. 121–130.

Bacchi 1991
Andrea Bacchi: Francesco del Cossa, Soncino 1991.

Bätschmann 2002
Oskar Bätschmann: Kunstgenuß statt Bilderkult. Wirkung und Rezeption des Gemäldes nach Leon Battista Alberti, in: Blickle 2002, S. 359–374.

Bätschmann 2008
Oskar Bätschmann: Giovanni Bellini. Meister der venezianischen Malerei, München 2008.

Bätschmann/Gianfreda 2002
Oskar Bätschmann und Sandra Gianfreda: Einleitung, in: Alberti 2002, S. 1–60.

Ballarin 1994/95
Alessandro Ballarin: Dosso Dossi. La Pittura a Ferrara negli anni del ducato di Alfonso I, 2 Bde., Cittadella 1994/95.

Bambach 1999
Carmen C. Bambach: Drawing and Painting in the Italian Renaissance Workshop. Theory and Practice 1300–1600, Cambridge/New York/Melbourne 1999.

Bambach 2007
Carmen C. Bambach: A New Drawing by the Young Raphael and its Source in Donatello, in: The Burlington Magazine 149 (2007), Nr. 1256, S. 772–778.

Bambach 2008a
Carmen C. Bambach: Drawings in Dresden. Newly Identified Works by Italian Masters, in: Apollo. The International Magazine for Collectors, Januar 2008, S. 54–61.

Bambach 2008b
Carmen C. Bambach: Drawings in Dresden. Further Newly Identified Works by Italian Masters, in: Apollo. The International Magazine for Collectors, März 2008, S. 126–131.

Bambach 2008c
Carmen C. Bambach: Drawings in Dresden. More Newly Identified Works by Italian Masters, in: Apollo. The International Magazine for Collectors, April 2008, S. 40–47.

Barbaro 1980
Daniele Barbaro: La prattica della Perspettiva [Venedig 1569], Nachdr. hg. von Roberto Fregna und Giulio Nanetti, Bologna 1980.

Barriault 1994
Anne Barriault: Spalliera Paintings of Renaissance Tuscany. Fables of Poets for Patrician Homes, Berkeley/Los Angeles 1994.

Barucca 2012
Gabriele Barucca: La città intarsiata, in: Ausst.-Kat. Urbino 2012, S. 176–211.

Barzanò 2003
Alberto Barzanò (Hg.): Modelli eroici dall'antichità alla cultura europea, Rom 2003.

Baumstark 2009
Reinhold Baumstark: Kurfürst Johann Wilhelm von der Pfalz oder die Liebe zur Malerei, in: Ausst.-Kat. München 2009, Bd. 1, S. 73–119.

Baxandall 1963
Michael Baxandall: A Dialogue on Art from the Court of Leonello d'Este: Angelo Decembrio's De Politica Letteraria, Pars LXVIII, in: Journal of the Warburg and Courtauld Institutes 26 (1963), S. 304–326.

Baxandall 1965
Michael Baxandall: Guarino, Pisanello and Manuel Chrysoloras, in: Journal of the Warburg and Courtauld Institutes 28 (1965), S. 183–204.

Baxandall 1971
Michael Baxandall: Giotto and the Orators. Humanist Observers of Painting in Italy and the Discovery of Pictorial Composition 1350–1450, Oxford 1971.

Baxandall 1987
Michael Baxandall: Die Wirklichkeit der Bilder. Malerei und Erfahrung im Italien des 15. Jahrhunderts, Frankfurt am Main 1987.

Belting 1981
Hans Belting: Das Bildnis des gestorbenen Gottes (imago pietatis), in: Ders.: Das Bild und sein Publikum im Mittelalter. Form und Funktion früher Bildtafeln der Passion, Berlin 1981, S. 53–68.

Belting 1985
Hans Belting: Giovanni Bellini. Pietà. Ikone und Bilderzählung in der venezianischen Malerei, Frankfurt 1985.

Benati 1992
Daniele Benati: Jacopo Avanzi nel rinnovamento della pittura padana del secondo '300, Bologna 1992.

Benedetti 2007
Stefano Benedetti: Mario Maffei, in: Alberto Ghisalberti (Hg.): Dizionario Biografico degli Italiani. Bd. 6, Rom 2007, S. 245–249.

Berenson 1903
Bernard Berenson: The Drawings of the Florentine Painters, 2 Bde., London 1903.

Berenson 1932a
Bernard Berenson: Italian Pictures of the Renaissance: A List of the Principal Artists and their Works with an Index of Places, Oxford 1932.

Berenson 1932b
Bernard Berenson: Quadri senza casa. Il Quattrocento fiorentino II, in: Dedalo 12 (1932), S. 665–702.

Berenson 1938
Bernard Berenson: The Drawings of the Florentine Painters. Amplified Edition, 3 Bde., Chicago 1938.

Berenson 1957
Bernard Berenson: Italian Pictures of the Renaissance: A List of the Principal Artists and their Works with an Index of Places: Venetian School, 2 Bde., London 1957.

Berenson 1968
Bernhard Berenson: Italian Pictures of the Renaissance: A List of the Principal Artists and their Works with an Index of Places: Central Italian and North Italian Schools, 3 Bde., London 1968.

Bergdolt 1988
Klaus Bergdolt: Der dritte Kommentar Lorenzo Ghibertis. Naturwissenschaften und Medizin in der Kunsttheorie der Frührenaissance, Weinheim 1988.

Best.-Kat. Bayonne 1960
Jacob Bean: Bayonne. Musée Bonnat. Les dessins italiens de la collection Bonnat, Paris 1960 (= Inventaire général des dessins des musées de province, Bd. 4).

Best.-Kat. Berlin 1995
Hein-Th. Schulze Altcappenberg: Die italienischen Zeichnungen des 14. und 15. Jahrhunderts im Berliner Kupferstichkabinett. Kritischer Katalog, Berlin 1995.

Best.-Kat. Dresden 2011
Thomas Ketelsen, Oliver Hahn und Petra Kuhlmann-Hodick (Hg.): Zeichnen im Zeitalter Brueghels. Die niederländischen Zeichnungen des 16. Jahrhunderts im Dresdner Kupferstich-Kabinett. Beiträge zu einer Typologie, Best.-Kat. Staatliche Kunstsammlungen Dresden, Kupferstich-Kabinett, Köln 2011.

Best.-Kat. Dresden 2013
Gudula Metze: Ars Nova. Frühe Kupferstiche aus Italien. Katalog der italienischen Kupferstiche von den Anfängen bis um 1530 in der Sammlung des Dresdener Kupferstich-Kabinetts, mit Beiträgen von Beate Böckem, Susanne Pollack und Barbara Stoltz, erschienen zur Ausstellung »Zeitenwende. Frühe Druckgraphik aus Italien und den Niederlanden«, Staatliche Kunstsammlungen Dresden, Kupferstich-Kabinett, 11. Oktober 2013 bis 19. Januar 2014, Petersberg 2013.

Best.-Kat. Los Angeles 1997
Nicholas Turner, Lee Hendrix und Carol Plazzotta: The J. Paul Getty Museum. European drawing, Los Angeles 1997 (= 3. Catalogue of the collections).

Best.-Kat. Venedig 1984
Sylvia Ferino Pagden: Gallerie dell'Accademia. Catalogo dei Disegni antichi. Disegni Umbri, Mailand 1984.

Bettarini/Barocchi 1966–1997
Giorgio Vasari: Le vite de' più eccellenti pittori[,] scultori e architettori nelle redazioni del 1550 e 1568, hg. von Rosanna Bettarini und Paola Barocchi, insgesamt 11 Text-, Kommentar- und Index-Bde., Florenz 1966–1997, davon 6 Text-Bde. 1966–1997.

Bettini 2002
Maurizio Bettini: Francesco Petrarca sulle arti figurative: tra Plinio e Sant'Agostino, Livorno 2002.

Beyer 2002
Andreas Beyer: Das Porträt in der Malerei, München 2002.

Billanovich 1969
Maria Pia Billanovich: Una miniera di epigrafi e di antichità, in: Italia medioevale e umanistica 12 (1969), S. 197–293.

Billanovich 1971
Maria Pia Billanovich: Bernardino Parenzano e le origini di Capodistria, in: Italia medioevale e umanistica 14 (1971), S. 252–289.

Billanovich 1981
Maria Pia Billanovich: Bernardino da Parenzo pittore e Bernardino (Lorenzo) da Parenzo eremita, in: Italia medioevale e umanistica 24 (1981), S. 385–404.

Blickle 2002
Peter Blickle u. a. (Hg.): Macht und Ohnmacht der Bilder. Reformatorischer Bildersturm im Kontext der europäischen Geschichte, München 2002.

Blume 2014
Dieter Blume: ›Ingegno‹ und ›Inganno‹ – Bild und Poesie bei Giovanni Boccaccio und Franceso Petrarca, in: Klaus Krüger und Friederike Wille (Hg.): Kunst der Dantezeit. Diskurse und Figurationen, München 2014 (im Druck).

Bo/Mandel 1967
Carlo Bo und Gabriele Mandel: L'opera completa del Botticelli, Mailand 1967.

Bober/Rubinstein 2010
Phyllis Pray Bober und Ruth Rubinstein: Renaissance Artists & Antique Sculpture. A Handbook of Sources, mit Beiträgen von Susan Woodford, London/Turnhout 2010 (2. überarb. und aktualisierte Auflage; zuerst London 1986).

Boccaccio 1976
Giovanni Boccaccio: Decameron, hg. von Vittore Branca, Verona 1976 (= Tutte le opere di Giovanni Bocaccio, Bd. 4).

Böckem 2013
Beate Böckem: Ein Geisterfahrer der Renaissance? Jacopo de' Barbari und der Kupferstich dies- und

jenseits der Alpen, in: Best.-Kat. Dresden 2013, S. 43–53.

Bologna 1969
Ferdinando Bologna: Novità su Giotto. Giotto al tempo della cappella Peruzzi, Turin 1969.

Bolzoni 2002
Lina Bolzoni: La rete delle immagini: predicazione in volgare dalle origini a Bernardino da Siena, Turin 2002.

Bonsanti 1998
Giorgio Bonsanti: Beato Angelico: catalogo completo, Florenz 1998.

Bora 1987
Giulio Bora: Per un catalogo dei disegni dei leonardeschi lombardi. Indicazioni e problemi di metodo, in: Raccolta Vinciana 22 (1987), S. 139–182.

Borsook/Offerhaus 1981
Eve Borsook und Johannes Offerhaus: Francesco Sassetti and Ghirlandaio at Santa Trinità, Florence: History and Legend in a Renaissance Chapel, Doornspijk 1981.

Boskovits 1969
Miklós Boskovits: Toskanische Frührenaissancetafelbilder, Budapest 1969.

Boskovits 1976
Miklós Boskovits: Appunti sull'Angelico, in: Paragone 27 (1976), S. 30–54.

Boskovits 1987
Miklòs Boskovits: Frühe italienische Malerei. Bestandskatalog der Gemäldegalerie Berlin, Berlin 1987, S. 35–37.

Bossaglia 1968
Rossana Bossaglia: La Scultura, in: Cassa di Risparmio delle Provincie Lombarde (Hg.): La Certosa di Pavia, mit Beiträgen von Maria Grazia Albertini Ottolenghi, Rossana Bossaglia und Franco Renzo Pesenti, Mailand 1968, S. 41–80.

Brandi 1983
Cesare Brandi: Giotto, Mailand 1983.

Brejon de Lavergnée u. a. 2001
Barbara Brejon de Lavergnée u. a.: Dessins Florentins à la pointe métallique du musée des Beaux Arts de Lille, in: Techné 13–14 (2001), S. 78–83.

Bühler 2002
Andreas Bühler: Kontrapost und Kanon. Studien zur Entwicklung der Skulptur in Antike und Renaissance, München/Berlin 2002.

Büttner 2005
Frank Büttner: Der Blick auf das Bild. Betrachter und Perspektive in der Renaissaance, in: Michael Neumann (Hg.): Anblick/Augenblick. Ein interdisziplinäres Symposion, Würzburg 2005, S. 131–163.

Büttner 2011
Frank Büttner: Rezension von Monique Dubois: Zentralperspektive. In der florentinischen Kunstpraxis des 15. Jahrhunderts, Petersberg 2010, in: sehepunkte 11 (2011), Nr. 5 [15. Mai 2011], URL: http://www.sehepunkte.de/2011/05/18820.html (abgerufen am 6. Mai 2014).

Büttner 2013
Frank Büttner: Giotto und die Ursprünge der neuzeitlichen Bildauffassung. Die Malerei und die Wissenschaft vom Sehen in Italien um 1300, Darmstadt 2013.

Burckhardt 1905
Richard Burckhardt: Cima da Conegliano. Ein venezianischer Maler des Übergangs vom Quattrocento zum Cinquecento, Leipzig 1905.

Burioni/Lorini 2006
Giorgio Vasari: Einführung in die Architektur, Bildhauerei und Malerei. Die künstlerischen Techniken der Renaissance als Medien des disegno, erstmals übers. von Victoria Lorini, hg., komm. und eingel. von Matteo Burioni, Berlin 2006.

Burke 1979
Peter Burke: L'artista: momenti e aspetti, in: Studi di storia dell'arte 1 (1979), S. 285–352.

Busch 2012
Werner Busch: Die Kulturgeschichte der Zeichnung ist noch zu schreiben, in: Frankfurter Allgemeine Zeitung, 13. Juni 2012, S. 4.

Buschmann 1993
Hildegard Buschmann: Raffaellino del Garbo. Werkmonographie und Katalog (= Diss. Univ. Freiburg im Breisgau 1993).

Cadogan 1983
Jean K. Cadogan: Linen Drapery Studies by Verrocchio, Leonardo and Ghirlandaio, in: Zeitschrift für Kunstgeschichte 46 (1983), Heft 1, S. 27–62.

Cadogan 2000
Jean K. Cadogan: Domenico Ghirlandaio. Artist and Artisan, New Haven/London 2000.

Cagliotti 2000
Francesco Cagliotti: Donatello e i Medici. Storia del David e della Giuditta, 2 Bde., Florenz 2000.

Callmann 1984
Ellen Callman: Botticelli's Life of Saint Zenobius, in: The Art Bulletin 66 (1984), S. 492–495.

Campbell 2002
Stephen J. Campbell: »Fare una cosa morta parer viva«. Michelangelo, Rosso and the (Un)Divinity of Art, in: The Art Bulletin 84 (2002), S. 596–620.

Catalano 1992
Maria Ida Catalano: Il pavimento della Biblioteca Mediceo Laurenziana, Florenz 1992.

Cavadini 1980
Luigi Cavadini: Giovanni da Milano, Valmorea 1980.

Cavallaro 2007
Anna Cavallaro (Hg.): Collezioni di antichità a Roma tra '400 e '500, Rom 2007.

Cecchi 2005
Alessandro Cecchi: Botticelli, Mailand 2005.

Cennini 1871
Cennino Cennini: Das Buch von der Kunst oder Tractat der Malerei, übers. von Albert Ilg, Wien 1871 (= Quellenschriften für Kunstgeschichte und Kunsttechnik des Mittelalters und der Renaissance, Bd. 1).

Cennini 1916
Cennino Cennini: Des Cennino Cennini Handbüchlein der Kunst, neu übers. und hg. von P. Willibrord Verkade O. S. B., Straßburg 1916.

Cennini 2003
Cennino Cennini: Il Libro dell'arte, hg. von Fabio Frezzato, Vicenza 2003.

Chapman 2010a
Hugo Chapman: Introduction, in: Ausst.-Kat. London/Florenz 2010/11, S. 15–75.

Chapman 2010b
Hugo Chapman: Introduction, in: Ambers/Higgitt/Saunders 2010, S. 1–5.

Ciaroni 2007
Andrea Ciaroni unter Mitarbeit von Charles Avery: I Bronzi del Rinascimento. Il Quattrocento (Dai Medici al Bargello), Bd. 2, Maastricht 2007.

Ciatti/Mannini 2001
Marco Ciatti und Maria Pia Mannini: Giovanni da Milano. Il Polittico di Prato, Prato 2001.

Coletti 1959
Luigi Coletti: Cima da Conegliano, Venedig 1959.

Crombie 1986
Alistair C. Crombie: Experimental Science and the Rational Artist in Early Modern Europe, in: Daedalus 115 (1986), S. 49–74.

Dacos 1969
Nicole Dacos: La découverte de la Domus Aurea et la formation des grotesques à la Renaissance, London 1969.

Dahm 2004
Kristi Dahm: The Stylus Revealed. A Metalpoint Identification Study of Fifteenth- and Sixteenth-Century Italian Drawings in the Metropolitan Museum of Art, in: The Paper Conservator 28 (2004), S. 75–85.

Dalli Regoli 1966
Gigetta Dalli Regoli: Lorenzo di Credi, Mailand 1966.

Dalli Regoli 1999
Gigetta Dalli Regoli: Disegni e incisioni. Alcune ipotesi per Raffaellino del Garbo, in: Critica d'Arte, Serie 8, Jg. 62 (1999), Nr. 3, S. 60–72.

Dalli Regoli 2010
Gigetta Dalli Regoli: Al centro del disegno. Ricerche ed esperienze in fogli fiorentini del secondo Quattrocento, Pisa 2010.

Daly Davis 1980
Margaret Daly Davis: Carpaccio and the Perspective of Regular Bodies, in: Marisa Dalai Emiliani (Hg.): La prospettiva rinascimentale, Mailand 1980, S. 183–200.

De Benedictis 1979
Christina De Benedictis: La pittura senese, 1330–1370, Florenz 1979.

Degenhart/Schmitt 1960
Bernhard Degenhart und Annegrit Schmitt: Gentile da Fabriano in Rom und die Anfänge des Antikenstudiums, in: Münchner Jahrbuch der bildenden Kunst 11 (1960), S. 59–151 (I. Bernhard Degenhart: Ein Musterblattkomplex Gentiles und seiner Schüler, S. 59–90; II. Annegrit Schmitt: Gentile da Fabriano und der Beginn der Antikennachzeichnung, S. 91–146).

Degenhart/Schmitt 2004
Bernhard Degenhart und Annegrit Schmitt in Zusammenarbeit mit Hans-Joachim Eberhardt: Das Taccuino di Viaggio, ein Reisemusterbuch der Pisanello-Werkstatt als frühes Zeugnis enger Arbeitsgemeinschaft, 2 Bde., München 2004 (= Corpus der italienischen Zeichnungen 1300–1450, 3, 1–2).

Degler 2014
Anna Degler: Parergon. Attribut, Material und Fragment in der Bildästhetik des Quattrocento, Paderborn 2014 (im Druck).

Del Grosso 2010
Andrea del Grosso: Croci Processionali. Il tipo a bracci patenti nel Medievo, Poggio a Caiano 2010.

Delogu 2012
Giovanni Luca Delogu: L'anima e la carne, La decorazione della Cappella Nova, in: Ausst.-Kat. Perugia/Orvieto/Città di Castello 2012, S, 87–95.

De Marchi 1999
Andrea de Marchi, in: G. Sarti: Trente-trois primitifs italiens de 1310 à 1500: du Sacré au Profane, Paris 1999, S. 74–79.

De Marchi 2013a
Andrea de Marchi: Im Laufe der Zeit: la »Pietà« di Giovanni Bellini, in: Ausst.-Kat. Mailand 2012/13, S. 17–71.

De Marchi 2013b
Andrea De Marchi: La percezione panottica delle »camerae pictae« profane di età gotica in Italia superiore, in: Serena Romano und Denise Zaru (Hg.): Arte di corte in Italia del Nord. Programmi, modelli, artisti (1330–1402 ca.), Rom 2013, S. 437–464.

De Nicolò Salmazo 1993
Alberta De Nicolò Salmazo: Il soggiorno Padovano di Andrea Mantegna, Padua 1993 (= Biblioteca d'arte veneta, Bd. 1).

De Nicolò Salmazo 2004
Alberta De Nicolò Salmazo: Andrea Mantegna, Mailand 2004.

Dittrich 1987
Christian Dittrich: Vermißte Zeichnungen des Kupferstich-Kabinetts Dresden, Dresden 1987.

Dittrich 1996
Christian Dittrich: Hercules Segers ... extrêmement rare. Kurzer Bericht der Erwerbungen seiner Radierungen für die Dresdener Sammlungen, in: Dresdener Kunstblätter 40 (1996), Heft 4, S. 110–115.

Dittrich 2010
Christian Dittrich: Die Zeichnungssammlung Gottfried Wagner. Eine barocke Privatsammlung im Kupferstich-Kabinett Dresden und der Versuch ihrer Rekonstruktion, in: Martin Schuster und Thomas Ketelsen (Hg.): Heinrich von Heineken. Beiträge zur Geschichte des Dresdner Kupferstich-Kabinetts im 18. Jahrhundert, Dresden 2010, S. 15–61.

Donnithorne/Russell 2012
Alan Donnithorne und Joanna Russell: An Investigation of the ›Faded‹ Metalpoint Drawings by Leonardo da Vinci in the Royal Collection, Windsor, in: Leonardo da Vinci's Technical Practice. Paintings, Drawings and Influence, Internationale Konferenz des CHARISMA-Projekts, London, National Gallery, 9. Januar 2012 (im Druck).

Dubois 2010
Monique Dubois: Zentralperspektive in der Florentinischen Kunstpraxis des 15. Jahrhunderts, Petersberg 2010 (= Diss. Univ. Zürich 2008).

Dunkerton 1999
Jill Dunkerton: Nord e Sud: techniche pittoriche nella Venezia rinascimentale, in: Bernard Aikema und Beverly Louise Brown (Hg.): Il Rinascimento a Venezia e la pittura del Nord ai tempi di Bellini, Dürer, Tiziano, Mailand 1999, S. 93–103.

Dussler 1949
Luitpold Dussler: Giovanni Bellini, Wien 1949.

Duval 1998
Alain Duval: L'analyse des matériaux des dessins de Pisanello, in: Dominique Cordellier und Bernadette Py (Hg.): Pisanello. Actes du colloque organisée au musée du Louvre par le Service culturel les 26, 27 et 28 juin 1996, Bd. 2, Paris 1998, S. 683–710.

Duval 1999
Alain Duval: Pixe Analysis of Metalpoint Drawings, in: 6th International Conference on Non-Destructive Testing, Microanalytical Methods and Environmental Evaluation for Study and Conservation of Work of Art, Kongressakten, Rom 1999, S. 1007–1022.

Duval/Guicharnaud/Dran 2004
Alain Duval, Hélène Guicharnaud und J. C. Dran: Particle Induced X-ray Emission. A Valuable Tool for the Analysis of Metalpoint Drawings, in: Nuclear Instruments and Methods in Physics Research, Section B, 226 (2004), S. 60–74.

Ebert 1963
Hans Ebert: Kriegsverluste der Dresdener Gemäldegalerie. Vernichtete und vermisste Werke, Dresden 1963.

Eclercy 2009
Bastian Eclercy: »Granare«: Zur historischen Terminologie des Goldgrunddekors im Traktat des Cennino Cennini, in: Mitteilungen des Kunsthistorischen Institutes in Florenz 51 (2007), S. 539–554.

Edgerton 2002
Samuel Y. Edgerton: Die Entdeckung der Perspektive, übers. von Heinz Jatho, München 2002 (zuerst erschienen als: The Renaissance Rediscovery of Linear Perspective, New York 1975).

Eliade 1997
Mircea Eliade: Enciclopedia delle religioni, 1997 Mailand, Bd. 4.

Eörsi 2001
Anna Eörsi: Puer abige muscas! Remarks on Renaissance Flylology, in: Acta Historiae Artium 42 (2001), S. 7–22.

Erfen/Schmitt 1995
Giovanni Boccaccio: De claris mulieribus. Die großen Frauen. Lateinisch/Deutsch, ausgewählt, übers. und komm. von Irene Erfen und Peter Schmitt, Stuttgart 1995.

Fahy 1976
Everett Fahy: Some Followers of Domenico Ghirlandaio, NewYork/London 1976, S. 215–219.

Faietti 1990
Marzia Faietti: Jacopo da Bologna. Per una ricostruzione del corpus dei disegni, in: Bollettino d'Arte 75 (1990), Nr. 62–63, S. 97–110.

Faietti 2012
Marzia Faietti: Giovani pensierosi. Intrecci tra Natura e Antico, in: Michael W. Kwakkelstein und Lorenza Duval (Hg.): From Pattern to Nature in Italian Renaissance Drawing: Pisanello to Leonardo, Florenz 2012, S. 103–119.

Faietti/Scaglietti Kelescian 1995
Marzia Faietti und Daniela Scaglietti Kelescian: Amico Aspertini, Modena 1995.

Falchetti 1969
Antonia Falchetti: La pinacoteca Ambrosiana, Venedig 1969.

Farinella 1999
Vincenzo Farinella: Disegni all'antica fra Padova e Mantova. Un riesame del ›Codice del Mantegna‹ di Berlino (con alcune osservazioni sulla cultura antiquaria di Bernardino da Parenzo), in: Alberta De Nicolò Salmazo (Hg.): Francesco Squarcione. »Pictorum gymnasiarcha singularis«. Atti delle Giornate di studio Padova, 10–11 febbraio 1998, Padua 1999, S. 245–272, Abb. 191–198.

Fattorini 2012
Gabriele Fattorini (Hg.): Sano di Pietro: qualità, devozione e pratica nella pittura sienese del Quattrocento. Giornate di studio nel sesto centenario della nascita 5 dicembre 2005, Mailand 2012.

Fehrenbach 1997
Frank Fehrenbach: Licht und Wasser. Zur Dynamik naturphilosophischer Leitbilder im Werk Leonardo da Vincis, Tübingen 1997.

Ferino Pagden 1981
Sylvia Ferino Pagden: Gli affreschi della ›Madonnuccia‹ in San Martino in Campo e l'enigma di Andrea d'Assisi detto l'Ingegno, in: Esercizi, Heft 4 (1981), S. 68–85.

Ferrari 1990
Simone Ferrari: Jacopo de' Barbari. Un protagonista del Rinascimento tra Venezia e Dürer, Florenz 1990.

Ferretti 1993
Massimo Ferretti: In cerca di Guido Aspertini, in: Arte a Bologna. Bollettino dei musei civici d'arte antica 3 (1993), S. 35–63.

Filarete 1972
Antonio Averlino detto Il Filarete: Trattato di architettura, hg. von Anna Maria Finoli, 2 Bde., Mailand 1972.

Fiocco 1932
Giuseppe Fiocco: Un affresco di Bernardo Parenzano, in: Bollettino d'arte, Jg. 25, Serie III, Fasz. 10 (Juni 1932), S. 433–439.

Fiocco 1950
Giuseppe Fiocco: Disegni di Stefano da Verona, in: Proporzioni. Studi di Storia dell'Arte 3 (1950), S. 56–64.

Fischel 1917
Oskar Fischel: Die Zeichnungen der Umbrer, in: Jahrbuch der Königlich Preußischen Kunstsammlungen, Beiheft zu Bd. 38 (1917), S. 1–188.

Fischer 1990
Chris Fischer: The Young Fra Bartolommeo and the Temptation of St. Antony, in: Villads Villadsen u. a. (Hg.): Festschrift to Erik Fischer. European Drawings from Six Centuries, Kopenhagen 1990, S. 315–340.

Fischer 2014
Sören Fischer: Das Landschaftsbild als gerahmter Ausblick in den venezianischen Villen des 16. Jahrhunderts. Sustris, Padovano, Veronese, Palladio und die illusionistische Landschaftsmalerei, Petersberg 2014.

Folin 2011
Marco Folin (Hg.): Courts and Courtly Arts in Renaissance Italy. Arts, Culture and Politics, 1395–1530, Woodbridge, Suffolk/Mailand 2011.

Forlani Tempesti/Capretti 1996
Anna Forlani Tempesti/Elena Capretti: Piero di Cosimo. Catalogo completo, Florenz 1996.

Fortunati Pietrantonio 1986
Vera Fortunati Pietrantonio: Pittura bolognese del '500, Bd. 1, Bologna 1986.

Fossaluzza 2012
Giorgio Fossaluzza: Vittore Carpaccio a Pozzale di Cadore 1519. Le ultime opere per Venezia, Istria e Cadore, mit Beiträgen von Marta Mazza und Gianluca Poldi, Treviso 2012.

Franklin 2000
Margaret Franklin: Mantegna's ›Dido‹. Faithful Widow or Abandoned Lover?, in: Artibus et Historiae 21 (2000), Nr. 41, S. 111–122.

Freedberg 1989
David A. Freedberg: The Power of Images: Studies in the History and Theory of Response, Chicago u. a. 1989.

Frenzel 1846
Johann Georg Abraham Frenzel: Die Kunstsammlung des Freiherrn C. F. L. F. von Rumohr [...] (Lübeck, 1864), in: Carl Friedrich von Rumohr: Sämtliche Werke, Bd. 16, hg. von Enrica Yvonne Dilk, Hildesheim/Zürich/New York 2005.

Frey 1952
Dagobert Frey: Giotto und die Maniera Greca. Bildgesetzlichkeit und psychologische Deutung, in: Wallraf-Richartz-Jahrbuch 14 (1952), S. 73–98.

Fricke/Krass 2015
Beate Fricke und Urte Krass (Hg.): Das Publikum im Bild. Beiträge aus der Kunst der Antike, des Islam, aus Byzanz und dem Westen, Berlin 2015 (im Druck).

Frosini 1997
Fabio Frosini: Pittura come filosofia. Note su »spirito« e »spirituale« in Leonardo, in: Achademia Leonardi Vinci 10 (1997), S. 35–59.

Frosinini/Montalbano/Piccolo 2008
Cecilia Frosinini, Letizia Montalbano und Michela Piccolo (Hg.): Leonardo e Raffaello, per esempio. Disegni e studi d'artista, Florenz 2008.

Gaeta 2013
Marcello Gaeta: Giotto und die »croci dipinte« des Trecento: Studien zu Typus, Genese und Rezeption; mit einem Katalog der monumentalen Tafelkreuze des Trecento (ca. 1290–1400), Münster 2013.

Gaier 2007
Martin Gaier: Terribilità, in: Kritische Berichte 3 (2007), S. 18–22.

Gaillard 1923
Émile Gaillard: Un peintre siennois aux XVe siècle, Sano di Pietro, 1406–1481, Chambéry 1923.

Gargan 1978
Luciano Gargan: Cultura e arte nel Veneto al tempo del Petrarca, Padua 1978.

Garrison 1949
Edward B. Garrison: Italian Romanesque Panel Painting. An Illustrated Index, Florenz 1949.

Garzelli 1973
Annarosa Garzelli: Il ricamo nella attività artistica di Pollaiuolo, Botticelli, Bartolomeo di Giovanni, Florenz 1973.

Geiger 2003
Joseph Geiger: Some Reflexions on Renaissance Halls of Fame and their Ancient Models, in: Barzanò 2003, S. 353–362.

Ghiberti 1998
Lorenzo Ghiberti: I Commentarii, hg. von Lorenzo Bartoli, Florenz 1998.

Gilbert 1988
Creighton E. Gilbert: L'arte del Quattrocento nelle testimonianze coeve, Florenz 1988.

Goffen 1975
Rona Goffen: Icon and Vision: Giovanni Bellini's Half-Length Madonnas, in: The Art Bulletin 57 (1975) S. 487–518.

Goffen 1989
Rona Goffen: Giovanni Bellini, New Haven/London 1989.

Grafton 1999
Anthony Grafton: ›Historia‹ and ›Istoria‹. Alberti's Terminology in Context, in: I Tatti Studies 8 (1999), S. 37–68.

Graul 2010
Jana Graul: An der Schwelle zur Malerei. Farbige Träger in der Florentiner Zeichenpraxis bis 1500, in: Marburger Jahrbuch für Kunstwissenschaft 37 (2010), S. 73–119.

Greenstein 1997
Jack M. Greenstein: On Alberti's »Sign«: Vision and Composition in Quattrocento Painting, in: The Art Bulletin 79 (1997), S. 669–698.

Gruner 1862
Ludwig Gruner: Verzeichniss der im Königlichen Museum zu Dresden aufgestellten Original-Zeichnungen Alter und Neuer Meister, Dresden 1862.

Guerrini 2003
Roberto Guerrini: Dagli Uomini Famosi alla Biografia Dipinta: »topos« e »parádeigma« nella pittura murale del Rinascimento, in: Pfisterer/Seidel 2003, S. 182–196.

Hager 1962
Hellmut Hager: Die Anfänge des italienischen Altarbildes. Untersuchungen zur Entstehungsgeschichte des toskanischen Hochaltarretabels, München 1962.

Hahn u. a. 2005
Oliver Hahn u. a.: Zeichenmaterialien des 15. Jahrhunderts, in: Ausst.-Kat. Dresden 2005, S. 228–232.

Heinemann 1962
Fritz Heinemann: Giovanni Bellini e i Belliniani, 2 Bde., Venedig 1962.

Henning 1998
Andreas Henning: Die Physiognomie der Vision, Inspiration und Anbetung, in: Ausst.-Kat. Dresden 1998/99, S. 17–28.

Henning 2005
Andreas Henning: Der »Heilige Sebastian« von Antonello da Messina. Ein Kunststück der Renaissance, in: Ausst.-Kat. Dresden 2005/06, S. 7–24.

Henning 2006
Andreas Henning: Die »Heilige Familie« von Andrea Mantegna und die Sprache der Andachtsbilder in der Frührenaissance, in: Ausst.-Kat. Dresden 2006, S. 7–32.

Henning 2011
Andreas Henning: From Sacred to Profane Cult Image. On the Display of Raphael's Sistine Madonna in Dresden, in: Gail Feigenbaum und Sybille Ebert-Schifferer (Hg.): Sacred Possessions. Collecting Italian Religious Art 1500–1900, Los Angeles 2011, S. 171–188.

Henry 2012
Tom Henry: The Life and Art of Luca Signorelli, New Haven/London 2012.

Hetzer 1941
Theodor Hetzer: Giotto. Seine Stellung in der europäischen Kunst, Frankfurt am Main 1941.

Hill 1930
George Francis Hill: A Corpus of Italian Medals of the Renaissance Before Cellini, 2 Bde., London 1930.

Hiller von Gaertringen 1999
Rudolf Hiller von Gaertringen: Raffaels Lernerfahrungen in der Werkstatt Peruginos. Kartonverwendung und Motivübernahme im Wandel, München/Berlin 1999.

Hiller von Gaertringen 2004
Rudolf Hiller von Gaertringen: Italienische Gemälde im Städel 1300–1550. Toskana und Umbrien, Mainz 2004.

Hiller von Gaertringen 2011
Rudolf Hiller von Gaertringen: Vasari und Perugino. Die Geschichte einer Verleumdung, in: Ausst.-Kat. München 2011/12, S. 107–127.

Hipp 2010
Elisabeth Hipp: Eine »verschollene« Florentiner Predellentafel in Dresden, in: Dresdener Kunstblätter 54 (2010), S. 4–15.

Holmes 2013
Megan Holmes: The Miraculous Image in Renaissance Florence, New Haven/London 2013.

Horne 1908
Herbert Horne: Alessandro Filipepi, Commonly Called Sandro Botticelli. Painter of Florence, London 1908.

Hübner 1856
Julius Hübner: Verzeichniss der Königlichen Gemälde-Gallerie zu Dresden. Mit einer historischen Einleitung und Notizen über die Erwerbung der einzelnen Bilder, Dresden 1856 [auch in franz. Übersetzung].

Hübner 1862
Julius Hübner: Verzeichniss der Königlichen Gemälde-Gallerie zu Dresden. Mit einer historischen Einleitung, Notizen über die Erwerbung und Angabe der Bezeichnung der einzelnen Bilder, Dresden 1862 (»Zweite wesentlich vermehrte Auflage«) [auch in franz. Übersetzung].

Hübner 1872
Julius Hübner: Verzeichniss der Königlichen Gemälde-Gallerie zu Dresden. Mit einer historischen Einleitung, Notizen über die Erwerbung und Angabe der Bezeichnung der einzelnen Bilder, Dresden 1872 (»Vierte wesentlich vermehrte Auflage«).

Hübner 1876
Julius Hübner: Verzeichniss der Königlichen Gemälde-Gallerie zu Dresden. Mit einer historischen Einleitung, Notizen über die Erwerbung und Angabe der Bezeichnung der einzelnen Bilder, Dresden 1876 (»Wesentlich vermehrter Neudruck der vierten Auflage«).

Hübner 1880
Julius Hübner: Verzeichniss der Königlichen Gemälde-Gallerie zu Dresden. Mit einer historischen Einleitung, Notizen über die Erwerbung und Angabe der Bezeichnung der einzelnen Bilder, Dresden 1880 (»Fünfte wesentlich vermehrte Auflage«) [auch in engl. und franz. Übersetzung].

Hueck 1990
Irene Hueck: La tavola di Duccio a la Compagnia delle Laudi di Santa Maria Novella, in: La maestà di Duccio restaurata, Gli Uffizi. Studi e Ricerche 6 (1990), S. 33–46.

Humfrey 1983
Peter Humfrey: Cima da Conegliano, Cambridge 1983.

Humfrey 1993
Peter Humfrey: The Altarpiece in Renaissance Venice, New Haven/London 1993.

Humfrey 1994
Peter Humfrey: The Bellini, the Vivarini and the Beginnings of the Renaissance Altarpiece in Venice, in: Eve Borsook (Hg.): Italian Altarpieces 1250–1550, Function and Design, Oxford 1994, S. 139–176.

Huse 1972
Norbert Huse: Studien zu Giovanni Bellini, Berlin/New York 1972.

Huse/Wolters 1996
Norbert Huse/Wolfgang Wolters: Venedig, Die Kunst der Renaissance, München 1996.

Imdahl 1996
Max Imdahl: Giotto, Arenafresken. Ikonographie, Ikonologie, Ikonik, München 1996.

Jahrbuch der SKD 1959
Jahrbuch der Staatlichen Kunstsammlungen Dresden 1959.

Jahrbuch der SKD 1961–1962
Jahrbuch der Staatlichen Kunstsammlungen Dresden 1961–1962.

Jahrbuch der SKD 1972–1975
Jahrbuch der Staatlichen Kunstsammlungen Dresden 1972–1975 (1976).

Jahrbuch der SKD 1976–1977
Jahrbuch der Staatlichen Kunstsammlungen Dresden 1976–1977 (1978).

Janitschek 1876
Hubert Janitschek: Leon Battista Alberti's Kleinere kunsttheoretische Schriften. Quellenschriften für Kunstgeschichte, Bd. 11, Wien 1876.

Jones 2002
Lars R. Jones: Visio Divina? Donor Figures and Representations of Imagistic Devotion: The Copy of the »Virgin of Bagnolo« in the Museo dell'Opera del Duomo, Florence, in: Victor M. Schmidt (Hg.): Italian Panel Painting of the Duecento and Trecento (= Studies in the History of Art, Bd. 61), New Haven u. a. 2002, S. 31–55.

Jong 2009
Jan L. De Jong: Dido in Italian Renaissance Art. The Afterlife of a Tragic Heroine, in: Artibus et Historiae 30 (2009), Nr. 59, S. 73–89.

Kaftal 1952
George Kaftal: Iconography of the Saints in Tuscan Painting, Florenz 1952.

Kanter/Henry 2002
Laurence Kanter und Tom Henry: Luca Signorelli, München 2002.

Karet 2002
Evelyn Karet: The Drawings of Stefano da Verona and his Circle and the Origins of Collecting in Italy: A Catalogue Raisonné, Philadelphia/Verona 2002.

Karet 2014
Evelyn Karet: The Antonio II Badile Album of Drawings: The Origins of Collecting Drawings in Early Modern Northern Italy, Farnham/Burlington 2014.

Kat. Dresden 1979
Gemäldegalerie Alte Meister Dresden. Katalog der ausgestellten Werke, hg. von den Staatlichen Kunstsammlungen Dresden, Dresden 1979.

Kat. Dresden 1992
Gemäldegalerie Alte Meister Dresden. Katalog der ausgestellten Werke, Redaktion Angelo Walter, Leipzig 1992.

Kecks 1988
Ronald Kecks: Madonna und Kind. Das häusliche Andachtsbild im Florenz des 15. Jahrhunderts, Berlin 1988.

Kecks 2000
Ronald G. Kecks: Domenico Ghirlandaio und die Malerei der Florentiner Renaissance, Berlin 2000.

Kemp 1977
Martin Kemp: From »mimesis« to »fantasia«: the Quattrocento Vocabulary of Creation, Inspiration and Genius in the Visual Arts, in: Viator 8 (1977), S. 347–398.

Kemp 1992
Wolfgang Kemp (Hg.): Der Betrachter ist im Bild. Kunstwissenschaft und Rezeptionsästhetik, Berlin 1992.

Kemp 1995
Martin Kemp: Spirals of Life: D'Arcy Thompson and Theodore Cook, with Leonardo and Dürer in Retrospect, in: Physics 32 (1995), S. 37–54.

Kemp 1996
Wolfgang Kemp: Die Räume der Maler. Zur Bilderzählung seit Giotto, München 1996.

Ketelsen 2010
Thomas Ketelsen: Letzte Amtsgeschäfte, in: Jeroen Giltaij (Red.): Mélanges pour Marie. Album amicorum t.g.v. het afscheid van Màrìa van Berge-Gerbaud als directeur van de Fondation Custodia Parijs, Paris 2010, S. 39–41.

Ketelsen u. a. 2005
Thomas Ketelsen u. a.: New Information on Jan van Eyck's Portrait Drawing in Dresden, in: The Burlington Magazine 147 (2005), Nr. 1224, S. 170–175.

Kirn 1925
Paul Kirn: Friedrich der Weise und Jacopo de' Barbari, in: Jahrbuch der Preußischen Kunstsammlungen 46 (1925), S. 130–134.

Klesse 1973
Brigitte Klesse: Katalog der italienischen, französischen und spanischen Gemälde bis 1800 im Wallraf-Richartz-Museum, Köln 1973 (= Kataloge des Wallraf-Richartz-Museums, Bd. 6).

Knab/Mitsch/Oberhuber 1983
Eckhart Knab, Erwin Mitsch und Konrad Oberhuber unter Mitarbeit von Sylvia Ferino-Pagden: Raphael. Die Zeichnungen. Mit einem Geleitwort von Walter Koschatzky, Stuttgart 1983.

Koch 1957
Heinrich Koch (Hg.): Michelangelo. Briefe, Gedichte, Gespräche, Frankfurt am Main 1957.

Köhren-Jansen 1993
Helmtrud Köhren-Jansen: Giottos Navicella: Bildtradition, Deutung, Rezeptionsgeschichte, Worms 1993.

Körner 2006
Hans Körner: Botticelli, Köln 2006.

Kristeller 1902
Paul Kristeller: Andrea Mantegna, Berlin 1902.

Krüger 2003
Klaus Krüger: Das Bild als Schleier des Unsichtbaren. Ästhetische Illusion in der Kunst der frühen Neuzeit in Italien, München 2003.

Krüger 2007
Klaus Krüger: Bild und Bühne. Dispositive des imaginären Blicks, in: Ingrid Kasten und Erika Fischer-Lichte (Hg.): Transformationen des Religiösen. Performativität und Textualität im geistlichen Spiel, Berlin/New York 2007, S. 218–234.

Krüger 2008
Klaus Krüger: Von der Pala zum Polyptychon: Das Altarbild als Medium religiöser Kommunikation, in: Ausst.-Kat. Berlin 2008, S. 179–199.

Kruse 2000
Christiane Kruse: Fleisch werden – Fleisch malen: Malerei als »incarnazione«. Mediale Verfahren des Bildwerdens im ›Libro dell'Arte‹ von Cennino Cennini, in: Zeitschrift für Kunstgeschichte 63 (2000), S. 305–325.

Kruse 2003
Christiane Kruse: Wozu Menschen malen: Historische Begründungen eines Bildmediums, München 2003.

Kubersky-Piredda 2003
Susanne Kubersky-Piredda: Immagini devozionali nel Rinascimento Fiorentino. Commercio, prezzi, in: Marcello Fantoni, Louisa C. Matthew und Sara Matthews-Grieco (Hg.): The Art Market in Italy, 15th–17th Centuries. Il mercato dell Arte in Italia, Secc. XV–VII, Modena 2003, S. 115–125.

Kuhlmann-Hodick 2004
Petra Kuhlmann-Hodick: Der Einzug des Kupferstich-Kabinetts in Sempers Galeriegebäude 1856, in: Dresdener Kunstblätter. Zweimonatsschrift der Staatlichen Kunstsammlungen Dresden 48 (2004), Heft 1, S. 31–37.

Kuhn 2011
Rudolf Kuhn: Studienkunst vs. Phantasiekunst Leonardo, Tizian und die Naturwirklichkeit. Ein Versuch zur Geschichte der Kunst italienischer Maler zwischen 1300 und 1570, Frankfurt am Main u. a. 2011.

Kwakkelstein 1994
Michael W. Kwakkelstein: Leonardo da Vinci as a Physiognomist. Theory and Drawing Practice, Leiden 1994.

Lacher 2005
Raimar F. Lacher: Solly, Hirt und die frühe italienische Malerei. Ein Kapitel aus der Gründungsgeschichte der Berliner Gemäldegalerie, in: Ausst.-Kat. Berlin 2005/06, S. 20–25.

La Malfa 2008a
Claudia La Malfa: La cappella Bufalini e lo stile all'antica nelle pareti dipinte di Pintoricchio a Roma, in: Ausst.-Kat. Perugia/Spello 2008, S. 59–67.

La Malfa 2008b
Claudia La Malfa: Invenzion , modelli e copie: Pintoricchio disegnatore e il rapporto con Perug no, la bottega umbra del primo rinascimento e Raffaello, in: Ausst.-Kat. Perugia/Spello 2008, S. 347–363.

La Malfa 2009
Claudia La Malfa: Pintoricchio a Roma. La secuzione dell'antico, Mailand 2009.

Lancilotti 1885
Francesco Lancilotti: Trattato di Pittura, hg. von Filippo Raffaelli, Recanati 1885.

Lavin/Plummer 1977
Irving Lavin und John Plummer (Hg.): Studies in Late Medieval and Renaissance Painting in Honor of Millard Meiss, 2 Bde., New York 1977.

LCI
Lexikon der christlichen Ikonographie, begr. von Engelbert Kirschbaum, 8 Bde., Freiburg im Breisgau 1968–1976.

Leonardo 1995
Leonardo da Vinci: Libro di Pittura. Edizione in facsimile del Codice Urbinate lat. 1270 nella Biblioteca Apostolica Vaticana, hg. von Carlo Pedretti, Bd. 2, Florenz 1995.

Leoncini 1979
Giovanni Leoncini: La certosa di Firenze nei suoi rapporti con l'architettura certosina, Salzburg 1979.

Levenson 1978
Jay A. Levenson: Jacopo de' Barbari and Northern Art of the Early Sixteenth Century, New York 1978.

Lightbown 1978
Ronald Lightbown: Sandro Botticelli. Life and Work, 2 Bde., London 1978.

Lightbown 1986
Ronald Lightbown: Mantegna. With a Complete Catalogue of the Paintings, Drawings and Prints, Oxford 1986.

Lisner 1970
Margit Lisner: Holzkruzifixe in Florenz und in der Toskana von der Zeit um 1300 bis zum frühen Cinquecento, München 1970.

Livius/Hillen 1991
Titus Livius: Römische Geschichte, Lateinisch/Deutsch, hg. von Hans Jürgen Hillen, 11 Bde., Darmstadt 1991.

Löhr 2007
Wolf-Dietrich Löhr: Die Perle im Acker. Francesco di Vannuccios Berliner Kreuzigung und die Eröffnung der Wunden, in: Stefan Weppelmann (Hg.): Zeremoniell und Raum in der frühen italienischen Malerei, Berlin 2007, S. 160–183.

Löhr 2008a
Wolf-Dietrich Löhr: Dantes Täfelchen, Cenninis Zeichenkiste. Ritratto, disegno und fantasia als Instrumente der Bilderzeugung im Trecento, in: Haiko Wandhoff (Hg.): Kunst der Imagination. Sprachliche Visualisierungsstrategien im Mittelalter (= Das Mittelalter. Perspektiven mediävistischer Forschung. Zeitschrift des Mediävistenverbandes, Sonderheft), Berlin 2008, S. 148–179.

Löhr 2008b
Wolf-Dietrich Löhr: Handwerk und Denkwerk des Malers. Kontexte für Cenninis Theorie der Praxis, in: Ausst.-Kat. Berlin 2008, S. 153–176.

Logan 1901
Mary Logan: Compagno di Pesellino et quelques peintures de l'école, in: Gazette des Beaux-Arts 26 (1901), S. 28–34.

Longhi 1940
Roberto Longhi: Fatti di Masolino e di Masaccio, in: Critica d'Arte 5 (1940), 25/26, S. 145–191.

Lucco 1990
Mauro Lucco: La pittura nel Veneto. Il Quattrocento, Bd. 2, Mailand 1990.

Lugt
Frits Lugt: Les marques de collections de dessins & d'estampes. Marques estampillées et écrites de collections particulières et publiques. Marques de marchands, de monteurs et d'imprimeurs. Cachets de vente d'artistes décédés. Marques de graveurs apposées après le tirage des planches. Timbres d'édtion. Etc. Avec des notices historiques sur les collectionneurs, les collections, les ventes, les marchands et éditeurs, etc., Amsterdam 1921, Nachdruck mit Supplement Den Haag 1956.

Maaz 2013
Bernhard Maaz (Hg.): Das Kupferstich-Kabinett Dresden, mit Beiträgen von Michael Hering u. a., Berlin/München 2013.

Maginnis 1997
Hayden B. J. Maginnis: Painting in the Age of Giotto: A Historical Reevaluation, University Park, Pa. 1997.

Maginnis 2001
Hayden B. J. Maginnis: The World of the Early Sienese Painter, University Park, Pa. 2001.

Magirius/Marx 1992
Heinrich Magirius und Harald Marx: Gemäldegalerie Dresden. Die Sammlung Alte Meister. Der Bau Gottfried Sempers, Leipzig 1992.

Malaguzzi-Valeri 1913
Francesco Malaguzzi-Valeri: Un quadro del Carpaccio perduto, in: Rassegna d'arte 13 (1913), Nr. 4 (April), S. 72.

Manca 1992
Joseph Manca: The Art of Ercole de' Roberti, Cambridge u. a. 1992.

Manca 2000
Joseph Manca: Cosmé Tura. The Life and Art of a Painter in Estense Ferrara, Oxford 2000.

Marcelli 2005
Fabio Marcelli: Gentile da Fabriano, Mailand 2005.

Martindale 1961
Andrew Martindale: Luca Signorelli and the Drawings Connected with the Orvieto Frescoes, in: The Burlington Magazine 103 (1961), Nr. 699, S. 216–220.

Marx 2006/07
Harald Marx (Hg.): Gemäldegalerie Alte Meister Dresden. Illustriertes Gesamtverzeichnis, Redaktion Elisabeth Hipp, 2 Bde., Köln 2006/07.

Marx 2010
Barbara Marx: Diplomaten, Agenten, Abenteurer im Dienst der Künste. Kunstbeziehungen zwischen Dresden und Venedig, in: Barbara Marx und Andreas Henning (Hg.): Venedig – Dresden. Begegnung zweier Kulturstädte, Leipzig 2010, S. 10–67.

Marx/Plaßmeyer 2014
Barbara Marx und Peter Plaßmeyer (Hg.): Sehen und Staunen. Die Dresdner Kunstkammer von 1640, Berlin/München 2014.

Matauschek 2003
Katja Matauschek: Zerstörungsfreie In-situ-Untersuchungen an einem Gemälde. Möglichkeiten und Grenzen der Malschichtanalyse mit einem mobilen Mikro-RFA-Spektrometer, in: Restauro 109 (2003), S. 348–353.

Matthäi 1833
Friedrich Matthäi: Neues Orts- und Sachverzeichnis der Königlich-Sächsischen Gemälde-Gallerie zu Dresden, Dresden 1833.

Matthäi 1835
Friedrich Matthäi: Verzeichnis der Königlich Sächsischen Gemälde-Galerie zu Dresden. Erste Hauptabtheilung. Die Gemälde der inneren Galerie, der Abteilung H der äusseren Galerie und des Pastelcabinets, 2 Bde., Dresden 1835.

Matthäi 1843
Friedrich Matthäi: Verzeichniss der Königlichen Gemälde-Galerie zu Dresden, Dresden o. J. [1843].

Matthäi 1846
Friedrich Matthäi: Catalog der Königlichen Gemälde-Galerie zu Dresden, überarb. unter Julius Schnorr von Carolsfeld [?], Dresden 1846.

Matthäi 1852
Friedrich Matthäi: Catalogue des tableaux de la Galerie Royale de Dresde, überarb. unter Julius Schnorr von Carolsfeld [?], Dresden o. J. [1852?].

Meder 1923
Joseph Meder: Die Handzeichnung. Ihre Technik und Entwicklung, Wien 1923.

Melli 1998
Lorenza Melli: Nuove indagini sui disegni di Paolo Uccello agli Uffizi. Disegno sottostante, tecnica, funzione, in: Mitteilungen des Kunsthistorischen Institutes in Florenz 42 (1998), Nr. 1, S. 1–39.

Melli 2000
Lorenza Melli: Sui ›libri di disegni‹ di Benozzo Gozzoli. L'Assedio di Perugia degli Uffizi e gli Studi di teste dell'Accademia di Venezia, in: Mitteilungen des Kunsthistorischen Institutes in Florenz 44 (2000), Nr. 2/3, S. 169–192.

Melli 2001
Lorenza Melli: Luca Signorelli, disegnatore prospettico di figure. Un nuovo disegno e una riproposta, in: Klaus Bergdolt und Giorgio Bonsanti (Hg.): Opere e giorni. Studi su mille anni di arte europea dedicati a Max Seidel, Venedig 2001, S. 385–394.

Melli 2006
Lorenza Melli: I disegni italiani del Quattrocento nel Kupferstich-Kabinett di Dresda. Best.-Kat. Kupferstich-Kabinett Dresden, zugl. Ausst.-Kat. Florenz, Istituto Universitario Olandese di Storia dell'Arte, 15. September bis 5. November 2006, Florenz 2006.

Melli 2007
Lorenza Melli: Gherardo di Giovanni poliedrico artista alle prese col David del Verrocchio, in: Nicoletta Baldini (Hg.): Invisibile agli occhi. Atti della giornata di Studio in ricordo di Lisa Venturini, Firenze, Fondazione Roberto Longhi, 15. Dezember 2005, Florenz 2007, S. 37–43.

Melli 2008
Lorenza Melli: I disegni a due punte metalliche di Filippino Lippi. Una scelta funzionale, in: Marzia Faietti, Lorenza Melli und Alessandro Nova (Hg.): Le tecniche del disegno rinascimentale: dai materiali allo stile. Atti del convegno internazionale, Firenze, Kunsthistorisches Institut – Max-Planck-Institut, 22–23 settembre 2008 (= Mitteilungen des Kunsthistorischen Institutes in Florenz 52 (2008), Nr. 2/3), Florenz [2010], S. 88–108.

Melli 2009a
Lorenza Melli: Fra' Giovanni Angelico disegnatore, in: Ausst.-Kat. Rom 2009, S. 63–70.

Melli 2009b
Lorenza Melli: Verrocchio, gli studi per il *David* e il disegno del suo tempo, in: Guilhem Scherf und Cordélia Hattori (Hg.): Dessins de sculpteurs, Bd. 2 (Quatrièmes rencontres internationales du Salon du Dessin, 25 et 26 mars 2009), Paris, Dijon 2009, S. 31–39, Abb. S. 154–158, Nr. 1–13, Farbtaf. I.

Melli 2009c
Lorenza Melli: Botticelli als Zeichner: Seine Kopfstudien, in: Ausst.-Kat. Frankfurt am Main 2009/10, S. 98–109.

Melli 2012
Lorenza Melli: Il ruolo del Verrocchio nel disegno di figura. Dal modello alla natura per l'antico, in: Michael W. Kwakkelstein und Lorenza Melli (Hg.): From Pattern to Nature in Italian Renaissance Drawing. Pisanello to Leonardo. Proceedings of the International Conference, held at the Dutch University Institute for Art History, Florence, 6–7 May 2011, Florenz 2012, S. 121–135.

Melzer 2010
Christien Melzer: Von der Kunstkammer zum Kupferstich-Kabinett. Zur Frühgeschichte des Graphiksammelns in Dresden (1560–1738), Hildesheim u. a. 2010.

Michaelis 1995
Rainer Michaelis (Bearb.): Staatliche Museen zu Berlin – Preußischer Kulturbesitz. Dokumentation der Verluste, Bd. I: Verzeichnis der verschollenen und zerstörten Bestände der Gemäldegalerie, Berlin 1995.

Montalbano/Migliori 2005
Letizia Montalbano und Alessandro Migliori: The Preparation of Grounds in Italian Drawings from the 14th to the 16th Century. A Contribution to the Study of the Technique and to the Analysis of Material, in: Techné 22 (2005), S. 16–20.

Morelli 1880
Ivan Lermolieff [Giovanni Morelli]: Die Werke italienischer Meister in den Galerien von München, Dresden und Berlin. Ein kritischer Versuch, Leipzig 1880.

Morelli 1891
Ivan Lermolieff [Giovanni Morelli]: Kunstkritische Studien über italienische Malerei, Bd. 2 (Die Galerien zu München und Dresden), Leipzig 1891.

Morét 2008
Stefan Morét: Zur Technik von Antikennachzeichnungen im Quattrocento und frühen Cinquecento. Technik und Funktion im Wandel, in: Marzia Faietti, Lorenza Melli und Alessandro Nova (Hg.): Le tecniche del disegno rinascimentale. Dai materiali allo stile. Atti del convegno internazionale, Firenze, Kunsthistorisches Institut – Max-Planck-Institut, 22–23 settembre 2008 (= Mitteilungen des Kunsthistorischen Institutes in Florenz 52 (2008), Nr. 2/3), Florenz [2010], S. 23–44.

Mueller von der Haegen 2001
Anne Mueller von der Haegen: Die Darstellungsweise Giottos mit ihren konstitutiven Momenten Handlung, Figur und Raum im Blick auf das mittlere Werk, Braunschweig 2001.

Negro/Roio 1998
Emilio Negro und Nicosetta Roio: Francesco Francia e la sua scuola, Modena 1998.

Negro/Roio 2001
Emilio Negro und Nicosetta Roio: Lorenzo Costa: 1460–1535, Modena 2001.

Neidhardt 2012
Uta Neidhardt: Die Dresdner Gemäldesammlung zwischen Kuriositätenkabinett und Bildergalerie. Zur Geschichte der Entstehung, Formung und Präsentation einer bedeutenden Kunstsammlung, in: Dirk Syndram und Martina Minning (Hg.): Die kurfürstlich-sächsische Kunstkammer in Dresden. Geschichte einer Sammlung, Dresden 2012, S. 342–359.

Neilson 2009
Christina Neilson: Between and Across Media. Verrocchio's Creation of Meaning in his Workshop (= Diss. Univ. Baltimore 2009).

Nelson 2008
Jonathan Katz Nelson (Hg.): Plautilla Nelli (1524–1588). The Painter-Prioress of Renaissance Florence, New York 2008.

Nelson 2011
Jonathan Katz Nelson: An Inventory of Drawings by Filippino Lippi and his Circle (With Two Additions), in: John Garton und Diane Wolfthal (Hg.): New Studies on Old Masters. Essays in Renaissance Art in Honour of Colin Eisler, Toronto 2011.

Nova 2008
Alessandro Nova: Icona, racconto e dramatic close-up nei dipinti devozionali di Giovanni Bellini, in: Mauro Lucco und Giovanni C. F. Villa (Hg.): Giovanni Bellini, Mailand 2008, S. 105–115.

Oertel 1964
Robert Oertel: Der Laurentiusaltar aus dem Florentiner Dom. Zu einem Werk des Maestro del Bambino Vispo, in: Wolfgang Lotz u. a. (Hg.): Studien zur toskanischen Kunst. Festschrift für L. H. Heydenreich, München 1964, S. 205–220.

Offner/Boskovits/Neri Lusanna 1989
Richard Offner: The Works of Barndardo Daddi. A New Edition with Additional Material, Notes and Bibliography by Mikós Boskovits in Collaboration with Enrica Neri Lusanna, Florenz 1989 (= Richard Offner/ Klara Steinweg: A Critical and Historical Corpus of Florentine Painting, Bd. III.3).

O'Malley 2005
Michelle O'Malley: The Business of Art. Contracts and the Commissioning Process in Renaissance Italy, New Haven/London 2005.

O'Malley 2013
Michelle O'Malley: Painting under Pressure. Fame, Reputation and Demand in Renaissance Florence, New Haven/London 2013.

Ornato 2011
Ezio Ornato: Litiges concernant la propriété des filigranes, in: Ausst.-Kat. Paris 2011, S. 47–61.

Ortner 1998
Alexandra Ortner: Petrarcas »Trionfi« in Malerei, Dichtung und Festkultur. Untersuchung zur Entstehung und Verbreitung eines florentinischen Bildmotivs auf ›cassoni‹ und ›deschi da parto‹ des 15. Jahrhunderts, Weimar 1998 (= Diss. Univ. München 1997).

Panofsky 1927
Erwin Panofsky: Imago Pietatis. Ein Beitrag zur Typengeschichte des »Schmerzensmannes« und der »Maria Mediatrix«, in: Festschrift für Max J. Friedländer zum 60. Geburtstage, Leipzig 1927, S. 261–308.

Paolucci 1990
Antonio Paolucci: Luca Signorelli, Florenz 1990.

Papa 2005
Rodolfo Papa: La scienza della pittura di Leonardo: analisi del Libro di pittura, Mailand 2005.

Parenti 2008
Daniela Parenti: Giovanni da Milano. Capolavori del gotico fra Lombardia e Toscana, Florenz 2008.

Pasti 1988
Stefania Pasti: Nicolò V, l'Angelico e le antichità di Roma di Benozzo Gozzoli, in: Ausst.-Kat. Rom 1988, S. 135–141.

Patz 1986
Kristine Patz: Zum Begriff der ›Historia‹ in L. B. Albertis ›De pictura‹, in: Zeitschrift für Kunstgeschichte 49 (1986), S. 269–287.

Paula 2012
Doreen Paula: Raffael in Dresden. Vom kurfürstlichen Willen zur Kunstwissenschaft. Die Sixtinische Madonna im Spiegel der Kataloge und Inventare der Königlichen Gemäldegalerie, in: Ausst.-Kat. Dresden 2012, S. 74–81.

Pedretti 1989
Carlo Pedretti: Bewohntes Tuch, in: Ausst.-Kat. Paris 1989/90, S. 15–21.

Petrarca 2002
Pétrarque: Les remèdes aux deux fortunes, 2 Bde., hg., übers. und komm. von Cristophe Carraud, Grenoble 2002.

Petrarca 2014
Francesco Petrarca: De remediis utriusque fortunae (1354–1366): De tabulis pictis. Dialogus XL; De statuis. Dialogus XLI (FONTES 78), hg. und übers. von Georg Maurach und Claudia Echinger-Maurach, URL: http://archiv.ub.uni-heidelberg.de/artdok/volltexte/2014/2209 (abgerufen am 20. September 2014).

Pfisterer 2002a
Ulrich Pfisterer (Hg.): Die Kunstliteratur der italienischen Renaissance. Eine Geschichte in Quellen, Stuttgart 2002.

Pfisterer 2002b
Ulrich Pfisterer: Donatello und die Entdeckung der Stile 1430–1445, München 2002.

Pfisterer 2008a
Ulrich Pfisterer: Lysippus und seine Freunde. Liebesgaben und Gedächtnis im Rom der Renaissance oder: Das erste Jahrhundert der Medaille, Berlin 2008 (= Habil. Univ. Hamburg 2005/06).

Pfisterer 2008b
Ulrich Pfisterer: Cennino Cennini und die Idee des Kunstliebhabers, in: Hubert Locher und Peter J. Schneemann (Hg.): Grammatik der Kunstgeschichte. Sprachproblem und Regelwerk im ›Bild-Diskurs‹: Oskar Bätschmann zum 65. Geburtstag, Zürich/Emsdetten/Berlin 2008, S. 95–117.

Pfisterer/Seidel 2003
Ulrich Pfisterer und Max Seidel (Hg.): Visuelle Topoi. Erfindung und tradiertes Wissen in den Künsten der italienischen Renaissance, München/Berlin 2003.

Piccard 1961
Gerhard Piccard: Kronen-Wasserzeichen, Stuttgart 1961.

Pichler 2012
Wolfram Pichler: Ring und Verschlingung: Gedanken über einen »corpo nato della prospettiva di Leonardo Vinci«, in: Marzia Faietti und Gerhard Wolf (Hg.): Linea II. Giochi, metamorfosi, seduzioni della linea, Florenz 2012, S. 31–51.

Pons 1994
Nicoletta Pons: La fortuna figurativa dell'Adorazione Sassetti di Domenico Ghirlandaio in Santa Trinità, in: Wolfram Prinz und Max Seidel (Hg.): Domenico Ghirlandaio 1449–1494. Atti del convegno internazionale, Firenze 16–18 ottobre 1994, Florenz 1994, S. 165–174.

Pope-Hennessy 1948
John Pope-Hennessy: A Diptych by Francesco di Vannuccio, in: The Burlington Magazine 90 (1948), S. 136–141.

Popham/Pouncey 1950
A[rthur] E[wart] Popham und Philip Pouncey: Italian Drawings in the Department of Prints and Drawings in the British Museum. The Fourteenth and Fifteenth Centuries, 2 Bde. (Catalogue und Plates), London 1950.

Popp 1996
Dietmar Popp: Duccio und die Antike: Studien zur Antikenvorstellung und zur Antikenrezeption in der Sieneser Malerei am Anfang des 14. Jahrhunderts, München 1996.

Posse 1912
Hans Posse: Der Katalog der Königlichen Gemäldegalerie zu Dresden. Kleine Ausgabe, Dresden/Berlin 1912.

Posse 1920
Hans Posse: Der Katalog der Königlichen Gemäldegalerie zu Dresden. Kleine Ausgabe, Dresden 1920.

Posse 1927
Hans Posse: Katalog der Staatlichen Gemäldegalerie zu Dresden. Herausgegeben im Auftrage des Ministeriums für Volksbildung. Kleine Ausgabe, Dresden 1927 (11. Auflage).

Posse 1929
Hans Posse: Die Staatliche Gemäldegalerie zu Dresden. Vollständiges beschreibendes Verzeichnis der älteren Gemälde. Erste Abteilung. Die romanischen Länder, Italien, Spanien, Frankreich und Russland, Berlin/Dresden 1929.

Preising 1995–1997
Dagmar Preising: Bild und Reliquie. Gestalt und Funktion gotischer Reliquientafeln und -altärchen, in: Aachener Kunstblätter 61 (1995–1997), S. 13–84.

Procacci 1977
Ugo Procacci: Disegni per esercitazione degli allievi e disegni preparatori per le opera d'arte nella testimonianza del Cennini, in: Lavin/Plummer 1977, Bd. 1, S. 352–367.

Puppi 1963
Lionello Puppi: I pittori italiani nella rinnovata Pinacoteca di Dresda, in: Emporium. Rivista mensile d'arte e di cultura 69 (1963), S. 243–253.

Ragghianti 1975
Carlo Ludovico Ragghianti: Un libro di modelli. Botticelli, Filippino, Leonardo, Pollaiolo e altro, in: Ragghianti/Dalli Regoli 1975, S. 1–44.

Ragghianti/Dalli Regoli 1975
Carlo Ludovico Ragghianti und Gigetta Dalli Regoli: Firenze 1470–1480. Disegni dal modello, Pisa 1975.

Riedel/Wenzel 1765
Johann Anton Riedel und Christian Friedrich Wenzel: Catalogue des tableaux de la Galerie Electorale à Dresde, Dresden 1765.

Righi 1995
Nadia Righi: Giovanni Ambrogio Bevilacqua. Proposte per la cronologia e per il catalogo, in: Arte Cristiana 83 (1995), S. 179–196.

Ringbom 1984
Sixten Ringbom: Icon to narrative. The rise of the dramatic close-up in fifteenth-century devotional painting, Åbo 1984.

Robertson 1954
Gilles Robertson: Vincenzo Catena, Edinburgh 1954.

Roemer 2013
Lisa Roemer: Antike Bildwerke in der Romliteratur des Mittelalters und der Frühen Neuzeit, in: Ausst.-Kat. Göttingen 2013/14, S. 43–60.

Röper-Steinhauer 1992
Annett Röper-Steinhauer: Untersuchungen zur illusionistischen Bildintarsie der Brüder Lorenzo und Cristoforo Canozi da Lendinara, Frankfurt am Main u. a. 1992 (= Diss. Univ. Hamburg 1989).

Roettgen 1996
Steffi Roettgen: Wandmalerei der Frührenaissance in Italien, Bd. 1 (Anfänge und Entfaltung 1400–1470), München 1996.

Roettgen 1997
Steffi Roettgen: Wandmalerei der Frührenaissance in Italien, Bd. 2 (Die Blütezeit 1470–1510), München 1997.

Rohark 2007
Thomas Rohark: Intarsien. Entwicklung eines Bildmediums in der italienischen Renaissance, mit einer CD-ROM, Göttingen 2007.

Rosand 2000
David Rosand: ›Disegno‹, the Invention of an Art, in: Francesco Furlan (Hg.): Leon Battista Alberti. Actes du Congrès International de Paris, Sorbonne – Institut de France – Institut culturel italien – Collège de France, 10. bis 15. April 1995, Turin/Paris 2000, S. 545–553.

Ruhmer 1959
Eberhard Ruhmer: Francesco del Cossa, München 1959.

Sandberg-Vavalà 1929
Evelyn Sandberg-Vavalà: La croce dipinta italiana e l'iconografia della passione, Verona 1929.

Sander 2006
Jochen Sander: Die Predella. Der bevorzugte Ort der frühen Bilderzählung, in: Ausst.-Kat. Frankfurt am Main 2006, S. 107–129.

Saracino 2003
Francesco Saracino: Il nome dipinto: Jacopo de' Barbari, il Cristo e il Tetragramma, in: Venezia Cinquecento: studi di storia dell'arte e della cultura 13 (2003), S. 5–45.

Savettieri 1998
Chiara Savettieri: Antonello da Messina, mit einem Beitrag von Antonio Calca, Palermo 1998.

Scarpellini 1984
Pietro Scarpellini: Perugino, Mailand 1984.

Scarpellini 2004
Pietro Scarpellini: Il primo periodo romano, in: Pintoricchio, hg. von Pietro Scarpellini und Maria Rita Silvestrelli, Mailand 2004, S. 71–95.

Scarpellini 2008
Pietro Scarpellini: Gli esordi di Pintoricchio dall'apprendistato in patria al primo soggiorno romano, in: Ausst.-Kat. Perugia/Spello 2008, S. 38–45.

Schade 1996
Karl Schade: Andachtsbild. Die Geschichte eines kunsthistorischen Begriffs, Weimar 1996.

Schäfer 1860
Wilhelm Schäfer: Die Königliche Gemälde-Gallerie im Neuen Museum zu Dresden. Beschreibung und Erläuterung sämmtlicher Gemälde nach der Ordnung der Räume, begleitet von kunstgeschichtlichen und kritischen Erinnerungen, Bd. 2, Dresden 1860.

Scheller 1995
Robert W. Scheller: Exemplum. Model-Book Drawings and the Practice of Artistic Transmission in the Middle Ages (ca. 900–ca. 1470), übers. von Michael Hoyle, Amsterdam 1995.

Schlosser 1977
Julius von Schlosser: La letteratura artistica. Manuale delle fonti della storia dell'arte moderna, 3., von Otto Kurz erweiterte Edition, Florenz 1977.

Schmidt 2012
Victor M. Schmidt: Sano di Pietro »artigiano«: il reliquario di Dresda, in: Fattorini 2012, S. 131–137.

Schmitt 1974
Annegrit Schmitt: Zur Wiederbelebung der Antike im Trecento. Petrarcas Rom-Idee in ihrer Wirkung auf die Paduanische Malerei. Die methodische Einbeziehung des Münzbildnisses in die Ikonographie ›Berühmter Männer‹, in: Mitteilungen des Kunsthistorischen Institutes in Florenz 18 (1974), S. 167–218.

Schneckenburger-Broschek 1997
Anja Schneckenburger-Broschek: Altdeutsche Malerei. Die Tafelbilder und Altäre des 14.–16. Jahrhunderts in der Gemäldegalerie Alte Meister und im Hessischen Landesmuseum, Kassel 1997, S. 59–64.

Schnitzer 2007
Claudia Schnitzer: Das Dresdner Kupferstich-Kabinett im 18. Jahrhundert. Von der höfischen Vorlagen- und Dokumentationssammlung zum öffentlichen Kunstmuseum, in: Andreas W. Vetter (Hg.): Museen und fürstliche Sammlungen im 18. Jahrhundert. Internationales Kolloquium des Herzog Anton Ulrich-Museums Braunschweig und des Instituts für Kunstgeschichte der Martin-Luther-Universität Halle-Wittenberg, Braunschweig, 3. bis 5. März 2005, Braunschweig 2007, S. 110–117.

Schnitzer 2012
Claudia Schnitzer: Zwischen »Auszierung der Wände« und »Stufengang der Kupferstecherkunst«. Grafik-Dauerausstellungen im Dresdener Kupferstich-Kabinett von 1728 bis 1882 und ihre Bezüge zu Klebeband, Sammlungsrecueil und Tafelmontage, in: Jahrbuch der Staatlichen Kunstsammlungen Dresden, Berichte, Beiträge, Bd. 36, 2010 (2012), S. 51–61.

Schölzel 2008
Christoph Schölzel: Untersuchungen zur Maltechnik von Giovanni Ambrogio Bevilacquas Gemälde »Maria, das Kind anbetend« in der Dresdener Gemäldegalerie Alte Meister, in: Zeitschrift für Kunsttechnologie und Konservierung 22 (2008), S. 10–19.

Schölzel 2012
Christoph Schölzel: Gemäldegalerie Dresden. Bewahrung und Restaurierung der Kunstwerke von den Anfängen der Galerie bis 1876, Görlitz 2012.

Schopenhauer 1977
Arthur Schopenhauer: Die Welt als Wille und Vorstellung II, Erster Teilbd., Zürich 1977.

Schottmüller 1924
Frieda Schottmüller: Fra Angelico da Fiesole. Des Meisters Gemälde, Berlin/Leipzig 1924 (= Klassiker der Kunst, Bd. 18).

Schramm 1959
Percy Ernst Schramm: Die Bügelkrone, ein karolingisches Herrschaftszeichen, in: Festschrift für Karl Gottfried Hugelmann, 2 Bde., Aalen 1959, Bd. 2, S. 561–578.

Schrodi-Grimm 2009
Renate Schrodi-Grimm: Die Selbstmörderin als Tugendheldin. Ein frühneuzeitliches Bildmotiv und seine Rezeptionsgeschichte (= Diss. Univ. Göttingen 2009), URL: http://hdl.handle.net/11858/00-1735-0000-0006-B4A2-B (abgerufen am 20. Mai 2014).

Schwarz 2008
Michael Viktor Schwarz unter Mitarbeit von Michaela Zöschg: Giottus Pictor. Bd. 2: Giottos Werke, Wien/Köln/Weimar 2008.

Schwarz/Theis 2004
Michael Viktor Schwarz und Pia Theis: Giottus Pictor, Bd. 1: Giottos Leben, Wien/Köln/Weimar 2004.

Schweers 1994
Hans F. Schweers: Gemälde in deutschen Museen, Bd. 1: A–F, München 1994.

Schweikhart 2001
Gunter Schweikhart: Die Kunst der Renaissance. Ausgewählte Schriften, hg. von Ulrich Rehm und Andreas Tönnesmann, Köln/Weimar/Wien 2001.

Schweighart/Buddensieg 2001
Gunter Schweikhart und Tilmann Buddensieg: Falconetto als Zeichner, in: Schweikhart 2001, S. 21–33 [Nachdruck des Aufsatzes von 1970].

Seiler 2012
Peter Seiler: Giotto – das unerreichte Vorbild? Elemente antiker ›imititatio auctorum‹-Lehren in Cennino Cenninis Libro dell'arte, in: Ursula Rombach und ders. (Hg.): Imitatio als Transformation. Theorie und Praxis der Antikennachahmung in der Frühen Neuzeit, Petersberg 2012, S. 44–86.

Shaw 1934
James Byam Shaw: A Lost Portrait of Mantegna, and a Group of Paduan Drawings, in: Old Master Drawings. A Quarterly Magazine for Students and Collectors 9 (1934), Nr. 33, S. 1–7.

Shoemaker/Broun 1981
Innis H. Shoemaker und Elizabeth Broun: The Engravings of Marcantonio Raimond , Ausst.-Kat. Lawrence, The Spencer Museum of Art, 16. November 1981 bis 3. Januar 1982; Chapel Hill, The Ackland Art Museum, 10. Februar bis 28. März 1982; Wellesley MA, The Wellesley College Art Museum, 15. April bis 15. Juni 1982, Lawrence 1981.

Simari 2010
Maria Matilde Simari: Il Museo di Arte Sacra di San Donnino. Guida alla visita del museo e alla scoperta del territorio, Florenz 2010.

Simon 2011
Olaf Simon: »Dieses Loch mit blauer Luft aufzufüllen« – Die konservatorische Praxis im 18. Jahrhundert am Beispiel der niederländischen Zeichnungen, in: Best.-Kat. Dresden 2011, S. 89–105.

Sirén 1904
Osvald Sirén: Di alcuni pittori fiorentini che subirono l'influenza di Lorenzo Monaco. Il Maestro del Bambino Vispo, in: L'Arte 7 (1904), S. 349–352.

Skaug 1994
Erling S. Skaug: Punch Marks from Giotto to Fra Angelico: Attribution, Chronology, and Workshop Relationships in Tuscan Panel Painting: with Particular Consideration to Florence, c. 1330–1430, Oslo 1994.

Spagnolo 2000
Maddalena Spagnolo: La matita rossa come luce e colore. Verifiche sugli studi di teste di Leonardo e dei leonardeschi, in: Polittico 1 (2000), S. 65–82.

Spiazzi 1989
Anna Maria Spiazzi (Hg.): Giusto de' Menabuoi nel battistero di Padova, Triest 1989.

Spike 1996
John T. Spike: Fra Angelico, Mailand 1996.

Staderini 2008
Andrea Staderini: »Gentile, et in compositione di cose piccole eccellente«: Francesco di Stefano, detto il Pesellino (1422–1457), 2 Bde. (Diss. Univ. Florenz 2008).

Stagni 1986
Simonetta Stagni: Francesco Francia, in: Vera Fortunati Pierantonio (Hg.): Pittura Bolognese del '500, 2 Bde., Bologna 1986, Bd. 1, S. 1–28.

Steinweg 1956
Klara Steinweg: Contributi a due predelle di Bernardo Daddi, in: Rivista d'arte 31 (1956), Heft 6, S. 25–40.

Stewart 1983
Pamela D. Stewart: Giotto e la rinascità della pittura: Decameron VI, 5, in: Yearbook of Italian Studies 5 (1983), S. 22–34.

Stewart 1988
Pamela D. Stewart: L'arte e la natura nel gusto figurativo del Petrarca e del Boccaccio, in: Letteratura italiana e arti figurative 1 (1988), S. 41–60.

Stockhausen 2000
Tilmann von Stockhausen: Gemäldegalerie Berlin. Die Geschichte ihrer Erwerbungspolitik 1830–1914, Berlin 2000.

Strehlke 2005
Carl Brandon Strehlke: Carpentry and Connoisseurship. The Disassembly of Altarpieces and the Rise in Interest in Early Italian Art, in: Fra Angelico, hg. von Laurence B. Kanter und Pia Palladino, Ausst.-Kat. New York, Metropolitan Museum of Art, New Haven/London 2005, S. 95–97.

Suckale 2003
Robert Suckale: Arma Christi. Überlegungen zur Zeichenhaftigkeit mittelalterlicher Andachtsbilder, in: Ders.: Stil und Funktion. Ausgewählte Schriften zur Kunst des Mittelalters, hg. von Peter Schmidt und Gregor Wedekind, München/Berlin 2003, S. 15–58.

Swoboda 2008
Gudrun Swoboda: Die Wege der Bilder. Eine Geschichte der kaiserlichen Gemäldesammlung 1600 bis 1800, Wien 2008.

Swoboda 2010
Gudrun Swoboda: Venedig-Dresden via London, Brüssel, Prag. Der geheime Ankauf von Gemälden aus der Kaiserlichen Galerie in Prag 1748, in Barbara Marx und Andreas Henning (Hg.): Venedig – Dresden. Begegnung zweier Kulturstädte, Leipzig 2010, S. 242–252.

Syndram/Minning 2012
Dirk Syndram und Martina Minning (Hg.): Die kurfürstlich-sächsische Kunstkammer in Dresden. Geschichte einer Sammlung, Dresden 2012.

Syndram/Minning/Vötsch 2010
Dirk Syndram und Martina Minning (Hg.), Jochen Vötsch (Bearb.): Die kurfürstlich-sächsische Kunstkammer in Dresden, 4 Bde., Dresden 2010.

Syre 1979
Cornelia Syre: Studien zum »Maestro del Bambino Vispo« und Starnina, Bonn 1979.

Syre 1996
Cornela Syre: Starnina, Gherardo, in: Jane Turner (Hg.): The Dictionary of Art, Bd. 29, New York 1996, S. 549–551.

Syre 2006
Cornelia Syre: »und Du sollst wissen, dass der Mensch nichts anderes ist als das Muster der Welt.« Die Madonna mit der Nelke von Leonardo da Vinci, in: Ausst.-Kat. München 2006, S. 23–96.

Tanimoto/Verri 2009
Satoko Tanimoto und Giovanni Verri: A Note on the Examination of Silverpoint Drawings by Near-Infrared Reflectography, in: Studies in Conservation 54 (2009) S. 106–116.

TIB
The Illustrated Bartsch, begr. und anfänglich hg. von Walter L. Strauss, New York 1978 ff.

Todini 1989
Filippo Todini: La pittura umbra dal Duecento al primo Cinquecento, 2 Bde., Mailand 1989.

Todini 2005
Filippo Todini: Il Perugino, le sue botteghe e i suoi seguaci, in: Perugino e Firenze. Qualità e fortuna d'uno stile, hg. von Rosanna Caterina Proto Pisani, Ausst.-Kat. Florenz, Cenacolo di Fuligno 2005/06, Florenz 2005, S. 51–68.

Tolosani 1863
Giovanni Maria Tolosani: La vita di San Zanobi, vescovo fiorentino volgarizzamento del buon secolo della vita toscana, altra di F. Gio. Maria Tolosani inedita, quelle di Lorenzo arc vescovo d'Amalfi e di Clemente Del Mazza e la storia in ottava rima scritta da Bernardo Giambullari, si aggiunge La vita di S. Antonino arcivescovo dello stesso F. Gio. M. Tolosani, Florenz 1863.

Tordella 2009
Piera Giovanna Tordella: La linea del disegno. Teoria e tecnica dal Trecento al Seicento, Mailand 2009.

Tripps 2008
Johannes Tripps: Taddeo Gaddi e l'antichità classica, in: Francesca Pasut und Johannes Tripps (Hg.): Da Giotto a Botticelli: pittura fiorentina tra Gotico e Rinascimento, Florenz 2008, S. 11–17.

Trübner 1925
Jörg Trübner: Die stilistische Entwicklung der Tafelbilder des Sano di Pietro (1405–1481), Straßburg 1925.

Tschudin 2002
Peter F. Tschudin: Grundzüge der Papiergeschichte, Stuttgart 2002.

Ulmann 1894
Hermann Ulmann: Raffaellino del Garbo, in: Repertorium für Kunstwissenschaft 17 (1894), S. 90–15.

Van Cleave 1996
Claire Van Cleave: I disegni preparatori, in: Giusi Testa (Hg.): La cappella nova o di San Brizio nel Duomo di Orvieto, Mailand 1996, S. 240–251.

Van Cleave 1998
Claire Van Cleave: Luca Signorelli's Studies of the Human Figure, in: Stuart Currie (Hg.): Drawing 1400–1600. Invention and Innovation, Aldershot 1998, S. 91–108.

Van Marle 1935
Raimond van Marle: The Development of the Italian Schools of Painting, Bd. 17: The Renaissance Painters of Venice, Den Haag 1935.

Van Waadenoijen 1974
Jeanne van Waadenoijen: A Proposal for Starnina: Exit the Maestro del Bambino Vispo?, in: Burlington Magazine 116 (1974), S. 82–91.

Varese 1967
Ranieri Varese: Lorenzo Costa, Mailand 1967.

Vasari/Dombrowski 2010
Giorgio Vasari: Das Leben des Sandro Botticelli, Filippino Lippi, Cosimo Rosselli und Alesso Baldovinetti, übers. von Victoria Lorini, hg., komm. und eingel. von Damian Dombrowski, Berlin 2010.

Vasari/Graul/Damm 2011
Giorgio Vasari: Das Leben des Filippo Lippi, Pesello und Pesellino, Andrea del Castagno und Domenico Veneziano und des Fra Angelico, übers. von Victoria Lorini, hg., komm. und eingel. von Jana Graul und Heiko Damm, Berlin 2011.

Vasari/Gründler/Wenderholm 2012
Giorgio Vasari: Das Leben des Paolo Uccello, Piero della Francesca, Antonello da Messina und Luca Signorelli, neu ins Dt. übers. von Victoria Lorini, hg., komm. und eingel. von Hana Gründler und Iris Wenderholm, Berlin 2012.

Vasari/Milanesi 1878–1885
Giorgio Vasari: Le vite de' più eccellenti pittori, scultori e architettori, hg. von G. Milanesi, 3 Bde., Florenz 1878–1885.

Venturini 1994/95
Lisa Venturini: Il maestro del 1506: la tarda attività di Bastiano Mainardi, in: Studi di storia dell'arte 5/6 (1994/95), S. 123–183.

Viatte 1989
Françoise Viatte: Les études de draperies, in: Ausst.-Kat. Paris 1989/90, S. 53–59.

Villa 2008
Giovanni C. F. Villa: L'arte della ricerca, il primato del disegno. »L'altra luce« di Giovanni Bellini, in: Ausst.-Kat. Rom 2008/09, S. 39–51.

Vischer 1879
Robert Vischer: Luca Signorelli und die italienische Renaissance. Eine kunsthistorische Monographie, Leipzig 1879.

Volpe 1983
Carlo Volpe: La pittura gotica. Da Lippo di Dalmasio a Giovanni da Modena, in: Luciano Bellosi u. a.: La Basilica di San Petronio in Bologna, 2 Bde., Mailand 1983, Bd. 1, S. 213–294.

Waagen 1875
Gustav Friedrich Waagen: Über Leben, Wirken und Werke der Maler Andrea Mantegna und Luca Signorelli, in: Ders.: Kleine Schriften, Stuttgart 1875, S. 80–144.

Waldman 2006
Louis Alexander Waldman: Raffaellino del Garbo and His World. Commissions, Patrons, Associates, in: Artibus et Historiae 27 (2006), Nr. 54, S. 51–94.

Wallace 2008
Katherine Wallace: Lorenzo Costa's Concert. A Fresh Look at a Familiar Portrait, in: Music in Art 33, Nr. 1/2 (Frühling/Herbst 2008), S. 52–67.

Weber 1995
Gregor J. M. Weber: Ein Gemälde Leonardos für Dresden? Der Ankauf eines Madonnenbildes von Lorenzo di Credi im Jahr 1860, in: Dresdener Kunstblätter 39 (1995), S. 166–172.

Weber 1998
Gregor J. M. Weber: Augen der Entrückung, in: Ausst.-Kat. Dresden 1998/99, S. 5–16.

Weber 2000
Gregor J. M. Weber: Die Galerie als Kunstwerk. Die Hängung italienischer Gemälde in der Dresdener Galerie 1754, in: Barbara Marx (Hg.): Elbflorenz. Italienische Präsenz in Dresden 16.–19. Jahrhundert, Dresden 2000, S. 229–242.

Weber 2005
Gregor J. M. Weber: Auf den Spuren eines verlorenen Dresdener Gemäldeinventars von 1747 ff., in: Dresdener Kunstblätter 49 (2005), S. 168–176.

Weddigen 2009
Tristan Weddigen: Ein Modell für die Geschichte der Kunst. Die Hängungen der Dresdener Gemäldegalerie zwischen 1747 und 1856, in: Dresdener Kunstblätter 52 (2009), S. 44–58.

Wiemers 1996
Michael Wiemers: Bildform und Werkgenese: Studien zur zeichnerischen Bildvorbereitung in der italienischen Malerei zwischen 1450 und 1490, München u. a. 1996.

Wingenroth 1897
Max Wingenroth: Die Jugendwerke des Benozzo Gozzoli, Heidelberg 1897 (= Diss. Univ. Heidelberg um 1897).

Woermann 1887
Karl Woermann: Katalog der Königlichen Gemäldegalerie zu Dresden, Große Ausgabe, Dresden 1887.

Woermann 1896–1898
Karl Woermann: Handzeichnungen alter Meister im königlichen Kupferstichkabinet zu Dresden, 10 Mappen, München 1896–1898.

Woermann 1899
Karl Woermann: Katalog der Königlichen Gemäldegalerie zu Dresden, Große Ausgabe, Dresden 1899 (4., verbesserte und vermehrte Auflage).

Woermann 1902
Karl Woermann: Katalog der Königlichen Gemäldegalerie zu Dresden, Große Ausgabe, Dresden 1902 (5., verbesserte und vermehrte Auflage).

Wohlfahrt 2010
Katrin Wohlfahrt: Die Gemäldeerwerbungen von August III. in Venedig. Die venezianischen Kunstagenten Antonio Maria Zanetti d. Ä. und Giovanni Pietro Minelli, in: Barbara Marx und Andreas Henning (Hg.): Venedig – Dresden. Begegnung zweier Kulturstädte, Leipzig 2010, S. 262–315.

Wren Christian 2010
Kathleen Wren Christian: Empire without End: Antiquities Collections in Renaissance Rome, c. 1350–1527, New Haven, Conn. u. a. 2010.

Zambrano 2004
Patrizia Zambrano: Filippino Lippi. La formazione e la prima maturità (circa 1457–1488), in: Zambrano/Nelson 2004, S. 77–365.

Zambrano/Nelson 2004
Patrizia Zambrano und Jonathan Katz Nelson: Filippino Lippi, Mailand 2004.

Zeri/Gardner 1971
Federico Zeri und Elizabeth Gardner: Italian Paintings. A Catalogue of the Collection of the Metropolitan Museum of Art – Florentine School, New York 1971.

Zöllner 2005
Frank Zöllner: Sandro Botticelli, München 2005.

Zonghi 1953
Zonghi's Watermarks (Aurelio & Augusto Zonghi, A. F. Gasparinetti), hg. von E. J. Labarre, Hilversum 1953 (= Monumenta chartæ papyraceæ historiam illustrantia, Bd. 3).

Zucker 1981
Mark J. Zucker: Parri Spinelli Drawings Reconsidered, in: Master Drawings 19 (1981), S. 426–441.

PERSONENREGISTER

Fett gesetzte Seitenzahlen beziehen sich auf Abbildungen.

A

Acciaiuoli (und Familie) 60, 62, 200
Alberti, Leon Battista 11 f., 14 f., 17 f., 74, 128, 130
Algarotti, Francesco 42
Altichiero da Zevio 54
Amadeo, Giovanni Antonio 128
Andrea d'Assisi gen. l'Ingegno 110, 196
Andrea del Castagno siehe Castagno
Andrea di Bartolo 7, 56, 201
Angelico, Fra 23, 43, 60, 72, **73**, 74, **75**, 86, 104, 169, 184, **184**
Antonello da Messina 23, 41, **42**, 43, 148, **148**, 185, **185**
Antoniazzo Romano 37 f., 176, **176**
Apelles 14
Aspertini, Amico 112, 143, 181, **181**
Aspertini, Guido 143
August II. (der Starke) 42
August III. 42
Avanzi, Jacopo di Pietro 12, 54, **55**, 164, **164**

B

Bacon, Roger 15
Barbari, Jacopo de' 41, 156, **157 f.**, 159, 185 f., **185 f.**
Barbaro, Daniele 18, **18**
Barbo, Pietro 15
Barker, Alexander 189, 194–196, 200
Bartolomeo di Giovanni 24, 186, **186**
Bartolommeo, Fra 84, 104, **104 f.**, 176, **176**
Basaiti, Marco **26**, 29, **30**, 34, 132, **132 f.**, 168
Bellini, Gentile 108, 202
Bellini, Giovanni 42, 146, **146 f.**, 152, **152**, 154, 187, **187**, 189 f.
Bellini, Jacopo 16
Bembo, Pietro 49
Bernardino da Parenzo 124, **124 f.**, 165, **165**
Bevilacqua, Giovanni Ambrogio 25, 187, **187**
Bigallo-Meister 83
Boccaccio, Giovanni 11, 13, 136
Botticelli, Sandro **16**, 17 f., 23 f., 37, **37**, 43, 78, 80–91, **80 f.**, **84–86**, **88–90**, 110, 170, 186, 188 f., **188 f.**
Bramante, Donato 128, 167
Buttstaedt, Heinrich 198

C

Canozi da Lendinara, Cristoforo 130
Canozi da Lendinara, Lorenzo 130
Carpaccio, Benedetto 29, **29**, 43, 154, **155**, 168
Carpaccio, Vittore 29, **29**, 42 f., 154, **154 f.**, 168
Castagno, Andrea del 12, 199
Catena, Vincenzo di Biagio 132, **153**, 189
Cennini, Cennino 13–15, 17, 21–25, 39
Cesariano, Cesare 16
Ciampolini (und Sammlung) 74
Cicero 35, 136
Cima da Conegliano 24, 41–43, 148, **149 f.**, 189 f., **189 f.**
Colagiacomo, Alessandro 199 f.
Colonna, Prospero 15
Correggio 41 f.
Cossa, Francesco del 18, **18**, 21–25, **20–22**, 122, 138, 190 f., **190**
Costa, Lorenzo 25, **25**, 134, **135**, 144, 165, **165**, 191 f., **191**
Cosway, Richard 176
Cranach, Lucas d. Ä. 138, 156, **156**, 159
Cranach, Lucas d. J. 41, 156, 185
Credi, Lorenzo di 14, 15, **15**, 25, 36, 43, 76, 78, **79**, 170, 194 f., **194 f.**
Crespi, Luigi 122, 190

D

Daddi, Bernardo 12, 44, 52, **52 f.**, 83, 191
Decembrio, Angelo 16
Dehmel, Erich 165
Dimsdale, Thomas 169
Donatello 98, 142, 180
Duccio di Buoninsegna 17, **17**, 54, 56, 198, 201
Dürer, Albrecht 138

E

Endris, Johann Christian 185
Esdaile, William 170
Este, Alfonso I. d' 128
Este, Isabella d' 148

F

Falconetto, Giovanni Maria 28, **28**, 126, **127**, 132, 166 f., **166**
Feliciano, Felice 14
Filarete 18, 68
Fitzmorrice, Alexander 181
Fogolino, Marcello 132
Forzetta, Oliviero 13
Franceschino, Gregorio 66
Francesco di Stefano siehe Pesellino
Francesco di Vannuccio 7, 22, **23**, 56, **56 f.**, 201
Francia, Francesco (und Umkreis) 24, **24**, 34, **34**, 43, 138, **139**, 140, **141**, 143, **143**, 144, **145**, 167, **167**, 192 f., **192**
Francia, Giacomo 143
Francisco de Hollanda 112, 126
Franke, Andreas Gottlieb Marius 44
Friedrich der Weise 156, 159

G

Gaddi, Agnolo 13
Garbo, Raffaellino del **36**, 37, 92, 106, **106 f.**, 174 f., **174 f.**, 196, **196**
Gentile da Fabriano 16, 63, 68, 183, 196
Gherardo di Giovanni del Fora 14, 37, 98, **99**, 170, **170**
Ghiberti, Lorenzo 15 f., 18, 33
Ghirlandaio, Domenico 14, 17, 37, 42, 84, 100, **101 f.**, 102, 175, **175**, 186, 195
Giordano da Rivalto, Fra 17
Giottino siehe Tommaso di Stefano
Giotto di Bondone (und Werkstatt bzw. Schule) 6, 11–13, **12**, 15, 18, 22 f., 43, 48–51, **49**, **51**, 52, 54, **54**, 58, 60, 63, 191, 193, 198 f.
Giovanni Agostino da Lodi 44, 160, **160 f.**, 168, 180, **180**
Giovanni da Milano 13, 28, 41, 58, **58 f.**, 169, **169**
Giovanni da Modena **32**, 37, 66, **66 f.**, 164, **164**
Girolami, Filippo de' 80
Girolami, Francesco di Zanobi de' 82, 188
Giuliano d'Arrigo siehe Pesello
Göpel, Erhard 52, 191
Gozzoli, Benozzo 13, 16, 34, 43, 74, **74 f.**, 86, 169, **169**, 197
Grassi, Giovannino de' 13
Gruner, Ludwig 43
Guarienti, Pietro 42, 122
Guarini, Guarino 15
Guercino 41

H

Hagedorn, Ludwig von 42
Heineken, Carl Heinrich von 42
Heucher, Johann Heinrich von 41 f., 54
Hitler, Adolf 44, 52, 191

I

Ingegno siehe Andrea d'Assisi

J

Jacopo da Bologna 123
Jacopo del Casentino 48, 193
Jacopo di Paolo 54, **55**, 164, **164**

K

Kindermann, Andreas Philipp 189
Kestner, G. W. Ed. Joh. 187

L

Lancilotti, Francesco 11, 18
Landino, Cristoforo 12
Lawrence, Thomas (und Sammlung) 169, 171, 174–178, 181
Lehrs, Max 43 f., 160
Leonardi, Camillo 14
Leonardo da Vinci 14–16, 36, 41, 43, 76, **76**, 78, **78**, 100, **100**, 148, 160, 170, 189, 194
Liberale da Verona 124
Libri, Girolamo dai 132
Lingner, Karl August 193
Lippi, Filippino 6, 16–18, **16**, 30 f., **35**, 36 f., 43, 92, **92 f.**, 96, **96**, 106, 171 f., **171**, 181, **181**, 193, **193**
Lippi, Fra Filippo 12, 58, 86, 88, 96, 172
Livius 138
Loeser, Charles 54, 104
Lorenzetti, Ambrogio 15, 50, 60, 199 f.
Lorenzetti, Pietro 50
Lorenzo Monaco 37, 63
Lukrez 35

M
Maestro del Bambino Vispo siehe Starnina, Gherardo
Maestro del Cattaver 146, 187
Maffei, Mario 116
Mainardi, Sebastiano 102, **103**, 195
Mandl, Victor 52
Mantegna, Andrea 14, 42 f., **44**, 124, 138, 187, 190, 195
Margarete von Österreich 156
Mariette, Pierre-Jean 169, 181
Mariotto di Nardo 63
Martini, Simone 50, 56, 58
Masaccio 12
Maximilian I. 156
Mazza, Clemente 80 f.
Meder, Joseph 27
Medici (Familie) 68, 98
Mehmed II. 108
Meister von Memphis 96, **96**, 172, **172**
Metzger (Sammlung) 80
Meyran de Lagoy, Jean Baptiste Gabriel de 169
Michelangelo 114, 116
Michiel, Marcantonio 152
Minelli, Giovanni Pietro 42, 190
Morelli, Giovanni 33, 44, 76, 92, 104, 114, 118, 154, 186

N
Nelli, Pulisena 104
Nerli, Alessandra di Francesca de' 82
Nero 16, 82

O
Ovid 138

P
Paolino, Fra 104
Parrhasios 14
Perugino, Pietro 14, 42 f., 78, 110, 112, **112**, 118, **118 f.**, 120, 134, 143 f. 172, 178 f., **178** f., 193, 195, **195**, 201
Peruzzi (Familie) 50 f., 116
Pesellino 17 f., **18**, 68, **68 f.**, 86, 96, 172, 191, 196, **196**
Pesello 68, 191, 196
Petrarca, Francesco 11–13, 15, 112, 140, 143
Piero della Francesca 110, 116
Piero di Cosimo 24, **196**
Pinti, Raffaelle 188
Pintoricchio, Bernardo 17, 108, **108–111**, 110, 112, **113**, 172, 177 f., **177 f.**, 196, **196**
Pisanello, Antonio 13, 15 f.
Plautilla, Schwester siehe Nelli, Pulisena
Plinius 14–16
Plutarch 16
Prevedari, Bernardo 128, **128**
Prinz Borghese (Sammlung) 52

Q
Quandt, Johann Gottlob von (und Sammlung) 80, 179, 188

R
Raffael 39, 41–43, 110, 112, 118, 120, **120 f.**, 136, 138, 144, **144**, 179 f., **179 f.**, 196
Raibolini, Francesco siehe Francia, Francesco
Raimondi, Marcantonio 28, 35, 118, 136, **136 f.**, 138, 143, 167, **167**
Reni, Guido 41
Richardson Jr., Jonathan 169, 176
Richardson Sr., Jonathan 169, 176
Ripanda, Jacopo 132, 143
Ristoro d'Arezzo 15
Roberti, Ercole de' 12, **14**, 24, 42 f., 122, **122 f.**, 196 f., **197**
Roscoe, William 170
Rosselli, Cosimo 92
Rossellino, Antonio 142
Rumohr, Carl Friedrich von (und Sammlung) 43, 72, 80, 184, 198

S
Salutati, Coluccio 15
Salvi Borgherini, Maria di 82
Sangallo, Giuliano da 13, 37, 172, **173 f.**, 174
Sano di Pietro 7, 24, 70, **70 f.**, 198, **198**
Sanzio, Giovanni 110, 196
Sassetti (Familie) 102
Savonarola, Girolamo 13
Schiavone, Giorgio di Tomaso 124
Schopenhauer, Arthur 31
Signorelli, Luca 13, 30, 37, **38**, 39, 44, 114, **114–117**, 116, 120, 177, **177**, 196, 200
Spinelli, Parri 12, **13**
Squarcione, Francesco 16, 124, 192
Starnina, Gherardo **10**, 60–63, **61 f.**, 186, 200
Stefano da Verona 14, 64, **64 f.**, 165, **165**
Steinla, Moritz (und Sammlung) 43, 193, 195 f., 200 f.

T
Thomas von Aquin 11
Tizian 41 f.
Tommaso di Stefano, genannt Giottino 48, 193
Torre, Giulio della **142**, 143
Tura, Cosmè 128

U
Uccello, Paolo 18
Urban V. 58

V
Vasari, Giorgio 12 f., 29, 60, 62, 68, 96, 100, 106, 116, 118, 122, 126, 169 f., 172
Veneziano, Domenico **82**, 83
Vergerio, Pier Paolo 13
Vergil 134, 136
Veronese 41 f.
Verrocchio, Andrea del (und Werkstatt) 14, 36, 41, 43, 76, **77**, 78, 86, **86**, 88, 98, **98**, 100, 170, **170**
Villani, Filippo 12, 15
Vitruv 16

W
Wagner, Gottfried (und Sammlung) 41, 164, 166, 170, 180 f.
Weigel, Rudolph 179
Weiß, Kaspar 80, 187
Woodburn, Samuel (und Sammlung) 43, 50, 74, 92, 169, 171, 174–178, 181, 186, 193 f., 196, 202

Y
Yriarte, Charles 52

Z
Zavattari, Giovanni 66

BILDNACHWEIS

Wenn nicht anders angegeben:
Staatliche Kunstsammlungen Dresden, Kupferstich-Kabinett |
Foto: Herbert Boswank
beziehungsweise
Staatliche Kunstsammlungen Dresden, Gemäldegalerie Alte Meister |
Foto: Elke Estel / Hans Peter Klut

Bayonne, musée Bonnat-Helleu | cliché A. Vaquero: S. 124
Bibliothèque numérique du cinéma, La cinémathèque française: S. 18
bpk | Bayerische Staatsgemäldesammlungen: S. 76
bpk | Gemäldegalerie, Staatliche Museen Berlin: S. 62, 70, 92
bpk | Kupferstichkabinett, Staatliche Museen Berlin: S. 86
bpk | Kupferstichkabinett, Staatliche Museen Berlin | Foto Jörg P. Anders: S. 132
bpk | Florenz, Galleria degli Uffizi: S. 17
bpk | Florenz, Galleria Palatina: S. 90
bpk | Florenz, S. Trinità: S. 102
bpk | Kassel, Museumslandschaft Hessen Kassel: S. 156
bpk | London, The National Gallery: S. 68
bpk | Mailand, Pinacoteca di Brera: S. 146
bpk | New York, The Metropolitan Museum of Art: S. 13
bpk | Padua, Cappella degli Scrovegni all'Arena: S. 54
bpk | Paris, Musée du Louvre: S. 88
bpk | Rom, Pinacoteca Vaticana, Musei Vaticani: S. 144
bpk | RMN – Grand Palais | Foto Thierry Le Mage: S. 100
bpk | RMN – Grand Palais | Foto Tony Querrec: S. 120
bpk | Scala: S. 126
bpk | St. Petersburg, Eremitage | Foto Roman Beniaminson: S. 78
Bridgeman Images | Cambridge, Fitzwilliam Museum: S. 82
Bridgeman Images | London, National Gallery: S. 148
Bridgeman Images | Yorkshire, Harewood House Trust: S. 152
Cambridge, The Mistress and Fellows, Girton College: S. 56
Digital image courtesy of the Getty's Open Content Program: S. 160
Florenz, Galleria degli Uffizi: S. 16
KIK-IRPA, Brussels (Belgium), cliché N7944 | Foto Christine Valkenberg: S. 134
Kunsthistorisches Institut in Florenz – Max-Planck-Institut: S. 98
Liverpool, Walters Art Gallery: S. 122
London, The British Library, Harley 3567, Bl. 149 r: S. 140
London, The Trustees of the British Museum: S. 37, 74, 108, 128
papierstruktur.de | Georg Dietz: S. 182
Prato, Museo Civico: S. 58
Raleigh, North Carolina Museum of Art | CORBIS: S. 51
Roma, Istituto Nazionale per la Grafica | per gentile concessione del Ministero dei Beni e le Attività Culturali e del Turismo: S. 106 (Vgl.-Abb. 2)
Royal Collection Trust | © Her Majesty Queen Elizabeth II 2014: S. 104
SLUB Dresden | Deutsche Fotothek | df_hauptkatalog_0261125: S. 40
SLUB Dresden | Deutsche Fotothek | df_hauptkatalog_0150929 | Foto Hans Loos: S. 44 (Abb. 3)
The Metropolitan Museum of Art, Rogers Fund, 1912 (http://www.metmuseum.org/toah/works-of-art/12.56.5a, abgerufen am 12. Juni 2014): S. 106 (Vgl.-Abb. 1)
2014. Photo Scala, Florence: S. 66, 84, 96, 112, 116, 118
2014. Photo Scala, Florence | courtesy of the Ministero Beni e Att. Culturali: S. 130, 142
2014. Photo Scala, Florence | Su concessione dell'Opera del Duomo di Orvieto: S. 114

Foto Christoph Herm | HfBK Dresden: S. 31
Foto Carsten Wintermann: S. 28 (Abb. 2), S. 29 (Abb. 4), S. 30 (Abb. 6, 7), S. 34 (Abb. 2), S. 35 (Abb. 4), S. 36, S. 38 (Abb. 8), S. 164–181 (Infrarot- und UV-Aufnahmen)
Foto Cornelia Syre, München: S. 63

Reproduktion nach Malaguzzi-Valeri 1913: S. 154
Reproduktion nach Hill 1930, Bd. 2, Abb. 565: S. 142

Umschlagabbildung Vorderseite:
Filippino Lippi: Sitzender junger Mann mit Kappe (Detail), um 1478/80 (Z 22 recto; Kat.-Nr. 19)
Staatliche Kunstsammlungen Dresden, Kupferstich-Kabinett | Foto: Herbert Boswank

Umschlagabbildung Rückseite:
Sandro Botticelli: Maria mit dem Kind und dem Johannesknaben (G 11; Kat.-Nr. 18)
Staatliche Kunstsammlungen Dresden, Gemäldegalerie Alte Meister | Foto: Elke Estel / Hans Peter Klut

Frontispiz:
Lorenzo Costa: Auf einem Aulos spielender Jüngling (Detail), um 1483/95 (Z 4; Kat.-Nr. 42)
Staatliche Kunstsammlungen Dresden, Kupferstich-Kabinett | Foto: Herbert Boswank

IMPRESSUM

Der Katalog erscheint anlässlich der Ausstellung »An der Wiege der Kunst. Italienische Zeichnungen und Gemälde von Giotto bis Botticelli«, veranstaltet von dem Kupferstich-Kabinett und der Gemäldegalerie Alte Meister der Staatlichen Kunstsammlungen Dresden, im Residenzschloss Dresden, 29. Oktober 2014 bis 18. Januar 2015.

Katalog

Herausgeber
Staatliche Kunstsammlungen Dresden
Kupferstich-Kabinett und
Gemäldegalerie Alte Meister

Judith Claus und Gudula Metze

mit Andreas Henning und Christoph Schölzel sowie Eleonora Cagol, Georg Dietz, Sören Fischer, Sabrina Leps, Wolf-Dietrich Löhr, Lorenza Melli, Olaf Simon und Carsten Wintermann

Staatliche Kunstsammlungen Dresden
Generaldirektor Hartwig Fischer

Kupferstich-Kabinett und Gemäldegalerie Alte Meister
Direktor Bernhard Maaz

Konzeption
Judith Claus, Andreas Henning, Gudula Metze und Christoph Schölzel mit Sabrina Leps

Forschungsprojekt »Maltechnische Untersuchungen der italienischen Gemälde des 15. Jahrhunderts der Gemäldegalerie Alte Meister«
Christoph Schölzel und Andreas Henning

Kunsttechnologische Untersuchungen
Gemäldegalerie Alte Meister: Christoph Schölzel mit Konstanze Krüger, Silke Beisiegel, Axel Börner (Infrarot) und Hartwig Hänsel (Röntgen)
Kupferstich-Kabinett: Olaf Simon und Carsten Wintermann

Redaktion
Textredaktion: Judith Claus und Gudula Metze
Korrektorat: Eduard Wätjen (für das Kupferstich-Kabinett)
Bildredaktion: Gudula Metze (Kupferstich-Kabinett) und Steffi Reh (Gemäldegalerie Alte Meister)

Übersetzungen aus dem Italienischen
Gudula Metze (Bestandsverzeichnis Kupferstich-Kabinett) und Yvonne Paris (Essay und Katalogeinträge Lorenza Melli)

Lektorat
Eva Maurer, Deutscher Kunstverlag

Gestaltung und Satz
Angelika Bardou, Deutscher Kunstverlag

Herstellung
Jasmin Fröhlich, Deutscher Kunstverlag

Reproduktionen
Birgit Gric, Deutscher Kunstverlag

Druck und Bindung
AZ Druck und Datentechnik, Berlin

Bibliographische Information der Deutschen Nationalbibliothek
Die Deutsche Nationalbibliothek verzeichnet diese Publikation in der Deutschen Nationalbibliographie; detaillierte bibliographische Daten sind im Internet über http://dnb.dnb.de abrufbar.

Berlin München
Paul-Lincke-Ufer 34
D-10999 Berlin
www.deutscherkunstverlag.de
ISBN 978-3-422-07290-9

Ausstellung

Kuratorinnen
Judith Claus und Gudula Metze

Konzeption
Judith Claus, Andreas Henning, Gudula Metze, Christoph Schölzel und Olaf Simon mit Eleonora Cagol

Gestaltung und Graphik-Design
Karen Weinert

Restauratorische Betreuung
Gemäldegalerie Alte Meister: Christoph Schölzel
Kupferstich-Kabinett: Olaf Simon und Ines Beyer

Maltechnische Kopie nach Gherardo Starnina
Silvia Oertel, als Seminararbeit betreut von Ivo Mohrmann (Hochschule für Bildende Künste Dresden)

Filmprojekt
Ivo Mohrmann, Silvia Oertel und Michael Schlaszus (Hochschule für Bildende Künste Dresden)

Exponateinrichtung/Technik
Matthias Herbst und Carsten Wintermann mit Adam Kalinowski, Michael Schweiger und Christoph Schölzel in Zusammenarbeit mit dem Technischen Dienst der Staatlichen Kunstsammlungen Dresden sowie Fissler Lichtgestaltung und Exponateinrichtung, Wulf Mothes Malerbetrieb KG und Paul Robert Göschel, Lichtgestalter

Depot, Bereitstellung und Transporte (GAM)
Heike Kauffenstein

Depot, Studiensaal und Bereitstellung (KK)
Andreas Pischel, Dirk Gedlich und Angela Rietschel

Sekretariat
Kristina Schüffny (KK), Gunhild Krüger (GAM) und Ulla Paul (Gemälde-Restaurierung)

Kaufmännischer Direktor
Dirk Burghardt

Presse und Kommunikation
Stephan Adam, Anja Priewe und Marion Schmidt

Marketing
Martina Miesler, Andrea Voigt und Anke Wowereit

Bildung und Vermittlung
Claudia Schmidt und Annabel Rink mit Eleonora Cagol und Natalie Woltmann in Zusammenarbeit mit P. Clemens Maaß SJ (Katholische Akademie des Bistums Dresden-Meißen), Axel Schöne (Volkshochschule Dresden), Maria Lieber und Maike Heber (Italien-Zentrum Dresden) sowie Aldo Venturelli, Annamaria Di Giorgio und Stefanie Hamm (Italienisches Kulturinstitut Berlin)

Übersetzungen ins Englische
Geraldine Schuckelt

Ein herzlicher Dank an die Praktikantinnen der Gemäldegalerie Alte Meister: Juliane Au, Eleonora Cagol, Marianne Flurbacher, Stefanie Kleppisius, Bénédicte Maronnie, Luise Ott, Sabine Pech und Anja Ritter

Für Rat und Hilfe danken wir: Carmen C. Bambach, Albero Bubach, Pier Franco Chillin, Hans Effenberger, Flavio Gianassi, Maike Hohn, Wolfgang Holler, Susanne Hoppe, Thomas Ketelsen, Kordelia Knoll, Dagmar Korbacher, Wolfgang Loseries, Barbara Nepote, Sebastian Oesinghaus, Andreas Schumacher, Dirk Syndram und Cornelia Syre

Die Ausstellung wurde unterstützt durch: